Sylvia Jurewitz-Freischmidt
Krone und Schafott

Krone und Schafott

Maria Stuart und Elisabeth I. –
eine Doppelbiographie

von
Sylvia Jurewitz-Freischmidt

Casimir Katz Verlag

CIP-Titelaufnahme für die Deutsche Bibliothek

Jurewitz-Freischmidt, Sylvia:
Krone und Schafott: Maria Stuart und Elisabeth I. –
eine Doppelbiographie / Sylvia Jurewitz-Freischmidt
Gernsbach, Katz: 2008
ISBN: 978-3-938047-39-2

© Casimir Katz Verlag, Gernsbach 2008
Umschlaggestaltung: Jörg Schumacher, Casimir Katz Verlag
Satz: AALEXX Druck GmbH, Großburgwedel
Druck: Freiburger Graphische Betriebe, Freiburg
ISBN: 978-3-938047-39-2

Inhalt

Nachspiel: Gloriana oder Torheiten des Alters

Prolog: Flodden

Die Königin reitet.

Ihre Wangen sind gerötet wie die eines eifrigen Kindes. Sie selbst hat als verantwortliche Regentin die Truppen ausgehoben und ausgerüstet, die sie aus der Stadt London hinaus nach Norden führt. Sie ist in ihrem Element, am liebsten würde sie immer so weiter reiten unter wehenden Bannern bis auf das Schlachtfeld, ihre Soldaten anfeuern, sie allein durch ihre Gegenwart zu Heldentaten ohnegleichen ermutigen. Doch ihre vornehmste Pflicht als Königin verbietet es ihr, sie muss den Erben schützen, sie ist im siebten Monat schwanger. Diesmal wird es der ersehnte Thronfolger sein, ein kräftiger, lebensfähiger Knabe, sie fühlt es, wie er den Hufschlag der Pferde spüren wird, das Klirren der Waffen, das Knarren der Rüstungen, den Jubel der Menge, die den matschigen Weg aus der Stadt hinaus säumt …

Der sanfte Inselregen weicht dem aus der Erinnerung aufsteigenden Bild einer trockenen Hochebene. Staubwolken verhüllen die Wintersonne von El Andaluz. Catalina ist sieben, umgeben von ihren vier Geschwistern reitet sie, vor ihr die Mutter, die Königin, in goldenem Harnisch umweht von den Bannern Kastiliens, und irgendwo, weit voraus in der Staubwolke das christliche Ritterheer anführend, ihr Vater, der König mit dem Schild Aragons, im Sturm auf Granada, die letzte Festung der Mauren auf iberischer Erde … Der Staub sinkt und von der Alhambra herab windet sich der Zug der Besiegten, Boabdil überreicht ihren Eltern, den *reyes católicos*, die Schlüssel …

Die anfeuernden Rufe des Volkes bringen die Königin in die Gegenwart und den sanften Septemberregen Englands zurück. Sie ist die Königin des Südens der Insel, im Norden haben die Schotten die Grenze überschritten und bedrohen ihr Reich, wie sie es im Sinne der *Aude Alliance* genannten Verbindung mit Frankreich seit den rauen Zeiten des Hundertjährigen Krieges fast immer tun, wenn der König Englands, wie jetzt Catalinas Gemahl, Henry VIII. aus dem Hause Tudor, auf Eroberungszug in Frankreich weilt.

Königin Catalina hält eine im Wortlaut nicht überlieferte flammende Rede an ihre Soldaten, schmeichelt, die Engländer hätten von jeher alle Nationen an Tapferkeit übertroffen, die Schotten bedrohten die Heiligkeit englischer Heimstätten, nutzten feige die Abwesenheit ihres ruhmreichen Königs, dessen Ehre es zu verteidigen gelte, ihre Sache sei die gerechte. Den Rest muss sie ihren Truppen und ihrem Lord Lieutenant überlassen, dem über siebzigjährigen Thomas Howard, Earl of Surrey. Sie, Catalina de Aragón, Königin und derzeit Regentin von England, muss sich um den Nachschub für das Heer auf dem Kontinent kümmern, Henry frische Hemden schicken, ihn mahnen, nicht erhitzt vom Kampf zu gierig zuviel kaltes Bier zu trinken …

Flodden Fields, Northumberland, 9. September 1513

Die Schlacht

Fast 30.000 Schotten fiebern dem entscheidenden Treffen mit fast ebenso vielen Engländern entgegen. Das Wetter ist denkbar schlecht, kräftiger Sturm und heftiger Regen weichen den ohnehin morastigen Boden auf, plötzlich aufsteigende Nebelschwaden verdecken die Sicht. Die schottische Position auf Flodden Hill, dem höchsten Hügel der Gegend, ist überaus vorteilhaft, die schwere Artillerie ist gut platziert, um die von Süden erwarteten Engländer zu vernichten.

Doch der alte Fuchs Surrey umgeht die schottische rechte Flanke, schickt seine Hauptmacht von Norden, schneidet den Schotten den Weg zurück in die Heimat ab. James IV. Stuart gibt aus nie geklärten Gründen, vielleicht ritterlichen Ehrbegriffen folgend, seine exzellente Position auf, um sich dem Feind in der morastigen Ebene zu stellen. Die Highlanders tragen keine schweren Rüstungen; nach einem wütenden ersten Angriff erliegen sie den entschlossenen und disziplinierten englischen Attacken. Wer irgend kann, flieht. Als die frühe Dunkelheit eines finsteren Herbsttages sich über das Schlachtfeld senkt, gibt es keine schottische Armee mehr und keinen König …

Viele Fragen bleiben offen, unstreitig ist, dass die Clans und der Adel Schottlands fast eine ganze Generation verlieren. Die schreckliche Kunde von Flodden fliegt von Mund zu Mund nach Norden, doch das Volk weigert sich, an den Tod seines Königs zu glauben. Er muss entkommen sein, erfüllt sein Pilgergelübde, ist auf dem Weg nach Palästina. Wer weiß, welchen nackten Leichnam der englische Befehlshaber in einen blutigen Königsmantel gewickelt nach London geschickt hat …

In Linlithgow wartet die andere Königin, die aus ihren Träumen längst weiß, dass sie Witwe ist. Sie sichtet den Boten von ihrem Fensterplatz. Als er die Burg erreicht, erwartet sie ihn, an ihrer Hand den kleinen Sohn, den einzigen, der ihr blieb, gerade 17 Monate alt. Der König ist tot, lang lebe der König! Eine Königinwitwe darf trauern, eine Königinmutter muss handeln. Sie befiehlt den sofortigen Aufbruch nach Stirling, der traditionellen Krönungsburg der Schotten. Am 21. September wird James V. Stuart zum König gekrönt, seine Mutter, Margaret Tudor, ältere Schwester des Königs von England und Schwägerin Catalinas, wird zur Tutrix des Kindkönigs ernannt und zur Regentin, das gab es in Schottland noch nie! So bewirkt die Schlacht von Flodden, dass für einen Augenblick in der Geschichte die Throne beider Reiche der Inseln von Mitgliedern der Familie Tudor besetzt sind, wenn auch der eine nur in Stellvertretung – und von einer Frau.

Knapp neunzig Jahre später wird ein Nachfahre der Stuarts mit einigen Tudor-Genen im Blut beide Kronen auf Dauer vereinen. Doch in der Zeit dazwischen werden Frauen gewaltige Veränderungen auf den britischen Inseln bewirken. Nach Catalina und Margaret werden acht Frauen die Krone einer Ehefrau des Königs tragen, zwei von ihnen zeitweilig als Regentinnen fungieren, und vier Frauen werden regierende Königinnen von Gottes – oder der Hofparteien – Gnaden sein, mehr oder weniger lange, mehr oder weniger erfolgreich. Um diese Frauen wird es im Folgenden gehen, nach einer kurzen Exkursion in die Vorgeschichte(n) der Familien Tudor und Stuart …

Die Lasten der Väter – und Mütter

Die Machtergreifung der Tudors

Bosworth und London, Spätsommer 1485

Haus Tudor – peinliche 30 Jahre jung ...

Als Catalinas Truppen 1513 die Schotten bei Flodden Fields so vernichtend schlagen, sitzen die Tudors noch keine 30 Jahre auf Englands Thron. Catalinas Schwiegervater Henry Tudor hatte am 22. August bei Bosworth Market eine Schlacht gegen King Richard III. aus dem Hause York gewagt. Der Tudor hätte sie wohl verloren, wäre nicht Yorks Gefolgsmann Sir William Stanley mit seinen Truppen im entscheidenden Augenblick der Schlacht zu ihm übergelaufen – angeblich versetzte sein Schwert Richard III. den tödlichen Streich. Der Legende nach war es ebenfalls dieser Stanley, der die Krone Englands unter einem Dornbusch fand und sie Henry Tudor überreichen ließ.

Eine auf einem Schlachtfeld gefundene Krone reicht nicht zur Legitimation der Herrschaft, also lässt Henry Tudor sich sein Königtum vom Parlament bestätigen. Die Begründung des hohen Hauses wirkt eher schlicht: König ist, wer auf dem Thron sitzt. Da man den Beginn von Henry Tudors Herrschaft auf den Abend vor der Schlacht datiert, können der gewesene König und seine führenden Gefolgsleute zu Rebellen erklärt und des Hochverrates schuldig befunden werden. So beginnt die rühmliche Herrschaft des Hauses Tudor.

England und Frankreich, 1154 bis 1336

Haus Plantagenêt – ehrwürdige 330 Jahre alt

Was sich anhört wie eine Räuberpistole, setzt den Endpunkt eines dreißigjährigen blutigen Kampfes um Englands Krone, den die Nachwelt mit dem romantisierenden Namen „Rosenkriege" verklärt hat. Was man unbedingt wissen muss, um zu ahnen, worum es dabei wirklich ging, ist etwa Folgendes: Nach der Eroberung Englands durch den Normannen William im Jahre 1066 starben dessen direkte Nachfahren in der männlichen Linie bereits 1135 mit King Henry I. aus. Der hatte zwar verfügt, dass seine Tochter, die als Kaiserin Matilda in die Geschichte eingegangen ist, seine Nachfolge antreten sollte, doch den Herren der Zeit schien das ein so absurdes Ansinnen, dass sich erst Mathildes Sohn aus zweiter Ehe, Henry Plantagenêt, Duc d'Anjou, 1154 als Englands König Henry II. durchsetzen konnte.

Zwei Jahre zuvor hatte Henry d'Anjou Aliènor d'Aquitaine geheiratet, nur wenige Monate nachdem ihre Ehe mit Frankreichs König Louis VII. aus dem Hause Capet aufgelöst worden war. Aliènor war Erbin von Aquitanien und Poitou, Henry selbst besaß neben dem Anjou die Normandie und konnte sich die Oberherrschaft über die Bretagne sichern. Als das Paar in London gekrönt wurde, herrschte es auf dem Kontinent über mehr und einträglichere Ländereien als der König von Frankreich; nie zuvor hatte ein Träger der Krone Englands über ein solches Reich verfügt. Man nannte es das angevinische – nach dem Anjou. War Aliènor auch geschieden worden, weil sie Louis Capet keinen Sohn geboren hatte, mit Henry Plantagenet hatte sie deren fünf, darunter die bis heute populären Richard Cœur de Lion (Richard Löwenherz) und Jean sans Terre (Johann Ohneland). Die französische Namensform ist hier erste Wahl, da das Französische die Sprache des Adels war und in England bis 1363 Amtssprache blieb. Zu der Zeit herrschte Edward III. als siebter König aus dem Hause Plantagenêt in ununterbrochener Folge. Bereits unter Johann Ohneland war allerdings ein Großteil des Festlandbesitzes an Frankreich verloren gegangen, die Rückeroberung blieb über Jahrhunderte Ziel englischer Politik.

England – Frankreich, 1337 bis 1437

Hundertjähriger Krieg

Daraus entstand im vornationalen Gesellschaftsgefüge des Mittelalters der sogenannte Hundertjährige Krieg zwischen England und Frankreich um die französische Krone, dessen Nachwirkungen auf das englische Bewusstsein noch unter den Tudors spürbar waren. Ursache war auch hier das Ende einer Dynastie: 987 war auf das Haus der Karolinger, also der direkten Nachfahren Charlemagnes

(Kaiser Karls des Großen) das der Capets gefolgt. Seither hatten sie in ununterbrochener Folge die Könige Frankreichs gestellt, bis 1326 die männliche Linie endete. Da in Frankreich das Salische Gesetz galt, das Frauen vom Thronrecht ausschloss, fiel die Krone an Philippe de Valois, einen Enkel des 1285 verstorbenen Königs Philippe III. Capet in direkter, männlicher Linie.

Für Englands König Edward III. galt das salische Gesetz nicht, und da seine Mutter eine Tochter des französischen Königs Philippe IV. († 1314) war, reklamierte er die Krone Frankreichs für sich. Als der Valois zur Abwehr dieses Anspruches die damals letzte englische Festlandbesitzung Guyenne besetzte, begann 1337 der Krieg. Im Verlauf der Kämpfe erstürmten die Engländer 1347 Calais, das unter den Tudors die letzte englische Bastion auf dem Festland sein sollte.

Edward III. hatte viele Söhne (darunter den „Vater Europas" John of Gaunt, Begründer des Hauses Lancaster, und Edmund of Langley, Begründer des Hauses York), die alle die Nachfolge des Sohnes des früh verstorbenen Erstgeborenen, des berühmten „schwarzen Prinzen", nicht anerkannten. 1399 übernahm mit Henry IV. ein Lancaster Englands Krone, sein Sohn Henry V. vernichtete mit seinen Bogenschützen bei Azincourt den Stolz Europas, das französische Ritterheer. Damit gewann er am 2. Juni 1420 die Hand der Princesse Catherine de France und im Vertrag von Troyes die Garantie der französischen Nachfolge. Am Nikolaustag 1421 wurde ihnen der designierte Erbe beider Kronen in Windsor geboren. Als Henry V. am 31. August 1422 plötzlich und unerwartet starb, war sein Sohn Henry VI. mit neun Monaten nominell König von England und Frankreich, gekrönt wurde er in London 1429 und in Paris 1431. Die Regentschaft führten seine Onkel Bedford und Gloucester.

Frankreich und England, 1422 bis 1455

Die Stammmutter der Tudorkönige

Catherine de Valois war gerade zwanzig, als sie Witwe und Königinmutter wurde. Von ihrem Sohn hielt man sie fern, um ihn im Sinne des gerade erwachenden Nationalgefühls zu einem echten

14

Engländer zu erziehen. In ihrer Verlorenheit suchte die junge Witwe Trost bei ihrem walisischen Höfling Owen Tudor, der nach eigenem Bekunden direkt von den Königen von Südwales abstammte (Stammvater: Rhys ap Tewdwr Mawr of Deheubarth, † 1093 mit 96 Jahren).

Als die Romanze ruchbar wurde, verbot das Parlament der Königinmutter 1428, sich ohne königliche Zustimmung zu verheiraten. Ob sie zu diesem Zeitpunkt bereits heimlich verheiratet war, daraufhin heimlich heiratete oder überhaupt heiratete, ist nicht mit letzter Sicherheit geklärt. Unbestritten ist, dass sie ab 1430 drei Söhne und zwei Töchter Owen Tudors zur Welt brachte. Ihr königlicher Sohn Henry VI. aus erster Ehe erkannte seine Halbbrüder an, indem er Edmund um 1455 zum Earl of Richmond machte und Jasper zum Earl of Pembroke. Der dritte Sohn Owen wurde Mönch, und über die beiden Töchter ist nichts überliefert.

England, 1455 bis 1457

Erbanspruch über die weibliche Linie
Am 1. November 1455 heiratete Edmund Tudor mit fünfzehn Margaret de Beaufort, eine Urenkelin des John of Gaunt und damit Trägerin des begehrten Plantagenêtblutes. Die Heirat fand auf Wunsch des Königs Henry VI. statt, und mit dreizehn war Margaret Beaufort schwanger. Der werdende Vater Edmund fiel im November 1456 der Pest zum Opfer. Sein Sohn Henry wurde erst drei Monate später auf Pembroke Castle in Wales geboren, die blutjunge Mutter überlebte die Geburt nur knapp. Zwar heiratete sie noch zweimal, ihr Leben aber war ganz dem Aufstieg ihres einzigen Sohnes gewidmet, für dessen Erfolg zur Zeit seiner Geburt wahrlich nichts sprach. Aus Sicherheitsgründen verbrachte er sogar den größeren Teil seiner Kindheit und Jugend in Frankreich ...

England, 1455 bis 1486

Die Rosenkriege
Als Henry Tudor geboren wurde, war also seiner französischen Großmutter Sohn Henry VI. aus dem Hause Lancaster König. Er hatte wohl die Geistesschwäche seines Großvaters Charles VI. de

15

Valois geerbt und versank immer öfter in „Abwesenheiten" – 1445 hatte er Marguerite d'Anjou aus Neapel geheiratet, die sich als schön, gebildet, intelligent und ehrgeizig erwies. Schnell die Schwächen ihres zaghaften Gemahls erkennend, nahm sie das Heft in die Hand und stürzte den Regenten von Frankreich, Richard of York, der über beide Eltern Thronansprüche hatte, und regierte danach mit ihrem Günstling Somerset. Die daraus entstehende Zuspitzung der Rivalitäten zwischen den Häusern Lancaster und York artete 1455 in einen veritablen Krieg aus, nachdem die Yorkisten behaupteten, der 1453 geborene Thronfolger sei ein untergeschobenes Kind. Die nächsten 30 Jahre waren geprägt von verlustreichen Kriegszügen, abgesetzten und wieder eingesetzten, gefangenen, fliehenden, zurückkehrenden und ermordeten Königen und Prätendenten. Doch von ihnen soll hier nicht die Rede sein. Wie eingangs gezeigt, geht letztlich der Außenseiter Henry Tudor aus diesen Kämpfen als Sieger hervor. Sein Erbanspruch fußt auf dem Plantagenêtblut seiner Mutter Beaufort (Haus Lancaster), er verstärkt ihn später durch den seiner Ehefrau Elizabeth, der letzten weißen Rose des Hauses York. Doch das will Henry Tudor tunlichst verschleiern: Er zögert die Heirat hinaus, lässt sich am 30. Oktober 1485 krönen und auch das Weihnachtsfest verstreichen, ohne zum Altar zu schreiten. Da spricht das Parlament ein Machtwort, und Mitte Januar 1486 wird endlich geheiratet. Wie so oft bei weiblichen Mitgliedern illustrer Häuser ist über Elizabeth wenig bekannt. Sie wurde 1466 in Westminster als erstes Kind des York-Königs Edward IV. und der Elizabeth de Woodville geboren und bekam neun Geschwister. Sie ist eine Enkelin jenes Richards of York, dessen Ausschaltung durch Margaret d'Anjou die Rosenkriege auslöste. Trotz der wilden Zeiten, in denen sie aufwuchs, scheint sie eine ruhige Kindheit verlebt zu haben. Natürlich war sie Objekt diverser Heiratsprojekte, unter denen das absurdeste war, dass ihr Onkel Richard III. sie heiraten wollte, sobald seine Ehefrau gestorben sein würde.

Richard III. war ein Bruder von Elizabeths Vater, hatte nach dessen Tod wenige Monate als Lordprotektor ihres Bruders Edward V. gedient, sich jedoch im Juli 1483 selbst krönen lassen, nachdem er den rechtmäßigen König und dessen jüngeren Bruder im Tower gefangen gesetzt hatte. Das Ende der „Prinzen im Tower" bleibt eines der Rätsel der englischen Geschichte. Wie beschrieben starb der letzte König des Hauses Plantagenêt, Zweig York, nur zwei Jahre später auf dem Schlachtfeld, besiegt von Henry Tudor, der sich fortan König nennt. Da Richard III. keine eigenen Nachkommen hatte und seine Neffen im Tower gestorben sind, erkennen Adel und Volk, der ewigen Kriege müde, den Tudor stillschweigend an. Erst danach heiratet Henry Tudor Elizabeth of York. Nur sie und ihre Schwester Catherine, verheiratete Courtney, werden das begehrte Plantagenêtblut weiter tragen, die anderen sieben legitimen Geschwister werden ermordet, bleiben kinderlos oder ihre Kinder sterben früh.

Über die Ehe der Rose von York mit dem Newcomer Henry Tudor weiß man wenig Gesichertes, immerhin hat sie dem König und England acht Kinder geschenkt, von denen vier das Erwachsenenalter erreichen. Betrachtet man das Hochzeitsdatum – 18. Januar 1486 – und das Geburtsdatum des Thronfolgers Arthur – 20. September 1486 – hat wohl kaum eine Königin je pünktlicher ihre vornehmste Pflicht erfüllt.

England, 1485 bis 1500

Das Tudorreich der ersten Jahre

Henry VII. kann seine Herrschaft trotz einiger Rebellionen im Inneren festigen und erweist sich als geschickter Verwalter und Mehrer des Kronschatzes. Unter anderem gelingt ihm das, indem er von der Rückeroberung des Festlandbesitzes absieht und stattdessen einen einträglichen Friedensvertrag mit Frankreich schließt.

Sein offizieller Titel lautet: König von England und Frankreich, Lord von Irland, tatsächlich ist er aber nur Herr von England, in Frankreich ist nur noch Calais englisch, und von Irland wird de facto nur ein schmaler Streifen von einem Statthalter verwaltet. Seit zwei Jahrhunderten gehört Wales zu England, seit 1301 ist *Prince of Wales* Titel des englischen Thronfolgers.

In England hat die Pest besonders heftig gewütet, deswegen herrscht Henry Tudor nur über etwa zwei Millionen Untertanen. Noch um 1550 wird die Bevölkerung mit knapp drei Millionen nur halb so zahlreich sein wie vor dem Wüten des schwarzen Todes. Die Gesellschaft ist agrarisch geprägt, 90% der Engländer leben auf und vom Land, im Südosten vom Ackerbau, im Nordwesten überwiegend von der Viehzucht. Die Bauern sind vermehrt *Copyholders* (Erbpächter) und beginnen profitorientiert für den Markt zu produzieren, Eigenversorgung als Ziel scheint überholt. Exportiert werden hauptsächlich Wolle und Blei – alle Luxusgüter müssen eingeführt werden. England hat etwa 700 Städte, von denen London mit etwa 60.000 Einwohnern um 1500 die weitaus größte ist.

Henry VII. konsolidiert nicht nur die königlichen Finanzen, sondern durch geschickte Handelsabkommen mit Burgund, Dänemark und Florenz auch die seiner Kaufleute und Unternehmer – da er sie zur Machtsicherung braucht. Er verhängt lieber Geld- als Leibesstrafen. Er wird ein geordnetes Finanzwesen und eine volle Staatsschatulle hinterlassen. Trotz Kontroversen unter den Historikern: in summa ist Henry VII. Tudor ein Neuerer. Sein Ziel ist das aller Monarchen der Zeit: Zentralisierung und eine straffe Verwaltung als Gegengewicht zur Adelsautonomie. Neuere englische Forschung ist bemüht, das Bild des kalt kalkulierenden und vorsichtigen Königs in das eines erfolgreichen, intelligenten und kulturell wie politisch effektiven Monarchen umzuwandeln. Trotz seines gern erwähnten Geizes unterhält er einen prunkvollen Hof nach burgundischem Vorbild.

Im Reigen des europäischen Hochadels ...

Hauptproblem der ersten Regierungsjahre der Tudors sind die Adelsrivalitäten. Als Speerspitze der Opposition erweist sich Margarete of York, Herzoginwitwe von Burgund, Tante der Königin und ältere Schwester Richards III. Sie gewinnt Kaisersohn Maximilian als Ehemann für ihre Stieftochter Maria von Burgund und wirbt auch bei Frankreichs jungem König Charles VIII. Valois für die Sache Yorks. Henry VII. Tudor weiß, dass er eher zu den unbedeutenden Herrschern in Europa gehört und hält sich klug zurück. Manchmal hat er auch einfach Glück: Durch Verträge gebunden, müsste der Tudor 1491 eigentlich ein Heer in die Bretagne schicken, doch Charles VIII. beschließt plötzlich, Anne de Dreux, Herzogin der Bretagne, lieber zu heiraten als gegen sie Krieg zu führen. So kassiert Henry von Frankreich eine Entschädigung für den Abzug seines Heeres, das gar nicht zum Einsatz gekommen ist.

Großes Geschick beweist er auch bei der Suche nach Anerkennung durch die altehrwürdigen Monarchien Europas. Probates Mittel sind da Heiraten, allen voran die Vermählung des Thronfolgers Arthur Tudor. Schon im zarten Alter von zwei Jahren wird er mit der zehn Monate älteren Catalina de Aragón verlobt. Ihre Eltern, Isabel de Castilla y Leon aus dem Hause Trastámara und Fernando de Aragón, hatten 1479 das geeinte Königreich Spanien geschaffen und waren durch Fernandos diplomatisches Geschick auf dem besten Wege, eine bedeutende Rolle in Europa zu spielen.

England und Spanien, 1486 bis 1501
Verschwägerung mit einer künftigen Weltmacht

Mit Vehemenz betrieben Isabel und Fernando die *Reconquista* genannte Vertreibung der Mauren von der Iberischen Halbinsel, die 1492 mit der Eroberung Granadas abgeschlossen werden konnte. Im Überschwang des Sieges war Isabel bereit, dem hartnäckigen Bittsteller Cristobal Colon drei Schiffe auszurüsten für den Beweis seiner Theorie, wenn man strikt nach Westen segele, gelange man schneller nach Indien als auf der 1488 von dem Portugiesen Diaz gefundenen Route um Afrika. Ahnten die katholischen Könige und ihre Kinder, dass dieser belächelte Colon den Grundstein zur spanischen Weltmachtstellung gelegt hatte, als er 1493 in Barcelona nach einem Triumphzug quer durch Spanien Eingeborene und Schätze „Indiens" vor ihnen ausbreitete?

Als sie kurz darauf alle nicht taufwilligen Juden und Moslems aus Spanien vertreiben, erhalten Isabel und Fernando von Papst Sixtus IV. den Ehrentitel *reyes católicos*. Im August 1496 kann das spanische Königspaar einen weiteren Triumph feiern, die Doppelhochzeit mit den Kindern des Kaisers Maximilian I., ein Ereignis von weltgeschichtlicher Bedeutung. 1498 wird der stets kränkelnde Arthur zum Prince of Wales erhoben und die Verlobung mit Catalina verkündet. Anzumerken wäre noch, dass ihr Großvater mütterlicherseits der Sohn von Catherine of Lancaster war, einer Tochter des John of Gaunt aus dessen zweiter Ehe mit Constanza de Castilla. So trägt Catalina mit ihrem Lancasterblut als Urenkelin Edwards III. zur Festigung des Tudorschen Thronanspruches bei. Da Henry VII. Fernando de Aragóns Liga gegen Frankreich beitritt, betreibt er als Ausgleich die Verheiratung seiner Tochter Margaret mit dem schottischen König James IV., um so die *Auld Alliance* zwischen Schotten und Franzosen zu unterlaufen.

Das Stuartproblem: Minorität und Adelsanarchie

Schottland, 1088 bis 1406

Die Herkunft der Stuarts

Ursprüngliche Schreibweise des Namens ist Steward, seit der anglo-normannischen Zeit die Bezeichnung eines erblichen königlichen Hofamtes, nämlich des Aufsehers der königlichen Tafel. Der ursprüngliche Name Fitz-Allan, der seit 1088 nachweisbaren anglo-normannischen Familie, wurde im Laufe der Zeit durch die Amtsbezeichnung ersetzt. Die französische Schreibweise Stuart setzte sich erst mit der einen Protagonistin dieses Buches, Marie Stuart, durch, soll im Folgenden aber – nicht ganz korrekt – für die königliche Linie zur Unterscheidung von diversen jüngeren und Bastardlinien eingesetzt werden. Der 1177 gestorbene Walter Steward war erster High Stewart of Scotland (Oberhofmeister des königlichen Haushaltes). Der sechste Amtsinhaber, Walter Steward II., diente unter König Robert (the) Bruce, der sich mit seiner zweiten Ehefrau 1306 in Scone zum König von Schottland krönen ließ. Das missfiel dem englischen König Edward I. Plantagenêt, der die Oberherrschaft über Schottland beanspruchte, derart, dass er im Juni einen Großteil der Familie Bruce gefangen nahm, darunter die Königin und Marjorie, die 1296 geborene Tochter des Königs aus erster Ehe. Drei jüngere Brüder Roberts wurden hingerichtet, Marjorie selbst wurde angeblich über ein Jahr in einen Käfig gesperrt und verschwand unter Edward II. für acht Jahre in einem Kloster. Erst 1314, kurz nach der Schlacht von Bannockburn, in der Robert the Bruce die Engländer vernichtend schlug und zum Nationalhelden avancierte, wurde sie freigelassen. In dieser Schlacht hatte sich der erwähnte Walter Steward besonders hervorgetan und erhielt als Belohnung die Hand der Königstochter Marjorie. Hochschwanger hatte Marjorie einen Reitunfall und musste durch einen Kaiserschnitt entbunden werden. Ihre letzten Worte sollen gewesen sein: „Ein Junge, ich weiß, es ist ein Junge und er wird König sein!" Dann starb sie.

So kam die Krone durch eine Frau – Marjorie Bruce – an die Stewards/Stuarts, wenn ihr einziger Sohn auch 55 Jahre alt werden musste, bevor er 1371 als Robert II. tatsächlich König wurde – Robert the Bruce hatte einfach zu viele Nachkommen, die sich erst gegenseitig ausschalten mussten, bevor der erste Stuart den Thron bestieg. Sein ältester Sohn folgte ihm als Robert III., doch in Wahrheit regierte sein Onkel Albany, der den König für krank erklären und dessen ältesten Sohn 1402 in prophylaktischer Gefangenschaft verhungern ließ. Aus Angst um das Leben seines letzten Sohnes James wollte Robert III. den Jungen nach Frankreich in Sicherheit bringen lassen, doch Engländer kaperten das Schiff des Thronfolgers und brachten ihn als Geisel an den englischen Hof. Angeblich aus Kummer darüber starb Robert III. bereits 1406.

Schottland und England, 1406 bis 1488

Schottlands Könige heißen fortan: James

Damit war James I. zwar nominell König, saß aber die nächsten 18 Jahre am englischen Hof fest, denn Onkel Albany war weiter Regent und hatte keine Eile, das Lösegeld zu zahlen. James wurde derweil auf Schloss Windsor eine umfassende Bildung und Einführung ins höfische Leben zuteil. Im Februar 1423 oder 1424 heiratete er Joan Beaufort, eine Plantagenêt – und Enkelin des John of Gaunt. Das Paar bekam sechs Töchter und Zwillingssöhne, der erstgeborene wurde kein Jahr alt.

Als James 1424 endlich nach Schottland kommt, herrscht dort das reine Chaos, doch nach seiner Krönung macht er sich unerschrocken daran, die Ordnung wiederherzustellen. Zunächst lässt er alle Albanys hinrichten. Es gelingt ihm, den mächtigen Douglas Clan, der die Krone für sich beansprucht, in Schach zu halten. Mit starker Hand setzt er Reformen durch, versucht, das Parlament

nach englischem Vorbild umzubilden. Nach 20 Jahren clansherr-
licher Freiheiten mögen die Schotten das gar nicht und ermorden
ihn schließlich 1437 in der Kanalisation von Perth.

James I. einzig überlebender Sohn ist erst sieben. Schon wieder
wird eine Regentschaft der Adelsanarchie Tür und Tor öffnen und
die in zwölf Jahren von James Stuart errichtete Ordnung einrei-
ßen. Regenten wechseln in schneller Folge. Als James II. 1451 die
persönliche Herrschaft übernimmt, fühlt er sich im Jahr darauf ge-
nötigt, den achten Earl of Douglas in Stirling Castle persönlich zu
ermorden. Erst nachdem er die Unterstützung anderer Clans gewinnen kann, gelingt ihm der Sieg über diese mächtige Familie. Der
neunte Earl flieht ins englische Exil. Englands Kräfte sind durch
die Rosenkriege gebunden, so kann James II. seine Herrschaft festigen und die schottische Wirtschaft sich erholen. 1460 wagt es
der König, die letzte englische Besitzung auf schottischem Gebiet,
Roxburgh Castle, zu belagern. Er stirbt, als eine Kanone direkt neben ihm explodiert. Er ist gerade 30 Jahre alt.

1449 hatte er Maria von Geldern geheiratet und mit ihr sechs
Kinder, der Thronfolger ist bei seinem Tod neun Jahre jung, die
ewige Wiederholung der Stuartproblematik: Die Minderjährigkeit
bedingt Regentschaft, die wiederum Streitigkeiten unter dem Adel
auslöst, die Kleinkriege und Mordkomplotte nach sich ziehen. Mit
Erreichen der Volljährigkeit heiratete James III. Margarete von Oldenburg, Tochter des Königs von Dänemark. Sie bringt der schottischen Krone als Mitgift die Äußeren Hebriden, die Orkney und
die Shetland Inseln ein. Die Heirat sollte die einzige Großtat dieses
Königs bleiben, der sich eigentlich mehr für Kunst und Okkultis-
mus als für das Geschäft des Regierens interessierte. 1488 stellte
der Adel eine Armee auf, um den verhassten König zu stürzen, die
näheren Umstände seines Todes sind von Legenden umrankt – er
starb während der Schlacht von Sauchieburn im Juni 1488.

Der erfolgreiche James IV.

Am 24. Juni wird in Scones James IV. im Alter von fünfzehn feierlich gekrönt. Da Thronfolger mit vierzehn als volljährig gelten, kann er die Herrschaft sofort selbst ausüben. Schnell muss er erkennen, dass die Adelsopposition ihn benutzt hat und ihn auch weiterhin als Galionsfigur zu behandeln gedenkt, um ungestört die eigenen Interessen verfolgen zu können. Letzteres wird er zu verhindern wissen, doch seine indirekte Mitschuld am Tod seines Vaters empfindet er als große Sünde, für die er sich als Strafe auferlegt, fortan eine eiserne Kette direkt auf der Haut um die Taille zu tragen und sich regelmäßig strengen Exerzitien zu unterziehen. Trotz dieser archaisch anmutenden Bußfertigkeit ist James IV. ein ungewöhnlich gebildeter Mann, er soll zehn Sprachen fließend sprechen, sicher ist, dass er der letzte König der Schotten ist, der sich mit den Highlanders in fließendem Gälisch unterhalten kann. Dass er Scots und English beherrscht, ist nicht verwunderlich, Deutsch und Dänisch wird er von seiner Mutter gelernt haben. Latein ist noch immer die Sprache der internationalen Diplomatie, wie Französisch die höfische. Spanisch ist das Idiom einer aufstrebenden europäischen Großmacht, und Italienisch steht für die Renaissance, die dieser König in sein Reich am nordwestlichsten Rande Europas einführt. James IV. bringt durch seine Förderung Dichtung und Wissenschaft in Schottland zu bis dato unbekannter Blüte. Er beginnt, ebenfalls neu für die Schotten, ein Erziehungswesen aufzubauen. 1489 schlägt er eine weitere Rebellion nachhaltig nieder und kann mit umfassenden Reformen beginnen.

An der Wende zur Neuzeit

Das schottische Reich umfasst etwa 30.000 Quadratmeilen, dazu gehören 787 Inseln. Das Festland teilt sich in drei Regionen: die nordwestlichen Highlands und die südöstlichen Lowlands, die Grenze zwischen beiden ist eine gezackt verlaufende Linie, sowie die Borderlands in der Nachbarschaft zu England. Die Highlands sind keltisch, ihre Sprache Gälisch, in den Lowlands, die normannisch und skandinavisch geprägt sind, wird Scots gesprochen. Die Lowlanders halten sich für entschieden kultivierter als die Highlanders, sie treiben Ackerbau, Fischerei und Seehandel, kleiden sich europäisch. Hier befinden sich die königlichen Residenzen und die einzigen Städte, die drei Universitäten und die beiden Erzepiskopate Glasgow und Saint Andrews.

Die keltischen Highländers mögen keine Städte, und da weite Gebiete ihrer Stammländer für Ackerbau absolut ungeeignet sind, betreiben sie ausschließlich Weidewirtschaft. Beiden gemeinsam ist und bleibt die Lust am Kampf. Einigend wirkt die Monarchie, die großes Prestige besitzt. Die Stuarts hatten bisher das Glück, fruchtbar zu sein, es gab immer mindestens einen Thronfolger, doch der Ausbau zu einer zentral gesteuerten Monarchie konnte nicht mit der Entwicklung in Europa Schritt halten, denn in der Zeit der Regentschaften für die minderjährigen Könige wird alle Aufbauarbeit in dieser Richtung regelmäßig zunichte gemacht. So kann keiner der Stuartkönige auf den Erfolgen seines Vorgängers aufbauen, jeder muss sich bei Übernahme der persönlichen Herrschaft erst wieder gegen den Adel durchsetzen oder tragfähige Bündnisse mit mächtigen Clans schaffen.

Schottland, nach 1489

Friede zwischen Distel und Rose

James IV. erweist sich darin als besonders geschickt, er erkennt, wie wichtig es ist, die Highlands und die Islands einzubeziehen, und kann damit seiner Herrschaft genügend Rückhalt verschaffen. Auch nach Ende der Rosenkriege herrscht mit England Frieden, denn Henry VII. zahlt für die Ruhe an der Grenze. James ist klar, dass er dafür – eines Tages – Henrys Tochter Margaret wird heiraten müssen, doch sie ist 16 Jahre jünger als er, und er genießt während der Zeit ihres Heranwachsens sein Leben mit ständig wechselnden Mätressen. Er wird insgesamt neun uneheliche Kinder haben, die er alle anerkennt und nach Kräften versorgt. 1493 gelingt es James IV. endgültig, die Vorherrschaft des MacDonald Clans zu brechen, diese „Lords of the Isles" hatten sich an ein von der königlichen Macht vollkommen unberührtes eigenes Regiment vor der Küste gewöhnt.

So kann Schottland zu einer bislang ungekannten Blüte von Kultur und Wirtschaft gelangen, die Monarchie gewinnt erstmals europäisches Ansehen, James IV. Stuart tauscht mit allen europäischen Monarchien Botschafter aus. Seine Feste und Turniere werden zu international anerkannten Ereignissen, er umgibt sich mit Künstlern und Wissenschaftlern und fördert den noch neuen Buchdruck. Innenpolitisch ist die Regierungszeit James' IV. eine Erfolgsgeschichte, außenpolitisch ist er nicht ganz so überzeugend.

Da er zu dieser Zeit zwei Geliebte gleichzeitig hat, Janet Kennedy und Margaret Drummond, die ihm 1497 und 1500 eine Tochter und einen Sohn schenken, wird es ihm gerade genehm sein, dass Margaret Tudors Mutter und Großmutter sich weigern, die noch nicht zehnjährige Braut nach Schottland zu schicken. Henry VII. Tudor jedoch sitzt auf heißen Kohlen, sein allzu gerissener Bundesgenosse Fernando de Aragón kann noch über seine zweitjüngste Tochter Maria verfügen, und die ist schon sechzehn, also bereits in gebärfähigem Alter!

Königinnen zwischen Bangen und Glück

Spanien, Portugal und Flandern 1488 bis 1501

Was Catalina über dynastische Ehen lernt

Bereits 1488, Catalina ist gerade drei Jahre alt, sind die englischen Brautwerber bei ihren Eltern vorstellig geworden. Sie wird nach England aufbrechen, sobald der ein knappes Jahr jüngere Arthur ehefähig sein wird. Catalina erhält wie ihre Geschwister eine profunde Erziehung, und da die Infanten die Eltern auf allen Reisen und Kriegszügen begleiten, erleben sie Herrschen live von frühester Kindheit an. Catalina hört, bevor sie es verstehen kann, dass Frankreich der Feind und ihre Ehe mit dem englischen Prinzen Teil der Absicherung gegen diesen Feind ist. Seit sie denken kann, wird sie *Princess of Wales* genannt. Sie weiß, dass ihr Urgroßvater der legendäre John of Gaunt ist. Sie kennt die Geschichten um dessen Bruder, den schwarzen Prinzen, und die Bedeutung von Azincourt, ja die ganze Historie Englands. Sie liebt die Legenden um den Zauberer Merlin und König Arthurs Tafelrunde, den mittelalterlichen Roman in drei Bänden wird sie wieder und wieder lesen.

Catalina ist fünf, als ihre älteste Schwester Isabel nach Lissabon aufbricht, um Afonso de Aviz, den Infanten von Portugal zu heiraten. Knapp acht Monate später ist der Infant tot, und Isabel kehrt als kinderlose Witwe nach Spanien zurück. Catalina fühlt, dass Isabel unglücklich ist, weil sie versagt hat.

Anfang April 1497 hat Infant Juan in Burgos Margarethe de Austria geheiratet und ist in heftiger Leidenschaft zu der stattlichen blonden Kaisertochter entbrannt. Ziemlich genau ein halbes Jahr später, am 4. Oktober, stirbt Juan in Salamanca und Margarethes Kind kommt tot zur Welt. Straft Gott maßlose Gattenliebe auf diese Art?

Nun ist ihre älteste Schwester Thronerbin und heiratet zwei Tage nach des Bruders Tod wie geplant in zweiter Ehe Manoel den Prächtigen, König von Portugal, in der Absicht, die iberischen Kronen in der nächsten Generation zu vereinen. Isabels Leben endet zehn Monate später im Kindbett. Ihr Sohn bleibt in der Obhut seiner Großeltern, doch er stirbt im August 1500 in Granada. Kann das wirklich Gottes Wille sein?

Damit ist Schwester Juana Erbin Spaniens. Sie war im Sommer 1496 in die Niederlande gesegelt und nach einer stürmischen Überfahrt in eine noch stürmischere *amour fou* mit Philippe dem Schönen, Herzog von Burgund. Sie wenigstens erfüllte die in sie gesetzten Erwartungen auf gesunde Nachkommenschaft: Tochter Eleonor wurde im November 1498 geboren, Sohn Carlos am 24. Februar 1500. Im Oktober des gleichen Jahres heiratet Infanta Maria den Witwer ihrer Schwester Isabel, Manoel den Prächtigen. Henry VII. Tudor fällt in London ein Stein vom Herzen.

Laredo und London, Sommer/Herbst 1501
Catalinas Reise auf die Insel
Trotz all dieser Ehedramen ihrer Geschwister ist Catalina fest entschlossen, ihre Aufgabe in England mit Bravour zu erfüllen. Nach tränenreichem Abschied von den Eltern und dem Land ihrer Kindheit sticht sie am 17. August mit ihrem Hofstaat in See. Bereits am

vierten Tag bricht ein Sturm los, der die kleine Flotte zurück nach Laredo bläst, erst Ende September kann sie erneut aufbrechen. Am 2. Oktober werden Catalinas Schiffe von Plymouth aus gesichtet, und man bereitet ihr einen begeisterten Empfang. Immer mehr Adlige sammeln sich, um ihr das Geleit in die Hauptstadt zu geben, jeder Halt ist Anlass für ein Fest, der Adel von Cornwall und Devon wetteifert um ihre Gunst. In Exeter begrüßt sie der Hofmeister des Königs, und die Duchess of Norfolk erwartet die Braut mit einem großen Gefolge von Damen. Die Hofmeisterin Catalinas ist nicht gewillt, die Braut mit dem Schwiegervater oder gar dem Bräutigam sprechen oder sie ohne Schleier auftreten zu lassen, bevor sie verheiratet ist. So verlangt es die kastilische Sitte.

Doch Henry VII. will die Katze nicht im Sack kaufen und setzt sich durch. Was er sieht, gefällt ihm durchaus. Die Braut ist klein und zierlich, versteht es ausgezeichnet, sich anmutig zu bewegen, und wirkt sehr gesund. Sie hat rotblonde Haare und einen hellen Teint, ihre grauen Augen strahlen. Arthur wirkt neben Catalina mit ihrer heiteren Gelassenheit wie ein aufgeregtes Kind. Schließlich tanzt man sich gegenseitig etwas vor, und die spanische Prinzessin ist überzeugt, es sehr gut getroffen zu haben mit diesem schüchternen, aber hübschen Jungen, dem von ihr begeisterten Schwiegervater und all den freundlichen Damen.

London, 14. November 1501
Die Infantin heiratet den Thronfolger
Am Hochzeitstag führt Prince Henry, der „kleine" Bruder des Bräutigams, Catalina zum Altar der St. Paul's Cathedral. Er ist mit seinen zehn Jahren fast so groß wie Arthur und kräftiger. Obwohl diskutiert wird, ob es im Hinblick auf Arthurs schwächliche Konstitution nicht sinnvoll wäre, das junge Paar ein Jahr getrennt voneinander leben zu lassen, findet die traditionelle Hochzeitsnacht im gemeinsamen Bett statt. Der Prinz prahlt zwar anderntags vor seinen Freunden mit seiner erwiesenen Männlichkeit, doch wer glaubt ihm das? Alle Damen Catalinas und ihr Beichtvater sind der festen Überzeugung, dass ihre Prinzessin noch genauso unberührt ist wie am Tag zuvor und dass sich daran auch in den folgenden Monaten

nichts ändert. Trotz aller Sorge um die Gesundheit des Prinzen wird vor Weihnachten beschlossen, das junge Paar solle nach Ludlow ziehen, damit der Prinz in seiner Eigenschaft als Landesherr von Wales dort praktische Erfahrung im Geschäft des Regierens sammeln kann. Viel Zeit bleibt dafür nicht, bereits am 2. April 1502 stirbt Arthur Tudor an Tuberkulose. Catalina, nun kinderlose Witwe, erkrankt und ist erst Wochen später in der Lage, nach Richmond zu reisen, einer völlig ungewissen Zukunft entgegen.

London, Sommer/Herbst 1502
Catalina in der Warteschleife
Die Katholischen Könige schicken einen Sonderbotschafter, er soll die junge Witwe samt Mitgift zurück nach Spanien bringen – oder ihre Heirat mit Thronfolger Henry durchsetzen. Erstmals wird die Frage, ob die Ehe mit Arthur wirklich vollzogen wurde, öffentlich erörtert. Ihre Damen schwören alle Eide, dass Catalinas Jungfernschaft unversehrt ist. Es findet eine „Untersuchung" statt, in der Hühnerknochen eine mysteriöse Rolle spielen und alle Beteiligten beschwören, Catalina sei eine *virgo intacta*. Dummerweise hat Botschafter Puebla unmittelbar nach der Hochzeitsnacht den Vollzug nach Spanien gemeldet, in der Absicht, das zu berichten, was die Könige seiner Meinung nach hören wollten. Catalina muss ihre Unversehrtheit beschwören, zur Sicherheit besorgen ihre Eltern noch einen päpstliche Dispens, es gehen Noten und Berichte übers Meer hin und her, während sich Catalina mit ihrer verbliebenen spanischen Entourage in London Durham House als Witwensitz einrichtet. Schwiegervater Henry VII. kann sie nicht ziehen lassen, weil er dann die ganze Mitgift zurückgeben müsste, zahlt aber kaum Unterhalt, so dass Catalina Teile ihres Tafelsilbers und Schmuckes verkaufen muss. Das führt zu weiterem Streit über den Wert der Mitgift, doch Catalina ist fest entschlossen, in England zu bleiben. Schließlich hat sie die Sentenz „Mein Wille ist nicht zu brechen!" zu ihrem Motto gewählt.

Die Rose und die Distel

Die Heirat der Tudortochter Margaret mit James IV. Stuart ist seit 1498 beschlossene Sache. Als des Königs Geliebte Margaret Drummond 1501 plötzlich stirbt, geht das Gerücht, man habe sie vergiftet, weil James kurz davor stand, sie zu heiraten. Die Zeit drängt, doch erst im Januar 1503 kann der Heiratsvertrag unterzeichnet und die Trauung *per procurationem* zelebriert werden. Die Feiern sind prächtiger als die zur Heirat des Thronfolgers, und bei den Turnieren ist ein gewisser Charles Brandon der neue Star. Wenige Tage später bringt Elizabeth of York im Tower eine Tochter zur Welt, die Katherine getauft und nur Wochen später sterben wird. Die Königin überlebt die Geburt lediglich um einige Tage. So verschiebt sich der Aufbruch Margarets erneut, erst im Sommer 1503 kann sie nach Schottland aufbrechen.

Sie ist nun knapp vierzehn und scheint es keineswegs eilig zu haben, Schottland zu erreichen. Sie verweilt lange bei Großmutter Beaufort, reist dann in vielen kleinen Etappen von York nach Berwick. 2.000 Hofleute haben sie bisher begleitet, mit ihr überschreiten 500 Engländer die Grenze. Am 3. August erreicht man Dalkeith, wo der Bräutigam überraschend auftaucht. Man plaudert und speist miteinander, und James reitet wieder davon, kehrt aber um, als er hört, dass in einem Pferdestall Feuer ausgebrochen ist. Der Tag endet in einer ausgelassenen Tanzerei.

Frauenkenner James Stuart spürt, dass in der blutjungen Margaret ein erotisches Potential auf seine Erweckung wartet, und scheint mit dieser aus politischem Kalkül geschlossenen Heirat ausgesöhnt. Das Eintreffen der Braut in Edinburgh wird mit feierlichem Pomp inszeniert, Margaret kommt in einer Sänfte an, der König hebt sie zu sich auf sein Pferd, und so reiten sie gemeinsam in die Stadt ein, deren Straßen nach den Gepflogenheiten der Zeit geschmückt sind. Am 8. August 1503 heiratet Margaret Tudor in Holyrood Abbey James IV. Stuart. Die Vereinigung von Rose und Distel soll den Frieden „auf ewig" sichern.

Nach schottischer Sitte schenkt James IV. seiner jungen Frau eine Burg zur Hochzeit, er hat Kilmarnock gewählt. Etwas indigniert stellt die junge Königin fest, dass er dort seine neun vorehelichen Kinder erziehen lässt, gerade ist noch James dazugekommen, Sohn der Janet Kennedy. Der König hat geschworen, als Ehemann alle anderen Frauen aufzugeben, und erweist sich als aufmerksamer und generöser Gatte. Er schenkt Margaret Juwelen und prachtvolle Kleider, ihre Wintersachen sind mit Hermelin gesäumt. Sie repräsentiert mit für ihre Jugend erstaunlicher Würde. Mit 18 Gepäckwagen begibt sich das Königspaar im Spätsommer auf eine Rundreise zu den Residenzen seines Reiches.

London, November 1503

Catalina: weiter in der Warteschleife …

Henry VII. erwägt nun, seine Schwiegertochter selbst zu ehelichen, das erfüllt Isabel la Católica mit Grausen, schnell schlägt sie ihre Schwägerin Juana de Aragón vor. Henry gefällt diese Idee spontan, und Catalina wird nun ernsthaft als künftige Gattin des Thronfolgers gehandelt. Die Hochzeit soll jedoch erst stattfinden, wenn Henry fünfzehn ist. Das bedeutet für Catalina drei Jahre Warten in ungesicherten Verhältnissen, ohne eine Aufgabe. Doch sie ist entschlossen, nicht als unberührte Witwe zu den Eltern zurückzukehren, und teilt ihnen mit, sie werde eher in England sterben als die Insel verlassen. Im Herbst 1503 ist Henry VII. bereit, seinen zwölfjährigen Erben mit der achtzehnjährigen Schwiegertochter zu verloben. Um sich andere Möglichkeiten offen zu halten, lässt er den Sohn heimlich eine Protestakte unterschreiben, die zunächst im Staatsarchiv verschwindet.

Das Ansehen der Tudormonarchie ist soweit gewachsen, dass es Henry VII. gelingt, seine jüngste Tochter Mary (7) mit Erzherzog Karl (3), dem Enkel Kaiser Maximilians, zu verloben. Bei strenger Beachtung der Etikette – das ist das Ressort der Großmutter Beaufort – hat die kleine Mary nun den Vorrang vor der achtzehnjährigen Witwe Catalina.

Das wird sie weniger stören als die mangelhafte Zahlungsmoral des Königs, die ihren Haushalt stetig schrumpfen lässt. Ihre Lage verschlechtert sich weiter, als ihre Mutter, Spaniens große Königin Isabel, Ende November 1504 stirbt. Catalina begeistert sich nun für die Idee, Schwester Juana und Schwager Philippe zu treffen, wenn sie auf dem Seeweg nach Kastilien reisen, um dort ihr Erbe anzutreten. Im Verlauf der Verhandlungen darüber kommt Henry VII. 1505 die Idee, seinen mittlerweile vierzehnjährigen Erben Henry mit Eleonor, der siebenjährigen Erstgeborenen des Paares, zu verheiraten – eine neue Gefahr für Catalina.

Die Reise von Juana und Philippe verzögert sich aus politischen und persönlichen Gründen bis Anfang 1506. Kaum in Gravelines in See gestochen, gerät der Schiffskonvoi in einen zwölf Stunden ununterbrochen wütenden Sturm, am 13. Januar wird das Schiff mit dem königlichen Paar in der Nähe von Weymouth angeschwemmt. Henry VII. schickt Thomas Brandon aus, um Philippe und Juana nach Windsor zu geleiten. Dort luchst der alte Fuchs dem unbedarften Philippe den für England ungemein günstigen Vertrag von Windsor ab, in dem man sich uneingeschränkter gegenseitiger Unterstützung versichert. Natürlich unterhält Henry VII. seine Gäste nach allen Regeln höfischer Geselligkeit, doch Juana zieht sich zurück, führt nur ein einziges, langes Vieraugengespräch mit Catalina. Die geheimnisvolle Aura Juanas verzaubert Henry VII. nachhaltig.

Catalinas Heirat liegt weiter auf Eis, ihre Schulden steigen und steigen, bis sie für Henry VII. und ihren Vater plötzlich neue Wichtigkeit erlangt. Philippe der Schöne stirbt am 6. September 1506 in Burgos, und Henry wirbt sofort um Witwe Juana. Das bringt Fernando auf die geniale Idee, Tochter Catalina zu seiner offiziellen Botschafterin zu ernennen und ihr gar ein Gehalt zu zahlen. Sie behält dieses Amt zwei Jahre, und es erweist sich als gute Schule für eine künftige Königin. Catalina führt die Verhandlungen um die Heirat des Schwiegervaters mit der Schwester mit viel Geschick und erlangt von ihrem Vater sogar dessen Einwilligung. Ihr Ansehen steigt gewaltig, sie wird zum Mittelpunkt des englischen Hofes – bis Juana letztlich die Heirat verweigert.

Ende Februar 1508 schickt Rey Fernando einen Botschafter, der sofort seine überragende diplomatische Begabung beweist, in dem er verbreitet, Henry VII. sei zum Heiraten viel zu alt – der Tudor ist gerade 51 geworden! Rey Fernando weist Geld für Tochter Catalina an, doch der Botschafter streitet um jedes Pfund der Mitgift und schickt das Geld schließlich zurück nach Spanien. So ist der Einzige, der einen Nutzen aus der ganzen Affäre zieht, der Bankier Grimaldi, der noch dazu eine Hofdame Catalinas heiratet. Nach all diesen Peinlichkeiten hat Catalina die gestrenge Königinmutter Beaufort gegen sich und lebt unter schwierigeren Umständen denn je zuvor.

Edinburgh, Anfang 1507

Margaret Tudor und James IV. Stuart
praktizieren derweil das im Norden noch übliche Reisekönigtum, er spricht Recht im ganzen Land, und sie verzehren die Einkünfte der königlichen Latifundien vor Ort. Als die junge Königin am 21. Februar einen Sohn zur Welt bringt, scheint das Glück des Paares vollkommen. Der Thronfolger wird mit allem gebotenen Prunk getauft.

Als Königin Margaret kurz darauf an einem schweren Fieber erkrankt, begibt sich James auf eine Wallfahrt. Exakt in dem Augenblick, da er Knie und Haupt am Grab des Heiligen Ninian demütig beugt, beginnt Margarets Fieber zu sinken. Die Kunde von diesem „Wunder" macht in ganz Europa die Runde und bringt dem Stuart eine gute Presse. Als er auch noch publik macht, er wolle nach Jerusalem pilgern, um das Herz eines Vorfahren nach Schottland zu holen, beschert ihm das in Rom solches Prestige, dass der Papst ihm den Titel eines Protektors des Christentums verleiht. Im Schwung dieser Begeisterung pilgert auch Königin Margaret zum Heiligen Ninian, um für ihre Genesung zu danken – allerdings in goldener Sänfte und mit 17 Gepäckpferden.

Stirling, Anfang 1508 bis 1509

Was ist mit der Stuartschen Fruchtbarkeit?
Kaum ein Jahr währt das ungetrübte Glück von Rose und Distel, da stirbt der kleine Thronfolger. Margaret ist zu dem Zeitpunkt bereits wieder schwanger, doch das Mädchen, das sie im Juli 1508 zur Welt bringt, lebt gerade einen Tag. Margaret ist untröstlich und erkrankt ernsthaft, doch im Frühjahr 1509 ist sie schon wieder schwanger. Sie ist als Unterpfand des ewigen Friedens auf der Insel verheiratet worden, doch dieser Frieden ist in Gefahr. Die Schotten drängen ihren König zur Erneuerung der *Auld Alliance*, sie vermissen die

von Frankreich großzügig bezahlten Pensionen. Frankreichs König Louis XII. braucht schottische Unterstützung bei seinem Zug gegen Mailand, er schickt Bernard Steward, Seigneur d'Aubigny, unter dem Vorwand einer Pilgerreise zu Sankt Ninian, der inzwischen eine wahre Touristenattraktion geworden ist. James lehnt die Allianz zwar offiziell ab, doch Henry VII. schickt zur Sicherheit seinen fähigsten Diplomaten, den Kleriker Thomas Wolsey, nach Edinburgh, um Tochter und Schwiegersohn auf Kurs zu halten.

Richmond Palace und London, Frühjahr/Sommer 1509
Catalina: endlich am Ziel
Gerade 52 Jahre alt, stirbt am 21. April Henry VII. Tudor, und sein Sohn Henry VIII. ist König von England. Der reibungslose Übergang zeigt, dass die Anerkennung der Tudordynastie allgemein ist. Da Henry als Thronfolger sehr zurückgezogen gelebt und sich seinen Studien und der Ausbildung in allen höfischen Fertigkeiten gewidmet hat, kennt ihn niemand außerhalb des Hofzirkels wirklich. Henry ist noch keine 18, er spricht und schreibt fließend Latein und Französisch, kann etwas Italienisch und Spanisch und hat eine Einführung ins Griechische erhalten. Er liebt Musik und Tanz, spielt mehrere Instrumente und wird viele Lieder und zwei Messen komponieren. Er ist Champion in allen höfischen Kampfsportarten und ein passionierter Jäger.

Der Vater soll ihm auf dem Totenbett die Heirat mit Catalina ans Herz gelegt haben, und der Siebzehnjährige scheint eifrig verliebt in die immer noch mädchenhaft zierliche, sechs Jahre ältere Spanierin zu sein. Catalina weiß, Gott wird der großen Isabels Kinder nie im Stich lassen, sie selbst hat sieben Jahre darum gekämpft, Königin von England zu werden, sie ist aus diesem Kampf gestählt hervorgegangen und bereit. Sie genießt die bewundernde Liebe dieses blonden Riesen von fast 1,90 Meter Länge, der ihr immer etwas täppisch erscheint und den sie mit sanfter Gelassenheit zu führen gedenkt. Henry will sie unbedingt bei seiner Krönung als seine Frau an seiner Seite haben. Mancher findet das übertrieben, doch allgemein erwartet man von diesem Bild von einem Mann und von dieser tapferen kleinen Frau das Goldene Zeitalter.

Catalina erlebt ihre Hochzeit am 11. Juni 1509 in Greenwich und all die damit verbunden Ehrungen und Feste wie im Traum. Am Tage der Hochzeit kommt ein Gratulationsbrief des Schwagers Stuart. Solange Henry und Catalina keine Kinder haben, wird das Kind, das Margaret Tudor erwartet, Erbe beider Kronen sein. Noch weiß niemand, welche Bedeutung diese Möglichkeit in den nächsten Jahrzehnten gewinnen wird.

Mit aller gebotenen Feierlichkeit werden Henry und Catalina am 24. Juni 1509 in der Westminster Abbey von London zu König und Königin von England gekrönt. Vier Tage später feiert der junge Hof ausgelassen seines Königs 18. Geburtstag. Am folgenden Tag unterzeichnet James IV. Stuart die Bestätigung des immerwährenden Friedens.

Henry will der großartigste aller Könige sein, er will das angevinische Reich der Plantagenêt neu errichten, sein Hof soll der herrlichste aller Höfe sein, er selbst will ein Eroberer, ein neuer Alexander werden. Catalinas Vorstellung vom Königtum ist eine völlig andere, sie will nach dem Vorbild ihrer Mutter zur höheren Ehre Gottes und zum Wohle ihres Volkes tätig sein. Während Henry die Pracht um ihrer selbst willen liebt, würde Catalina lieber bescheiden und gottgefällig leben, doch sie weiß, dass Prachtentfaltung zum Geschäft des Herrschens gehört. So führen sie einen jungen, unbeschwerten Hof, ihre größte Gemeinsamkeit ist die Feindschaft zu Frankreich, sie bestärken sich gegenseitig darin. Überhaupt scheint Henry den Rat seiner Frau zu suchen, und so ist es zu Anfang ihrer gemeinsamen Herrschaft ein Leichtes für Catalina, ihn zu einer Politik im Sinne ihres Vaters zu bewegen. Der gerissene Fernando kennt keine Skrupel, er wird die Anhänglichkeit der Tochter und die Unerfahrenheit des Schwiegersohnes schamlos ausnutzen – sehr zum Nachteil Catalinas.

Edinburgh und London, Herbst 1509 bis Frühjahr 1513
Wettlauf um einen Erben …
Am 20. Oktober bringt Margaret in Schottland einen Sohn zur Welt, der nach dem verstorbenen Onkel Arthur getauft wird. Auch Catalina ist schwanger, doch ihr erstes Kind, ein Mädchen, kommt Ende

Januar 1510 tot zur Welt. Der kleine Stuart stirbt im Sommer des Jahres. Inzwischen ist Catalina wieder schwanger, und nach viel Bangen und Beten bekommt sie am 1. Januar 1511 in Richmond Palace einen gesunden Sohn, der nach dem vor Stolz schier berstenden Vater Henry getauft wird. Kanonen künden von seiner Geburt, überall werden Freudenfeuer entzündet, der Hof stürzt sich in eine wahre Festfolge, doch die Freude währt nur 52 Tage. Am 22. Februar ist Englands Hoffnung erloschen, Catalina untröstlich.

Erstmals wird getuschelt, dass der König sich mit anderen Frauen tröstet, doch noch ist er diskret, schickt einen Freund vor, der für seinen König die Schwestern Buckingham abwechselnd hofiert. Catalina weiß, dass sie darüber hinwegsehen muss, ihre Mutter hat das auch getan, wenn der Vater seine Geliebten hatte.

… und Entscheidungen über Krieg und Frieden

Catalina muss Henry anders an sich binden, ihr Feld ist die Politik, sie ist die Tochter der *reyes catolicós*. Sie ist es, die auf Adressen der internationalen Botschafter aus dem Stehgreif in fließendem Latein antwortet. Zwar hat Henry inzwischen den Diplomaten seines Vaters, Wolsey, in den *Privy Council* berufen, doch noch erreicht Catalina, dass England im November 1511 nicht nur der Heiligen Liga gegen Frankreich beitritt, sondern es gelingt ihr sogar, Henry von dem Nutzen eines Privatabkommens mit ihrem Vater zu überzeugen: Henry soll Aquitanien bekommen, Fernando Navarra. Henry rüstet und schickt ein Heer. Der König von Aragón erobert Navarra und schließt sofort einen Separatfrieden mit Frankreich. Henry ist düpiert, bleibt auf den Kosten sitzen, hat keinen Fußbreit französischen Bodens gewonnen. Noch glaubt Catalina ihrem Vater, der behauptet, die englischen Soldaten seien unwillig, ihr Heerführer unfähig. Doch Henrys Vertrauen in Catalina als Ratgeberin schwindet, mehr und mehr wendet er sich Wolsey zu.

Parallel wird James Stuart vom Papst zum Kriegseintritt gegen Frankreich gedrängt. Margaret unterstützt diese Forderung, die Clanchefs bestehen dagegen auf einer Erneuerung der *Auld Alliance*. Margaret, schon wieder schwanger, gibt nach, als James sich zum Friedensstifter zwischen Frankreich und England in päpstlichem Auftrag aufschwingen will. Am 10. April 1512 wird Thronfolger James Stuart im Linlithgow Palace geboren, Margaret hat den Wettstreit um den Erben gewonnen, wird – sicher ist sicher – umgehend wieder schwanger – und krank. James unternimmt eine weitere Pilgerfahrt für ihre Gesundheit.

Alle Zeichen stehen auf Krieg. Henry folgt inzwischen nur noch dem Rat Wolseys, will persönlich Frankreich erobern und zieht gen Dover. Dort ernennt er Catalina zur Regentin und setzt am 15. Juni 1513 mit mehr als 25.000 Mann – und Wolsey – nach Calais über. Catalina ist gekrönte Königin und an keinen Regentschaftsrat gebunden, hat auf der Insel sogar den militärischen Oberbefehl. Für die Engländer ist das ungewöhnlich, bisher hatten Könige immer Brüder oder Onkel mit dieser Funktion betraut. Catalina selbst findet es selbstverständlich und fühlt sich den vielfältigen Aufgaben mehr als gewachsen.

Paris, London und Edinburgh, Frühjahr 1513

Ritter und Retter ziehen in den Krieg

Anfang 1513 bittet Frankreichs Königin Anne de Bretagne James Stuart in einem persönlichen Brief, ihr Retter gegen das Triumvirat aus Kaiser Maximilian, Fernando de Aragón und Henry Tudor zu sein, und schickt nach mittelalterlichem Ritus Handschuh und Ring. Eine Aufforderung, der ein edler Ritter nur Folge leisten kann, doch die nach einer Frühgeburt im November 1512 schon wieder schwangere Margaret verfällt ob dieses Ansinnens in wahre Hysterie. Sie träumt, James stürze von einer Klippe in den Tod und ihre Diamanten verwandelten sich in Perlen, den Schmuck der Witwen.

Ihr Bruder schickt ihr einen Botschafter, mit dem Befehl, den Frieden zu wahren. Seit Jahren streitet sie mit Henry um die Aushändigung von Schmuck, den ihr Arthur und Großmutter Beaufort hinterlassen haben. Jetzt kann sie alles sofort haben, wenn Schottland nur den Frieden wahrt. James gibt vor, mit Frankreich einzig über sicheres Geleit für seine lange geplante Pilgerreise zu verhandeln, in Wahrheit drängt ihn Frankreichs König Louis XII. zum Überschreiten der englischen Grenze, nur so könne er seinem Sohn die vage versprochene Krone Englands aus eigener Machtvollkommenheit sichern. In London rüstet Regentin Catalina fieberhaft, um ein Heer nach Norden schicken zu können …

Picardie, London und Northumberland, Sommer 1513

Herrlich ist das Soldatenleben!

Inzwischen ist Henry VIII. in die Picardie gezogen und hat sein Heerlager bei der Festung Thérouanne aufgeschlagen, die er belagert. Vorab war vereinbart worden, dass Kaiser Maximilian als Heerführer gegen 100 Kronen Tagessold unter Henry Tudor dient. Natürlich muss Englands König auch die kaiserliche Garde unterhalten. Als am 12. August die Ankunft des Kaisers gemeldet wird, werfen sich Henry und seine Offiziere in ihre besten Monturen, sie sind unglaublich kampftauglich, da in Weiß und Gold gehalten. Der Kaiser, durch den Tod der Maria Sforza gerade wieder verwitwet, erscheint mit seinen Herren in schlichtem Schwarz. Tags darauf verliest der schottische Herold die Kriegserklärung James Stuarts. Henry kümmert das wenig, er wähnt sich im Begriff, Frankreich zu erobern …

Mitte August starten die Franzosen vom Dorf Guinegate aus einen Scheinangriff, um von einem Versorgungstrupp abzulenken, der Munition und Proviant in die belagerte Festung bringt. Das gelingt, aber unter Maximilians Führung werden die Franzosen dennoch geschlagen, sie geben ihren Pferden in heilloser Flucht die Sporen, weswegen man dieses Treffen ironisch die Zweite Sporenschlacht nennt. Wenn auch keine militärische Großtat, so ist Henry – dank Maximilian – damit der erste Sieg auf französischem Boden seit 1453 gelungen – immerhin. Am 24. August ziehen Kaiser und König Seit an Seit im Triumph in Thérouanne ein. Das Heer zieht weiter, um das bedeutendere Tournai zu belagern, doch die vier Wochen bis zur Eroberung verbringen Kaiser und König überwiegend mit Fest und Tanz in Lille bei des Kaisers zum zweiten Mal verwitweten Tochter Margarethe, inzwischen erfolgreiche Stadthalterin der Niederlande.

Derweil hat James Stuart die englische Grenze überschritten. Catalina ist überall zugleich, unermüdlich treibt sie die viel zu behäbigen Räte an, die sich stets überfordert fühlen, weil gleichzeitig das Heer Henrys zu versorgen und ein neues auszuheben und nach Norden in Marsch zu setzen ist. Catalina selbst kontrolliert Truppenaushebungen, Musterungen, Versorgungslogistik, unterhält ihre Damen mit Stickereien für Schärpen und Wimpel, findet noch Zeit, täglich an Henry zu schreiben, Exschwägerin Margarethe um ärztlichen Beistand für ihren unvernünftigen Gemahl zu bitten …

Sie weiß nicht recht, was sie mit den Gefangenen machen soll, die Henry ihr ständig schickt, sie gratuliert ihm begeistert noch zum geringsten seiner Erfolge und spielt die eigenen Anstrengungen herunter. Flodden wird der größte englische Sieg und die blutigste Schlacht während Henrys achtunddreißigjähriger Regierungszeit, geschlagen hat er sie nicht, organisiert hat sie Catalina. Sie kann ihm den blutigen Mantel schicken, in dem Schottlands König starb. Guinegate, Thérouanne und Tournai sind dagegen vergnügliche Ritterspiele, bei denen der Sieger bunte Wimpel erobert, aber an den Machtverhältnissen nichts wirklich ändert.

Heirats- und Scheidungswünsche der Tudors

Stirling Castle, 21. September bis Ende 1513

Die trauervolle Krönung

Margaret hat – wie eingangs erwähnt – das Parlament nach Stirling beordert, um den kleinen James V. krönen und sich selbst als Tutrix und Regentin bestätigen zu lassen. Parlament und Lords gestehen ihr beides zu – solange sie unverheiratet bleibt. Natürlich gibt es einige, die ihr nicht zutrauen, der Aufgabe gewachsen zu sein, allerdings nicht, weil sie eine Frau, sondern weil sie die Schwester des Königs von England ist, in dessen Namen Schottland „Flodden" zugefügt wurde. Viele Schotten fürchten, der Tudor werde ihre Schwäche nutzen, um die Oberherrschaft über ihr Land zu erringen, und Margaret werde ihn aus Familiensolidarität dabei unterstützen.

Traditionell steht die Regentschaft dem nächsten männlichen Thronerben nach dem kindlichen König zu, doch der aktuelle hat kaum Anhänger in Schottland. John Steward, Duke of Albany, ist ein Großneffe des Königs James III., der bereits in 3. Generation in

Frankreich lebt, da schon sein Großvater wegen Rebellion verbannt war. Seine Mutter ist Französin und er selbst seit 1505 mit seiner Cousine, Anne de La Tour, Comtesse d'Auvergne verheiratet. Albany spricht nur Französisch und Latein, betrachtet Frankreich als seine Heimat. Er ist eng mit François d'Angoulême befreundet, der sich berechtigte Hoffnungen macht, dem immer noch sohnlosen Louis XII. auf Frankreichs Lilienthron zu folgen.

Doch zunächst leistet die als Regentin vollkommen unerfahrene Margaret Tudor Erstaunliches. In Schottland herrscht das totale Chaos, das Land ist voller Witwen, und da Frauen keine Eigentumsrechte haben, kann jeder Mann, auch ein Kleriker, sie zur Übertragung des herrenlosen Besitzes der gefallenen Ehemänner, Väter, Brüder und Söhne zwingen. Margaret gelingt es, Vergewaltigungen und Plünderungen einzuschränken, obwohl sie kaum genug Männer hat, auch nur die wichtigsten Festungen zu besetzen. Sie erlässt eine Verordnung, die geschädigten Frauen die Anrufung der Gerichte ermöglicht, und sofort stehen Tausende Klagen an. Steuereinzug und Rechtsprechung liegen vielerorts bei den Bischöfen, doch die meisten Sitze sind verwaist. Margaret bittet den Papst um Hilfe und verärgert damit jene Familien, die Bischofssitze als Erbgüter für jüngere Söhne ansehen.

Die Schotten wollen Rache, verweigern Friedensverhandlungen oder den Waffenstillstand, den Catalina der Schwägerin sofort anbietet. Die Lords versammeln sich Ende November in Perth und verlangen nun doch Albany als Regenten. Louis XII. verweigert ihm die Ausreise, erkennt vielmehr Margaret Tudors Status an. Es kursieren Gerüchte, James IV. lebe noch, sei auf dem Weg nach Palästina gesehen worden ...

Picardie, 15. Oktober bis Ende 1513

Das lustige Lagerleben endet!

Währenddessen vergnügt sich Henry VIII. weiter auf dem Kontinent. Kaiserenkel Karl kommt persönlich in sein Lager, um seine Heirat mit des Königs Lieblingsschwester Mary Tudor zu erörtern, man einigt sich auf Mai 1514 als Termin und reitet gemeinsam zu einer weiteren Festfolge nach Lille. Henry VIII. stachelt seinen Busenfreund Charles Brandon zu einem heftigen Flirt mit Regentin Margarethe an. Um ihn zu einem möglichen Heiratskandidaten der hohen Dame zu machen, erhebt er ihn gar zum Duke of Suffolk. Gern wäre Henry noch zu weiteren chevaleresken Abenteuern in Frankreich geblieben, doch als seine Bundesgenossen Frieden schließen, kehrt er auf Wolseys Rat auf seine Insel zurück.

Catalinas Hoffnungen des tatenreichen Herbstes erweisen sich alle als trügerisch, Flodden ist dem heimkehrenden König kaum einer Erwähnung wert. Die Königin ist nicht länger bereit, die eigennützige Politik ihres Vaters zu unterstützen, doch Henry dankt es ihr nicht. Seit seinem Frankreichabenteuer berät er sich nur noch mit seinem Günstling Wolsey, diesem Metzgersohn. Das verletzt sie, die Tochter der großen Isabel, tief.

Schließlich stirbt auch noch der im November geborene Sohn, von dessen Lebenswillen sie doch so überzeugt war, nur wenige Tage nach der Geburt. Sie ist der völligen Verzweiflung nahe, denn da sie sich körperlich unwohl fühlt, trifft es sie besonders hart, dass Henry seine neue Liäson mit einer gewissen Bessie Blount weit weniger diskret handhabt als frühere Eskapaden dieser Art.

Paris, London und Edinburgh, im Jahre 1514
Der Tod mischt die Karten neu
Da stirbt am 9. Januar Frankreichs Königin Anne de Bretagne. Nun sind zwei führende Herrscher der Christenheit unbeweibt: Kaiser Maximilian (55) und Louis XII. von Frankreich (52). Kein Wunder, dass die schottische Königinwitwe als mögliche Ehefrau des einen oder anderen genannt wird. Doch da Margaret schwanger ist, kann von einer Verheiratung nicht die Rede sein, bevor sie das posthume Kind James' IV. geboren hat. Dennoch findet Henry Tudor allein die Vorstellung jeder dieser beiden Verbindungen beängstigend und sucht hektisch nach Alternativen.

Margaret Tudor – verliebt
Als sich das schottische Parlament im März erneut versammelt, hat Margaret durch ihr beherztes Auftreten und ihre Erfolge in der Beseitigung des Chaos Anhänger gewonnen und wird vom Volk

bejubelt. Nie war die Freude über die Geburt eines schottischen Königssohnes größer als die über den am 30. April geborenen Alexander, Duke of Ross. Margaret hat nun zwei Söhne, Bruder Henry VIII. noch immer keinen.

Schottlands Regentin ist inzwischen klug genug zu wissen, dass sie trotz aller momentanen Beliebtheit den tatkräftigen Rückhalt von mindestens einem der großen Clans braucht. Leider ist ihre Wahl fatal. Sie verliebt sich leidenschaftlich in einen etwa gleichaltrigen Draufgänger: Archibald Douglas, sechster Earl of Angus, Nachfolger seines berüchtigten Großvaters Archibald „Bell the Cat" Douglas. Dessen Söhne sind bei Flodden gefallen, er selbst im November danach gestorben. Margaret Tudor kümmert es nicht, dass die Douglas seit hundert Jahren mit den Stuarts um die Krone rivalisieren. Am 6. August heiratet sie ihren Archibald, ein Bischof aus dem Douglasclan vollzieht die Zeremonie in aller Heimlichkeit. Es ist nicht ganz klar, ob ausschließlich ihre Leidenschaft oder ein gewisser Druck von Seiten des Clans sie letztlich zur Heirat bewegt, Fakt ist, dass sie viele Sympathien und vor allem den Anspruch auf die Regentschaft verliert, als die Heirat bekannt wird.

Sie ist nun nur noch *My Lady, the King's Mother*. Schon nagen Zweifel an Margarets schnell entflammtem Herzen, doch trotzig ernennt sie ihren Archie zum Mitregenten, und der bringt zur Sicherheit das Staatssiegel an sich. Kanzler Beaton protestiert gegen die Ehe, und James Hamilton, Earl of Arran, sammelt die Home, die Fleming und die das Parlament beherrschenden Bothwells um sich, und man greift, wie in Schottland üblich, gegen die Douglas zu den Waffen – egal was im Süden oder gar jenseits des Meeres geschieht …

London und Paris, Herbst 1514 bis Frühling 1515

Die schönste Prinzessin Europas …

nennt man die blonde Mary Tudor, süße 18 Jahre jung. Sie genießt ihr freies Leben an Henrys jungem Hof, als kindliche Halbwaise hat sie schon den Vater um den Finger gewickelt. Wie Bruder Henry liebt sie prachtvolle Feste, steht gern im Mittelpunkt, was ihr auch stets gelingt, denn sie ist eine ausdauernde Tänzerin und Reiterin und in beidem Henrys liebste offizielle Partnerin, wenn Catalina wegen ihrer ständigen Schwangerschaften der Ruhe bedarf. Sie führt ein für eine junge Dame ihres Standes ungemein freies Leben ohne die übliche Duenna, die jeden ihrer Schritte bewacht.

Spanien und das Reich haben Frieden mit Frankreich geschlossen, Wolsey, inzwischen Erzbischof von York, Lordkanzler und in Verhandlungen um den Kardinalshut für sich stehend, rät seinem König, es ihnen gleich zu tun. Frankreich wird für Englands künftige Neutralität zahlen; die Dauerhaftigkeit des Bündnisses soll durch die Heirat Mary Tudors mit Witwer Louis XII. besiegelt werden. Ein schlechter Tausch, mag Mary denken, obwohl sie von der Aussicht auf die Heirat mit dem vier Jahre jüngeren Karl von Burgund nie wirklich begeistert war. Ein 34 Jahre älterer Ehemann erscheint da als schlimmeres Los! Doch Mary ist gewitzt genug, sich von Henry schwören zu lassen, wenn sie die Ehe mit Frankreichs König eingeht – die nach menschlichem Ermessen nicht unbedingt Jahrzehnte bestehen wird –, darf sie in einer zweiten Verbindung den Mann ihrer Wahl heiraten.

Mit dem Versprechen des Bruders als Unterpfand künftigen Glückes feiert Mary ihre Hochzeit *per procurationem*, tanzt ausgelassen und auffallend viel mit Charles Brandon, der die Regentin der Niederlande auch als Herzog nicht zur Heirat bewegen konnte. Der Hof geleitet die Braut im September nach Dover, und auf der Rückreise spürt Catalina die Bewegung ihres Kindes. Wird diese Schwangerschaft endlich den ersehnten Thronfolger bringen? Alles könnte dann wieder gut werden zwischen ihr und Henry! Auch diese Hoffnung ist trügerisch, der Sohn wird im Dezember tot geboren werden.

Mary besteigt derweil mit ihren Brautkonvoi äußerlich gelassen die Fährflotte. Nach unglaublichen 17 Tagen Überfahrt werden Mary und ihre tausend Begleiter jenseits des Kanals zunächst von dem jungen Mann begrüßt, dessen Thronfolge sie ausschalten wird, wenn sie dem König einen gesunden Sohn schenkt: François d'Angoulême. Dieser *homme à femmes* ist von Schönheit und Liebreiz der englischen Braut so angetan, dass er ihr fast selbst das Kind gemacht hätte, das ihn entthronen kann. Doch seine Mutter hat ein wachsames Auge und veranlasst, dass in Abbeville überraschend Louis XII. persönlich auftaucht. Der „alte Mann" ist derart begeistert, dass er sich vom Fleck weg am 9. Oktober 1514 mit Mary Tudor trauen lässt. Am 5. November wird sie zur Königin von Frankreich gekrönt, und ein Fest folgt dem anderen. Louis XII. scheint alle Aphrodisiaka und Potenzmittel seiner Zeit auf einmal zu nehmen, um den Festen und den Ansprüchen seiner schönen jungen Frau zu genügen. Sicher kann Mary ihr Glück kaum fassen, als dieser aufgezwungene und sie ständig ins Bett zwingende Ehemann nach nicht einmal drei Monaten im Morgengrauen der Sylvesternacht an Erschöpfung stirbt. Die Königinwitwe hat der Tradition entsprechend 40 Tage in weißer Trauer zu verbringen, um sicherzustellen, dass sie vom verstorbenen König nicht schwanger ist.

… und ihr erwählter Gemahl

Es gibt viele Gerüchte um Mary und François I. de Valois, nun endlich König Frankreichs, wahrscheinlich ist, dass sie ihn in ihre Liebe zu Charles Brandon, Duke of Suffolk, einweiht. Sie fürchtet, dass ihr Bruder seinen Schwur nicht halten und sie ein weiteres Mal politisch verheiraten wird. Als Henry ausgerechnet Brandon schickt, um die Schwester nach England zurückzugeleiten, will sie ihn unbedingt noch in Frankreich heiraten. Bevor er zur eigenen Krönung reitet, gibt der galante François seine Einwilligung, alles muss streng geheim bleiben, nur zehn Personen sind eingeweiht. Das ist verständlich, denn die Heirat mit einer Frau königlichen Blutes ohne Einverständnis ihres Souveräns gilt als Kapitalverbrechen. Kein Wunder also, dass der sonst nicht heikle Brandon zögert und Mary ihm die Pistole auf die Brust setzen muss: Entweder er heiratet sie hier und jetzt sofort, oder sie geht umgehend in ein Kloster und er wird sie nie wiedersehen. Es gibt noch einen speziellen Grund, warum der Held so vieler Turniere innerlich vor Angst schlottert, als er Mary das Ja-Wort gibt.

Wohl um 1484 geboren, war er früh einer Anne Brown versprochen, heiratet aber deren Tante, Witwe Margaret Mortimer, weil die reicher ist. Bald darauf befindet er, dass er mit der Dame zu eng verwandt ist, weil seine Großmutter mal was mit dem Gatten der Witwe Mortimer hatte, und lässt die Ehe auflösen, um 1508 doch

Anne Browne zu ehelichen. Sie schenkt ihm zwei Töchter, stirbt aber im Sommer 1510 im Kindbett. Inzwischen hat Brandon die Vormundschaft über Lady Elizabeth Grey an sich gerissen, die aus eigenem Recht Viscountess Lisle ist, um – mit gnädiger Erlaubnis des Königs – ihren Titel benutzen zu können. Diese Art Vormundschaft beinhaltet meist ein verbindliches Eheversprechen. Als Mary ihrem Bruder am 15. März schreibt, dass sie rechtmäßig mit Brandon verheiratet ist, stimmt das also nicht so ganz.

Doch alles, was in Frankreich Rang und Nahmen hat, schickt Bittschreiben an Henry Tudor, seiner bezaubernden Schwester zu verzeihen, selbst die frisch verheiratete Reine Claude verfasst eigenhändig ein ganz reizendes Billet. Am 15. April verlässt das Ehepaar Brandon Paris. Henry hat eine finanzielle Regelung zu seinem Vorteil ausgetüftelt, und so kann frei von Groll am 15. Mai 1515 in Greenwich der Ehebund vor König und Adel Englands noch einmal beschworen werden.

Leith und Edinburgh, 18. Mai 1515 bis Frühjahr 1516

Albany kommt …

Am 5. April ist das Friedensabkommen durch den neuen König François I. bestätigt worden, doch gleichzeitig hat er Albany als Mediator zwischen England und Schottland in Marsch gesetzt und verkündet, sollte Albany binnen drei Monaten keinen Friedensschluss zustande bringen, muss er zurück nach Frankreich. Damit nimmt François Henry den Wind aus den Segeln, der gerade seiner Schwester befohlen hat, mit ihren Söhnen – als Geiseln – nach England zu kommen.

Der französische Grandseigneur Albany begrüßt Lord Home, der zu seinem Empfang abgeordnet wurde, mit einem launigen Scherz – auf Lateinisch! Der Lord kann kaum Schreiben und Lesen, wie in seinen Kreisen üblich, und zieht beleidigt von dannen. Bei Margaret hingegen kann der charmante *gentilhomme* zunächst punkten, indem er behauptet, er hätte sie zu gern geheiratet, wenn er das Glück gehabt hätte, sie früher kennen lernen zu dürfen – Margaret hat schließlich mal Französisch gelernt.

Als klar ist, dass Albany nicht die erhofften Soldaten für den Rachefeldzug gegen England mitgebracht hat, kehrt Home mit 10.000 Gefolgsleuten nach Edinburgh zurück und wechselt auf Margarets Seite. Albany versteht die Schotten nicht. Als er den kleinen König und seinen Bruder abholen lassen will, lässt Margaret theatralisch vor den Augen des versammelten Volkes die Fallgitter von Edinburgh Castle herab und deklamiert weithin verständlich, sie sei die vom verstorbenen König eingesetzte Regentin für ihren Sohn, ihre Kinder unterstünden allein ihrem Schutz.

... und Margaret flieht

Obwohl sie bereits von Archibald Douglas schwanger ist, gelingt es ihr, mit beiden Söhnen ins sichere Stirling zu entkommen. Archibald zieht sich auf seine Besitzungen in Forfarshire zurück. Albany hat inzwischen begriffen, dass derjenige, der in Schottland die Macht ausüben will, den König in seinem Gewahrsam haben muss. Er belagert Margaret in Stirling, sie hat Big Meg, Schottlands größter Kanone, nichts entgegenzusetzen und übergibt Burg und Söhne. Unter endlosen Gefahren und Verwicklungen gelingt ihr die Flucht nach England. Unterwegs bringt sie in einer ungewöhnlich schweren Geburt auf Harbottle Castle am 8. Oktober 1515 Archies Tochter Margaret Douglas zur Welt, von der noch niemand wissen kann, dass sie durch ihren Sohn, Lord Darnley, einst Stammmutter des Vereinigten Königreichs werden wird.

Mutter Margaret braucht fast fünf Monate, um sich so weit zu erholen, dass sie reisen kann, deswegen traut sich lange niemand, ihr zu sagen, dass ihr kleiner Alexander am 18. Dezember 1515 auf Stirling Castle gestorben ist. Archibald stößt in ihrem Exil Morpeth noch einmal zu Margaret, doch als sie ihre Reise nach London fortsetzt, kehrt er nach Schottland zurück und schließt Frieden mit Albany, der ihm die Güter der Douglas zurückerstattet.

„Done like a Scot!" (gehandelt wie ein Schotte), mokiert sich Henry VIII. und freut sich doch, seine ältere Schwester nach dreizehn Jahren wiederzusehen. Margaret genießt die Aufmerksamkeiten des englischen Hofes und die Feste, die man ihr zu Ehren gibt.

Greenwich Palace bei London, 18. Februar 1516

Tag des Jubels

Nach mehreren Fehl- und drei Todgeburten sowie zwei Söhnen, die nach wenigen Tagen oder Wochen starben, bringt Catalina endlich ein lebensfähiges Kind zur Welt – zur Enttäuschung Henrys VIII. allerdings „nur" ein Mädchen. Catalina ist vollkommen glücklich, in England gibt es kein salisches Gesetz, das die Nachfolge einer Tochter ausschließen würde. Sie macht sich nach ihren eigenen Erfahrungen mit der Zeit ihrer Regentschaft wenig Sorgen, dass die Engländer die Herrschaft einer Frau prinzipiell ablehnen könnten, es liegt allein beim König, die Tochter als selbstverständliche Nachfolgerin zu behandeln. Sie selbst wird sie durch sorgfältige Erziehung auf ihre Aufgabe vorbereiten. Chefin des Haushalts der Prinzessin wird Catalinas erprobte Freundin Margaret Plantagenêt, Countess of Salisbury. Die Dame stammt direkt von Edward III. ab, was von einem Privileg zu einer Gefahr für Leib und Leben werden kann, wenn es dem alternden Tudorkönig eines Tages gefallen wird. 1500 hat die Countess ihren jüngsten Sohn, Reginald Pole, geboren, der für ihren kleinen Zögling noch immense Bedeutung erlangen wird. Die Feiern zur Geburt des Maria getauften Kindes dauern trotz Henrys Enttäuschung über sein Geschlecht bis in den Mai hinein.

Darüber geht es fast unter, dass des Königs Schwester Mary ihrem Charles Brandon am 11. März 1516 einen Sohn schenkt, der selbstverständlich Henry genannt wird. Damit hat auch die jüngere Schwester des Königs einen männlichen Thronfolger anzubieten.

London, Paris und Stirling, Frühjahr/Sommer 1517

Margaret sehnt sich nach Schottland

Als bekannt wird, dass Albany nach Frankreich zurück will, nachdem es ihm gelungen ist, sich vom Parlament als nächster Thronerbe nach James V. bestätigen zu lassen, hofft Margaret Tudor, als Königinmutter wieder Regentin werden und ihre Scheidung von Archibald Douglas durchsetzen zu können. Im Juni 1517 verlässt Albany Schottland und nimmt einige erstgeborene Söhne des Adels als Geiseln mit. Ebenfalls im Juni wird den Brandons auf ihrem Landsitz Bishop's Hatfield eine Tochter Frances geboren, die in einem Vierteljahrhundert für sehr kurze Zeit Mutter einer Königin sein wird.

Archibald Douglas hat es geschafft, dem Regentschaftsrat anzugehören, deswegen muss Margaret sich mit ihm arrangieren, um an der Regentschaft teilzuhaben. Es stellt sich heraus, dass man sie nicht, wie versprochen, mit ihrem Sohn in Stirling Castle leben lässt, sie darf ihn dort nur kurz besuchen. Margaret muss auch erfahren, dass Archie während ihrer Abwesenheit nicht nur ungeniert mit seiner alten Liebe Jane Steward zusammen, sondern auch noch von den Einkünften ihres – seiner Ehefrau – Witwengutes gelebt hat. Margaret bittet Bruder Henry (als Familienoberhaupt), künftig von Archie getrennt leben zu dürfen. Henry VIII. lehnt das in höchster christlich-moralischer Empörung ab und schickt ihr einen Priester, der ihr ins Gewissen reden soll. Etwas seltsam, wenn man bedenkt, dass in London bereits Gerüchte kursieren, der König denke an Scheidung, weil er ungeniert seine Liebschaft mit Bessie Blount auslebt und nach einer weiteren Totgeburt Catalinas im November 1518 öffentlich verkündet, dass er den ehelichen Verkehr mit der Königin einstelle, da sie offensichtlich bereits mit 33 Jahren nicht mehr gebärfähig sei.

Wels und Europa, Anfang 1519 bis Sommer 1522
Neue Konstellation in Europa
Am letzten Tag des Januar stirbt Kaiser Maximilian I. Henry VIII. Tudor, König seit 1509, und François I. de Valois-Angoulême, König seit 1515, wetteifern darum, die größten Fürsten ihrer Zeit zu sein, und könnten diese Konkurrenz durch den Kaisertitel entscheiden. Die großzügigsten Geldgeber hat jedoch mit den Fuggern die Casa de Austria, und so wird der jüngste und unscheinbarste Kandidat 1519 zum Kaiser gewählt: Maximilians Enkel, Erzherzog Karl, seit dem Tod des Vaters 1506 Herzog von Burgund, seit dem Tod des Großvaters Aragón 1516 König von Spanien. Seine Tante Margarethe, die für ihn weiterhin die Niederlande regiert, hat mit der Verpfändung von Antwerpen samt aller im Hafen liegenden Schiffe an die Fugger in letzter Minute die Kaiserkrone für ihn gewonnen. Karl selbst hält sich seit 1517 in Spanien auf. Wie bedeutsam die

Wahl ihres Neffen zum Kaiser für Catalina noch werden wird, ahnt sie im Sommer 1519 noch nicht.

Erst einmal schließen sich die enttäuschten Könige von Frankreich und England gegen den jungen Kaiser zusammen und feiern ihr Bündnis mit einem der berühmtesten Feste der Weltgeschichte, dem *Lager vom Goldenen Tuch* nahe Calais. Die schönste aller Damen ist Mary Tudor, verheiratete Brandon, doch auch Catalina gelingt es, mit einem verwegenen Kopfputz Aufsehen zu erregen. Selbst Margaret Tudor profitiert von diesem Treffen, denn Frankreich will keinen Druck auf Schottland mehr ausüben.

Als Kaiser Karl im Jahr darauf von Spanien zu seiner Krönung nach Aachen reist, verbringt er Ende Mai drei Tage in Dover Castle mit Henry und Catalina. In seinem Gefolge befindet sich Germaine de Foix, Catalinas Ex-Stiefmutter, inzwischen verheiratete Brandenburg und eine strahlende, jugendliche Schönheit gegen ihre an Jahren kaum ältere Ex-Stieftochter. Der schmächtige, unhübsche Karl hatte ausgezeichnete Lehrer, und es gelingt ihm spielend, mit seiner schüchternen Bescheidenheit bei seinem so großartigen „Onkel Harry" väterliche Beschützerinstinkte zu wecken. Henry VIII. sonnt sich endgültig in der Vorstellung, den Kaiser am Gängelband zu haben, als es ihm gelingt, seine Tochter Maria (6) im Vertrag von Windsor mit Karl (22) zu verloben.

London und Edinburgh, 1519 bis 1524

Die Tudors und die Ehe in Theorie und Praxis

Mitte 1519 schenkt Bessie Blount Henry VIII. einen Sohn. Der Junge ist gesund und gedeiht ausgezeichnet, der Stolz geschwellte Vater besucht ihn und die Mutter in ihrem Wohnsitz Jericho Priory so oft, dass „*the king has gone to Jericho*" bei Hof ein stehender Begriff wird. Das hindert den König nicht, in dieser Zeit eine viel gerühmte Schrift über die Unantastbarkeit der christlichen Ehe zu verfassen, die wiederum seine Schwester Margaret nicht davon abhält, nun endgültig ihre Scheidung von Archie zu betreiben. Douglas ist und bleibt der Verfechter der englisch-schottischen Freundschaft, also hat Henry Tudor überhaupt keine Skrupel, sich in der Scheidungssache auf dessen Seite zu schlagen. Margaret muss Unterstützung in Frankreich suchen. Da trifft es sich gut, dass Albany 1521 nach Schottland zurückkommt. 1518 hat er seine Schwägerin Madeleine de La Tour mit dem Papstneffen Lorenzo de Medici verheiratet. Inzwischen ist Madeleine zwar an den Folgen der Geburt ihrer Tochter Catherine (die eine der berühmtesten Königinnen Frankreichs werden wird) gestorben, aber Albanys Kontakte zum Vatikan haben darunter nicht gelitten. Die Scheidungssache wird durch den Tod Leos X. im Dezember 1521 allerdings erheblich verzögert.

Margaret gewöhnt sich daran, mit Albany zusammenzuarbeiten. Mit ihrem Einverständnis erklären die schottischen Stände ihn zum rechtmäßigen Gouverneur und Tutor ihres Königs. Archibald Douglas wird des Hochverrats angeklagt und als Gefangener nach Frankreich gebracht. Seine Anhänger werden aus allen Ämtern gejagt und ins Exil getrieben. 1524 gelingt Archibald die Flucht nach England, wo Henry VIII. ihn sofort an seinen Hof ruft.

Edinburgh und Stirling, Frühjahr 1524 bis 1525
Archibald Douglas kehrt zurück
Als der schottische König James V. zwölf Jahre alt ist, wird auf Betreiben seiner Mutter Margaret seine Minderjährigkeit für beendet erklärt. Damit ist Albanys Mission erledigt, er kann zurück zu seiner Familie nach Frankreich gehen. Als seine Frau 1524 stirbt, fällt die Auvergne an ihre Nichte Catherine de Medicis. Albany wird nun so etwas wie der Statthalter von Catherines Interessen in Frankreich.

Archibald Douglas sieht in Albanys Abgang seine Chance, und mit Hilfe von Henry Tudor erobert er zwar Edinburgh, muss sich aber nach Tantallon Castle zurückziehen, als Margaret die Kanonen von Edinburgh Castle auf ihn richtet. Wiederum mit Henrys Hilfe organisiert er von dort eine Adelsopposition gegen Margaret. Sein nächster Angriff auf Edinburgh Anfang 1525 ist erfolgreicher, und das Parlament gesteht ihm Sitz und Stimme im Regentschaftsrat zu. Die Macht teilt er sich vorläufig mit Kardinal Beaton. Er sorgt mit harter Hand für Ordnung im Grenzgebiet, und im Juni wird ihm die Aufsicht über den König anvertraut. Archibald Douglas macht sich zum Kanzler und hält den König, seinen Stiefsohn, faktisch gefangen. Margaret zieht mit einem Heer nach Edinburgh, um den Sohn zu befreien, doch ihr Noch-Ehemann stellt den König in die vorderste Reihe seiner Verteidiger, er würde unweigerlich ein Opfer der ersten Angriffswelle werden. Margaret kann sich nur zurückziehen.

Da Archie ausschließlich Mitglieder des Douglas Clans an seiner absoluten Macht teilhaben lässt, wird er den anderen Clanchefs letztlich lästig. Es gibt mehrere Versuche, den jungen König zu befreien, doch Archibald kann sie alle mit brutalsten Mitteln abwehren. Daraus erwächst eine Bedrohung seiner Macht, die er gern übersieht: der Hass des Königs. James Stuart tut alles, um unverdächtig und desinteressiert zu erscheinen, gibt sich unterwürfig dankbar für schöne Kleider, Jagdwaffen und -hunde.

Wie alle Knaben seines Standes lernt er Latein und recht gut Französisch. Chef seiner Lehrer ist Gavin Dunbar, ein Neffe des gleichnamigen Bischofs. Verglichen mit den jungen Tudors ist seine Schulbildung eher bescheiden. In Musik, besonders im Lautenspiel, ist er sehr gut. Er tanzt ausgezeichnet und versteht sich auf alle Reitkünste. Er ist ein gut aussehender rothaariger Junge, oft übellaunig, aber auch sehr charmant, wenn er es denn sein will. Früh hat er erste Liebesabenteuer, wird ein passionierter Jäger …

London und Ludlow, 1516 bis 1525

Catalinas Rückzug auf die Erziehung

Die Königin hat es hingenommen, dass der König sie als politische Beraterin nicht mehr braucht und den ehelichen Verkehr eingestellt hat. Die Art, wie sie Haltung wahrt, wenn Henry ständig „nach Jericho" reist, die äußere Gelassenheit, die sie zeigt, als Henry die Blount verheiratet, weil eine andere junge Dame namens Mary Boleyn seine Sinne erhitzt, wird allgemein bewundert. Ihr Ansehen bei Hof und die Liebe des Volkes zu ihr scheinen in dem Maße zu wachsen, wie Henrys Gefühle für sie abnehmen.

Catalina widmet sich nun mit der für sie typischen Energie und Umsicht der Förderung des Humanismus und der Wissenschaften. Sie wird von führenden Humanisten ihrer Zeit wie Erasmus von Rotterdam und Thomas Morus als „ein Wunder an weiblicher Gelehrsamkeit" geschätzt. Sie fördert nachhaltig die Universitäten des Landes, widmet sich aber vorrangig der Frauenbildung, entwickelt gemeinsam mit dem Humanisten Vives ein beispielhaftes Ausbildungsprogramm nicht nur für ihre Tochter Maria.

Die Kindheit Maria Tudors ist wohlbehütet und glücklich. Obwohl sie wie alle Königskinder eine eigene Hofhaltung hat, kümmert ihre Mutter sich stets persönlich um ihr Wohlergehen, und auch Henry gebärdet sich gern als stolzer und liebevoller Vater. Catalina selbst gibt Maria ersten Unterricht, spricht mit ihr Spanisch, wenn sie allein sind, lehrt sie Lesen und Schreiben, gibt ihr erste Lateinlektionen. Natürlich werden auch die von Damen erwarteten Fertigkeiten wie Musik, Tanz, Reiten und feine Nadelarbeiten nicht vernachlässigt. Schon mit vier kann Maria das Virginal spielen. Früh bekommt die Kleine Tutoren für die verschiedenen Fachbereiche, lernt Französisch, später auch Griechisch und Italienisch.

1525 wird die neunjährige Maria Tudor, Princess of Wales, auf Befehl des Vaters mit ihrem kleinen Hof nach Ludlow geschickt. Henry selbst gibt detaillierte Instruktionen an ihre Gouvernante und die anderen Damen entsprechend ihrem Rang und der Art ihres Dienstes. Erziehung zur Tugend ist das Primärziel, von einer Vorbereitung auf Herrschaftsausübung kann keine Rede sein, humanistische Bildungselemente wie Historie, Staatspolitik und Moralphilosophie finden keine Erwähnung. Vordergründige Ursache für ihre Übersiedlung nach Wales, die ihr selbst als Verbannung erscheinen muss, ist die Auflösung der Verlobung mit Kaiser Karl, der seine Cousine Isabel de Aviz, Infanta von Portugal und Tochter Manoels des Prächtigen und seiner Tante Maria de Castilla y Aragón, heiraten will. Um nicht als der Wortbrüchige dazustehen, verlangt der Kaiser von Henry plötzlich und umgehend die enorme Summe, die Isabels Mitgift sein wird, und die sofortige Übersiedlung Maria Tudors an den Kaiserhof. Klar, dass Henry diese Ansinnen nicht erfüllen kann. Karl darf sich „gekränkt" fühlen und die Verlobung lösen. Das Kind Maria versteht das alles nicht wirklich, sie hat doch nichts getan, und der vergötterte Vater lehnt sie plötzlich ab, schickt sie weit weg, die sonst so liebevolle Mutter ist offensichtlich unglücklich und tut nichts zu ihrer Rettung …

Die Jüngste wird zuerst gekrönt

Anne Boleyn beherrscht Henry VIII.

London, englischer Hof, Sommer 1525

Henry VIII. entwickelt neue Obsessionen

Der König mag zwar über die Behandlung, die der Kaiser ihm da angedeihen lässt, erheblich gekränkt sein, doch sein wahres Motiv für die Entfernung der Tochter aus seinem Alltag ist ein ganz anderes. Henry Tudor beklagt neuerdings unermüdlich, sozusagen mantramäßig, die Tatsache, keinen legitimen männlichen Thronfolger zu haben. Nun muss die Königin auch noch ertragen, dass Henry seinen Sohn von Bessie Blount am 16. Juni in einer pompösen Zeremonie zum Duke of Richmond erhebt. Er will gar Dispens einholen, um ihn mit seiner ehelichen Tochter Maria zu verheiraten und ihnen gemeinsam die Krone vererben. Catalina weiß das und wagt deshalb nicht, gegen Marias Übersiedlung nach Ludlow zu protestieren. Wie soll sie das alles einem neunjährigen Mädchen erklären? Wie soll ein Kind, das ohne jede Erklärung aus dem Paradies vertrieben wird, jemals wieder Vertrauen fassen? Seine Ratgeber können Henry gerade noch überzeugen, dass die Engländer den unehelichen Sohn der Tochter eines schlichten Ritters nicht als König akzeptieren werden.

Am Tag der Erhöhung des Bastards wird ein gewisser Thomas Boleyn zum Viscount Rochford, und das berührt die zweite Obsession Henrys: Anne Boleyn. Zum Verständnis mag ein kleiner Rückblick auf Henrys Affären hilfreich sein …

London, ab Februar 1520

Königliche Liebschaften

Stets hat man Henry seine Liebschaften gegönnt, so etwas wird von einem virilen König einfach erwartet. Über Bessie Blount hat man sich köstlich amüsiert, dass er ihren Sohn legitimiert, ist völlig in Ordnung. Ebenso, dass des Königs begehrliches Auge auf die blutjunge üppige Blondine fällt, die seinem Kammerherrn William Ca-

rey angetraut wird, als sie Skandal umwittert aus Frankreich zurückkehrt: Mary Boleyn, Tochter seines Diplomaten Thomas Boleyn.
Diese persönlich vielleicht nicht ganz so respektable junge Dame
hat über ihre Mutter, Elizabeth Howard, sogar das Plantagenêtblut
einer Ur-Urenkelin von Johann Ohneland in ihren Adern. Elizabeth
ist eine Tochter des Siegers von Flodden, Thomas Howard, damals
Earl of Suffolk, inzwischen Duke of Norfolk.

Südengland und London, 1500-1520
Preis höfischer Karrieren – oder königlicher Gunst
Gemeinsam mit seinem Vater, der in der Schlacht bei Bosworth
fiel, hatte Thomas Howard 1485 auf Seiten Richards III. gestanden.
Unter dem ersten Tudor verlor er Titel und Besitz, verbrachte einige Jahre in Haft, war aber letztlich als Feldherr unentbehrlich.
Obwohl Henry VIII. eifersüchtig auf den Sieger von Flodden war,
rehabilitierte er Howard durch Rückgabe des Herzogtums Norfolk
endgültig. Wie sehr Henry ihm vertraut, zeigt sich 1520: Als er mit
Catalina zum *Fest der Goldenen Zelte* reist, ernennt er Norfolk zu
seinem Regenten.

Die Kehrseite der Medaille königlicher Gunst lernt Norfolk im
Jahr darauf kennen. Um seinen Status zu wahren, muss er das Todesurteil über einen Freund erwirken. Der Duke of Buckingham,
dessen Tochter mit Norfolks Sohn verheiratet ist, hat nie einen Hehl
aus seiner Verachtung für die Aufsteiger gemacht, von denen der
König sich beraten lässt. Als Henry VIII. 1513 seinen Busenfreund
Charles Brandon zum Duke of Suffolk erhebt, zieht Buckingham
sich trotz seiner Freundschaft zu Catalina vom Hof zurück und
sammelt jene Herren um sich, die wie er selbst empört sind, dass
der König dem Adel zustehende Ämter mit Aufsteigern wie Wolsey
besetzt. Letzteren hat Buckingham seine Verachtung allzu deutlich
spüren lassen. Der Kardinal rächt sich Anfang 1521, in dem er einige anmaßende Äußerungen Buckinghams bezüglich seines Plantagenêtblutes und seines existierenden Thronanspruches zu Verschwörung und Hochverrat aufbauscht. Wolsey setzt einen Prozess
durch, der nur mit Schuldspruch und Enthauptung sowie Rückfall
allen Besitzes des Verurteilten an die Krone enden kann. Den Vor-

sitz muss Thomas Howard führen, was dessen ohnehin vorhandene Animositäten gegen den Kardinal nicht unerheblich verstärkt.

Familienbande

Um 1500 steht es um die Familie Howard noch so schlecht, dass Thomas seine Tochter Elizabeth mit Thomas Boleyn verheiratet, der von seinem Vater William ein ganz nettes Vermögen aus dem Wollhandel und Hever Castle, ein von Efeu umranktes Wasserschlösschen südlich von London, geerbt hat und dessen Stern am Hof gerade zu steigen beginnt. Die Heirat ist eine aus der Not geborene Messallianz. Erste Sporen hatte Boleyn sich bei der Niederschlagung von Aufständen in Cornwall verdient. Sein eigentliches Talent ist eine ungewöhnliche Sprachbegabung, die sogar von Erasmus gelobt wird. Das prädestiniert ihn für diplomatische Missionen. Zur Feier von Henry VIII. Thronbesteigung 1509 wird Thomas Boleyn geadelt, seine Frau Elizabeth Hofdame der Königin Catalina. Zu der Zeit sind die drei Kinder des Paares, die das Erwachsenalter erreichen werden: Mary, George und Anne bereits geboren, über die korrekten Daten gibt es keine Einigkeit.

Dem Zeitgeist entsprechend bemüht sich Boleyn, einen beeindruckenden Stammbaum erstellen zu lassen, nach dem seine Vorfahren 1066 in Hastings dabei gewesen sein und sich dann in Kent niedergelassen haben sollen. Nachweisbar ist er Enkel eines zu Wohlstand und Ansehen gelangten Kaufmannes, der 1457 Lord Mayor von London ist.

Wie es sich für einen ehrgeizigen Höfling gehört, legt Boleyn großen Wert auf die Erziehung, denn Kinder sind Garanten des Aufstiegs der Familie durch Heiraten. Es gelingt ihm, seine Töchter Mary und Anne am Hof der Regentin der Niederlande unterzubringen. Mary Boleyn ist 1514 als Hoffräulein mit Mary Tudor nach Frankreich gereist und im Dienst der *Reine Claude* dort geblieben. 1519/20 wird Boleyn Botschafter in Paris und nimmt seine Tochter Anne mit. Sie wird ebenfalls bei den Damen der Königin untergebracht und erfreut sich bald der besonderen Gunst der Marguerite des Marguerites, der Schwester des Königs François I. In ihrem Kreis von Dichtern und Intellektuellen brilliert Anne in den gelehrten Disputen, aber auch mit ihrem schnellen Wortwitz in alltäglichen Gesprächen und bei Tanz, Spiel und Jagd. Anne darf bleiben, als ihre Schwester Mary hastig auf die Insel zurück geschickt wird, weil das Interesse des Königs an ihr der Königin allzu intensiv wird. Diese Version kann allerdings nur zutreffen, wenn Mary um 1500 geboren ist und nicht nach 1507, dann wäre sie für diese Art Abenteuer etwas zu jung, auch nach den Maßgaben ihrer Zeit ...

Reizvolle Gegensätze

Dass Mary Boleyn so unmittelbar nach ihrer Heirat mit einem privaten Kammerherrn des Königs Aufmerksamkeit erregt, bekommt eine pikante Würze, wenn sie tatsächlich zuvor eine Affäre mit seinem Rivalen François I. hatte. Jedenfalls wird Mary die erste Gespielin Henrys, die dem Status einer Mätresse nahekommt. Sie hat sich mit der ihr eigenen Impulsivität und Großzügigkeit dem König hingegeben. Wenn manche Autoren meinen, ihre hochadlige Mutter hätte sich aus moralischen Gründen von Mary distanziert, scheint das etwas fadenscheinig. Ihre jüngere Tochter Anne begleitet sie nämlich auf Schritt und Tritt, als diese ihrerseits versucht, den König für sich zu erobern. Maman Howard nimmt Mary wohl eher übel, dass sie keinerlei Gegenleistung für ihre Hingabe verlangt. Der König belohnt dafür seinen sich diskret zurückziehenden Kammerherrn Carey mit einträglichen Posten und mehreren Landsitzen.

Anne ist im Winter 1521/22 aus Frankreich zurückgekehrt. Es ist ihrer Familie ein Leichtes, sie ebenfalls als Hofdame der Königin unterzubringen, ihr erster belegter Auftritt bei Hofe ist ein Maskenball im März 1522. Während Mary Boleyn in ihrer blonden Üppigkeit dem gängigen Schönheitsideal und dem vom König bevorzugten Frauentyp entspricht, ist Anne das genaue Gegenteil. Sie hat unergründliche Onyxaugen, die eine unwiderstehliche Sogwirkung entfalten können und von denen jeder schwärmt, der sich einmal in sie versenken darf, dazu schwarze, glatte Haare, einen schmalen, langen Hals und eine fast knabenhafte Figur. Wer ihr wohl will, bezeichnet ihre Erscheinung wegen des oliv angehauchten Teints als italienisch. Außerdem soll sie mit zwei Makeln behaftet sein:

einem Muttermal am Hals, das sie durch Schmuck und Spitzen kaschiert, und einem sechsten Finger an der linken Hand, den sie unter schräg verlängerten Ärmeln zu verbergen weiß. Fest steht, es ist nicht ihre Körperlichkeit, die sie faszinierend macht, es ist das Gesamtkunstwerk ihrer raffiniert kalkulierten Erscheinung. Sie hat an Frankreichs Hof alle modischen Raffinessen, dazu verführerischen Tanz, einschmeichelnden Gesang, geistreich-witzige Konversation, alle Spielarten des Flirts und wahrscheinlich einiges mehr gelernt und versteht es, das alles auf unnachahmliche Art zu einer verzaubernden Persönlichkeit zu formen. Ganz nach Belieben kann sie mit ihrer wirklich ungewöhnlich umfassenden Bildung und ihrem messerscharfen Intellekt brillieren oder beides verschleiern.

Die jungen Herren des Hofes jedenfalls sind von dieser fremdartigen Zauberin unmittelbar begeistert, und früher oder später muss auch der König ihre Einzigartigkeit erkennen. Doch der immer „stärker" und schwerfälliger werdende Henry war der Schnellste nie. Also sieht sich Anne unter den jungen Männern des Hofes um. Ihr Auge haftet mit Wohlgefallen an Henry Algernon Percy, Erbe des fünften Earls of Northumberland. Der junge Mann ist in ihrem Alter, eigentlich verlobt, aber was ist schon die Aussicht auf eine arrangierte Ehe in Gegenwart einer sich unwiderstehlich gebenden Anne Boleyn! Sie verzaubert ihn 1523, er arbeitet zur Vollendung seiner Ausbildung im Stab von Wolsey, und immer, wenn der Kardinal bei Hof weilt, verbringt Percy die Zeit bei den Damen der Königin, bald nur noch mit einer: Anne B. Es kommt zwischen den beiden zu einem Eheversprechen – ohne Einwilligung der Eltern oder des Souveräns wollen sie nach Schottland fliehen und dort heiraten. Als das ruchbar wird, befiehlt der König seinem Lordkanzler Wolsey, den jungen Percy ins Gebet zu nehmen, nötigenfalls dessen Vater auf den Plan zu rufen; diese Ehe ist auf jeden Fall zu vereiteln!

Wolsey wundert sich über die Launen seines Königs längst nicht mehr, doch als Henry als Grund angibt, er habe Anne B längst einem anderen zugedacht, wächst in ihm eine schreckliche Befürchtung: Spricht der König etwa von sich selbst? Umgehend macht er Percy vor versammelter Dienerschaft nieder, droht mit dem Vater, Jung-

Percy knickt ein und heiratet im Januar 1524 Mary Talbot, Tochter des Earls of Shrewsbury – wie von den Eltern vereinbart. Die Ehe wird denkbar unglücklich und bleibt kinderlos.

Am englischen Hof, Ende 1524 bis Herbst 1527

Anne Boleyns großer Plan

Wolsey nimmt sich Anne in einem nicht kolportierten Vieraugengespräch zur Brust. Sie empfindet für ihn fortan einen unauslöschlichen Hass, den sie aber pragmatisch zu verbergen weiß, solange ihre Situation dies erfordert. Viel wichtiger ist in diesem Augenblick: Der König hat sie bemerkt! Anne hat die Affäre der Schwester kühl analysiert, und sie wird deren Fehler nicht machen, sie wird sich nicht hingeben, nicht Henrys Mätresse werden. Wenn er sie will, muss er sie heiraten! Wahrlich ein kühner Entschluss und Zeugnis ungetrübten Selbstvertrauens! Zieht Anne hier die Lehren aus den praktischen Erfahrungen, die sie an Frankreichs Hof gemacht hat? François I. hat sich durch seine sanfte Frau Claude d'Orléans, die er 1514 aus dynastischen Gründen heiratete, nie daran hindern lassen, den Damen des Hofes „die Ehre zu erweisen", und für nächtliche Vergnügungen steht ihm, 1515 König geworden, seine „*petite bande*" zur Verfügung, gebildet aus den schönsten Mädchen des *Valle de Loire*.

Lehrjahre einer künftigen Königin?

Doch etwa 1518 verliebt sich dieser wohl bediente König in eine in der Bretagne verheiratete Gräfin aus Frankreichs Süden, Françoise de Foix. Er muss sich ganz schön anstrengen, um diese – vorgeblich? – tugendsame Dame überhaupt an den Hof zu bekommen und hat damit noch nichts gewonnen – sie will erst den Gatten und dann drei Brüder wohl versorgt wissen. Angeblich fesselt sie den König fast drei Jahre in meisterlichem Spiel von Verlockung und Abweisung, bevor sie sich ihm ganz hingibt, de facto wirklich seine Mätresse wird, als die sie seit ihrer Ankunft bei Hof gilt. Anne hat also aus der ersten Reihe das Spiel der Comtesse de Foix mit ihrem König beobachten können und mag sich gesagt haben: soviel Einsatz muss mehr bringen, als den Glamour eines Mätressenlebens, der doch aus einer Laune des Herrschers heraus jeden Augenblick verlöschen kann. Außerdem gibt es – für gebildete junge Frauen wie Anne B – Beispiele in der Geschichte, deren eines gar nicht so weit zurückliegt ...

Elizabeth Woodville (1437–1492), Tochter eines schlichten Ritters und Ehrendame der zupackenden Königin Margarete d'Anjou, Gemahlin des Lancaster-Königs Henry VI. Der Woodville Ehemann John Grey, Lord Grey of Groby, fällt 1460 bei St. Albans für das Haus Lancaster. Auf seine Witwe Elizabeth wirft bald darauf Edward IV. of Rouen, Haus York, ein Auge. Er ist unmittelbar und dauerhaft von ihr verzaubert, wird 1461 König und heiratet sie 1464 gegen den Rat aller ihm Wohlmeinenden. Beider erstgeborene Tochter ist Elizabeth of York, die Mutter Henrys VIII. Das Leben der Elizabeth Woodville kann allein Bücher füllen, hier sei nur noch angemerkt: Sie verheiratet ihre Schwester Catherine mit Henry Stafford, zweitem Duke of Buckingham, deren Tochter Elizabeth Stafford wird eine der frühen Gespielinnen des noch jungen Henry VIII., und die Tochter ihres Sohnes Edward, des dritten Duke of Buckingham, ist die Frau von Annes Onkel Thomas Howard. Was auch immer Anne Boleyns wahre Beweggründe sind, alles auf die höchste Karte, legitime Königin, zu setzen, Anne weiß ihre Familie hinter sich. Der alte Norfolk stirbt im Mai 1524, dritter Duke of Norfolk und damit Familienchef wird eben jener Onkel Thomas.

Der Howards Ringen um Positionierungen

Norfolk weiß zwar, dass der König sich von Catalina scheiden lassen will, doch er ist strikt gegen Wolseys Plan, Henry mit einer Tochter Frankreichs zu verkuppeln. Doch wenn Aussicht besteht, dass die eigene Nichte Königin wird, hat man ja wirklich allen Grund, den König in seiner „Großen Sache" (der Scheidung) zu unterstützen. Als fatal wird sich erweisen, dass Anne diesem Onkel zu Recht nie wirklich vertraut, sie findet ihn zu selbstsüchtig und unzuverlässig. Später kommt erschwerend hinzu, dass Anne als Anhängerin der Reformation gilt, während Norfolk sich als Führer der katholischen Partei am Hof empfindet.

Doch zunächst trifft es sich gut, dass Mary Boleyn während ihrer Affäre mit dem König eine Tochter und einen Sohn bekommt, das sind doch treffliche Beweise der Fruchtbarkeit der Frauen des Hauses Boleyn/Howard. Anne kann man als Jungfrau verkaufen, als Dame von Tugend, die sich, bei aller Liebe, nur einem Ehemann hingeben kann. Die wachsweiche Persönlichkeit Henrys VIII., dieses langsam verfettenden Kerls von einem Mann, ist doch prädestiniert, einem raffinierten Geschöpf wie der mit allen höfischen und „französischen" Künsten vertrauten Anne zu verfallen! Was macht es da schon, dass dieser König ohne Selbstbewusstsein sich von seinem Kardinalratgeber beschwatzen lässt, sie ins Exil nach Hever zu schicken! Das gibt ihr Zeit, in behaglichem Luxus einen Masterplan zu entwickeln und zum letzten Mal eine Beziehung ihrer Wahl zu genießen. Die fällt auf den beliebten Poeten Thomas Wyatt. Getrennt lebend, aber ohne Aussicht auf Scheidung ist er genau der Richtige.

Bis Mitte 1525 teilt Mary Boleyn noch des Königs Bett, auch wenn er nebenbei andere Damen beglückt. Niemand bei Hof bezweifelt, dass der im März 1526 geborene Klein-Henry der Sohn des Großen Henry ist. Der König korrespondiert heimlich mit Anne, schwärmt von ihrer knabenhaften Aufrichtigkeit. Letztere muss wohl knabenhaft sein, da das Weib an sich im Glauben der Zeit von schlangenhafter Falschheit ist. Der König wird bald von der Sehnsucht nach der aufrichtigen Anne dazu hingerissen, ihre Verbannung aufzuheben, doch sie hat es nicht eilig, fühlt sich seines Interesses nicht würdig, scheut das Aufsehen, kurz: Er muss sie holen! Das mag im Herbst 1525 sein, oder etwas später, nichts ist eindeutig.

Annes dornenreicher Weg

Maman Elizabeth ist in dieser Zeit ständig an Annes Seite, Bruder George, der plötzlich zum engsten Kreis des Königs gehört, wird ihr seelenverwandter Tröster. Denn es ist harte Arbeit, Henry ständig zu unterhalten und zu begeistern, aber ihn doch auf Abstand zu halten. Wie nervenaufreibend muss es sein, die oft täppischen körperlichen Attacken dieses zunehmend schwitzenden und schnaufenden

Kolosses nicht nur über sich ergehen zu lassen, sondern stets auch noch eine kaum zu bezwingende Erregung vortäuschen zu müssen, gipfelnd in dem Seufzer, dass sie ja unter dem Verzicht noch mehr leidet als er, aber Tugend und Ehre verbieten ihr, sich ganz zu geben, solange sie mit dem Geliebten nicht auch vor Gott vereint ist! Es ist schier unglaublich, was dieser König alles schluckt, wie er sich nach dieser Paradiesschlange Anne B verzehrt, die ihrerseits zum Glück nicht ahnt, wie lange sie dieses Spiel durchhalten muss, als sie es beginnt …

Sie spielt es grandios! Selbst Catalina mag Anne zunächst, weil sie den König bei Laune hält – und in ihrer Nähe. Die Königin hält die Fassade einer Ehe aufrecht, sie näht noch immer die Hemden des Königs selbst. Der König behandelt sie höflich, wenn Anne da ist und ihn bezaubert, es ist alles eine wunderschöne Illusion. Der König hat eine Weile keinerlei Bettgeschichten mehr, es herrscht fast die Atmosphäre eines Minnehofes, nur: Die Königin spielt eher einen mütterlichen Part und der fett werdende König ist als Troubadour auch eine glatte Fehlbesetzung …

London, Spätsommer 1527

Des Königs Ringen um sein Seelenheil

Henry hegte angeblich insgeheim seit Jahren Zweifel an der Rechtmäßigkeit seiner Ehe mit der Witwe seines Bruders. Solange er allerdings auch Zweifel an seiner Fähigkeit haben musste, gesunde Söhne zeugen zu können, behielt er diese kirchenrechtlich bedingten Zweifel lieber für sich. Inzwischen hat er mindestens einen gesunden Sohn von Bess, wahrscheinlich einen zweiten von Mary Boleyn. Nun will er Anne, nun braucht er die Scheidung, nun beichtet er seinem Kardinal die Befürchtungen um sein Seelenheil. Als Kenner beruft er sich auf das 3. Buch Mose 18,14: „Wenn jemand die Frau seines Bruders nimmt, so ist dies eine schändliche Tat. Sie sollen ohne Kinder sein, darum dass er seines Bruders Blöße aufgedeckt hat."

Wolseys Kleriker sollen den Nachweis führen, dass des Königs Befürchtungen hinsichtlich seiner Ehe berechtigt sind. Im Herbst ermannt sich Henry und eröffnet seine Zweifel Catalina. Sie hält dagegen, es habe keine wirkliche Ehe mit Arthur gegeben, da diese nie vollzogen worden sei. Gerade weil er weiß, wie wahr Catalinas Einwand ist, beginnt Henry sie regelrecht zu hassen. Doch nach außen bleibt alles wie gehabt, der König braucht ein ordentliches Scheidungsverfahren, denn er will eine legitime Heirat mit Anne Boleyn, der Königin seines Herzen …

Margaret geschieden – James V. regiert selbst

Rom und Edinburgh, Sommer 1527 bis Frühjahr 1528
Margaret gewinnt den Scheidungswettlauf
Da Henry Tudor seine Scheidung aus Sorge um sein Seelenheil betreibt, während ihn das Objekt seiner Begierde am Nasenring führt, entlädt sich seine Frustration über seine ältere Schwester. Margaret wagt es entgegen aller Konvention, noch bevor ihre Scheidung offiziell ist, offen mit einem Mann ihrer Wahl zusammenzuleben. Ihre neue Liebe gilt Henry Steward, der auch noch acht jünger ist als sie. Ihr Bruder Henry erklärt Margaret zur schamlosesten Person der Welt und brandmarkt sie im Brustton moralischer Überlegenheit, sie sei eine Schande für alle Tudors. Innerlich zerfrisst ihn der Neid, denn Margaret erhält aus Rom die Scheidungspapiere, die er noch nicht zu fordern wagt!

Auch nach Albanys Rückkehr nach Frankreich 1524 hat Margaret auf dessen Hilfe in Rom gebaut. Der Papst hat Margarets Scheidung schon 1525 befürwortet, Grundlage ist das Vorversprechen von Archie Douglas an Jane of Traquair. Zusätzlich erklärt der Papst Margaret Douglas für legal, als unschuldiges Kind verderbter Eltern. Dass Margaret das Schreiben erst im Dezember 1527 erhält, liegt in den Wirren der „großen Politik" begründet.

Der 1523 zum Papst gewählte Giulio de'Medici wollte im Krieg um Italien zwischen Karl V. und François I. neutral bleiben. Karls Heer schlug die Franzosen am 24. Februar 1525 bei Pavia vernichtend, François I. wurde Karls Gefangener und musste auf Italien verzichten. Als Gegengewicht zu des Kaisers Übermacht schlossen im Mai 1526 Frankreich, Mailand, Venedig, Florenz und der Papst die Liga von Cognac. Ergebnis war im Mai 1527 der „Sacco di Roma" (die Plünderung Roms durch deutsche, spanische und italienische Söldner) und die Gefangenschaft des Papstes. Erst nachdem er künftige Neutralität gelobt hat, darf der Papst im November 1527 nach Rom zurückkehren. Deshalb kommt die bereits im März bewilligte Scheidungsurkunde Margarets erst im Dezember in Schottland an. Margaret verliert keine Zeit, am 3. März heiratet sie zum dritten Mal. Es kümmert sie nicht, dass ihr frommer Bruder Henry die päpstliche Auflösung der Douglas-Ehe „eine schamlose Entscheidung Roms" nennt. Sie will die endgültige Befreiung von Archie Douglas, Earl of Angus, nicht nur für sich, sondern vor allem für den gekrönten Sohn und Schottland.

Schottland, Mai 1528 bis Herbst 1530

James V. Stuart – endlich König!

Mit 16 schmiedet der König seine Fluchtpläne selbst, er wird sich auf niemanden mehr verlassen. Als Archie Douglas Ende Mai 1528 auf Lochleven Castle weilt, führt James seinen wohldurchdachten Plan – er könnte von Sir Walter Scott stammen – aus. Mitten in der Nacht schleicht er sich aus Falkland Castle, alles, was er braucht, liegt bereit. Mit nur zwei getreuen Knechten reitet er direkt nach Stirling, wo Margaret und ihr frisch Angetrauter ihn erwarten. Die Fallgitter schließen sich hinter ihm. Als man seine Flucht entdeckt und die Douglas mit geballter Clansmacht aufmarschieren, verkündet ein Herold, dass sie dem König nicht näher als sechs Meilen kommen dürfen. Die meisten Lords sind inzwischen zu James und Margaret gewechselt. Die Douglas ziehen sich nach Tantallon zurück.

James ist nun wirklich König und macht in einer seiner ersten Staatshandlungen seinen Stiefvater Henry Stewart zum Earl of Methven, lässt aber festhalten, dass er es nur der großen Liebe wegen tut, die er für seine Mutter empfindet. Im Juli zieht er in Edinburgh ein, lebt streng bewacht in Holyrood, man erwartet einen Schlag der Douglas, die sich im September vor den Ständen verantworten sollen. Da kein Douglas dort erscheint, belagert James mit dem Ungestüm seiner 16 Jahre Tantallon, aber die Burg hält stand. Erst im November kapituliert Archie, er und viele seines Clans fliehen nach England.

Henry VIII. begrüßt den Ex-Schwager freundlich, für mehr als einen formalen Protest gegen dessen Exilierung hat er keine Zeit, er muss sich auf seine Scheidung konzentrieren. Zuvor kann er sich aber einen weiteren Seitenhieb auf die unmoralische Schwester nicht verkneifen: Er lässt ihre Tochter Margaret Douglas zu seiner Tochter Maria bringen, deren Frömmigkeit und Tugend ihr Vorbild sein sollen, denn King Henry fürchtet, die kleine Douglas könne ihrer Mutter Lüsternheit geerbt haben.

Am 14. Dezember 1528 wird zwischen England und Schottland in Berwick ein fünfjähriger Frieden vereinbart, und James V. Stuart kann sich endlich der Wiederherstellung von Recht und Ordnung in seinem Reich widmen. Er unterdrückt einen Aufstand an der Südgrenze und hat blutige Auseinandersetzungen mit dem wieder erstarkten Clan MacDonald, der die Äußeren Hebriden als separates Reich beherrscht. Durch eine rigorose Kontrolle über die königlichen Güter erhöht er seine Einkünfte. Einen großen Teil davon verwendet er für die Modernisierung der königlichen Residenzen.

Henry Tudor bietet seinem Stuart-Neffen die Hand seiner Tochter Maria an. Margaret, die immer noch davon träumt, das Bindeglied einer dauerhaften Freundschaft zwischen England und Schottland sein zu können, ist dafür, obwohl Maria Tudor durch die inzwischen allgemein diskutierte Scheidung des Bruders ihren Status als legitime Tochter verlieren wird.

James ärgert seine Mutter gern mit der Drohung, eine seiner schottischen Geliebten zu heiraten, die schöne Erskine zum Beispiel. Aber als er merkt, dass er sie liebt, ist die schon mit dem Douglas von Lochleven verheiratet. Tief innerlich fühlt James sich seit seiner Kindheit Madeleine de France versprochen. Er ist entschlossen, die *Aude Alliance* zu erneuern und Schottland in das französisch-päpstliche Lager zu bringen.

Deshalb kommt im Spätsommer 1530 ein päpstlicher Gesandter nach Schottland und nimmt an einer Reise in die Highlands teil. Der Earl of Atholl gibt die Feste, man selektiert sich an exotischen Genüssen wie Kapern, unterhält sich bis spät in die Nacht mit

Wechselgesängen nach Art der Troubadoure, vergisst das Tanzen nicht und reitet manche Jagd. Bei der Abreise geht die ganze Banketthalle zum Entsetzen des Nuntius in Flammen auf. James erklärt kühl: in den Highlands macht man das so …

James V. Stuart ist nun achtzehn und soll bereits fünf Kinder von fünf Müttern haben – in den Highlands schenken die jungen Damen ihrem unverheirateten König mit Begeisterung ein Kind. In England verteidigt Anne Boleyn ihre kostbare Tugend gegen ihren zu seinem großen Leidwesen immer noch verheirateten König entschlossener denn je …

Catalina verteidigt Ehre und Ehe

Englischer Hof, Herbst 1527

Catalinas Ehe ist rechtmäßig

Wie erwähnt zwingen die Umstände und Anne Boleyn Henry im Spätsommer 1527, Catalina endlich zu erklären, er müsse sich von ihr trennen. Ihr Zusammenleben sei eine Todsünde und er, King Henry VIII. Tudor, habe den Papst um Auflösung der Ehe gebeten. Das ist denkbar schlechtes Timing, denn der Papst ist ja derzeit quasi Gefangener des Kaisers und damit in einer Situation, in der er, selbst wenn er es wollte, auf keinen Fall eine Scheidung der kaiserlichen Tante gegen ihren und des Kaisers Willen aussprechen könnte. Ist Henry Tudor nicht mal mehr Staatsmann genug, um das als politische Realität zu erkennen?

Catalina ist aber sowieso überzeugt, dass der Papst nur in ihrem Sinne entscheiden kann, schließlich gibt es das päpstliche Breve von 1503, das ihre Verheiratung mit Henry Tudor für rechtmäßig und ihre Ehe mit Arthur als nicht vollzogen und damit für ungültig erklärt. Sie wird zweifelsfrei bis zu ihrem oder seinem Tode die Ehefrau und Königin des Königs Henry VIII. Tudor bleiben.

Das englische Königspaar tritt bei offiziellen Anlässen weiterhin gemeinsam auf. Dieser Situation begegnet Anne mit immer kapriziöser werdenden Wünschen, die Geschenke des Königs müssen schon sehr kostbar sein, um sie zu besänftigen. Trotz aller Unterstützung ihrer Familie muss sich Anne in einem täglichen Kleinkrieg gegen die Anfeindungen der sich gegen sie und ihre Familie bildenden Parteien wehren, jeden Affront, sublim oder grob, mit einem witzigen, geistreichen, aber nicht vernichtendem Bonmot parieren, kurz: Ihr Leben ist ein einziger Kampf, den sie selbst verschärft, da sie es nicht schafft, wirkliche Freunde bei Hof zu gewinnen und so eine eigene Partei zu bilden, die über die Familie hinaus geht.

Da stirbt Ende Juni ihr zurückhaltender Schwager William Carey und Seltsames geschieht: Obwohl Annes Schwester Mary noch sehr lebendig ist, wird ihr zweijähriger Sohn Henry Carey zur Waise erklärt und der Vormundschaft seiner Tante Anne unterstellt. Was will der König, was will die Familie damit erreichen? Töchterchen Catherine dagegen, in der mit gleichem Recht ein königlicher Bastard vermutet wird, darf ganz selbstverständlich in der Obhut der Mutter bleiben. Später werden beide Kinder Mary Boleyns ihren Weg am Hof ihrer noch nicht geborenen Cousine Elizabeth machen …

England, Herbst 1528 bis Sommer 1529

Der Papst schickt einen Kardinal …

da es ihm in seinem Machtkampf mit dem Kaiser momentan günstig erscheint, eine gewisse Unabhängigkeit zu demonstrieren. In Wahrheit hat Kardinal Campeggio den Auftrag, Henry die Scheidung auszureden oder Catalina zum freiwilligen Thronverzicht zu überreden oder zumindest die ganze Angelegenheit so lange als möglich zu zerreden, denn Papst Clemens VII. hat kein Interesse daran, diese Scheidung je auszusprechen. Es wird gern gemutmaßt, Clemens, selbst als unehelicher Sohn des 1478 ermordeten Giuliano de'Medici geboren, habe Campeggio mit dieser heiklen Aufgabe betraut, weil der vor seiner Klerikerlaufbahn verheiratet war und legitime Kinder hat. Wahrscheinlichere Ursache ist, dass er bereits 1518/19 im Auftrag Papst Leos X. in England weilte – man kennt sich also. Formell übernimmt Campeggio gemeinsam mit Wolsey den Vorsitz der Scheidungskommission. Henry Tudor wird zugestanden, dass sein Freund und Schwager Charles Brandon mit Campeggio und seine Schwester Mary mit Catalina verhandeln.

… Mary versteht den Bruder nicht …

und hasst ihre Aufgabe. Sie liebt Catalina seit ihrer Kindheit wie eine ältere Schwester, hat Freude und Schmerz stets mit ihr geteilt. Während Catalinas Regentschaft hat sie deren Tatkraft und Umsicht bewundert, hat sie getröstet, wenn der Bruder seine Affären hatte.

Mary versteht das ganze Theater um eine Scheidung nicht, warum muss der König eine Schlange wie die Boleyn heiraten? Soll er sie doch zur Mätresse nehmen, das ist genug der Ehre für eine wie sie. Er hat eine Tochter, die er zur Königin erziehen kann. Wenn er partout keine weibliche Nachfolge akzeptieren will, dann gibt es ja immer noch zwei Neffen. James Stuart entwickelt in Schottland gerade seine Herrscherfähigkeiten, und da ist ja auch noch ihr eigener zwölfjähriger Sohn, neuerdings Earl of Lincoln!

Sie und Brandon haben im Frühjahr dafür gesorgt, dass der Papst ihre drei Kinder in einem Breve für legitim erklärt. Mary kann es sich nicht leisten, vehement gegen ihren Bruder aufzutreten, da sie und Brandon finanziell völlig von seinem Wohlwollen abhängig sind. Es geht ihr trotzdem zu weit, dass Brandon sich auf Wunsch Henrys dazu hergibt, „Beweise" dafür zu finden, dass die Ehe mit Catalina von Arthur vollzogen worden sei.

… und nichts ändert sich

Weihnachten 1528 treten Henry und Catalina zwar immer noch als Königspaar auf, aber jeder weiß, dass Anne inzwischen eine eigene Suite in der Nähe des Königs zugeteilt bekommen hat, und Henry scheut sich nicht länger, sie öffentlich zu kosen. Nicht nur Mary Tudor erscheint dieser Zustand unhaltbar, doch während andere heucheln, nutzt sie die erste Gelegenheit, sich mit ihren Töchtern auf ihr Landgut in East Anglia zurückzuziehen.

Am 31. Mai 1529 kommt es in Blackfriars zu einer Verhandlung, die sich bis zum 23. Juli hinzieht. Henry scheut sich nicht, heuchlerisch zu beteuern, nichts wäre ihm lieber, als die Ehe mit Catalina de Aragón, der besten aller Ehefrauen, wieder aufnehmen zu können, doch sein Gewissen lasse das einfach nicht zu.

Catalina verteidigt sich und ihre Ehe in viel bewunderter königlicher Haltung leidenschaftlich und doch sachlich korrekt. Sie spricht dem englischen Gericht jede Berechtigung ab, verlangt eine Entscheidung aus Rom. Der Prozess wird danach ohne sie weitergeführt. Zahllose Zeugen sollen beweisen, dass Catalina und Arthur vor 28 Jahren die Ehe vollzogen haben. Alles was zu Tage kommt, ist Arthurs pubertäre Behauptung am nächsten Morgen, er sei sehr durstig, denn er „sei in Spanien gewesen." Ein Schreiben des Papstes beendet die Farce, der Annullierungsprozess wird nach Rom beordert, Papst und Kaiser haben sich in Bologna soweit geeinigt, dass Clemens VII. keine Rücksicht mehr auf die Befindlichkeiten Henry Tudors nehmen muss.

Ein Kardinal als Bauernopfer

In ihrer Verzweiflung über diese neuerliche Verzögerung soll Anne B ihr Mieder weit geöffnet haben, um den König bei der Stange zu halten. Getreu den eigenen Spielregeln ist sie über ihr Tun so entsetzt, dass sie sich aus Scham nach Hever zurückzieht. Natürlich ruft der König sie zurück, natürlich muss er ihr verzeihen und darf ihre Tugend nie wieder so in Gefahr bringen!

Endlich kann Anne zum vernichtenden Schlag gegen Wolsey ausholen. Alle Wut Henrys über das Verhalten des Papstes entlädt sich von Anne geschickt gesteuert über den einstigen Günstling, der das Staatssiegel zurückgeben muss, als Kanzler abgesetzt wird und der strikten Befehl erhält, sich in sein Bistum York zurückzuziehen. Wolsey kennt seinen König und sinnt fieberhaft auf Rettung, korrespondiert hektisch mit Frankreich, dem Kaiser, dem Papst, und macht sich damit de facto des Hochverrats schuldig. Im Herbst 1530 wird Henry mit schon zur Gewohnheit gewordener Perfidie ausgerechnet den jungen Percy, der einst mit Anne Boleyn durchbrennen wollte, nach York schicken, um den verbrecherischen Kardinal in den Tower zu geleiten. Doch Wolsey kann sich der irdischen Gerichtsbarkeit entziehen, er wird unterwegs am 28. November 1530 in Leicester sterben.

London, Cambrai und Rom, Sommer und Herbst 1529
Europäische und Familienpolitik
Henry VIII. ist derart von seiner Scheidung besessen, dass er den Anschluss an die europäische Politik zumindest zeitweise völlig

verliert. Frankreichs König und der Kaiser wollen den Krieg beenden, doch sie scheuen eine persönliche Begegnung, also lassen sie ihre bewährten Regentinnen, Königinmutter Louise de Savoie und Kaisertante Margarethe, verwitwete Savoie, den Frieden von Cambrai aushandeln. Vertreter Englands werden nicht geladen, und Henry geht bei der Verteilung der Kriegsgewinne leer aus – mal wieder.

Im September dann schickt Kaiser Karl zur Unterstützung seiner Tante Catalina einen seiner gewieftesten Diplomaten nach England, den Savoyarden Eustace Chapuys, Doktor des kanonischen Rechts mit Praxis als Richter. Anne B und ihre Familie empfangen ihn mit vereinnahmendem Charme, um ihn abzuschirmen und von der Königin fernzuhalten, die nur noch mit Erlaubnis des Königs aufgesucht werden darf. Der König soll zuerst seine Version der Eheproblematik schildern können.

Catalinas Leibarzt gelingt es, Chapuys in schnellem Spanisch einige Informationen zu übermitteln: Sie glaubt selbst jetzt noch an Henrys eigentlich guten Charakter und ist überzeugt, er werde die Ehe mit ihr weiterführen, sobald der Papst sich endlich in ihrem Sinne festlegt. Schließlich hat Henry die Kirche gegen diesen Ketzer Luther verteidigt und dafür vom Papst den Ehrentitel *Defensor fidei* bekommen. Für die weitere kirchenpolitische Entwicklung wird bedeutsam, dass viele Engländer dem Papst nicht verzeihen, dass er sich nicht für ihre Königin einsetzt und so die Tollheiten des Königs fördert!

London, Ende 1529 bis Anfang1532
Neue Männer für Henrys „Große Sache"
Immerhin hat Henry Tudor einsehen müssen, dass der Papst seine Scheidung auf keinen Fall unterstützen wird. Er muss einen anderen Weg zu seinem Glück finden, und dazu braucht er „bessere" Berater. Die oben genannte Kampfschrift gegen Luther war unter Mithilfe des Humanisten Thomas Morus entstanden. Morus gehört seit 1504 dem Parlament an, ist seit 1523 Speaker, und nun will Henry VIII., dass er sein neuer Lordkanzler wird. Morus übernimmt das Amt nur widerwillig, ihm missfällt des Königs Verhalten gegenüber der Kö-

nigin. Norfolk wird Vorsitzender des Kronrates, Schwager Brandon sein Stellvertreter, Vater Boleyn stellvertretender Siegelbewahrer.

Der Boleyn-Clan hat einen fähigen ehemaligen Hauskaplan zur Hand, den anerkannten Theologieprofessor Thomas Cranmer. Der rät Henry, seine Scheidung nicht länger über den Papst zu betreiben, sondern Gutachten an den Universitäten Europas erstellen zu lassen. Diese teilweise mit viel Geld erkauften Elaborate lassen Jahre auf sich warten und bringen letztlich auch keine Entscheidung.

Inzwischen ist ein ehemaliger Mitarbeiter Wolseys zu des Königs erstem Berater aufgestiegen: Thomas Cromwell. Norfolk hat ihm einen Sitz in dem Parlament verschafft, das der König Ende 1529 zusammenstellt, um seine Scheidung zu betreiben. Der Papst „bittet" 1530, Anne Boleyn vom Hof zu entfernen und mahnt prophylaktisch, der König dürfe auf keinen Fall heiraten, bevor die Kurie in seiner Scheidungssache ein endgültiges Urteil gesprochen habe, Kinder aus einer solchen Ehe seien vor Gott und jedem Christenmenschen Bastarde.

Henry kontert auf Cromwells Vorschlag mit dem Plan, den Klerus zur Loslösung von Rom und zur Anerkennung des Königs als Oberhaupt einer englischen Staatskirche zu zwingen. Dabei ist anzumerken, dass im englischen Klerus Tendenzen dazu bereits seit dem Mittelalter bestehen, deswegen hat die Kirche auf der Insel traditionell von allen europäischen Landeskirchen die lockerste Bindung an Rom, lange vor und unabhängig von Henry Tudors Scheidungsbegehren.

Anfang 1531 klagt Cromwell den Klerus an, gebilligt zu haben, dass Wolsey sich widerrechtlich Bullen verschafft hat, die ihm den Status eines Legaten gaben. Da Wolsey dabei selbstherrlich den König übergangen habe, seien sie alle der Majestätsbeleidigung schuldig, das grenzt an Hochverrat. Die Versammlung sieht den Ernst der Lage nicht, glaubt, der König wolle wie immer Geld, bietet 100.000 Pfund. Die nimmt der König gern, doch er besteht dennoch auf seiner Anerkennung als Oberhaupt der Kirche Englands. Das nächste Parlament wird auf Cromwells Betreiben die Zahlungen an Rom teilweise einstellen und damit einen ersten Schritt zur Kirchentrennung tun.

Anne Boleyn und die Reformation

Am französischen Hof hat Anne nicht nur gelernt, wie eine entschlossene Frau einen Mann domestizieren kann, sie hat auch zum Kreis um des Königs geliebte Schwester Marguerite d'Angoulême gehört, die als einziges Mitglied eines königlichen Hauses in Mitteleuropa der neuen Religion von Anfang an sehr aufgeschlossen gegenüberstand. Besonders zu Zeiten, da ihr Bruder und seine Herren ihren kriegerischen Eroberungen (Marignano) frönten, hat Marguerite mit ihren Damen das religiöse Schrifttum der Zeit diskutiert.

Ob Anne Boleyn seither wirklich eine gläubige Verfechterin der reformierten Bewegung war, die Thematik mehr intellektuell interessant fand oder einen reformatorischen Kurs nur aus Eigennutz verfolgte, als klar war, dass die römische Kirche ihr nicht zu einer gültigen Heirat mit Englands König verhelfen würde, ist nicht beweisbar. Belegbar durch erhaltene Rechnungen und Zeugenaussagen ist aber, dass sie reformatorische Schriften auch aus Frankreich erhalten hat und verbotene reformatorische Bücher am Hof in Umlauf brachte. Diskussionsstoff zwischen Anne und Henry gab es reichlich, denn seine Staatskirche sollte eigentlich katholisch bleiben, nur ohne Papst, sie wollte die Chance nutzen, von ihr als sinnvoll erachtete Reformen einzubringen.

Der König leidet …

Während in seinem Reich so Entscheidendes geschieht, lungert der große König Henry VIII. Tudor mutlos in Greenwich herum, tief deprimiert über seine ach so ungerechte persönliche Situation. Ja, er hat zwei Königinnen, wenn Anne ihn mit ihren Forderungen reizt, zieht er sich zu Catalina zurück, die immer sanft und duldsam war. Doch neuerdings provoziert sie ihn bewusst mit Klagen über die Anmaßung der Boleyn, die doch nur ihre Hofdame sei. Annes Anmaßung! Vor der ist Henry hierher geflohen, er brüllt, er werde den Papst zum Ketzer erklären lassen. Von Stolz geschwellt eilt er zu Anne, um sich ob seines unerschrockenen Mutes loben zu lassen. Er ist am Boden zerstört, als Anne ihn mit ätzendem Spott fragt, wie er sich mit Catalina auf ein Wortgefecht einlassen könne, da sei ihm seine Frau doch schon immer überlegen gewesen – und habe ihn auch diesmal zu einer Aussage provoziert, die er noch bereuen werde …

York Place, den ungemein prächtigen Stadtpalast Wolseys, nimmt der König in Besitz und lässt Hans Holbein Entwürfe zur Umgestaltung machen, die Anne begeistern. Für sie ist in dem künftigen Königspalast ein Appartement vorgesehen, für Catalina nicht mehr. Um Annes Laune weiter zu heben, erhebt Henry ihren Vater zum Count of Wiltshire, Bruder George wird Lord Rochford und mit einer Gesandtschaft nach Frankreich beehrt. Ihre Gegner verbreiten im Gegenzug, Anne sei die Geliebte von Percy und Thomas Wyatt gewesen, doch damit hat sie längst gerechnet und Henry ihre Version erzählt: Sie habe Percy geliebt und sei von Wyatt geliebt worden, habe sich aber nie hingegeben. Natürlich glaubt der König ihr.

Henry schickt eine Delegation zu Catalina, die sie zum Verzicht auf ihre königlichen Rechte überreden soll. Ihre hoheitsvolle Haltung und kluge Argumentation lassen die Herren unverrichteter Dinge abziehen. Im Sommer 1531 befiehlt Henry Catalina, Windsor zu verlassen und sich einen dauerhaften Ruhesitz zu wählen. Catalina schlägt den Tower vor, dann wüsste wenigstens jeder, wie es um sie stehe. Darauf weiß Henry keine Antwort und reitet ohne Abschied zu einem angeblichen Jagdausflug nach Woodstock, natürlich mit Anne. Catalina wird den Gemahl nie wiedersehen, sie erhält schriftliche Anweisung sich mit ihrem Hof von 200 Personen nach „The More" zu verfügen, einem Landsitz aus Wolseys ehemaligem Immobilienfundus.

Derweil reist der König mit Anne durch die Lande und befiehlt, dass sie – wie seine Königin – den Vortritt vor allen Damen habe, auch vor seinen Schwestern! Margaret in Schottland kümmert das wenig, doch Mary wird dieser Konkubine nicht den Vortritt lassen! Sie meidet fortan den Hof und gibt vor, sich um die Verheiratung ihrer Töchter kümmern zu müssen, in East Anglia, wo sie immer noch die *French Queen* ist …

Calais, London und Hever, Oktober bis Dezember 1532

… und ringt um internationale Anerkennung

Henry will sich mit François I. treffen, vorher lässt er Catalina durch eine Delegation einschüchtern, sie solle ja nicht auf die Idee kommen, ihn begleiten zu wollen! Sie bescheidet die Herren kühl, sie werde überall hingehen, wohin der König sie zu schicken geruht, auch auf den Scheiterhaufen.

In feierlicher Zeremonie lässt Henry Anne Boleyn zum Marquess of Pembroke adeln, es ist das erste Mal in der Geschichte Englands, dass ein weibliches Wesen derart ausgezeichnet wird. Doch auch das kann die französischen Damen nicht bewegen, die „falsche Königin" an Henrys Seite durch ihr Erscheinen zu ehren. Bei Königin Eleonor, der Schwester Kaiser Karls und Nichte Catalinas, die seit August 1530 die zweite Ehefrau des Königs ist, wird diese Haltung als selbstverständlich empfunden.

Aber auch des Königs Schwester Marguerite, in zweiter Ehe Königin von Navarra, verweigert ihrer einstigen Lieblingsdame die Anerkennung. Anne tobt ihren Frust an Catalina aus und gibt keine Ruhe, bis der König die Kronjuwelen von der rechtmäßigen Königin eingefordert hat. Behängt mit diesem ihr nicht zustehenden Geschmeide lässt sie ihre Schönheit vom charmanten König der Franzosen feiern, der seine seit 1526 amtierende Mätresse, Anne de Pisseleu, Duchesse d'Etampes, zu solchen Gelegenheiten mitzubringen pflegt. Henry erreicht ein Bündnis mit Frankreich und einigen deutschen protestantischen Fürsten. So fühlt er sich gewappnet, seine Scheidung auch gegen Papst und Kaiser durchzusetzen.

In einem letzten genialen Streich gibt Anne sich wohl endlich hin, um sich unmittelbar danach nach Hever zurückzuziehen. Nur als Ehefrau Henrys wird sie zurückkehren! Weiß sie da schon, dass sie schwanger ist? Im Januar jedenfalls ist sie sich dessen sicher …

Der Stuart heiratet – französisch

Schottland, 1530 bis 1534

Königslegenden

Schottland ist ein Land der Lieder und Legenden, und schon zu seinen Lebzeiten erzählt man sich solche über James V. Stuart. Der König der Schotten erkennt einen König neben sich an, den der Zigeuner. Er glaubt, der sei Ägypter und lässt ihn und sein Volk bei Roxborough siedeln. Diese Dynastie der Faas existiert, bis die letzte Königin 1898 stirbt.

Zu Beginn seiner Herrschaft ist James Hamilton of Finnart des Königs engster Freund und Kumpel. Obwohl James bei seinen vielfältigen Liebschaften mit weiblichen Wesen ihn wohl nicht im klassischen Sinne benutzt hat, wird er als sein Mignon bezeichnet. So können alle unliebsamen Entscheidungen des Königs ihm angelastet werden, nach dem Motto: Das hat unser guter König nicht gewusst oder gewollt, das hat dieser Mignon Hamilton durchgesetzt …

King James soll es geliebt haben, sich unerkannt unter sein Volk zu mischen, mit jedermann von Gleich zu Gleich zu reden. Immer zeigt er sich großzügig und beweist persönlichen Mut. Er sorgt für Sicherheit, ist unermüdlich bei Wind und Wetter unterwegs, um die Grenzen zu sichern, den ewigen Viehdiebstahl zu unterbinden. Das Volk liebt ihn, weil er ein König zum Anfassen ist, und man gönnt ihm gern, dass seine nächtlichen Ausritte nicht nur der Aufrechterhaltung von Gesetz und Ordnung dienen. Jeder kann die Liste der Mütter seiner Bastarde herzählen, doch ein König, besonders ein König der Schotten, braucht eine Frau, die Geld und Prestige bringt.

Bräute für Schottlands James

Da trifft es sich gut, dass der Kaiser und alle Könige derzeit verheiratet sind, so ist James Stuart der begehrteste Junggeselle Europas. Selbst der Kaiser wirbt um ihn, schickt ihm 1532 das Goldene Vlies, das noch nie ein Schotte erhalten hat, und bietet die Hand seiner jüngsten Schwester Maria, der 1526 verwitweten Königin von Ungarn. Doch die hat inzwischen die Regentschaft der Niederlande anstelle ihrer 1530 verstorbenen Tante Margarethe übernommen und ist nicht wirklich interessiert.

Oder vielleicht doch Maria Tudor? Sie ist jetzt siebzehn und nach venezianischem Urteil ganz hübsch und wohlgestalt, wenn auch etwas klein – und nicht länger Thronfolgerin. Als James Scheidung und neue Ehe des Onkels anerkennt, schickt der ihm den Hosenbandorden.

Nun fehlt James nur noch der Michaelsorden Frankreichs, dann ist die Sammlung höchster Ritterorden komplett. James ist immer davon ausgegangen, dass sein im Kindesalter geleistetes Eheversprechen an Madeleine de France, die Tochter François I., verbindlich ist. James fragt Albany um Rat, der zunächst Catherine de Medicis als Ehekandidatin vorschlägt. Doch der Papst hat andere Pläne mit seiner Nichte und verheiratet sie mit Frankreichs Sohn Henry, ist aber bereit, James finanziell aus schottischen Kircheneinkünften und mit einer Sonderzahlung zu entschädigen, wenn er treu zu Rom steht. Diese Abmachung ermöglicht James, über einen satten Fonds an einträglichen Bischofsitzen für seine Bastardnachkommenschaft zu verfügen. James ist von sich aus streng katholisch und duldet keine Häresie. Während seiner Herrschaft werden zahlreiche prominente Befürworter der Reformation hingerichtet. Der bekannteste war Patrick Hamilton, der bereits 1528 in St. Andrews verbrannt wurde.

Paris und Edinburgh, 1536 bis Juli 1539

Eine Französin soll es sein!

Der König Frankreichs findet seine Tochter Madeleine mit ihren vierzehn Jahren noch zu jung und überhaupt zu zart für das schottische Klima, will aber eine Heirat des Stuart mit der Casa de Austria oder England unbedingt verhindern und bietet drei andere Bräute: Eine Navarre, eine Guise und eine Bourbon, nämlich Marie de Vendôme, deren Bild ganz besonders geschönt und deren Mitgift besonders exorbitant ist; man weiß, dass sie etwas verwachsen ist. James verlangt den Michaelsorden als Gegenleistung, und als er ihn bekommt, unterschreibt er den Ehevertrag!

Die trübe Aussicht, die schiefe Bourbon nun heiraten zu müssen, entflammt seine Liebe zu Margaret Erskine neu, die ist zwar

– wie erwähnt – seit Langem mit William Douglas von Lochleven verheiratet, doch der König könnte sie schottisch scheiden lassen. Um sie zu heiraten, braucht er dann allerdings die Zustimmung des Papstes, und der braucht Frankreich! Margaret Erskine kehrt auf Lochleven zurück und hadert fortan mit dem Schicksal. Jahre später wird sie sich an James' Tochter rächen, die sie für unehelicher hält als ihren Sohn James Stewart, dann Earl of Moray …

James V. Stuart sticht in See,
um die Bourbon-Braut in Paris zu heiraten. Das Wetter spielt nicht mit, er ist zur Umkehr gezwungen und nutzt die Zeit für eine weitere Wallfahrt. Am 1. September 1536 ist die Flotte von sieben Schiffen wieder bereit, und diesmal klappt die Überfahrt. James Stuart begrüßt die Braut höflich, ist aber bereits entschlossen, sie nicht zu heiraten, sie ist gar zu klein und gar zu krumm. James reist François I. nach Lyon nach und trifft dort endlich auch seine Traumbraut Madeleine de France. Ob er sie nur wegen der Allianz mit Frankreich will oder sich wirklich in die zauberzarte Elfe verliebt, ob sie sich in ihn verliebt oder ihn nur nimmt, weil sie unbedingt Königin sein will – die Hofdichter laufen zur Höchstform auf … Madeleine bettelt bei Papa, der kann seinem geliebten Töchterlein nichts abschlagen, ihr Argument ist überzeugend: Wenn ich den Stuart jetzt heirate, bin ich Königin bis zu meinem Tode. Am 26. November 1536 wird der Ehekontrakt in Blois unterzeichnet.

Die Hochzeit findet erst am 1. Januar 1537 in Notre Dame de Paris statt, als drittes gekröntes Haupt ist der König von Navarra anwesend. Eine Winterreise über die raue Nordsee nach Schottland ist der zarten Madeleine nun wirklich nicht zuzumuten, und obwohl James schon vier Monate in Frankreich ist, zeigt er keine Eile, er weiß Schottland von seiner Mutter Margaret gut verwaltet. Bis zum Sommer wird er den Führungsstil und die Hofhaltung François I. studieren und zurück in Schottland dort soviel Frankreich wie möglich umsetzen.

Am 19. Mai kniet Königin Madeleine in Leith nieder, um die Erde ihres Reiches zu küssen. Sie ist Königin, doch ihr Reich ist zu rau für sie, sie sucht es zu verbergen, doch sie wird von Tag zu Tag schwächer, immer wieder wird der königliche Einzug nach Edinburgh verschoben und am 7. Juli 1537 stirbt die Königin, ohne je einen Fuß in ihre Hauptstadt gesetzt zu haben. Sie wird besonders von den Reformierten Schottlands betrauert, die in ihr eine Fürsprecherin erhofft hatten, da sie von der dem Neuen Glauben aufgeschlossenen Königin von Navarra ausgebildet worden war.

Mit James Rückkehr endet Margarets Regentschaft. Methven hat sich inzwischen als genauso treulos wie Archibald erwiesen, er hat ihre Renten gestohlen, dazu ein Verhältnis mit Lord Atholls Tochter Jane und einen Sohn mit ihr. Margaret nimmt sich ein Beispiel an ihrem Bruder Henry und setzt Gelehrte auf ihre zweite Scheidung an. James stoppt die Scheidungssache, Margaret glaubt, Methven habe den Sohn bestochen. Sie stiehlt sich über die Grenze, wird aber auf James Befehl eingefangen und zurückgebracht. Sie ist fast fünfzig und verlangt, dass ihr Bruder sie versorgt, weil sie in Scotia keinen Witwensitz hat, immer mit dem Sohn umherziehen muss – wie eine beliebige Adlige …

Wieder nur ein Mädchen …

Whitehall Palace und London, im Januar 1533

Heimliche Heirat

Sie verspüre ein unglaublich heftiges Verlangen, Äpfel zu essen, ruft Anne über die Köpfe der versammelten Höflinge hinweg ihrem Freund Wyatt zu. Der König habe gesagt, das bedeute, dass sie schwanger sei. Sie habe geantwortet: Keineswegs! Sie lacht, wie nur sie zu lachen wagt und verschwindet zurück in ihr Gemach, der Hof steht stumm und schweiget – für einen verdatterten Augenblick – um dann umso emsiger zu schnattern …

In einem geheimen Turmgemach im noch nicht fertig gestellten Palast Wolseys treffen der König und Anne im Januar auf einen unbekannten Mönch, der sie traut. Die Sache wird so geheim gehalten, dass weder das genaue Datum noch die Zeugen sicher benannt werden können. Die Eheschließung muss geheim bleiben, da Henry nach römischem Verständnis und damit dem der Allgemeinheit eindeutig in Bigamie lebt.

Suffolk House, Beaulieu und Kimbolton, Frühjahr 1533
Familienszenen im Hause Tudor

Am 17. März 1534 stirbt der nächste männliche Verwandte des Königs nach James Stuart, sein Neffe Henry Brandon, mit 17 Jahren. Damit geht Mary Tudors Thronrecht an ihre ältere Tochter Frances über, die Henry Grey, Marquess of Dorset heiratet – von diesem Paar und seinen Töchtern wird noch zu erzählen sein …

Maria Tudor, Princess of Wales, wird im April erklärt, dass der königliche Vater Anne B heiraten will. Maria wird eine Scheidung der Mutter nie anerkennen, die Enkelin Spaniens kann sich nicht selbst zum Bastard erklären! Ihr Hof im hübschen Beaulieu wird drastisch verkleinert, ihr bleiben nur die Gouvernante Salisbury, ihre Cousine Margaret Douglas, ihre Kammerfrau Mary Brown und ihr Lehrer Fetherstone. Jeder Kontakt zu ihrer Mutter ist ihr strikt verboten, doch sie stehen in einem geheimen Briefwechsel. Catalina lebt inzwischen auf Kimbolton Castle, wo sie die Dienerschaft ignoriert und nur in ihren Räumen, umgeben von ihren wenigen verbliebenen Spaniern, lebt. Sie isst nur, was vor ihren eigenen Augen gekocht wird, denn sie hat Angst vor Gift.

Eine gültige Scheidung?

Im Spätsommer 1532 wird endlich der Posten des Erzbischofs von Canterbury vakant, den die Boleyns für ihren Schützling Thomas Cranmer reklamieren. Ende März 1533 wird Cranmer von Henrys Gnaden zum Erzbischof geweiht, und Anfang April erbittet er als Primas der englischen Kirche die Ehre, die Ehe des Königs prüfen zu dürfen.

Cranmer bildet eine Kommission aus aufgeschlossenen Klerikern und fordert Catalina auf, am 10. Mai vor dieser zu erscheinen, was sie verweigert. Die Zeit drängt, und so steht am 23. Mai das Ergebnis fest: Die Ehe des Königs mit Catalina de Aragón ist null und nichtig, Catalina aller Thronrechte verlustig, ihre Tochter Maria nicht länger Thronerbin. Catalina war und ist einzig die Witwe Arthurs, des Prinzen von Wales.

Das ist das endgültige Ende aller Hoffnungen auf Henrys Einsicht, doch Catalina ist nicht bereit, sich und Maria im Ausland in Sicherheit zu bringen. Sie ist Königin von England, und das kann sie nur in England sein. Am Hof kann der König die Anerkennung Annes erzwingen, für das Volk sind und bleiben Catalina Königin und Maria Princess of Wales.

London und Suffolk, Juni/Juli 1533

Dieser Tod kommt ungelegen …

Wenig später erklärt Cranmer die Ehe Henrys mit Anne Boleyn für rechtskräftig, zur Sicherheit wird eine zweite, diesmal öffentliche Trauungszeremonie abgehalten. Am gleichen Tag stirbt auf ihrem Landsitz Westhorpe Hall *The French Queen,* des Königs Lieblingsschwester Mary Tudor. Ihr Ehemann kann nicht bei ihr sein, der König braucht Brandon bei sich und als Zeremonienmeister, schließlich soll Anne Boleyn am 1. Juni gekrönt werden! Deshalb dauert es Wochen, bis die ehemalige Königin Frankreichs angemessen beigesetzt wird. Es wird gern erzählt, dass Mary an gebrochenem Herzen gestorben sei, weil sie es nicht ertragen habe, die Hure Boleyn als Königin zu sehen.

… diese Krönung auch …

Anne hat auf einer Krönung bestanden, um die Anerkennung ihres Kindes zu sichern, inzwischen ist ihre Schwangerschaft nicht mehr zu übersehen. Der Krönungszug zu Wasser bricht am 29. Mai in Greenwich mit Musik und klingendem Spiel auf, um Anne zunächst in den Tower zu geleiten, wo die Königinnen Englands traditionell die Nacht vor ihrer Krönung verbringen. Vier englische Meilen dauert die Fahrt auf der prunkvoll geschmückten Barke der Königin. Die Themse ist majestätisch breit und voller bunter Boote mit Sonnensegeln. Jeder will „diese Frau" sehen, doch kaum jemand jubelt der künftigen Königin zu. Aus 1000 Gewehren tönt der Salut, als sie den Tower erreicht, so emsig sind die *gunners,* dass kein Glasfenster im Tower und in St. Katherines heil bleibt.

Am nächsten Morgen säumt das Volk reglos und schweigend den Weg vom Tower nach Westminster, keine Hochrufe, kein Tanzen und Mützenschwenken, keine winkende, Glück wünschende Begeisterung, nur die allenthalben angebrachten verschlungenen Initialen H und A lösen freudlose Lachsalven aus: HAHAHA! schallt es Anne immer wieder entgegen, nun da sie am Ziel all ihrer Wünsche ist. Enttäuscht zieht sie sich wenige Wochen später in das Geburtszimmer im Greenwich Palace zurück.

Schon wird gemunkelt, der König sei Annes überdrüssig, ihrer Launen und Ansprüche müde. Sie setzt alle Hoffnung auf den Thronfolger, die Dokumente zur Verkündigung der Geburt sind ausgefertigt, für alle Fälle hat man vor dem einzufügenden Namen Platz für die weibliche Endung gelassen – eine an allen Höfen übliche Praxis. Anne hat es nicht versäumt, darauf zu bestehen, dass sie das Taufkleid Marias ausgehändigt bekommt, was reine Bosheit ist, denn Catalina hat es aus Spanien mitgebracht, es hat mit den Tudors nicht das Geringste zu tun!

Greenwich, 7. September 1533

… und das Kind der Liebe?

Am Morgen setzen bei Queen Anne die Wehen ein, die Geburt verläuft relativ schnell und problemlos, am frühen Nachmittag ist die Enttäuschung riesig: Das Kind ist gesund und kräftig, aber eindeutig ein Mädchen. Henry VIII. ist außer sich vor Wut! Er legt sich mit aller Welt, mit der Kirche, ja fast mit Gott selbst an, und alles, was er dafür bekommt, ist eine weitere Tochter! Da alles vorbereitet ist, wird die Kleine am 10. September auf den Namen Elizabeth – nach beiden Großmüttern – getauft, doch der König wohnt weder der Taufe noch einer anderen Feier zur Geburt bei! Als Paten fungieren Erzbischof Cranmer und Annes Stiefgroßmutter Agnes Tilney, Herzoginwitwe Norfolk, die Monarchin des Howard-Clans, sie ist auch Patin von des Königs erster Tochter Maria. Das zur Geburt des Stammhalters geplante große Turnier findet nie statt, und die nicht nur heimliche Häme ist groß!

Rom und London, Mai 1533 bis Dezember 1537

Kirchenpolitische Konsequenzen

Papst Clemens VII. reagiert auf diese Anmaßung mit der Androhung des Banns gegen Henry VIII., wird ihn aber erst 1534 tatsächlich verhängen und im September sterben, nachdem er endlich die Ehe Catalinas für rechtmäßig und unanfechtbar erklärt hat. Henry VIII. kontert mit der Loslösung der Kirche Englands von Rom und macht sich selbst zum Oberhaupt dieser künftigen Anglikanischen Staatskirche. Am 3. November 1534 bestätigt das Parlament die „Suprematsakte", und damit wird Henrys VIII. Wille zu englischem Gesetz. Die mit der teilweisen Einstellung der Zahlungen eingeleitete Lösung von Rom ist nun vollendet.

Während sich der König intensiv mit der formalen Ausformung seiner Kirche befasst, nimmt Cromwell die systematische Auflösung der Klöster und die Einziehung allen Kirchengutes in Angriff. Damit erhält der König ein probates Mittel, sich und seiner Kirche Anhänger zu sichern, kann er doch treue Parteigänger mit der Schenkung eines Klosters belohnen, das sich leicht in ein komfortables Landgut umnutzen lässt.

Theoretisch muss ab Ende 1534 jeder Untertan bereit sein, einen Eid zu leisten, mit dem er den König als Kirchenoberhaupt akzeptiert. Eingefordert wird dieser Eid in der Praxis von Staatsdienern und „verstockten" Katholiken. Nur wenige weigern sich, darunter Thomas Morus, der schon 1532 das Kanzleramt niedergelegt hat, und John Fisher, Bischof von Rochester, der von Beginn vehement gegen des Königs Scheidung votierte. Ein Sondergericht wird beide zum Tode verurteilen. Sie werden im Abstand von wenigen Tagen im Juni/Juli 1535 hingerichtet, damit ist geklärt, dass des Königs Gesetz für jedermann gilt – ohne Ausnahme!

Der im Oktober 1534 gewählte Papst Paul III. (Alessandro Farnese) wird erst, als beide Königinnen längst tot sind, im Dezember 1537, Henry VIII. Tudor wegen der Scheidung und der Boleyn-Ehe mit dem Bann und England mit dem Interdikt belegen.

Seit Ende 1534 kann jedermann zur Ablegung eines Eides auf die Rechtmäßigkeit der Boleyn-Ehe gezwungen werden, der irgendwie in den Verdacht gerät, davon nicht überzeugt zu sein. Catalina –

von der dieser Eid und auch der auf die Suprematsakte nie verlangt wird – höhnt, eher werde sie sich zum Tode verurteilen lassen! Kaiser Karl rät Tante und Cousine, fest zu bleiben, den Suprematseid aber zu leisten, sollten sie unmittelbar mit der Hinrichtung bedroht werden. Am Hof kursiert das Gerücht, Anne habe einen Wahrsager präpariert, dem König einzureden, dass er keinen Sohn bekommen werde, solange Catalina und Maria leben …

London, Hatfield und Kimbolton, Herbst/Winter 1533
Familiäre Konsequenzen

Im November schreibt Chapuys dem Kaiser, dass Maria nun als Ehrenjungfer ihrer Bastardschwester leben soll. Wie die anderen Spanier nennt er Elizabeth *La Garse* (der Balg) oder *La Machuba* (das Hurenkind). Norfolk löst Marias Hof auf und holt sie zum „Dienstantritt" nach Hatfield, Domizil der neuen Kronprinzessin Elizabeth. Maria darf zwei Dienerinnen, aber keine Freundin mitnehmen. Unter Aufsicht einer Verwandten von der Howardseite sind zwei Tanten Annes zur Pflege des Babys abgestellt. Norfolk erklärt Maria ihre Pflichten, doch die erklärt, sie kenne nur eine *Princess of Wales*, eine zweite könne es nicht geben. Wenn der König sicher sei, dass das Kind der Lady Pembroke von ihm sei, so sei sie bereit, es Schwester zu nennen, wie sie Fitzroy Bruder nenne, mehr nicht. Norfolk traut sich verständlicherweise nicht, das wörtlich vor dem König zu wiederholen.

Als Maria Tudor zur Hüterin der kleinen Liz degradiert wird, kehrt Margaret Douglas, des Königs inzwischen 18-jährige schottische Nichte – noch unverheiratet – an den Hof zurück. Sie wird der erklärte Liebling Henrys, bleibt aber wegen ihrer „schottischen" Herkunft dauerhaft von der englischen Thronfolge ausgeschlossen.

Im ereignisreichen Herbst 1534 verheiratet der König seinen immer noch einzigen Sohn, den knapp fünfzehnjährigen Henry Fitzroy, Duke of Richmond. Die Geschichtsschreibung hat lange gemutmaßt, Anne habe das als Drohung empfinden müssen, weil der König scheinbar seinen alten Plan wieder aufnimmt, den natürlichen Sohn zum Thronerben aufzubauen. Heute wird eher angenommen, sie und ihr Familienclan hätten die Hochzeit arrangiert, denn Fitzroy heiratet die gleichaltrige Mary Howard, eine der beiden Töchter von Annes Onkel Norfolk.

Im Dezember wird Witwer Brandon zu Catalina geschickt, er soll all ihren Bediensteten den Eid abnehmen, sie nur noch Prinzessin-Witwe zu nennen. Er will sie mit Gebrüll einschüchtern, sie knallt ihm die Tür vor der Nase zu! Wahllos macht er Gefangene unter ihren Getreuen. Um die Burg sammeln sich stumm, aber wie zufällig mit Knüppeln, Mistgabeln und anderen waffenfähigen Gerätschaften in Händen die Bewohner der Gegend, sie rufen nicht, sie drohen nicht, aber sie kommen immer näher und werden immer mehr. Brandon muss – will er Blutvergießen und einen Märtyrerstatus Catalinas und ihrer Verteidiger vermeiden – unverrichteter Dinge abziehen.

Englischer Hof, Frühjahr 1534 bis Herbst 1536

Die glücklichste aller Frauen

sollte Anne Boleyn, nun gekrönte Königin eigentlich sein, da sie den Masterplan umgesetzt hat – bis auf die Kleinigkeit, dass ihr erstes Kind ein Mädchen ist. Sie ist zwar fast Mitte dreißig, aber es spricht nichts dagegen, ein oder zwei weitere gesunde und kräftig Kinder zu bekommen. Doch sie hat den eigentlich unsicheren König zutiefst enttäuscht, da auch sie ihm nicht den so ersehnten Thronfolger geboren hat, und Vergeben und Vergessen ist nicht gerade Henrys Stärke.

Jetzt rächt sich, dass Anne es nie verstanden hat, sich Freunde zu schaffen, Netzwerke aufzubauen. King Henry wollte sie betören und damit allen Höflingen überlegen sein. Zu selbstherrlich, zu verliebt in die eigene Schlagfertigkeit, wie sie war, steht sie nun allein. Die ausgewählten Schriftsteller, Illustratoren und Maler, die sie seit etwa 1532 vehement gefördert hat, sind nicht in der Lage, eine gewichtige Hofpartei zu bilden.

Anne muss sich eingestehen, dass ihre Herrschaft über Henry nicht mehr absolut ist und immer brüchiger wird. Sie reagiert aus Existenzangst immer öfter aggressiv und hysterisch. Einst für ihren Charme bewundert, beleidigt sie nun sogar den Botschafter Frankreichs. Die Stimmung bei Hof neigt Catalina und Maria zu, immer öfter zieht der Vater die erwachsene Maria der kleinen Liz vor, um Anne zu ärgern. Die Höflinge sind damit überfordert, immer auf dem Laufenden zu bleiben, die Zuneigung des Königs wechselt allzu sprunghaft. Es soll bereits eine geheimnisvolle Dame geben, die der König vor der Königin verborgen hält!

Als Anne Henry – wie gewohnt – während eines Streites anherrscht, reagiert er erstmals nicht einlenkend, sondern kontert kühl: Sie solle nicht vergessen, dass er allein sie so hoch erhoben habe und dass ein Wink von ihm genüge, sie noch tiefer fallen zu lassen. Als sie ihn daran zu erinnern wagt, dass schließlich sie es war, die ihn aus dem Sündenpfuhl seiner Ehe mit Catalina befreit habe, gibt er kühl zurück: Im entscheidenden Punkt habe sie sich bisher nicht fähiger erwiesen als Catalina, er habe immer noch keinen legitimen Sohn!

Hoffen und Bangen – wie einst Catalina

Übervorsichtig geworden erklärt Anne erst im April 1534, wieder schwanger zu sein. König und Königin reisen nach Eltham und lassen Elizabeth bringen, man sieht Henry wieder häufig als stolzen Vater mit ihr auf dem Arm. Als der König allein zur Sommerreise durch die Midlands aufbricht, nimmt man an, es geschehe aus Rücksicht. Anne hat im September eine Frühgeburt, das Kind wäre angeblich ein Junge gewesen. Ihre Position ist unsicherer denn je!

Im Herbst stellt sich auch noch heraus, dass ihre Schwester Mary, die seit sieben Jahren verwitwete Ex-Mätresse des Königs, von einem schlichten Ritter, Sir William Stafford, schwanger ist und ihn ohne Einwilligung des Königs oder der Eltern geheiratet hat.

Annes Leben ist im Winter 1534/35 ein einziger Tanz auf sehr dünnem Eis, bei dem leisesten Anschein von Unwillen des Königs gegen sie wird sie von allen Höflingen geschnitten. Verlassen kann sie sich einzig auf ihren Bruder George, doch dessen unbefriedigte Ehefrau, Jane Parker, bespitzelt ihren Mann unablässig, weil sie ihm unbedingt ein inzestuöses Verhältnis nachweisen will, um sich nicht der Tatsache stellen zu müssen, dass er homosexuelle Beziehungen unterhält.

Ungewöhnliche Maßnahmen oder Hexerei?

Anne muss also jeden Strohhalm ergreifen, um sich die Gunst des Königs zu erhalten. Als sie bemerkt, dass dessen begehrliches Auge auf ihre Cousine Madge Shelton fällt, fördert sie dieses Verhältnis nach Kräften und mit vollem Körpereinsatz. Schließlich weiß sie aus leidvoller Erfahrung, was die Wenigsten ahnen: *Great Harry* ist keinesfalls der feurige Liebhaber, den sein Image suggeriert, war es nie. Seine Leidenschaft spielt sich überwiegend in der Fantasie ab, er mag es, wenn schöne Frauen ihn umgeben, liebt das Ritual der Werbung, der Eroberung, der Vollzug interessiert ihn nicht wirklich. Krankheitsbedingt ist er immer seltener willens, einen Akt zu wagen, zu oft gelingt er ihm nicht. Entsprechend dem Zeitgeist liegt nach Henrys Überzeugung trotzdem die Schuld an seiner Söhnelosigkeit allein bei der Frau, die nicht empfangen kann. Anne muss alles tun, um noch einmal schwanger zu werden, nur wenn sie dem König einen Sohn schenkt, wird er es nicht wagen, sie zu verstoßen …

… und tatsächlich: Mit der Zeit beruhigt Henry sich, die kleine Liz ist kräftig wie er selbst, Anne kann zumindest gesunde Kinder zur Welt bringen, mit dem letzten hat es zwar nicht geklappt, aber warum soll das nächste nicht ein gesunder Junge sein? Prompt ist Anne Ende 1534 wieder schwanger, im neuen Jahr wächst ihr Bauch wie im Bilderbuch, doch plötzlich ist er weg, kein Kind, keine Fehlgeburt – war alles nur Camouflage, um den König zu täuschen und Königin zu bleiben?

Henry, dessen Verhältnis zu Anne bereits seit Elizabeths Geburt recht ambivalent ist, ist ihrer früher für ihn so unwiderstehlichen Freude am Wort, ihrer Schlagfertigkeit, ihrer Kessheit längst überdrüssig. Krankheiten nagen an ihm, sein Stoffwechsel funktioniert nicht mehr richtig, er wird immer massiger. Eine alte Turnierwunde am Bein bricht wieder und wieder auf, vereitert, heilt kaum noch richtig ab. Längst ist ihm die ständige Jagd nach Vergnügungen zu anstrengend, das Temperament seiner Wunschkönigin, ihre inzwischen oft hektische Betriebsamkeit sind ihm nur noch lästig – doch soll er sagen, er sei zu alt für all das oder gar zu krank?

Zu Beginn der Beziehung war man bei Hof immer verblüfft, wie wunderbar entspannt und wohl gelaunt Henry in den Kreis seiner

Höflinge zurückkehrte, wenn er sich nach einem heftigen Streit mit seiner damals so angebeteten Anne ein Weilchen zurückgezogen hatte. Womit auch immer sie ihn damals befriedet hat, der Zauber scheint nicht mehr zuverlässig zu wirken.

Nicht zu Unrecht vermutet Anne, dass es Gegner ihrer Person und ihres Status gibt, die den König mit unterschiedlichen Mitteln gegen sie zu beeinflussen suchen und damit auch immer häufiger Erfolg haben. Wer wüsste besser als sie, wie beeinflussbar Henry Tudor wirklich ist. Mit Bangen sieht Anne, wie man beginnt, Maria Tudor zu hofieren, und dass selbst der französische Botschafter sich bemüht, wieder bei Catalina vorgelassen zu werden, schließlich existiert das Zeugnis des Papstes, das Catalinas Ehe für alle Katholiken ewige Gültigkeit verleiht. Solange Anne keinen Sohn hat, hat sie Catalina letztlich nichts voraus, und sollte Henry sie verstoßen, wären auch die Chancen ihrer Tochter dahin, unzweifelhaft ist Maria Tudor die Erstgeborene. Anne fällt es immer schwerer, heiter und gelassen zu erscheinen, selbst als sie im Sommer sicher ist, wieder schwanger zu sein …

Nie wieder Scheidung!

England, im Herbst 1536

Maria Tudor träumt
sich schon in die Rolle der Dauphine von Frankreich, denn plötzlich ist ihre Heirat mit François d'Angoulême bei Adel und Volk gleichermaßen populär, man findet einfach alles gut, was Königin Anne missfällt. Glücklich nimmt Maria wahr, dass Höflinge sie wieder aufsuchen. Als Königin Anne ihre Tochter in Begleitung Norfolks und Brandons besucht, halten sich die Herren die ganze Zeit bei ihr auf! Henry bevorzugt inzwischen unter Cromwells Einfluss eher das Bündnis mit dem Kaiser und würde eine Verbindung seiner Tochter mit dessen Sohn Felipe nur zu gerne sehen, doch der ist leider erst neun und damit gerade halb so alt wie sie!

Marias Freude über diese mögliche Wendung ihres Schicksals wird bald überschattet von einer ernsten Erkrankung ihrer Mutter.

Der Vater lässt selbst jetzt keinen Besuch zu, darüber regt sich Maria derart auf, dass sie selbst krank wird. Prompt kursieren Gerüchte, Anne habe beide vergiften lassen.

Kimbolton Castle, 7. Januar 1536

Die Königin geht

Zum Jahresende erholt sich Maria wieder, doch Catalina de Aragón weiß, dass ihr Ende nahe ist. Sie spricht ein letztes Mal mit Chapuys, dem Botschafter des Neffen, legt ihm ans Herz, über ihre Tochter zu wachen. Ihre Jugendfreundin Maria de Salinas, verwitwete Lady Willoughby, setzt sich über alle Verbote hinweg und dringt gegen den Widerstand der Bewacher der „Princess of Wales" bis zu ihrer geliebten Königin vor. Mit Ihrer Hilfe gelingt es der Sterbenden, ihren letzten Willen niederzulegen. Catalina fühlt sich mit Gott im Reinen und wartet vertrauensvoll auf die Messe im Morgengrauen. Während Neffe Karl in Neapel einen letzten Brief an seine Tante schreibt, entschläft die kämpferische und eigensinnige Catalina de Aragón nach einem Gebet, in dem sie Henry vergibt, in den Armen ihrer Freundin.

Englands Hof, Januar bis Mai 1536

Freudenfest und Sargnagel

Als der König die Todesnachricht erhält, soll er ein Fest angeordnet und sich und Anne – in gelbe Freudengewänder gehüllt – dem Hof in lang vermisster Innigkeit präsentiert haben. Anne ist sichtbar schwanger, man vermutet, etwa im siebten Monat …

Catalinas Grabstein darf einzig das Wappen von Wales zieren, da sie laut des Königs Gesetz nie mehr war als Arthurs *Princess of Wales*. Doch Kaiser Karl lässt durchblicken, dass er eine Nachfolgerin seiner nun leider verstorbenen Tante als Königin durchaus anerkennen würde, nur eben diese Anne B nicht. So schmiedet auch der Kaiser einen Nagel zu ihrem Sarg. Paradoxerweise wird Catalinas Tod zum Auslöser von Anne Boleyns Untergang, denn solange Catalina lebte, glaubte Henry, wie immer es ihm auch gelingen möge, Anne loszuwerden, er müsse danach an Catalinas Seite zurückkehren. Nie werden Kaiser, Papst und alle Katholiken

Europas Anne und ihre Nachkommen als legitim anerkennen, aber als Witwer Catalinas kann Henry jederzeit problemlos und auf jeden Fall legitim heiraten, wen immer er will – und genau das ist sein Begehr.

Da ist dieses wunderbar stille Wesen Jane Seymour! Wie tugendhaft sie in weiblicher Zurückhaltung den Blick senkt, wie sie seinen Worten nachlauscht, nie hat er sie ein Widerwort geben hören, nie ein lautes Lachen … wenn er ehrlich ist, war das gar nicht so harmlos, als Anne sie auf seinem Schoß erwischte, kaum, dass der Bote mit der Nachricht, die ihm zum Witwer machte, den Raum verlassen hatte …

Eine mysteriöse Totgeburt

Während Catalina in Peterborough mit den einer Prinzenwitwe zustehenden Ehren beigesetzt wird, reitet der übergewichtige König übermütig ein Turnier, fällt vom Pferd und bleibt bewusstlos liegen. Onkel Norfolk persönlich eilt vom Turnierplatz zu Königin Anne und dramatisiert den Vorfall derart, dass sie glaubt, der König sei tot. Ist der gute Onkel als überzeugter Katholik mit im Komplott von Cromwell und anderen, die aus unterschiedlichen Motiven längst beschlossen haben, Anne zu stürzen?

Sie fällt jedenfalls in Ohnmacht und bekommt unmittelbar eine heftige Blutung. In einer qualvollen Nacht, in der nur ihre engsten Vertrauten zugegen sein dürfen, verliert Anne auch dieses Kind. Instinktiv weiß sie: Das ist das Ende! Böswillige Verleumdung oder Mutwille der Natur? Der Fötus soll extreme Missbildungen aufweisen, die man zu dieser Zeit als Zorn Gottes über sexuelle Verfehlungen der Eltern interpretiert. Ein weiteres Detail, das Annes finsterste Befürchtungen bestätigt. Oh ja, sie kennt ihren *Great Harry* und seine Selbstherrlichkeit! Sie weiß, dass er diese Seymour, diese blasse Heuchlerin umgarnt, während sie, seine Königin, um ihr Leben kämpft. Sie muss diesen Kampf gewinnen, sie muss ihn noch einmal bezaubern, zur Not wird sich schon jemand finden, der sie wirklich schwängert, der König muss nur glauben können, dass er der Vater ist. Sie muss essen, sie ist zu mager, ihre Haut ist zu fahl! George, Georgie, sag, kann ich ihn noch einmal bezaubern?

Der gnadenlose Harry

Als Anne Tage später in perfekter Aufmachung und wunderbar ge-
spielter Sanftheit und Trauer den König aufsucht, schickt er alle
Damen raus. Entsetzt hören sie ihn bis ins Vorzimmer brüllen: „Von
Ihnen, Madame, werde ich keine Söhne haben! Gott will es nicht."
Die völlig gefühllose Präzision, mit der Henry VIII. Tudor von diesem Tag an die totale Vernichtung seiner Königin Anne betreibt,
schockiert selbst deren gehässigste Feinde – selbst solche, die an
dem Komplott zu ihrer Vernichtung beteiligt sind. Um sie los zu
werden, hätte er sie einfach verstoßen können, weil er zuvor – allgemein bekannt – ein Verhältnis mit ihrer Schwester hatte. Anne
hätte den Rest ihres Lebens recht behaglich in einem Kloster oder
auf einem komfortablen entlegenen Landsitz verbringen können.
Henry gönnt ihr genau dieses geruhsame Leben nicht. Bei einer
Königin ist Ehebruch ein Kapitalverbrechen, Hochverrat an der geheiligten Person des Königs. Darauf steht der Tod! Ihr Tod ist, was
der König will.

Henry wiederholt immer öfter Bemerkungen über Hexenkünste,
die man wie von ungefähr in seiner Gegenwart fallen ließ. Da ist
dieser sechste Finger, das ist doch ein Hexenmal. Es muss Zauberei
im Spiel gewesen sein, nur mit Hexenkünsten hat diese schamlose
Verführerin ihn in diese unsägliche Ehe locken können!

Am 24. April befiehlt der König, eine geheime Untersuchung gegen die Königin und ihre Vertrauten anzustrengen. Beauftragt werden Lordkanzler Audley und diverse Adlige, darunter auch Annes
Vater und ihr Onkel Norfolk. Als erster wird der Musiker Smeaton
vom Hof gelockt, verhört und gefoltert. Mancher glaubt zu wissen, der junge Narr sei unmäßig in die Königin verliebt gewesen,
und sie habe ihn auf nicht immer charmante Weise damit geneckt.
Er „gesteht" am 1. Mai, Ehebruch mit Anne Boleyn begangen und
von anderen Liebhabern gewusst zu haben. Er nennt Henry Norris,
Francis Weston, Richard Page, Edward Bryerton, Thomas Wyatt,
der auch noch gesagt haben soll, der König sei Monarch, aber kein
Gentleman, und Annes Bruder George. Der Vorwurf, die Königin
habe den König der Impotenz beschuldigt, freiwillig vorgebracht
von Schwägerin Jane Parker, besiegelt Annes Untergang.

Henry sitzt an diesem 1. Mai während eines Turniers neben seiner Königin und steht ohne jede Erklärung auf und geht, als ihm ein Schriftstück überreicht wird – ganz so, wie er damals in Windsor Catalina verlassen hat.

Wie damals Catalina wird nun Anne ihn nie wieder sehen! Sie und ihr Bruder werden am nächsten Tag verhaftet. Vorgeworfen wird ihr Ehebruch mit fünf Männern, darunter Inzest mit dem Bruder (einzig mögliche Strafe: Scheiterhaufen!) und Verschwörung zur Ermordung des Königs. Noch einmal wird Anne Boleyn zum Tower gerudert. Dort findet eine äußerst zynische Verhandlung mit einem einzigen Ziel statt: Annes Tod. Onkel Norfolk gehört genauso dem Richterkollegium an wie Annes Vater und ihr ehemaliger Verlobter Percy, Duke of Northumberland.

Gemäß der für sie typischen Maßlosigkeit schwankt Annes Gemütsverfassung zwischen wildem Hass und eiskalter Verachtung für den König und ihre Ankläger, sie stürzt in tiefe Verzweiflung, hat Angst um ihr Leben, reagiert im nächsten Moment mit Sarkasmus oder originellem Galgenhumor, um zuletzt in nicht enden wollendem hysterischen Gelächter zu verkrampfen.

König Henry VIII. erweist sich einmal mehr als Meister der Selbsttäuschung. Er glaubt, was er sagt, wenn er seinem Bastard Richmond unter Tränen erzählt, Anne sei eine mit Gift mordende Hure, sie habe ihn und seine Tochter Maria ermorden wollen mit dem Ziel, die Regentschaft zu übernehmen. Niemandem fällt es so leicht, sich von aller Schuld frei zu sprechen wie ihm, *Great Harry*.

Einer Verurteilung Annes kann er sicher sein, denn wer von der Krone angeklagt ist und seine Unschuld beteuert, begeht Majestätsbeleidigung, und darauf steht die Todesstrafe! Obwohl Anne außerhalb ihrer engeren Familie eigentlich nie beliebt war, empfindet man es doch allgemein als abstoßend, dass der König mit der Hofdame Seymour turtelt, während die ihm angetraute, gekrönte Königin ihr Todesurteil erwartet.

Trotzdem will Henry aber auf jeden Fall auch noch eine Scheidung, um die kleine Liz zum Bastard erklären zu können. Cranmer löst die Ehe am 17. Mai ohne Angabe von Gründen auf, Anne muss die Aufhebung ihrer Ehe noch anerkennen, vorher darf sie nicht sterben. Am gleichen Tag wird George Boleyn, Viscount Rochford, hingerichtet, und am 19. Mai fällt Königin Annes Kopf durch das Schwert des Scharfrichters von Calais. Selbst ihre Hinrichtung findet à la française statt, sie empfängt den einzigen Schwertstreich des Meisters Rombaud mit verbundenen Augen aufrecht kniend, eine Gnade, die einer anderen Königin 50 Jahre später nicht gewährt werden wird …

London und Hatfield, Sommer 1536

Die dritte Ehe

Tags darauf verlobt sich der König mit Jane Seymour, und zehn Tage später sind sie verheiratet. Jane wählt als Königin das Motto: „Zum Gehorchen und Dienen bestimmt". Die Familie Seymour steigt unaufhaltsam. Thomas Cromwell muss Hals über Kopf seine Räume mit dem Geheimgang zum König für Janes Bruder Edward räumen. Der Verdacht liegt nahe, dass Jane von ihrer Familie bewusst auf den König angesetzt wurde, sobald Annes Niedergang absehbar war, auf die Familie wird noch einzugehen sein …

Auch Janes Geburtsdatum ist nicht sicher belegt, sie wird ungefähr sieben Jahre älter gewesen sein als ihre Stieftochter Maria Tudor. Ihr ist es ein Anliegen, den Vater mit der Tochter zu versöhnen, was ihr nach außen hin gelingt, denn am 6. Juli findet eine zeremonielle Aussöhnung vor der versammelten Hofgesellschaft statt. Henry VIII. hat zur Bedingung gemacht, dass sie seine Gesetze und ihn als Oberhaupt der Kirche anerkennt. Maria Tudor glaubt fest daran, dass all ihr Leid nur von „dieser Frau" – wie sie Anne stets nennt – verursacht wurde, sieht nicht, dass das wahre Übel der Charakter ihres Vaters ist. Sie lässt sich vom Papst einen Dispens ausstellen und unterschreibt die geforderte Urkunde. Maria Tudor wird diese „Schwäche" für den Rest ihres Lebens bereuen.

Nach dem Tode Annes sehen die Howarddamen keinen Sinn mehr im Dienst an deren Tochter Elizabeth, und die Kleine kommt in die Obhut der jungen Catherine Champernowne, die bis zu ihrem Tod 1565 die geliebte mütterliche Freundin „Kate" der Elizabeth Tudor bleiben wird. Bereits 1537 erhält sie den Titel Gouvernante. Sie bringt ihrem Schützling Lesen, Schreiben, Rechnen und erste lateinische Vokabeln bei. 1545 wird sie John Ashley, den männlichen Chef von Liz' Haushalt, heiraten. Auch er wird sein Leben lang zu Elizabeth Tudors innerem Kreis gehören und in unverbrüchlicher Treue zu ihr stehen.

Der König setzt eine neue Sukzessionsakte durch, die ihm allein die Bestimmung der Nachfolge überlässt. Er macht klar, dass an erster Stelle seine zu erwartenden Kinder aus seiner neuen Ehe stehen werden. Sein Sohn Henry Fitzroy, Duke of Richmond, ist am 22. Juli 1536 im St. James Palace kinderlos gestorben, der Fama nach an einem Gift, das ihm natürlich noch Anne Boleyn hat verabreichen lassen …

Die Seymour-Ehe feiert Henry VIII. selbst als seine erste aus eigenem Willen geschlossene, sie wird die Tudordynastie erneuern. Man bricht *en famille* zur Fronleichnamsprozession auf, des Königs Lieblingsnichte Margaret Douglas trägt der neuen Königin Schleppe.

Janes Krönung soll derart prächtig werden, dass alle Welt die peinliche Krönung Anne Boleyns, diesen Irrtum, vergisst. Da bricht in London die Pest aus, der Hof flieht, die Feierlichkeit wird auf unbestimmte Zeit verschoben, findet de facto nie statt. Jane will sich als Königin deutlich von ihrer Vorgängerin absetzen und sorgt dafür, dass ihre Hofdamen züchtig und gleichförmig gekleidet erscheinen, keine kecken französischen Hauben mehr, keine tiefen Ausschnitte. Züchtige Hochgeschlossenheit soll die moralische Qualität des Hofes betonen. Beobachter sind der Überzeugung, Königin Janes Sexualität sei so gedämpft wie ihr ganzes Wesen, man wartet manchen Monat vergeblich auf die freudige Nachricht von einer königlichen Schwangerschaft.

Greenwich Palace und London, Sommer/Herbst 1537

Der Thronfolger

Im Sommer, man hat gerade die Nachricht vom Tode der jungen Königin von Schottland erhalten, besteht endlich Sicherheit: Königin Jane ist schwanger. Am 9. Oktober setzen die Wehen ein. Sie dauern an die sechzig Stunden, erst um zwei Uhr am Morgen des 12. Oktober wird das Kind geboren. Es ist ein Junge!

2000 Salutschüsse dröhnen vom Tower, verkünden die frohe Nachricht. Nach fast 30 Jahren endlich wieder die Geburt eines männlichen Tudorthronfolgers! Der Freudentaumel erfasst jedermann, selbst die Hansekaufleute im Stalhof spendieren Wein und Bier für die Armen. Am 15. Oktober wird Edward getauft, die überglückliche Königin nimmt in einem Tragestuhl am Gottesdienst teil und hinterher in der für sie typischen Bescheidenheit Glückwünsche entgegen. Am 18. Oktober wird der kleine Edward Tudor zum Prince of Wales und Duke of Cornwall ausgerufen. Wird er tatsächlich überleben? Seine Bestimmung erreichen? Eines Tages König von England sein? Wie lange wird sein Vater sich noch an seinem Heranwachsen erfreuen können?

Noch herrscht eitel Freude, der König ist in Gönnerlaune: Der Königin Bruder Edward Seymour wird zum Grafen von Hertford, sein Bruder Thomas zum Ritter geschlagen und beide mit entsprechenden Gütern ausgestattet. Jane hat alle Pflichten einer Tochter und Gemahlin erfüllt. Sie hat sich gut verheiratet und ihre Geburtsfamilie versorgt, einen Erben geboren. Sie muss sich wieder zu Bett legen, fühlt sich schwach und hinfällig. Vom frühen Morgen des 24. Oktober bis kurz vor Mitternacht zieht sich ihr qualvolles Sterben hin. Der Tod der letzten „amtierenden" Königin liegt 35 Jahre zurück, kaum jemand erinnert sich all der nötigen Zeremonien. Am 12. November wird Königin Jane in der St. George's Chapel zu Windsor beigesetzt, Henry will später neben ihr ruhen, wenn seine Zeit denn dermaleinst gekommen sein sollte …

Wettstreit der Freier

London, Edinburgh, Paris und Brüssel, Winter 1537
Onkel Tudor und Neffe Stuart auf Brautschau
Immerhin bis Anfang Februar 1538 wird König Henry VIII Tudor Trauer um seine dritte Königin tragen. Das hindert ihn nicht, bereits umgehend wieder auf Freiersfüßen zu wandeln – und mit seinem schottischen Neffen um die eine oder andere europäische Erbin zu konkurrieren. David Beaton, Neffe des Erzbischofs James Beaton,

schlägt die Französin Marie de Guise, kürzlich verwitwete Longueville, vor, die mit einem gesunden Sohn bereits ihre Gebärfähigkeit unter Beweis gestellt hat. Ihr Ehemann ist im Juni in Rouen einer Epidemie erlegen. Witwe Marie ist 21 und schwanger, ihr posthumer Sohn wird Anfang August geboren.

Unmittelbar nach Königin Janes Tod zeigt auch Henry Tudor Interesse an der Dame, die den englischen Werber wissen lässt, sie habe sich noch nicht für den Schotten entschieden, müsse aber letztlich tun, was ihr König ihr befehle. François I. ist von Henrys Werbung amüsiert, zieht aber die *Auld Alliance* vor und instruiert Vater Claude de Guise entsprechend. Die für ihren rigiden Katholizismus bekannten Guise votieren auch aus Familieninteresse für Schottland. Marie lässt im privaten Kreis verlauten, sie sei zwar groß und kräftig, ihr Hals aber zart und schmal – andererseits hat dieser Stuart so viele Bastarde mit schottischen Damen, werden die Clanchefs da den Sohn einer Französin als Thronerben akzeptieren?

Henry will ja eigentlich eine Prinzessin vom Rang Catalinas, und Kaiser Karl scheint bereit, seine seit 1535 verwitwete schöne Nichte Christina von Dänemark zu offerieren. Henry stört keineswegs, dass er mit ihr die Großnichte seiner ersten Ehefrau ehelichen würde. Christina ist die Tochter der Kaiserschwester Isabella und Christians II. von Oldenburg, König von Dänemark, Norwegen und Schweden. Dieser „Nero des Nordens" wurde als Tyrann angeklagt und musste sein Reich fluchtartig verlassen. Isabella starb 1526 in Gent, und so sind beider Kinder zunächst von des Kaisers Tante und dann von seiner Schwester, den Statthalterinnen der Niederlande, erzogen worden.

Christina ist zwar erst 16, aber bereits Herzoginwitwe von Mailand, der Fama nach trotz anderthalbjähriger Ehe mit dem schwerkranken Francesco II. Sforza noch Jungfrau. Auch James zeigt Interesse an dieser schönsten Prinzessin Europas, ist aber letztlich zu sehr auf die *Auld Alliance* angewiesen, um ernsthaft eine andere als eine französische Heirat ins Auge fassen zu können.

Henry schickt seinen Hofmaler Holbein zu den Höfen von Paris und Brüssel, um die möglichen Kandidatinnen porträtieren zu lassen.

Von Christinas Bild ist er restlos begeistert, was man verstehen kann, denn im Gegensatz zu den Bildnissen der meisten Zeitgenossinnen wirkt die heitere Gelassenheit und der schalkhafte Blick Christinas auch auf den heutigen Betrachter anziehend, sofern er bereit ist, über ihre überaus unvorteilhafte Witwentracht hinwegzusehen.

Anfang 1538 kursiert das Gerücht, Henry würde Christina gar ohne Mitgift heiraten. Die Kaisernichte kann es sich leisten, hinter lässig vorgehaltener Hand zu grinsen, wenn sein Botschafter Henry Tudor den sanftmütigsten aller Edelmänner nennt, und lehnt mit den Worten „Ich würde ihn gerne heiraten, aber nur wenn ich zwei Köpfe hätte" ab. Sie weiß, der Kaiser braucht seit dem Frieden von Nizza (1538) kein Bündnis mehr mit dem Tudor und erwägt sogar kurz, den vom Papst geforderten Kreuzzug gegen den gebannten König von England aufzunehmen.

Paris und Edinburgh, Frühjahr/Sommer 1538

James Stuart siegt

Im Wettstreit um Marie Guise macht James Stuart das Rennen, denn die Brüder Guise votieren für den katholischen Thron und zerstreuen die Bedenken der Schwester. Bereits am 18. Mai findet die Heirat *per procurationem* auf Château Châteaudun statt. Ihr Porträt zeigt eine schöne Frau mit rötlichem Haar, heller Haut und blauen Augen; dass sie ungewöhnlich groß ist, zeigt es nicht. Sie landet am 10. Juni an Schottlands rauer Küste, der Empfang in St. Andrews zeigt in etwas kleinerem Rahmen, was für Madeleine in Edinburgh geplant war. Am 12. Juni erfolgt die persönliche Trauung des Paares. Marie ist angenehm überrascht, sie hatte ein völlig barbarisches Land erwartet und lernt nun Paläste kennen, die James inzwischen so ausgebaut hat, dass sie französischen Standards durchaus entsprechen.

Marie ist strenge Katholikin, doch James braucht sie nicht zur Glaubensfestigung, da hat er David Beaton, der nun Kardinal und immer wichtiger für den König wird. Vierzig Tage feiern die Schotten ihre neue Königin, und die diplomatische Marie zeigt sich von allem sehr angetan. Sie beweist auch ein glückliches Händchen in der Behandlung ihrer schwierigen und eitlen Schwiegermama Margaret, die sich unter Maries besänftigendem Einfluss langsam daran gewöhnt, von den Schotten nun *the Old Queen* genannt zu werden. Die junge Königin sorgt dafür, dass ihre mit Methven ausgesöhnte Schwiegermutter regelmäßig an den Hof kommt und mit allen Ehren behandelt wird.

Die Stuart Ehe

Marie de Guises Ehestart ist trotz aller äußeren Harmonie nicht glücklich. Marie sorgt sich um ihren dreijährigen Sohn, den sie in Frankreich zurücklassen musste. James hat eine Geliebte in Tantallon und Marie den Eindruck, dass James zu lange als Junggeselle gelebt hat und sie viel zu wenig an seinem Leben teilhaben lässt. Außerdem ist sie geschockt, wie respektlos die Schotten ihren König behandeln. Aber sie will sich ihrer königlichen Stellung als würdig erweisen, lernt Scots und alles, was sie über Land und Leute erfahren kann. Dann beginnt sie, aus eigenem Antrieb Renaissance-Raffinement in die überwiegend mittelalterlich geprägte schottische Lebensweise einzuführen, und schickt ständig nach Frankreich, um nützliche Menschen und Dinge zu importieren.

Sie betet unablässig um eine Schwangerschaft, und nach einem Jahr werden ihre Gebete endlich erhört. Der König explodiert vor Freude und lässt seine Königin am 22. Februar krönen. Das Gold ihrer Krone stammt aus einer Mine, die von lothringischen Mineuren betrieben wird, die sie selbst ins Land geholt hat.

Am 22. Mai wird in St. Andrews James Stuart, Duke of Rothesay, geboren. Im Dezember ist die Königin erneut schwanger. Voller Elan kümmert sie sich weiter darum, das Leben in Schottland kultivierter und angenehmer zu gestalten.

Probleme zwischen England und Schottland

Verfolgte englische Katholiken suchen inzwischen bei James Stuart Unterstützung gegen ihren König. James kennt die Begrenztheit seiner Mittel und lässt sich auf nichts ein, aber der Tudor fürchtet ihn dennoch. James seinerseits hegt Argwohn gegen Henry Tudor, weil der Archie Douglas, den James abgrundtief hasst, unverdrossen unterstützt.

Königinnen kommen und gehen

Düren, Düsseldorf, Calais und London, Herbst/Winter 1539/40
Henry heiratet zweimal in einem Jahr
Da Marie de Guise den Schotten wählt, schlägt Henry ernsthaft
vor, man solle ihm die anderen angebotenen Französinnen in Calais
leibhaftig vorführen. Der Gesandte zieht dies Ansinnen mit einem
derben Scherz ins Lachhafte: Wenn die Damen schon wie Stuten
vorgeführt werden sollten, könne der König sie ja auch gleich be-
steigen, um die genehmste zu wählen! Henry muss also den Gedanken an eine Französin aufgeben, und als endgültig feststeht, dass er
seine Traumfrau Christina von Dänemark nicht bekommen wird,
nutzt sein Chefberater Cromwell die Gunst der Stunde, an sein
Lieblingsprojekt zu erinnern: die Heirat mit einer Prinzessin von
Kleve und damit ein Bündnis mit Wilhelm dem Reichen, der mit
Kaiser Karl wegen des Herzogtums Geldern über Kreuz liegt.

Henry leiht sein geneigtes Ohr, und schon ist Holbein wieder
auf dem Weg zum Kontinent, um die Töchter des Herzogs zu porträtieren. Nun mag dieses niederrheinische Herzogtum nicht allzu
glanzvoll sein, doch Cromwell geht es darum, ein Bollwerk gegen
den Kaiser zu errichten. Um die politisch wünschenswerte Allianz
zu erreichen, stilisiert er Anna von Kleve zur Friedensbringerin,
zum Inbegriff weiblicher Schönheit und des Hochadels (der Vater
stammt über Geldern und Brabant letztlich von Edward I. Plantagenêt ab). Was macht es da, dass die Braut nur ein Jahr älter als
des Bräutigams Tochter Maria ist! Was macht es, dass Frauenbildung am Klever Hof nichts gilt, man spricht, liest und schreibt nur
Deutsch, Musik machen allenfalls Musikanten. Man trägt so monströse Trachten, dass von einer weiblichen Figur nur wenig und von
einem jungen Gesicht fast nichts zu erkennen ist unter all den Hauben und Tüchern.

Holbeins Bildnis Annas ist dennoch so bezaubernd schön, dass
es im August überreicht schon im Oktober zur Unterzeichnung des
Heiratsvertrages führt. Anfang Dezember in Düsseldorf aufgebrochen, lernt Anna während des Wartens auf Fährwetter Kartenspielen
und soll sich dabei als sehr gerissen erwiesen haben. Die Überfahrt

verläuft ausnahmsweise problemlos, und die Braut wird feierlich nach Dover geleitet. Ohne Pause geht es weiter über Canterbury nach Rochester, der König zeigt Ungeduld, seine Witwerschaft hat schon fast so lange gedauert wie seine letzte Ehe!

Am Neujahrstag will er die Braut in Augenschein nehmen. Er beobachtet sie zunächst heimlich und ist von ihrer Erscheinung enttäuscht. Das bessert sich nicht, als er im Königsmantel den *Great Harry* gibt und sie förmlich vor ihm niederkniet – wie die Etikette es verlangt. Sie ist keineswegs so hässlich, wie die Tudorschen Chronisten sie beschreiben, sie ist groß, schlank und ernsthaft, aber sie kokettiert nicht, schmeichelt dem fetten und in ihren Augen alten König nicht, sie spielt nicht die errötende Schamhaftigkeit. Kurz, sie kann Henrys ohnehin ermatteten Trieb nicht beflügeln.

Dennoch sieht er sich gezwungen, sie am 6. Januar 1540 im Kabinett der Königin zu ehelichen, aus dem Vertrag kommt er im Augenblick nicht raus. Sogar die Hochzeitsnacht findet statt, doch eigentlich geschieht nichts. Henry beteuert natürlich – charmant wie immer – es läge an Annas unerotischem Körper. Anna scheint nicht nur keine Erziehung, sondern auch keine Aufklärung erhalten zu haben, denn man behauptet, sie sei überzeugt, die Ehe sei mit einem Kuss im Bett vollzogen. Ob man das so glauben kann? Als Henry sie um die Auflösung der Ehe bittet, stellt sie nur eine Bedingung: Sie will nicht zurück an den Niederrhein. So ist intern alles geregelt, Anna von Kleve wird lange Jahre als „des Königs liebe Schwester" in England leben, von manchen gemocht, von allen wohlgelitten.

Offiziell wird als Auflösungsgrund ein altes Eheversprechen zwischen Anna und einem Lothringer angeführt, für das Kleve kein Annullierungspapier vorweisen kann, weil das dummerweise irgendwann irgendwo verloren ging. Alles wird in relativem Einvernehmen zwischen den betroffenen Höfen geregelt, und Mitte Juli 1540 ist Henry frei für seine fünfte Ehe. Die vierte kostet nicht die Ehefrau, sondern den Chefberater den Kopf. Der König ist äußerst unzufrieden mit Cromwell, den er im April erst zum Earl of Essex gemacht hat. Jemand scheint seine Gedanken zu erraten, schon wird Cromwell in einer Barke durch das Verrätertor des Tower gerudert.

Er wird auf Parlamentsbeschluss, ohne Verhandlung, hingerichtet. Das Verfahren hat er selbst geschaffen, um den König von der Countess Salisbury zu befreien. Eine der Anklagen lautet, Cromwell habe seit 1538 geplant, Maria Tudor zu heiraten und sich selbst zum König zu machen. Bevor er sterben „darf", muss er noch ein Gedächtnisprotokoll der misslungenen Hochzeitsnacht mit der Kleve abfassen. Dann fällt am 28. Juli sein Kopf auf dem Tower Hill.

Der König ist in beseligter Ablenkung begriffen, er heiratet in Oatlands Palace in Surrey sein Juwel Katherine Howard, die ihm wenige Stunden nach der Hinrichtung Cromwells schwört, ihm im Bett gehorsam und willig zu sein ...

Englischer Hof, Frühjahr 1540 bis Sommer 1541

Des Königs Juwel

In den ersten Wochen seiner Kleve-Ehe fällt des Königs schweifendes Auge auf die neue Hofdame Katherine Howard. Es ist naheliegend, dass die Achtzehnjährige genau deshalb an den Hof gebracht wurde, allerdings nur als Ersatzspielerin, die Familie hatte ursprünglich auf die jungfräuliche Witwe des Duke of Richmond gesetzt, was etwas kurzsichtig erscheint, denn es war wohl kaum zu erwarten, dass Henry VIII. nach dem Desaster um die Ehe mit der Witwe seines Bruders nun die Witwe seines eigenen leiblichen Sohnes heiraten würde.

Katherine jedenfalls ist kokett und gefällt den Männern, aber kann sie wie ihre Cousine Anne Boleyn den König über Jahre fesseln? Ihr Vater ist jener Edward Howard, der sich seine Sporen am Flodden Hill verdient hat, also ein Bruder von Anne Boleyns Mutter und dem derzeitigen Duke of Norfolk. Es mag bei der engen Verwandtschaft unwahrscheinlich klingen, aber die Cousinen haben sich nie gesehen. Das liegt an der Fruchtbarkeit der Howards, die Geburtenzahl pro Ehe liegt zwischen vier und zwölf und die Anzahl der Ehefrauen zwischen zwei und vier. Die jüngeren Brüder erhalten nichts vom Familienvermögen und können sich ein Leben am Hof nicht leisten. Hinzu kommt, dass Anne um die 15 Jahre älter war als Katherine. Kein gesichertes Porträt ist von ihr erhalten, sicher ist, dass sie über 30 Zentimeter kleiner war als der König, der inzwischen eine Taille von 137 und einen Brustkorb von 145 Zentimetern besitzt. Nachzumessen an der im Tower ausgestellten Rüstung des Jahres 1540 …

Eine Rose ohne Dornen

Kaum zeigt die jugendlich erotische Ausstrahlung Katherines ihre Wirkung auf den König, übernimmt Witwe Norfolk die Blitzerziehung zum Königsliebchen. Wird die erotische Begabung der kleinen Närrin ausreichen? Es scheint, als hätte Katherine ihre Jungfernschaft schon etwa drei Jahre zuvor ihrem Musiklehrer dargebracht und danach mindestens zwei intime Beziehungen unterhalten, die letzte mit einem Kammerherrn des Königs. Das erste intime Tête-à-tête mit King Henry findet wohl schon im April statt, denn am 24. schenkt er ihr das erste Landgut. Die Geschichte liebt Wiederholungen, am 1. Mai tritt Anna von Kleve letztmalig offiziell als Königin an Henrys Seite auf. Niemand kümmert, ob Katherine die Annäherungen des übermäßig gealterten, fetten Königs mit dem stinkenden offenen Bein überhaupt ertragen kann. Ihr kindliches Gemüt erfreut sich an den Geschenken, und Stiefgroßmutter versteht es, ihr die Vorteile der Stellung einer Königin in verlockenden Farben zu schildern. Die Heirat ist vergleichsweise bescheiden, und von einer Krönung gar nicht die Rede, aber Katherine kann in Geschmeide wühlen, und nie wieder wird sie geänderte, getragene Kleider anziehen müssen! Der König fühlt sich durch die unschuldige Kunstfertigkeit seiner Rose wie neu geboren. Katherine wählt als ihr Motto: „Kein anderer Wille als der Seine". Im ungewöhnlich heißen Herbst des Jahres 1540 erlebt der König seinen nächsten „zweiten Frühling" …

Der Hof auf Reisen, Spätsommer/Herbst 1541

Königin Katherine wird unvorsichtig

Henry ist noch immer verliebt in seine kleine Unschuld vom Lande, aber er sieht sie oft tagelang nicht, denn er kann seinem „süßen Schatz" nicht zumuten, sich mit seinem ewig offenen Bein befassen zu müssen, dessen Versorgung obliegt anderen. Katherine lenkt sich mit ihren hübschen Geschenken ab. Sie beklagt sich schon mal, dass

Maria Tudor sie nicht mit dem ihr als Königin zustehenden Respekt behandele, ja gar diese überflüssige Kleve mehr achte als sie, vergisst das aber wieder über der Erfüllung eines anderen Wunsches. Was sie wirklich braucht, ist ein fescher Liebhaber. Erstaunlich ist, dass Witwe Norfolk ihr dabei hilft. Sie stellt Katherines früheren Liebhaber Dereham als deren Privatsekretär ein. Da der früher zum Haushalt der Herzoginwitwe gehörte, sieht das zunächst wie ein ganz gewöhnlicher Fall von Protektion aus. Doch die intimen Treffen sind auf der großen Sommerreise nur schwer zu bewerkstelligen, weil der Hof oft sehr beschränkt untergebracht ist.

Da kommt es zu einer seltsamen Allianz: Jane Parker, Lady Rochford, Anklägerin Anne Boleyns und Witwe ihres Bruders, verschafft der heimlichen Liebe Raum. Natürlich kann das Treiben, das den Spätsommer und Herbst währt, nicht unentdeckt bleiben, und selbstverständlich ist es Wasser auf die Mühlen der Verteidiger der Kirchenreform, kann man damit doch der katholischen Partei, die von den Howards angeführt wird, den Garaus machen. Doch lange traut sich niemand, dem König die Wahrheit zu sagen.

London, Winter 1541/42

Noch eine Königin stirbt

Erst im November nimmt Cranmer es auf sich, dem König die Liste mit den Namen der Liebhaber der Königin zu überreichen. Henry tobt, Onkel Norfolk rast vor Wut, Katherine schlottert vor Angst, ist aber dennoch überzeugt, sie müsse den König nur noch einmal sehen, dann könne sie ihn mit ihren intimen Künsten beruhigen. Ihr Versuch, ihn in der Kapelle zu überraschen, scheitert, der Flur, auf dem sie verhaftet wird, heißt fortan die Spukgalerie – Henry VIII. sieht und hört seine fünfte Königin noch manches Mal als Geistwesen, im wirklichen Leben nie wieder.

Die aufgelisteten Liebhaber werden noch im Dezember hingerichtet, Jane Parker, verwitwete Rochford, darf ihrer Königin im Tower Gesellschaft leisten und wird am selben Tag wie sie sterben. Zuvor wird sie ihr Gewissen erleichtern und gestehen, dass die Inzestanklage gegen die Boleyns eine Lüge war und sie dafür den Tod verdient habe …

Katherine fürchtet den Scheiterhaufen, will sich lieber selbst umbringen, doch der Versuch misslingt. Als sie erfährt, dass sie geköpft, nicht verbrannt wird, übt sie diesen letzten Gang, bis sie ihn beherrscht. So macht sie – wahrscheinlich noch keine zwanzig – mit ihrem Tod am 13. Februar der Familie wenigstens keine weitere Schande.

Ihre sterblichen Überreste werden wie die ihrer Cousine Boleyn hastig in der *Vincula* Kapelle des Tower entsorgt. Norfolk hat sich vernünftigerweise sofort auf seinen fernen Sitz Kenninghall zurückgezogen, wird aber dort verhaftet und gemeinsam mit seinem Sohn, dem Dichter Henry Howard, Earl of Surrey, in den Tower geschickt, wo sich auch Witwe Norfolk wiederfindet. Maria Tudor ist 26, als der Vater ihre zweite Stiefmutter hinrichten lässt, ihre Stiefschwester Liz neun Jahre jung und Thronerbe Edward noch keine fünf.

St. Andrews und Falkland Castle, Frühjahr 1541
Geburt und Tod bei den Stuarts
Im April bringt Marie de Guise auf Falkland Castle ihren zweiten Sohn, Arthur, Duke of Albany, zur Welt. Die Freude ist kurz, der Kleine stirbt nach nur zwei Tagen. Untröstlich ist Marie, als sie wenige Tage später die Nachricht erhält, dass auch ihr Kronprinz in St. Andrews gestorben ist. Doch sie reißt sich zusammen, um James zu trösten, der in dumpfe Depression verfällt. Selbst Margaret trauert um die Enkel, sie hat sich gerade an die Freuden des Großmutterdaseins gewöhnt.

Der Douglas Clan nutzt weiterhin jede Gelegenheit, um auf alte Privilegien zu pochen und Unruhe zu stiften. Die in Jahrzehnten gewonnene Unterstützung der Clans beginnt zu bröckeln. Die Zeit des Glückes scheint vorbei, James versinkt in mystische Grübeleien, in seinen Träumen künden die Toten von schrecklichem Unheil. Er nimmt das Sterben der Söhne als Strafe dafür, dass er Janet Douglas, verheiratete Lady Glamis, 1537 wegen Hochverrats auf den Scheiterhaufen geschickt und seinen einstigen Mignon Finnart wegen Verschwörung mit den Douglas hat hinrichten lassen.

Henry Tudor unterstützt weiterhin den Douglaschef, macht aber auch Werbung für seine Art der Sanierung von Staats- und Privatvermögen durch Enteignung von Kirchenbesitz und versucht, seinen Neffen zu überzeugen, Gleiches in Angriff zu nehmen. Doch James und sein Klerus sind strikt gegen eine Trennung von Rom.

Methven Castle und Falkland Castle, Herbst 1541
Margaret Tudors symbolträchtiges Ende

Auf einer Reise nach Methven Castle erleidet die kampferprobte Tudor einen Schlaganfall, der nicht erkannt wird. Vom Krankenbett schickt sie nach James, doch bevor er von Falkland Castle aus anlangt, stirbt Margaret Tudor, Königin und mehrfache Regentin der Schotten, am 18. Oktober. Mit ihrem letzten Atemzug soll sie ihrem Beichtvater aufgetragen haben, James möge Archibald Douglas vergeben. Sie wird in Perth beigesetzt, als Grabinschrift soll sie sich gewünscht haben: „Auch wenn ich in England vergessen bin, ich kann England nicht vergessen!" Weil sie nie gelernt hat, Schottland wirklich zu lieben, hat man sie dort nicht genug geliebt, um ihrer Herrschaft dauerhaften Erfolg zu sichern.

Sie war eine echt Tudorsche Überlebenskünstlerin. Zäh, stur und unverwüstlich, trüben Eitelkeit und Gefühlsüberschwang zu oft ihren eigentlich gesunden Menschenverstand. Dennoch hat sie es geschafft, fast dreißig Jahre in der einen oder anderen Form an der Macht zu bleiben. Ihrer noch ungeborenen Enkelin wird das kaum sechs Jahre gelingen, doch während die Dynastie ihres vielfach verheirateten Bruders mit der kinderlosen Elizabeth enden wird, wird der Urenkel ihr mit der Übernahme beider Kronen der Inseln einen posthumen Triumph verschaffen. Ein Lächeln verdient, dass Margaret Tudor wegen ihrer Scheidung ausgerechnet von ihrem Bruder Henry VIII. verachtet wurde …

England und Schottland, Sommer/Herbst 1542
Offene Feindschaft – Solway Moss

Henry VIII. Tudor ist in der rechten Stimmung für die Einflüsterungen des Ex-Schwagers Douglas, der Sommer vergeht mit Grenzüberfällen, die im Herbst zu einem regelrechten Krieg führen, als der Tudor offen die Oberherrschaft über Schottland beansprucht und ein Heer von 40.000 Mann ausheben lässt.

James V. fürchtet, sein Adel wird ihn nicht ausreichend unterstützen. Seine Aushebungen sind geprägt von Streit, aus Frankreich ist keine Hilfe zu erwarten. Er wendet sich an den Papst, argumentiert, England würde Schottland nur bedrohen, weil er sich weigere, von Rom abzufallen. Da ergibt sich eine ungeahnte Chance: England hat Versorgungsengpässe, als das Bier ausgeht, murren die Soldaten, und man zieht sich über die Grenze zurück. James muss jetzt nachsetzen! Doch die Clanchefs können sich nicht auf eine Taktik einigen, das Heer löst sich quasi selbst auf. James wird krank, zieht sich nach Lochmaben Castle zurück. Englands Heerführer Wharton nutzt das Chaos gnadenlos. Ohne eine tatsächliche Schlacht schlägt er die Schotten am 24. November bei Solway Moss, macht weit über 1.000 Gefangene, nur wenige fallen im Kampf, aber Hunderte einer tückischen Flut zum Opfer.

James Stuart zieht von Dämonen geplagt von Burg zu Burg, auf Tantallon kann ihn seine letzte Geliebte nicht trösten, er verweilt einige Tage in Linlithgow bei der hochschwangeren Gattin Marie, flieht vor der Geburt des Kindes nach Falkland Castle. Wann kommen die Engländer? Wird man ihm die Abdankung abzwingen? Ihn ermorden? Ihm den Prozess machen? Der Tudorsche Onkel scheint zunehmend Geschmack an Hinrichtungen zu finden …

Linlithgow und Falkland Castle, Dezember 1542
Aus dem Chaos geboren

Wie muss Marie de Guise sich fühlen? Kann sie hoffen, ein gesunder Sohn könne dem gebrochenen König den Lebensmut zurückgeben? Eingedenk der Umstände ist es kein Wunder, dass nicht genau feststeht, ob die Geburt am 7. oder am 8. Dezember stattfindet, zumal die Tage von einem endlosen Wintersturm verdüstert sind. Nach ersten Gerüchten über einen gesunden oder verkrüppelten Sohn setzt die Wahrheit sich durch: Das Kind ist ein großes, gesundes Mädchen. Als die Nachricht den König erreicht, soll er das Gesicht zur Wand gedreht und gemurmelt haben: „Von einer Frau ist die Krone auf uns (Stuarts) gekommen, mit einer Frau wird sie dahingehen!" So bleibt er liegen, manche wollen wissen, dass er in seinen letzten Stunden nicht an seine Ehefrauen denkt, sondern an Margaret Erskine, die ihm einen strammen Sohn geboren hat, James Stewart, elf ist der Junge jetzt, schlau, sicher, aber seltsam verschlossen … So stirbt James V. Stuart, kaum über 30 Jahre alt, am 14. Dezember auf Falkland Castle. Seine Tochter Marie Stuart ist noch keine Woche alt und schon: Königin der Schotten …

Dramatische Krönung und *Grobe Werbung*

Edinburgh, Linlithgow und Stirling, Januar bis Juli 1543

Die jüngste Königin

Marie Stuart beginnt ihr Leben als eine der jüngsten Königinnen aller Zeiten! England schickt, angeblich aus ritterlicher Rücksicht, keine Besatzungsarmee, sondern den Diplomaten Sir Ralph Sadler. Er hat die Ehre, die kleine Königin nackt begutachten zu dürfen und versichert Marie de Guise, diese Tochter werde so groß und schön werden wie ihre Mutter. Doch zunächst braucht sie Regenten. Nächster in der Thronfolge ist seit Albanys Tod James Hamilton, zweiter Earl of Arran. Der Anspruch des Mittdreißigers besteht über seine Großmutter väterlicherseits, die eine Tochter des Königs James II. Stuart war. Es gibt da nur ein kleines Risiko: Es ist fraglich, ob die Scheidung der ersten Ehe seines Vaters rechtsgültig war. Sollte er sich als illegitim erweisen, fiele sein Anspruch an Matthew Stuart, Earl of Lennox.

Nun hat aber Kardinal Beaton, der am Totenbett des Königs wachte, eine von James V. Stuart gezeichnete Urkunde zur Hand, die einen Regentschaftsrat einsetzt, der – natürlich – aus Kardinal Beaton (als Tutor der Königin) sowie Archibald Campbell, Earl of Argyll, George Gordon, Earl of Huntly, und James Stewart, Earl of Moray (natürlicher Sohn des Königs James IV. mit Janet Kennedy) bestehen soll. Arran wird hier nicht erwähnt, wohl weil er bekennender Anhänger des Reformators John Knox ist.

Arran und Knox erklären die Urkunde zur Fälschung (Ende des 19. Jahrhundert taucht sie bei den Hamiltons auf und ist nach modernen Prüfverfahren unzweifelhaft echt). Dennoch kann Kardinal Beaton zunächst die Regentschaft führen – für 16 Tage! Er lebt wie viele Prälaten recht weltlich, hat gute Beziehungen nach Frankreich und ist privat den angenehmen Dingen des Lebens sehr zugetan, unterhält Mätressen, es geht gar das Gerücht, er habe ein Verhältnis mit der Königinwitwe. Das bringt John Knox erheblichen Zulauf, und Arran kann die Massen mobilisieren und sich offiziell als Regent bestätigen lassen.

Henry Tudor schickt nun die Gefangenen von Solway Moss mit gutem englischen Geld bestochen und unter der Führung des unverwüstlichen Archibald Douglas nach Hause. Sie haben den Auftrag, einen Ehevertrag zwischen Baby Mary Stuart und dem fünfjährigen Edward Tudor durchzusetzen, der als Volljähriger die Krone Schottlands tragen soll. Arran, ein Meister darin, sein Mäntelchen nach dem Wind zu hängen, stimmt zu. Im Vertrag von Greenwich wird am 1. Juli die Heirat festgeschrieben.

Niemand hat bisher die Königinwitwe Marie de Guise auf der Rechnung, doch es stellt sich heraus, dass sie als erste und wahrscheinlich einzige Ausländerin gelernt hat, Schottland zu verstehen und dennoch zu lieben. Es entspricht ihrem eigenen Naturell, aber sie ist kein unbedarftes Naturkind, sondern entstammt einer Familie, die seit Ewigkeiten internationale Verbindungen pflegt, ist eine natürliche Verfechterin der *Auld Allianz* und misstraut England zutiefst. Sie ist Ende zwanzig und kerngesund, ihr Baby ein halbes Jahr alt. Sie hat Zeit, sie entwickelt langfristige Pläne. Bisher hat sie in aller Ruhe in Linlithgow mit ihrer kleinen Königin gelebt, es ist ein modernes Schloss, keine Burg. Entschlossen und geschickt plant sie nun mit Beatons Wissen ihre Übersiedlung nach Stirling, der festen Krönungsburg der Schotten, die zu ihrem Witwengut gehört. Königinmutter, Königin und eine genügende, aber unverdächtige Entourage erreichen Stirling am 21. Juli. Lord Erskine wird mit der Sorge um die Sicherheit der kleinen Königin betraut, Marie weiß, dass die Familie diese traditionelle Aufgabe eifersüchtig gegen jeden verteidigt. Die Parteien werden sechs Wochen brauchen, um sich neu zu formieren.

Great Harry braucht Ruhe

Damit ihm so was wie mit Katherine Howard nicht noch einmal passiert oder er dann zumindest andere dafür bestrafen kann, setzt der Tudorkönig noch im Februar ein Gesetz durch, das es zu Verrat erklärt, das eventuelle sexuelle Vorleben einer Ehefrau nicht öffentlich zu machen. Das zeigt allerdings auch: Kaum ist Katherines dummes Köpfchen ins Stroh des Schafotts gefallen, denkt Henry Tudor schon wieder an Heirat.

Leider hat Christina von Dänemark inzwischen ausgerechnet jenen Lothringer geehelicht, dem Anna von Kleve einst versprochen war. Hart gesottene Tavernengänger empfehlen ihrem König, tief über ihre Gläser gebeugt, er möge doch die Kleve wieder zu sich nehmen, die sei doch inzwischen nett rundlich geworden, und der ganze Ärger sei doch nur gekommen, weil er sie verstoßen habe. Sie sprechen leise, es sind schon Marktfrauen ins Fleet (Gefängnis) geworfen worden, weil sie laut spekuliert haben, wie viel Hörner auf *Great Harrys* höher werdender Stirn noch Platz hätten. Der König lässt indes unablässig seine begierigen Äuglein weiter über die Schönen des Hofes gleiten und so im März verweilen sie auf …

Catherine Parr

Sie ist nicht blutjung, schon so um die dreißig, und sie ist mit Sicherheit keine Jungfrau mehr, denn sie war bereits zweimal verheiratet und hat dennoch keine Kinder. Auch ihr Geburtsjahr steht nicht fest, feststeht, dass sie 1526 den sehr viel älteren Witwer Lord Borough heiratet, der schon bald stirbt. Ihr zweiter Ehemann wird John Neville, Baron of Latimer, der über die sagenhafte Joan Beaufort sehr weitläufig mit dem Königshaus verwandt, Parlamentsmitglied und immens reich ist. Wie es das Schicksal will, stirbt er im März 1543 in London.

Catherine Parr ist nun finanziell völlig unabhängig und könnte sich ganz ihrem Wunsch nach umfassender Bildung hingeben, wäre sie nicht gerade dabei, sich in Thomas Seymour, Bruder der verblichenen Queen Jane, zu verlieben. Kaum entschließt sich dieser Frauenheld, die Qualitäten der zweifellos hübschen und unabhängigen Dame näher zu erkunden, fällt der übermächtige Schatten *Great Harrys* über dies chancenreiche Glück. Kein Höfling, und schon gar kein so ehrgeiziger wie Thomas Seymour, würde es wagen, neben einer Dame zu verweilen, auf der des Königs Schweinsäuglein in dieser gierigen Starre ruhen.

Das findet Catherine sicher nicht chevaleresk, aber sie ist erfahren genug, es zu verstehen. Sie weiß, dass über der Königin Englands – solange der König Henry VIII. Tudor ist – stets das Damoklesschwert seines unkalkulierbaren Zornes schwebt, das sich schnell in ein reales Richtschwert verwandeln kann. Sie soll versucht haben, ihm die Heirat auszureden, doch Henry wünscht sie, und wie soll sich eine Witwe den Wünschen ihres Souveräns widersetzen?

Henry scheint aus dieser Ehe keine weiteren Kinder zu erwarten, denn am 6. Juli hat er eine Thronfolgeregelung erlassen, nach der Maria und Elizabeth wieder erbberechtigt sind, sollte Edward Tudor kinderlos sterben. Auf sie folgen die Töchter seiner jüngeren Schwester Mary oder deren Kinder, die Nachkommenschaft Margarets schließt er aus, weil sie keine „Engländer" sind.

Hampton Court Palace und Richmond, 12. Juli 1543

Des Achten sechste

Diesmal dürfen seine vierte Ehefrau und seine Kinder aus drei seiner fünf Ehen anwesend sein, als der König sich seine sechste Gemahlin nimmt. Maria dürfte wohl die Hoffnung aufgegeben haben, jemals zu heiraten, solange ihr Vater lebt, dabei liebt sie kleine Kinder so sehr. Wenigstens wird sie in dieser Königin eine Freundin haben. Liz dagegen soll schon vor einem Jahr geäußert haben: Sie werde nie heiraten, nie!

Geheiratet hat nun Catherine Parr mit dem Vorsatz, eine tadellose Königin und den Königskindern eine gute Erzieherin zu sein. Sie gründet eine „Hofschule", die sehr an die von Catalina entwickelte erinnert, die sie selbst durchlaufen hat. Elizabeth hat seit ihrem sechsten Lebensjahr Unterricht in klassischen und modernen Sprachen, sie kann bereits etwas italienisch und französisch parlieren, hat Grundkenntnisse in Latein. Natürlich werden nicht nur Elizabeth und Edward dort unterrichtet, sondern auch Kinder der ersten Familien in passendem Alter. Wichtigkeit erlangen wird ein unscheinbares, aber ungemein wissbegieriges Mädchen, Jane Grey, Enkelin der *French Queen* Mary Tudor und gleichaltrig mit dem Thronerben.

Im königlichen Klassenzimmer werden Platon, Sophokles, Livius und Cicero gelesen, übersetzt und rückübersetzt, wird Grammatik sowie französische und lateinische Konversation geübt. Geschichte, Staatstheorie und vor allem protestantische Schriften der Zeit, theologische Traktate und philosophische Erörterungen nehmen breiten Raum ein. Die Schriften von Erasmus und Thomas Morus sind selbstverständlicher Unterrichtsgegenstand – auch wenn Henry VIII. letzteren hat hinrichten lassen.

Stirling Castle, Herbst 1543

30 Jahre nach Flodden Hill

Zwar wird am 24. August der Vertrag über die Ehe zwischen Maria Stuart und Edward Tudor in Holyrood gegengezeichnet, doch das ist Makulatur. Regent Arran hat die Lage analysiert und ist nach Stirling geeilt. Er erklärt, seinen religiösen Irrtum erkannt zu haben, unterwirft sich Rom und Kardinal Beaton, der ihm am 8. September die Absolution erteilt. Anwesend ist auch Arrans aus Frankreich zurückgekommener Rivale Lennox, ein unbedingter Verfechter der *Auld Alliance*, denkt man allgemein.

Gestützt auf die Clans der Hamilton (Arran), Stewart-Lennox und Campbell (Argyll) fühlen sich Marie de Guise und Kardinal Beaton stark genug, die kleine Königin Marie Stuart in aller Form krönen zu lassen. Arran trägt ihr die Krone, Lennox das Szepter, Argyll das Staatsschwert voran. Die Vertreter der pro-englischen Partei um Archibald Douglas bleiben der Zeremonie betont fern! Marie Stuart ist neun Monate alt, an diesem 9. September 1543, dem 30. Jahrestag der Schlacht von Flodden Hill …

London, Edinburgh, Paris, Anfang 1544

Die „Grobe Werbung"

Im Dezember wird Kardinal Beaton als Kanzler bestätigt und die *Aude Alliance* mit Frankreich erneuert. Das ist ganz klar ein Bruch des Vertrages von Greenwich, und Henry Tudor wütet entsprechend. Umgehend lässt er schottische Schiffe kapern und die Borders verwüsten. Wenn Schottland meint, sich über Verträge hinwegsetzen zu können, so wird er, *Great Harry* ihnen zeigen, wo der Hammer hängt und die Braut mit Gewalt holen!

Inzwischen entdeckt der schottische Regentschaftsrat Beweise für die Verbindung der Douglas mit England und enteignet Angus mal wieder. Lennox ist bei der ganzen Ämterkungelei leer ausgegangen und schlägt sich auf die Pro-England-Seite, will Henry Tudor persönlich um Unterstützung bitten und setzt sich nach England ab.

Knox gründet die schottische *Kirk*, „Papistenhasser" bilden den harten Kern der Bewegung. Beaton und Guise setzen beim Parlament unmittelbar die Bestrafung aller Häretiker durch, Arran ist ihr ausführender Arm. Frankreich ist im Januar 1544 endlich ein Dauphin geboren worden, man kann in Heiratsverhandlungen im Sinne der *Auld Alliance* eintreten.

Edward Seymour wütet für Henry in den Borders, am 1. Mai besetzt die englische Flotte Leith und plündert zwei Tage die Hauptstadt. Kardinal Beaton ist nicht nur bei den Knox-Anhängern verhasst und Arran allzu wetterwendisch, selbst für schottische Gemüter. Ansonsten: *Scotland as usual: Rape, murder, it' s just a shot away …*

St. James's Palace und London, Sommer 1544

Heirat des Jahres

König Henry Tudor besinnt sich, dass sein eigentliches Feld die große Politik ist. Am 7. Juli setzt er Königin Catherine zur Regentin ein und selbst nach Frankreich über. Endlich hat Kaiser Karl mit ihm ein Bündnis geschlossen, und eifrig belagert Henry Boulogne. Englands König wird damit immer noch beschäftigt sein, wenn des Kaisers erfolgreicher Marnefeldzug François I. im September zum Friedensschluss zwingt.

So ist Henry Tudor am 29. Juli fern, als seine Lieblingsnichte Margaret Douglas im St. James Palace zu London Matthew Stuart, Earl of Lennox, ehelicht. Nachzutragen bleibt, dass die Braut mit ihren fast dreißig kaum noch hoffen durfte, einen Ehemann zu finden.

Als Ehrendame Königin Annes hatte sie 1536 Skandal gemacht, als sie sich allzu offensichtlich in einen jüngeren Bruder Norfolks verliebte. Nachgewiesen wurde nur der Austausch kleiner Geschenke, doch das Liebesleben königlicher Damen war derzeit ein diffiziles Thema. Die Sechzehnjährige kommt in ein Kloster, doch die sind gerade nicht mehr zeitgemäß, und auf das Versprechen hin, sich den Howard aus dem Herzen gerissen zu haben, darf Margaret zurück an den Hof. Sie genießt dort den Ruf einer leidenschaftlichen Frau, schön, intelligent, dominant, ehrgeizig und mit Lust an Intrigen. Sie wird die treibende Kraft in der Ehe.

Lennox wurde schon im zarten Alter von zehn zum Earl, weil sein Vater 1526 erschlagen wurde. Seit 1531 hat er in Frankreich gelebt und seinen Namen französisiert. Er ist nicht nur ein ausgezeichneter Musiker und ein hochgebildeter, sondern auch ein schöner Mann. Überraschend heißt es, diese für beide vorteilhafte dynastische Verbindung sei eine echte Liebesehe.

Regentschaften bedingen Parteienstreit

London, Herbst 1544

Great Harry ist angeschlagen

Als der König auf seine Insel zurückkehrt, ist er gesundheitlich ernsthaft geschädigt. Die Geschwüre an seinen Beinen sind nun so schlimm, dass der Koloss kaum noch ein paar Schritte gehen kann. *A rotting hulk* nennen ihn die Diener, die ihn stützen oder gar tragen müssen unter sich – einen verrottenden Klotz.

Während im schottischen Religionsstreit Katholiken und Reformierte direkt gegeneinander stehen, muss Henry für sein Konstrukt Anglikanische Staatskirche gegen zwei Extreme kämpfen: Papisten und Anhänger der Reformation. Letztere bedrängen ihn im eigenen Hause, Catherine Parr ist überzeugte Lutheranerin und – wie einst Catalina – Henry im Wortgefecht überlegen. Doch der Henry der 1540er Jahre ist allzu schnell mit Richtschwert oder Scheiterhaufen zur Hand und Catherine nicht fanatisch genug, ihr Leben frühzeitig als Märtyrerin beenden zu wollen.

Henrys VIII. Art der Sicherung der Dynastie

Die Enteignung der Kirche stößt weiterhin auf den Widerstand der englischen Katholiken, und *Great Harry* hat längst begonnen, sich ihrer zu entledigen. Erste Opfer sind ab 1541 jene, die königliches Blut haben, das älter ist als das der Tudors. So kann er zwei Fliegen mit einer Klappe schlagen. Noch unter Cromwell war Margaret Plantagenêt, Countess of Salisbury, im Tower verschwunden. Doch auch dort ist die streitbare alte Dame mit ihren internationalen Verbindungen nicht mundtot zu machen. Ende Mai 1541 wird sie von einem Stümper, der mehrere Schläge braucht, hingerichtet. Inzwischen sind Mitglieder der Familien Montague und Exeter ebenso gerichtet worden, solche Präventivschläge werden für die letzten Jahre des Königs typisch.

Da für ihn auf dem Kontinent nichts mehr zu erobern ist, betreibt Henry die raue Werbung um Marie Stuart umso heftiger. Er lässt Ernten im Grenzland niederbrennen und facht damit den Parteienstreit um die Regentschaft neu an.

London, Winter 1544/45

Great Harry – am Ende

Wohl unter dem Einfluss der Königin soll sich Henry VIII. dazu durchgerungen haben, statt der lateinischen Messe den englischen Abendmahlsgottesdienst in seiner Kirche einzuführen. Typisch für ihn, dass er das als Gelegenheit benutzt, alte Rechnungen zu begleichen. Die Herzoginwitwe Norfolk ist im Mai 1542 aus der Haft entlassen worden, der Duke und sein Sohn Surrey sitzen immer noch im Tower, nun werden Hochverratsprozesse gegen sie angestrengt, denn Norfolk gilt als Führer der englischen Katholiken. Doch der Gott seiner Kirche – oder das Schicksal – lässt Henry VIII. Tudor keine Zeit mehr, alle diese Pläne auszuführen. Nur Surrey, Englands erster Renaissance-Poet, wird noch hingerichtet, Norfolks Urteil kann der König nicht mehr unterschreiben.

Catherine Parr hat er schon fortgeschickt, von seinen Kindern hat er sich verabschiedet, in seinem Testament noch einmal die Thronfolgeregelung von 1543 bestätigt, in der die Stuart-Linie ausgeschlossen wird, denn am 7. Dezember 1545 hat Margaret Douglas einen Sohn geboren: Henry Stuart, Lord Darnley. Henry begründet den Ausschluss der Nachkommen seiner Schwester Margaret nun scheinheilig mit deren liederlichem Lebenswandel. Nun, er selbst ist schließlich nur einmal geschieden, hat eine Ehe auflösen und zwei Ehefrauen hinrichten lassen …

Henry VIII. Tudor hat festgelegt, dass ein Staatsrat aus von ihm ausgewählten sechzehn Männern die Regentschaft für Edward VI. Tudor übernehmen soll, einen Lordprotektor hat er ausdrücklich ausgeschlossen.

An seinem Totenbett wachen der Erzbischof von Henrys Gnaden, Thomas Cranmer, der älteste Bruder der gewesenen Königin Jane, Edward Seymour, Earl of Hertford, sowie des Königs langjähriger Stallmeister Browne und der einflussreiche Rat Sir William Paget. Um zwei Uhr am finsteren Wintermorgen des 28. Januar 1547 verrasselt des Königs letzter Atemzug in dem Palast seines ehemaligen *spiritus rector,* des Kardinals Wolsey, den *Great Harry* wie manch anderes Ding vereinnahmt und umbenannt hat: Whitehall Palace, London …

London, Hatfield und London, Januar/Februar 1547

Der König ist tot – lang lebe der König!

Die am Sterbebett Anwesenden haben es nicht eilig, des Königs Tod bekannt zu machen, erst gilt es, einige Dinge zu regeln, in aller Stille. Ein sterbender König mag über seine Nachfolge bestimmen, doch was nach seinem Tode wirklich geschieht, bestimmen die dann Lebenden. Es scheinen da Absprachen nötig gewesen zu sein, denn erst drei Tage nach Henrys Tod und eifrigem Einsatz Pagets wird Edward Seymour vom Council als Erzieher des jungen Königs und Lordprotektor des Reiches anerkannt.

Seymour reitet mit dem noch nicht zehnjährigen Edward Tudor und seinem Gefolge aus Gleichaltrigen nach Hatfield, wo die dreizehnjährige Elizabeth residiert. Dort eröffnet er ihnen gemeinsam, dass ihr Vater, der König, gestorben ist. Noch während die Kinder sich weinend in den Armen liegen, huldigen die anwesenden Herren Edward VI. Tudor als ihrem König. Weh dem Land, dessen König ein Kind ist – heißt es nicht umsonst! Um zu beleuchten, wer auf welche Weise von der Minderjährigkeit des Königs profitiert, ein Blick auf die Protagonisten der Regentschaft, die zunächst noch gemeinsam agieren:

Die Seymours

Der ursprüngliche Familienname soll St. Maur gewesen sein. Die normannischen Ursprünge liegen wie üblich im Dunkel der Geschichte. Man heiratet günstig und arrondiert den Landbesitz nach Westen. Ein winziges Tröpfchen königlichen Blutes kann man auch nachweisen, über Philippa Plantagenet, eine Enkelin Edwards III. Es genügt, um knapp 200 Jahre später Jane Seymour zu einer Cousine fünften Grades ihres Gemahls Henry VIII. Tudor zu machen.

Der Familienstammsitz Wolf Hall wird 1405 durch Heirat erworben. Edwards Vater John ist um 1474 geboren und wird von Henry VII. Tudor noch auf dem Schlachtfeld geadelt und beginnt seinen unauffälligen Aufstieg im inneren Kreis des Königs. Er nimmt am Spektakel der *Goldenen Zelte* genauso teil wie an Henrys Treffen mit dem jungen Kaiser Karl. Er stirbt 1536 und hinterlässt seine zahlreichen Kinder gut positioniert. Als Tochter Jane Königin wird, schlagen besonders ihre Brüder Edward und Thomas Kapital daraus und wissen ihre Position beim König auch nach dem Tod der Schwester zu halten. Edward ist ein intelligenter Workaholic, seine Verschlossenheit und steife Förmlichkeit machen ihn bei Hof nicht gerade beliebt. Er ist seit 1537 in zweiter Ehe mit der ehrgeizigen Anne Stanhope verheiratet, mit der er zwei Söhne und eine Tochter hat. Seine erste Ehefrau hat er wegen inzestuösen Ehebruchs mit seinem Vater verstoßen. Sein jüngerer Bruder Thomas, in den Catherine Parr sich gerade zu verlieben drohte, als der König sie erkor, hat seinen Aufstieg zu einem guten Teil Edward Seymours Kumpel zu verdanken: John Dudley …

Die Dudleys

Bei den Dudleys handelt es sich um eine wirklich alte Familie aus der Normannenzeit. Der Name stammt von Dudley Castle, dort sind sie seit Edwards II. Zeiten, also dem frühen 14. Jahrhundert, nachgewiesen. Unter dem ersten Tudorkönig wird Edmund, Baron of Dudley, *Chancellor of the Exchequer*. Auf ihn konzentriert sich der Volkszorn über die Steuern, der eigentlich der straffen Finanzverwaltung des Königs gilt. Als Henry VIII. 1509 König wird, lässt er sich zu einer populistischen Geste hinreißen, Dudley landet im Tower. In den 16 Monaten, die er dort bis August 1510 auf seine Hinrichtung wartet, verfasst er einen Leitfaden zur Steuereintreibung für den jungen König. Heutige Historiker sind überzeugt, Henrys Herrschaft hätte ganz anders aussehen können, hätte er den studiert und sich daran gehalten.

Ein englisches Sprichwort sagt, es ist müßig, über verschüttete Milch zu weinen. Das mag sich auch die Witwe, Elizabeth Grey, gedacht haben. Sie heiratet Arthur Plantagenet, Viscount Lisle, einen illegitimen Sohn Edwards IV., der außer dem Titel und einem Gardistengehalt nichts besitzt.

Ihren Sohn John Dudley gibt sie als Mündel an Edward Guildford, zeitweilig Marschall von Calais und einer der reichsten Landbesitzer in Kent und Sussex. Guildford hat nur eine Tochter, Jane. John heiratet Jane, und es wird wider Erwarten eine glückliche Ehe, die 30 Jahre überdauert und in der 13 Kinder geboren werden, von denen neun das Erwachsenenalter erreichen. Ein gewisser Robert, genannt Robin, wird der berühmteste von ihnen werden. Doch zurück zu John Dudley: Er wird Offizier, beweist Talent, Ehrgeiz und Bildung und steigt in den engeren Kreis des Königs auf, reitet manches Turnier mit ihm. Seine Frau Jane Guildford hat ihren Anteil am Fortkommen der Familie, sie hat gemeinsam mit Maria Tudor und Catherine Parr die Schulbank gedrückt, und so werden ihre Söhne fast automatisch zu Schulkameraden Edward Tudors und zeitweilig auch Elizabeths.

Als Suffolk 1545 stirbt, wird Dudley *High Admiral*, für ihn kein leerer Titel, er arbeitet hart für den Ausbau des Flottenwesens, entsendet die ersten Forschungsschiffe. Er wird Mitglied des Council und nach dem Tod des Stiefvaters Viscount Lisle. Loyalität zum Souverän ist seine Lebensmaxime, die er auch seinen Kindern einbläut. Praktisch bei Null beginnend, hat er in gut 30 Jahren die Stellung seines Vaters noch übertroffen und teilt sich in der letzten Phase von Henrys Herrschaft de facto die Macht mit Edward Seymour.

Beiden ist Religion kein spirituelles Bedürfnis, bald werden sie die Gelegenheit nutzen, sie als politisches Instrument einzusetzen.

London, im Frühjahr 1547

Die Regentschaft etabliert sich

Am Montag, dem 31. Januar, verkündet der *Speaker* des Parlaments den Tod des Königs. In London herrscht große Verwirrung, die Kirchen füllen sich, auf allen Plätzen wird heftig diskutiert. Am Nachmittag reitet Seymour mit Edward Tudor unter Salut in London ein, und der Knabe wird zum König ausgerufen. Am Abend unterzeichnet er die Ernennungen: Edward Seymour wird Duke of Somerset und Lordprotektor, Schatzmeister und Marschall von England. John Dudley wird Earl of Warwick, muss für das Amt des Großkämmerers zu seinem Leidwesen das des High Admiral an Thomas Seymour abgeben. Thomas wird Baron Sudeley und Herr über riesige Ländereien. Anwesend ist auch Henry Grey, Marquess of Dorset, dessen Ehefrau Frances Brandon als Tochter Mary Tudors dritte in der Thronfolge ist. Bei sich hat er den 8-jährigen Stiefbruder seiner Ehefrau, den kleinen Suffolk. Beide gehen leer aus.

Am 14. Februar wird die Asche des Königs in Windsor neben seiner Königin Jane beigesetzt. Königinwitwe Catherine verfolgt die Totenmesse von dem versteckten Sitz Catalinas aus, die Kinder des Königs sind traditionsgemäß nicht anwesend.

Viele hoffen, Königinwitwe Catherine Parr werde mit ihrem leisen und eleganten Charme das Hofleben weiter bestimmen, doch schon im März räumt sie das Feld und zieht sich in ihr Landhaus in Chelsea zurück, ihre Stieftochter Elizabeth Tudor hat sich entschieden, bei ihr zu bleiben. Maria Tudor lebt seit langem mit kleinem Gefolge auf wechselnden Landsitzen und verspürt keine Lust, an den protestantisch orientierten Hof zu kommen. Wenn Königinwitwe Parr allerdings bei Hof erscheint, hat sie dort Vortritt vor allen Damen. Das ärgert ganz besonders des Lordprotektors Eheweib.

Krönung und Programm

Edward bereitet sich im Tower auf seine Krönung vor. Geschmückt wie ein Idol legt er am 19. Februar den Weg vom Tower durch die geschmückten Straßenzüge nach Westminster zurück, an jeder Kreuzung erwarten ihn die üblichen lebenden Bilder, darunter seine Mutter Jane als der Phönix, aus dessen Asche das Haus Tudor neu entsteht!

Zur Krönung hat sich der protestantisch erzogene Knabe eine Neuerung ausbedungen, neben den traditionellen Schwertern für seine Reiche England, Irland und Frankreich (!) verlangt er ein viertes für das Reich des Geistes oder der Religion. Ob das wirklich die Idee des noch nicht Zehnjährigen ist? Edward ist ungemein ernsthaft und um Wissen bemüht, persönlich eher zurückhaltend. Man ist allgemein überzeugt, dass er als König eine Idealbesetzung ist. Schon fangen junge Männer und Jungs seines Alters an, seine protestantischen Grundüberzeugungen nachzuahmen.

England ist eigentlich immer noch katholisch, der Lordprotektor Somerset will endlich wahre Veränderungen in Gang setzen, das Reformprogramm läuft im September an. Englisch löst Latein endgültig ab, die Ausschmückung der Andachtsräume weicht kahler Strenge, Reliquien und Kirchenmusik werden abgeschafft, die Predigt steht im Mittelpunkt, private Beschäftigung mit der heiligen Schrift soll Pflicht werden, deshalb entstehen Grundschulen, von denen einige bis heute existieren. Einige Katholiken wie Gardiner und Bonner protestieren, am heftigsten allerdings des Königs Schwester, Maria Tudor.

Sie klagt Somerset an, Häresie und Unordnung über das Königreich zu bringen, der kindliche König sei nicht in der Lage, die Folgen abzusehen, er werde missbraucht. Somerset hält dagegen, dass des Königs Reformen dankbar aufgenommen würden. Seinetwegen könne sie es privat in Glaubensdingen halten wie sie wolle, er wünsche nicht, sie zu verfolgen, aber sie dürfe des Bruders Dekrete nicht in Frage stellen und so seine Autorität schmälern. Maria spürt das Ultimatum hinter den höflichen Formulierungen und beschließt, erstmal still zu halten.

Elizabeth Tudors verhängnisvolle Affäre

London, Frühjahr/Sommer 1547

Der nobelste unverheiratete Mann des Landes …

Trotz allen Bemühens der Regentschaft um die richtige Religion geht der Krieg gegen Schottland weiter. Eigentlich sollte der Großadmiral der Flotte seine Geschwader gegen Schottland führen, aber Thomas Seymour findet, er habe Wichtigeres zu tun. Er sieht nicht ein, warum er trotz seiner viel größeren Beliebtheit hinter seinem Bruder zurückstehen soll!

Zeit, den Herrn etwas näher zu betrachten. Thomas ist groß und gut gebaut, trägt den Bart modisch lang und das rötlich braune Haar kurz und ist nicht nur selbst davon überzeugt, dass er auf Frauen unwiderstehlich wirkt. Der gewesene König soll überlegt haben, ihn mit Anna von Kleve zu verheiraten, damit seine Affären ein Ende haben. Doch Bruder Edward lehnte das strikt ab. Feinsinnige wollen darin die Ursache des Bruches zwischen den Seymour Brüdern sehen.

Kurz nach der Krönung beginnt Thomas, private Umfragen anzustrengen, ob seine unzweifelhaft vorhandene Beliebtheit ausreicht, eine Partei hinter sich zu bringen, die seine Werbung um eine der Tudortöchter unterstützt, welche, ist ihm eigentlich egal. Er muss erkennen, dass er nicht genug Unterstützung fände und besinnt sich seiner im Keim erstickten Affäre mit Catherine Parr, inzwischen Königinwitwe. Catherine ist nun etwa Mitte dreißig. Sie hat zweimal zum Wohl ihrer Familie sehr viel ältere Männer geheiratet und die letzten vier Jahre Krankheit und Launen des Königs ertragen, als tadellos tugendhafte Chefin des Hofes fungiert und sich mit echter Anteilnahme um die Belange der königlichen Kinder gekümmert. Nun will sie endlich ein eigenes Leben leben, und tut es gegen alle Warnungen.

Sie zieht in das „Landhaus" in Chelsea, das der König ihr geschenkt hat und das über den noch äußerst seltenen Luxus von Wasserleitungen verfügt. Es kann auch nicht gerade klein sein, denn außer ihr werden noch Elizabeth Tudor und Jane Grey dort leben, der Haushalt wird über 200 Personen umfassen!

Ein ständiger Gast wird Thomas Seymour, den sie zu geziemender Zeit an der Vordertür verabschiedet, um ihn dann an ihrer Schlafzimmertür wieder einzulassen. Am 4. April heiratet das Paar heimlich, Catherine möchte die Ehe geheim halten, bis sie Gelegenheit hat, die Sache mit ihrem Stiefsohn zu klären, doch der Lordprotektor schirmt den kleinen König derart ab, dass selbst seine Stiefmutter einen offiziellen Audienzantrag stellen muss. So ist der Klatsch schneller. Besonders Maria Tudor nimmt es der Freundin sehr übel, dass sie überhaupt – nach dem unvergleichlichen Vater – noch einmal heiratet und dann auch noch so schnell. Vergebens versucht Maria, ihre Stiefschwester Elizabeth zu überreden, zu ihr zu ziehen. Sie fürchtet um die Moral der noch nicht Vierzehnjährigen, wenn sie in diesem Haushalt bleibt. Wie Recht sie mit ihren Befürchtungen hat, wird sich noch zeigen!

Ein glückliches Mündel

Henry Grey, Marquess of Dorset, teilt Thomas Seymours Unzufriedenheit mit dem diktatorischen Machtanspruch des Lordprotektors, das legt gemeinsames Vorgehen nahe. Was nutzt es Dorset, dass seine zehnjährige Tochter Jane Thronfolgerin werden könnte? Man beachtet ihn einfach nicht! Genau da setzt Thomas an: Man könnte die Kleine mit dem König verheiraten! Dann wäre Grey der Vater der Königin! Schnell sind sich die Herren einig, und schon ist Jane Grey gegen Zahlung von einigen Tausend Pfund in bar das Mündel des Großadmirals.

Also kommt Jane mit ihrem kleinen Haushalt nach Chelsea. Sie ist zwar ungewöhnlich klein und dünn, wirkt aber irgendwie sehr erwachsen, zu ernsthaft für ein Kind. Es scheint unmöglich, Thomas zu widerstehen, er schafft sogar, dass Jane ihren Teller leer isst. Für sie ist es ein glücklicher Sommer, die „Haustöchter" musizieren zusammen, Elizabeth am Virginal, Jane spielt Flöte. Wenn Elizabeth sie lobt, schmilzt Jane dahin. Gipfel des Vergnügens ist, wenn Thomas seine „Töchter" verleitet, sich als Knappen zu verkleiden, sich mit ihnen über die Themse nach London rudern lässt, sie gar in Kneipen wie den *Anchor* mitnimmt. Als Edward, der seine Stiefmutter sehr liebt, im Juni die Ehe bestätigt, reißt der Besucherstrom in Chelsea nicht mehr ab, selbst Maria Tudor söhnt sich mit Catherine aus.

Ein verwirrter Teenager

Auf dem Gemälde im roten Kleid von 1547 wirkt Elizabeth sehr kindlich, dennoch beginnt der von der Unwiderstehlichkeit seines Aussehens und Charmes überzeugte Thomas auf das heftigste mit ihr zu flirten und sucht schnell körperlichen Kontakt. Es beginnt mit neckischem An-den-Locken-Zupfen und Unters-Kinn-Fassen, es folgen herzhafte Küsse bei jeder Begrüßung, und Liz zeigt sich zunehmend verwirrt, verbittet sich diese Annäherungen aber nicht ernsthaft. Sie redet sich ein, wenn ihr Vater länger gelebt hätte, hätte er Thomas als ihren Gatten gewählt. Ihre Vertraute Kate Ashley ist übermäßig angetan vom High Admiral, doch er ist verheiratet und im Frühjahr ist seine Frau, Elizabeths Stiefmutter, erstmals schwanger!

In dieser Zeit beginnt der selbstgefällige Thomas, frühmorgens im Schlafhemd und barfüßig (was von Kate als besonders anstößig empfunden wird!) Liz eine Morgenvisite abzustatten, in deren Verlauf er sich nonchalant auf ihr Bett setzt, ihr die Decke wegzuziehen versucht und sie durchkitzelt. Elizabeth bemüht sich, so früh aufzustehen, dass sie voll angekleidet ist, wenn er auftaucht, doch dann verschläft sie wieder … und als Kate sich bei Catherine beschwert, tut die das Ganze als harmlose Neckerei ab, kommt einige Male sogar morgens mit an Elizabeths Bett! Das Geplänkel überschreitet die spielerische Grenze endgültig, als Catherine Elizabeth festhält und Thomas ihr genüsslich mit einer zufällig (?) bereitliegenden Schere förmlich das Kleid vom Leib schneidet. Das nun empfindet selbst Kate in ihrer Voreingenommenheit für den High Admiral als anstößig.

London, Cheshunt, London, Sommer/Herbst 1548
Konsequenzen des Leichtsinns
Catherine ist nun Mitte dreißig, ihre erste Schwangerschaft belastet sie körperlich sehr, und vielleicht ist es das, was sie aus ihrem verliebten Wahn erwachen lässt. Als sie Thomas dabei erwischt,

wie er Elizabeth in der Verborgenheit des Gartenlabyrinths leidenschaftlich küsst, wird ihr schlagartig die Tragweite des Geschehens bewusst: Elizabeth ist die zweite in der Thronfolge und sie, Catherine Parr, für sie verantwortlich! Wenn Thomas' Übergriffe ruchbar werden oder er in seiner Selbstüberschätzung auch nur einen kleinen Schritt weiter geht, kann das für sie, für ihn, für Liz und manch Unschuldige Schwert und Scheiterhaufen bedeuten. Ganz wieder die alte Catherine Parr, handelt sie umsichtig und effektiv: Eine kurze Konferenz mit Elizabeth und Kate, und Pfingsten bricht Elizabeth mit ihrem Gefolge auf, um den Sommer bei Kates Schwester in Cheshunt zu verbringen. Da ihr bisheriger Lehrer kürzlich gestorben ist, setzt Elizabeth durch, Unterricht bei Roger Asham zu erhalten, dem Erfinder der Rückübersetzung. Seine Schüler übersetzen griechische Texte ins Englische und dann zurück ins Griechische, manchmal über den Umweg einer weiteren Fremdsprache. Elizabeth ist von Asham und seiner Methode begeistert, er nicht weniger von seiner prominenten Schülerin, deren Begabung, Disziplin und Lerneifer er in höchsten Tönen lobt. Asham selbst wird zeitweilig sowohl Edward VI. wie Maria I. Tudor und zuletzt Elizabeth als Sekretär für den lateinischen Notentausch dienen, da gilt er trotz seines Protestantismus als unbestechliche Koryphäe.

Fast jeder Biograph Elizabeths ergeht sich in ganzen Kapiteln über Elizabeths Gelehrsamkeit, doch es wird gern vergessen zu erwähnen, dass es dank Catalinas Bemühungen um die Erziehung junger Damen in England zu einem Trend geworden ist, in Sachen Bildung zu brillieren. Ich erwähne dies nicht, um Elizabeths Bildung und Wissensdurst zu schmälern, sondern um klar zu stellen, dass sie keine singuläre Erscheinung ist, von der schon erwähnten Jane Grey wird noch zu berichten sein. Elizabeths Hinwendung zum Studium verstärkt sich in dieser Phase ihres Lebens enorm, denn sie hat die Gefahren von Flirt und Liebelei in ihrer persönlichen Situation erkannt, und das Lernen bietet ihr eine willkommene Rückzugsmöglichkeit. Anerkennenswert ist, dass Elizabeth sich auch als Königin, wann immer es irgend geht, zwei bis drei Stunden am Tag für ihre Sprachstudien freihält. Ein großer Vorteil für ihr Geschäft des Herrschens ist, dass sie mit allen Botschaftern ohne Dolmetscher sprechen kann, nicht nur in Latein, sondern oft auch in deren Muttersprache.

Der Rückzug Elizabeths in ihre Studierstube ist eine Rettung in letzter Minute, denn Gerüchte über Thomas' seltsame Spielchen mit Elizabeth kursieren, kommen auch dem Lordprotektor zu Ohren und der ohnehin auf die Parr eifersüchtigen Anne Stanhope. Thomas selbst kann sich bei einer Anhörung durch den Council herauswinden, aber der Stanhope gelingt es, den Gatten zur Beschlagnahme von Catherines Schmuck zu überreden, das sei er seiner Autorität schuldig. Henry VIII. hatte angeordnet, dass sie die Preziosen auch des Kronschatzes bis zur Verheiratung Edwards benutzen dürfe.

Catherine beschließt, ihr Kind auf Sudeley zur Welt zur bringen und reist mit Jane dorthin, beide verlieben sich in das herrliche Anwesen, und man steht in freundschaftlichem Briefwechsel mit Elizabeth und Maria Tudor.

Bruderzwist auf Edwards schmalen Schultern

Edward Seymour will den kleinen König zu einem Muster protestantischer Tugend erziehen, hält ihn deshalb auch finanziell knapp. Den Heranwachsenden ärgert es zunehmend, dass er nicht mal ein paar Münzen hat, um kleine Dienste zu belohnen. Da gleichzeitig an mehreren Orten soziale Revolten niederzuschlagen sind, hat Seymour weniger Zeit denn je, sich um die persönliche Befindlichkeit des jungen Königs zu kümmern. Thomas erkennt die Chance, sorgt für einen steten Fluss von Münzen, Schmeicheleien und Kritik an der Art, wie Bruder Lordprotektor den König behandelt. Edward wird regelrecht abhängig von Thomas und entwickelt einen tiefen Groll gegen den Lordprotektor.

Am 30. August 1548 bringt Catherine auf Sudeley ihre Tochter Mary zur Welt und stirbt selbst am 5. September an den Folgen der schweren Geburt. Befreit von Catherines mäßigendem Einfluss nimmt Thomas Seymours Großmannsucht überhand. Er nimmt seinen alten Plan, sich mit Elizabeth zu verheiraten, wieder auf und hat in Kate eine gewichtige Fürsprecherin. Doch Elizabeth zögert, äußert sich nicht eindeutig, siedelt nach Hatfield über und übt sich in alten Sprachen und gesellschaftlicher Zurückhaltung. Letztlich gibt sie Kates Drängen etwas nach. Sie werde über die Ehe nachdenken, wenn der König, der Protektor und der Council zustimmten. Auf Thomas' frivole Briefe antwortet sie nicht. Thomas lässt, gegen alle Warnungen, von seiner Mutter das Gerücht verbreiten, er werde Elizabeth bald heiraten! Als Reaktion weigert sich der Staatsrat, dem Großadmiral das beachtliche Erbe seiner Frau auszuhändigen.

London, Sudeley, Hatfield, Winter 1548/49
Hybris eines jüngeren Bruders

Längst gehen Gerüchte, der Großadmiral mische bei Münzfälschungen im großen Stil mit, mache gemeinsame Sache mit Piraten, statt sie zu bekämpfen. Der Lordprotektor warnt Thomas, sich in dieser Situation auch noch Elizabeth zu nähern, bedeute sein Ende. Da fliegt der Geldfälscher auf, und Verdachtsmomente werden zu Beweisen, die allein schon ausreichen, um den Großadmiral den Kopf zu kosten. Doch er tönt, es sei an der Zeit, den König von der Knute des Lordprotektors zu befreien. Er ist überzeugt, er könne sich retten, wenn er nur allein mit dem König sei. Da ihm das legal verwehrt ist, unternimmt er am 16. Januar tatsächlich den Versuch, Edward VI. zu entführen. Er hat Nachschlüssel zur Königssuite, doch als er dort eindringen will, bellt ein Hund, und er erschießt ihn. Den herbeieilenden Wachen erklärt er, das sei ein Sicherheitstest gewesen, und die lassen ihn wahrhaftig gehen.

Am 17. Januar wird Thomas verhaftet und in den Tower gebracht. Das sofort gegen ihn angestrengte Verfahren leitet John Dudley, Earl of Warwick. Der lässt Kate und die führenden Mitglieder von Elizabeths Haushalt verhaften, um herauszufinden, wie weit Thomas in der Absicht, sie zu heiraten, gegangen ist, ob sie einverstanden war, ob er Komplizen in ihrem Haushalt hatte. Bis Anfang März werden Elizabeths Getreue wieder und wieder verhört. Es geht auch um die von Seymour angedachte Ehe des Königs mit Jane Grey …

Ein Sir Tyrwhit wird Elizabeth als Aufseher und Untersuchungsrichter vor die Nase gesetzt. Als sie erkennt, dass sie Seymours

Schicksal in keiner Weise beeinflussen kann, konzentriert sie sich drauf, ihre Diener frei zu bekommen. Die Verhöre sind ihre erste Prüfung, und sie entwickelt hier das lebenslang geübte Verhaltensmuster: Abwarten und den Gegner aus der Fassung bringen. Letztlich zwingt sie den Protektor gar, sie als mögliche Thronerbin vor Gerüchten zu schützen, wie sie derzeit kursieren, etwa, sie sei von Thomas schwanger oder habe gar im letzten Sommer das Kind eines anderen entbunden ...

Das Gericht befindet Thomas Seymour am 22. Februar 1549 in 33 Punkten der Anklage für schuldig und verurteilt ihn zum Tode. Thomas ist immer noch überzeugt, dass Bruder und Neffe ihn nicht wirklich sterben lassen werden und wird eines Besseren belehrt. Der König unterschreibt, wenn auch unleugbar mit zitternder Hand, Warwick setzt durch, dass Lordprotektor Somerset den Bruder nicht mehr sieht.

Am 20. März wird Thomas Seymour zum Towerhill gebracht. Dudley und das Gros der Räte beobachtet seinen Gang den Hügel hinauf. Das Volk hat den Großadmiral immer gemocht, feuert ihn auf seinem letzten Gang an. Thomas weiß nun, dass es kein Entkommen gibt. Er will leben, verdammt! Er schlägt auf die Henkersknechte ein, ringt einen zu Boden, der Henker erfüllt seinen Auftrag mit stoischer Ruhe und Gewissenhaftigkeit: Legt der Verurteilte den Kopf nicht auf den Block, so schlägt er ihm das Haupt eben auf dem Boden ab ...

Die Moral von der Geschicht?

In diesen Tagen erklärt Elizabeth Tudor *Semper eadem* zu ihrem Motto. Im schlichten Wortsinn „immer dieselbe" kann es als ein Versprechen von Beständigkeit und Zuverlässigkeit gelten. Wenn sie es zu diesem Zeitpunkt wählt, muss es ihre persönliche Konsequenz aus der „Affäre Seymour" sein. Betrachtet man es als Leitmotiv ihrer Selbstdarstellung im Spiel der Geschlechter, so ist das Muster wahrlich immer das gleiche: Keine Anzüglichkeit ist ihr zu plump, nie weist sie eine solche zurück, sucht eher, sie noch zu übertreffen – verbal. Doch sie selbst legt sich de facto nie fest, entscheidet sich so spät als möglich gegen, aber nie für einen Mann.

Das mag man kapriziös nennen, wenn sie sich älteren und gleichaltrigen Männern gegenüber so verhält, doch wenn sie den Habitus noch beibehält, wenn die betroffenen Männern ihre (spät geborenen) Söhne sein könnten, kann diese Beständigkeit auch einen gewissen *haut goût* bekommen ...

Bei Thomas Seymour scheint es denkbar, dass der eigentlich vaterlos aufgewachsene Teenager Liz sich in den 25 Jahre älteren Liebling der Damenwelt ernsthaft verliebt. Doch bei allem Verständnis, etwas eigenartig ist ihre Reaktion auf seine plumpen sexuellen Annäherungen schon. Zu der Zeit, als seine Attacken eindeutig werden, ist er immerhin mit ihrer Stiefmutter verheiratet! Das mag in ihrem Bewusstsein dadurch ausgeschaltet werden, dass Catherine Parr die Avancen ihres Gatten anfänglich unterstützt. Doch was stellt die ansonsten so für ihre kritische Vernunft gerühmte Elizabeth sich vor? Eine dauerhafte ménage à trois? So etwas gehört im Allgemeinen wohl kaum zum Lebensplan einer Vierzehnjährigen! Zu simpel erscheint auch die Erklärung, Elizabeth habe das heiße Blut der Boleynfrauen geerbt und es sei schlicht ihre Sinnlichkeit mit ihr durchgegangen. Was schon allein dadurch ad absurdum geführt wird, dass zumindest ihre Mutter Anne ihre Sinnlichkeit – so vorhanden – äußerst zielgerichtet eingesetzt hat.

Was immer Elizabeths wahre Gefühle für Thomas Seymour gewesen sein mögen, es muss tiefe, verstörende Verletzungen hinterlassen haben, als ihr klar wird, dass seine Verführungsversuche eigennützigen Motiven folgen, dass er weniger sie, die junge Elizabeth Tudor, meint, sondern die mögliche Thronerbin. Die Geschichte ihrer eigenen Mutter und die anderer Königinnen hat ihr schon genug Anlass gegeben, das Ausleben von Gefühlen für gefährlich zu halten. Nun macht die Seymour-Affäre sie endgültig extrem vorsichtig in allen privaten Belangen. Sie ist nun überzeugt, dass sie nie wahres Gefühl zeigen darf, immer eine Maske tragen muss.

Im August 1549 kommt Kate zu ihr nach Hatfield zurück. Dort wird Elizabeth in den nächsten Jahren überwiegend leben und sich intensiv ihren Studien widmen. Nur um zu beweisen, dass sie mit dem Bruder in Einklang ist, kommt sie zu Fest- und Feiertagen an den Hof, so auch Weihnachten 1549.

Marie Stuart „erobert" Frankreich

St. Andrews und Edinburgh, Frühjahr/Sommer 1546
Das Ende eines Kardinals
Seit 1544 predigt in Schottland George Wishart, ein Anhänger Calvins. Er hat sich, aus der Schweiz zurückgekehrt, zu einer Art Mentor des John Knox gemacht. Gemäß seiner Ketzerpolitik lässt Kardinal Beaton Wishart Anfang 1546 verhaften und zum Tod auf dem Scheiterhaufen verurteilen. Wishart brennt im März, und Beaton hat die nette Idee, ihn in einem Mantel mit eingenähten Pulversäckchen ins Feuer zu schicken, die in Abständen explodieren. Damit hat er den Bogen endgültig überspannt. Im Mai belagert ihn eine Gruppe Reformierter in St. Andrews, einige wagen den Sturm auf seinen Turm, reißen ihn von seiner Mätresse Marion Ogilvy los und aus dem Bett, verurteilen ihn standrechtlich zum Tode. Seinen nackten Leichnam hängen sie aus dem Turmfenster.

Am 3. Juni erteilt der Rat Marie de Guise Stimmrecht in der Reichsverwaltung. Sie und Arran betreiben nun die „französische Heirat" Maria Stuarts mit Vehemenz, um endlich mit Frankreichs Hilfe ihre Macht zu stabilisieren und den ständigen englischen Übergriffen ein Ende zu machen.

Schottland und Paris, Frühjahr 1547 bis Frühjahr 1549
Die raue Werbung geht weiter
Der Tod Henrys VIII. am 27. Januar und des französischen Königs François I. am 31. März haben auch auf Schottland ihre Auswirkungen. François' Sohn und Nachfolger Henri II. scheint an der Unterstützung Schottlands oder besser der Königinmutter Guise mehr Interesse zu haben als sein Vater und schickt ein Invasionsheer zur Unterstützung der katholischen Sache. Die Reformierten werden aus St. Andrews vertrieben, und John Knox verbringt die nächsten zwei Jahre als Ruderer französischer Galeeren. Lordprotektor Somerset will unbedingt Edwards Braut Maria Stuart mit Waffengewalt heimholen. Ein emsiger Mitfechter ist Lennox, der quasi als Morgengabe Dumbarton Castle und die Insel Bute als englische Militärbasen eingebracht hat. Dafür hat er den Titel Leutnant des

Nordens erhalten und die Herrschaft über alle eroberten Gebiete in Schottland, so es welche geben wird. Die englische Soldateska verbreitet derart Angst und Schrecken, dass erstmals seit Bannockburn 1314 so etwas wie ein nationaler Widerstand die Schotten eint.

Dennoch erfechten die Engländer am 10. September 1547 einen glänzenden Sieg bei Pinkie Cleugh, der allerdings keinen greifbaren Vorteil bringt. Wie viele vor ihm, muss auch Somerset erfahren, dass man immer wieder Schlachten gegen Schottland gewinnen, die Schotten dadurch aber nicht dauerhaft beherrschen kann.

Die kleine Königin wird auf der Insel Inchmahome in der Nähe Stirlings in die Sicherheit der dortigen Priorei gebracht, die Insel gehört den Erskines. All die rührenden Geschichten, die sich um den Aufenthalt Maries und seine Bedeutung für ihren Katholizismus bilden, müssen realistisch gesehen ins Reich der Legenden verwiesen werden, denn sie bleibt nur drei Wochen dort und ist mit vier Jahren kaum in dem Alter, in dem man Latein lernt und selbständig einen Garten anlegt. Den Winter verbringt sie nachweislich auf Stirling Castle.

Lordprotektor Somerset hat mit der Brutalität seiner Angriffe genau das Gegenteil des Gewünschten erreicht: Die englische Heirat ist inzwischen auch für ihre einstigen Verfechter kein Thema mehr, mit dem sie Anhänger gewinnen können. Endlich kann Arran in Paris die französische Ehe aushandeln. Die Guise gewinnen als Führer der katholischen Partei Frankreichs an Macht und unterstützen Arrans Anliegen nach Kräften. Ende Januar 1548 unterzeichnen Henri II. und Arran einen Vertrag, in dem der schottische Regent sich verpflichtet, vom Parlament die Zustimmung zur Heirat zwischen Dauphin und Königin zu erreichen. Bedingung ist, dass Marie nach Frankreich kommt.

Arran denkt bei den Verhandlungen natürlich auch an sich und seine Familie. Da er für die französische Heirat darauf verzichten muss, seinen eigenen Sohn mit Marie Stuart zu verheiraten, erhält er als Entschädigung das Herzogtum Châtellerault mit 12.000 Pfund Jahreseinnahmen. (Im Folgenden wird Arran künftig Châtellerault genannt.) Sein Sohn steigt sofort zum Earl of Arran auf. Sein Halbbruder John Hamilton wird durch Übertragung des Erzbistum

St. Andrews zum Primas der katholischen Kirche Schottlands. Erzbischof John führt wie viele seines Standes ein recht lasterhaftes Leben, hat mindestens drei Kinder von seiner Mätresse, ist aber der politisch fähigste Kopf des Clans, und man hofft, dass die katholische Kirche sich unter seiner Führung gegen die Reformierten durchsetzen wird.

Châtellerault selbst soll offiziell noch sechs Jahre Regent bleiben, die eigentliche Macht aber bei Marie de Guise liegen. Dennoch soll Châtellerault seinen Sohn als Garanten des Vertrages in Frankreich lassen, offiziell als Kommandanten der schottischen Leibgarde. Marie de Guise hält sich mit ihrer Tochter ab Februar 1548 in Dumbarton Castle auf. An der Westküste gelegen, ist es für Franzosen und Engländer gleichermaßen schwer zu erreichen. Dank des französischen Heerführers Seigneur d'Esse und eines Kontingents von 6.000 Söldnern können die Schotten im Winter 1548/49 alle englisch besetzen Gebiete und Festungen zurückerobern.

Dumbarton Castle, Roscoff, Paris, Frühjahr bis Herbst 1549
Die Königin sticht in See
An sich soll Marie Stuart schon im März nach Frankreich gebracht werden, doch sie erkrankt an Masern, was damals meist den sicheren Tod bedeutet. Ganz Schottland hält den Atem an, am 23. März steht alles auf Messers Schneide, doch Marie erweist sich als zäh und übersteht die Krisis, danach geht es langsam, aber stetig aufwärts. Das gibt der besorgten Mutter Zeit, die Begleitung Maries mit Sorgfalt zusammenzustellen.

Für Marie werden vier gleichaltrige Mädchen als Gespielinnen ausgewählt, die ihr lebenslang liebe Freundinnen bleiben und die man bald die *vier Marys* nennt. Sie entstammen den Familien Fleming, Seton, Beaton und Livingstone. Lady Fleming, Mutter der ersten Mary und seit Pinkie Witwe, wird als Maries Gouvernante mitreisen. Mit von der Partie sind auch ihre Bastardgeschwister, wobei nicht klar ist, wer wie lange bei ihr bleibt. Natürlich nutzen auch reichlich Clanchefs samt Familie die Gelegenheit, ihrer Königin das Geleit zu geben und Frankreich kennen zu lernen, die Pracht in den Schlössern der Loire selbst zu erleben.

Der Abschied von Müttern, Vätern und Geschwistern ist tränenreich, doch sobald die Kinderschar an Bord ist, überwiegt das Gefühl von Freiheit und Abenteuer. Da die französische Geleitflotte von Dumbarton aus in See sticht, muss Land's End umsegelt werden. Auf der Höhe der Halbinsel The Lizard geraten die Schiffe in einen schweren Sturm. Alle Passagiere werden seekrank, nur eine nicht: Marie, die kindliche Königin. Ob ihr bewusst ist, dass der Sturm nur eine der Gefahren ist, die diese Reise birgt? Als viel gefährlicher könnte es sich erweisen, an die englische Küste gespült und damit zu Strandgut ihres verschmähten Bräutigams zu werden.

Als Marie am 13. August 1548 ihren Fuß an der Landspitze von Roscoff auf französischen oder besser: bretonischen Boden setzt, ist sie fünf Jahre und acht Monate jung und braucht als einzige nicht die angesetzten Erholungstage vor der Weiterreise. Sie wird dreizehn Jahre in Frankreich bleiben.

Mit großen Augen betrachtet sie ihre neue Heimat, bis Morlaix mutet die Küstenlandschaft im ewigen Wechsel von Ebbe und Flut noch einigermaßen vertraut an, dort findet ein erster von unzähligen feierlichen Empfängen auf der weiten Reise nach Paris statt. In kleinen Etappen geht es weiter bis an die Loire, wo man zu Wasser bis Orléans bequemer vorankommt. Spätestens jetzt, im Garten Frankreichs, im Farbenrausch des Herbstes, bemerken auch die Kinder, dass sie in einer anderen Welt sind.

Marie lernt eine Ehrfurcht gebietende alte Dame kennen: Ihre Großmutter Antoinette de Guise, die Stammmutter des französischen Zweigs des Geschlechts der Lothringer. Endlich – nach fast zwei Monaten – wird Saint-Germain erreicht, wo die Kinder Frankreichs derzeit residieren. Schon vorab hat Roi Henri II. bestimmt, dass die gekrönte schottische Königin und künftige Dauphine Frankreichs den Vortritt vor seinen eigenen Töchtern haben soll.

Marie Stuart begeistert

Als er die Kleine nun leibhaftig vor sich hat, beglückwünscht er sich selbst zu diesem Entschluss, denn sie erscheint ihm als das perfekteste Kind, das er je gesehen hat. Nicht nur weil des Königs

Meinung keinen Widerspruch duldet, stimmt ihm der ganze Hof zu, selbst seine erst spät zu Kindersegen gelangte Reine Catherine de Médicis findet Marie Stuart – zumindest als Kind – ausgesprochen schön. Wer die Zeichnungen und das Gemälde von Hofmaler Clouet betrachtet, auf denen Marie zwischen neun und zwölf Jahren ist, wird dem wohl zustimmen. Außerdem ist sie als älteste sowieso die Königin, der schmächtige Dauphin François ist 13 Monate jünger als sie, klein und kränklich. Nüchtern betrachtet, wirkt er neben dem großen und schlanken Mädchen fast ein wenig kretinhaft, was ein Höfling natürlich niemals äußern dürfte. Aber da sie ihn völlig unbefangen mit dem ihr eigenen, einnehmenden Lächeln begrüßt, hat sie von der ersten Minute sein Herz gewonnen. Madame Élisabeth zählt noch nicht drei Jahre, und Madame Claude ist noch ein Baby von neun Monaten. Alle anderen Königskinder werden erst während Maries Jahren in Frankreich geboren.

Marie bezaubert mit einem einzigen Lächeln, selbst ihre barbarische Sprache findet man reizvoll. Obwohl ungewöhnlich groß, wirkt sie überhaupt nicht linkisch. Sie ist die natürliche Anführerin der königlichen Kinderstube, zu der nach intensiver Sprachschulung auch ihre vier Marys wieder stoßen und die bevölkert wird von den jungen Guise, Bourbon, Longueville, Montmorency, Montpensier, Vendôme und anderen. Marie behandelt von jeher jeden Menschen mit echter Freundlichkeit und ernstem Interesse, sie ist und bleibt eine leidenschaftliche Natur, ein jungenhafter Wildfang. Sie sorgt sich rührend, fast mütterlich um den Dauphin, das Sorgenkind des ganzen Hofes. Marie ist keine Intellektuelle wie die ob ihrer Gelehrsamkeit viel gepriesenen Elizabeth Tudor und Jane Grey in England, aber sie lernt schnell und erfasst mit allen Sinnen und saugt von klein auf die Leichtigkeit und Sinnlichkeit des *savoir vivre* in sich auf, das man an der Themse so nicht lebt.

Paris, Schlösser der Loire, 1549–1560
Eine Erziehung am ersten Hof Europas
Um wirklich akzentfreies Französisch zu lernen, wird sie zunächst von allen schottischen Begleitern getrennt, wer bleiben will, muss mächtig die Landessprache pauken, nur Lady Fleming ist auf dring-

liche Bitten ihrer Mutter durchgehend bei ihr. Sie lernt die zeitüblichen Fremdsprachen, ihre private Sprache wird lebenslänglich Französisch sein. Sie liebt Romane und Poesie, später lehrt Ronsard persönlich sie höfisches Verseschmieden. Sie wird selbstverständlich in Religion und europäischer Geschichte unterrichtet, erhält später Einführungen in Morallehre und Philosophie. Sie lernt das für Damen unerlässliche Sticken, übt sich im Zeichnen, in höfischem Tanz und Musik, spielt Laute und andere Instrumente, singt mit sehr angenehmer Altstimme, als sie erwachsen wird. Sie reitet furchtlos, liebt jede Betätigung in freier Natur, schießt mit Pfeil und Bogen, spielt Kricket, später Golf, Billard, Karten, Würfel, Backgammon, Schach. Als Teenager kommt politische Schulung durch die Onkel Guise hinzu, zunächst lernt sie allein durch die Beobachtung der Vorgänge am Hof unendlich viel über die Welt und die Menschen.

Maria Tudor kämpft – und verglüht

Der König siecht – der Nachfolgestreit tobt

London und Südengland, Januar bis Herbst 1549

Die Uniformitätsakte

Um eine englische Staatskirche zu formen, die idealiter ein Kompromiss zwischen den Lehren Luthers und Calvins sein soll, sind Reformatoren geladen worden, so predigt unter anderen auch der Schotte John Knox bei Hof. Im Januar wird die Uniformitätsakte verabschiedet, Cranmers *Book of Common Prayer* wird allgemein verbindlich, die Teilnahme an der Messe ein krimineller Akt. In London ist das durchzusetzen, in der Peripherie nicht überall, viele Kleriker und Laien gehen ins Exil. Maria Tudor wehrt sich weiter, kann sich der ideellen Unterstützung von Kaiser und Papst sicher sein.

Elizabeth Tudor ist im Sommer meist krank, oft bettlägerig. Als der Skandal um Thomas Seymour abebbt, erholt sie sich. Sie erfindet sich neu als vernünftige und tugendhafte Protestantin und dokumentiert das durch schlichte Kleider in gedeckten Farben und Verzicht auf Schminke und Schmuck. Einzige Zierde ist ihr offen getragenes, hüftlanges rotblondes Haar. Auch bringt sie ihre ringlosen Hände zur Geltung, die sie zu Recht für schön hält. Gelegenheit dazu findet sie im Gebet, beim Umblättern von Buchseiten und sogar beim Geben von Almosen. So mutiert sie im Bewusstsein der Mitmenschen zum Opfer übler Nachrede, was die Affäre Thomas Seymour betrifft.

Sie kann durch Tausch von Grundstücken Hatfield erwerben und ausgelassen ihren 16. Geburtstag feiern. Sie wechselt gelehrte Briefe mit dem Bruder, das überlieferte Bild des Einklangs der Geschwister entspringt späterer Propaganda, tatsächlich verkehren sie ausschließlich auf höfischer Ebene miteinander.

Unruhen kommen Dudley gelegen

Eine ökonomische Krise erzeugt soziale Unruhen, und das durch die Hinrichtung des Bruders geschwächte Ansehen des Lordprotektors sinkt gegen Null. Sommer und Herbst sind eine einzige Folge von Verschwörungen und Gegenverschwörungen der Anhänger Seymours und Dudleys. Letztlich versucht Seymour, sich mit dem König in Windsor zu verbarrikadieren. Er muss die Haltlosigkeit seiner Situation einsehen, er hat keinen Rückhalt mehr im Staatsrat. Frankreich nutzt die Situation, um Boulogne zurückzuerobern. Danach verschwindet Seymour im Tower, und Dudley übernimmt ab November die Funktionen des Lordprotektors. Er schlägt die sozialen Aufstände blutig nieder, beendet den Krieg mit Frankreich und die *Raue Werbung*.

Dudley behandelt Edward mit Respekt, er ist der legitime König, ihm schuldet er Loyalität. Er sucht des Knaben Freundschaft, etwas, woran Seymour im Traum nicht dachte! Edward sitzt im Rat, wird von Dudley im königlichen Tagesgeschäft geschult und verfasst fleißig Konzepte und Memoranden. Zum Ausgleich gibt es Vergnügungen an frischer Luft und Sport, der Junge blüht regelrecht auf. Dudley regiert quasi als Diktator unter königlichem Mandat, bedingungslos unterstützt vom Bruder Catherines, William Parr, Marquess of Northampton, und Henry Grey, Marquess of Dorset.

Südengland, Weihnachten 1549 bis Sommer 1550

Schöner Schein

Elizabeths demonstrativer Protestantismus trägt Früchte, sie erhält eine Weihnachtseinladung an den Hof und wird mit Jubel empfangen. Dudley ist Realist genug, mit dem frühen Tod Edwards VI. zu rechnen und hätte gern Elizabeth für den Machterhalt danach benutzt, doch sie ist ihm zu clever und eigenwillig. Er besänftigt sie mit der Aushändigung ihres Erbes, um dessen Verwaltung sich ein gewisser William Cecil verdient macht.

Die Katholikin Maria Tudor kommt als Nachfolgerin nicht in Frage, ihre Nähe zum Kaiser diskreditiert sie zusätzlich, ihre Lebensbedingungen verschlechtern sich rapide. Ehen werden vorgeschlagen, aber Kaiser Karl erkennt richtig: Sie wird nicht heiraten dürfen, weil ihr Ehemann sich an die Spitze einer katholischen Revolte stellen könnte. Maria wird mehrfach ihre Flucht auf den

Kontinent planen und dazu den Beistand des Kaisers oder seiner Schwester Maria erbitten, aber im letzten Augenblick immer einen Rückzieher machen.

Dudley beginnt, auf Jane Grey, die eifrigste Protestantin der Inseln, als Thronfolgerin zu setzen. Sie ist – wie der König – gerade zwölf und wird entsprechend formbar sein. Um seine Herrschaft über sie zu sichern, gedenkt er auf das Arsenal seiner Söhne zurückzugreifen und sie rechtzeitig mit dem altersmäßig passenden Guildford zu verheiraten. Nicht auszudenken, was geschehen wäre, hätte er Robert, der zur besseren Identifizierung künftig Robin genannt wird, gewählt!

Gewissenskämpfe unter Geschwistern

Im Volk gilt Maria als einzig legitime Thronfolgerin. Als sie zur Rechtfertigung an den Hof bestellt durch London reitet, wird sie frenetisch bejubelt. Der Empfang bei Hof ist dagegen eine kalte Dusche, sie wird gezwungen, ganz allein vor König und Rat zu treten. Edward ist in dem Glauben aufgewachsen, beide Halbschwestern seien Bastarde, da der Vater ihm erklärt hat, nur die Ehe mit seiner Mutter Jane sei für ihn gültig gewesen. Maria sieht sich einem hübschen, gesund wirkenden Heranwachsenden gegenüber, der sie aus hellgrauen Augen selbstbewusst mustert. Sie wird einem scharfen Verhör über ihre religiösen Vorstellungen unterzogen. Mit dreizehn fühlt Edward sich glaubensfest genug, seine 20 Jahre ältere Schwester zu belehren, ist überzeugt, ihre Seele retten zu müssen. Maria ihrerseits glaubt das Gleiche von sich, und so fallen sie sich weinend in die Arme und scheiden dennoch unversöhnt. Kaiser Karl droht mit Invasion, sollte seiner Cousine die Messe verboten werden, doch jeder weiß, das ist nur eine Geste.

Heiraten zur Machtsicherung

Im Februar 1550 verlangen die politischen Verhältnisse die Freilassung Seymours, für die kleinen Leute ist er erneut der „gute Lord." Er zahlt eine Geldstrafe, wird wieder Mitglied des Rates und plant, die Macht zurückzuerobern. Auch er scheint auf Jane Grey zu setzen, denn er schließt sofort einen Ehevertrag für seinen

Sohn Edward, Earl of Hertford, mit ihr. Als Zeichen der Versöhnung sollen Seymours Tochter Anne und Dudleys Sohn John, Lord Lisle, heiraten. Das geschieht am 3. Juni 1550 im königlichen Palast von Sheen im Beisein des Königs. Am folgenden Tag werden Robin Dudley und Amy Robsard getraut, beide sind achtzehn und sehr ineinander verschossen. Anwesend ist mit Sicherheit Elizabeth Tudors Vermögensberater William Cecil, vielleicht auch sie selbst. Diese Ehe ist also alles andere als ein Geheimnis und wird noch traurige Berühmtheit erlangen …

Am 14. Juli sterben die beiden Söhne aus Charles Brandons letzter Ehe im Abstand von einer halben Stunde am Schweißfieber. Der Titel und das nicht unbeträchtliche Erbe fällt damit an ihre viel ältere Stiefschwester Frances Brandon und ihren Ehemann Henry Grey, jetzt Duke of Suffolk.

Tower und Greenwich, Herbst und Winter 1551/52
Sturz, Staatsbesuch, Hinrichtung und Krankheit
Im August wird Maria Tudor die Messe verboten. Sie hat vorgesorgt und ein Versteck für einen Priester vorbereitet. Man lässt sie gewähren. Elizabeth gelingt es auch jetzt, in dem Streit um die Religion keine Stellung zu beziehen.

Im Oktober überschlagen sich die Ereignisse. In einer Zeremonie werden am 11. Henry Grey zum Duke of Suffolk und John Dudley zum Duke of Northumberland ernannt. Letzterer ist der erste Herzog Englands ohne einen Tropfen königlichen Blutes. Parallel laufen die Vorbereitungen für den Besuch Marie de Guises auf Hochtouren. Am 16. wird Seymour während einer Ratssitzung erneut verhaftet. Er wird beschuldigt, diverse Aufstände und die Vergiftung des gesamten Rates geplant zu haben. Auch Gattin Anne Stanhope und andere Anhänger landen im Tower.

Auf dem Rückweg von ihrem langen Frankreichbesuch verweilt Marie de Guise Ende Oktober am englischen Hof. Im Sommer ist das Eheversprechen zwischen Edward Tudor und Marie Stuart offiziell aufgelöst und eine Ehe des Königs mit Elizabeth de France beschlossen worden. Edward ist in jugendlichem Überschwang fest überzeugt, sie zu seinem Glauben bekehren zu können.

Seine Stiefschwestern sind geladen, Elizabeth hebt sich mit ihrer schlichten, aber edlen Kleidung auffallend von der pfauenbunten Hofgesellschaft ab und bleibt so in Erinnerung. Maria erscheint nicht und wird von Kaiser Karl deswegen scharf kritisiert, sie sei schließlich die legitime Thronerbin und habe bei Staatsbesuchen zu erscheinen!

In London ist Volkes Stimme für Seymour, doch Ende Oktober wird er zum Tode verurteilt. Es kostet Dudley Wochen sanfter Überzeugungsarbeit, bis der König das Todesurteil eines weiteren Onkels unterzeichnet. Am 22. Januar 1552 verlässt Seymour den Tower für immer. London hat sich versammelt, die Massen toben. Als Seymours Kopf fällt, werden Taschentücher in sein Märtyrerblut getaucht. Dudley, bisher nicht geliebt, ist nun verhasst. Doch ihm ging und geht es immer darum, den König zufrieden zu stellen, nicht das Volk.

Hof und Südengland, April 1552 bis Juli 1553
Die Thronfolge muss geregelt werden
Wohl im April 1552 erkrankt der König an Masern, man glaubt ihn schon tot, doch er erholt sich noch einmal und bricht zu der traditionellen Sommerreise auf. Das schwächt ihn übermäßig, und Dudley richtet das Weihnachtsfest nur für ihn aus, beiden Schwestern werden Besuche untersagt.

Bald kursieren trotz aller Abschottung Gerüchte über eine tödliche Erkrankung des Königs in Europa. Kaiser Karl schickt seine natürliche Tochter Margarete von Parma und seine viel begehrte Nichte Christina von Dänemark, inzwischen verwitwete Duchesse de Lorraine, um die Heirat der Prinzessin Elizabeth mit Emanuel Philibert von Savoyen (1528–1580) in die Wege zu leiten. Savoyen, der sich in Karls Kriegen als siegreicher Heerführer den Ehrennamen „Eisenschädel" eingehandelt hat, ist ein direkter Neffe des Kaisers, denn seine Mutter ist Beatrix de Portugal, die Lieblingsschwester von Karls geliebter Ehefrau Isabella. Durch die Heirat des Neffen mit Englands möglicher Thronfolgerin Elizabeth hofft der Kaiser, Einfluss in England zu gewinnen, auch wenn die rechtmäßige Thronfolgerin Maria Tudor aus religiösen Gründen übergangen werden sollte. Die Damen müssen unverrichteter Dinge wieder abreisen, denn die den Kindkönig beherrschende Partei hat kein Interesse an einer Verheiratung Elizabeths.

Die Kunde von der Erkrankung des Königs alarmiert auch Maria Tudor. Im Februar kommt sie nach London, man erweist ihr fast die Ehren einer regierenden Königin, doch den König darf sie erst nach Tagen sehen. Der Anblick ist erschreckend, Edward befindet sich wohl im finalen Stadium einer Tuberkulose. Dennoch nimmt er Ende Februar am Parlament teil und fährt anschließend guter Dinge zur „Erholung" nach Greenwich.

Die Erholung ist nicht von Dauer, schon im März ist Edward so hinfällig, dass er nicht mehr stehen kann. Da es Verrat ist, den Tod des Königs vorherzusagen, können die Ärzte nur lügen. Zur Verschleierung finden arrangierte Botschafterbesuche statt, es werden Parkspaziergänge erfunden, Edward winkt, gestützt von unsichtbaren Dienern, von Balkonen und Fenstern.

Dudley ist entschlossen, die Tudorschwestern auszuschalten und Jane Grey zur Thronfolgerin zu machen. Die Eltern Grey sind natürlich begeistert, Jane wird nicht gefragt, sie hat als Tochter zu gehorchen! Das Gleiche gilt für Guildford Dudley. Die Heirat findet am 21. Mai 1553 statt.

Nun muss nur noch der König Jane Grey zur Nachfolgerin bestimmen, dass Edward dazu eigentlich nicht berechtigt ist, interessiert Dudley nicht. Wann immer er bei Bewusstsein ist, mahnt ein Beauftragter Dudleys, Edward sei es der Religion schuldig, Jane zu benennen. Er kann nicht mehr schlucken, nur selten sprechen, die Gabe von Drogen bestimmt, wann er schläft und wann er wacht. Am 12. Juni unterzeichnet der König die Urkunde, die Jane Grey auf den Thron hebt – eigenhändig? Sein Leiden geht weiter, er dämmert zwischen Schlaf und Gebet. Am 6. Juli 1553 betet er wortlos mit selbst für ihn ungewöhnlicher Inbrunst, und als gegen sechs Uhr am Abend König Edward VI. Tudor, dies seltsam frühreife Wesen, sein Leben aushaucht, liegt London voller Trümmer, ein schrecklicher Hagelsturm hat Stadt und Land heimgesucht …

Jane Grey – auf den Thron geprügelt

Urenkelin gegen Enkelin Henry VII. Tudors

Um die Turbulenzen der ersten Tage nach Edwards Tod besser zu verstehen, kann ein Blick auf Leben und Herkommen Jane Greys hilfreich sein.

Zur Erinnerung: Mary Tudor hatte nach dem Tod Louis' XII. noch in Paris im März 1515 Charles Brandon, Duke of Suffolk, geheiratet. Das Paar bekam drei Kinder: Henry, Frances und Eleanor, Henry starb bereits 1534 unverheiratet. Die wenig ansehnliche Frances hatte die Schulbank gemeinsam mit der ein Jahr älteren Maria Tudor gedrückt und – froh, dieser Fron zu entkommen – im März 1534 den gleichaltrigen Henry Grey, Marquess of Dorset, geheiratet. Die Hochzeit war das Ereignis der Saison, Königin Anne Boleyn fungierte als Stilberaterin der Braut, Henry VIII. betanzte alle Damen.

Die Greys lebten überwiegend auf dem Landsitz Bradgate, dort kam nach zwei Fehlgeburten im Oktober 1537 Tochter Jane zur Welt. Die Eltern waren maßlos enttäuscht: Nur ein Mädchen, wie auch die 1540 geborene Catherine – die wenigstens bildhübsch wird – und Nachzügler Mary, geboren 1545. Das arme Ding sollte sich auch noch als kleinwüchsig erweisen.

Unmittelbar nach Janes Geburt eilt Vater Grey an den Hof, wo gerade der Thronfolger gefeiert wird. Unglaublich, dass der König zum zweiten Mal eine Kammerfrau geehelicht hat, deren Brüder er zu seinen Beratern und Freunden erhebt, während er, Grey, um Aufmerksamkeit betteln muss, obwohl seine Vorfahren als Kammerherrn des Eroberers ins Land kamen, Elizabeth Woodville mit seinem Ahn Thomas Grey verheiratet war, bevor sie König Edwards Söhne gebar, und seine Vorväter den Übergang der Krone von den Plantagenêts zu den Tudors ohne Verluste gemeistert haben!

Ein bildungswütiges Kind

Janes früheste Erinnerung scheint zu sein, dass sie vor den Eltern nicht weinen darf, denn dann schüttelt Mutter Frances sie so fürchterlich, dass sie vor Angst ganz starr und manchmal ohnmächtig wird. Frances vermisst den Glanz des Hofes, sie will dahin zurück und frönt bei ihren Töchtern dem neuen Bildungswahn. Um 1540 verlangt sie die besten Lehrer, Grey hat längst gelernt, ihren Wünschen besser nicht zu widersprechen. Da es unbedingt ein Protestant sein muss, fällt die Wahl auf John Aylmer, der die These des königlichen Tutors Richard Coxe vertritt: Lernen muss Spaß machen, um effizient zu sein. Jane wird ein leuchtender Beweis für die Richtigkeit dieser These. Erste Bücher hat ihr Stiefgroßmutter Duchess Suffolk geschenkt, willkommene Tore zur Welt der Phantasie.

Aylmer spürt instinktiv, wie verängstigt die Kleine ist, und erkennt als Ursache die ständige Abwertung durch die Mutter. Da sie deren Ansprüchen nie genügen kann, ist Jane gehorsam bis zur Selbstverleugnung, braucht existenziell aber ein Gegenuniversum. Das eröffnet ihr Aylmer, indem er ihr die Welt des Geistes als eine angstfreie darbietet.

Jane stürzt sich mit unglaublichem Eifer in jeden Lehrstoff. Erklärte Erziehungsziele sind Tugend, Demut, Nüchternheit und Gehorsam. Obwohl Jane Latein, Griechisch und später gar Hebräisch nach der Methode der Rückübersetzung lernt, sind die klassischen Sprachen für sie weniger relevant als die religiösen Studien, die sie zu einer begeisterten Protestantin machen. Natürlich lernt sie auch Tanzen, Musizieren und Handarbeiten, Musik liebt sie sehr.

Kein Wunder, dass für Jane himmlische Zeiten anbrechen, als sie unter Catherine Parr in die königliche Schulstube kommt und danach bei ihr in Chelsea und Sudeley leben darf. Jane kennt weder das Abkommen ihres Vaters mit Thomas Seymour, noch den Plan, sie mit Edward zu verheiraten. Sie ist die eigentlich Leidtragende, als der Großadmiral hingerichtet wird, denn die Eltern machen sie für das Scheitern ihrer eigenen hochfliegenden Pläne verantwortlich. Sie erträgt die Schläge, sie ahnt, warum das alles sie so hart trifft: Sie ist die Älteste, sie hätte ein Junge sein sollen! Sie muss drei bittere Jahre in Bradgate erdulden. Die Bildung wird ihr Schutzwall gegen die physischen und emotionalen Attacken ihrer Eltern, entfernt sie aber auch immer weiter von der Realität des alltäglichen Lebens.

Titel geben Gewicht

Wie erwähnt sterben im Juli 1551 die beiden Söhne des alten Suffolk; Titel und Besitz fallen an Frances und ihren Ehemann. Jane bedauert ihre geliebte Stiefgroßmutter, die in wenigen Stunden alles verloren hat, die Reaktion ihrer Eltern ist ihr eher peinlich. Papa kann endlich auftrumpfen, Dudley bietet ihm die Ehe mit Sohn Guildford für Jane, dafür will er Jane beim vergehenden König als Nachfolgerin durchsetzen. Vater Grey schwebt auf Wolken, doch Jane weigert sich!

Jane, die alle Dudleys verabscheut, den albernen, gespreizten Guildford aber ganz besonders, beruft sich auf den Ehevertrag mit des gewesenen Lordprotektors Sohn, Lord Hertford. Die Eltern stehen erstarrt: Widerworte von Jane? Unglaublich. Der König wünscht es so! Jane schüttelt den Kopf! Jetzt schlägt Frances zu, die kindlich-zierliche Jane stürzt zu Boden. Sie wird Dudley nicht heiraten. Nun prügeln beide Eltern auf sie ein. Erst das Auftauchen von Janes Gouvernante macht der unglaublichen Szene ein Ende. Bei den Dudleys soll es übrigens ähnlich zugegangen sein, Guildford will eine Frau, nicht so einen mageren Bücherwurm!

Selbstverständlich findet die Heirat – wie erwähnt – am 21. Mai 1553 statt. Jane ist fünfzehneinhalb, Guildford wenige Monate älter. Kurz danach stellt Dudley klar, dass Frances ihren Thronanspruch offiziell der Tochter übertragen muss. Murrend fügt Frances sich. Da des Königs Tod droht, muss die Ehe – entgegen den Jane gegebenen Versprechungen – vollzogen werden! Welch ein Triumph, wenn Jane noch vor des Königs Tod schwanger wäre! Die Schwiegermutter fordert sofortigen Vollzug – Jane gehorcht. Guildford hat versprochen, sie nicht zu schlagen, wenn sie ihm ehelich zu Willen ist. Ihr bleibt keine Zeit, sich in ihre Rolle als Ehefrau einzufinden, denn plötzlich wird sie in den Mahlstrom der Geschichte gerissen …

London und Südengland, nach dem 6. Juli 1553

Jane muss Königin sein!

Für Dudley steht fest: Der Tod des Königs muss geheim bleiben, bis Maria Tudor, der er seinen Sohn Robin entgegengeschickt hat, unter Bewachung steht und Jane zur Krönungsvorbereitung im Tower ist. Am 8. Juli informiert er den Rat, Edward sei tot und habe die gute Protestantin Jane Grey zu seiner Nachfolgerin bestimmt. Die Papistin Maria sei dabei, ausländische Kräfte ins Land zu holen, um ihren vermeintlichen Anspruch durchzusetzen. Der Rat beschließt und beschwört, Jane Grey zu unterstützen.

Am 9. Juli wird Jane ins Stadtpalais der Eltern gebracht, wo der Rat sie erwartet. Erst jetzt wird ihr eröffnet, dass Edward gestorben ist und sie zu seiner Nachfolgerin ernannt hat. Sie fällt in Ohnmacht und schreit erwachend, sie wolle die Krone nicht. Frances zischt ihr ins Ohr, es sei ihre Pflicht. Jane erstarrt. Sie betet um Beistand, Gott soll sie leiten, doch Gott schweigt. Sie soll also Königin sein und setzt sich – endlich – auf den Thron. Pembroke küsst ihre Hand und schwört Untertanentreue, das ganze Heer der Herren folgt.

In der Staatsbarke gleitet Jane die Themse hinab zur Königstreppe des Tower. Sie versteht das nicht. Wieso sie? Der König hat doch zwei Schwestern! In London rufen die Herolde Jane Grey zur Königin aus. Die Menge verharrt schweigend. Plakate, noch druckfeucht, erklären Maria und Elizabeth Tudor zu Bastarden, denunzieren Maria als Papistin. Am 11. Juli werden die Botschafter über Tod und Nachfolge informiert. Botschafter Renard schwört Kaiser Karl, Maria habe keine Chance, also erkennt der Jane an.

Maria ist Robin entkommen, bei ihr sammelt sich der königstreue Adel, das Volk strömt ihr in Massen zu! Sie wollte nach Flandern fliehen, doch wenn es noch Gerechtigkeit gibt, wird sie Königin sein – selbst viele Protestanten ziehen ihre Rechtmäßigkeit der Marionette Dudleys vor. In einem Gewaltritt erreicht sie das Anwesen eines treuen Katholiken nahe Cambridge. Im Morgengrauen bricht sie mit zwei Frauen und sechs Edelleuten zu ihrer Burg Kenninghall auf. Hinter ihnen geht das Nachtquartier in Flammen auf, Robin Dudley wähnt sie noch schlafend darin.

Kenninghall ist eine gute Wahl, es liegt in sicherer Entfernung von London in einer katholisch gebliebenen Gegend und nah genug an Yarmouth, um notfalls zur See zu fliehen. Dort angekommen, proklamiert Maria Tudor sich selbst und fordert schriftlich in lakonischem Ton ihr Thronrecht beim Council ein. Eingedenk der Warnungen des Kaisers erklärt sie, dass sie die Religion von

England beibehalten und keine drastischen Änderungen einführen wird. Kopien des Schreibens gehen an alle wichtigen Städte, von denen einige umgehend Maria proklamieren. Elizabeth Tudor leidet in diesen entscheidenden Tagen an diplomatischer Krankheit und rührt sich nicht.

Maria hat den Handschuh aufgenommen! Sie erfährt ungeahnten Zulauf, zieht mit wachsender Gefolgschaft weiter, erreicht am 14. Juli Framlingham und organisiert die Versorgung ihrer Anhänger mit der ihr eigenen praktischen Art, ganz Tochter Catalinas. Sie nimmt mit angeborenem Gefühl für Timing eine Parade ihrer Truppen ab, badet im Jubel der Menge und dankt Gott auf Knien für die überwältigende Zuneigung.

Im Tower

Jane ist derweil damit beschäftigt, zu verhindern, dass Guildford die Königswürde erhält. Dennoch ist Dudley gezwungen, persönlich gegen Maria zu ziehen, denn Königin Jane weigert sich, ihren Vater gehen zu lassen. Am 16. Juli erreicht Dudley Cambridge. Ein Plakat an der Kirchentür verkündet, überall, außer in London, sei Maria Tudor Königin. Am 17. ist es ihm unmöglich, der Streitmacht Marias mit seinem dezimierten und demoralisierten Häuflein entgegenzutreten. In seiner Verzweiflung bietet er Frankreichs König Henri II. Calais an für die Unterstützung Königin Janes.

Jetzt rächt sich, dass Jane außerhalb der Realität gelebt hat, sie kommt gar nicht auf die Idee zu fragen, ob die Kampagne gegen Maria Erfolg hat oder wie das Volk zu einer Königin Jane steht. Als am 18. Juli der gesamte Rat um Erlaubnis bittet, sich aus dem Tower entfernen zu dürfen, rät Janes Vater, ihn ziehen zu lassen. William Cecil wird zu Maria geschickt, um die Unterwerfung des Rates zu beschwören, man habe Jane Grey nur unter Zwang anerkannt und nun eine Belohnung auf die Ergreifung John Dudleys ausgesetzt. Es wird für lange Zeit Cecils letzter politischer Auftritt sein. Am Abend wird Maria in London zur Königin ausgerufen.

Als John Dudley davon erfährt, eilt er auf den Markt in Cambridge, reißt eigenhändig die Plakate Janes ab und proklamiert Maria Tudor. Jane Grey wartet, noch immer nichts ahnend, im Tower …

Maria Tudor – kämpferisch und moderat

Beaulieu und London, Juli/August 1553

London im Freudentaumel

Die Ratsmitglieder treffen sich mit dem Lord Mayor und Stadthonoratioren und schwören sich gegenseitig auf die wahre Königin Maria Tudor ein. Dann ziehen *Privy Council* und Lord Mayor mit Trompetern und Herolden zum *Great Cross* in Cheapside und proklamieren Maria Tudor. Die City explodiert nahezu in einer Orgie der Freude, man stellt Tische auf die Straßen, an allen Kreuzungen leuchten Freudenfeuer, die Glocken der Stadt läuten, man isst und trinkt, tanzt und jubelt die ganze Nacht. *Great Harrys* Tochter wird alles richten! Pembroke und andere werfen Münzen unters Volk, in Saint Paul's versammelt man sich zu einem Te Deum.

Jane muss warten

Jane hört den Lärm und erwartet jeden Moment die gefangene Maria Tudor zu sehen. Wo nur der Vater bleibt? Grey hat Order, Maria als Königin anzuerkennen und seiner Tochter die Aufgabe des Titels zu befehlen. Erschöpft erreicht er den Tower. Wortlos geht Jane vom Fenster zum Thronsessel, man hat ihr eingebläut, dort zu sitzen, sobald jemand den Raum betritt. Sie ahnt intuitiv Schreckliches.

Ungewöhnlich sanft hört sie den Vater sagen, sie möge aufstehen, der Thron sei kein Platz für sie. Er erklärt ihr kurz die Situation und reißt mit heftigen Bewegungen den Purpurdamast vom Baldachin und befiehlt Jane, gleiches mit ihren königlichen Kleidern zu tun, sie sei nicht länger Königin. Gehorsam zieht sie den Mantel aus und sagt, sie lege dies viel lieber ab, als sie es angezogen habe. Jane ist überzeugt, nur aus Gehorsam gegen die Eltern gesündigt zu haben, aber auch, dass die sanftmütige Maria ihr verzeihen wird, wenn sie ihr alles erklärt. Nie wieder wird sie danach ihre Studierstube verlassen!

Maria kann warten

Die Königin hat ihren Lieblingssitz Beaulieu erreicht, ihre Anhängerschaft wächst stündlich, sie will in Ruhe herausfinden, wer Freund, wer Feind ist. Erst wenn die wahren Feinde festgesetzt sind, wird sie nach London reiten. Jane soll sie im Tower erwarten. Elizabeth gratuliert und lässt wissen, sie sei genesen. Maria empfiehlt ihr, sich bereitzuhalten. Der Rat schickt eine Ergebenheitsadresse, einzelne Räte wie William Parr beugen persönlich Knie und Haupt vor der Königin. Als John Dudley am 21. Juli als Gefangener durch London reitet, explodiert der Hass der Massen, die Wächter müssen ihn vor Übergriffen abschirmen. Bis 29. Juli sind alle Rädelsführer im Tower, Maria kann sicher in ihre Hauptstadt einziehen.

Jane muss weiter warten

Sie findet es ungerecht, wie Dudley und seine Söhne im Tower von einstigen Anhängern geschmäht werden. Sie ist allein mit ihrer Gouvernante und wenigen Dienern, ihre Eltern haben sich ohne Abschied auf ihren Landsitz zurückgezogen. Man hat ihr befohlen, die königlichen Appartements zu verlassen, sie hat ihre Bücher zusammengerafft und sich im Anbau des Wächterhäuschens eingerichtet. Langsam beschleichen sie Zweifel, ob Maria ihr wirklich so einfach vergeben kann, denn die Königin hat sich geweigert, ihre alte Freundin Jane Guildford, Lady Dudley, auch nur anzuhören!

Maria Tudor kann triumphieren

Am 3. August nähert sich die Königin London. Ein Beobachter sagt, man könnte sie hübsch nennen, wenn sie nicht ihre Jugend bereits hinter sich hätte! Maria ist 37 Jahre alt, ihr rötlich braunes Haar betont ihre hohe Stirn und ihre markanten Wangenknochen. Überraschend ist die tiefe, fast männliche Stimme bei der kleinen, zierlichen Person, die sich zu rasch bewegt, um majestätisch zu wirken und dennoch das Bewusstsein königlicher Würde vermittelt. Ihre extreme Kurzsichtigkeit lässt sie ständig die Brauen runzeln und gibt ihrem Ausdruck etwas unkleidsam Inquisitorisches. Ihre frappierende Aufrichtigkeit lässt geschmeidige Diplomatie kaum zu, bei einmal gefasster Zuneigung jedoch ist ihre Loyalität unerschütterlich. Ihre Hingabe gilt dem katholischen Glauben, ihre tiefste Überzeugung ist, dass Gott sie auf den Thron gebracht hat, damit sie dem Katholizismus in England zum Sieg verhilft. In wahrhaft königlichem Ornat schickt sie sich an, in ihre Hauptstadt einzuziehen.

Maria und Elizabeth haben sich fünf Jahre nicht gesehen, als Maria in London proklamiert wird, ist Elizabeth mit 200 Begleitern in den Tudorfarben grün und weiß dorthin aufgebrochen. Sie selbst hat die puritanische Schlichtheit abgelegt und ist fast königlich geschmückt. Maria hat sich entschieden, die Stiefschwester an ihrem Einzug in die City teilhaben zu lassen. Sie treffen sich am 2. August in Wanstead. Elizabeth steigt ab und kniet vor der Königin nieder, die ebenfalls absteigt und die Halbschwester herzhaft umarmt und küsst.

Seite an Seite reiten sie die letzten Meilen, und unter dem brausenden Beifall der Menge begibt sich die Königin in die Obhut der zivilen Garden, der Lord Mayor überreicht zeremoniell den Schlüssel, Marias tiefe Stimme trägt bis in die Reihen der Schaulustigen, als sie ihm dankt. Die Kanonen des Tower donnern Salut, die Londoner schreien sich heiser. Königin Maria reitet in den Tower ein. Sie befreit ihre „good Nan" Stanhope, Witwe des Protektors, und einen blassen Plantagenêt, Edward Courtenay, seit zehn Jahren vorsorglich in Haft. Der alte Norfolk ist bereits frei und wieder in sein Herzogtum eingesetzt. Bischof Gardiner beugt in Huldigung das Knie, ihm gilt Marias besondere Gunst. Nach Jane Grey fragt sie nicht. Jane beschließt, Maria einen Brief zu schreiben, die neue Königin wird ihre Lage verstehen, wenn sie ihr alles in ihren eigenen Worten schildert!

Auf Rat des Kaisers lässt Maria den Bruder am 8. August in protestantischer Zeremonie in Westminster Abbey beisetzen, sie selbst hört ein Requiem. Später wird ihr angekreidet, sie habe Geiz und Missachtung walten lassen. Fakt ist, dass nie zuvor ein König nach protestantischem Ritus bestattet wurde.

Marias Regierungsmannschaft

Seit 1533 für illegitim erklärt, isoliert und in steter Unsicherheit lebend, hatte Maria keine Chance, Beziehungen zur politischen Elite aufzubauen. Sie braucht mehr als jeder andere Monarch Hilfe und ist klug genug, das zu erkennen. Doch wem kann sie trauen? Sie macht den katholischen Bischof Stephen Gardiner zu ihrem Lordkanzler. Protestantische Bischöfe werden aus dem Rat entlassen, viele Berater ihres Bruders bleiben aber im Amt, da sie auf deren Sachkenntnis angewiesen ist. Sie muss aber auch treue Katholiken belohnen, deshalb wächst ihr Rat auf 50 Mitglieder an, von denen „nur" 19 an der Regierungsarbeit beteiligt sind. Kein Wunder, dass diese Maschinerie Anlaufschwierigkeiten hat, da sie aus einander Fremden besteht und bemüht ist, die Wirtschafts- und Sozialpolitik der Vorgänger weiter zu führen, in Sachen Religion und Außenpolitik aber einen völlig anderen Kurs zu steuern.

Die Königin ist zwar aktiv in diesen Prozess eingebunden, erschwert ihn aber auch, weil sie einzig Renard, dem Botschafter Kaiser Karls, volles Vertrauen schenkt. Maria arbeitet hart und gewinnt schnell Anerkennung, ihr Mut hat imponiert, und nun überrascht sie mit Führungsqualitäten.

Die Milde der Königin

Ihr Hof ist zeremoniell und würdevoll, ihr einziges Laster ist ihr Kleiderluxus. Sie zieht sich mehrmals täglich um, trägt Kleider in Silber und Gold auch bei alltäglichen Beschäftigungen. Alle drängen sie zur Aburteilung der Gefangenen, doch sie begnadigt Janes Vater und Dudleys Söhne – bis auf Guildford. Janes Exekution lehnt Maria strikt ab, sie sei nur als Werkzeug skrupelloser Männer benutzt worden; wenn es nach ihr ginge, käme die Kleine frei. Hingerichtet werden letztlich nur John Dudley, Duke of Northumberland, Sir John Gates und Sir Thomas Palmers. Dudley lässt sich zu dem Eingeständnis drängen, der Protestantismus sei ein Irrtum und er ein Häretiker. Er bittet um Zeit, um Buße zu tun. Nach der Messe vor seiner Hinrichtung am 22. August beteuert er, alles Schlechte komme daher, dass man 16 Jahre den wahren Glauben verhöhnt habe, und er bitte aus tiefstem Herzen alle, von diesem Irrtum endlich abzulassen! Sohn Robin wird dennoch Protestant bleiben, und was mag Schwiegertochter Jane davon halten?

Kurs: Zurück nach Rom

Maria Tudor hofft inständig, dass die Rückkehr Englands in den Schoß der alleinseligmachenden Kirche genauso problemlos ablaufen wird wie ihre Thronerhebung. Alle haben vom ersten Tag an die Messe gehört, außer Anna von Kleve und Elizabeth Tudor.

Maria macht den Fehler, anzunehmen, ihren Untertanen sei der Glaube genauso sehr spirituelles Bedürfnis wie ihr selbst. Sie kann nicht verstehen, dass der Besitz ehemals kirchlicher Latifundien wichtiger sein kann als das Seelenheil. Das aber wird den Ausschlag für den Fortbestand des Protestantismus in England geben, nicht der Gewissenskampf. Die Königin gibt bekannt, dass sie die Kirche Englands wieder Rom unterstellen wird. Sie stehe in dieser Sache mit dem Papst in Verbindung, er werde ihr Reginald Pole zu ihrer Unterstützung senden. Selbst Renard rät ihr im Namen des Kaisers dringend, so etwas nicht ohne Zustimmung von Rat und Parlament durchzupauken. Diesmal befolgt Maria Cousin Karls Rat nicht.

Sie führt ein intensives Religionsgespräch mit Elizabeth, das damit endet, dass ihre Halbschwester um Unterweisung bittet, sie wisse nichts über den Katholizismus, sei zur Protestantin erzogen. Maria zeigt sich darüber zwar erfreut, besteht aber darauf, dass Elizabeth am 8. September, dem Tag nach ihrem 20. Geburtstag, an der Messe teilnimmt. Elizabeth unterwirft sich und ist bemüht, das in ihrem Verhalten zum Ausdruck zu bringen. So stärkt sie zwar geschickt ihre Position als Hoffnungsträgerin all jener, die den Katholizismus ablehnen, darüber darf aber nicht vergessen werden, dass sie die Messe de facto besucht. In der protestantischen Propaganda und Geschichtsschreibung wird diese Tatsache gern unterschlagen. Ihre Idealisierung zur makellosen Märtyrerin des Protestantismus ist also nicht ganz korrekt.

Krönung und erstes Parlament

Bei Marias feierlichem Einzug zur Krönung sitzen Anna von Kleve und Elizabeth Tudor in der Kutsche unmittelbar hinter der ihren. Elizabeth leistet nach der Krönung als erste Untertanin den Treueid. Damit endet jedoch ihre Bevorzugung als königliche Schwester. Maria überträgt Margaret Douglas, Lady Lennox, und Cousine

Frances Ämter, die den beiden den Vorrang vor Elizabeth geben. Niemand wagt es fortan, Elizabeth ohne ausdrückliche Erlaubnis der Königin auch nur anzusprechen. Elizabeths Bitte um Entlassung vom Hof wird Maria erst bei ihrer Umsiedlung von Whitehall nach Hampton Court im Dezember entsprechen. Elizabeth wird Messgewänder und liturgische Gefäße mitführen, um der Königin ihren guten Willen zu beweisen. Zumindest was die Messgewänder betrifft, folgt sie dabei allerdings ihrem eigenen Geschmack, wie sich später erweisen wird.

Am 5. Oktober eröffnet Königin Maria ihr erstes Parlament und lässt die Ehe ihrer Mutter wieder als rechtmäßig anerkennen. Damit ist Elizabeth erneut ein Bastard, und Maria lässt keine Gelegenheit aus, ältere Hofleute zu fragen, ob sie nicht mehr dem Musiker Smeaton gleiche als *ihrem* Vater. Jane, die noch immer auf eine Antwort auf ihren Brief an Maria wartet, hatte gehofft, das Parlament werde ihren Status klären. Sie wird wieder nicht erwähnt und erkrankt aufgrund dieser Ungewissheit ernsthaft.

Tower und London, November 1553

Jane vor Gericht

Am Abend des 12. November geruht man, Jane mitzuteilen, dass sie am nächsten Tag vor Gericht zu erscheinen hat. Am frühen Morgen wird sie ganz in Schwarz gekleidet, eine Bibel hängt an ihrem Gürtel, man drückt ihr ein Gebetbuch in die Hand. Im Hof formiert sich eine regelrechte Prozession, vorn marschiert Erzbischof Cranmer, dahinter die Brüder Dudley, außer Robin, der wegen Geringfügigkeit seiner Schuld bereits zu leichter Towerhaft von unbestimmter Dauer verurteilt ist.

Jane hat Guildford seit Juli nicht gesehen, nun geht er wortlos neben ihr den langen Weg zur Guildhall, sie spürt seine Angst. 400 Hellebardenträger sind aufgeboten, doch das Volk steht stumm. Jane versenkt sich in ihr Gebetbuch. Im Gerichtssaal führt der alte Duke of Norfolk den Vorsitz. Jeder wird einzeln aufgerufen, und jeder erklärt sich „nicht schuldig!"

Zwanzig Minuten später lautet das Urteil: „schuldig!" Der Saal verschwimmt, ein Brausen scheint ihn zu füllen und eine Stimme donnert: Jane Grey ist verurteilt, bei lebendigem Leibe verbrannt oder enthauptet zu werden, wie es der Königin gefällt! Jane will beten, doch in der Kapelle findet sie keinen Trost, dort wabert Weihrauch, wie es der Königin gefällt! Und es gefällt ihr auch, Jane trotz des Todesurteils bis auf Weiteres am Leben zu lassen.

Der Wyatt-Aufstand verschärft die Gangart

London und Marias Hof, Winter 1553/54

Zeit, zu heiraten …

Dynastien brauchen Kinder, also wird es für Maria allerhöchste Zeit zu heiraten – aber wen? Erster Kandidat wäre Edward Courtenay, der 15 seiner 25 Lebensjahre im Tower verbracht hat, weil er ein Urenkel des Königs Edward IV. Plantagenêt ist. Sein Vater wurde 1539 von Henry VIII. deshalb hingerichtet, die ganze Familie gefangen gesetzt. Seine Mutter wurde 1540 wieder freigelassen und eine Freundin Maria Tudors, wie sie schon eine Catalinas gewesen war. Da Edward der Sohn ihrer Freundin ist, überschüttet Maria ihn mit Gnadenbeweisen. Er wird Earl of Devon, erhält sein Erbe zurück und trägt ihr bei der Krönung das Staatsschwert voran. Viele sehen die Ehe mit dem Plantagenêt als ideal an, vor allen anderen der durch die Haft weltfremde junge Mann selbst. Maria lässt ihn gewähren, bis er mit einem Anzug prahlt, den er zur Hochzeit tragen will. Erst da schickt sie ihm eines ihrer trockenen Briefchen und rät ihm, andere Farben zu wählen, blauer Samt mit weißem Hermelin sei für die Königin reserviert.

Marias unabänderliche Wahl

Maria betont stets, sie werde privat nie heiraten, sie „erschauert angewidert bei dem Gedanken an fleischlichen Kontakt" in ihrem Alter, doch die Pflicht als Königin fordere es. Niemand, außer Reginald Pole, der eine Alleinregierung Marias „mit Gottes Hilfe" für denkbar hält, ist zu dieser Zeit in der Lage, sich eine unverheiratete Königin vorstellen.

Maria kapriziert sich auf Felipe de España, den Sohn und Erben ihres Vetters, des Kaisers. Karl hat keine Einwände, ihm hat imponiert, wie Maria sich durchgesetzt hat, doch ihm ist auch klar, dass die Engländer alles wollen, nur keinen spanischen Katholiken als Königsgemahl. Deswegen rät er Renard, prinzipiell zuzustimmen, die Sache aber mit allen Mitteln zu verzögern, damit man sich auf der Insel zumindest an den Gedanken gewöhnen kann. Frankreich muss natürlich alles tun, um diese Heirat zu verhindern. Botschafter Noailles malt sofort ein düsteres Bild von Schergen der Inquisition, die in Felipes Gefolge die Insel überschwemmen werden! Außerdem werde der Kaisererbe England einzig als eine unter vielen Inseln seines Weltreiches vereinnahmen.

Maria wird sich darüber klar sein, dass der „Spanier" auf Ablehnung stoßen muss, doch Anfang November trifft sie Renard in Privataudienz und betet in seinem Beisein um Erleuchtung. Sie erhebt sich mit dem göttlichen Auftrag, Felipe zu heiraten, bekommt dann aber wohl Angst vor der eigenen Courage und muss sich zu Bett legen.

Ohne auch nur Gardiner zu informieren, teilt die Königin am 7. November dem Rat ihren Entschluss mit, Felipe de España zu heiraten! Als man ihr das ausreden will, reagiert sie gereizt: Heirat sei immer noch Privatangelegenheit des Herrschers! Wie oft wird man genau diese Worte später von Königin Elizabeth I. hören! Maria behauptet, wenn man sie in eine Ehe zwinge, werde sie binnen drei Monaten ohne Erben sterben. Die Herren sollten sich gut überlegen, wie sie dann dastehen! Geschlagen ziehen die Räte ab.

Das Aushandeln des Ehevertrages wird ein harter Kampf, doch Anfang Dezember stimmt der Rat zu. Fünf Wochen später wird die Heirat verkündet und im April 1554 vom Parlament bestätigt. Felipe wird den Titel König tragen, aber nicht gekrönt werden, keine Regierungsgewalt haben. Der älteste Sohn wird Englands Krone erben, sollte Maria vor Felipe sterben, werden weder er noch seine Erben Ansprüche auf England haben.

Der Bräutigam gibt sich äußerst zurückhaltend. Sehr früh mit einer portugiesischen Prinzessin verheiratet, die bereits 1546 bei der Geburt des Infanten Don Carlos starb, hat Felipe, der als Regent seines Vaters in Spanien herrscht, bis dato sein Witwerdasein durchaus genossen. Der Vater muss ihn mehrfach ermahnen, ein wenig Begeisterung für die Heirat zu zeigen. Als der Dispens des Papstes eintrifft, schickt Karl einen Diamantring und versichert, Maria sei nun seine Tochter. Ob beide grinsen müssen, wenn sie daran denken, dass sie einst einander versprochen waren?

Es kommen Egmont und andere Herren des Kaisers, um die Formalia auszuhandeln. Wenn man Maria mit ihren Gefühlen für Felipe neckt, errötet sie, sie ist heftigst verliebt in den elf Jahre jüngeren Prinzen, seit Maria von Ungarn ihr dessen Porträt von Tizian geschickt hat. Die aufregende Erwartung dieser in der Liebe unerfahrenen Frau könnte für Maria I. die glücklichste Zeit ihres Lebens sein, doch im Januar erheben sich ihre Untertanen gegen sie, ihren Glauben und ihre Liebe.

Kent und London, Januar/Februar 1554
Eine Armee gegen die Königin
Seit dem 21. Dezember 1553 macht sich strafbar, wer nicht zur Messe geht. Wie soll ein Untertan das verkraften: „gestern" war es ein krimineller Akt, die Messe zu hören, jetzt ist es einer, es nicht zu tun. Englands Tuchindustrie befindet sich in einem dramatischen Niedergang, die veränderten Besitzverhältnisse auf dem Land, ausgelöst durch die Enteignung der Kirchengüter, führen vielerorts zu unhaltbaren Zuständen. Wer immer Aufruhr predigt, muss unter diesen Bedingungen Zulauf finden.

Mitte Januar hat Thomas Wyatt, der Sohn des Dichters, der Anne Boleyn liebte, ein bewaffnetes Heer Unzufriedener um sich gesammelt, die Unruhen sollen lokal aufflackern und wie eine Flutwelle London überrollen. Da hat Lordkanzler Gardiner ein sehr erhellendes Gespräch mit Courtenay, für den er nach den langen Jahren gemeinsamer Towerhaft ein väterlicher Freund ist. Noailles soll Courtney in Aussicht gestellt haben, wenn der von Wyatt geplante Aufstand und die Absetzung Marias geglückt seien, werde er Elizabeth heiraten, und mit ihm werde endlich wieder ein Plantagenêt König. Erst im Gespräch mit Gardiner scheint Courtney zu begreifen, in was er da hineingeraten ist. Er beteuert, er würde eher wieder in den Tower gehen, als Elizabeth zu heiraten! Der Aufstand hat das wichtige Überraschungsmoment verloren, und man kennt die Beteiligten. Jane Greys Vater ist dabei! Ihm hat man eingeredet, Jane werde wieder Königin, sobald Maria abgesetzt sei! Ihm müsste klar sein, dass er seine Tochter dem sicheren Tod ausliefert, wenn der Aufstand scheitert.

Maria nimmt die Herausforderung an

Der alte Norfolk soll dem Spuk ein Ende machen, die Königin weigert sich energisch, London zu verlassen oder gar Karl um Hilfe zu bitten. Mit ein paar Rebellen wird sie gerade noch allein fertig werden! Der unbewegliche Rat schafft es nicht, Sondertruppen zu bewilligen. Maria ist wütend! Sie kennt keine Angst, zeigt sich in Krone und Krönungsmantel in der Guildhall und ruft die Londoner zu ihrem und zum Schutz der Stadt auf. Sie spricht frei und überzeugend, ihre Rede könnte als Vorlage für Elisabeths hoch gerühmten Aufruf an ihre Soldaten in Tilbury „angesichts" der Armada gedient haben. Man hört ihr respektvoll schweigend zu, als sie endet, bricht alles in Lachen und Hochrufe aus. Maria setzt noch einen drauf, in dem sie ihre Barke wenden und nicht zum Palast, sondern in Richtung Southwark, auf die Rebellen zu, rudern lässt. Der Jubel wird frenetisch, natürlich ist es nur eine Geste, aber eine propagandistisch äußerst wirksame.

Es ist hier nicht der Ort, Meriten und Fehler beider Seiten auszubreiten. Fakt bleibt, dass die Rebellen kurzfristig tatsächlich die City von London bedrohen, sie kommen bis Hyde Park Corner. Die Londoner aber, angefeuert von Marias Mut, kämpfen enthusiastisch, und alle Aufrührer werden getötet oder gefangen genommen. Am Spätnachmittag des 7. Februar ist der Spuk beendet. Als die Gefangenen den Tower erreichen, ist Henry Grey, Duke of Suffolk, schon dort, er wurde aus einem unzureichenden Versteck in einem hohlen Baum gezerrt.

Jane wird geopfert

Sie hat gesehen, wie ihr Vater gebracht wurde, sie wird nie mehr in ihre Studierstube kommen. Es überrascht sie nicht, als ihr am 8. Februar mitgeteilt wird, sie werde anderntags hingerichtet. Wenigstens nicht der Scheiterhaufen! Ein Beilhieb – wenn der Henker sein Geschäft versteht – und alles ist vorbei. Sie fragt erstmals nach Guildford, auch er wird am Morgen, noch vor ihr, sterben. Er will Jane noch einmal sehen, Maria will es ihm nicht abschlagen, doch Jane vertröstet ihn auf ein Treffen in einer besseren Welt. Krank und die eigene Hinrichtung vor Augen erfleht ihr Vater Vergebung von ihr! Sie schreibt den letzten Brief ihres Lebens und vergibt ihm. Wieso soll ausgerechnet sie alle trösten, allen vergeben?

Sie ist bereit, doch sie darf noch nicht sterben. Der Priester John Feckenham hat bei der Königin drei Tage Aufschub erwirkt, um Jane noch vor dem Schafott zu bekehren. Jane ist wütend, findet aber wider Willen Geschmack an der intellektuellen Auseinandersetzung mit dem gebildeten Pater.

Janes letztes Versagen

Sie sieht nicht, wie Guildford seine letzten Gebete spricht und ergeben den Kopf auf den Block legt, doch sie sieht den Karren mit seiner nachlässig zugedeckten Leiche durch den Hof rumpeln. Feckenham bittet, Jane zum Schafott begleiten zu dürfen, sie erlaubt es, und er und 200 Gardisten geleiten sie die wenigen Schritte. Als sie auf dem Gerüst steht, sieht sie so zart und gefasst aus, dass ein mitfühlendes Murmeln durch die Menge läuft. Jane Grey spricht mit klarer, ruhiger und fester Stimme. Sie erklärt, sie sei unschuldig und sehe doch ein, warum sie verurteilt worden sei, sie überantwortet sich Gott. Es kommt, was sie am meisten fürchtet, die traditionellen fünf Minuten, die gewartet werden müssen, um sicher zu gehen, dass keine Begnadigung kommt an diesem 12. Februar 1554. Mit sicheren Händen knotet Jane sich die Augenbinde – nach einem letzten Blick über die Menge. Die Totenstille wird von einem gellenden Schrei zerschnitten: „Wo ist er? Ich kann ihn nicht finden!"

Jane Grey sucht den Richtblock, auf den sie ihren Kopf legen soll. Alle auf dem Schafott stehen erstarrt, unfähig sich zu regen. Endlich klettert ein Zuschauer die Stufen hinauf und führt sanft ihre Hand zum Block. Sie hält ihn fest, streckt ihren Körper ins Stroh, den Kopf mit den Worten: „Herr, in deine Hände befehle ich meinen Geist" auf das Holz. Dann gibt sie mit ausgestreckter Hand dem Henker das Zeichen.

Ihr Leichnam wird in St. Peter ad Vincula zwischen den Königinnen Anne Boleyn und Katherine Howard begraben, nicht weit von den Satrapen Seymour und Dudley ...

Die anderen Greys

Am 23. Februar wird Henry Grey, Duke of Suffolk, hingerichtet. Parallel wird die Ehe seiner Tochter Catherine mit Henry Herbert, Earl of Pembroke, annulliert. Maria Tudor gibt der Vierzehnjährigen eine bezahlte Stelle unter ihren Damen und nimmt auch deren Schwester Mary zu sich. Die Mädchen werden der Herzoginwitwe Somerset unterstellt, wo Katherine deren Sohn, Lord Hertford, den Ex-Verlobten Janes, kennen lernt. 1560 wird sie ihn heimlich ehelichen, sehr zum Verdruss einer anderen Königin ...

Frances, Duchess Suffolk, sorgt für Skandal, als sie 27 Tage nach der Hinrichtung der Tochter und 17 nach der des Gatten einen gewissen Adrian Stokes heiratet, einen 15 Jahre jüngeren Pferdeknecht ...

Gefangenschaft auf Verdacht

Natürlich besteht der Verdacht, Elizabeth Tudor sei an der Rebellion, in welcher Form auch immer, beteiligt gewesen. Königin Maria bestellt sie zur Rechtfertigung ein. Elizabeth meldet sich krank, leidet wirklich an einer Nierenentzündung. Maria schickt eine Kommission unter Leitung eines Großonkels von Elizabeth, Lord Admiral William Howard. Am Tage von Jane Greys Hinrichtung wird die Kranke für transportfähig erklärt. In winzigen Etappen wird sie in einer Sänfte nach London transportiert. Am 27. März zieht sie ganz in Weiß in offener Sänfte in London ein, jeder soll sehen, wie sehr sie leidet. Sie wird in Whitehall in einer feuchten Suite zum Fluss hin untergebracht. Margaret Douglas, Lady Lennox, bewohnt das Appartement über ihr und lässt über Elizabeths Schlafzimmer eine Küche einrichten, in der besonders nachts lautstark gearbeitet wird.

Bei den Verhören behält Elizabeth die Nerven, immer wieder

verlangt man von ihr, Maria um Gnade zu bitten, doch sie argumentiert, sie habe sich nichts zuschulden kommen lassen, also brauche sie keine Gnade. Die geforderte Audienz wird ihr nicht gewährt, die Königin sei auf dem Sprung, London zu verlassen, um die Sitzung des Parlaments in Oxford zu eröffnen. Es besteht der berechtigte Verdacht, dass Elizabeths Überführung in den Tower eine Art Show ist, denn solange Maria nicht in London weilt, ist Elizabeth im Tower sicherer als überall sonst.

Elizabeth Tudor allerdings gerät in Panik, besteht darauf, unbedingt einen Brief an Königin Maria schreiben zu müssen. William Paulet, erster Marquess of Winchester, und Henry Radcliffe, zweiter Earl of Sussex, denen Maria die Sicherheit ihrer Stiefschwester anvertraut hat, gewähren ihr die Bitte. Elizabeth braucht für die Epistel so lange, dass die Überführung wegen des Wasserstandes der Themse an diesem Tag nicht mehr möglich ist. So gewinnt sie eine Nacht, doch das ist nicht das wirklich Entscheidende an dieser Episode in Elizabeths Vita.

Eine bedeutsame Forderung

Als ihr die Überführung in den Tower mitgeteilt wird, scheint Elizabeth um ihr Leben zu fürchten, zu gut weiß sie aus ihren Studien zur Geschichte ihres Landes und seiner Monarchie, wie viele der Krone unliebsame Personen im Laufe der Jahrhunderte im Tower ohne öffentliches Urteil, ja ohne überhaupt gehört zu werden, gerichtet wurden. Das ist das eigentlich Interessante an diesem Brief: Elizabeth Tudor fordert von der Königin Maria Tudor, die Beweise ihrer Schuld vorgelegt zu bekommen und angehört zu werden, bevor sie, die Königin, ein Urteil über sie, die Prätendentin, fällt. Damit fordert sie für sich, was sie Jahre später ihrer Rivalin Marie Stuart per Gesetz verweigern wird: Die Vorlage von Beweisen und das Recht auf Anhörung. So wird sie selbst die größte Katastrophe ihrer Regierungszeit, die Hinrichtung der Rivalin, in zweierlei Hinsicht zu verantworten haben.

Elizabeth im Tower

Der nächste Tag, der Palmsonntag, ist kalt, es regnet ununterbrochen. Auf den Stufen der Anlegestelle im Tower versagen Elizabeths Füße den Dienst, sie setzt sich auf die nassen Stufen und weigert sich, weiterzugehen. Erst als ein Diener aufschluchzt, als Sussex ankündigt, er werde sie tragen lassen, wenn sie nicht endlich aufsteht, kann sie sich aufraffen. Sie wird von Janes Wärter Bridges empfangen, der sie im Bell Tower unterbringt. Elizabeth darf keine Briefe schreiben und empfangen, wird weiter verhört, doch ihre Diener dürfen für sie einkaufen und kochen. Es scheint wahr zu sein, dass Kinder eines Wärters ihr beim Spaziergang Blumen schenken, doch die romantischen Begegnungen mit Robin Dudley sind eher ins Reich der Fama zu verweisen, zumal der ständig von seiner Frau Amy besucht wird. Ob Elizabeth an ihre Mutter denkt, die hier ihren Tod erwartete? An ihre Stiefmutter Howard oder ihre kleine Cousine Jane, die wenige Wochen vor Elizabeths Ankunft das hoch gelehrte Köpfchen auf den Block legen musste? Die Annahme, Maria könne ihrer Regierung erst sicher sein, wenn ihre Halbschwester tot sei, ist weit verbreitet, Henry VIII. hätte an Stelle der einen Tochter die andere ohne Zögern getötet. Doch so weit gehen *Great Harrys* Töchter in der Nachahmung des ansonsten von beiden vergötterten Vaters nicht.

Ein chevaleresker Rebell

Am 11. April besteigt Thomas Wyatt das Schafott. Er hält eine mitreißende Rede, die Elizabeth endgültig von jedem Verdacht der Beteiligung rein wäscht! Sein Kopf wird von Anhängern gestohlen, die ihn fortan als Märtyrer verehren, der Körper wird öffentlich ausgestellt, bis er verfällt. Dennoch bestehen viele Berater darauf, dass Maria sich von Elizabeth befreien soll, wie sie sich letztlich von Jane Grey befreit hat. Unter dem Einfluss von Paget und Feckenham will Maria aber davon nichts wissen und beschließt, Elizabeth in Hausarrest auf dem Lande zu entlassen. Ob sie bewusst den 19. Mai, den 18. Jahrestag der Exekution Anne Boleyns, als das Datum wählt, an dem sich für Elizabeth die Tore des Tower öffnen? Sir Henry Bedingfield, der diesen „Dienst" schon Catalina in Kimbolton geleistet hat, wird Elizabeths Bewacher. Ihre Überführung nach Woodstock wird zu einem Triumphzug, schon die Hansekaufleute

schießen Salut, vier Tage wird Elizabeth bejubelt, Blumen, Kräuter-
sträußchen und Kuchen landen als Zeichen der Zuneigung in ihrer
Sänfte. An Stelle des schäbigen Jagdhauses, das Elizabeth und ihr
kleiner Haushalt vorfinden, protzt heute Blenheim Palace, der Ba-
rockpalast der Marlboroughs, umgeben von einer Parklandschaft,
kreiert von Capability Brown.

Ein Jahr wird Elizabeth hier ihren Studien frönen und zur eigenen Unterhaltung den pedantischen Bedingfield mit manchmal
absurden Forderungen zur Weißglut bringen.

Maria Tudor verliebt, verheiratet und kinderlos

Brüssel, Madrid, London, Frühling/Sommer 1554

Felipe hat es nicht gerade eilig

Spätestens seit Februar hat Maria auf einen Brief ihres künftigen
Gemahls gewartet, im April gibt sie ihre damenhafte Zurückhaltung auf und schreibt ihrerseits an ihn. Er ist noch immer zu keiner
Antwort fähig oder willens. Da muss halt der kaiserliche Schwiegervater handeln, er schickt Maria einige der berühmten Gobelins
seines Tunis-Sieges. Zum 6. Mai kommen von ihm ein Ring und
noch einmal Egmont, diesmal als Felipes Stellvertreter beim offiziellen Verlöbnis. Während der Zeremonie kniet Maria Tudor nieder
und beteuert, nicht aus Verlangen, sondern zum Wohle des Staates
schließe sie diese Ehe. Bei diesem Bekenntnis ihrer nicht mehr
jungen, aber umso jungfräulicheren Königin brechen einige der
umstehenden Herren in Tränen aus, in diesem seltsamen Zeitalter
vereinen Höflinge die Moral von Strauchdieben gelegentlich mit
der Empfindsamkeit keuscher Dichterlinge.

Renard windet sich in Erklärungsnöten, bis endlich am 11. Mai
ein Päckchen aus Spanien anlangt. Marias Herz schmilzt, nicht wegen des Wertes der Gaben, sondern weil die Preziosen einst Felipes
Mutter Isabella von Portugal gehört haben. Da ist ein Ring in Form
einer Rosenblüte, ein Kollier aus 18 fehllosen Diamanten, ein ein-
zelner riesiger Diamant und eine außergewöhnliche Perle an langer
Goldkette. Der Begleitbrief erklärt nicht, dass der Bräutigam nun

startklar ist, weil er sich endlich überwunden hat, seine Geliebte ins Kloster zu schicken: Er bedauert, nicht sofort aufbrechen zu können, weil er seine unglückliche Großmutter in Tordesillas besuchen muss und auf seine Anfang des Jahres in Portugal verwitwete Schwester Juana wartet, die für ihn die Regentschaft übernehmen soll.

Die Braut wartet

Seit Monaten weiß man bei Hof nicht so recht, worauf man wann vorbereitet sein muss, da Felipe sich über den Zeitpunkt seiner Ankunft und die Größe seines Gefolges nicht äußert. Mitte Mai befiehlt Maria den Aufbruch, sie wird im Dörfchen Bishop's Waltham bei Southampton warten, bis die Segel des Ersehnten am Horizont erscheinen. Mit ihrer eigenen Entourage warten in zunehmender Langeweile 300 Personen, die sie für ihren Gemahl bestimmt hat.

Felipe sticht erst am 12. Juli in La Coruña an Bord der *Espirito Santo* in See, begleitet von einer Flotte von 125 Schiffen. Er sieht sich selbst als Märtyrer zur Rettung Englands aus den Klauen der Ketzer. Dem mag es entsprechen, dass er während der ganzen Reise seekrank ist. Am 19. landet die spanische Flotte unversehrt in Southampton, doch der König von Neapel und Jerusalem – diese Titel hat der Kaiser seinem Sohn verliehen, damit auch er ein König ist – verlässt sein Schiff erst tags darauf. Vielleicht hat man gehofft, der peitschende Regen würde über Nacht nachlassen. Tut er nicht! Also werden binnen Minuten aus 4.000 herausgeputzten Spaniern ziemlich begossene Pudel mit tropfend hängendem Federschmuck.

Der Bräutigam kommt

Am 23. Juli bricht Felipe mit seiner Entourage nach Winchester auf, das zur Diözese Gardiners gehört und deshalb sicheres katholisches Gebiet ist. Dort soll die Hochzeit stattfinden. Es gießt immer noch in Strömen, Felipe und seine Leute müssen sich umziehen, bevor der Bräutigam sich in der überfüllten Kathedrale erstmals den Blicken der Engländer stellen kann. Erst am Abend im Bischofspalast trifft er auf seine Braut. Maria erscheint in einem kunstvollen Gespinst aus Schwarz und Silber, das Gesicht umrahmt von einer goldgeränderten Haube. Nervös trippelt sie auf der Galerie hin und her, bei seinem Erscheinen eilt sie ihm entgegen, und er begrüßt sie mit einem herzhaften Kuss auf den Mund – so grüßt er all ihre Damen, schließlich hat der Vater ihn tausendmal ermahnt, nicht so hölzern aufzutreten wie bei seinem Besuch in den Niederlanden!

Aus Höflichkeit sprechen sie Latein miteinander – nicht wie absurderweise oft behauptet wird, weil Maria kein Spanisch kann! Unter den Augen eines neugierigen Hofes trinkt Felipe beherzt englisches Bier, ganz ohne angewidert den Mund zu verziehen. Bevor der Bräutigam geht, lässt er sich von Maria einen englischen Abschiedsgruß an die Damen beibringen, die bei seinem Abgang beseligt in den förmlichen Knicks versinken.

Endlich Ehefrau

Am nächsten Morgen frühstückt Felipe zu gewohnt später Stunde und bemüht sich anschließend mit allem ihm zur Verfügung stehenden Charme um Maria. Niemand, der ihn mit ihr sieht, kommt auf den Gedanken, dass er – allein mit seinen Kumpanen – klagt, wie um Himmels Willen er es schaffen soll, diese Frau ehelich zu beglücken, die elf Jahre älter ist als er, aber wirkt, als könne sie seine Mutter sein. Maria merkt ganz bestimmt nichts davon, sie ist einfach verliebt in diesen feschen jungen Mann, sie ist glücklich, wie nie mehr seit dem Tag, als sie in Ludlow erfuhr, dass ihr Vater Anne Boleyn geheiratet hat.

Die Hochzeitsmesse am 25. Juli 1554 ist die Krönung der Träume Marias und für sie ein Augenblick tiefster Andacht. Nach langen Stunden Bankett und Tanz segnet der Bischof das Bett und bald darauf sind Maria und Felipe allein. Man verweilt bis zum 31. Juli in Winchester, lernt einander und die engeren Begleiter des jeweils anderen ein wenig näher kennen.

König Felipes Einzug in die Hauptstadt

Am 3. August langt der königliche Zug in Windsor an, und man verweilt einige Tage bei Tanz und Spiel, bevor am 18. August Felipes Einzug nach Whitehall über die London Bridge erfolgt. Die Freude der Londoner über die Heirat ihrer Königin wird erwartungsgemäß verhalten geäußert, bis das von Felipe mitgebrachte Silber aus Amerika in 97 Kisten auf 20 Karren über die Brücke rumpelt, auf die noch zwei Karren mit deutlich sichtbaren Goldbarren folgen. Da bricht spontaner Jubel los, und Felipe ist mit seinem Empfang ganz zufrieden. Etwa drei Wochen ist Maria rundum glücklich, entdeckt immer neue, bezaubernde Eigenschaften an Felipe, zieht sich ständig für ihn um, lässt ihm unzählige Anzüge schneidern.

London und Hof, Herbst/Winter 1554

Ehealltag bei Königin Maria und König Felipe

Maria lässt den ganzen Spätsommer ein Fest dem anderen folgen, und viele meinen, sie sähe lebendiger und hübscher aus als seit langem. Felipes Pflichteifer ist unermüdlich, Karl wundert sich insgeheim über das Durchhaltevermögen des Sohnes. Aber wenn er seine Königin vom Pferd hebt, behandelt er sie eher wie eine Mutter als wie eine geliebte Frau, meinen erfahrene Beobachter. Er empfindet absolut nichts für sie, alles ist reine Pflichterfüllung. Im September ist Marias Glück vollkommen, sie fühlt sich nicht nur schwanger, die Ärzte bestätigen ihren Zustand! Felipe besteht darauf, das Ereignis mit einem Ball zu feiern, den er mit Maria eröffnet. Die Stimmung zwischen Spaniern und Engländern entspannt sich merklich. Eigentlich wollte und sollte Felipe nur einige Wochen bleiben, um dann in des Kaisers Krieg gegen Frankreich zu ziehen, doch ein kaiserlicher Sieg macht das überflüssig, und Felipe stellt sich auf einen längeren Aufenthalt ein.

Bald kursieren Gerüchte, dass Felipe hinter Marias Rücken deren Damen mit lüsternen Blicken verfolge. Da die Königin ihre Arbeitstage einhält, sehen sie sich selten. Felipe und seine Kumpane bleiben unter sich, und schon werden Spanier in Londons Straßen beschimpft, es kommt aus nichtigsten Anlässen zu Schlägereien. Eine Sache der Ehre!

Das eigentliche Problem der königlichen Ehe ist, dass Maria als regierende Königin bei Meinungsverschiedenheiten nicht automatisch nachgibt, wie das von Ehefrauen der Zeit erwartet wird. Felipe, der schon viel länger geblieben ist, als er eigentlich wollte, drängt ständig auf seine Krönung, wohl wissend, dass Maria versprechen musste, gerade die nicht zu gewähren. Maria will es auch gar nicht, hat er die Krone, hat Felipe, was er am heftigsten – oder einzig noch – von ihr begehrt. Womit kann sie ihn dann noch halten? Sie mag immer noch verliebt sein, aber sie ist nicht dumm. Seit Monaten quält er sie damit, sie müsse endlich Elizabeths Hausarrest aufheben! Er und sein Vater wollen Elizabeth unbedingt mit ihrem Cousin und Neffen Savoyen verheiraten, dagegen hat sie ja nichts, der ist ein guter Katholik, aber Elizabeth will doch gar nicht heiraten, und wenn sie zu Verhandlungen an den Hof kommt? Womöglich findet Felipe Gefallen an ihr, sie ist jung, sie ist eine so raffinierte Schauspielerin! Warum darf sie, Maria Tudor, sich nicht einfach auf ihre Schwangerschaft konzentrieren?

London, Hampton Court, Frühjahr/Sommer 1555

Maria wird Mutter ...

Die Schwangerschaft einer Enddreißigerin ist nie ganz ungefährlich. Was, wenn sie die Geburt nicht überlebt, das Kind stirbt? An wen fällt Englands Krone? Felipe hat versprochen, bis zur Geburt des Kindes zu bleiben, wenn Maria Elizabeth Tudors Nachfolge anerkennt. Eine unter französischem Kuratel stehende Marie Stuart muss um jeden Preis verhindert werden! In England fürchtet oder erhofft man je nach Standpunkt immer noch die Heirat der Tudor mit dem Plantagenêt Courtenay, der – längst aus dem Tower entlassen – unter ähnlichen Bedingungen wie Elizabeth in Woodstock auf Fotheringhay lebt. Felipe hat die Lösung: Er schickt Courtenay in unerklärter Mission zu seinem Vater nach Brüssel. Elizabeth Tudor wird an den Hof gerufen.

Mitte April zieht die Königin nach Hampton Court, wo sie sich das Geburtszimmer hat einrichten lassen. Manche Damen tuscheln, der 9. Juni sei viel wahrscheinlicher als der errechnete 9. Mai, Maria stehe unmöglich so kurz vor der Geburt. Die Königin selbst hat Angst, die Leibärzte sicher noch viel mehr ...

Am 29. April kommt Elizabeth in Hampton Court an, sie wird nahezu heimlich in Gemächer in der Nähe der Königin gebracht; Felipe drängt ständig, Maria müsse sich mit Elizabeth aussöhnen. Nach zwei Wochen gibt Maria nach und empfängt die Halbschwester in Privataudienz. Es existieren keine Protokolle, und man weiß weder, was besprochen wird, noch ob Felipe hinter einem Vorhang lauscht, wie gern kolportiert wird. Elizabeth darf sich nach dieser Unterredung frei bewegen, Bedingfields Dienst ist beendet. Ob hinter dem Vorhang oder bei den höfischen Begegnungen danach: Ein gewisser erotischer Funke scheint zwischen Liz und Felipe zu knistern, sie wird sich dessen jedenfalls lebenslänglich rühmen.

Am 30. April erzählt irgendwer, die Königin habe einen gesunden Sohn entbunden, und die Nachricht gelangt nach Brüssel. Karl trinkt auf seinen Enkel, wenige Stunden später folgt die offizielle Botschaft: Noch immer keine Wehen!

Noch am 21. Mai lässt man verlautbaren, der Königin Bauch habe sich verkleinert, das sei der Hinweis auf das unmittelbare Bevorstehen der Geburt. Kann Maria selbst das noch glauben? Felipe scheint inzwischen klar zu sein, dass es kein Kind geben wird. Ende Mai erreicht die Nachricht England, dass Felipes Großmutter in Tordesillas gestorben ist. Alle Spanier tragen Schwarz, ein Hof in Trauer, die Isolierung legt Nerven blank. In London erscheinen Schmähplakate gegen die Königin, ein Gebet für die Nachfolge von Elizabeth kursiert. Felipe fürchtet verständlicherweise, zum Gespött der Welt zu werden. Eine polnische Gratulationsdelegation erntet mit ihrem gereimten lateinischen Lob auf den Erben schallendes Gelächter. Es kursieren die wildesten Gerüchte, einige Höflinge sollen einer Gebärenden für ihren Säugling und ihr Schweigen ein erkleckliches Sümmchen geboten haben …

Im August muss Maria zugeben, dass die Schwangerschaft ein Irrtum war. Erklärungsversuche füllen ganze Bibliotheken, doch es war wohl schlicht eine Phantomschwangerschaft. Marias Kinderwunsch war derart extrem, dass ihre Hormone zeitweilig mitgespielt haben. Vor der Erfindung des Ultraschalls war das extrem schwierig zu diagnostizieren, besonders bei einer Königin, die von Ärzten in solch intimen Körperzonen nicht mal berührt werden durfte. Um der ganzen Peinlichkeit ein Ende zu machen, zieht sich das königliche Paar mit kleinstmöglichem Gefolge in ein abgelegenes Jagdschloss zurück.

How does it feel?

Was mag Elizabeth in diesen für die Stiefschwester so peinvollen Wochen empfinden? Nach allem, was sie mit zwanzig über Theorie und Praxis des Königtums weiß, muss ihr klar sein, dass ihr Vater sich nie hätte scheiden lassen, wäre Maria ein Sohn gewesen oder hätte einer der Söhne Catalinas überlebt. Niemals hätte er ihre Mutter hinrichten lassen, wäre sie selbst dieser Sohn gewesen – aber auch sie ist eine Frau, eine Frau wie Maria, die all dies erlebt und doch nichts tun kann, um diesen Felipe, den sie mit solcher Unvernunft liebt, zu halten. Halt! Eins könnte sie tun: Ihm die Herrschaft überlassen! Darf sie das vor Gott? Im Augenblick ist Elizabeth vielleicht ganz froh, dass nicht sie Königin ist …

… to be all alone: Felipe will weg

Politisch klug schickt Felipe seine Spanier auf den Kontinent. Maria verzweifelt, sie weiß, das bedeutet, er wird England verlassen. Es war von jeher klar, dass er nicht permanent in England leben würde, zu weit gestreckt sind die Besitzungen und Interessen der Casa de Austria. Kaiser Karl plant gerade seine stufenweise Abdankung, er braucht den Sohn.

Felipe hat dafür gesorgt, dass Marias Rat verkleinert und neu organisiert wird, das macht die Arbeit effektiver. Er beschwört Maria täglich, Elizabeth Tudor als ihre Nachfolgerin zu behandeln, und sie verspricht es, trotz aller Eifersucht. Nun ist alles geklärt, Maria kann Felipe nicht länger halten, am 26. August 1555 lässt sie sich in einer Sänfte nach London tragen, es ist der Königin erster öffentlicher Auftritt nach dem Desaster um das nie geborene Kind. Das Volk jubelt, man hatte sie ja schon tot geglaubt, und nun wirkt sie gesünder als vor der fatalen Schwangerschaft. Felipe verabschiedet sich in Greenwich, er will keine Tränen mehr, keine Gefühlsduselei, er will nur WEG!

Scheiterhaufen und Krieg

Greenwich, Hatfield und Brüssel, Herbst 1555

Die Tudorschwestern einigen sich

Als Felipe den Kontinent erreicht, erwarten ihn bereits erste Sehnsuchtsbriefe Marias, anfänglich antwortet er noch einigermaßen regelmäßig, doch das lässt schnell nach. Felipe hat verlangt, dass Maria ihre Schwester an ihrer Seite behält, um Einigkeit und gesicherte Nachfolge zu demonstrieren. Maria hält sich daran, die beiden Damen und ihre jeweilige Entourage meiden einander aber, soweit es geht, und wenn sie sich treffen, werden Konfliktthemen ausgeklammert. Elizabeth ist klug genug, gut sichtbar täglich die Messe zu besuchen, widmet sich ansonsten ihren Studien mit ihrem zurückgekehrten Lieblingslehrer Asham und entspannt bei langen Ausritten. Nach einer Höflichkeitsfrist von sechs Wochen bittet sie um Urlaub, den Maria gern gewährt. Elizabeth Tudor geht nach Hatfield und genießt dort ihr relativ etikettefreies Leben mit Menschen, die sie mag, und ohne einen nörgelnden Aufseher. Endlich dürfen Kate Ashley und ihr Mann sich wieder um Elizabeth kümmern.

Rückblick: Brüssel, Rom, London, Winter 1554/55

Dieu le vult!

Karl V. hat den von Maria sehnlich erwarteten Reginald Pole, den Papst Julius III. mit weitreichenden Vollmachten nach England entsandt hat, monatelang in Brüssel zurückgehalten. So sorgt er dafür, dass Marias Ehe mit seinem Sohn vollzogen ist, bevor die Rekatholisierung wirklich zum Thema wird, denn er fürchtet zu Recht, Pole werde sie fanatischer betreiben, als politisch klug ist. Nachzutragen bliebe, dass der humanistisch gebildete Pole aus Ablehnung gegen Henrys VIII. Kirchenpolitik nach Italien ging, dort vom Papst wegen seiner Verdienste um die Kirche zum Diakon und 1536 zum Kardinal ernannt wurde, ohne zum Priester geweiht zu sein. Er spielte eine bedeutende Rolle im Konzil von Trient und erreichte im Konklave von 1549 sogar eine Zwei-Drittel-Mehrheit, lehnte die Annahme der Wahl aber ab. So wurde Giovanni del Monte als Julius III. Papst.

Im November 1554 angelandet, spricht Pole Parlament und Volk von England von der Kirchenspaltung frei, versöhnt die Engländer mit Rom und verkündet den Verzicht des Papstes auf die Rückgabe des Kirchenbesitzes. Anschließend feiert er mit einer Messe die Rückkehr der verlorenen Schafe und gewährt dem ganzen Königreich Absolution.

Für Maria Tudor ist der 30. November wohl der Tag ihres Lebens, der den ihrer Trauung an Bedeutung noch übertrifft. Sie will ihn zu einem „ewigen" Feiertag machen. Natürlich hofft Maria auf Felipes Unterstützung, und er ist gut gerüstet mit einem Haufen strenger Kleriker angereist, über deren tatsächliche Rolle man bis heute zu wenig weiß. Es wird eine Disputation angesetzt, in der die katholischen die protestantischen Bischöfe widerlegen sollen, doch einige verteidigen ihren Glauben brillant, obwohl man ihnen alle Bücher und Hilfsmittel genommen hat. Obwohl viele Protestanten ins Exil gehen, bleibt eine funktionierende Untergrundbewegung bestehen. Maria reagiert zu ausschließlich auf Eiferer und mögliche *Opinion Leader*, um wahrzunehmen, wie sehr die Ablehnung des strafenden Katholizismus zunimmt. Das alles scheint Felipe unnötig kompliziert, für ihn besteht das Reich Gottes in der Weltherrschaft der Casa de Austria.

Maria trifft kaum noch eine Entscheidung ohne Poles Rat, obwohl er nicht dem Council angehört. In England sind seit der Rückkehr zu Rom die Häresiegesetze wieder in Kraft. Ab Februar 1555 brennen erste Scheiterhaufen. Im März 1555 stirbt Papst Julius III. Nach einem dreiwöchigen Intermezzo besteigt mit Paul IV. ein erklärter Gegner der Casa de Austria den Heiligen Stuhl. Er bestätigt zwar Pole als Legaten, doch die Beziehungen zwischen Rom und London verschlechtern sich rapide.

Jeder ist davon ausgegangen, dass die Königin ihren Glauben, für den sie soviel ertragen hat, nicht aufgeben wird. Doch was sie mit welchen Mitteln erreichen will, wie weit sie gehen wird, weiß niemand. Das Fatale an Marias Herrschaft ist ja gerade, dass sie den Engländern genau so fremd ist wie diese ihr und sie es nicht schafft, das zu ändern. Sie glaubt fest, dass nur politische Opportunisten Protestanten geworden sind und dass es unter diesen wieder ganz wenige sind, die, mit dem Teufel im Bund, die anderen zu Ketzern machen. Demnach meint sie nur diese irregeleiteten *Hardliner* ausschalten zu müssen, dann werden alle anderen aufatmend zum alten Glauben zurückkehren.

Christen des 16. Jahrhunderts haben kein Problem damit, den von ihnen für richtig erachteten Glauben mit Feuer und Schwert zu verteidigen und zu verbreiten, da gebärden sie sich als veritable Gotteskrieger. Das Einzigartige an Maria Tudor ist, dass es ihr wirklich nur um den Glauben geht, während sich sonst unter dem Banner des Glaubenskampfes immer ein ganzes Bündel unterschiedlicher Motive verbirgt. Fatal für sie ist, dass sie ausgerechnet an den mittelalterlich empfindenden Pole gerät, dem es um die Aufrechterhaltung der alten Ordnung geht, die der Protestantismus anarchisch hinwegzufegen droht. Pole brüstet sich beim Papst noch mit „seinen" Ketzerverbrennungen, als selbst Gardiner die Brandopfer zu zahlreich werden. Heute weiß man, dass unter Marias Herrschaft in fünf Jahren eher 300 als 400 Personen Opfer ihrer Religionspolitik wurden. Dafür wird sie gern „die Blutige" genannt, was seltsam erscheint, wenn man bedenkt, dass keiner der Führer in Frankreichs Hugenottenkriegen oder im Dreißigjährigen Krieg auf dem Boden des deutschen Reiches einen vergleichbaren Namen erhält, obwohl die Opferzahlen doch etwas gewaltiger sind!

Am Rande noch bedenkenswert: wieso Maria, die Blutige? Auf Scheiterhaufen verbrennen die Opfer, es fließt kein Blut. Ist es vielleicht nur ein hartnäckiger Übersetzungsfehler, denn Engländer sprechen von der sturen oder der „verdammten" Maria, wenn sie ihre Königin *Bloody Mary* nennen?

Es bleibt Tatsache, dass Maria Tudor selbst ihre gescheiterte Schwangerschaft als Strafe Gottes für ihre Nachlässigkeit in Glaubensdingen begreift und die Rekatholisierung à la Pole forciert. Sie hört hier nicht auf den Kaiser, der immer wieder zur Milde rät, mit der sie langfristig mehr erreichen würde. Sie schenkt den Bischöfen keine Beachtung, die sich um wirkliche Bekehrung bemühen, sie lässt sogar zu, dass Gardiner sich zurückzieht, weil er die Scheiterhaufen nicht mehr mittragen kann und will.

Eine Fernbeziehung

Im Laufe der Wochen und Monate wird klar, dass Felipe nicht an eine baldige Rückkehr denkt. Immer mehr Spanier verlassen England. Schulden werden bezahlt, und die Schiffsmannschaft, die für seine Rückreise bereitsteht, wird entlassen. Immer seltener werden seine Briefe an Maria, zwischen den Zeilen ist zu lesen: keine Krönung, keine Rückkehr! Im Oktober bittet er sie offen um Nachsendung seiner letzten zurückgelassenen Habseligkeiten nach Brüssel. Es wird erzählt, Felipe sei so sehr mit Maskenbällen und anderen Vergnügungen beschäftigt, dass der Kaiser befürchte, seine Abdankung verschieben zu müssen. Es soll gar eine spezielle Herzdame geben! Hartnäckig hält sich das Gerücht, Maria habe in diesen Tagen sein Porträt mit ihren Fingernägeln zerkratzt.

Als das Parlament im Oktober 1555 tagt, wagt Maria nicht, Felipes Krönung zum Thema zu machen, zumal Gardiner ernsthaft erkrankt. Als er am 12. November stirbt, frohlockt das Volk in Unkenntnis seiner Haltung. Maria ist untröstlich, erwählt schließlich den Bischof von York zu seinem Nachfolger, die Scheiterhaufen brennen weiter, und das Volk beginnt, Katholizismus mit brutaler Verfolgung gleichzusetzen. Bei immer mehr Verbrennungen wird gegen Maria Tudor demonstriert, einige Verschwörungen gegen ihre Person werden aufgedeckt, doch sie werden nicht mit letzter Konsequenz betrieben, da man in England überzeugt ist, dass Maria ohnehin bald sterben und Elizabeth Tudor ihr nachfolgen und die Rekatholisierung rückgängig machen wird.

Maria wird Königin von Spanien

Der Papst hat inzwischen Cranmer als Ketzer verurteilt, er wird am 21. März 1556 verbrannt. Es brennen auch die Bischöfe Latimer und Ridley. Reginald Pole wird endlich zum Priester geweiht, und zwei Tage später ist er Erzbischof von Canterbury. Der letzte Katholik in diesem Amt versteht nicht, dass viele Engländer fast ein Vierteljahrhundert nach Henrys Suprematsakte den Katholizismus für eine ausländische Kirche halten. Er konzentriert sich im Sinne der Gegenreformation auf Priesterseminare und Kirchenverwaltung. Die massenwirksame Predigt gilt ihm nichts, also reformiert er am Volk vorbei.

Maria Tudor schließt sich von der Welt ab, inzwischen hört sie täglich bis zu neun Messen. Sie schränkt ihren Umgang auf wenige Damen und ausgewählte Räte ein. Im Ratszimmer ist das Porträt Felipes entfernt worden, ob sie es tatsächlich selbst von der Wand gerissen hat, ist nicht belegt. Ihr Aufenthaltsort ist stets von Bewaffneten umgeben, und wenn sie den Palast verlässt, trägt sie einen Brustpanzer. Bald nimmt sie an Ratssitzungen gar nicht mehr teil, spricht nur noch mit Pole, er ist ihr einziger Trost. Sie ist erschreckend gealtert und erträgt die Hitze des englischen Sommers nicht mehr.

Am 12. September lässt Kaiser Karl den Kurfürsten seine förmliche Abdankungsurkunde zustellen. Felipe ist nun König von Spanien mit all seinen überseeischen Kolonien und Maria nominell Königin Spaniens. Karl hat seinem Sohn auch die Niederlande übergeben, es ist aber nicht vorgesehen, dass er dort selbst länger anwesend sein wird. Die Nachfolge im Reich geht an Karls Bruder Ferdinand. Der Kaiser hatte mit seinem bewusst in Spanien erzogenen Sohn die niederländischen Provinzen und deutsche Reichsgebiete bereist und dabei festgestellt, dass Felipe mit den mitteleuropäischen Mentalitäten nicht umgehen kann und dort niemals ausreichend Respekt für eine erfolgreiche Herrschaft genießen würde.

Der Kaiser will Elizabeth Tudor verheiraten

Kaiser Karl rechnet nicht unbedingt mit Marias baldigem Tod, ist aber überzeugt, dass sie keine Kinder mehr haben wird. Inzwischen ist bekannt geworden, dass Edward Courtenay in Padua unter etwas seltsamen Umständen, aber letztlich an einer Lungenentzündung gestorben ist. Liz Tudor muss endlich im Sinne der Casa de Austria verheiratet werden. Kurzfristig denkt Karl sogar an seinen seit 1547 verwitweten Bruder Ferdinand. Dann kommt er auf Savoyen zurück, seinen Neffen, der auch ein Enkel seiner Tante Maria de Castilla y de Aragon, der jüngsten Schwester seiner Mutter ist – alles klar? Karl ist überzeugt, dass sein „Eisenschädel" in der Lage sein wird, mit der Tudorschen Dickköpfigkeit fertig zu werden!

Savoyen und Krieg

Zu den erneuten Verhandlungen um die Savoyen-Heirat kommt Elizabeth mit großem Gefolge an den Hof und wird in London mit frenetischem Jubel begrüßt. Maria ist erschüttert, mit welcher Vehemenz sie sich dagegen wehrt, verheiratet zu werden, kann sie aber nicht umstimmen – falls sie das überhaupt will. Im Dezember kehrt Elizabeth in ihr geliebtes Hatfield zurück, und Maria kann die Tatsache, dass sie die nächste Königin sein wird, nicht länger verdrängen …

Papst Paul IV. hat von Anbeginn gegen die Casa de Austria gearbeitet und sich an Frankreich gehalten. Felipe schickt seinen und seines Vaters bewährten Eisenhund Alba gegen Rom, und der besetzt den Kirchenstaat. England ist zwar nicht involviert, aber Marias Gewissen belastet das Ganze sehr. Als Pole feststellen muss, dass der Papst an England nicht interessiert ist, ja sogar daran denkt, Maria zusammen mit ihrem Gatten Felipe de España zu exkommunizieren, weckt das Marias Trotz. Sie ist bereit, Felipe zu bewilligen, was immer er verlangt, wenn er nur zu ihr kommt!

Greenwich und Whitehall, im Frühling 1557

Felipe und die Frauen

Anfang 1557 bricht Henri II. von Frankreich den Friedensvertrag und marschiert gegen Douai. Maria beruft sofort den Rat und verlangt den Kriegseintritt Englands, doch der Rat will erst entscheiden, wenn Felipe auf die Insel kommt. Felipe kommt im März, hat auch Elizabeth an den Hof befohlen und Halbschwester Margarete von Parma und Cousine Christina von Dänemark, verwitwete Lothringen, mitgebracht. Die beiden sollen Elizabeth von Frau zu Frau endlich überzeugen, dass sie den Savoyen heiraten muss.

Damit hat der Gute allerdings genauso wenig Erfolg wie mit seinem Bemühen darum, dass Elizabeth von seiner Frau offiziell zu ihrer Nachfolgerin erklärt wird. Unter den gegebenen Umständen wird Frankreich mit Sicherheit auf der Nachfolge Marie Stuarts bestehen. Maria bleibt verstockt: Elizabeth sei nicht ihre Schwester und nicht die Tochter des Königs, sie sei die Tochter der Frau, die unendliches

Leid über ihre Mutter und sie selbst gebracht habe. Sie rechtfertigt sich auch damit, dass Elizabeth nie Katholikin sein werde, selbst wenn es Felipe gelingen sollte, sie katholisch zu verheiraten.

Obwohl Maria eigentlich bereit ist, Felipe in Frankreich zu unterstützen, egal was die Engländer dazu sagen, verzögert sie die Entscheidung. Nicht unerheblich dazu beitragen mag, dass Felipe ungeniert großes Interesse an seiner mit Mitte dreißig immer noch schönen Cousine Christina zeigt. Dann benimmt sich diese Liz auch noch, als sei sie schon Königin, lässt jeden fühlen, dass sie sich Maria mindestens ebenbürtig fühlt. Die Höflinge flüstern hinter kaum vorgehaltener Hand, Elizabeth erinnere viel stärker an „Great Harry" als die kleine Spanierin, die Königin! Felipe umschwärmt Elizabeth, will sie gar als „Braut Savoyens" mit nach Brüssel nehmen!

Maria hetzt mit Felipe nach Hampton Court zur Jagd, ein Höfling stürzt so unglücklich vom Pferd, dass sein Hirn über die Mauer des Privatgartens spritzt. Hat sich denn alles gegen sie verschworen? Wenigstens die Damen Parma und Lothringen wollen gelangweilt nach Brüssel zurück, aber Felipe verlangt natürlich einen großen Abschiedsball!

Die Entscheidung erzwingt der Papst

Maria soll im Council endlich Englands Kriegseintritt durchsetzen, da wird bekannt, dass der Papst Felipe exkommuniziert hat und alle Legaten aus seinen Ländern zurückruft. Pole wird sein Legatenstatus aberkannt, noch weiß man in England nicht, dass der Papst einen Häresieprozess gegen ihn vorbereitet. England muss sich entscheiden! Am 1. Mai 1557 beschließt der Staatsrat den Kriegseintritt, am 7. Juni wird Marias Kriegserklärung in Reims verlesen. Anfang Juli reist Felipe ab, diesmal begleitet sie ihn bis zum Strand von Dover, sie winkt und weint am 5. Juli noch, als sein Schiff längst hinter dem Horizont versunken ist …

London, Gravelines, St. Quentin und Calais, Sommer 1557
Gewinn und Verlust

In all den Aufregungen um Krieg und Abschied geht fast unter, dass am 16. Juli in Chelsea Anna von Kleve, die letzte überlebende Ehefrau König Henrys VIII., 41-jährig stirbt und in Westminster Abbey ehrenvoll beigesetzt wird. Zu Beginn des Feldzuges in Frankreich gelingt alles, wenn Engländer beteiligt sind. Im August erringen Felipes Feldherrn einen entscheidenden Sieg bei St. Quentin, der König billigt den Engländern einen entscheidenden Teil daran zu. Doch unverständlicherweise schickt er seine Armee nach ein paar kleineren Siegen ins Winterquartier, statt auf Paris zu marschieren. Das gibt Frankreichs Feldherrn François de Guise Gelegenheit, aus Süditalien zurückzukommen. Sofort beginnt er, Felipes Fronten aufzurollen. Guise hat es auf Calais abgesehen, er kommt über Sangatte, überrennt die äußeren Stellungen, die Engländer fluten das Land, die Franzosen greifen weiter an. Den ganzen 4. Januar wird die Stadt von den Franzosen beschossen, schließlich klafft eine Bresche in der Stadtmauer, und die Angreifer können bei Ebbe durchwaten. Die Stadt wird übergeben und sachgerecht geplündert. Jetzt bleibt nur noch Guînes in englischer Hand, ein Grey befehligt dort, ist aber dem Ansturm auf Dauer nicht gewachsen. Die Offiziere ergeben sich schließlich, dafür dürfen die Mannschaften abziehen.

Maria selbst bezeichnet den Verlust von Calais als die größte Niederlage, die England je erlitten hat – seit 1347 war Calais englisch! Als auch noch eine Grippeepidemie England heimsucht, behauptet die protestantische Propaganda, Gott habe sich von Königin Maria abgewandt, strafe sie für ihre Sünden.

Marie Stuart heiratet den Dauphin

Französischer Hof und Edinburgh, Winter/Frühjahr 1554
Marie Stuart, der Liebling der Götter
Die Königin der Schotten kam als Kind an den französischen Hof. Sie ist inzwischen ein umschwärmter Teenager, mit ihrer Größe – als Erwachsene misst sie fast 1,80 m – hat sie nach heutigen Vorstellungen Modelmaße, damals dürfte sie größer gewesen sein als fast alle Männer ihrer Umgebung. Seit die Kinder der Hofschule älter sind, kümmert sich des Königs Schwester, Marguerite de

France, Duchesse de Berry, um die Erziehung. Ihr großes Vorbild ist ihre 1549 verstorbene Tante gleichen Namens, die Königin von Navarra, die sich als Schriftstellerin einen Namen gemacht und Interesse an der damals „neuen" Religion gezeigt hat. Unter ihrer Anleitung erntet Marie Stuart mit einem lateinischen Vortrag zum Lob gelehrter Frauen im Louvre stehende Ovationen. Marie wird ihr Latein, immer noch die Sprache der Diplomatie, ihr Leben lang üben, ist aber nicht so ambitioniert wie ihre englischen Cousinen Elizabeth Tudor und Jane Grey. Die Oberaufsicht über die königliche Schulstube und die Studien in Ethik und Religion hat pikanterweise des Königs langjährige Mätresse Diane de Poitiers, denn sie gilt als besonders glaubensfeste Katholikin.

Volljährigkeit und Regentschaft

Während Marie de Guises langem Besuch in Frankreich 1550/51 ist festgelegt worden, dass Marie Stuart an ihrem elften Geburtstag im Dezember 1553 für volljährig erklärt werden soll. Damit erhält sie das Vorschlagsrecht für die Regentschaft, und natürlich schlägt sie ihre Mutter vor. Am 12. April 1554 erklärt der bisherige Regent Arran, Duc de Châtellerault, sich absprachegemäß mit seiner Ablösung einverstanden. Marie de Guise hat im Parlament durchgesetzt, dass ihm der vom König Frankreichs verliehene Herzogstitel bestätigt wird und er zum „Zweiten Mann" in Schottland erklärt wird, mit dem Versprechen, Erbe der Krone zu sein, sollte die Königin kinderlos sterben. Sicher hat französisches Geld eine Rolle gespielt, doch nur eine so geschickte Person wie die Guise kann es schaffen, die Lords des Parlaments derart mit den eigenen Waffen zu schlagen. Sie wird allgemein anerkannt, da sie die öffentliche Ordnung wieder herstellt, Justiz und Verwaltung erfolgreich reformiert. Selbst Protestanten loben sie für die Aufrechterhaltung der öffentlichen Moral. Das Bild ihrer Regentschaft wird durch die sexistischen Urteile, die mit John Knox beginnen und im 19. Jahrhundert emsig festgeschrieben werden, arg verfälscht.

Als in Stirling Marie de Guises Regentschaft verkündet wird, droht dem Land die Glaubensspaltung. Die Regentin versucht das Schlimmste abzuwehren. Das Parlament besteht zu der Zeit nur aus

Huntly, Argyll, dem treuen Bothwell und einer Handvoll von deren Anhängern. Es ist nicht leicht, eine Regierung zu bilden mit einem unbekannten Mädchen als Königin – da sucht jeder den eigenen Vorteil. Es gibt kaum Soldaten, keine Marine, die einzig funktionsfähige Institution ist die katholische Kirche. Letztere wird von den Schotten zunehmend als ebenso fremd empfunden wie die französischen Soldaten, die die Herrschaft der Regentin sichern. Viele der Misserfolge Marie de Guises sind auf das Nachlassen der französischen Unterstützung zurückzuführen, als das Land gegen Kaiser, Spanien und England im Krieg steht.

Paris und Nancy, etwa 1500 bis 1558

Die Familie Guise in Frankreich

Der schnelle Aufstieg der Familie ist vielen französischen Adligen ein Dorn im Auge, die gern monieren, die Guise seien gar keine Franzosen, was diese mit dem Hinweis auf ihre Abstammung von Charlemagne kontern. Als jüngerer Sohn des regierenden Herzogs von Lothringen hat Claude de Lorraine, Comte de Guise, 1513 in Paris Antoinette de Bourbon geheiratet und wird 1528 zum Duc de Guise und Pair de France erhoben.

Als er 1550 stirbt, ist seine älteste Tochter Marie Königinmutter von Schottland, sein Sohn und Nachfolger François ein berühmter Feldherr und einflussreicher Höfling, Sohn Charles Kardinal mit großem Einfluss bei Hof, ein weiterer Sohn ebenfalls Kardinal, ein anderer Prior des Malteserordens, eine Tochter Äbtissin in Reims. Antoinette de Bourbon wird noch bis 1583 von ihrem *Château de Joinville* die Geschicke der Familie aus dem Hintergrund lenken. Die Machtansprüche der Guise-Onkel Marie Stuarts sind unbegrenzt und mit denen schottischer Clanchefs durchaus vergleichbar, ihr Wahlspruch lautet: Die Familie vor allem anderen! Roi Henri II. de France hat seine Krone aus den Händen des Kardinals Charles de Guise erhalten. Duc François ist mit Anne d'Este verheiratet, für seinen Charme berühmt, vor allem aber als Frankreichs Feldherr in den Kriegen gegen den Kaiser. Mit der Eroberung von Calais im Januar 1558 hat er gerade sein militärisches Meisterstück abgeliefert, das in Frankreich natürlich enthusiastisch gefeiert wird.

172

Edinburgh und Paris, Winter 1557 bis Frühjahr 1558

Heiratsvorbereitungen

Im Oktober 1557 hat Henri II. schottische Herren geladen, um den Heiratsvertrag ihrer Königin mit seinem Sohn abzufassen. Den herbstlichen Stürmen trotzend ist eine Delegation unter Führung einiger Bischöfe und der Herren James Stuart, Halbbruder Maries, Gilbert Kennedy, Earl of Cassillis, und John Erskine of Dun angereist, um die Rechte ihrer Königin und ihres Landes zu wahren.

Umsturzvorbereitungen?

Im Dezember 1557 trifft sich eine Gruppe schottischer Lords und versichert einander in einer Art Urkunde, Bond genannt, die Reformation calvinistischer Prägung als nationale Kirche durchzusetzen. Unterzeichner sind Glencairn, Argyll, Morton und John Erskine. Diese *Lords of the Congregation* erhalten mächtigen Auftrieb, als sich ihnen Anfang 1558 James Stewart mit seinen Gefolgsleuten anschließt. Dieser Halbbruder Marie Stuarts hat erkannt, dass man sich im Kampf gegen die katholische Kirche zum Führer des Volkes machen und daraus dauerhafte Macht ziehen kann. Er fordert alle „echten" Schotten auf, sich unter seinem Banner zu sammeln und eine schottische Kirche nach englischem Muster zu errichten. Letztlich möchte er König werden, dass seine Mutter nie mit dem König verheiratet war, scheint ihm unerheblich, immerhin ist er der *Royal Bastard*. Er geriert sich als strenger Calvinist und schwört, den wahren Glauben und die Unabhängigkeit Schottlands durchzusetzen. Unter seiner zur Schau getragenen makellosen Rechtschaffenheit verbirgt sich ein eiskalter Opportunismus in eigener Sache. Er schafft es, der reichste aller Schotten zu werden – in vorgeblicher Unterstützung seiner legitimen, katholischen Halbschwester Marie Stuart – man wird noch von ihm hören …

Königlicher Verrat?

Anfang April 1558 unterschreibt Marie Stuart, beraten von ihren Guise-Onkeln, den Geheimvertrag von Paris. Darin wird festgeschrieben, dass Schottlands Krone an Frankreich fällt, sollte sie,

Marie Stuart, ohne Nachkommen sterben. Bei Maries Intelligenz und Bildung ist trotz ihrer noch nicht sechzehn Jahre davon auszugehen, dass sie verstanden hat, was sie da unterschreibt. Diese Unterschrift wird gern als erster Schandfleck auf ihrer Ehre angesehen. Dabei sollte man nicht vergessen, dass es allgemeiner Usus der Zeit ist, Verträge wegen eines momentanen Vorteils zu schließen und bei veränderten Bedingungen zu brechen. Außerdem ist Marie eher zur Königin von Frankreich als zu der Schottlands erzogen worden, ihr selbst ist es dort immer gut gegangen, sie liebt das Land und seine Kultur und glaubt sicher, diese Lebensart sei wünschenswert für jedermann. Und: Warum sollte sie glauben, sie würde keine Kinder haben? Wie dem auch sei:

Paris, Notre Dame und Justizpalast, 24. April 1558
Marie Stuart heiratet Dauphin François
Die Hochzeit ist das Ereignis des Jahres, nicht zuletzt, weil Marie eine Nichte des Siegers von Calais ist. Frankreichs König hat allen Grund, ein ungemein prächtiges Fest zu veranstalten, gilt es doch zu beweisen, dass sein Hof immer noch der glanzvollste Europas ist, trotz aller Kriege. Das Fest hat François de Guise arrangiert, weil der eigentlich zuständige Haushofmeister Montmorency seit Felipes Sieg bei St. Quentin in spanischer Gefangenschaft sitzt. Guise hat vor Notre Dame ein prachtvoll geschmücktes Gerüst errichten lassen, das allen Zuschauern freien Blick auf den Einzug des Brautpaares und aller Gäste sowie die eigentliche Zeremonie garantiert. Wer eine bleibende Erinnerung haben will, kann eine Broschüre kaufen, in der alle Einzelheiten beschrieben sind.

So auch das prachtvolle, lilienweiße Gewand der Braut, unsäglich reich und prachtvoll geschmückt, mit Edelsteinen übersät wie die Krone, überstrahlt von dem Diamanten *„Great Harry"*, Erbe ihrer Großmutter Margaret Tudor. Das Hofzeremoniell Frankreichs soll den Herrscher und abgestuft seine Familie gottgleich erscheinen lassen. Marie Stuart wird diesem Anspruch an diesem Tag mehr als gerecht, der Dauphin, mit seiner chronischen Infektion der Atemwege, seiner geringen Körpergröße und seiner insgesamt recht kindlichen Erscheinung tut sich da schwerer.

Beim Bankett im Justizpalast wird Marie die Krone zu schwer, Henri II. lässt sie für den Rest der Mahlzeit von einem Kammerherrn über ihren Kopf halten. Es folgt ein Ball mit Maskeraden und Mummenschanz, Marie Stuart ist glücklich, auf diesen Tag war ihr bisheriges Leben ausgerichtet, sie fühlt sich fähig, Königin zu sein, wenn die Zeit kommt, kann sogar hoffen, dass ihr zarter Ehemann ihr treu ergeben sein und sich keine Mätressen halten wird. Dafür trägt er nun Titel und Wappen eines Königs der Schotten, und Staatsdokumente unterzeichnen Marie und François künftig gemeinsam.

Ein düsteres Omen

Auf der Rückreise werden Maries schottische Gäste schwer krank, vier sterben noch in der Nacht, James Stewart überlebt, bleibt aber lebenslänglich geschwächt. Wahrscheinlich handelt es sich um eine schlichte Lebensmittelvergiftung, aber natürlich heißt es, die Guise sollen Gift „gestreut" haben. Es gibt zwar keinerlei Untersuchung, aber Knox und andere nehmen das Ereignis mit Kusshand in ihre Anti-Frankreich-Propaganda auf. Fortan bilden die *Lords of the Congregation* eine beständige protestantische Liga gegen die katholische Politik der Regentin Marie de Guise.

Maria Tudor – schwanger auf den Tod

Englischer Hof, Januar bis Mai 1558

Ein Stein auf dem Herzen …

Maria Tudor ist mit dem Fall von Calais in eine tiefe Depression gefallen, es tröstet sie keineswegs, dass Felipe behauptet, wenn die englische Garnison Calais nur einen Tag länger gehalten hätte, hätte er es entsetzen können. Um die Schmach zu mindern, werden die überlebenden Verteidiger angeklagt, Stadt und Festung verkauft zu haben. Das stachelt die Schotten zu kleinen Grenzverletzungen an, Felipe sieht keinen Grund zum Eingreifen, will auch Calais nicht wirklich zurückerobern. Maria steht mit ihren Problemen ganz allein, ihr liebster Vertrauter, Kardinal Pole, ist zu krank, um ihr eine

Hilfe zu sein. Der Verlust von Calais hat Maria Tudor den letzten Rückhalt im Volk gekostet, man hält es nun auch nicht mehr für nötig, die Messe zu besuchen. Im Kreis ihrer wenigen Vertrauten soll Maria gesagt haben, wenn ich tot bin, werdet ihr Calais auf meinem Herzen liegend finden …

Die zweite Schwangerschaft Maria Tudors

Ende Februar zieht sie sich zum zweiten Mal in ihrem Leben in ein Wöchnerinnenzimmer zurück, sie scheint ziemlich die einzige zu sein, die an das Bevorstehen einer Geburt im März glaubt. Zynische Hofleute beruhigen sich gegenseitig: Diesmal kann es nicht so lange dauern wie 1555, denn immerhin ist Felipe bereits vor knapp acht Monaten abgereist. Dass Maria selbst an ihre Schwangerschaft glaubt, ist durch ein Testament belegt, dass sie am 30. März 1558 auf Felipes Betreiben verfasst. Er will natürlich, dass sie Elizabeth als ihre Nachfolgerin benennt, denn heimlich trägt er sich mit dem Gedanken an eine Ehe mit ihr nach Marias Tod, wann immer der eintreten mag und so bald der störrische Papst ihm den Dispens ausstellt. In Brüssel rechnet man auch ohne eine Äußerung seinerseits damit. Offiziell befürwortet er immer noch die Heirat zwischen Elizabeth und Savoyen. Inzwischen ist auch der gleichaltrige Erik Vasa, Kronprinz von Schweden, der mit einer Mätresse lebt, an einer Heirat mit Elizabeth Tudor sehr interessiert. Aber auch den lehnt sie ab. Sie will eben nicht heiraten!

Einen vollen Monat über den angeblichen Geburtstermin hinaus quält sich Maria noch in der Geburtsstube, Anfang Mai muss sie sich eingestehen, dass es endgültig nichts mehr werden wird mit einem leiblichen Erben. Sie überlässt es dem schwerkranken Pole, Felipe von der Tatsache und der christlichen Demut, mit der sie die Enttäuschung erträgt, zu berichten. Felipe antwortet (oder lässt antworten) mit einer herzerwärmenden Epistel, wie leid ihm das alles tue, wie sehr er Marias Tapferkeit bewundere, persönlich trösten könne er sie derzeit leider nicht, es bricht ihm schier das Herz – ist man versucht, anzufügen.

Die Königin rafft sich auf

Wochenlang vergräbt Maria sich mit ihren Depressionen im Bett, sie entwickelt die Überzeugung, wenn Felipe einen Frieden mit Frankreich schließt, ohne Calais zurückerobert zu haben, werde man sie, die Königin, köpfen. Erst Ende Juni kann sie sich wieder aufraffen, vielleicht weil man ihr berichtet, Felipes Botschafter Feria besuche Elizabeth in Hatfield? Feria kommt und gesteht ihr, er habe sich in ihre treue Hofdame Jane Dormer verliebt, und bittet, sie heiraten zu dürfen. Maria hat keine Einwände, nur gerade jetzt ist sie so krank und braucht Jane bei sich. Hektisch befiehlt sie den Umzug des Hofes nach Whitehall, bekommt dort hohes Fieber und erbricht schwarze Galle, hofft, dass sich ihr Zustand in Hampton Court bessert. Auch zu ihr dringt der Klatsch aus Frankreich: Dort ist man eigentlich überzeugt, dass Dauphin François entweder noch nicht geschlechtsreif oder wegen seiner multiplen Erkrankungen impotent ist, doch Ende August soll Maria Stuart in einem Kleid aufgetaucht sein, mit dem sie eine Schwangerschaft mehr betonen als kaschieren zu wollen scheint. Wenige Wochen später wird verlautet, die Dauphine läge krank zu Bett. Es wird von ihrer Genesung berichtet, von einer Schwangerschaft ist nicht mehr die Rede …

Rastlos leidend

zieht Maria Tudor wie ein getriebener Geist von Hampton Court zum St. James Palace. Dort erreicht sie die Nachricht, dass ihr Cousin und Schwiegervater Karl de Austria am 21. September in seinem Privatrefugium San Yuste gestorben ist. Sicher erfährt sie auch, dass Felipe seine Tante Maria gebeten hat, doch noch einmal die Regentschaft der Niederlande zu übernehmen, damit er nach Spanien kann. Nun wird ihr geliebter Gemahl lange keine Zeit haben, bei ihr auf der Insel zu verweilen, aber vielleicht geht er ja kurz an Land auf dem Weg von der flandrischen zur spanischen Küste …

Die leidige Nachfolge …
Ende Oktober kursiert in London und bald auch in Brüssel das Gerücht, Königin Maria sei bereits tot. Felipe muss in Brüssel bleiben, seine Tante Maria von Ungarn ist am 18. Oktober während der Reisevorbereitungen gestorben, er muss sich in ein Kloster zurückziehen, beten. Feria geht gern für seinen Herrn auf Erkundung nach London, wartet dort doch Jane Dormer. In London findet Feria eine ziemlich desolate Situation vor: Elizabeth Tudor ist immer noch nicht als Erbin benannt, doch die Lords rüsten, um ihre Nachfolge, wenn nötig, mit Gewalt durchzusetzen. Maria glaubt, einen Ausweg gefunden zu haben. Sie will sich über das Testament des Vaters und die Verzichtserklärung ihrer Tante Margaret hinwegsetzen und ihre Cousine Margaret Douglas, Lady Lennox, als Erbin einsetzen.

Am 5. oder 6. November empfängt sie einige Räte, um über die Eröffnung des Parlaments zu beraten. Natürlich kommen die Herren auf die ungeregelte Nachfolge zu sprechen, die Königin muss endlich handeln, wenn sie einen Bürgerkrieg vermeiden will. Maria ist fast zu schwach, um zu sprechen. Um Ruhe zu haben, stimmt sie der Nachfolge Elizabeth Tudors endlich zu, fleht die Herren aber an, Elizabeth müsse das Reich im katholischen Glauben und bei Rom belassen – und ihre Schulden bezahlen. Zwei Tage später schickt Maria zwei Herren nach Hatfield, um Elizabeth zu informieren. Weil sie wohl der männlichen Beobachtungsgabe nicht unbedingt traut, schickt sie Jane Dormer mit, die ihr genau berichten soll, wie Elizabeth reagiert. Als Feria am 9. November im St. James Palace vorspricht, ist Maria zu krank, ihn zu empfangen. Also folgt er der Dame seines Herzens nach Hatfield. Dort findet er die letzte Tudor emsig beschäftigt, ihren Hof zusammenzustellen. Der wird ausschließlich aus Personen bestehen, die nicht gerade für ihr Katholikentum bekannt sind.

… und die Tröstungen der letzten Tage
Am 10. November brennen in Canterbury zehn Häretiker, deren Todesurteile Maria noch unterschrieben hat. Wann immer sie sich stark genug fühlt, schreibt Maria kleine Briefchen an den ebenfalls mit dem Tode ringenden Pole, der seinerseits antwortet, so oft er

178

kann. Maria fühlt sich stark genug, Feria zu empfangen, sie gibt ihm und Jane Dormer ihren Segen und bedauert, ihre Hochzeit weiter zu verzögern. Zwei Tage schwebt Maria zwischen Schlaf, Dämmer und Bewusstlosigkeit. Am 14. kommt sie wieder zu sich und tröstet ihre weinenden Damen, sie habe wunderbare Träume von kleinen Kindern, die engelgleich für sie singen. Jeden Tag, der ihr noch bleibt, lauscht sie der Messe. Sie weint sehr viel, und wenn die Damen fragen, ob es wegen Felipe sei, der sie alleine lasse, nickt sie, haucht aber: Calais …

Am 16. versammelt sich der Rat an Marias Bett, und der Lordkanzler verliest ihr Testament – die Königin hört es nicht mehr. Am Morgen des 17. November 1558 ist sie bei Bewusstsein und ermahnt ihre Damen, fest im rechten Glauben zu bleiben. Noch einmal neigt sie den Blick vor der Hostie und sinkt tot zurück …

Zwölf Stunden nach ihr stirbt Reginald Pole, knapp fünfeinhalb Jahre katholischen Intermezzos sind beendet. Schon Stunden zuvor hat Feria Elizabeth die Nachricht überbracht – und sie sicher nicht versunken lesend unter einem Baum gefunden. Wenn doch, ist es die erste Inszenierung der Königin Elizabeth I. Tudor. Sie unterschreibt sofort und ohne Diskussion alle Bedingungen der Nachfolge.

In Paris erklärt Roi Henri II. Marie Stuart und Dauphin François zu Königin und König von England und lässt das englische Schild ihrem Krönungswappen zufügen. Die katholische Welt erkennt die Ehe von Elizabeths Mutter Anne Boleyn mit Henry VIII. noch immer nicht an, an der Reinheit von Maries Blut kann niemand zweifeln. Wenige Tage später überträgt das schottische Parlament François d'Angoulême die Matrimonialkrone. Alles scheint möglich …

Zwei Königinnen von England?

Die „Engländerin" ist bereit

Hatfield, London und Paris, 17. November 1558

Ein nahtloser Übergang

Kaum ist der Tod der Königin Maria Tudor festgestellt, besteigt Robin Dudley seinen *white arab Charger* und reitet als *knight in shining armour* nach Hatfield, um möglichst als erster seiner Freundin seit Kindertagen die frohe Botschaft zu übermitteln, dass nun sie, Elizabeth Tudor, Königin ist.

Bei Henrys VIII. und Edwards VI. Tod schien es den Machthabern nötig, den Todeszeitpunkt zu verschleiern. Nach Marias Tod am frühen Morgen ist das anders. Das Parlament tagt ohnehin und beschließt umgehend die Proklamation Elizabeth Tudors, und ab 12 Uhr mittags ist Elizabeth an allen wichtigen Plätzen Londons zur Königin ausgerufen. Alles verläuft geordnet, vielleicht etwas hastig. Dank der Vorgängerin ist weibliche Herrschaft bereits durch Parlamentsstatut bestätigt.

Herrschaft und Geschlecht im 16. Jahrhundert

Der Sündenfall macht es nötig, dass Gott einen Stellvertreter auf Erden etabliert, dem die Menschen Gehorsam schulden, da seine Autorität von Gott selbst kommt. Der Herrscher hat die moralische Verpflichtung, die Verantwortung für das Wohl seiner Untertanen zu übernehmen. Er hat Vorbildfunktion, seine Tugend muss so überragend sein wie seine Machtfülle. Er muss Gerechtigkeit gegen jedermann garantieren, wobei Strafe als väterliche Pflicht verstanden wird. Das Definitionsmuster ist ein rein männliches.

Dem weiblichen Charakter wird dagegen geistige Unbeständigkeit und mangelnde Ausdauer zugeschrieben. Da die Vernunft der Frauen gering ist, neigen sie zu plötzlichen Leidenschaften, Untreue und Betrug, manchmal gemildert durch Mitgefühl, Erbarmen und Liebe. Insgesamt braucht die Frau geistige und moralische Führung durch den Mann. Sinn ihres Daseins ist die Fortpflanzung, doch erfüllen kann sie ihn nur in Symbiose mit dem Mann, der die Gewalt über Kinder und Dienerschaft nur an sie delegiert. Eigenständig ist die Frau ein Nichts, sie hat öffentlich zu schweigen, deshalb sind Ämter in Politik und Kirche tabu für das weibliche Geschlecht.

Frau und Herrschaft sind also ein Widerspruch in sich! Sollte eine Frau tatsächlich zur Herrschaft gelangen, entbindet sie das nicht von der Pflicht zur Fortpflanzung, also muss sie heiraten und ist damit zumindest ihrem Ehemann untertan – der sie gern von der „Last der Herrschaft" befreit. Weibliche Herrschaft wird immer als Zwischen-, nie als Dauerlösung verstanden.

Trotz der hohen Bildungsideale werden alle hier vorkommenden Königinnen nicht für die Ausübung der Herrschaft ausgebildet (Catalina de Aragon ist da in gewissem Sinne eine Ausnahme), sie auf das Halten öffentlicher Reden vorzubereiten, ist ja auch unmöglich, da die Frau in der Öffentlichkeit zu schweigen hat. Wobei zu bedenken ist, dass Bildung für Frauen vor allem deshalb favorisiert wird, weil sie hilft, Müßiggang zu vermeiden, der wiederum weibliche Wesen unmittelbar zur Lüsternheit verleitet …

Hier muss einfach John Knox zitiert werden, der nachhaltigste Reformator der Inseln, der mit seinem „Ersten Trompetenstoß gegen die Weiberherrschaft" primär Maria Tudor und Schottlands Regentin Marie de Guise, beide katholisch, treffen wollte: „Die Lüsternheit der Frauen ist unersättlich wie der Rachen der Hölle. Eine Frau als Herrscherin ist eine Beleidigung Gottes."

Da Elizabeth Tudor aber in der zweiten Hälfte des 16. Jahrhunderts zu *der* Schutzherrin der protestantischen Welt wird, müssen sich Knox und sein Lehrmeister Calvin zur Quadratur des Kreises durchringen und deren Herrschaft rechtfertigen. Da bietet sich der Wille des Herrn an, der bekanntlich unergründlich ist und in dessen Ratschluss es deshalb liegen kann, eine Frau als sein Werkzeug zu wählen, um Besonderes zu erreichen. Eine solche Herrscherin sei dann, durch Gott allein, von der allgemein gültigen Frauenrolle ausgenommen. Man wird das Gefühl nicht los, dass die würdigen Herren Religionsstifter ihrem Gott das irgendwie übel nehmen, zwischen den Zeilen knirschen wahrscheinlich äußerst unvollständige Zähne!

Den Gedanken, Werkzeug Gottes zu sein, wird Elizabeth selbst gern zur Rechtfertigung ihrer Herrschaft anführen. Doch Elizabeths Weiblichkeit ist nicht ihr einziges Rechtfertigungsproblem. Fast schwerwiegender dürfte sein, dass die katholische Welt die Ehe ihrer Eltern nicht anerkennt, sie also illegitim und ihr Herrschaftsanspruch unrechtmäßig ist, ganz wie die eindeutig legitime und schon als Baby zur Königin gekrönte Marie Stuart behauptet. Solche Statements werden schon zu Beginn ihrer Herrschaft allenthalben laut, wenn sie auch selten solche Rundumschläge sind wie die Behauptungen des Nicolas Sander, der um 1530 in Surrey geboren, England 1559 verlässt, später päpstlicher Gesandter wird und zeitweilig in Diensten Felipes II. steht. Sander hinterlässt ein unvollendetes Manuskript, in dem er den Vorwurf erhebt, Henry VIII. habe noch ein Verhältnis mit Elizabeth Howard gehabt, als diese längst mit Thomas Boleyn verheiratet war. Anne Boleyn sei seine Tochter und Königin Elizabeth mithin die Frucht einer inzestuösen Verbindung!

Elizabeths einziger, aber nahezu revolutionärer eigenständiger Gedanke zu ihrer Herrschaft ist der Wunsch, von ihrem Volk geliebt zu werden. Das kann natürlich abwertend mit ihrer allgemeinen und besonders Männern gegenüber ausgeprägten Gefallsucht gleichgesetzt werden, doch das scheint nicht ganz richtig. Gerade ihre Unsicherheit in Bezug auf die Legitimität ihrer Abstammung macht sie sensibel für die Art, wie Menschen auf sie zugehen. Besonders in Augenblicken, als sie ihre Zukunft, ja ihr Leben bedroht sah, unter der Herrschaft ihrer katholischen Schwester, hat sie intuitiv die Schlichtheit und Bedingungslosigkeit des Gefühls der Zuneigung erspürt, das ihr die so genannten „kleinen Leute", das einfache Volk, vertrauensvoll entgegenbrachten. Das hat sie erspürt, das will sie bewahren, dem fühlt sie sich verpflichtet. Deswegen betont sie stets ihr „Engländertum" – sie ist Engländerin wie ihre Untertanen, nicht Mitglied einer internationalen Adelsgesellschaft, die ihre Herrschaft von Gottes Gnaden über die gestaltlose und namenlose Masse der Untertanen ausübt. Damit hebt Elizabeth sich in ihrem Selbstverständnis von all ihren Herrscherkollegen und -kolleginnen ab. Auf diesen Urgrund stützen sich die wenigen fast zeitgenössischen und die zahllosen posthumen Verklärungsmythen von Elizabeth Tudor als Begründerin des Empire, als größte Königin aller Zeiten und so fort …

Elizabeth hat alles geplant

Ihr Aufstieg trifft Elizabeth nicht unvorbereitet, lange genug währte Maria Tudors Agonie. Elizabeth ruft sofort ihre künftigen Mitarbeiter zu einer Ratssitzung in die Halle von Hatfield House. Zentrale Figur ist William Cecil (38), den sie umgehend zu ihrem Staatssekretär und Schatzmeister ernennt. Es ist der Beginn einer erfolgreichen Partnerschaft, die 38 Jahre, bis zu Cecils Tod, dauern wird. Gemeinsame Überzeugungen, was zum Wohl des Landes nötig ist, sind Basis ihrer Zusammenarbeit. Wie Elizabeth selbst hat er sich unter Marias Herrschaft oberflächlich zum Katholizismus bekannt, im Grunde seines Herzens aber ist er – im Gegensatz zu ihr – ein Puritaner.

William Cecil

Die Familie Cecil soll aus Wales stammen. Williams Großvater David kam zur Zeit Henrys VII. nach England, konnte Landbesitz erwerben, wurde Bürgermeister und Mitglied des Parlaments. Williams Vater wurde Page Henry VIII. Tudors und später Hofbediensteter. William selbst beginnt seine Karriere auch als Page, studiert in Cambridge, hat dort eine wilde Phase, in der er all seinen Besitz im Spiel verliert. Nach Abschluss seiner Studien kommt er zurück an den Hof, arbeitet für den Lordprotektor Somerset. Seine Erlebnisse während eines Kriegszuges nach Schottland machen ihn zum Kriegsgegner. Somersets Sturz bringt ihn nur kurz in den Tower, schon bald arbeitet er für dessen Nachfolger Dudley. Geschickt unterschreibt er die Urkunde über Jane Greys Nachfolge erst nach dem König, so kann er sich vor Maria Tudor rechtfertigen, er habe auf Befehl seines Königs gehandelt. Er pflegt seine seit Cambridge geknüpften Verbindungen, verwaltet Elizabeth Tudors Güter und nun wird er ihr Erster Minister. Selbst Marie Stuart wird Elizabeth um diesen Diener beneiden!

Elizabeths Privy Chamber …

Wer in führender Position zu ihrem Haushalt und zu ihrem Rat gehören wird, hat Elizabeth in den Wochen, in denen England auf Maria Tudors Tod wartete, mit Cecil minutiös geplant. Er pflegt bei Personalentscheidungen (bis hin zu möglichen Ehekandidaten seiner Königin) schlichte Pro- und Contra-Listen als Entscheidungshilfe anzulegen. Zeitgeist und Tradition verlangen gleichermaßen, dass Elizabeth ihre Verwandtschaft berücksichtigt und Menschen, die sich um sie verdient gemacht oder aus anderen Gründen ihre Gunst gewonnen haben. Sie ist also nicht vollkommen frei in ihren Entscheidungen, sie hat Erwartungen zu erfüllen.

Der *Lord Chamberlain* steht dem königlichen Haushalt vor und ist auch Mitglied des Privy Council. Dieses Hofamt erhält William Howard (1510–1573), ein jüngerer Halbbruder von Elizabeths Großmutter Howard. Von jeher mit Elizabeth freundschaftlich verbunden, war er dank seiner Beliebtheit bei der Marine auch für Maria Tudor als Lord High Admiral unentbehrlich, und bei der Niederschlagung des Wyatt-Riot zeichnete er sich derart aus, dass Maria ihn dafür zum Baron of Effingham ernannte. Der Lord Chamberlain regelt den Zugang zur Königin inklusive Botschafterempfängen und offiziellen Audienzen.

Die wahre Zentrale von Elizabeths innerstem Zirkel – ein wirkliches Privatleben hat eine Königin in diesen Zeiten kaum – bilden natürlich ihre Damen. Zentralste Figur ist da wiederum Kate, ihre Gouvernante und mütterliche Freundin. 1555 hatte sie zu Elizabeth nach Hatfield gedurft, war aber bereits im Mai 1556 wegen des Besitzes verdächtiger Bücher erneut verhaftet worden. Sie verbringt deshalb drei Monate im Fleet Gefängnis und darf danach nicht zu Elizabeth zurück. Nun wird sie umgehend der Queen *First Lady of the Bedchamber*. Sie ist fortan die hofierte Informationsquelle zu allen Befindlichkeiten der Königin. Wer als Bittsteller zu ihr durchdringt, hat schon – fast – gewonnen. Ihr Mann John Ashley und der langjährige Hofmeister Thomas Parry erhalten entsprechende Posten in Elizabeths nun königlichem Haushalt.

Sofort im Januar 1559 holt Elizabeth ihre Cousine ersten Grades, Catherine Carey, Tochter Mary Boleyns (und vielleicht ihre

Halbschwester?) samt Ehemann Sir Francis Knollys zu sich. Als eifrige Protestanten waren sie während Marias Herrschaft auf dem Kontinent im Exil, erst in Frankfurt, später in Straßburg. Bereits kurz vor Marias Tod nach England zurückgekehrt, wird Catherine nun *Lady of the Bedchamber* der Königin, Knollys Vize-Haushofmeister, Kommandant der Leibwache und Staatsrat. Seine geradlinige Nüchternheit wird über 40 Jahre der Konterpart zu Elizabeths Sprunghaftigkeit sein. Er kämpft für die protestantische Sache und profiliert sich im Laufe der Jahre besonders in der Außenpolitik. Später wird er zeitweilig Bewacher der gefangenen Marie Stuart.

Catherines Bruder Henry Carey, Mündel seiner Tante, Königin Anne Boleyn, und auf ihre Empfehlung bei den Zisterziensern vorzüglich erzogen, wird bereits im November 1558 von Königin Elizabeth zum ersten Baron Hunsdon of Hunsdon geadelt und großzügig mit Landgütern in Hertfordshire und Kent sowie einer Pension versorgt. Seit 1545 ist er mit Anne Morgan verheiratet, mit der er zwölf Kinder haben wird. 1560 erhält er den Posten des Falkners der Königin und im Jahr darauf den Hosenbandorden. Er wird seiner Cousine in den unterschiedlichsten Funktionen lebenslänglich treu zur Seite stehen.

Neben den Betreuerinnen seit ihrer Kindheit Kate Ashley, Blanche Parry, die auch in den Wochen im Tower an ihrer Seite war, Elizabeth Norwich und der oben erwähnten Catherine Knollys erwählt Elizabeth acht weitere Damen. Sie alle dürfen sich nie in Staatsaffären einmischen, sie bilden Elizabeths privaten Kreis, den die Königin bemüht ist, strikt von dem offiziellen zu trennen. Dieses Konstrukt wird zu ihrem Leidwesen oft durch Heiraten zwischen den Sphären in Gefahr gebracht. Elizabeth ärgert das so maßlos, weil heiraten in diesen Zeiten heißt, die während eines Flirts bestehende Herrschaft über den Mann aufzugeben, da die Ehe für die Frau die religiöse Verpflichtung zum Gehorsam beinhaltet. Die Loyalität der Frauen liegt dann beim Gatten, nicht mehr bei der Königin! Der einzige Mann in Dauerstellung ist und bleibt John Ashley, Kates Ehemann. Cecil soll nach ihrem Plan die einzige Verbindung zwischen beiden Bereichen sein.

Eines der wichtigsten Hofämter ist das des *Master of the Horse*, man könnte sagen des Oberstallmeisters, dem nicht nur die Pferde, sondern alle Bewegungen des Hofes vom schlichten Jagdausritt bis zur traditionellen großen Sommerreise unterstehen. Dies Amt berechtigt den Inhaber, stets einen Schritt hinter dem Souverän zu gehen und zu stehen, was selbstredend eine große persönliche Nähe bedeutet. Elizabeths Meister der Pferde ist vom ersten Tag ihrer Regierung an Robin Dudley.

… und Privy Council

Traditionell beinhalten die wichtigsten Hofämter auch die Mitgliedschaft im Rat, doch Dudley hat dort zunächst keinen Sitz. Elizabeth übernimmt ein knappes Dutzend der Räte ihrer Schwester, prinzipiell wird ihr bei ihren engen Mitarbeitern Fachkompetenz stets wichtiger sein als Übereinstimmung im religiösen Standpunkt oder persönlichen Ansichten.

Henry Fitzalan, Earl of Arundel, wird *Lord High Stewart*, ein wichtiges Amt, da der Inhaber den Vorsitz bei Gerichtsverhandlungen gegen Peers innehat. Arundel ist im Oktober 1557 zum zweiten Mal verwitwet und steht bei einigen auch auf der Liste der möglichen Heiratskandidaten für die Königin. Auch William Parr, Marquis Northampton, wird bald wieder dem Rat angehören. Sir Nicholas Bacon wird Lordsiegelbewahrer und Francis Russel, Earl of Bedford, wird Elizabeths Verbindungsmann zum französischen Hof und Marie Stuart. Einziger Herzog Englands ist derzeit Elizabeths drei Jahre jüngerer Vetter Norfolk, dessen erste Frau, eine Tochter Arundels, gerade gestorben ist. Wichtige Stellen im Klerus werden bevorzugt mit Studienfreunden William Cecils besetzt, der – wie eingangs erwähnt – als Staatssekretär der führende Staatsmann in Elizabeths Mannschaft ist und bis zu seinem Tode bleiben wird, trotz manchmal recht heftiger Auseinandersetzungen.

Die Thronfolge – Problem Nummer 1

Jeder Herrscherwechsel birgt Gefahren, die umso größer sind, je ungesicherter der rechtliche Anspruch, in einer Erbmonarchie also die Blutsverwandtschaft, ist. In England folgt man nach Henry VIII. der

These, dass die Befolgung der vom König getroffenen und zum Gesetz erhobenen Nachfolgeregelung juristisch höher zu bewerten ist als das allgemein gültige Geburtsrecht. Das Konstrukt schwächelt, da es einzig Henry VIII. das Recht auf eigenmächtige Nachfolgeregelung zubilligt, immerhin gibt es ein Dokument, in dem Edward VI. seinen Willen bekundet, dass Jane Grey ihm nachfolgen soll. Maria Tudor hat sich, unter Berufung auf die Regelung des Vaters, über den Willen des Bruders hinweggesetzt und gewonnen. Dieser Erfolg der Halbschwester ebnet Elizabeth den Weg auf den Thron. Auch Marias Okkupation des Thrones wurde mit Jubel quittiert, wie jetzt die Proklamation von Elizabeth. Bei Maria ist die allgemeine Stimmung schnell ins Gegenteil umgeschlagen, dieses Menetekel wird auch immer über Elizabeth schweben. Neben Marie Stuart mit ihrer makellosen Blutlinie gibt es noch die beiden jüngeren Schwestern der Jane Grey und den Enkel von Margaret Tudor, Margaret Douglas' Sohn Henry Darnley, letzterer weniger makellos, da die Douglas-Ehe seiner Tudor-Großmutter geschieden respektive vom Papst für ungültig erklärt wurde. Frankreich weist eine gangbare Richtung: Es bietet Calais als Morgengabe einer Hochzeit zwischen den Nachkommen von Elizabeth Tudor und Marie Stuart. Damit ist man bei der zentralen Frage der nächsten Jahre:

Wen wird die Tudorkönigin heiraten?
Selbst Cecil, der das Besondere an der Persönlichkeit seiner Königin durchaus erkennt und akzeptiert, betet um einen Gatten und vor allem: einen männlichen Erben! Wie alle Ratgeber sucht auch er einen Zuchthengst, keinen König – regieren wollen sie schon selber!

Feria heiratet in diesen Tagen Jane Dormer und macht zuvor Elizabeth in Felipes Namen einen Antrag. Der König von Spanien kann sich das leisten, weil seine Truppen gerade die des Papstes geschlagen haben und ein Dispens für die eigentlich verbotene Ehe mit der Schwester der verstorbenen Frau billig zu haben wäre. Doch sie, Elizabeth Tudor, kann nur legitim sein, wenn ihr Vater seine erste Ehe auflösen konnte, weil sie gegen Gottes Gebot geschlossen war. In Felipe würde sie den Witwer ihrer Schwester heiraten und damit den gleichen „Irrtum" begehen wie einst ihr Vater, und ihre Kinder wären nicht mehr als Bastarde.

Umgehend lehnt Elisabeth deshalb diese Ehe ab. Feria macht sie unmissverständlich klar, sie verdanke ihre Regierung ihrem Volk, nicht dem Schutz Felipes! Feria kann nur melden: „Wir haben ein Königreich mit allem, was dazu gehört, verloren!" Sein König fürchtet den Protestantismus weniger als die Machtansprüche Frankreichs und lässt Elizabeth gewähren. Die Königin hat damit eine der größten Befürchtungen ihrer Untertanen ausgeräumt: Sie wird „den Spanier" Felipe nicht heiraten!

Elizabeth wird Frankreich nie verzeihen, dass sein König unmittelbar Marie Stuart hat proklamieren lassen, dabei vergisst sie gern, dass sie selbst die Lilien Frankreichs in ihrem königlichen Wappen führt, wie ihre Vorgänger seit Henry V. (1420). In Elizabeths Verständnis wirft Marie Stuart ihr mit dem Anspruch auf die englische Krone den Fehdehandschuh vor die Füße. Elizabeth beneidet die vom Glück verwöhnte Rivalin, die wenige Tage nach der Geburt proklamiert und bevor sie ein Jahr alt ist gekrönt wird, die bewundert und gehätschelt die *Reinette* der königlichen Kinderstube Frankreichs ist und die ihr unausgesprochen vorwirft, ihre Mutter sei eine Hure und sie, Elizabeth, habe nicht nur kein Recht auf den Thron, sondern auch noch ihren, Marie Stuarts, legitimen Anspruch usurpiert. Marie steht mit dieser Ansicht nicht allein, Elizabeth Tudor bleibt für viele im In- und Ausland immer nur die erste Wahl des englischen Volkes, und man wartet begierig auf ihr Scheitern.

Sie braucht also die dauerhafte Liebe des Volkes nicht nur aus Eitelkeit, sondern auch als Gegengewicht zu den Zweifeln an ihrer Herrschaftsberechtigung von Seiten des internationalen Hochadels. Zunächst ist sie einzig deshalb akzeptiert, weil es keine Alternative gibt. Also achtet sie peinlich darauf, sich strikt nach den geltenden Gesetzen verhalten. Sie erlaubt zunächst keinerlei öffentliche Kritik an der Regierung der gewesenen Königin. Am 14. Dezember wird Elizabeth die Halbschwester feierlich und mit allen einer Königin zustehenden Ehren in Westminster Abbey beisetzen lassen.

Magie und Manie

Am 22. November reist Elisabeth Tudor von Hatfield nach London, sie reitet politisch korrekt in Trauerkleidung in ihre Stadt ein, doch in London ist von Trauer keine Spur, der Jubel des Volkes nicht zu bremsen! Elizabeth ist nicht eigentlich schön, dazu ist ihre Nase zu lang und ihr Gesicht zu schmal, einzig ihr langes rotblondes Haar und ihre schmalen und langfingrigen Hände sind ungewöhnlich schön. Elizabeth hat aber – wie ihre Mutter Anne Boleyn – ein unerhörtes Geschick, sich zu kleiden und damit Mängel zu vertuschen und Vorzüge zu betonen. Ihre Roben sind mit Abstand die raffiniertesten des Hofes und meist über und über mit Edelsteinen besetzt. Kleider und dazu getragenes Geschmeide funkeln um die Wette, und die Königin erscheint vor Hof und Volk als imposantes Gesamtkunstwerk, als strahlende Ikone der Macht. Nur wenn sie in der Aura ihrer Diamanten solitär und über allen und allem thront, wird sie vom Bewusstsein erfüllt, wahrhaft souverän zu sein. Um nichts in der Welt wird sie diese Wonne je mit einem anderen Menschen teilen. Hier liegt ihre Weigerung, sich zu verheiraten, im Innersten begründet. Um solitär bleiben zu können, um ihrer Sucht nach Einmaligkeit frönen zu können, wird die protestantische Fürstin die katholische Tugend der Jungfräulichkeit im Laufe der Jahre für sich vereinnahmen und instrumentalisieren. Das dürfte kaum ein im Vorhinein gefasster Plan sein – weitgreifend zielgerichtete Strategien sind ohnehin nicht Elizabeths Sache – das ist eine Metamorphose, die sich aus den wechselnden Erfordernissen der Zeit fast zwangsläufig entwickelt.

So in Szene gesetzt, entfaltet sie eine fast magische Fähigkeit, Menschen für sich zu gewinnen, indem sie für die Dauer des Kontaktes von einem Idol zu einem Menschen wird, intensiver Hinwendung fähig, ein Eindruck, der durch ihre starke Kurzsichtigkeit noch gesteigert wird.

Das ist ihr großer Vorzug, ein Pfund, mit dem sie – zu Recht – ungeniert wuchert, genau wie mit der Tatsache, dass ihre Herkunft rein *englisch* ist. Sie beruft sich in ihrer ersten Ansprache in London auf Gottes Gnade. Benennt ihr Vertrauen in Gottes Fügung und die

Liebe ihres Volkes als Beweis und Ursache ihrer Macht. Das bringt ihr eine Sonderstellung, denn wer von Gott berufen ist, dessen Geschlecht ist bedeutungslos – heißt es schon im Alten Testament. Die Protestanten strömen aus dem Exil herbei, um das neue Jerusalem zu errichten. Doch Elizabeth sucht gerade in der Religionsfrage den Kompromiss, mit dem alle Engländer leben können.

Ab 28. November nimmt sie den Tower als Königin in Besitz – ob sie das Grauen der Vergangenheit, das für sie und viele andere auf diesem Bauwerk lastet, wirklich überwinden kann? Im Anschluss besucht sie in schneller Runde die Londoner Residenzen Somerset House, Westminster Palace und Whitehall. Hier wird Weihnachten gefeiert, und hier werden die Grundlinien ihrer Hofhaltung festgelegt. Sie ist jung und ihr Hof soll feiern, vor Mitternacht ist kein Ball zu Ende, Elizabeth selbst ist eine leidenschaftliche und ausdauernde Tänzerin.

London, Dezember 1558 bis Januar 1559

Krönungsvorbereitungen

Elizabeth hat ein Faible für Astrologie, was bei ihrem sonstigen Vernunftdenken einigermaßen verwundert. Dr. John Dee, Mathematiker und Astronom, hat sie in Astronomie und Astrologie unterrichtet. Als Maria Elizabeth in den Tower schickte, hat sie sich von Dee ein Horoskop erstellen lassen, der fing sich damit eine Anklage wegen Hexerei und Zauberei ein. Nun schickt Elizabeth Robin Dudley zu Dee, er soll den geeigneten Tag für ihre Krönung berechnen. Am 15. Januar 1559 stehen die Sterne optimal. Die Vorbereitungen können beginnen.

Seit der Zeit Williams des Eroberers reitet für jeden neuen König ein *Champion of England* genannter Ritter durch Whitehall, um jeden herauszufordern, der des Königs Anspruch auf die Krone bezweifelt. Das Recht auf diesen Ritt beansprucht bei Elizabeth Sir Edward Dymoke of Scrivelsby, dessen Familie dieses Amt seit Generationen ausübt. Er selbst ist schon für Edward VI. und Maria I. geritten. Als er für Elizabeth seiner Pflicht nachkommt, macht sich ein unbehagliches Schweigen breit, doch keine Stimme erhebt sich …

Der Beginn eines Zeitalters

Königin Elizabeth I. Tudor ist bereit

Am 10. Januar begibt sich Elizabeth von Whitehall zum Tower, mit ihr in der königlichen Barke werden Kate Ashley, William Cecil, Robin Dudley, die Botschafter Feria (Spanien) und Noailles (Frankreich) und wenige handverlesene Damen und Herren die Themse hinabgerudert. Gewissenhaft bereitet sich Elizabeth Tudor auf den großen Tag vor. Der Krönungsring symbolisiert auch beim männlichen Souverän eine Art Ehe mit Reich und Volk. Elizabeth Tudor wird diese magische Ehe zu ihrer einzigen und wahren stilisieren, ihre einzige Existenzberechtigung wird ihre Herrscherpflicht sein. Kann sie ihre Pflicht nicht erfüllen, wird sie im Tod dem Volk den letzten Dienst erweisen und einem anderen Herrscher Platz machen.

Fraglich, ob sie selbst in dieser Nacht ihr Ziel so klar definieren kann, fraglich, ob sie es zu irgendeinem Zeitpunkt ihres langen Lebens je will oder wirklich kann, unzweifelhaft ist das Teil des Bildes, das der Nachwelt vermittelt wird: Die große, die selbstlose Königin, die den Grundstock für das Empire legt. Nun ja, ihr hätte diese Huldigung sicher gefallen, die nie ganz lösbare Frage bleibt jedoch: Was hat Elizabeth je zielgerichtet getan? Wie hätte sie sich der unmittelbaren Folgen ihres Tuns oder gar des Nachruhms sicher sein können? Ist nicht viel eher die Unsicherheit ein essentieller Grundzug ihres Wesens und ihres Verhaltens? Sind es nicht diese Fragen, die der Person Elizabeth Tudor bis heute Aufmerksamkeit sichern? Eins zumindest versteht sie, und darauf ist sie immer brillant vorbereitet: Wirkung zu erzielen! Das wird ihr während des Krönungszuges unbedingt gelingen!

Krönungszug und Krönung

Der bedeckte Winterhimmel bildet einen düsteren Rahmen für ein farbenprächtiges Spektakel, leichter Schneefall sorgt trotz aller Freude immer wieder für ein leichtes Frösteln, besonders bei jenen, die schon die ganze Nacht für einen Platz in der ersten Reihe ausgeharrt haben. Fröstelt auch die Königin, als sie im Hof des Tower wartet und sich erinnert, dass es erst oder schon fünf Jahre her ist, als sie die gleiche Strecke hinter Königin Maria neben Anna von Kleve zurücklegte?

Die wartenden Massen und die Hausbesitzer, die sich tagelang gemüht haben, die aufgeweichten Straßen einzuebnen und mit Sand und Kies zu festigen, werden zunächst durch das Defilee der Hofgesellschaft entschädigt, der Glanz ihrer von Gold und Edelsteinen gleißenden Kleidung bringt Licht in den dunklen Wintertag. Vor der Königin haben sich die Höflinge zu Pferd aufgereiht, an die Tausend sollen es sein, berichten Augenzeugen.

Endlich erscheint Elizabeth selbst in einer offenen Sänfte – ganz in Gold gepolstert. Sie trägt ein goldenes Gewand und über dem offenen Haar eine goldene Krone mit prächtigen Edelsteinen. Sie ist ein veritables Idol, die Steifheit ihrer Kleidung lässt gerade das Oval ihres Gesichts frei. In ihren Händen, die sie auch an diesem kalten Tag nicht bedecken mag, hält sie ihre Handschuhe. Sie ist umgeben von ihren Fußsoldaten in purpurroten Samtwämsern mit der weißen Rose Yorks auf der Brust und der roten Lancasters auf weißem Grund auf dem Rücken. Dazu tragen sie erstmals die in Silber gehämmerten Initialen ihrer Königin: E R – Elizabeth Regina. Unmittelbar hinter ihr reitet Robin Dudley gefolgt vom Lord Haushofmeister und den anderen Mitgliedern der *Privy Chamber*. Am Tor des Towers lässt Elizabeth halten, um eingedenk ihrer Gefangenschaft Gott mit einem Gebet für ihre Rettung aus dieser Löwengrube zu danken.

Was die Beobachter aufmerken lässt, ist die Zuwendung und leichtherzige Art, mit der sie jedem begegnet, der sie anruft oder sich ihr nähert. Sie antwortet schlagfertig und mit Witz. Immer wieder lässt sie halten, um sich Bitten und kleine Vorträge anzuhören, Blumen oder andere Gaben entgegenzunehmen.

Lebende Bilder säumen – wie üblich – Elizabeths Weg. Jedes wird auf einer Schrifttafel in Englisch und Latein in Versform erklärt und dient zu der Königin Lob. Ihr Stammbaum wird personifiziert, Großeltern und Eltern erscheinen, Anne Boleyn als ehrenwerte Königin. Wenn Elizabeth naht, tritt jeweils ein Kind vor und erklärt das Gezeigte. Die Königin kreiert etwas sensationell Neues: Sie lässt halten, lobt, wenn ihr etwas besonders gut gefällt, oft muss sie um Ruhe bitten, um die kleinen Vortragskünstler verstehen zu können, zu aufgeregt schnattert die Menge, zu temperamentvoll spielt die Musik bei den bereits passierten oder noch zu bestaunenden Bildern. So bekommt die königliche Macht ein menschliches, ein weibliches, ein mitfühlendes Gesicht. Oh ja, Elizabeth hat ein angeborenes Gespür, die Liebe ihres Volkes zu wecken, jeder Einzelne glaubt, ihr Mitgefühl, ja ihre Liebe, gelte ihm ganz persönlich, wenn der Blick aus den dunklen, intelligenten und humorvollen Augen der Anne Boleyn ihn unvermutet trifft, umgeben von der rotblonden Blässe ihres unvergessenen *Great Harry*! Die Jubelrufe dieses Tages entschädigen Elizabeth für die Ängste der letzten Jahre.

Für das Verhältnis von Volk und Monarchin ist dieser Krönungszug wichtiger als die vielstündige mittelalterliche Zeremonie der Krönung. Doch auch hier setzt Elizabeth zukunftweisende Zeichen. Das Krönungsritual und die Messe werden in Latein gehalten, doch der Segen wird in Englisch erteilt. Der zelebrierende Bischof darf zwar als erster die Huldigung leisten, doch dann kommen die weltlichen Herren vor den Würdenträgern der Kirche.

London, 25. Januar bis März 1559

Die Regierungsarbeit beginnt

Mit ihrer ersten Parlamentssitzung beginnt für Elizabeth die Arbeit des Herrschens. Vordringliches Problem ist die Beilegung des Religionsstreites. Die Königin stellt klar, dass sie einen „mittleren Weg" anstreben und durchsetzen will, um gewaltsame Auseinandersetzungen zu vermeiden. Man einigt sich darauf, die nötigen formalen Vorschriften möglichst schnell zu erarbeiten und zur Abstimmung zu stellen.

Zum Heil der Krone, der Dynastie und der Religion muss Elizabeth unbedingt heiraten, der Sprecher des *House of Commons* stellt diese Forderung unerbittlich. Weil die Reformation das Jungfräulichkeitsideal abgewertet hat, drängen die Protestanten umso stärker auf eine Verheiratung der Königin.

Wie aber ist das Dilemma zu lösen, dass die regierende Souveränin nur Gott verantwortlich ist, die Ehefrau aber der Jurisdiktion des Ehemannes untersteht? Gewöhnlich geht auch der königliche Rang in den Besitz des Ehemannes über und bleibt ihm lebenslänglich. Egal, wen die Königin heiratet, der Gatte kann den Herrschaftsanspruch teilweise oder komplett für sich beanspruchen. Das macht es so gut wie unmöglich, einen geeigneten Kandidaten zu finden, der seinerseits allgemeine Zustimmung findet. Eine Herrscherin, die sich einem Ehemann unterordnet – ein unvereinbarer Widerspruch in sich!

Elizabeth selbst hat, wie Zeitgenossen bestätigen, schon mit acht Jahren gesagt, sei werde nie heiraten. Objektiv betrachtet gibt es für sie keinen überzeugenden Grund zu heiraten, aber viele, die dagegen sprechen, man bedenke allein die erschreckend hohe Zahl der Tode im Kindbett in ihrem familiären Umfeld. Man bedenke auch, wie sehr Marias Ansehen unter ihrer Ehe gelitten hat und in welch absurde Situationen sie ihr unbändiger Kinderwunsch getrieben hat. Ein Ausländer ist bei der Fremdenphobie ihrer Engländer *per se* gefährlich, ein englischer Hochadliger würde unweigerlich den Hof in unversöhnliche Parteien spalten, und die Heirat mit einem Rangniederen würdigt Königin und Krone herab. Trotz all dieser unüberwindlichen Schwierigkeiten muss Elizabeth das politische Machtinstrument einer möglichen Heirat in ihr Repertoire aufnehmen und nutzen, zumindest solange sie als Person noch begehrenswert ist. Schließlich hat sie geschworen, private Wünsche dem Wohl des Staates unterzuordnen. Wenn sie 1559 von ihrem Wunsch nach Ehelosigkeit spricht, betont sie damit ihren keuschen Lebenswandel und ihre Ergebenheit in den Ratspruch Gottes. Dabei ist noch mit keiner Silbe gemutmaßt, was die Lebensgeschichte ihrer Mutter Anne Boleyn und die bedrohliche Unsicherheit während ihrer Kindheit und Jugend, ja die zeitweilige physische Bedrohung des nackten Lebens, wie real die auch immer gewesen sein mag, psychisch, emotional und mental in ihr ausgelöst haben …

Der Reigen der Freier

Ex-Schwager Felipe de España, der Engländer ärgste Befürchtung, ist aus dem Rennen, doch es gibt noch andere königliche Bewerber. Da ist der Schwede Eric aus dem Hause Wasa, der Schiffsladungen voller Geschenke schickt. Da ist der Kaisersohn, Erzherzog Karl, ein sehr zurückhaltender Bewerber, bei dem die zusätzliche Schwierigkeit darin besteht, dass er überzeugter Katholik ist. In der Diskussion um diese beiden heißt es, die Wasas seien Parvenüs, beim Erzherzog sei fraglich, ob das Angebot wirklich ernst gemeint ist, es könnte auch eine rein diplomatische Werbung sein. Dann ist da ein Sohn des Sachsenherzogs, der wäre wenigstens Protestant. Cecil, Sussex und Norfolk stehen ziemlich allein, wenn auch nicht gerade in unbedeutender Position, mit ihrer gemeinsamen Überzeugung, ein ausländischer Prinz bringe der Krone mehr Reputation.

Als englischer Bewerber wird der Earl of Arundel gehandelt, aus wirklich altem Geschlecht mit ein wenig Lancasterblut. Er hat all die Parteiungen der jüngeren Vergangenheit unbeschadet überstanden, was unbedingt für taktisches Geschick des zweimal verwitweten Endvierzigers spricht. In seinem Besitz befindet sich der Palast *Nonsuch*, Henrys VIII. größte Extravaganz. Elizabeth äußert sich nicht offiziell, flirtet aber ungeniert mit ihm. Arundel ist allerdings ein Intimfeind der Dudleys. Robin Dudley als Stallmeister ist nah an der Königin Ohr. Er und seine Schwestern votieren offiziell für den Erzherzog, vielleicht weil man weiß, dass der einen ziemlichen Wasserkopf hat und recht klein ist, weswegen er für Elizabeth nie in Frage kommen wird.

Der englische Höfling Sir William Pickering rechnet sich gute Chancen aus, denn Elizabeth neckt ihn gern und schmachtet ihn an, er merkt nicht, dass sie es nur tut, wenn Robin Dudley es sehen und hören kann. Cecil spricht manchmal von Châtelleraults Sohn, der allerdings in Frankreich festsitzt, als Pfand für des Vaters Wohlverhalten. Mit ihm könnte man gar Marie Stuart Schottland abnehmen, nicht einfach, aber unter gewissen Umständen eine Option …

Elizabeth flirtet schamlos mit Ihrem *Master of the Horse*, dann wieder mit Arundel, oft auch mit Pickering, und gibt schließlich die Parole aus, eingedenk der Geschichte ihrer Stiefmutter Anna von Kleve werde sie Malern nicht trauen und keinen Mann heiraten, den sie nicht zuvor persönlich gesehen habe. Welcher Prinz von Geblüt wird das Wagnis eingehen, sich einer persönlichen Begutachtung zu stellen, um im Falle des Missfallens zu einer internationalen Lachnummer zu werden? Die Frage ist in den 1560er Jahren nicht ob, sondern wen Elizabeth Tudor heiraten wird. Aber auch diese Frage tritt in den Hintergrund, es gilt die Verhandlungen um den Frieden mit Frankreich zu einem guten Ende zu bringen, dabei ist zu beachten, dass Frankreich durch sein Bündnis mit Schottland und den Einfluss auf die dortige Regierung England doppelt gefährlich werden kann.

Arabesken frühneuzeitlicher Diplomatie

Elizabeth Tudor ist nach kanonischem Recht ein Bastard, da Catalina, die Ehefrau ihres Vaters, noch lebte, als eine andere Frau, Anne Boleyn, ihm, Henry VIII. Tudor, Elizabeth schenkte. Nicht vergessen werden darf, dass „Königin" Anne nach englischem Recht als Ehebrecherin zum Tode verurteilt und ihre dreijährige Tochter Elizabeth vom König zum Bastard erklärt worden ist.

Als Maria Tudor stirbt, befindet sich Frankreich seit sieben Jahren mit Spanien und seit über einem Jahr mit England im Krieg. Die Könige Englands nennen sich – wie erwähnt – seit Henry V. Könige von Frankreich und führen Frankreichs Lilien im Krönungswappen. Da hat der König Frankreichs die unzweifelhaft rechtmäßige Königin der Schotten, Marie Stuart, als Schwiegertochter und künftige Königin Frankreichs an seinem Hof. Sie ist in unanfechtbarer königlicher Linie Enkelin des Königs Henry VII. Tudor und somit eine legitime Erbin des Thrones von England! Roi Henri II. de France kann gar nicht anders, als Marie zur Königin von England zu proklamieren, eine Frage der Ehre. Diese Ehre erfordert allerdings nicht, den Worten Taten folgen zu lassen. Ganz im Gegenteil, man ist ja auch Realist, und Frankreichs Kassen sind erschöpft, also verhandelt man mit dieser „selbsternannten" Königin von England um einen Frieden, das verlangt das Staatswohl – und die Diplomatie ist dazu da, diese unvereinbaren Gegensätze für den Moment zur Deckung zu bringen. Das ist *business as usual* der Diplomatie des 16. Jahrhunderts.

Felipe II. de España kann seinerseits Elizabeths Anspruch nicht wegfegen, denn dann kommt die Stuart und mit ihr Frankreich. Also unterstützt er Elizabeth, und das katholische Europa folgt nach und nach seinem Beispiel. Doch damit ist das Thronrecht Marie Stuarts keineswegs *ad acta* gelegt, es besteht unvermindert.

Paris, 22. Januar 1559

Familie Guise steigert ihre Reputation

Marie Stuart ist strahlender Mittelpunkt der Feiern zur Hochzeit ihrer Spielgefährtin Claude de France (12) mit ihrem Guise-Vetter Charles II. (le Grand), Duc de Lorraine (16), Sohn der schönen Kaisernichte Christina von Dänemark. Damit heiratet eine Tochter des regierenden französischen Königs den regierenden Fürsten von Lothringen, ein weiterer Triumph des Hauses Guise-Lorraine. Diese Heirat wird von den Guise bewusst auf das Datum eine Woche nach Elizabeths Krönung gelegt. Die Guise betreiben europäische Familienpolitik und wollen die *Aude Alliance* auf England ausdehnen, Elizabeth wird diese Familie zu Recht zeitweilig mehr fürchten als das Haus Frankreich!

Paris und London, März bis Mai 1559

Der Friede von Cateau-Cambrésis

Die unter Maria Tudor aufgenommenen Friedensverhandlungen mit Frankreich laufen in den ersten Monaten der neuen Regierung nur schleppend weiter. Marie Stuart schreibt in der Sache an ihre Mutter, ein erster Beweis, dass sie, derzeit gerade sechzehn, sich überhaupt mit Staatsangelegenheiten befasst. Calais, eine in England hochemotionale Angelegenheit, könnte zum Hemmschuh für den Frieden werden. Aus französischer Sicht gibt es eine einfache Lösung: Marie Stuart hat unbestreitbaren Anspruch auf Englands Krone und man könnte ihr, da sie auch französische Dauphine ist, Calais überschreiben. Cecil hat diese „Kränkung" in eigener Handschrift aufgezeichnet, von französischer Seite sind Klagen überliefert, dass man gezwungen sei, mit einer „Thronräuberin" zu verhandeln. So findet sich im endgültigen Vertragstext keine klare Aussage zu Calais, aber immerhin muss England keine Kriegsleistungen mehr aufbringen. Elizabeth hat im Vorfeld getönt, sie werde ihre Unterhändler köpfen lassen, sollten sie es wagen, ohne Calais zurückzukommen, aber da Cecil Calais nicht sonderlich wichtig findet und sie weder die gesicherte Position noch die militärischen Mittel hat, irgendetwas zu erzwingen, akzeptiert Elizabeth Tudor den Vertrag.

Ob das nun politische Klugheit ist oder Unfähigkeit zu klaren Entscheidungen, die von Elizabeths nervösem Temperament herrührt: wer weiß das schon? Möglich, dass sie nie einem erklärten politischen Kurs folgt, sehr gut möglich, dass sie sich immer nur so durchschlängelt und man erst im Nachhinein meint, darin einen Kurs erkennen zu können. Die Frage bleibt für immer offen, denn man weiß ungefähr, was Elizabeth getan hat und was nicht, doch nie hat sie selbst explizit erklärt, was sie wann warum und wie getan hat.

Königin des Flirts – Statthalterin der Kirche

London und Hof, ab April 1559

Zu große Intimität!

Einige Monate hat die Hofgesellschaft ihrer jungen Königin mit mehr oder weniger ausgeprägtem Wohlgefallen zugesehen, wie sie bei Empfang und Jagd, im schnellen Wortspiel, bei Tanz und Spiel die mehr oder weniger jungen Herren ihrer Umgebung in ihren Bann zieht. Man weiß, wie abgeschieden sie gelebt hat und gönnt ihr das Vergnügen. Die hohe Kunst der Gunst ist, diese nach dem Gießkannenprinzip zu verteilen, doch ungefähr Anfang April steht fest, dass Elizabeth ihre Gunst nur noch über einen ergießt, der damit in den Ruch gerät, ein Günstling zu sein: Robin Dudley. Das Fatale ist, dass ihr Benehmen suggeriert, sie bedenke ihn nicht nur mit königlicher, sondern auch mit weiblicher Gunst, die so weit geht, dass ihre Jungfräulichkeit in Frage steht. Gar zu oft jagen die beiden ausgezeichneten Reiter der Gesellschaft davon und bleiben ungebührlich lange verschwunden, allzu oft berührt die Königin ihren *Master of the Horse* in einer Weise, die ganz andere Berührungen zu versprechen scheint.

Vor allem bekommt Robin Landgüter und einträgliche Handelsmonopole überschrieben. Könige können ihre Gunst derart ausdrücken, bei einer Königin ist das schon etwas anderes, noch schlimmer ist, dass Elizabeth stets und ständig Robin Dudleys Lob singt und jeden niedermacht, der auch nur die geringste Kritik an seinem Tun und Lassen wagt. Er sagt, seine Räume unter ihren seien feucht, schon bekommt er die neben ihren. Weil er ihr Liebhaber sei, heißt es ...

Eine Königin kann viel, aber nicht wie ein König Liebschaften pflegen, und die Königin Elizabeth Tudor sollte da eigentlich ganz besonders vorsichtig sein. Als Tochter Anne Boleyns und als Protestantin, da die Katholiken protestantischen Frauen ohnehin gern Zügellosigkeit nachsagen. Sie gießt mit ihrem Verhalten gegen Dudley Wasser auf die Mühlen aller skandalgierigen Plaudertaschen, denn immerhin ist Robin verheiratet und ein Verhältnis mit ihm wäre eindeutig Ehebruch. „Man" hat es ja immer gewusst: Das Boleyn-Blut!

Botschafter Throckmorton berichtet aus Frankreich, Marie Stuart mache bereits Witze darüber, dass Cousine Tudor ihren Pferdeknecht heiraten wolle. Da Throckmorton weiß, dass diese Nachricht Elizabeth ganz besonders ärgert, wiederholt er sie ständig und macht klar, dass seine Situation am Hof Frankreichs unhaltbar wird, wenn diesen Gerüchten nicht schnellstens der Garaus gemacht wird. Um den Ernst der Lage klar zu machen, erinnert er Elizabeth, dass Robin als Komplize seines Vaters angeklagt gewesen sei, als der alte Dudley Jane Grey auf den Thron bringen wollte. Dieses Majestätsverbrechen sei gleichermaßen gegen Maria Tudor und sie, Elizabeth, begangen worden.

Was ist mit der kühl taktierenden Elizabeth aus der Zeit Marias geschehen? Den Botschafterbrief in der einen Hand lacht sie laut und krault mit der anderen Dudleys Kinn? Cecil fürchtet, Elizabeths Verhalten sei nur Vorbote noch größerer Verrücktheiten, will sie diesen Dudley etwa wirklich heiraten? Dann wäre die ohnehin fragile internationale Anerkennung schnell dahin!

Der Elisabethanische Stil – oder: *dressed to kill*
Innerhalb klar definierter Grenzen gehört es in der höfischen Kultur bei einer jungen, unverheirateten Königin zur allgemeinen Insze-

nierung, amouröse Verehrung einzufordern und anzunehmen. Elizabeth tritt immer in der Doppelrolle als die königliche Königin und die tugendhafteste und schönste Dame auf. Sie hält die Adligen in ihrem Bann als Herrscherin, zieht sie aber noch lieber in emotionale Abhängigkeit durch unvermittelten Rollenwechsel zwischen unantastbarer Königin und kokettierender Frau. Sie läuft stets Gefahr, die erotischen Aspekte der höfischen Kultur zu überreizen. Sie ist nahezu krankhaft eitel und neigt zu schamlosem Einsatz ihrer Weiblichkeit, um herrisch eine sinnlich aufgeladene Bewunderung einzufordern. Sie nimmt sich das Recht – wie ein männlicher Herrscher – ihre Sexualität zu ritualisieren, nur kann sie nicht mit Potenz protzen, sie muss den „Beweis" stets schuldig und unberührt und unberührbar bleiben. Die Männer müssen sich ihr in glühender Liebe unterwerfen, doch sie bleibt – gefangen in ihrer Weiblichkeit – die Einlösung stets schuldig. Das wissen beide Seiten, und das gibt dem Kult um ihre Person von Anfang an etwas ungesund Fieberhaftes und, da sie den Zeitpunkt eines altersadäquaten Umschwungs verpassen wird, zunehmend Peinliches. Doch noch ist Elizabeth fünfundzwanzig, die jugendliche Frische ihrer „englischen" Farben gepaart mit ihrer geistigen Wachheit und verbalen Schlagfertigkeit haben durchaus einen eigentümlichen Reiz.

Beidseitiger Nutzen?

Ungefähr zwei Drittel der wichtigen Adligen leben überwiegend am Hof, dem Einfluss von Elizabeth ausgesetzt – aber auch mit Einfluss bei ihr. Sie macht Politiker zu Höflingen und umgekehrt. So kann auch politischen Einfluss haben, wer kein solches Amt hat. Einfluss bei Hof schlägt mit der Zeit die örtliche Macht in der Provinz. So könnte man meinen, dass Elizabeth Tudor ungewöhnlich fähige Männer, die keine Chance auf ein politisches Amt haben, protegiert, um aus ihren Fähigkeiten Nutzen für ihr Reich zu ziehen. Doch zumindest bei den wichtigsten Favoriten Dudley, später Earl of Leicester, und der Zeit weit vorausgreifend: Raleigh und Essex, ist es stets die äußere Erscheinung, die Elizabeths Interesse weckt. Mit ihrer Intelligenz hat sie früh erkannt, dass es Beziehungen mit Männern Festigkeit und Dauer verleiht, sich für ihre persönlichen

Leidenschaften zu interessieren – insbesondere wenn man ihre erotischen nicht wirklich zu erfüllen bereit ist. Also hört sie zu, wenn Dudley, der seines Vaters Interesse für die Marine übernommen hat, über die Möglichkeiten einer Modernisierung der Flotte, über innovative Kapitalvermehrung durch Finanzierung von Kaperfahrten spricht. Später wird sie Raleighs Ideen zur Kolonialisierung lauschen, aber ihr Engagement für seine Sache wird nur halbherzig sein, das, was Essex später als Kind seiner Generation eigentlich fordert, wird sie nie wirklich verstehen, sie wird nur immer wieder den Wünschen seines persönlichen Ehrgeizes nachgeben und damit ihn und letztlich sich selbst zum Scheitern verurteilen. Doch das sind Probleme einer noch fernen Zukunft, im Augenblick geht es um den ersten Favoriten Dudley …

Der eine oder nur einer unter vielen?
Elizabeth nimmt vorgetäuschte Liebe gern für bare Münze und verteilt sie auch ebenso, doch nie darf jemand vergessen, wer sie wirklich ist! Da Königin Elizabeth dieses Spiel liebt, müssen alle es mitspielen. Vielleicht meint sie ja, da Robin ein Freund aus Kindertagen und ein verheirateter Mann ist, könne sie es mit ihm unbefangener spielen, als mit einem, der auch als Freier in Frage kommt. Da sie das echte Liebesspiel in allen Facetten bis zum Vollzug, vor allem aber die Variationen des eigentlichen Spiels nicht kennt, merkt sie vielleicht wirklich nicht, was sie wann und womit preisgibt. Es ist möglich, dass es auch Robin relativ spät dämmert, dass sie ihn liebt, soweit ihr das möglich ist. Die Erkenntnis mag für ihn erregend oder erschütternd gewesen sein. Wie auch immer: Im Augenblick ist Ehefrau Amy praktisch, keiner von beiden muss, darf, kann sich bekennen und: Konsequenzen ziehen.

London und Dudley, seit 1553
Zum Stand der Dinge bei den Dudleys
Jane Guildford kämpft als Witwe trotz aller Trauer und ihrer 45 Jahre wie eine Löwin für ihre verbliebenen Kinder. Alle Besitztümer sind von der Krone eingezogen, ihr ist nur ein kleines Gut aus ihrer Mitgift geblieben und ein Haus in Chelsea. Schwiegersohn Henry

Sidney unterstützt sie vorbehaltlos, erwirkt über Felipe Erleichterungen bei Maria. Sohn John wird wegen Krankheit freigelassen und stirbt wenige Tage später. Sohn Robin lebt trotz Ehefrau Amy in klammen Verhältnissen, kann kaum die Arzneirechnung der Mutter bezahlen. Die Dudleys sind damit zum zweiten Mal in der Tudorzeit total ruiniert.

Aus dem Tower entlassen, ist Robin mit Felipe auf den Kontinent gereist, hat gegen Frankreich gekämpft, sein Bruder Henry fällt dort. Robin Dudley ist es, der Maria den bevorstehenden (letzten) Besuch Felipes meldet. Nach England zurückgekehrt, hat er mehrfach Elizabeth finanziell unterstützt, sie dankt es ihm ewig. Sie halten Verbindung über treue Sekretäre und Lehrer, persönliche Kontakte finden eher nicht statt.

Es geht die Fama, Robin und Elizabeth seien am gleichen Tag, ja gar zu gleicher Stunde geboren – es gibt keine Gegenbeweise! Wahrscheinlich haben sie sich mit acht kennen gelernt, als Robins Vater Stallmeister der Anna von Kleve war. Es ist wahrscheinlich, dass sie zeitweilig gemeinsam das königliche Klassenzimmer unter Catherine Parrs Leitung besuchen. Intellektuell ist Robin Elizabeth ebenbürtig, aber ihn interessieren Mathematik und Naturwissenschaften mehr als klassische Bildung. Sicher haben sich die beiden in den folgenden Jahren immer wieder bei Hof getroffen. Während der gemeinsamen Towerhaft dürfte es keine Kontakte gegeben haben, aber vielleicht löst das gemeinsame Schicksal der Gefangenschaft im grauslichen Tower ja eine romantische Vorstellung von Verbundenheit aus.

Doch als Robin Dudley in der Stunde von Maria Tudors Tod nach Hatfield sprengt, kommt er nicht, um Elizabeth Tudors Herz zu erobern. Er braucht eine gut dotierte Stellung an ihrem Hof, hätte sicher auch gegen einen gewissen politischen Einfluss nichts einzuwenden. Er ist ein Höfling mit all dem unberechenbaren Ehrgeiz, den man für Erfolg in dieser Szene braucht, aber immerhin einer, der zu den seltenen loyalen seiner Spezies gehört. Seine Berufung zum *Master of the Horse* durch Elizabeth ist nicht überraschend, einer seiner Brüder hatte das Amt unter Edward inne, Robin selbst war schon dessen Hundemeister, eine Art Vorstufe auf der Karriereleiter der Hofämter.

Ein zweiter Seymour?

Robin Dudley ist ungefähr 180 cm groß, gut gewachsen und langbeinig. Sein dunkles Haar und sein Wetter gebräunter Teint bringen ihm den Beinamen „Gipsy" ein. Das und sein sicheres und elegantes Auftreten, sein Witz und seine Wortgewandtheit prädestinieren ihn für eine repräsentative Hofstelle und große Auftritte. Die von seinem Vater gepredigte Loyalität zum Souverän hat er verinnerlicht, und diese echte Loyalität braucht Elizabeth mehr als jeder andere Monarch, um ihre Ängste im Zaum zu halten. Robin Dudley ist der geborene Impressario, bewältigt seine Aufgaben mit Bravour. Er plant Elizabeths Einzug nach London, ihren Krönungszug und nebenbei noch die Unterhaltungen zu Weihnachten und Neujahr. Robin ist der Turnierkämpe der Königin, als Frau bleibt ihr verwehrt, selbst den Tjost zu reiten. Elizabeth kann allerdings fast jeden an ihrem Hof lahm reiten, Robin Dudley nicht, und bald nutzen beide ihre Reitkünste zumindest zum Alleinsein …

Robin Dudley ist und bleibt der Herr der Spiele, den sie zu ihrer Selbstinszenierung braucht, wie das Leben auf der Erde Sonne und Regen benötigt. Dreißig Jahre wird er mit den Vergnügungen des Hofes die Bühne liefern, auf der sie sich als unveränderlich jungfräuliche Königin anbeten lässt.

Ehemann und Politiker Dudley

Seine Jugendliebe und Ehefrau Amy sieht er nur noch selten, er lebt ständig am Hof. Im Frühling 1559 reist Amy viel und zeigt ungebrochenes Interesse an den neuesten Modetorheiten. Wie viele Frauen ihrer Zeit ist sie in der Lage, die gemeinsamen Landgüter selbständig zu führen, und Robin kommt das sehr gelegen. Briefe an Agenten und Verwalter beweisen ein ausgezeichnetes Einverständnis zwischen dem Ehepaar.

Mit einer rein zeremoniellen Rolle kann Dudley sich nicht zufrieden geben, er will Einfluss in nationaler und internationaler Politik, die Hausmacht des Vaters wiederherstellen, Gefolgsleute bieten sich ihm an. Außerdem braucht er immer Geld und pflegt die lukrativen Kontakte seines Vaters zu Großkaufleuten, Handels- und Kaperkapitänen.

Er wird schnell Abgeordneter von Norwich. Dudley gehört zunächst nicht dem Council an, hat nur einen Sitz bei den Commons im Parlament, das seit dem 25. Januar tagt. Reden sind von ihm nicht überliefert. Er ist kein Staatsmann und Meisterintrigant, aber er ist immer wohl informiert und hat zu allen Problemen eine dezidierte Meinung, die er sicher auch mit Elizabeth diskutiert. Cecil fürchtet den nicht kalkulierbaren Einfluss Dudleys auf die Königin, Dudley bemüht sich eher um Einverständnis mit dem anerkannten politischen Kopf von Elizabeths Regierung.

Bereits im April wird Feria seinem Herrn in den Escorial melden, alles an Königin Elizabeth Tudor sei Falschheit und Eitelkeit, sie fasele von ewiger Jungfernschaft und Eheverzicht und tanze im nächsten Augenblick mit diesem Verrätersohn Dudley die unzüchtige Volta und lasse sich von ihm mit fast entblößter Brust in die Höhe stemmen. Überhaupt könne Dudley tun und lassen, was immer er wolle, die Königin ginge völlig schamlos Tag und Nacht in seinen Räumen ein und aus. Schon (!) werde allenthalben gewispert, die Ehefrau Dudleys werde bald ein früher Tod ereilen, damit endlich Elizabeth ihren „*Sweet Robin*" – so nenne sie ihn bei offiziellen Anlässen! – heiraten könne …

London, 12. März 1559

Die Uniformitätsakte

Elizabeth hat von Anfang an betont, dass sie in der Religion einen Kompromiss sucht, der Radikale beider Seiten gleichermaßen ausschließt, und dies in ihrem ersten Parlament bestätigt. Schon am Krönungstag hat die Königin die Rückführung zur englischen Staatskirche beschworen, bis zur Durchführung waren noch Formalia zu regeln. Nun macht sie klar, dass sie trotz der Rückführung keine religiöse Verfolgung dulden wird, sie alle sind schließlich Engländer.

Das Land atmet auf. Juristisch übernimmt die Königin die Vorherrschaft über die englische Kirche, doch das Bischofsamt bleibt weiter bestehen. Zwar verweigern ursprünglich 17 der 18 unter Maria eingesetzten Bischöfe den Suprematseid, doch eine Grippewelle, die neun von ihnen dahinrafft, und kleinere Umbesetzungen lösen das Problem. Da eine Frau nach protestantischen Hierarchievorstellungen unmöglich Oberhaupt der Kirche sein kann, nennt Elisabeth sich nur *Governor*, nicht *Supreme Head of the Church*. Elisabeth Tudor ist in ihrem Selbstverständnis keine Theologin wie Vater und Bruder, sie will die anglikanische Staatskirche als für alle tragbaren „mittleren Weg." Suprematseid, Uniformitätsakte und Prayerbook sind die pragmatischen Grundlagen, durch die sich die englische Kirche von der römischen unterscheidet. Basta!

Sie versteht die Sehnsucht nach Predigten nicht, diesen ständigen Drang nach Auslegung des Wortes. Sie selbst will lieber Gott im Gebet suchen als über ihn diskutieren. Ihre Schulung in Rhetorik lässt sie durchaus Gefallen an wohlgesetzten Worten und akademischen Streitgesprächen finden, doch sie bevorzugt, wenn schon Predigten, die eines Lancelot Andrews, der mehr die barocke Beredsamkeit der Jesuiten pflegt als das oberlehrerhafte Sendungsbewusstsein, das von den Protestanten so geschätzt wird. Diese Einstellung steht ihr auch im Weg, wenn es darum geht, die schottischen Lords der Congregation in ihrer Reformation à la Knox zu unterstützen. Sie lehnt eine Presbyterialkirche strikt ab, besteht auf hierarchischen Strukturen.

Altäre, Bilder und Votivtafeln werden aus den Kirchen wieder entfernt, sie lässt Gesetzestafeln und Tudorwappen anbringen, für ihren eigenen Altar besteht sie auf Kreuz und Kerze. Sie liebt kurze Predigten, redet aber auch dazwischen, wenn ihr etwas missfällt. Ihre Kirche soll konform und einheitlich sein, was die Untertanen *glauben*, ist ihre persönliche Sache – solange sie nicht mit der staatlichen Religionspolitik kollidieren. Sie will auf keinen Fall Religionskriege auf ihrer Insel, wie sie sich in Frankreich und anderen Staaten als unausweichlich abzuzeichnen beginnen. Die Einzelheiten der englischen Doktrin soll ein Theologengremium entwickeln. Am 22. Juni wird ihr Gebetbuch erscheinen, und bis 1563 wird England quasi zu den 39 Artikeln Edwards zurückgekehrt sein. Damit ist die Protestantisierung Englands abgeschlossen, die Durchsetzung gelingt unterschiedlich, doch selbst die eingesetzten Kommissionen verfolgen Regelverstöße zunächst sehr moderat. Der Katholizismus wird einfach ausgetrocknet, bleibt allenfalls für die Oberschicht noch interessant, ist dann aber im Grunde politische Willensbekundung. Auf Dauer wird die Lösung für Radikale beider Seiten dazu führen, dass Elizabeth den einen als Ketzerin, den anderen als Papistin gilt, doch für den Augenblick scheint das Religionsproblem in England gelöst.

Confessio Scotia gegen Aude Alliance

Perth und Edinburgh, Mai bis Juli 1559

Knox und die Congregation

John Knox war während Marias Herrschaft in Abwesenheit als Ketzer zum Tode verurteilt worden und hatte 1558 neben einer Genfer Bibelübersetzung und einem Aufruf an den schottischen Adel sein auf Maria Tudor und Marie de Guise gemünztes Pamphlet *„Erster Trompetenstoß gegen das monströse Regiment der Weiber"* veröffentlicht. Regentin Guise erklärt ihn für geächtet, doch im Mai 1559 kehrt er nach Schottland zurück und will endlich den Katholizismus ausmerzen!

In Perth gelandet, hält er vor begeisterten Anhängern eine aufpeitschende Predigt gegen den Götzendienst, aus der ein spontaner Bildersturm entsteht, der sich schnell ausweitet. Einige mächtige Lords, darunter James Stewart, wollen sich die aufgepeitschte Menge zunutze machen und bitten um englische Unterstützung. Cecil rät, Knox und die Lords der Congregation zu unterstützen, um Frankreich zum Abzug aus Schottland zu zwingen. Elizabeth kann den Fanatiker und Frauenhasser Knox nicht ausstehen und ist vor allem dagegen, Untertanen im Aufstand gegen ihren Souverän zu unterstützen, selbst wenn der Souverän Maria Stuart ist. Erst als Cecil ihr mit Rücktritt droht, lässt sie ihn gewähren, will aber eigentlich mit der Sache nichts zu tun haben.

Am 29. Juni zieht die Congregation im Triumph in Edinburgh ein, Regentin Guise zieht sich in der Hoffnung auf baldiges Eintreffen französischer Militärhilfe nach Leigh zurück.

Seitenwechsel und Rebellion

James Hamilton, Duc de Châtellerault und abgefundener Regent Schottlands, ist unter dem Einfluss der Hugenotten und inspiriert durch den Zulauf, den John Knox in der Heimat hat, doch wieder protestantisch geworden und sinnt auf Rückkehr nach Schottland. Heimlich reist er nach England, heimlich wohnt er bei Cecil, und heimlich verhandelt er wohl auch in Hampton Court mit Elizabeth, die der Regentin Guise in vor Aufrichtigkeit triefenden Episteln beteuert, sie habe keinerlei Kontakte mit den Lords der Congregation, die sich ihrerseits damit brüsten, die volle Unterstützung der englischen Königin zu genießen. In Schottland herrscht Rebellion, der Regentin Hilferufe an Frankreich verhallen ungehört, sie muss sich nach Dunbar zurückziehen. Nur ein treuer Untertan kommt aus Frankreich zur Hilfe: James Hepburn, Lord of Bothwell.

Paris, Juni bis September 1559

Ein tödliches Turnier

Am 22. Juni heiratet Marie Stuarts liebste Freundin unter den *Filles de France*, Isabelle (14), Spaniens König Felipe (32), den Witwer Marias von England, der sich bei der Trauung von Herzog Alba vertreten lässt. Die Feiern dauern eine Woche und im Rahmenprogramm finden Turniere statt, an denen sich der König trotz der Proteste Königin Catherines beteiligt. Die Medici hat eine düstere Prophezeiung des Nostradamus erhalten …

Im letzten Kampf dringt eine Lanze durch des Königs Helm ins Auge, zehn Tage dauert sein Sterben, am 9. Juli wird noch seine Schwester Marguerite mit Elizabeths Dauerfreier Savoyen verehelicht. Als Henri II. am 10. Juli stirbt, ist Marie Stuart Königin von Frankreich.

Der Übergang der Macht an François II. ist die Stunde der Guise, Marie Stuarts Onkel François wird Generalleutnant, de facto regieren er und sein Bruder Charles, der Kardinal, Frankreich. François II., Roi de France, ist genau fünfzehneinhalb Jahre jung und damit alt genug, offiziell selbst zu regieren, auch wenn er tatsächlich völlig unreif und unfähig ist. Catherine de Medicis hat ihren stets kränkelnden Dauphin verzärtelt, ihn weitgehend von der Last des

Lernens befreit, seiner Jagdleidenschaft dagegen freien Lauf gelassen, in der Hoffnung, dass der Sport an frischer Luft ihn kräftigen möge. Marie, die ein Jahr und einen Monat älter, aber entschieden reifer und sehr gut ausgebildet ist, wäre es ein Leichtes, François zu beherrschen, gar an seiner Stelle zu herrschen, doch sie zeigt kein Interesse an persönlicher Machtausübung, vertraut ihren Onkeln völlig. Der kindliche François ist von bewundernder Liebe zu ihr erfüllt und teilt ganz selbstverständlich ihr Vertrauen in die Herren Guise.

Die Allgegenwart der Guise zeigt sich schon bei der Beisetzung des gewesenen Königs: Kardinal Guise zelebriert, Elbœuf hält die Hand der Gerechtigkeit, Henri die Krone, Grandprior François das Zepter, Duc François das Königsbanner.

Wie absolut die Guise den Hof beherrschen, beweist eine ähnliche Ämterhäufung bei der Krönungszeremonie am 18. September für François II. in Reims. Marie nimmt daran nicht teil, da sie bereits gekrönte Königin ist und weil sie sich zu dieser Zeit, wie erwähnt, schwanger glaubt und erkrankt. Woran sie in Wahrheit leidet, wird nicht bekannt, die Schwangerschaft jedenfalls wird nie wieder erwähnt.

Marie de Guise, Regentin Schottlands, hat ihren treuen Lord Bothwell zur Krönung geschickt, aus England ist der 12-jährige Henry Darnley angereist, um bei Königin Marie die Rückgabe der Besitztümer seines Vaters zu erbitten, sie gewährt ihm huldvoll ein Geldgeschenk. Sie weiß nicht, dass sie ihre beiden künftigen Ehemänner getroffen hat, und widmet sich ganz ihrer Teenagertrauer, als Ende November Isabelle de France nach Spanien abreist, um dort ihr Eheleben zu beginnen. Marie bittet Felipe II. in einem persönlichen Brief, gut für ihre liebste Freundin zu sorgen.

Englischer Sommer

Der Klatsch über verdächtige Vertraulichkeiten zwischen Elizabeth Tudor und Robin Dudley ist im Juni bis an den Kaiserhof nach Wien gedrungen. Kaiser Ferdinand I. befiehlt akkurate Untersuchungen, sein Karl soll schließlich kein loses Frauenzimmer ehelichen! Die englischen Damen finden auch, dass Elizabeth etwas weit geht, sind aber sicher, dass sie die gewisse Grenze nie überschreitet. Robin Dudley wird zunehmend unbeliebter. Immer wieder werden Anspielungen auf seine Verrätervorfahren laut. Seine ständig gute Laune wird mehr seiner Arglist als seiner optimistischen Grundeinstellung zugeschrieben. Er wird inzwischen von vielen als prinzipienloser Opportunist gesehen, der alle Heiratspläne für Elizabeth hintertreibt, weil er beabsichtigt, die Königin irgendwann irgendwie selbst zu ehelichen.

Da gelingt es des Ex-Regenten Sohn James Hamilton, Earl of Arran, im Juli mit Hilfe englischer Agenten im Auftrage Cecils, heimlich nach England zu kommen. Da Arran nach seinem Vater Dritter in der Thronfolge ist, solange Marie Stuart keine Kinder hat und mit Elizabeth fast gleichaltrig, wird natürlich sofort wieder über eine Heirat zwischen den beiden nachgedacht. Beide gemeinsam könnten – unter dem Aspekt der Religion – mit etwas Glück und Kampf und reichlich englischem Geld sogar Marie entthronen und die Inseln zu einem Reich machen. Doch Elizabeth wechselt stets das Thema, wenn Cecil die Vorteile dieser Heirat diskutieren will.

Inzwischen ist offensichtlich, dass Robin Dudley für Elizabeth mehr bedeutet als jeder andere Höfling, und wo der Wille einer Königin ist, da findet sich auch ein Weg – auch wenn der Begehrte verheiratet ist. Es kursieren Gerüchte von einer schweren Krankheit Amy Robsards. Plötzlich wird allenthalben über eine mögliche Heirat spekuliert.

Feria hat England inzwischen verlassen, er geht in die Niederlande und dann nach Spanien, wo seine Frau ihr Haus für 50 Jahre zu einer Zufluchtsstätte für englische Katholiken macht. Neuer Vertreter Felipes an Elizabeths Hof ist Alvaro de la Quadra, Bischof von Avila. Unbestreitbar hat Dudley bei Quadra vorfühlen lassen, ob Rey Felipe einer Heirat zwischen ihm, Dudley, und der Königin zustimmen würde, wenn er, Dudley, garantieren würde, dass Elizabeth England zurück in den Schoß der Kirche Roms führen wird. Dudley erhält vage Zusagen aus Madrid, schätzt aber letztlich den möglichen Erfolg einer Rekatholisierung als zu gering ein, um einen Versuch zu wagen. Wenn er tatsächlich Zustimmung als

Königingemahl finden will, kann er das allenfalls als Champion des Protestantismus. Fortan wird er einer der emsigsten Protestanten seines Landes und stolz darauf sein.

Die ehrliche oder vorgebliche Sorge um den Ruf ihrer Königin führt zu Feindseligkeiten unter Mitgliedern des Hochadels. Thomas Radcliffe, Earl of Sussex, hätte nichts dagegen, wenn Dudley Elizabeth heiratet, er vertritt die These: Je leidenschaftlicher eine Liebe, desto wahrscheinlicher der Kindersegen. Für ihn und viele andere ist ein männlicher Thronfolger das, was England wirklich braucht. Der Duke of Norfolk sieht das ganz anders, für ihn wäre die Heirat seiner Königin mit dem Sohn eines hingerichteten Hochverräters eine Schande für Englands Krone und Adel, die es um jeden Preis zu verhindern gilt. Es geht das Gerücht, dass er bereit sei, Robin Dudley zu töten, um Königin und Krone vor dieser Anstößigkeit zu bewahren. Da landet am 1. Oktober Johann von Finnland als Werber für seinen Bruder Eric, den Kronprinzen von Schweden. Ihm gefällt es an Elizabeths unterhaltsamen Hof derart gut, dass er bis in den April des nächsten Jahres bleibt.

Edinburgh und London, 21. Oktober bis Ende 1559

Die Lords der Congregation

haben dank der Hilfe, die England auf Cecils Betreiben gewährt, großartige Zuwachsraten und fühlen sich stark genug, die Regentin für abgesetzt zu erklären. Elizabeth weigert sich, weitere Summen zu bewilligen. Um sie umzustimmen, berichtet Cecil ihr, die Guise planten einen Mordanschlag gegen ihre Person. Elizabeth bewilligt also widerwillig weitere Gelder, eine der letzten Freuden für die Regentin Marie de Guise, denn ihrem treuen Lord Bothwell, gerade zurück von der Krönung François' II. in Reims, gelingt es, den heimlichen Transport abzufangen und die gesamte Summe der Kriegskasse der Regentin zukommen zu lassen. Damit zieht er sich, obwohl selbst unerschütterlicher Protestant, den unauslöschlichen Hass der Congregation zu. Gleichzeitig gelingt es trotz der äußerst widrigen Herbststürme kleineren französischen Kontingenten, nach und nach in Schottland zu landen. Anfang November werden die Lords der Congregation bei Leith geschlagen und ziehen sich, nach einer weiteren Niederlage, die ihnen Bothwell beibringt, nach Stirling zurück. Die Regentin ist wieder Herrin der Lage, erkrankt aber im Dezember heftig an ihrem alten Herzleiden.

London, Leith und Paris, Anfang 1560
Elizabeth im Würgegriff der Guise?

Die Lage in Schottland ist derart verworren, dass Cecil sich schließlich bemüßigt fühlt, Anfang 1560 höchstpersönlich zu einem Treffen mit den Lords der Congregation zu reisen. Was er vorhat, läuft auf eine militärische Operation Englands auf schottischem Boden hinaus und könnte schnell in einen Krieg mit Frankreich ausarten. Andere Staaten könnten das Überschreiten des Tweed durch englische Truppen als Aggression werten und Partei ergreifen.

Also bemüht sich Elizabeth in der für sie typischen fieberhaften Art, Quadra plausibel zu machen, Frankreichs Kampf gegen die Congregation sei nur ein Vorwand, um über Schottland nach England einzumarschieren und sie ihres Thrones zu berauben. Ihr bliebe nur eine Überlebenschance: Der französischen Invasion schon in Schottland ein Ende zu bereiten! Um sich vorab zu rechtfertigen, klagt Elizabeth in einer Proklamation dezidiert die Familie Guise an, die Invasion Schottlands aus reinem Familieninteresse zu betreiben und dazu schamlos die Jugend und Unerfahrenheit des Königspaares auszunutzen.

Typisch für sie, dass sie unmittelbar danach einen totalen Rückzieher machen will, doch da haben die Truppen unter Norfolk die Grenze bereits überschritten. Am vorletzten Februar unterzeichnet die ausgetrickste Königin den von Cecil ausgeklügelten Vertrag von Berwick, die Garantie englischer Unterstützung der Congregation gegen jede französische Invasion.

Zurück am Hof muss Cecil feststellen, dass sein Einsatz im Norden überhaupt nicht gewürdigt wird, seine Königin scheint ihm sogar unterschwellig vorzuwerfen, er habe sie zu einer fragwürdigen Aggression verleitet. Doch statt offen mit ihm zu disputieren, wie es eigentlich ihrer Natur entspricht, stellt sie vor versammeltem Hof ihre Begeisterung für Robin Dudley in einer Art zur Schau, die selbst Cecil allzu lüstern findet. Inzwischen wird Amy Robsards

Nichterscheinen bei Hof offiziell mit einer schweren Krankheit erklärt. Cecil sinnt auf Abhilfe. Den Truppen ist in Schottland kein Blitzsieg beschieden, obwohl Frankreich doppelt gehandicapt ist und Marie de Guises Feldherr Bothwell eine eher simple Taktik verfolgt.

Paris und Amboise, Frühjahr 1560

Verschwörung und Massaker

In Frankreich haben sich trotz oder gerade wegen der Allgegenwart der Guise Rivalitäten zwischen den Großen des Reiches gebildet. Die Familie Bourbon, Prinzen von Geblüt, fühlt sich übergangen und probt den Aufstand. Antoine de Bourbon und der Prince de Condé haben sich dem neuen Glauben angeschlossen und lösen eine hugenottische Verschwörung aus. Ziel ist, den jungen König zu entführen, um ihn dem katholischen Einfluss der Guise zu entziehen. Das Komplott wird verraten und endet mit einem großen Schauprozess im Hof des Schlosses von Amboise. König und Königin und der ganze Hof müssen während der ganzen Prozedur von den Galerien zuschauen. Die Guise lassen die Rädelsführer (außer Condé und Bourbon) an Ort und Stelle grausam richten, eher metzeln. Nach einem langen Tag baumeln gehenkte Leichen von Erkern und Balkonen.

Maries Reaktion auf diesen grausamen Akt der Durchsetzung königlicher Gewalt ist nicht überliefert, all die gängigen Schilderungen sind reine Spekulation. Vielleicht hat das Schauspiel dazu beigetragen, dass sie zu unzeitgemäßer religiöser Toleranz neigt, von ihrem Lehrmeister Kardinal Guise hat sie die bestimmt nicht vorgelebt bekommen. Vielleicht ist sie in Gedanken auch bei ihrer Mutter, die sich ihrer reformierten Untertanen mit Waffengewalt erwehren muss.

Leith, im Frühjahr 1560

Unter Belagerung

Regentin Marie de Guise wartet Anfang des Jahres wieder vergeblich auf Frankreichs Unterstützung, diese wird zunächst durch die Winterstürme erschwert, dann bindet die Abwehr der Verschwörung von Amboise die Interessen ihrer Brüder. Wirklich verlassen kann sie sich nur auf ihren Lieutenant Bothwell, doch der ist alles andere als ein Diplomat. Nach guter schottischer Tradition gedenkt er, die Probleme mit einem guten Schwert, leichter Rüstung und einem schnellen Pferd zu lösen. Als flankierende Maßnahme schlägt er vor, Arran wegen Verrats anzuklagen und zu verurteilen, damit wäre der „englische" Prätendent vom Tisch.

Als Norfolks Armee die Grenze überschreitet, schließen sich ihm die schlecht gerüsteten und wenig motivierten Rebellen der Congregation an. Die würden es gern sehen, wenn die Engländer für sie die Kastanien aus dem Feuer holen. Norfolk gibt den Oberkommandierenden, etwaige Kampfhandlungen überlässt er aber Lord Henry Grey. Auf dem Weg nach Leigh gibt es keine ernsthaften Hindernisse für die Invasoren.

In Leith sind alle loyalen Schotten mit Schanzarbeiten beschäftigt, die kranke Regentin lässt sich jeden Tag auf die Wälle tragen, um den Kampfwillen zu stärken. Lord High Admiral Bothwell macht Ausbrüche, erobert englischen Proviant, englische Kanonen. Einer seiner furiosen Angriffe lässt ihn bis zu Lord Grey durchbrechen, er schlägt Grey nieder, wird von dessen Leibwächtern schwer verwundet, von seinen Begleitern aber zurück nach Leigh gebracht.

Dort haben die Ärzte der Regentin weitere Ausflüge per Sänfte verboten. Nächtens konferiert sie mit Bothwell, der sich schnell erholt. Wer die Engländer unterstützt, ist ein Verräter. Arran wird angeklagt, eine Verschwörung gegen die Krone ausgelöst zu haben.

Obwohl die Festung fast ausgehungert ist, gelingt den Belagerern kein Sturm, weil ein kompletter Befehlswirrwarr herrscht und die „Rebellenarmee" James Stewarts stumm dasteht und englischer Führung harrt. Nach wenigen Ruhetagen überfällt Bothwell weiterhin nächtens englische Depots und konferiert tags mit Marie. Beide sind sich einig, dass die Lage aussichtslos ist, Bothwell soll nach Frankreich eilen und auf dem Weg so viele der bislang unentschlossen abwartenden Schotten wie möglich motivieren, für die Regentin zu kämpfen. Schweren Herzens macht sich Bothwell auf den Weg und verlässt Anfang Juni Schottlands Küste.

Die Regentin gibt auf

Marie de Guise leidet seit langem an Wassersucht, die ihr seit November unerträgliche Schmerzen bereitet. Das und der aussichtslose Kampf gegen die fanatisierten Reformierten, denen sie eigentlich mit Toleranz zu begegnen bemüht war, haben sie zermürbt, ihr Herz kann die Last nicht mehr tragen. In einem letzten Kraftakt bittet sie die Lords der Congregation an ihr Sterbebett und beschwört sie, den Bürgerkrieg zu beenden. Sie selbst habe nie etwas anderes gewollt, als Frieden und Freiheit für Schottland. Am 10. Juni 1560 stirbt Marie de Guise auf Edinburgh-Castle.

Entgegen allen Verleumdungen durch Knox und Konsorten hat sie sich mit Geschick bemüht, mit religiöser Toleranz und im Einklang mit dem Parlament zu regieren, erst ihre Brüder haben sie zu rigoroserem Vorgehen gedrängt und sie letztlich mit den daraus entstandenen Problemen allein gelassen. Auch Zusagen, für deren Einhaltung die Tochter sich in Briefen an die Mutter verbürgt hatte, wurden den französischen Interessen der Familie geopfert. Letztlich erkennt selbst ein nicht ganz verblendeter Protestant an, dass die Regentin eine aufrechte Frau mit sicherem Urteil, ausgeprägtem Gerechtigkeitssinn, voll menschlichen Mitgefühls und ein Vorbild an persönlichem Anstand war. Marie de Guise hat gewünscht, in Reims, wo ihre Schwester Äbtissin ist, beigesetzt zu werden. Doch selbst um ihre Leiche entbrennt in Schottland noch Streit, und ihr Wunsch wird erst im März 1561 erfüllt werden.

In Frankreich trifft die Nachricht von ihrem Tod am 18. bei der Familie ein. Aus Furcht vor ihrer Reaktion, hält man sie zehn Tage vor Marie Stuart geheim. Es scheint, als habe der Tod der Mutter Marie aus einer Art Dornröschenschlaf erweckt – oder sie ein gut Teil erwachsener werden lassen. Sie beschäftigt sich fortan aus eigenem Antrieb mit Politik und nimmt die Direktiven des Kardinals Guise nicht mehr als sakrosankt an.

Edinburgh und London, Sommer 1560

Die Lords etablieren ihr Regiment

Ein großer Rat unter dem formalen Vorsitz Châtelleraults soll nach dem Willen der Lords fortan Schottland regieren. Nun wird zunächst am 6. Juli im Vertrag von Edinburgh Elizabeth Tudor als Königin von England anerkannt, die Lords versprechen darüber hinaus, die Ansprüche ihrer Königin Marie Stuart auf Englands Thron zu unterbinden. Marie Stuart wird diesen Vertrag zum immerwährenden Ärger von Elizabeth niemals unterzeichnen. Der Unterstützung Englands gewiss, erklärt das Parlament am 11. August die *Confessio Scotia* zur Staatsreligion. Die Lords der Congregation haben damit endlich ihr großes Ziel erreicht. Es bleibt festzuhalten, dass die Reformation Schottlands ein reiner Parlamentsakt ist und bleibt, denn die juristisch erforderliche Genehmigung des Souveräns Marie Stuart wird nie erteilt. Fünf Tage später hat man sich vom Papst losgesprochen, und der Besuch der Messe wird zum Kapitalverbrechen, auf dreimaliges Zuwiderhandeln steht die Todesstrafe!

Châtellerault fungiert als eine Art Marionettenchef von Knox' und James Stewards Gnaden, insgeheim erwarten die Lords, dass Marie Stuart als Königin Frankreichs à la longue auf die schottische Krone verzichten wird. Wenn sie abdankt, rechnet ihr Halbbruder James Stewart sich größere Chancen aus, in der einen oder anderen Form mit der Regierung betraut zu werden, als der „Franzose" Hamilton, Duc de Châtellerault, je haben wird.

Warum Elizabeth nicht heiraten kann

London, englischer Hof, Juli bis September 1560

Cecil lanciert ein Gerücht

Seit dem Tod der Regentin Guise und der Machtübernahme durch die Lords in Schottland hat sich das Verhältnis zwischen Elizabeth und Cecil weiter verschlechtert. Zu viele europäische Souveräne haben das Eingreifen Englands in Schottlands innere Angelegenheiten kritisiert, und nun errichten die Schotten auch noch ihre Kirk, eine Staatskirche im Geiste des Calvinismus strengster Prägung, der Elizabeth von Herzen zuwider ist. Cecil glaubt inzwischen, Elizabeth hätte ihn auf Betreiben Dudleys nach Norden geschickt. Er sinnt auf Rache für die daraus entstandenen Kosten, die er selbst tragen muss, und den Zustand der „Beinahe-Ungnade", den er aus der Entfernung vom Hof ableitet. Insgeheim soll er befürchten, die Königin sei ihrem „*Sweet Robin*" hörig.

Zunächst soll er in seinem Zorn von de Quadra quasi die Ermordung Dudleys verlangt haben, was der natürlich, wenn vielleicht auch mit Bedauern, ablehnen muss. Cecil findet in seiner Not ein vielleicht noch wirksameres Mittel: Er lässt verbreiten, Amy Robsard sei nicht krank, wie Robin behauptet, sie solle vielmehr ermordet werden, um dem offensichtlichen Liebespaar *Queen* und *Master of the Horse* den Weg zur eigenen Heirat zu eröffnen. Zustimmung zu dieser Heirat zu finden, dürfte schwierig genug sein, sollte aber Grund zu der Annahme bestehen, dass Amy Robsard an irgendetwas anderem als an einer unheilbaren Krankheit sterbe, würden die beiden alle romantischen Pläne auf immer vergessen können!

Um den kursierenden Gerüchten Paroli zu bieten, startet Elizabeth eine ihrer Inszenierungen. Kate wirft sich in wohl berechneter vermeintlicher Zweisamkeit vor ihrer Königin auf die Knie und beschwört sie flehentlich, doch mehr auf ihren Ruf zu achten und Abstand zu Robin Dudley zu wahren. Queen Elizabeth antwortet laut und deutlich, sie liebe nun mal den schönen Charakter ihres *Master of the Horse*, aber ihr Gewissen sei rein, Gott wisse, dass nie etwas Unehrenhaftes zwischen ihr und Dudley vorgefallen sei, noch je vorfallen werde. Da könne ihre liebe Kate ganz beruhigt sein!

Cumnor Place, Berkshire, September 1560
Eine Ehefrau stirbt auf dem Lande
Cumnor Place war einst Sommerresidenz der Äbte von Abington. Amy lebt im Sommer 1560 mit einer Gesellschafterin und einem befreundeten Ehepaar dort. Ihre Reisen von Landsitz zu Landsitz und nach London hat sie seit längerem aufgegeben, ob die Ursache wirklich eine rasch fortschreitende Brustkrebserkrankung ist, steht nicht eindeutig fest. Am Sonntag, dem 8. September, ist der Tag des *Our Lady Fair* in Abington. Amys Mitbewohner und Dienerschaft

suchen geschlossen den Jahrmarkt auf. Witwe Odingsell, die Gesellschafterin, soll sich zunächst geweigert haben, doch schließlich bleibt Amy allein zu Haus. Es ist ein angenehmer, sonniger Herbsttag, und alle genießen die willkommene Abwechslung vom sonst so geruhsamen Landleben.

Wie Amy den Tag verbringt, weiß niemand, aber bald weiß alle Welt, das sie am Abend von der heimkehrenden Dienerschaft tot am Fuße der flachen Treppe von der Halle zum Obergeschoss gefunden wird. Ein Diener wird sofort nach Windsor geschickt, um Robin zu benachrichtigen. Unterwegs trifft er auf Thomas Blount, den Boten zwischen Robin und Amy, der sofort umkehrt, um Robin selbst zu informieren. Robin schickt seinem Verwalter Nachricht, jede Kleinigkeit mit brutalstmöglicher Offenheit bekannt zu machen, nichts, wirklich nichts hinter dem Berg zu halten, wenn die Jury die Todesursache untersucht. Unfall sagt die Kommission, Selbstmord wird gemurmelt, auch: Mord auf Robins – und der Königin – Wunsch …

Die Untersuchung

Natürlich werden alle Hausbewohner Verhören unterzogen. Amys Mädchen meint: Es kann nur ein unglücklicher Zufall gewesen sein, die Dame war für Selbstmord zu fromm, wenn auch bekümmert in letzter Zeit. Theoretisch möglich ist alles: Unfall aus vom Krebs verursachter Schwäche, Selbstmord aus Angst vor einem allzu schmerzhaften Ende, ein Anschlag – aber hätte Dudley den Auftrag gerade zu diesem Zeitpunkt gegeben, da Cecil noch wenige Tage zuvor Quadra mitgeteilt hat, er fürchte, die erklärte Krankheit Amys sei nur eine Täuschung, um ihren längst geplanten Tod plausibler und unauffälliger zu machen? Wäre da nicht schleichendes Gift sinnvoller gewesen als ein so spektakulärer Treppensturz in einem leeren Haus? Wenn schon Mord, dann wäre wahrscheinlicher, dass Feinde Dudleys die Drahtzieher sind, die ihm ein für alle Mal seine Chancen verderben wollen.

Bei Hof schlägt die Nachricht natürlich wie eine Bombe ein. Elizabeth reagiert bestmöglich, indem sie Robin nach Kew schickt, wo er keinen Einfluss auf das Geschehen nehmen kann. Am 13. oder

14. September erhält er von einem Jurymitglied die frohe Kunde, dass man nicht das Mindeste gefunden hat, das auf etwas anderes als einen unglücklichen Unfall schließen lässt. Heutige Mediziner bieten eine weitere Möglichkeit an: Der Brustkrebs könnte Metastasen am Rückgrat gebildet und die Wirbel so porös gemacht haben, dass ein schlichter Sturz, ein kleiner Fehltritt genügte, es zu brechen. Wie auch immer, die Kommission befindet: Amy Robsards Tod ist Folge eines Unfalles! Am 22. September wird Amy in der *St. Mary Church* in Oxford beigesetzt.

Das Ergebnis:
Auch wenn eine Heirat des Witwers Dudley mit Elizabeth nun rechtlich möglich ist, moralisch ist sie unmöglicher denn je. Allerdings kann Elizabeth ihren Robin wieder an den Hof holen, und Cecil kann fürsorglich warnen, Amys Tod nicht vor der Königin zu erwähnen, dass mache sie unweigerlich wütend. Die Theorie, Cecil habe Amys Tod veranlasst, hat etwas für sich. So hätte er seinem einzigen wirklichen Rivalen, der mit ihm um Einfluss auf Elizabeth kämpft, wenigstens die Chance auf eine Heirat mit der Königin für immer vermasselt. Cecil drängt Elizabeth mit Macht, endlich Arran zu heiraten, um damit dem Skandal um Amy Robsards Tod jede Brisanz zu nehmen. Im November hat die Königin eine rätselhafte Krise: Sie lässt für Robin ein Adelspatent ausfertigen, das ihn ehefähig gemacht hätte, und zerschneidet es dann in winzige Schnipsel. Stehen diese Schnipsel symbolisch für ihre endgültige Entscheidung, sich niemals zu verheiraten, nun, da eine Heirat mit ihrem *Sweet Robin*, dem einzigen Mann, mit dem sie sich eventuell eine Ehe hätte vorstellen können, politisch für alle Zeiten unmöglich ist?

Die gegenreformatorische Propaganda hat natürlich daran festgehalten, dass die lasterhafte Königin Elizabeth den Tod der armen Amy gewünscht hat, wer ihr den Wunsch dann erfüllt hat, bleibt nebensächlich, denn ihre Liebhaber nimmt sie sich – so die Propaganda – weiterhin wahllos, und sie werden im Laufe der Jahre zahllos. Manche moderne Autor(inn)en halten ein erfülltes Liebesverhältnis zwischen Elizabeth und ihrem *Sweet Robin* für möglich, wenige werten es als einen elisabethanischen Akt der Emanzipation, wenn die Tudor Queen sich das gleiche Recht nimmt wie ein König, der sich eine Mätresse gönnt.

Letzteres entfällt wohl bei Elizabeth völlig, denn wenn ein König sich eine Mätresse nimmt, tut er es, um ein erotisches oder auch nur sexuelles Bedürfnis zu befriedigen. Ein solches hat für eine Frau der frühen Neuzeit nicht zu existieren, und gerade Elizabeth Tudor war aufgrund ihrer ganz persönlichen Lebensumstände nicht in der Lage, sich „so etwas" ein- oder gar zuzugestehen. Nur ein Gedanke: Hätte Elizabeth Tudor eine persönliche Begegnung mit ihrer Konkurrentin Marie Stuart derart panisch meiden müssen, wenn sie von sich selbst die Gewissheit gehabt hätte, eine wirklich „ganze Frau" zu sein?

Marie ist Witwe – und wählt Schottland

Orléans, Fontainebleau, Paris und Reims, Winter 1560/61
Ein „tödlicher" Schlag für die Guise
Als Nachspiel der Verschwörung von Amboise und weiterer hugenottischer Umtriebe wird Louis, Duc de Condé, Ende November zum Tode verurteilt. Bevor das Urteil vollstreckt werden kann, erkrankt François II. derart ernsthaft, dass man täglich mit seinem Ableben rechnen muss. Es wird allgemein angenommen, dass Antoine de Bourbon dann Regent für den erst zehnjährigen Charles wird, da wäre es politisch unklug, das Urteil zu diesem brisanten Zeitpunkt zu vollstrecken.

Eine zu lange Jagd bei zu nasskaltem Herbstwetter hat am 17. November das chronische Ohrgeschwür des jungen Königs aufbrechen lassen, er verliert Unmengen Blut und Eiter, fällt in ein Fieberdelirium, eine sehr ekelhafte Angelegenheit. Natürlich schwirren Gerüchte von Gift, das ihm natürlich ein Hugenotte ins Ohr geträufelt habe. Immer wieder wird gemeldet, er sei bereits tot. Der Duc de Guise brüllt die Ärzte an, er sieht seine kaum eroberte Macht mit dem Lebenslicht dieses verwirrten Knaben erlöschen, der Kardinal jagt die Katholiken bei klirrender Kälte von einer Bittprozession zur nächsten.

Nur Marie Stuart und Königinmutter Catherine sind wirklich um den schrecklich leidenden François besorgt, weichen nicht von seinem Bett und verweigern den Ärzten die Erlaubnis zur Trepanation, die eventuell das Unvermeidliche hätte hinauszögern können. Am späten Nachmittag des 5. Dezember haben die Leiden des Königs ein Ende. Drei Tage vor ihrem 18. Geburtstag ist Marie Stuart Witwe und verschwindet für vierzig Tage Trauer aus der Öffentlichkeit, aber keineswegs aus den Staatskanzleien Europas. Ihre Wiederverheiratung scheint das vordringlichste Problem der Welt zu sein.

Die Karten der Schwiegermutter

Fast 30, um genau zu sein: 27 Jahre hat Catherine de Médicis anscheinend voll unendlicher Geduld gewartet, sie weiß, worauf. Mit vierzehn von ihrem Onkel, dem Papst, aus Machtkalkül an den Zweitgeborenen Frankreichs verschachert, war sie zehn Jahre lang nicht in der Lage, ihre wichtigste Aufgabe zu erfüllen: einen Sohn zu gebären. Sie rückte durch den Tod des Schwagers zur Dauphine auf und wurde prompt der Anstiftung zum Mord verdächtigt. Immer wieder schmähten sie die hochnäsigen Hofdämchen als „Kaufmannstochter" und vor allem war da 26 Ehejahre lang diese „keusche" Jägerin Diane de Poitiers, die allgegenwärtige Dritte in ihrer Ehe, satte 20 Jahre älter als der Ehemann, der sich nicht entblödete, 1547 endlich König geworden, die Kronjuwelen seiner Marmorgöttin Diane anzutragen! Diane behält sie bis zu seinem Tod.

Die komplizierte Parteiengewichtung am Hof lässt keine Mehrheit für die hugenottisch orientierten Bourbonen zu, die Guise sind keine Prinzen von Geblüt. Madame Catherines Herrschaft als Königinmutter beginnt und wird nicht offiziell, aber auch aus dem Hintergrund wirksam, die nächsten 27 Jahre währen. Bevor Marie Stuart sich in die Trauergemächer verzieht, übergibt sie der Schwiegermutter die Kronjuwelen. Das ist genauso charakteristisch für das Verhältnis der beiden wie die kleine Episode, als Marie vom Totenbett des Rois Henri II. kommend gewohnheitsgemäß Catherine zuerst in die Kutsche steigen lassen wollte und Catherine gebieterisch zurücktrat und sagte: „Die Königin zuerst!"

Maries Metamorphose

Bisher ist Marie Stuart nicht durch politisches Engagement hervor-
getreten, hat keinerlei Willen zur Macht gezeigt, war glücklich in
der ihr zugedachten Rolle der perfekten *Reinette*. Alles war geregelt, sie spielte ihren Part mit manchmal etwas eigenwilliger Gra-
zie, aber ohne eigene Entschlüsse. Marie hat ihren kleinen Bruder
von Ehemann verloren, in Wahrheit aber den Status in der Welt,
auf den hin sie erzogen wurde und mit dem alle immer spekuliert
haben. Maries ganze vertraute Welt erweist sich als hinfälliges Kar-
tenhaus! Zunächst scheint sie in eine Nervenkrise geraten zu sein,
vielleicht waren es aber auch nur die Manifestationen einer Metamorphose.

Mit einiger Wahrscheinlichkeit erfährt Marie auch in ihrer Trauerzeit, was am Hof, in Frankreich und Europa vor sich geht. Sie
wird wissen, dass das meist diskutierte Thema ihre Heirat mit dem
spanischen Infanten Don Carlos ist und dass Madame Catherine
es sich zur Aufgabe gemacht hat, die Heirat um fast jeden Preis zu
verhindern. Der Preis, den sie nicht zu zahlen bereit ist, ist eine Heirat ihres frühreifen Charles mit der gerade „verlorenen" Schwiegertochter, obwohl der tönt, unsterblich in Marie Stuart verliebt zu
sein. Am Hof hat Marie keinen Platz mehr, als die Trauerisolierung
vorbei ist.

Aber ihr Douaire (oder altdeutsch Wittum) ist bereits am 20.
Dezember großzügig geregelt worden, sie ist zumindest finanziell
unabhängig. Sie begibt sich auf eine Rundreise zu den Guise, die
ebenfalls den Hof verlassen haben. Sie fährt nach Reims zu ihrer
Tante, der Äbtissin, verbringt einige Zeit in Nancy bei ihrem jung
verheirateten Cousin Lorraine, ihrer Freundin Claude und Christina von Dänemark, fährt dann zur Patriarchin Antoinette nach Joinville. Sie muss eine Entscheidung über ihre Zukunft treffen, die
glanzvolle einer Königin von Frankreich wird es nun nicht mehr
sein. Die Frage ist also: europäische Heirat oder Annahme der quasi
angeborenen Krone Schottlands?

Ohne eigenes Zutun macht sie Elizabeth ihre Freier abspenstig,
von Eric, dem Schweden, über Frederik, den Dänen, bis zum un-
vermeidlichen Erzherzog Karl stehen alle plötzlich bei ihr Schlan-

ge, auch der Schotte Arran und – als Trauerbotschafter seiner Eltern Lennox verkleidet – der vierzehnjährige Henry Steward, Lord Darnley.

Fontainebleau, 16. Februar 1561

Zurück in der Öffentlichkeit

Niemand kann wissen, ob Marie sich bereits entschieden hat, als sie Mitte Februar am Hof in Fontainebleau eintrifft, um dort all die Botschafter anzuhören, die ihre Angebote zu unterbreiten haben. Elizabeths Throckmorton findet Marie reif und intelligent. Sie erklärt, als Königin der Schotten England eine bessere Verbündete zu sein, als die Lords der Congregation es sind. Onkel Kardinal hat sie in Staatskunst unterwiesen, von Madame Catherine schaut sie sich zwei Dinge ab: Erhaltung der Dynastie ist oberste Pflicht, politische Intrigen sind nicht nur unvermeidlich, sie können auch Spaß machen, wenn man sie beherrscht. Doch diese Kunstfertigkeit wird Marie leider nie wirklich erwerben.

Es wäre naheliegend anzunehmen, dass das Schottland des reformierten Staatsrates kein Interesse daran hat, die katholische Königin zu empfangen. So zu denken, hieße James Stewart, oder wie er inzwischen allgemein genannt wird, Lord James, den Halbbruder der Königin, zu unterschätzen. Er hat zunächst mit den Reformierten auf das richtige Pferd gesetzt, würde sich aber mit der Anwesenheit einer Königin Marie Stuart, die ihm vertraut, quasi ein zweites (oder drittes?) Standbein verschaffen.

Es ist Lord James im Januar gelungen, dem Rat trotz John Knox' Veto dazu zu überreden, der Königin für ihren privaten Bereich die Messe zu gewährleisten, wenn sie den Calvinismus schottischer Prägung für ihre Untertanen respektiert. Wegen seines bisher zweiten Standbeines Elizabeth Tudor, die ihm eine Rente zahlt und der er gegen Fortzahlungsgarantie seine unverbrüchliche Treue schwört, reist er über London nach Frankreich.

Auch die Katholiken Schottlands haben ihren Gesandten geschickt, John Leslie, den späteren Bischof von Ross. Sie erwarten von Marie einen katholischen Staatsstreich, sie soll mit französischen Truppen kommen, den Katholizismus wieder einführen und

222

alle in ihrer Abwesenheit geschlossenen Gesetze aufheben. Eine Besprechung mit Onkel Kardinal macht Marie klar, dass an eine solche Militäraktion, die wahrscheinlich Krieg mit England bedeutet, derzeit nicht zu denken ist. Die Position der Guise ist in Frankreich derart bedroht, dass sie auf keinen Fall kostbare Ressourcen entbehren können.

Vitry-le-François, 5. April bis Mai 1561
Die Königin der Schotten prüft Angebote

Marie empfängt erst Leslie, sie macht ihm mit der ihr eigenen Liebenswürdigkeit klar, dass sie auf keinen Fall im Rahmen einer militärischen Operation in das Land ihrer Väter zurückkehren wird, lässt sich auch vom Drängen des Leslie begleitenden Lord Huntly in ihrem Entschluss nicht beirren. In Leslie hat sie in dieser ersten persönlichen Begegnung einen wichtigen und loyalen Ratgeber gefunden.

Am folgenden Tag empfängt sie Lord James. Ihr Halbbruder hat nichts vom Stuartcharme, sie dafür umso mehr. Er erklärt Marie, es sei wichtig, den Reformierten „zunächst" freie Hand zu lassen. Marie ist überzeugt, dass ihr Stiefbruder ihre Interessen vertritt, schon weil es rational gesehen gemeinsame sind. Sie wird noch vieles schmerzhaft lernen müssen. da sie achtzehn Jahre keinen Grund hatte, jemandem zu misstrauen, vertraut sie zu leicht.

Spätestens Anfang Mai ist Marie entschlossen, nach Schottland zu gehen. Sie wählt also die Pflicht statt der Kür: ein sicheres Leben irgendwo in Frankreich in finanzieller Unabhängigkeit und mit der Chance auf eine Ehe aus Neigung, nicht aus politischem Kalkül.

Folgerichtig bittet sie Elizabeth um einen Pass für England, eine Kanalüberquerung ist nicht ganz so gefährlich wie ein Durchsegeln der Nordsee. Da Marie ihre Seetüchtigkeit schon als Kind bewiesen hat, dürfte ihr wahres Motiv Neugier sein: Sie will Cousine Elizabeth Tudor von Angesicht zu Angesicht sehen. Die Einstellungen der Königinnen in Sachen Reisepass sind durch diplomatische Depeschen belegt. Marie zeigt sich konziliant, sie sagt, sie wolle gar nicht aktuell Elizabeth Tudors Thronrecht anfechten, sie könne als legitime Enkelin des Königs Henry VII. nur nicht für alle Zeiten auf das Thronrecht ihrer Nachfahren verzichten. Solange Marie nicht unterschreibt, dass Elizabeth legitim geboren ist, kann sie England nicht betreten, antwortet Elizabeth. Marie ihrerseits will von Elizabeth zur Nachfolgerin ernannt werden, bevor sie deren Legitimität bestätigt. Irgendwie verständlich, dass Elizabeth genau das nicht will! Nach diesem Notenwechsel sind die Rollen zwischen Marie Stuart und Elizabeth Tudor eigentlich festgeschrieben, doch wie meist ändert Elizabeth ihre Meinung doch noch, unterschreibt einen Pass, allerdings so spät, dass Marie Stuart mit ziemlicher Sicherheit schon abgelegt hat, als das Dokument Frankreichs Küste erreicht …

Paris, Louvre und St. Germain, Juni/Juli 1561
La Reine blanche trifft ihren Admiral
Am 10. Juni kehrt Marie Stuart nach Paris und in den Louvre zurück. Alle, aber besonders der frisch gekrönte Kindkönig können die Augen nicht von der *Reine Blanche* lassen. Die weiße Trauerkleidung verleiht Marie einen ganz besonderen Reiz. So wird Frankreich sie in Erinnerung behalten, als *La Reine Blanche*.

Da es die Aufgabe des Großadmirals von Schottland ist, seine Königin sicher über das Meer zu geleiten, kommt James Hepburn, Lord Bothwell, Anfang Juli nach Paris. Lord James hat seinen Parteifreund William Maitland als seine Augen und Ohren an Maries Seite zurückgelassen. Bei Bothwells Ankunft tut er im Namen seines Auftraggebers alles, um Bothwell zu diskreditieren. Doch Marie weiß aus den Briefen ihrer Mutter um die loyalen Dienste, die der Admiral der Regentin geleistet hat. Sie lässt sich nicht beeinflussen.

Cecil will alle Informationen über Reisedaten und -route, Lord James teilt bereitwillig mit, was er weiß. Bothwell streut allerlei Gerüchte aus, um Zeiten und Route, Besatzungsstärke und Bewaffnung seiner kleinen Flotte zu verschleiern. Vier Tage dauern die Abschiedsfeste für die *Reine Blanche* in Saint-Germain, am 25. Juli bricht sie mit ihren vier Marys, sechs Guise Verwandten und einem Pulk von Freunden, Bewunderern und Dienern zur Kanalküste auf. Drei Wochen braucht Marie Stuart von Paris nach Calais, dann gibt es kein Zurück mehr.

Catalina de Aragón um 1502 als Witwe
Ölgemälde von Michiel Sittow

Anne Boleyn
Zeitgenössisches Ölgemälde eines unbekannten Künstlers (um 1530)
© AKG Images, Berlin

Marie de Guise als Witwe nach dem Tod ihres ersten Mannes,
um 1537
Ölgemälde von Corneille de Lyon (zugeschrieben)
© Scottish National Portray Gallery, Edinburgh

Marie Stuart im Alter von 13 Jahren
Kreidezeichnung mit Wasserfarben von François Clouet (zugeschrieben)
© Ossolínski Nationalinstitut – Lubomirski Museum, Wrocław

Elizabeth Tudor im Alter von etwa 13 Jahren
Ölgemälde von William Scrots (zugeschrieben)
© The Royal Collection 2008, Her Majesty Queen Elizabeth II.

Maria I. Tudor als Königin von England 1554
Ölgemälde von Anthonis van Dashorst Mor, gen. Antonio Moro
© AKG Images, Berlin

Marie Stuart als Königin von Frankreich um 1558
Zeitgenössisches Ölgemälde, Kopie von Calixte-Joseph Serrur
© AKG Images, Berlin

Elizabeth I., Altersbildnis um 1575 („Darnley Portrait")
Ölgemälde eines unbekannten Künstlers
© National Portrait Gallery, London

Adieu, ma chère France

Marie versteht, dass Onkel Duc und Onkel Kardinal es vorziehen, die Familieninteressen in Frankreich zu vertreten, manchmal muss sie grinsen, wenn sie an das letzte Adieu des Kardinals denkt. Er hat ihr vorgeschlagen, ihren wertvolleren Schmuck zur Sicherheit bei ihm zu lassen, und sie hat ihm geantwortet, wenn sie sich dem Meer und der schottischen Heimat anvertraue, sei das ihrem Schmuck auch zuzumuten.

Am 14. August geht die Reisegesellschaft an Bord, und gegen Mittag legen zwei prachtvolle weiße Galeonen und zwei andere Schiffe ab, Winken und Adieurufe nehmen kein Ende. An der Reling der einen Galeone lehnt die schlanke, weiße Gestalt der schwermütig werdenden Marie Stuart, Queen of Scots … *Adieu ma chère France*, ich denke, ich werde dich nie wieder sehen! Sie steht noch lange dort, die Küste ist längst hinter dem Horizont versunken.

Fünf Tage dauert die Überfahrt, inklusive Austausch von Höflichkeiten mit englischen Schiffen. Dank Bothwells ausgezeichneten Seeleuten erreicht die kleine Flotte sicher den Firth of Forth und gleitet am 19. August, viel früher als erwartet, in den Hafen von Edinburgh, Leigh. Da kommt sie, die Königin der Schotten, und kein einziger erwartet sie am trostlosen, windgepeitschten Kai! Kaufmann Andrew Lamb bittet sie in sein Haus, während man Lord James holt und den Empfang vorbereitet.

Die Königin „erobert" die Schotten

Wenige Stunden später erscheint Lord James mit einigen Lords, um Marie zu begrüßen, eilig hat man einige „Ackergäule" wie die französischen Höflinge pikiert monieren, zusammengesucht, um das Gepäck zu transportieren. Gemeinsam reitet man nun durch Edinburghs Zentrum bis zum östlich gelegenen Holyrood Palace. Inzwischen hat die Kunde von der Ankunft der Königin die Runde gemacht. Die Straßen sind gesäumt von durchaus skeptischen Zuschauern, die aber beim Anblick ihrer Königin jede Zurückhaltung aufgeben. Maria weiß durchaus, dass sie Menschen am besten von sich überzeugen kann, wenn sie ihnen direkt gegenübertritt, also

lässt sie immer wieder halten und dankt den Menschen in Scots
für den freundlichen Empfang und die Willkommensrufe, und jeder
spürt, dass ihre Freude echt ist, der Dank von Herzen kommt.

Ihre anmutige und doch majestätische Haltung zu Pferde, ihr be-
zauberndes Lächeln, ihre blitzenden Augen, ihre ganze jugendliche
Schönheit, die Tatsache, dass sie mit kleiner Begleitung und ohne
Waffen kommt, weckt den Beschützerinstinkt der rauen Schotten.
Dies Vertrauen kann man nicht missbrauchen! Sie weckt den ver-
schütteten Patriotismus, ist sie doch nach fast anderthalb Jahrzehnten der erste gekrönte Monarch, den sie leibhaftig sehen, eine legitime Stuart, eine der ihren.

Knox kann nicht zufrieden sein, zu viele Schotten haben am
Abend dieses Tages Wein getrunken und sich ihrer schönen jungen
Königin erfreut. Das Volk scheint sie spontan zu lieben, trotz aller
griesgrämigen Verdammungen des erleuchteten Bartträgers. Die
Schotten sind ein kaum zu regierendes, stets untereinander zerstrit-
tenes Volk. Außerdem haben sie sich seit dem Tod der Regentin
Marie de Guise an das Leben ohne Herrscher gewöhnt, und mancher hofft, dass sie sich nicht freiwillig erneut unterwerfen. Pirate-
rie, Überfälle und Plünderungen sind an der Tagesordnung, nicht
nur im Grenzgebiet, auch in den einsamen Tälern. Eine verzärtelte
Französin, die sich auf ihre Kultiviertheit etwas einbildet, scheint
kaum geeignet, da Ordnung zu schaffen. Nichts schützt sie hier vor
der Realität, doch es wird sich herausstellen, Marie Stuart ist zäh,
hart im Nehmen, liebt das *Outdoor* Leben. Sie stellt sich der Herausforderung, sie will ihr Schottland kennen lernen, reitet in den
ersten Jahren nach Norden bis Inverness, nach Süden bis an die
unsichere Grenze.

Als sie aufgekratzt in den Hof von Holyrood einreitet, müssen
selbst ihre Franzosen zugeben, dass dieser Palast einen ganz zivili-
sierten Eindruck macht. James V. hat ihn nach seiner Frankreichrei-
se überarbeiten lassen! Marie wird einen schönen Batzen ihrer Wit-
wenrente in Verbesserungen stecken, ein kleines Badehaus bleibt
alles, was sie je in Schottland bauen lässt, zu mehr wird ihr die Zeit
nicht bleiben …

Marie heiratet – Elizabeth nicht

Die Queen of Scots lernt Land und Leute kennen

Edinburgh, Spätsommer 1561

Land und Leute

Wenn Marie Stuart Queen of Scots genannt wird, entspricht das der Deklaration von Arbroath aus dem Jahre 1320, seither sind alle schottischen Monarchen Herrscher über die Menschen, nicht über das Land. Der Titel soll bekräftigen, dass die Schotten nur einen Monarchen dulden, der sie weise und nach ihren Interessen regiert.

Das Schottland, das Marie 1561 vorfindet, ist wenig bewaldet, es gibt viel mehr Lochs (Seen) als heute. Gärten, wie Frankreich sie kultiviert, sind nahezu unbekannt, es gibt kaum Straßen, die den Namen verdienen, erst mit Marie halten Kutschen als Verkehrsmittel zaghaft Einzug. Sie selbst wird meist zu Pferd unterwegs sein. Das ganze Land ist äußerst dünn besiedelt, Edinburgh ist die einzige wirkliche Stadt, es gibt allenthalben Kneipen, aber keine Übernachtungsmöglichkeiten. Das Clanwesen garantiert, dass ein Schotte immer ein Bett bei Verwandten findet.

Durch die Niederlagen von Solway Moss 1542 und Pinkie Cleugh 1547, die ganze Generationen ausgelöscht haben, sind allzu viele allzu jung, ohne Ausbildung oder Anleitung, Clanchefs geworden. Bildung ist Luxus und daher Mangelware, die Ruthven, Morton, Huntly und Douglas können kaum schreiben. In der Clangesellschaft ist Gewalt zur Konfliktlösung Usus, Mord an der Tagesordnung. Da wundert es nicht, dass Burgen noch überwiegend Wehrbauten und nach französischen Standards unbewohnbar sind. Weil es auch Besitzern riesiger Latifundien an Bargeld mangelt, ist fast jeder bestechlich. Niemand kann sagen, wer sich etwa nur wegen der Aussicht auf englisches Geld der Congregation anschließt. Marie tut sich verständlicherweise schwer mit diesen archaischen Lairds, der Adel Frankreichs gerierte sich formal anders. Nur gut, dass es wie von allen Regeln auch hier Ausnahmen gibt, wie ihren Halbbruder Lord James, den Diplomaten Maitland, ihren High Admiral Bothwell. James Hepburn, Earl of Bothwell, ist weit über das Maß seiner Standesgenossen gebildet, wie seine Bibliothek beweist, in der gleichermaßen Wissenschaften und Kriegswesen vertreten sind. Er hat sein Geschick als Feldherr mehrfach unter Beweis gestellt, zieht aber in altmodischer Ritterlichkeit den Zweikampf der Schlacht vor. Er hat seinen Vater mit 20 beerbt und ist gegen die anderen Scots ein veritabler Kosmopolit, der den Kontinent ausführlich bereist hat und mehrere Sprachen spricht.

Marie findet selbst einige Frauen vor, die den Wettbewerb mit ihr nicht scheuen müssen: Ihre Halbschwester Jean, verheiratet mit Archibald Campbell, fünfter Earl of Argyll, Lady Huntly und ihre Tochter Jean Gordon oder Agnes Keith.

Maries Hof

Um 1561 umfasst Maries Hof etwa 250 Personen. Neben dem schottischen Adel tummeln sich da vor allem Franzosen und einige Italiener. Im Zentrum stehen die vier Marys, deren lang vermisste Verwandtschaft allein Säle zu füllen vermag und manches Amt ergattert. Mary Livingstone wird Lusty genannt, weil sie so begeistert tanzt. Sie wird sich bald mit John Sempill verheiraten. Mary Fleming gilt als die schönste, sie ist ausnehmend charmant, und Maitland ist schnell für sie entflammt. Mary Beaton gilt als klassische Schönheit von ruhigem Temperament, und Mary Seton, eher unscheinbar und bescheiden, wird sich als die treueste erweisen. Ihr Bruder George, fünfter Lord Seton, wird Haushofmeister der Königin.

Maries Onkel Aumale kehrt nach wenigen Tagen mit der Flotte nach Frankreich zurück, Großprior François de Guise bleibt noch, und René d'Elbœuf wird fragwürdigen Ruhm erlangen. Es bleiben vorläufig die Hofdichter Brantôme, Castelnau und Châtelard. Brantôme, der gnadenlose Schmeichler, nennt Marie „Göttin". Die in ihren braunen Augen aufblitzenden Goldlichter, ihr herzerwärmendes Lächeln und vor allem ihre sanfte, melodische Stimme, die auch dem rauen Scots einen verführerischen Singsang verleiht, bezaubern einfach jeden.

Die erste Messe der Königin

Zwar haben die Lords garantiert, dass die Königin mit ihrem inneren Kreis die Messe feiern darf, doch Knox wütet von der Kanzel, eine einzige Messe sei gefährlicher als die Landung tausender feindlicher Soldaten. Was kann Vernunft dagegensetzen? So kommt es am frühen Morgen des ersten Sonntags nach Maries Ankunft in Holyrood zu einem regelrechten Tumult. Ein John Lindsay will den Priester erschlagen, dem Messner werden die Kultgeräte entrissen und zerstört, doch bevor die Königin selbst bedroht werden kann, stellt Lord James sich dazwischen und bewacht in persona die Tür der Privatkapelle, um den weiteren Ablauf der Messe zu sichern. Das ist für Marie empörend, und sie befiehlt Knox zu sich.

Exkurs: Die Bedeutung der Religion für die Herrschaft der Königinnen Englands und Schottlands

Elizabeth Tudor ist von weiten Teilen des Volkes und des Adels herbeigesehnt worden, weil ihre Thronbesteigung die Rückkehr zur Anglikanischen Kirche garantierte. Sie selbst hat nicht nur die gleiche Religion wie die Mehrzahl ihrer Untertanen, sie ist auch noch das Oberhaupt der Staatskirche, wenn sie sich aus Rücksicht auf Vorbehalte der Männer ihrer Kirche auch in vornehmer Zurückhaltung deren Governor nennt. Außerdem hat die Persönlichkeit ihres Vaters dem englischen Königtum einen Anstoß in Richtung Absolutismus gegeben, der in Schottland völlig unbekannt ist.

Marie Stuart hat nicht nur den „falschen" Glauben, sie hat in Knox auch den schärfsten Gegner, den ein Herrscher in Sachen Religion je hatte. Seine Gottesgewissheit stellt die absurdesten Machtgelüste jedweden Papstes in den Schatten. Was ist schon Marie Stuarts Gottesgnadentum gegen die Göttlichkeit seiner Mission? Seinem Fanatismus kann sie mit ihrer Toleranz nicht beikommen. Knox will einen Gottesstaat, und dessen Garant ist er, John Knox. Nicht auszudenken, was dieser charismatische Fanatiker hätte erreichen können, hätten ihm ansatzweise moderne Medien zur Verfügung gestanden! Er ist als Ein-Mann-Missionsunternehmen von Haus zu Haus, von Clan zu Clan gezogen und hat den Lairds skrupellos klargemacht, dass Religion zur Ausübung von Macht genutzt werden kann, was im schottischen System Durchsetzung von Eigeninteressen bedeutet. Er weist den Weg, England dauerhaft finanziell anzuzapfen, er mobilisiert die niederen Instinkte des Mobs und „unterhält" ihn mit ungestrafter Zerstörung von Kunst- und Wertgegenständen. Im Namen des Herrn – versteht sich …

Erstes Treffen mit Knox

Diese Begegnung ist ein weiterer Beweis für die Fähigkeit Maries, auch jene zu bezaubern, die sie nicht mal achten wollen. Selbst dieser selbstgerechte Frauenhasser findet sie „gefällig." Ihr geht es in dem Disput um Recht und Ordnung, um die Einhaltung von Zusagen, sie erinnert ihn daran, ihr Untertan zu sein. Er kontert anmaßend, dass ein wahrhaft Gläubiger verpflichtet sei, einen katholischen Monarchen zu bekämpfen. Da Marie fürchtet, zu emotional zu reagieren, antwortet sie nicht sofort, und Knox tut, als wolle er sich verabschieden. Er verbeugt sich übertrieben tief, kann aber der Versuchung nicht widerstehen, gegen die Regentschaft der Weiber zu wüten. Sie argumentiert versiert gegen einzelne seiner Thesen, er geht darauf nicht ein, spricht ihr als Frau die Fähigkeit zur Erkenntnis des Willens Gottes ab, lässt durchblicken, dass einem Herrscher, der dem Willen Gottes zuwiderhandle, niemand Gehorsam schulde. Da Argumente am Panzer seines Fanatismus abprallen, kann Marie nichts Konkretes erreichen, was sie wütend macht. Knox geht mit der Erkenntnis nach Hause, dass diese junge Frau eine Geistesstärke besitzt, die er nie vermutet hätte. Sie ist ein gefährlicher Feind, er muss alles daransetzen, ihre Autorität zu unterminieren.

Viel Repräsentation, wenig Politik

Auf den Affront während der Messe antwortet die Königin mit einem glanzvollen Bankett und einem feierlichen Einzug in ihre Hauptstadt, sie setzt ganz bewusst monarchische Pracht gegen reformatorische Strenge. Sie erntet Begeisterung bei den Schotten, die solchen Glanzes und des legendären Stuartcharmes seit zwei Jahrzehnten entwöhnt sind. Man singt Lobgesänge auf ihre persönliche Freundlichkeit, denn sie ist zwar auf ihre Würde bedacht, trägt sie aber so selbstverständlich, dass man ihr gern dient.

Der Disput mit Knox ändert nichts an Maries Absicht, einen Ständerat zur Klärung der Religionsfrage einzuberufen und bis dahin alles zu belassen, wie es ist. In Politik und Verwaltung Schottlands greift sie nicht ein, lässt ihren Halbbruder James regieren. Sie sitzt mit Stickrahmen bei den Ratssitzungen, nimmt calvinistischen Unterricht bei Buchanan, ihr späterer Verleumder ist anfänglich restlos begeistert von ihrer Bildung und der Flinkheit ihrer Auffassungsgabe.

Schottlands Diplomat Maitland

Marie verliert ihr Fernziel, Englands Krone, nicht aus den Augen und sucht freundschaftliche Verständigung mit der Nachbarkönigin. Anfang September schickt sie den 33-jährigen Sir Richard Maitland, Laird of Lethington, nach London. Sein Vater war 60 Jahre im Staatsdienst und hat dem Sohn sein diplomatisches Geschick und Wissen vermittelt. Maitland (wie er hier ausschließlich genannt werden soll) hat in St. Andrews und Frankreich die Jurisprudenz studiert und ist dann in den Dienst der Marie de Guise getreten. Für sie ist er in diplomatischer Mission 1558 in London bei Elizabeth und 1559 in Paris, wo Marie Stuart ihn kennen lernt.

Kurz zuvor hat er sich den Lords der Congregation angeschlossen und – sein Meisterstück – Huntly, Morton, Holme und andere mitgezogen. Wie sie alle bezieht er Geld von Elizabeth Tudor, sein erklärtes Ziel ist ein friedliches Auskommen mit England und Elizabeths Zustimmung zu Maries Nachfolge. Da sie sein diplomatisches Geschick unbedingt braucht, wird Marie von ihm genauso abhängig wie von Halbbruder James. Nie wird sie ganz sicher sein können, ob er ihre, seine eigenen oder die Interessen Dritter verfolgt. Aber er ist hoch gebildet und charmant, eigentlich ein Mann nach ihrem Gusto. Es amüsiert sie königlich, dass die Schotten ihn *Mitchell Wylie* nennen, ihre Version des unaussprechlichen Namens *Macchiavelli*.

Maitland hat schon die Verträge von Berwick und Edinburgh mitgestaltet. Er ist als Einziger in der Lage, die Lairds zu manipulieren, er kann sogar die ewig misstrauische Elizabeth und den gewieften Cecil überzeugen. Seine Mission, ein Treffen zwischen den Königinnen der Inseln zu vereinbaren und letztlich Marie die Nachfolge zu sichern, scheint aussichtslos, doch Maitland weiß, dass Elizabeth derzeit andere mehr fürchtet als ihre Cousine Schottland.

London und englischer Hof, September 1561
Mission impossible
Maitland hat im Vorfeld an Leicester geschrieben, der kann doch bei Elizabeth alles erreichen – außer seiner Heirat! Nun spielt Maitland seine ganze Kunstfertigkeit aus, um Elizabeth zu überzeugen, dass sie von einem guten Einvernehmen mit Marie Stuart mehr Vorteile hat als diese selbst. Elizabeth bleibt dabei, sie könne Marie nicht zu Lebzeiten als Nachfolgerin benennen, da sie sich damit selbst das Leichentuch über die Augen zöge. Leider seien die Engländer dem kommenden König mehr zugeneigt als dem derzeitigen, das beleuchte schon der eine Satz, so alt wie die Geschichte selbst: Die aufgehende Sonne wird der untergehenden vorgezogen. Sie selbst habe die Wahrheit dieser Sentenz am eigenen Leib leidvoll erfahren müssen – zu Lebzeiten ihrer Schwester Maria Tudor, als das Volk sie für die aufgehende Sonne hielt.

Maitland weiß, was Elizabeth in diesen Tagen umtreibt, hat sie doch kürzlich noch Marie Stuart gedroht, Catherine Grey zu adoptieren, um sie zur Nachfolgerin aufzubauen. Inzwischen hat sich Catherine in Edward Seymour, Earl of Hertford (Sohn des hingerichteten Lordprotektors und Neffe von Königin Jane), verliebt und ihn heimlich geheiratet. Im Juli 1561 ist sie bereits so schwanger, dass sie nächtens an Dudleys Bett schleicht, ihm dort kniend alles gesteht und ihn anfleht, sie vor der Wut der Königin zu schützen. Das gelingt selbst Robin nicht. Wie Maitland genau weiß, sieht Catherine im Tower der Geburt ihres Kindes entgegen, Ehemann Edward schmachtet einen Turm weiter. Sein grauenerregendes Verbrechen besteht darin, eine Jungfrau königlichen Blutes im Haus der Königin defloriert und auch noch geschwängert zu haben. Am 21. September wird ein Sohn geboren, der von beiden Seiten königliches Blut hat und eine Bedrohung der Königin ist und bleibt, solange er lebt. Noch wird angestrengt nach dem Priester gefahndet, der die Ehe der Eltern geschlossen hat. Das Verfahren hängt in der Schwebe, Eltern und Kind bleiben im Tower gefangen.

In diesen Tagen versichert Elizabeth Maitland, Marie Stuart sei die einzig berechtigte Nachfolgerin, sollte sie, Elizabeth Tudor kinderlos sterben. Cecil stöhnt – auch vor Maitland? Warum heiratet Königin Elizabeth nicht? Ein männlicher Erbe und alle Spekulationen hätten ein Ende! Da „beichtet" seine Königin de Quadra, sie sehe ja ein, dass sie heiraten müsse und dass die Engländer einen Engländer wohl am ehesten als ihren Ehemann akzeptieren würden. Ihr Gewissen zwinge sie wahrheitsgemäß zu gestehen, dass sie Robert Dudleys Charakter sehr bewundere. In Wahrheit will sie nur ausloten, wie Spanien nach all den Skandalen des vergangenen Jahres auf eine Heirat mit Dudley reagieren würde, de Quadra kennt Elizabeth gut genug, um das sofort zu durchschauen – und mit Cecil zu sprechen. Doch dann kommt es wieder fast täglich zu Streit zwischen den vermeintlich Liebenden, wohl weil Dudley sich ihrer dauerhaften Zuneigung zu sicher ist …

Es ist unzweifelhaft auch ein persönlicher Tort für Elizabeth, dass Cousine Stuart auf den Heiratsmarkt zurückgekehrt ist, nimmt ihr das doch den Glanz der Einzigartigkeit. Marie ist jünger, ihre Wirkung auf Männer – und Frauen – unbestreitbar groß, fast magisch, und vor allem ist sie unbezweifelt Marie Stuart, Queen of Scots, sie muss kein Bild ihrer selbst erfinden, keine Rollen spielen …

Schottische Reise, 14. bis 29. September 1561
Marie durchreist das Land der Väter

Die Königin bricht zu einer kurzen Rundreise durch die größeren Orte und königlichen Residenzen ihres Reiches auf, um sich auch dort ihren Untertanen vorzustellen. Über ihr Geburtsschloss Linlithgow gelangt sie nach Stirling, wo sie Kindheitserinnerungen auffrischen kann, aber auch nur knapp einer Katastrophe entgeht, als ihre Bettvorhänge aus unerklärlichen Gründen Feuer fangen.

Sie wird überall mit großem Jubel begrüßt und hat doch auch bedrückende Erlebnisse. Der Anblick schwarz verbrannter, fast noch rauchender Ruinen geplünderter Klöster löst eine ihrer Nervenkrisen aus, in Perth wird sie auf der Straße ohnmächtig. Doch eine Nacht ungestörten Schlafes geben ihr die Kraft für die Fortsetzung der Reise nach Dundee. Über die Bischofsstadt St. Andrews gelangt sie in ihres Vaters Jagdschloss Falkland, wo sie und ihr Hof sich des Wildreichtums in ausgiebigen Jagden erfreuen.

Edinburgh, Herbst/Winter 1561/62

Religiöser und anderer Wahn

Die Königin muss ihr Jagdvergnügen abbrechen, denn aus Edinburgh kommt eine unerfreuliche Meldung. Knox hat die Massen derart aufgehetzt, dass das Stadtregiment eine Proklamation hat verlesen lassen, wonach sich ab 2. Oktober weder Priester noch Mönche noch überhaupt Katholiken in der Stadt aufhalten dürfen. Marie bezwingt ihre Empörung, lässt erst am 5. Oktober die Beteiligten ihrer Ämter entheben und ihrerseits verkündigen, dass jeder, der sich an die Gesetzte hält, ungehindert in der Stadt leben kann. Sie ist immer noch entschlossen, ihren Traum von der friedlichen Koexistenz der Religionen Realität werden zu lassen.

Der Sohn des Ex-Regenten Châtellerault, James Hamilton, dritter Earl of Arran, hatte – wie dargestellt – in schneller Folge erst um Elizabeth, dann um Marie gefreit, war aber von beiden abgewiesen worden. Angeblich schon als Kind in Marie verliebt, hat er sich bisher vom Hof ferngehalten, weil er das Zelebrieren der Messe nicht tolerieren kann. Mitte November kommt nun das Gerücht auf, er sammle Truppen, um die Königin gewaltsam zu entführen und mit dem probaten Mittel der Vergewaltigung zur Ehe zu zwingen. Man weiß nicht recht, ob man das glauben soll, es besteht seit längerem der Verdacht, Arran sei geistig verwirrt. Maries Onkel Elboeuf, Lord James und der ungestüme Bothwell wollen Arran eines Verhältnisses mit der Bischofsnichte Alison Craig überführen und dringen im Eifer der Verfolgung der hübschen Lady unbefugt in das Haus eines braven reformierten Kaufmanns ein. Die versammelte Kaufmannschaft verlangt empört die Ausweisung dieses Guise und Bestrafung der beiden anderen! Die geforderten Strafen gehen der Königin entschieden zu weit, doch sie tadelt ihre drei Ritter immerhin öffentlich.

Um Weihnachten sammeln die Hamiltons ihre Anhänger in nicht gerader adventstypischer Friedfertigkeit vor Bothwells Unterkunft. Die drohende Straßenschlacht kann so eben noch durch Argyll und Huntly verhindert werden. Sie verlesen eine Proklamation der

Königin, in der alle Versammelten bei Todesstrafe aufgefordert werden, umgehend zu verschwinden. Arran will nun für die Hugenotten in Frankreich kämpfen, Bothwell verlässt Edinburgh „in Familienangelegenheiten". Zuvor hat er noch moniert, die Königin solle ihrer königlichen Pflicht nachkommen und nicht länger Lord James regieren lassen.

Marie erkennt bei aller Passivität, dass sie allenthalben von Schwierigkeiten eingekreist ist. Eine stattliche Anzahl jener, die bei ihrer Ankunft erschienen waren, weil sie sich Besserung versprochen hatten, sind wieder abgereist. Da ergibt sich für sie die Gelegenheit, wenigstens zwei der großen Familien zu versöhnen, vornehmste königliche Pflicht bei Heiraten unter Großen des Reiches.

Heiraten als Friedensbringer

Auf der Reise im Herbst hat sich ihr Liebling unter ihren Bastardbrüdern, John Stuart of Coldingham, in Jean Hepburn verliebt, die Schwester ihres High Admiral Bothwell. Begeistert hat sie der Braut für das Brautkleid den schönsten Stoff aus ihrem eigenen Vorrat geschenkt und Bothwell versprochen, sein Gast zu sein. Marie hält Wort. Die Hochzeit am 10. Januar 1562 auf dem Hepburn-Stammsitz Crichton Castle wird ein derartiger Triumph für Bothwell, dass er den finanziellen Aufwand leicht verschmerzt. Die Königin tanzt ausgelassen mit allen jüngeren Herren und begeistert alle Anwesenden mit ihrem Charme.

Weil Hochzeiten solche Freudenfeste sein können, heiratet Lord James vier Wochen später Agnes Keith. Zuvor ernennt Marie ihn, seinem Wunsch gemäß und in Unkenntnis der Feinheiten schottischer Lehensverhältnisse, zum Earl of Moray (so wird er künftig auch hier genannt werden!). Die Trauung nimmt zwar Enthaltsamkeitsprediger Knox persönlich vor, dennoch lässt Hochzeiter Moray sich ganze drei Tage in Holyrood feiern.

Inzwischen hat sich Arran entschieden, die Hugenotten ihre Kämpfe allein ausfechten zu lassen. Er versöhnt sich im Vorfeld dieser Hochzeit in dramatischer Szene mit der Königin, die ihm bereitwillig vergibt. Soviel Friedenswille scheint ansteckend zu sein, selbst Bothwell spannt nun Knox, der seiner Familie verpflichtet ist, ein, um Arran versöhnungswillig zu stimmen. Arran und Bothwell umarmen sich publikumswirksam, gehen wie die besten Freunde gemeinsam zum Abendessen.

Am nächsten Morgen erscheint Arran bei Knox und beichtet gegen alle Regeln, Bothwell habe ihn überreden wollen, die Königin zu entführen und Moray, Maitland und andere Lords der Congregation zu ermorden. Das kommt selbst Knox etwas ungereimt vor, und er informiert den Vater Arrans. Der lässt verkünden, bei seinem Sohn sei nun endgültig der von der Mutter ererbte Wahnsinn ausgebrochen, und lässt ihn gefangensetzen. Damit hätte die Ruhe wiederhergestellt sein können, doch Arrans Zimmer liegt zwar hoch, doch nicht hoch genug: Er entkommt mit dem uralten Bettlakentrick, flüchtet sich zu dem notorischen Unruhestifter Kirkcaldy of Grange. Dort behauptet er, sein eigener Vater sei mit im Komplott, ja der eigentliche Drahtzieher, und nur er, Arran, könne die Königin durch Heirat retten. Was Arran da faselt, erfüllt den Tatbestand eines Majestätsverbrechens, so etwas muss untersucht werden. Darauf besteht nicht zuletzt Moray als Verteidiger der Ehre seiner geliebten Schwester, der Königin.

Marie weilt zur Jagd in Falkland, als Moray ihr die Einzelheiten erzählt, angereichert durch einen angeblichen Ausspruch Bothwells, nur er könne die Königin überreden, Arran zu heiraten. Bothwell traut Augen und Ohren nicht, als er in Falkland angekommen verhaftet wird. Marie kann gerade von Bothwell nicht glauben, was da erzählt wird, auch andere verlangen ein Verfahren zu Bothwells Rehabilitierung, doch Moray hat die Macht. Er lässt die Möglichkeit, den Gegner mit der größten Legitimation (Arran) und den mit den größten persönlichen Verdiensten (Bothwell) auf einen Streich auszuschalten, nicht ungenutzt verstreichen.

Als Arran in einem wachen Moment beschwört, dass er sich alles nur eingebildet hat, kann Moray dessen Aussage unter den Teppich kehren. Arran wird als wahnsinnig eingekerkert. Er wird unglaubliche 43 Jahre in strengem Gewahrsam dahinvegetieren und selbst die zähe Elizabeth Tudor noch um sechs Jahre überleben. Sein Vater erholt sich von dem Schicksalsschlag nicht mehr, die Macht der Arran ist auf Jahrzehnte gebrochen.

Bothwell wartet kaltgestellt im Kerker von Edinburgh Castle auf seinen Prozess. Moray ist die gefährlichsten Gegner los, hat die nächsten schon im Visier: Die Gordons, Earls of Huntly, die „Hähne des Nordens" genannt, weil sie die Richtung schneller wechseln als ein Wetterhahn in den unberechenbaren Winden der Highlands. Sie sind Katholiken und durchaus in der Lage, eine beachtliche Armee aufzustellen.

Edinburgh und London, Frühling 1562

Marie – gar nicht ungeschickt

Im Mai lässt Elizabeth die Ehe ihrer Cousine und putativen Nachfolgerin Catherine Grey offiziell für ungültig erklären. Weil der Priester nicht gefunden worden ist, gibt es keinen Beweis für die Eheschließung. Damit sind Catherines Sohn Edward und etwaige weitere Kinder Bastarde und von der Thronfolge ausgeschlossen. Marie nutzt den für sie günstigen Zeitpunkt und ergreift die Initiative zu einer Charmeoffensive. Mit persönlichen Briefen will sie endlich ein Treffen mit der Nachbarkönigin erreichen. Über ihre Bitte um ein Porträt Elizabeths kommt es zum Austausch kostbarer Freundschaftsringe und einer Zusage von Seiten Elizabeths, obwohl sie von Anfang an eine unüberwindliche Abneigung gegen ein persönliches Zusammentreffen mit der Rivalin hegt. Doch sie liebt ja doppeltes Spiel. Was fürchtet Elizabeth eigentlich? Liegt die Ursache in ihrer von der katholischen Welt nicht anerkannten Legitimität? In England begegnet Elizabeth ausschließlich Untertanen, mit Marie Stuart wäre sie auf Augenhöhe – standesmäßig; körperlich dürfte Marie etwas überlegen sein. Maries Liebenswürdigkeit ist in aller Munde, auch Elizabeths Auftreten und Erscheinung wird oft und gern in höchsten Tönen gelobt, doch das Attribut „liebenswürdig" fehlt im Bouquet der Komplimente. Fürchtet Elizabeth, dem Zauber der Rivalin nicht gewachsen zu sein? Fürchtet sie den direkten Vergleich? Wie auch immer, das Treffen ist ohnehin in Frage gestellt, denn in Frankreich beginnen die …

Hugenottenkriege

Bekanntlich war eines der Ziele der Königinmutter Catherine de Médicis der Ausschluss der Guise von der Macht, deswegen hat sie im Edikt von St. Germaine den Hugenotten unter anderem Gottes-dienste außerhalb der Städte gestattet. An jenem Tag versammeln sich weit über 600 Reformierte in einer Scheune bei Vassy. Auf der Rückreise von Joinville kommt zufällig (?) der Duc de Guise mit einer reichlichen Zahl Berittener vorbei. Was im Einzelnen ge-schieht, hängt vom Standpunkt des Betrachters ab, Fakt ist, dass es zu einer Schießerei mit reichlich Toten kommt, die den ersten Religionskrieg zur Folge hat. Aufgrund des Zwischenfalls verlieren die Guise zunächst alle Ämter.

Für Elizabeth Tudor ist zweifelsfrei Guise der Schuldige, sie will die Verhandlungen mit dessen Nichte sofort abbrechen. Cecil kann sie überzeugen, dass sie die von den Hugenotten eingeforderte Unterstützung unauffälliger leisten kann, wenn sie mit der katho-lischen *Queen of Scots* im Dialog bleibt. Die Königinnen einigen sich grundsätzlich auf ein Treffen, und Ende Mai reist Maitland zur Klärung der Einzelheiten nach London.

Man einigt sich auf York, Ende August. Ausgerechnet dieser Sommer ist einer der nassesten seit Menschengedanken, die ohne-hin unzulänglichen Straßen sind wochenlang unpassierbar, was Eli-zabeth wegen der Entwicklung in Frankreich gerade recht kommt. Sie verschiebt die Begegnung auf das Folgejahr.

Aufbruch aus Edinburgh, August 1562

Reisen gegen Depressionen

Innerlich trifft Marie die Verschiebung des für sie so wichtigen Treffens mit Elizabeth hart, doch nach einer Woche schüttelt sie die Depression ab. Wenn sie nicht nach Süden reisen kann, reist sie eben nach Norden! Sie kleidet sich unterwegs schottisch prak-tisch in warme Wolltücher, trägt oft Männersachen und geht schon mal mit der Pistole im Gürtel auf Erkundung. Dennoch ist Maries Umgang mit den Herren ihrer Suite so charmant, dass er bezaubert, ohne den unangenehmen Beigeschmack zu hinterlassen, der bei

Elizabeth Tudors überhitztem Umgang mit ihren Höflingen immer mitschwingt.

Nordschottland, August bis November 1562

Krieg in den Highlands

Doch vor allen anderen Abenteuern muss die Königin in Stirling in einer Ratssitzung eine Petition von Knox abschmettern, der natürlich eine Unterstützung Condés in Frankreich fordert. Marie weigert sich standhaft, sich in kontinentale Abenteuer zu stürzen. Sie hat genug Schwierigkeiten im eigenen Reich. Nach bester Intrigantenart hat Moray den Huntlys, den Führern der Katholiken Schottlands, einträufeln lassen, Marie Stuart betreibe die Rekatholisierung zu lasch, sie sollten das selbst in die Hand nehmen und auf ihrem Gebiet zur Messe zurückkehren. Die Aktion läuft seit der Rundreise von 1561, und im Januar erregen Huntlys Aktionen Maries Unwillen, sind sie doch kontraproduktiv zu ihrer Befriedungspolitik.

Moray lässt sich nun – wie erwähnt – heimlich das Earldom Moray übertragen, das derzeit den Gordons untersteht. Gleichzeitig überredet er Marie, Huntly unter Androhung der Ungnade zur Herausgabe seiner Geschütze aufzufordern. Huntly reagiert nach Landesart, prahlt, er könne die Königin jederzeit entführen und mit seinem Sohn John verheiraten, dessen derzeitige Ehe sei schnell aufgelöst. Über all diese Vergehen legt Moray Marie nun Beweise vor, zusätzlich ausgeschmückt durch eine skandalöse Affäre des John Gordon, der sich einer Verurteilung wegen Körperverletzung durch Flucht auf seines Vaters Gebiet entzogen hat. Eine Strafexpedition nach Norden sei unumgänglich. Marie hasst zwar jedes Blutvergießen, lässt sich aber einreden, ein energisches Vorgehen in dieser Sache würde weiteren Rebellen den Schneid abkaufen.

George Gordon, vierter Earl of Huntly, ist der Sohn einer illegitimen Tochter von Marie Stuarts Großvater. Groß und stark wie ein Bär gilt er als das Urbild eines Highlanders. Er führt einen prunkvollen Hof, ist ein unzuverlässiger Freund und ein gefährlicher Feind, trinkfest und jähzornig und von jeglicher Bildung unbeleckt. Schriftverkehr und Verwaltung unterstehen seiner Frau Elizabeth Keith, die manche deswegen für den wahren Chef des Hauses halten. Sie hat seit der Hochzeit 1530 neun Söhne und drei Töchter geboren.

Huntly selbst wurde in Pinkie gefangen genommen, kaufte sich mit einem Treueschwur an Edward VI. frei und erhielt 1549 die Grafschaft Moray zugesprochen. Unter der Regentin Guise kam er 1555 in Haft, wurde aber zwei Jahre später Generalleutnant des Reiches. 1560 kann Maitland Huntly überreden, sich den Lords der Congregation anzuschließen. Nachdem er die Kirchenschätze Aberdeens „sichergestellt" hat, fühlt er sich gleich wieder katholisch und wird Führer der Opposition. Als ruchbar wird, dass Moray die Königin zu einer Strafexpedition gegen Huntly überredet hat, eilen viele Highlander unter dessen Flagge.

Schottlands Königin auf Feldzug

So hysterisch Marie Stuart oft auf Emotionales reagiert, outdoor kann sie nichts irritieren, sie hat die Kraft und Kondition ihrer Highlander-Vorfahren und der Guise. Am 27. empfängt das Volk von Aberdeen seine Königin mit Jubel. Hier und jetzt verkündet sie die Ernennung ihres Halbbruders zum Earl of Moray. Sie gewährt Lady Huntly eine Audienz, und die Mutter bittet um Gnade für ihren unbedachten Sohn John. Marie erklärt sich bereit, ihn zu begnadigen, wenn er sich in Stirling zum Strafantritt meldet. John willigt auf Betreiben der Mutter ein, überlegt es sich aber unterwegs anders und entschwindet mit tausend Anhängern gen Norden. Marie Stuart erklärt ihn für geächtet und nimmt persönlich seine Verfolgung auf.

Am 11. September erreicht Marie mit ihren Truppen Inverness Castle, eine königliche Burg. Sheriff von Inverness ist Alexander Gordon, Huntlys Ältester. Auf Befehl des Vaters, der alle Highlander hinter sich wähnt, verweigert er der Königin den Einlass. Das ist Verrat. Marie weicht nach Darnaway Castle aus, das zu Moray gehört. Marie Stuarts Unerschrockenheit während dieser Kampagne hat ihr inzwischen die Achtung vieler eingetragen; plötzlich stehen die Highlander geschlossen hinter ihr. Huntly befiehlt dem Sohn, Inverness Castle zu öffnen. Ungerührt reitet Marie ein und lässt Alexander Gordon wegen Verrats hängen.

Maries Heerbann ist ganz schön angewachsen, sie zieht weiter nach Spynie, dem Sitz des katholischen Bischofs von Moray, Patrick Hepburn, Onkel und Erzieher Bothwells. Obwohl eigentlich mit Huntly im Bunde, weil auch er Moray verabscheut, schwenkt der Bischof auf die Seite der Königin. Am 20. September kehrt Marie mit ihren Truppen nach Aberdeen zurück, verlangt die Aushändigung von Waffen und Soldaten. Inzwischen hat Huntly seinen Sohn George – gut, wenn man so viele hat – zu Schwiegervater Châtelherault nach Süden um Beistand geschickt. Um Zeit zu gewinnen, heuchelt Huntly Verhandlungsbereitschaft, bietet an, die eine oder andere Festung zu übergeben. Marie erfährt, dass Sohn John derweil in guter alter Guerillataktik königliche Waffen erbeutet hat, bricht die Verhandlungen ab, empfiehlt Lady Huntly die Stadt zu verlassen und verhängt über den Earl und seinen Sohn John die Acht. Unverdrossen reitet Marie nun hinein ins Huntly-Territorium, lässt sich dabei keineswegs von John Gordon irritieren, der immer wieder in Höhe ihres Gepäckzuges auftaucht. Nach einigem unübersichtlichen Hin und Her hält Huntly mit 800 bis 1.000 Mann eine ganz gute Stellung auf einem Hügel bei Corrichie. Unter Beschuss der Truppen Maries gibt er seine Stellung auf – wie einst King James bei Flodden; er versinkt im Matsch, und seine Truppe wird von Moray aufgerieben. Seine Söhne John und Adam werden trotz erbitterten Widerstandes gefangen genommen. Huntly selbst wird unter den Augen seiner Königin von einem Schlaganfall aus dem Sattel geworfen.

Der Preis ist zu hoch

Diese vernichtende Niederlage des Gordon Clans zerschlägt die Möglichkeit, den Lords der Congregation je wieder eine machtvolle Opposition entgegenzustellen. Marie hat sich von ihrem Halbruder dazu verführen lassen, das zu vernichten, was ihre persönliche Machtbasis hätte werden können. Das scheint ihr aber erst zu dämmern, als sie am 21. November zurück in Edinburgh ernsthaft erkrankt. Zuvor besteht Moray darauf, den Leichnam Huntlys einbalsamieren und nach Edinburgh expedieren zu lassen, um ihm vor dem Parlament den Prozess zu machen.

Der äußerst lebendige John hingegen wird sofort zum Tode verurteilt und am 2. November in St. Andrews hingerichtet. Moray zwingt seine Schwester, der Hinrichtung beizuwohnen, angeblich weil es Gerüchte gibt, sie habe ihn zu seinen Heiratsplänen ermuntert. Tatsache ist, dass nicht wenige Schotten eine Heirat ihrer Königin mit diesem Magnatensohn des Nordens durchaus als sinnvoll empfunden hätten. John hält auf dem Schafott eine flammende Rede, in der er seine Liebe zu seiner so falsch beratenen Königin beteuert, das allein ist schon mehr, als die emotionale Marie ertragen kann. Als dann auch noch die Hinrichtung wegen Unfähigkeit des Henkers zu einem unnötig blutigen Gemetzel wird, fällt sie öffentlich in Ohnmacht. Moray hat erreicht, was er wollte. Eine Königin, die unerschrocken ins Feld reitet, wird ohnmächtig, wenn ein Rebell seine gerechte Strafe erleidet? Da stimmt doch etwas nicht!

Großzügig übergibt der gute Bruder die Kirchenschätze Aberdeens der königlichen Schwester und gesteht ihrem weiblichen Zartgefühl auch zu, dass der kaum 17-jährige Adam Gordon begnadigt wird. George Gordon wird in Abwesenheit zum Tode verurteilt. Die Güter der Gordons werden von der Krone eingezogen, niemanden wundert es, dass der Löwenanteil in den Besitz des ehrbaren Moray übergeht. Der Leichnam Huntlys wird im Mai vor Gericht gestellt und des Verrats für schuldig befunden. Der Spruch lautet auf Verlust aller früheren Besitztümer und Rechte. Der Leichnam darf nicht bestattet werden.

Die Reaktionen des Auslands sind heftiger als die in Schottland selbst. Marie erklärt dem Papst, sie habe einen rebellierenden Untertan unterwerfen müssen, mit Religion habe das alles nichts zu tun. Wahrscheinlich kann sie diese Beteuerung zu der Zeit selbst nicht mehr glauben. Sie fühlt sich in einer Falle, all ihre Pläne scheinen von Moray unterlaufen zu werden – wie kann sie ihm nur entkommen? Sie muss heiraten!

Artois, Sommer/Herbst 1562

Eine unwiderstehliche Versuchung

Am englischen Hof macht sich Robin Dudley zum Führer der Befürworter eines englischen Eingreifens auf Seiten der Hugenotten

Frankreichs. Elizabeth ist – wie immer – zu keinem schnellen Entschluss bereit. Ob Robin Condé den Tipp gibt, womit Elizabeth mit Sicherheit aus ihrer Reserve zu locken ist? Jedenfalls bietet der ihr Calais an. Nicht eigentlich Calais, denn das ist nicht in Hugenottenhand, also Le Havre – aber vielleicht kann Elizabeth ja Regentin Catherine zu einem Tausch bewegen? Der Verlockung kann Elizabeth nicht widerstehen, sie gestattet also die Ausrüstung von 6.000 Mann. Robin möchte die Truppe selbst zum Sieg führen, aber Elizabeth kann ihn nicht entbehren und überträgt das Kommando seinem Bruder Ambrose Dudley, Lord Warwick.

Hampton Court Palace, Oktober 1562

Ein Memento Mori

Die Truppen sind bereit zur Einschiffung, als ein völlig unerwartetes Ereignis England erstarren lässt: Königin Elizabeth ist an den Pocken erkrankt! Elizabeth, die sich gern konträr zu zeittypischen Gewohnheiten benimmt, hat am 10. Oktober ihr turnusmäßiges Bad genommen, fühlt sich danach – ganz ungewohnt – matt und abgeschlagen und bekommt Fieber. Ihre besorgten Damen holen Dr. Burcot, der diagnostiziert Pocken! Elizabeth schmeißt ihn empört raus. Sie, die Meisterin des Überlebens, kann unmöglich die Pocken haben! Doch es geht ihr immer schlechter, letztlich kann sie einen Brief an Marie Stuart, in dem sie die Gründe für ihr Eingreifen in Frankreich erklärt, nicht beenden, verliert das Bewusstsein.

Cecil ist entsetzt, jetzt ist er da, der Moment, den er immer gefürchtet hat: Elizabeth liegt im Sterben, und kein Nachfolger ist erklärt. Hektisch versammeln sich die Räte in Hampton Court. Zunächst nehmen sie Dudley und Norfolk in ihre Reihen auf! Die Herrenrunde einigt sich auf Henry Hastings, Earl of Huntingdon, den seine Plantagenêt-Vorfahren als Thronfolger einigermaßen legitimieren. Einigen missfällt es, dass er mit Robert Dudleys Schwester Catherine verheiratet ist. Catherine Grey wird trotz höherwertiger Ansprüche abgelehnt. Marie Stuart steht für diese Herren gar nicht zur Debatte!

Im Fieberdelirium oder bei vollem Bewusstsein: Elizabeth verlangt, dass Dudley zu ihrem Stellvertreter ernannt wird und setzt sogar sein Gehalt fest. Befremdlicherweise gewährt sie in ihrer vermeintlichen Agonie ausgerechnet dem Kammerherrn, der allnächtlich in Dudleys Zimmer schläft, eine Pension von 500 Pfund jährlich. Sie bedenkt keinen einzigen ihrer Verwandten, keinen ihrer persönlichen Diener, nur diesen ihr doch recht fern stehenden. Das kann durchaus Anlass zu Spekulationen geben …

In diesem Augenblick beschließt Cecil, um jeden Preis den Arzt Burcot zu holen. Der hat kein Interesse an einer Patientin, die seine Diagnose bezweifelt, und muss mit Gewalt zu ihrer Behandlung gezwungen werden. Diese scheint im Wesentlichen darin zu bestehen, dass er Elizabeth stramm in ein rotes Tuch wickelt und vor den Kamin legt. Bald sind an ihrer freigelassenen Hand die typischen Pusteln zu beobachten. Robins Schwester Mary, Lady Sidney, übernimmt die Pflege der Königin, steckt sich an und bleibt entstellt, während bei Elizabeth angeblich keine Narben zurückbleiben.

Elizabeth geht es bald besser, sie kann aufstehen, verlässt aber wegen ihrer Eitelkeit ihr Zimmer erst, als ihre Haut völlig abgeheilt ist. Angeblich soll sie „angesichts des Todes" auch davon gesprochen haben, dass sie zwar mit Robin Dudley ein Liebesverhältnis habe, aber nie bis „zum Letzten" gegangen sei oder gehen werde. Als sie zu ihrem königlichen Alltag zurückkehrt, ist es eine stillschweigend akzeptierte Tatsache, dass Dudley fortan dem *Privy Council* angehört. Zur Wahrung des höfischen Gleichgewichts wird auch Norfolk offiziell berufen.

Elizabeths Räte mahnen sie in seltener Einigkeit, sich dem Problem Heirat zu stellen. Nur ein leiblicher Nachkomme der Königin kann die Nachfolge wirklich sichern. Dudley macht sich Hoffnungen, da er sich ihrer unverbrüchlichen Zuneigung sicher weiß, doch Elizabeth wird umso störrischer, je mehr er sie bedrängt. Nie wird sie ihn als gleichrangig neben sich dulden. Ihre Launen werden immer extremer, den einen Tag knallt sie ihrem Stallmeister theatralisch vor versammelter Mannschaft an den Kopf, dass sie ihn nie heiraten wird, ihn genauso wenig wie einen anderen von seinem niedrigen Rang. Ein paar Abende später schäkert sie mit ihm bei einer feierlichen Bootsfahrt auf der Themse und fragt den im Boot sitzenden de Quadra, ob er sie nicht auf der Stelle trauen könne, er sei ja schließlich Bischof. Um das Ganze mit einem „Scherz" enden zu lassen, neckt sie de Quadra abschließend, leider sei dafür sein Englisch nicht gut genug …

Edinburgh, Ende 1562

Marie plant den Umschwung

Ganz Diplomatin, gratuliert Marie Elizabeth zur Gesundung und zum Erhalt ihres Teints. Die anfänglichen Erfolge der Guise in Frankreich geben Marie Auftrieb, sie spricht erstmals davon, den Katholizismus in Schottland neu zu begründen. Genau jetzt wird Knox' Absolutheitsanspruch den Lords zuviel, sie beginnen die anglikanische Kirche angenehmer zu finden als dessen allzu streng calvinistische Kirk. Knox reagiert auf seine Art: Er wettert von der Kanzel gegen Marie, weil sie die Eroberung Rouens durch die Guise mit einem Ball feiert, auf dem bis lange nach Mitternacht getanzt wird. Marie fordert Knox auf, wenn er etwas an ihrem Benehmen auszusetzen habe, solle er es ihr ins Gesicht sagen. Er kontert, sie solle eben seine Predigten besuchen, dann könne sie seine Kritik unmittelbar hören. Völlig klar, dass Knox in seinem Verständnis nichts erreicht, wenn er sich einem „privaten" Disput mit der Königin stellt – er will das Volk gegen sie aufpeitschen, sie loswerden!

Skandale und skandalöse Ansinnen

Westeuropa, ab 1500

Exkurs: Ringsum Frauenherrschaft – Knox zum Trotz!

Das Paradoxon des 16. Jahrhunderts: Da wettert ein Knox gegen das Weiberregiment, da zerbrechen sich ernsthafte Gelehrte und viele, die sich nur selbst so bezeichnen, ständig die Köpfe darüber, ob Frauen überhaupt fähig sind, zu herrschen, und es regieren so viele Frauen gleichzeitig wie nie.

1553 setzt ein Warwick, den es sicher nicht beleidigt, wenn man ihn einen Chauvinisten nennt, eine Sechzehnjährige auf Englands Thron und ermutigt damit Maria Tudor, den ihr zustehenden Anspruch durchzusetzen. Auf sie folgt Elizabeth Tudor, und so wird

England exakt ein halbes Jahrhundert von Frauen regiert. Cathérine de Medicis ist zwar nur wenige Jahre offiziell *Gouvernante de France*, aber kein Zeitgenosse hat je angenommen, dass ihre Regentschaft mit der Volljährigkeit Charles IX. endete, sie dauert tatsächlich bis ins Jahr 1588.

Die *Casa de Austria* überlässt die Regentschaft der reichsten Provinzen ihrer Reiche, nämlich der Niederlande, seit dem Anfang des Jahrhunderts Frauen (abgesehen von einer Unterbrechung von knapp vier Jahren, in denen Savoyen, der langjährige Freier Elizabeths, das Amt innehat). Die erste war 1506 Statthalterin Margarete, die Tochter Kaiser Maximilians und Marias von Burgund, verwitwete Infanta de España, verwitwete Herzogin von Savoyen. Ihr folgte Kaiser Karls Schwester Maria, verwitwete Königin von Ungarn. Derzeit regiert dort Margarete von Parma, natürliche Tochter Kaiser Karls.

London und Edinburgh, Winter 1562

Marie denkt an Heirat – Elizabeth lieber nicht

Die Medici und die Parma haben ihren jüngeren „Kolleginnen" Elizabeth und Marie gegenüber einen entscheidenden Vorteil: Sie waren beide verheiratet und haben Kinder. Kaum genesen, wird Elizabeth von ihren Räten bestürmt wie lange nicht mehr, endlich zu heiraten. Doch wen können sie ihr ernsthaft vorschlagen? Sie kann die Herren überzeugen, dass es ihre Privatsache ist, wen sie heiratet, und dass es eine Gefahr für das Reich bedeutet, wenn sie einen Nachfolger benennt. An diese Reaktion *answers – answerless* (Antworten ohne Antwort) hat sich das Parlament schon fast gewöhnt; es wird sie noch manches Mal zu hören bekommen. Letztlich lässt man Queen Elizabeth in beidem die letzte Entscheidung, doch mehrfach wird drohend das Salische Gesetz erwähnt und der Vorteil eines leiblichen Erben betont. Je weniger Elizabeth zur Heirat bereit ist, desto bedeutsamer wird, wen Marie heiratet.

Marie Stuart ist seit dem Debakel der Huntly-Expedition fest entschlossen, ihre Position durch eine Heirat zu stärken. Ein Protestant kommt für sie nicht in Frage, jemand geringeren Standes als der „liebe François" auch nicht.

In dieser Preisklasse ist – außer dem 17-jährigen *Roi de France* – derzeit nur einer auf dem Markt: Don Carlos, Infant von Spanien. Er wird im Sommer achtzehn, doch langsam kommt der Verdacht auf, dass mit dem jungen Mann irgendwas nicht stimmt, immerhin war eigentlich er mit der derzeitigen Ehefrau seines Vaters, Isabelle de France, verlobt. Felipe II. ist noch keine vierzig, und Don Carlos zu heiraten bedeutet, die Weltmacht Spanien hinter sich zu haben! Für Marie Stuart ein unwiderstehlicher Gedanke, für Elizabeth Tudor und Cathérine de Médicis ein Horror. Felipe macht vage Versprechungen, England unter Maries Herrschaft mit seiner Hilfe zu rekatholisieren, aber er hat es offensichtlich nicht eilig. Dass sein Zögern auch mit der labilen Persönlichkeit seines immer noch einzigen Sohnes zu tun hat, kann er schlecht publik machen, der stolze König Spaniens und der Neuen Welt!

Aus Paris lässt die listige Schlange Madame Cathérine bei beiden Inselköniginnen vorfühlen, wer denn ihren Charles haben möchte. Und eine gefährliche Spinne webt heimlich, aber emsig von England aus an ihrem Netz: Margaret Douglas, Lady Lennox, plant die Zukunft ihres Sohnes Henry Stuart, Lord Darnley. Der ist mächtig gewachsen und dürfte einer der ganz wenigen jungen Herren sein, der Marie an Körperlänge übertrifft …

Edinburgh, Winter 1562/63

Marie will leben!

Kaum von ihrer depressiven Influenza genesen, schlägt Maries Stimmung um, sie hat bald Geburtstag, sie wird zwanzig, sie ist seit zwei Jahren Witwe, sie darf wieder an Heirat denken! Es kommt die Zeit der Bälle, sie will jetzt nichts von Problemen hören. Ihr ständiger geheimer Rat soll ein paar Tage geheim sein, sie verschonen damit, dass Elizabeth pro Jahr zwanzig Mal mehr Geld in der Kasse hat als sie, was soll's, ganz Europa leidet an der Überschwemmung mit spanischem Silber, was soll's, bald wird sie mit Hilfe dieses Silbers ein stehendes Heer haben und Königin von England sein! Aber erst einen Maskenball, sie und ihre Marys werden sich wieder so verkleiden, dass keiner weiß, wer die Königin ist, dann hat dieser verknöcherte Knox wieder was, worüber er wettern kann, der alte Zausel! Zu einem Bankett erscheinen sie und die Marys als Männer verkleidet. Das alles ist ein Spiel, es gibt keine Skandale, keine erotischen Implikationen, was soll das Lamento über ihren „Hurenhof?"

Wenn das Wetter es irgend zulässt, reitet sie pfeilschnell zum nächsten Loch, jagt mit ihren Falken, übt sich im Bogenschießen, dann fühlt sie das Leben wild und stark in sich pochen! Was weiß schon ein missgünstiger alter Mann davon, dessen albern langer Bart ihn hindert, sich wie ein Mensch zu bewegen! Ihr Volk liebt sie, wenn sie durch Edinburgh reitet, rufen die Menschen: „Gott segne unsere Königin!", „Gott segne ihr süßes Gesicht!"

Was faselt Knox von Intimität und Verführung? Sie hat ein offenes und vertrautes Verhältnis zu den Menschen ihrer näheren Umgebung, das macht die Atmosphäre angenehm! Es muss ja nicht jeden Abend ein Ball sein, sie spielt auch gern: Karten, Billard, Schach, Backgammon und dann diese neue Mode aus Italien, diese Puppenspiele, das ist doch einfach zu köstlich amüsant! Oder man liest abends vor aus ihrer umfangreichen, polyglotten Bibliothek, diskutiert über Geschichte, dilettiert in Poesie oder man musiziert gemeinsam, sie spielt gern die Laute, begleitet selbst ihre weiche Singstimme – was ist schlecht daran?

Sie verführt Schottlands Frauen zu Luxus und Dekadenz? Gegen Cousine Tudor kleidet sie sich doch regelrecht bescheiden! Sie hat 60 Staatsgewänder aus Brokat, Samt, Seide und Satin, Elizabeth soll über 300 haben! Vierzehn Umhänge sind bei dem schottischen Wetter ja nun wirklich nicht übertrieben, eine Königin muss doch zwei Purpurmäntel mit Hermelin haben – soll sie mit einem Flecken oder Riss auftreten? Wie soll ein Rock ohne die vielen mit Fischbein verstärkten Petticoats richtig fallen? Warum ist es Sünde, wenn in ihre Strümpfe Gold- und Silberfäden eingewebt sind? Es sieht doch hübscher aus als Wollstrümpfe – und woher weiß dieser Knox das eigentlich?

Knox donnert – Marie kontert

Als Marie dann auch noch das Parlament mit einer Rede begeistert, reißt Knox der Geduldsfaden. Er will diese Königin vernichten, und sie gewinnt ständig an Popularität! Dieses schamlose Volk jubelt dieser angemalten Puppe zu! Diese Lords werden in Glaubensdingen immer lascher! Was soll da aus Schottland werden? Jetzt soll und will diese Person auch noch heiraten, womöglich ein Kind bekommen, und dieses sentimentale Volk wird sie anbeten und Gott vergessen!

So donnert er in Gewissheit seiner moralischen Unfehlbarkeit umso eifernder gegen Marie – und eine Heirat. Das geht zu weit! Sie stellt ihn zur Rede, was ihn das eigentlich angehe, welche Position er im Gemeinwohl innehabe? Er schleimt: Ich bin nur ein hineingeborener Untertan! Ist seine Unfehlbarkeit irgendwie verunsichert? Er lenkt ein, ein wenig Vergnügen, ein wenig hübsche Kleidung dürfe sein, wenn man sonst gottgefällig lebe …

Edinburgh, Rossend Castle und St. Andrews, Anfang 1563
Ein verliebter Poet
In Maries Entourage war 1561 Pierre de Châtelard, ein gut aussehender junger Poet von edler Geburt im Gefolge eines der Söhne des Konnetabel Montmorency. Anfang 1563 kommt Châtelard wieder auf die Inseln. Er reist über London, erzählt, er sei unterwegs, um seine „Lady Love" zu treffen, und folgt Maries Spuren bis Aberdeen. Die Königin freut sich mit dem ihr eigenen Enthusiasmus über diesen Besuch, leiht ihrem hübschen Poeten eines ihrer schönsten Pferde, versorgt ihn mit passender Kleidung für die Highlands. Er kommt mit nach Edinburgh, und an Neujahr tanzt Marie mit ihm – wie mit vielen anderen Herren auch. Sie genießt seine immer glühender werdenden Liebessonette, es ist für sie eine Erinnerung an die sorglose Zeit in Frankreich, sie ist gerade zwanzig, nominell Witwe, hat aber hat noch nie leidenschaftlich geliebt …

Sie flirtet vielleicht wirklich einen Hauch zu viel mit ihm. Er versteht das als etwas, was es für sie bestimmt nicht ist, und versteckt sich eines Abends unter ihrem Bett in Holyrood, wird aber von Dienern entdeckt, bevor die Königin sich in ihr Gemach begibt. Sie verbannt ihn vom Hof. Châtelard geht, aber nicht wie befohlen an Bord des nächsten Schiffes. Er folgt Marie, als sie am 11. Februar nach Rossend Castle reitet. Es gelingt ihm wohl unentdeckt zu bleiben, vielleicht glaubt auch mancher Diener, er sei mit höchster

Erlaubnis anwesend, auch bei hohen Damen ist, was sie laut sagen und im Stillen meinen, oft zweierlei.

Jedenfalls kommt Pierre de Châtelard zu später Stunde ungeniert in der Königin Schlafzimmer spaziert, just in dem Augenblick, als zwei ihrer Damen ihr Mieder beiseite legen. Ob nur Marie aufschreit oder alle drei unisono, ist nicht klar, Fakt ist: Ausgerechnet Moray hört die Schreie, im Handumdrehen ist er im Raum. Marie, über diesen unerwarteten Auftritt erneut erschrocken, schreit: „Stich ihn nieder!" Das tut der stets so besonnene Moray natürlich nicht. Er hält den zarten Poeten in Schach und will wissen, was los ist. „Vergewaltigung!" kreischen die Damen, Châtelard stammelt, er habe sich nur vor seiner Abreise persönlich für sein ungebührliches Verhalten bei der Königin entschuldigen wollen …

Für einen sittenstrengen Reformierten wie Moray gibt es nur eine Reaktion: Öffentliche Verurteilung und Hinrichtung. Nur so ist der Ehre der Königin Genüge getan. Marie ist klar, was es für ihren Ruf bedeutet, wenn ganz Europa erfährt, dass ein junger Mann hingerichtet wird, weil er ihr Schlafzimmer betreten hat. Sie kann nichts mehr für ihren kleinen Poeten tun, muss alle Gnadengesuche ablehnen und zusehen, als er am 22. Februar auf dem Marktplatz von St. Andrews hingerichtet wird. Geistlichen Beistand hat der Dichter abgelehnt, er rezitiert Ronsards *Ode an den Tod,* schaut Marie Stuart direkt an und haucht vernehmlich: *O cruel dame …*

Agent provocateur oder dummer Junge?

Später behaupten Maitland und andere, Pierre habe vor seinem Tode gestanden, im Auftrag der Hugenotten gekommen zu sein, um Marie Stuarts Ehre zu besudeln und so die allseits befürchtete Ehe mit dem Infanten Don Carlos endgültig zu vereiteln. Hört sich dramatisch an, internationale Intrigen, religiöser Hintergrund. Alles gut und schön, aber gibt es in Frankreich nicht eine ganz andere Dame, der die Möglichkeit einer Heirat Maries mit dem Stiefsohn ihrer Tochter ein Albtraum ist? Châtelard ist über London gereist, dort residiert eine Königin, die selbst nie heiraten möchte, der aber eine Heirat der Cousine mit dem Sohn des ehemaligen Schwagers ebenso unangenehm wäre wie der Regentin Frankreichs …

Muss man überhaupt in internationalen Dimensionen denken? Predigt nicht in Edinburgh selbst ein Fanatiker Hasstiraden gegen die Ausschweifungen der Königin? Knox wird später behaupten, die blutrünstige Königin habe von ihrem Halbbruder verlangt, den Kerl sofort abzustechen, Moray habe sie auf Knien anflehen müssen, ihn nicht zu einer solchen Bluttat zu zwingen. Ein wahres Meisterwerk der Heuchelei!

Wieso übrigens ist ausgerechnet Moray, der doch als sittenstrenger Tugendbold am liebsten mit den Hühnern zu Bett geht, zu so später Stunde in Hörweite des Schlafgemachs seiner königlichen Schwester? Künftig muss ständig Mary Fleming (oder eine andere der Marys) im Zimmer der Königin nächtigen!

Orléans, Edinburgh und London, Februar 1563

Ende des 1. Hugenottenkrieges

Während in St. Andrews Poet Châtelard auf seine Hinrichtung wartet, belagert Maries Onkel Guise das von Hugenotten gehaltene Orléans. Am 18. Februar wird er von einem hugenottischen Attentäter durch einen Pistolenschuss aus nächster Nähe schwer verwundet und zurück in sein Quartier Château de Corney gebracht, wo er am 24. Februar seinen Verletzungen erliegt. Damit ist der Führer der Katholiken tot, derjenige der Hugenotten – Condé – gefangen. In gemeinsamer Anstrengung vertreibt man die Engländer aus Le Havre und setzt sich zu Verhandlungen zusammen, die am 25. März mit dem Frieden von Amboise den ersten Hugenottenkrieg beenden.

In London kann Elizabeth Ambrose Dudley, Lord Warwick und seinen Leuten keinen Vorwurf machen, das Kontingent war einfach zu klein und die Kommunikation mit der Heimatbasis miserabel. Elizabeth muss ihnen die Kapitulation erlauben, der Traum von der Rückgewinnung der Stadt Calais ist damit gestorben. Fatal ist, dass die Heimkehrer die Pest mitbringen. Die Königin eilt nach Windsor, und der Hof lebt da fast in Quarantäne.

In Edinburgh zurück, steht Marie noch unter dem Schock der Hinrichtung ihres Poeten, als sie die Nachricht vom Tod des Onkels erhält. Nur wenige Tage später ist auch Großprior François tot, er war gerade 28 geworden. Diese Todesfälle bedeuten natürlich einen schmerzlichen Verlust für Marie. Dennoch ist es kaum glaubhaft, dass sie sich ausgerechnet bei Elizabeths Botschafter Sir Randolph beklagt, seit dem Tag, da sie Witwe wurde, habe sie nur Unglück erfahren und keine Schulter gefunden, an der sie sich ausweinen könne. Mit dem Zusatz: umso mehr brauche sie die Freundschaft ihrer Cousine Tudor, wird das Ganze etwas wahrscheinlicher!

London, Anfang 1563

Schon wieder die Nachfolge!

Am 11. Februar wird im Tower ein Knabe geboren: Der zweite Sohn der Catherine Grey. Ein gutherziger Aufseher hat sich erweichen lassen, Catherine und ihrem Edward gegenseitige Besuche zu erlauben. Das Ergebnis ist dieser Sohn. Da die Ehe von Catherine Grey mit Edward Seymour für ungültig erklärt ist, sind beide Kinder illegitim. Kurz darauf wütet die Pest in London, und Elizabeth entlässt Catherine aus der Towerhaft in die Obhut eines Onkels nach Suffolk. Sie wird dort Anfang 1568 sterben, ohne Seymour noch ein einziges Mal gesehen zu haben, obwohl der Onkel unermüdlich bei Cecil um Besuchserlaubnis einkommt.

Noch schlechter ergeht es nur Mary, der kleinwüchsigen jüngsten der Schwestern Grey. Sie lebt am Hof unter strengster Bewachung, und dennoch gelingt es ihr, sich in einen fast doppelt so großen Türsteher namens Thomas Keyes zu verlieben. In Kenntnis des Ungemachs ihrer Schwester heiratet sie ihn 1563 heimlich. Elizabeth gerät nahezu in Raserei, als man es ihr zuträgt, Keys wird umgehend ins Fleet, das übelste aller Gefängnisse Londons, geworfen, wo er sich prompt eine schlimme Infektion einfängt. Nur gegen das Versprechen, seine Frau niemals wiederzusehen, kommt er nach drei Jahren frei und kann sich behandeln lassen, was seinen Tod nur wenig verzögert. Als Witwe Mary beantragt, Trauer tragen zu dürfen, wird die Bitte kategorisch abgeschmettert.

Um Elizabeth noch weiter zu verärgern, gelangen in dieser Zeit Gerüchte an den Hof, Lady Lennox lasse ihre Narren zur Belustigung der Gäste Possen über die Liebesspiele der Königin mit ihrem Stallmeister aufführen, während sie trotz Hausarrest weiter die Verheiratung ihres Sohnes mit Marie Stuart betreibt!

London, Edinburgh, Madrid und Paris, Frühling 1563
Zurück zum internationalen Ehekarussell

Nun kann Felipe keine französische Invasion auf den Inseln brauchen und weist de Quadra an, eine französische Ehe Maries unbedingt zu verhindern. Marie selbst hat sich mit Ablauf der Trauerzeit an de Quadra gewandt, um die Verhandlungen um Don Carlos wieder aufzunehmen. Maitland und Moray sind einverstanden, sie gehen davon aus, dass daraus entweder nichts wird und wenn doch, Marie nach Spanien gehen und die Regentschaft ihrem Halbbruder übertragen wird. Maitland versichert de Quadra, Marie sei sehr an der Ehe mit Don Carlos interessiert, sie werde einzig durch die Feindseligkeiten Elizabeths und der Cathérine de Médicis gezwungen, eine Heirat mit Charles IX. in Erwägung zu ziehen. Der Heilige Stuhl unterstützt die spanische Heirat. Noch gibt es keinerlei offizielle Verlautbarung darüber, dass Don Carlos, der 1560 von den Cortes als Infant anerkannt wurde, zur Nachfolge nicht geeignet ist, allerdings erklären nur solche Befürchtungen Felipes, warum der katholische König diese Chance, Schottland und England zu rekatholisieren, nicht mit mehr Vehemenz ergreift.

Ein weiteres Mal bricht Maitland persönlich nach London auf, offiziell um über Frankreich zu verhandeln, inoffiziell um die Nachfolgefrage in seinem Sinne zu regeln – und erlebt die wohl größte Verblüffung seines Lebens: Elizabeth Tudor schlägt ihm ihren *Master of the Horse*, Robin Dudley, als Ehemann für seine Königin vor!

Was zum Teufel soll das nun wieder? Der Vorschlag ist in jeder Beziehung eine Unverschämtheit. Zunächst verfügt Dudley auch nicht über den Hauch eines Tropfens königlichen Blutes und ist so überhaupt nicht standesgemäß. Er ist ein schlichter englischer Untertan. Sein Vater und sein Großvater sind als Verräter hingerichtet worden. Das zusammen ist mehr als beleidigend für die Königin der Schotten. Erschwerend kommt hinzu, dass alle Welt ihn seit Jahren für den Liebhaber Elizabeths hält. Kann eine Frau einer anderen ein höheres Maß an Verachtung erweisen, als ihr einen abgelegten Liebhaber als Ehemann zu offerieren? Kann die Königin Elizabeth Tudor das wirklich ernst meinen? Maitland will seiner

Königin das Angebot spontan unterschlagen, ihr diesen Affront ersparen. Er ringt sich einige diplomatische Schnörkel ab und versucht es letztlich mit einem Scherz: Ob Elizabeth nicht zunächst selbst Dudley heiraten wolle, sie könne ihn dann ja zusammen mit der Krone Englands an die Königin der Schotten vererben?

Elizabeth gönnerhaft?
Die Dinge verzögern sich erneut, da auch de Quadra der Pest erliegt. Nachfolger da Silva ist der charmanteste Spanier, den es je gab, finden viele Höflinge, und auch Elizabeth scheint angetan. Höchstpersönlich übersetzt sie ein beliebtes Schauspiel für ihn ins Spanische. Es ist schwer, herauszufiltern, was Elizabeth wirklich über die Ehe Dudley-Marie denkt, sie hat sich weder eindeutig geäußert noch ein schriftliches Zeugnis hinterlassen. Aus der Rückschau scheint es, als habe sie es bis 1561 noch für möglich gehalten, Dudley mit spanischer Unterstützung (gegen ein wenig Entgegenkommen für englische Katholiken erkauft) zu heiraten, seit der Reaktion auf Amy Robsards Tod aber eingesehen, dass das Bürgerkrieg bedeuten würde. Sie „gesteht" da Silva: Schwarz und Weiß sind meine Farben. Das bedeutet in der Farbsymbolik der Zeit: ewige Jungfernschaft! Sie scheint die persönliche Ehelosigkeit endgültig als die beste Lösung für sich und England erkannt zu haben. Will sie in Edelmut Robin eine Krone als Ausgleich für den verlorenen gemeinsamen Traum verschaffen? Der Gedankengang ist abwegig genug, um originär Elizabeth Tudor zu sein. Sie tut weder den Beteiligten noch Reich und Land einen Gefallen damit!

Elizabeth schenkt Dudley im Frühsommer 1563 das riesige Anwesen Kenilworth, das sich in gewisser Weise als Danaergeschenk erweist, denn er wird zehn Jahre mit Renovierungsarbeiten beschäftigt sein und sich dabei finanziell ruinieren. Für die Einweihung, das größte Fest des Zeitalters, wird er sich völlig verschulden, und dennoch wird es in einem persönlichen Desaster für ihn enden.

Vorläufig versucht Elizabeth ihrem Robin die schottische Ehe schmackhaft zu machen, nur so könne er eine Krone bekommen und zugleich ihr und England weiter nützlich sein. Außerdem habe sie dann die Gewissheit, dass es seine Kinder seien, die einst über ein vereintes Königreich herrschten. Soweit kann man ihr noch folgen, aber wenn sie davon schwärmt, dass Marie Stuart als seine Gemahlin ein gern gesehener Gast an ihrem Hofe sein werde, muss man sich doch fragen, welch seltsame Variante der *Menage à trois* ihr da wohl vorschweben mag? Cecil ist natürlich von diesem Plan spontan angetan und tut alles, um den Konkurrenten Dudley wegzuloben.

London und Edinburgh, im Winter 1563

Elizabeth wird zur Märtyrerin stilisiert

Im November 1563 erscheint John Foxes *Book of Martyrs*, das die Reformationsgeschichte Englands als Geschichte von Märtyrern darstellt. Foxe, ein anglikanischer Pfarrer, reiht Elizabeth unter die Verfolgten ein, verschweigt ihre Messebesuche und begründet so ihren Ruf als Protagonistin der Anglikanischen Kirche. Das Buch wird in der zweiten Ausgabe zum Pflichtbestand aller Kirchen, alle englischen Schiffe haben es an Bord. Angeblich übersetzt Sir Frances Drake im Bedarfsfalle Passagen daraus zur Erleuchtung und Bekehrung katholischer Gefangener.

Zu Weihnachten 1563 liegt Marie in Holyrood zu Bett, die Feiern zu ihrem Geburtstag und die nun schon über ein Jahr andauernde Verzögerung ihrer „spanischen" Heirat haben sie entnervt. Sie scherzt, man wolle sie mit England verheiraten, und Argyll kontert, ob denn Elizabeth ein Mann geworden sei? Sie hat keine Lust mehr, Kandidaten zu diskutieren, ihre Konversation beschränkt sich auf alltägliche Dinge. Marie beginnt ihren Guise Onkeln zu misstrauen, verdächtigt sie, ihre Einkünfte aus ihren französischen Witwengütern unberechtigt zurück zu halten …

Edinburgh und London, Frühjahr 1564

Was ist mit Darnley?

Ab Februar 1564 scheinen die Bestrebungen der Lady Lennox Erfolge zu zeitigen. Maitland und Moray haben den jungen Darnley als Heiratskandidaten ins Spiel gebracht. Er könnte Marie Stuart die Unterstützung der englischen Katholiken einbringen. Langsam zunächst scheint der Gedanke von ihr Besitz zu ergreifen. Sie will alles über diesen jungen Vetter wissen. Wie er aussieht, wie er ausgebildet wurde, was seine Lieblingsbeschäftigungen sind. Da Mutter Lennox ihren Sprössling sehr sorgfältig auf die ihm ihrer Meinung nach zustehende allerhöchste Stellung vorbereitet hat, klingt alles, was Marie über Darnley hört, sehr verlockend.

Bereits im Herbst 1563 hat Elizabeth Randolph hinter Marie hergeschickt, er soll ihr die Nachfolge für England versprechen, wenn sie bereit ist, einen Engländer zu heiraten. An wen gedacht ist, soll nicht erwähnt werden. Selbst ein Norfolk wäre in gewissem Sinne noch eine Beleidigung für die Königin, denn er wäre immer noch englischer Untertan. Dudley ist Lichtjahre vom echten Hochadel entfernt, kein Wunder, dass Marie nicht auf ihn kommt, selbst Randolph schämt sich für dieses Angebot seiner Königin! Als er im Frühjahr 1564 endlich mit der Wahrheit rausrückt und den Namen nennt, muss Marie im Laufe des Jahres, das vergangen ist, seit Elizabeth Maitland den Vorschlag erstmalig unterbreitete, gewarnt worden sein. Denn sie bezwingt ihr Temperament und fragt nur: „Behandelt man so eine, die man Schwester nennt?"

Wie mag es ihr in dieser Situation erscheinen, dass ihr Frauen verachtender Widersacher Knox im reifen Alter von 50 Jahren im März in nahezu königlicher Aufmachung eine zweite Ehe schließt? Braut Margaret ist gerade 17 und als Tochter von Andrew Stuart, Lord Ochiltree, auch noch weitläufig mit Marie verwandt. Jede Epoche hat ihre mehr oder weniger bizarren Phänomene, diese Margaret Stuart ist so etwas wie ein Religions-Groupie. Die Heirat, von der Knox sich Aufbesserung seiner Reputation verspricht, wird zum Auslöser seines Untergangs, Moray redet ganze 18 Monate kein Wort mit ihm.

London und Edinburgh, Sommer/Herbst 1564

Ein Projekt scheitert

Von Juli bis September ist Marie wieder unermüdlich kreuz und quer in Schottland unterwegs, es scheint, ihre innere Unruhe braucht ein Ventil. Sie hofft noch immer auf eine Zusage aus Madrid. Felipe II. deutet in einem vertraulichen Brief an den Bischof von Arras im August 1564 an, dass die Persönlichkeit seines Sohnes nicht dazu geeignet sei, durch eine Heirat mit Marie Stuart England und Schottland wieder in die römische Kirche zurückzuführen. Kurz darauf erklärt er ohne Angabe von Gründen die Verhandlungen für beendet.

Die Eitelkeiten der Königin Elizabeth

Auf den Abschluss des Vertrages von Troyes im April 1564 folgt eine Periode des Friedens. Marie Stuart schickt Melville als Botschafter zu Elizabeth, er war ihr Page in Frankreich. Er soll die Bedingungen der Ehe mit Dudley aushandeln, die Zusicherung der Nachfolge erpressen und – Lady Lennox kontaktieren. Aus seinen Memoiren weiß man einiges über seine Zeit an Elizabeths Hof. Melville erkennt als Vollbluthöfling sofort, warum Elizabeth nicht heiraten wird: Sie kann nicht weniger als König und Königin zugleich sein! Seine Hauptaufgabe scheint, Elizabeth ein lebendiges Bild von Marie Stuart zu malen, wobei er sehr vorsichtig sein muss, denn Elizabeth besteht sehr darauf, sich als die schönste, klügste, sportlichste, musikalischste aller Königinnen zu gerieren.

Wenn Melville erwähnt, seine Königin sei eine elegante Tänzerin, verschleißt Elizabeth an einem Abend jede Menge Herren beim Tanz, um ihre Überlegenheit zu demonstrieren. Wenn er sagt, Marie sei eine ausgezeichnete Reiterin, wird die Jagd des nächsten Tages zu einem Wettrennen. Als ihm rausrutscht, Marie beherrsche das Madrigal für eine Königin ausgezeichnet, wird er am nächsten Tag in einen Raum geführt, in dem jemand hinter einem Paravent den Blicken entzogen an diesem Instrument fantasiert. Es ist natürlich Elizabeth, die hervorkommt und in aller Bescheidenheit beteuert, sie spiele einzig zu ihrem Zeitvertreib, ohne jeden künstlerischen Anspruch.

Die Liste ließe sich endlos erweitern. Etwas peinlich ist die Situation, als Elizabeth Melville in ihr Staatsschlafzimmer führt, dem Nachttisch eine Miniatur Dudleys entnimmt und ihm zeigt, das Bild vor seinen Augen liebevoll wieder in die Samthülle steckt und bedauert, ihm die Miniatur nicht für seine Königin geben zu können, da sie selbst sie noch brauche! Die ganze Zeit unterhalten sich Dudley und Cecil am anderen Ende des Raumes.

Initiative ergreifen

Im September 1564 beantragt der Earl of Lennox einen Reisepass, er will und muss seine Besitzungen in Schottland inspizieren, über deren Rückerstattung er mit Marie Stuart verhandelt. Nach einem für Elizabeth typischen Hin und Her bekommt Lennox den Pass, Lady Lennox und ihre Söhne müssen als Geiseln in England bleiben.

Marie empfängt Lennox herzlich, die Farce einer Versöhnung mit den Hamiltons wird öffentlich zelebriert und Lennox am 9. Oktober wieder in seine Rechte und Ländereien eingesetzt. Er gewinnt mit geheucheltem Interesse an ihrem Glauben und dicken Geschenken einige Reformierte für sich. Kirkcaldy sagt öffentlich, die Schotten würden Dudley niemals akzeptieren, zu Darnley könnten sie sich eventuell überreden lassen. Dudley selbst hat Melville inzwischen „anvertraut", das Ganze sei eine Intrige seines Erzfeindes Cecil, um ihn, Robin Dudley, endlich vom Hof zu entfernen.

Depesche aus Wien:
Am 25. Juli stirbt Kaiser Ferdinand I. Designierter Nachfolger ist sein Sohn Maximilian, seit 1548 verheiratet mit Maria, Tochter Kaiser Karls V. Sie hat ihm bereits 13 Kinder geboren, drei werden noch folgen. *Tu, felix Austria ...* mag Elizabeth neidvoll denken. Die älteste Tochter Anna wird 1570 mit Felipe II. de España den Bruder ihrer Mutter heiraten. Sie ist die zweite Verlobte seines Sohnes, die er heiratet. Ihre älteste Stieftochter ist sieben Jahre jünger als sie. Von ihren fünf Kindern wird nur der 1573 geborene Sohn überleben und 1598 den Vater beerben.

London, 29. September 1564

Elizabeth erhebt Robin Dudley

Henry Stewart, Lord Darnley, trägt als erster Prinz von Geblüt seiner Königin Elizabeth I. Tudor das Schwert voran, als sie ihren Stallmeister Robert (Robin) Dudley zum Earl of Leicester erhebt. Elizabeth selbst führt bei der Zeremonie das Schwert. (Warum das betonenswert ist? Sie tut das nicht immer selbst!) Mit dem ihr eigenen unfehlbaren Instinkt für Peinlichkeiten kann sie es einfach nicht lassen, ihm noch schnell, aber für jedermann deutlich sichtbar neckisch den Nacken zu kraulen, als sie ihm die Amtskette umlegt. Nach Abschluss der offiziellen Zeremonie weist sie selbst Melville auf den hübschen und hochgewachsenen Darnley hin. Weiß die Königin etwa, warum er wirklich hier ist? Angeblich sagt Melville so etwas wie: Ein hübscher Knabe, aber eine Frau von Welt würde doch unbedingt den Mann Leicester vorziehen …

Leicester oder Darnley?
Elizabeth Tudor wartet, welchen der drei Engländer Marie Stuart als Ehemann zu akzeptieren bereit ist: Leicester, Norfolk oder Darnley. Norfolk wird sich später beklagen, er sei zu diesem Zeitpunkt von seiner Königin gar nicht nach seiner Meinung gefragt worden. Was Elizabeth mit dem Angebot ihres Stallmeisters erreichen will, bleibt fraglich. Darnley wird in England nicht zu Unrecht für ein politisches Federgewicht und für einen religiösen Wendehals gehalten. Cecil soll ihn akzeptiert haben, weil er überzeugt ist, er würde den Schotten und ihrer Königin mehr Ungemach bereiten als England. Für Leicester bedeutet er die Befreiung von dem Damoklesschwert Stuart-Ehe, das drei Jahre über ihm geschwebt hat. Am 10. Februar 1565 überschreitet Henry Stuart, Lord Darnley, nachdem seine Tudorkönigin den für sie längst typischen Tanz um Gewährung und Verweigerung des Passes aufgeführt hat, die Grenze zum Land seiner Väter – und Mütter …

Marie Stuarts zweite Ehe beginnt

Falkland und Wemyss Castle, Anfang 1565

Die Reisekönigin
Am 16. Januar bricht Marie in unruhiger Erwartung der Dinge, die geschehen sollen, mit ihrem Hof zur Jagd nach Falkland auf, sie besucht die Burgen Balfour und Ballinbreich, die Balmerino Abtei und St. Andrews. Nach kurzer Verschnaufpause reitet sie weiter nach Struthers, Lundin Tower und Wemyss Castle. Hier endlich kommt es zu der Begegnung, auf die sie emotional schon seit

drei, rational seit knapp einem Jahr wartet. Sie trifft Henry Steward, Lord Darnley, noch keine zehn Tage 20 Jahre alt.

Darnleys „Mütter"

Auf Darnleys englischen Thronanspruch über seine Großmutter Margaret Tudor wurde hingewiesen, von seinen über die weibliche Linie laufenden Ansprüchen auf die schottische Krone sei nur soviel gesagt: Sie fußen auf James' II. Tochter Mary, die um 1469 eine zweite Ehe mit einem Lennox einging. Ungefähr 75 Jahre später haben Darnleys Eltern im englischen Exil 1544 im St. James Palace zu London geheiratet. Darnley ist am 7. Februar 1545 geboren und bleibt trotz sechs Geburten seiner Mutter elf Jahre das einzige Kind. Nur sein Bruder Charles wird außer ihm ein heiratsfähiges Alter erreichen.

Mit dem Verlust jeden Babys steigt Henrys Wert für die Eltern, die alle ihre dynastischen Erwartungen auf ihn projizieren. Name und Titel Darnley stammen von einer Besitzung der Lennox in der Nähe von Glasgow. Darnley verbringt die meiste Zeit seines jungen Lebens in der Nähe von Leeds, im *Temple Newsham House*, einem Hochzeitsgeschenk Henrys VIII. an seine Nichte. Er bekommt eine exzellente Erziehung, denn dank der Nähe zu beiden Königshäusern scheint ihm eine Krone sicher, davon ist er genauso überzeugt wie seine Mutter. Er ist offiziell Katholik, bedauert als Achtjähriger in einem Brief an Maria Tudor, zu jung zu sein, um sie im Kampf gegen die ketzerischen Rebellen unterstützen zu können, und wird dafür von der gerührten Königin mit einer Goldkette belohnt, für die er sich zierlich bedankt. Sie ernennt ihn dennoch nicht zu ihrem Erben! Als die Lennox 1559 bei Elizabeth in Ungnade fallen, wird Darnley zur Vollendung seiner Erziehung gerade noch rechtzeitig nach Frankreich geschickt.

Am 13. Februar erreicht Darnley Schottlands Hauptstadt. In den drei Nächten zuvor haben um Mitternacht Geister in den Straßen von Edinburgh lautstark gekämpft. Ein schlechtes Omen … Der Halbbruder der Königin Robert Stewart unterhält Darnley drei Tage mit Jagden und abendlichen Vergnügungen. Einverstanden mit Erscheinung und Benehmen des möglichen Bräutigams, schickt er ihn am dritten Tag nach Wemyss, dort soll er die Königin der Schotten treffen.

Henry Darnley reitet

am 16. Februar blond, flaumgesichtig, hochgewachsen und schlank, wohlgemut in den Hof von Wemyss Castle, überzeugt, Marie Stuart werde ihm zu der wohlverdienten Krone verhelfen, seine Mutter hat ihm immer gesagt, sie müsse ihn nur einmal im Glanz seiner jungen Männlichkeit sehen.

Was Darnley und seine Braut in spe nicht wissen: Bereits Anfang Januar haben einige der Lords, die ein Jahr zuvor Darnley als Ehekandidaten ins Spiel gebracht haben, einen so genannten Bond, eine gegenseitige Verpflichtung, unterschrieben, dass sie eine Ehe der Königin mit Darnley verhindern werden. Moray, dem Marie immer noch einigermaßen vertraut, Argyll, Glencairn, Kirkcaldy und der durch die Heirat seiner Tochter mit Knox zu einiger Berühmtheit gelangte Ochiltree sind Unterzeichner des Bonds.

Keine Liebe auf den ersten Blick

Marie steht am Fenster, als Darnley in den Hof reitet. Was sie sieht, gefällt ihr durchaus, lässt sie aber keineswegs in einen Liebeswahn verfallen, der sie alles andere, gar ihr Königtum, umgehend vergessen lässt. Seit drei Jahren ist Heirat ihr zentrales Lebensthema. Nun kommt da ein junger Mann, hübsch, leicht effeminiert, blond und vor allem: größer als sie! Warum soll sie nicht unmittelbar begeistert sein? Unter den eher etwas grobschlächtigen Schotten muss Darnley in seiner blonden Eleganz wie eine Lichtgestalt wirken. Lady Lennox hat bei seiner Erziehung formal wirklich ganze Arbeit geleistet, sie hat ihm angeblich sogar beigebracht, wie man eine jungfräuliche Königin körperlich berührt! Er hat eine Truhe voller liebevoll ausgewählter Geschenke für unterschiedliche Gelegenheiten dabei, präsentiert das erste gleich mit jener Galanterie, die Marie seit Frankreich so oft schmerzlich vermisst hat.

Darnley besteht jeden gesellschaftlichen Test als Lautenspieler, Tänzer, Sänger, Poet, Literaturkenner und Sportchampion. Was kümmert es Marie, dass Onkel Kardinal ihn einen netten Dummkopf nennt, es ist herrlich mit ihm zu tanzen. Jeder kann sehen, dass die beiden ein schönes Paar sind, ob beim Tanz oder bei der Jagd, sie haben einfach ihren Spaß, und den hat Marie nach eigenem Empfinden viel zu selten mit einem angenehmen jungen Mann. Also behält sie ihn zwei Tage an ihrer Seite, bis sie nach Dunferme-line aufbrechen muss. Darnley sucht kurz seinen Vater in Glasgow auf, der da mit seinem alten Freund Atholl zusammengluckt. Sicher prahlt Darnley damit, wie sehr er der Königin gefällt und dass sie ihn nach Edinburgh geladen hat. Schon am 24. trifft er sie wieder, und gemeinsam reiten sie nach Edinburgh.

Paris, Vlissingen und Edinburgh, März 1565
Bothwell verbreitet Angst und Schrecken
Der Earl of Bothwell kommt privater Finanzsachen wegen nach Schottland zurück. Es ist erstaunlich, wie sehr insbesondere Moray diesen königstreuen Einzelgänger fürchtet. Zur Erinnerung: Bothwell war 1562 wegen der fadenscheinigen Komplottanklage Arrans in Edinburgh in Untersuchungshaft. Eines Tages hat er das Gefängnis ungehindert durch das Haupttor verlassen und sich nach Frankreich eingeschifft. Diesmal waren die Winde stärker als sein seemännisches Können und haben ihn in englische Gefangenschaft geblasen. Nach kurzer Towerhaft hat Elizabeth ihn schließlich un-ter unklaren Bedingungen nach Frankreich ausreisen lassen, wo er – wahrscheinlich auf Marie Stuarts Fürsprache – den Posten des Kommandanten der traditionsreichen schottischen Leibgarden des Königs übernahm. Jetzt hat er in Vlissingen zwei Schiffe ausrüsten lassen und ist in Scotia gelandet.

Typisch für Moray, dass er sofort zu Marie eilt und empört berich-tet, Bothwell habe entsetzliche Dinge über sie verbreitet, er wisse gar nicht, wie er es ihr schonend beibringen solle, ja, es laufe darauf hinaus, dass sie ein „Verhältnis" mit ihrem Onkel, dem Kardinal, gehabt habe. Jetzt wolle Bothwell ihn, den Bruder der Königin, und Maitland ermorden lassen! Er müsse unbedingt verhört oder besser gleich für vogelfrei erklärt werden! Sofort lässt er Edinburgh mit 5.000 Mann besetzen – soviel Angst macht ihm Bothwell! – und ein Gericht verhandelt ohne Angeklagten. Bothwell registriert schnell, dass Marie immer noch nicht selbst regiert und sein Leben in Gefahr ist. Er kehrt heimlich nach Frankreich zurück.

Zeit der Werbung

Darnleys erster Verbündeter in Marie Stuarts engster Umgebung wird sehr schnell David Rizzio, der seit 1561 am schottischen Hof lebt. Er ist in der Entourage des Botschafters von Savoyen nach Edinburgh gekommen. Seine Singstimme – ein für einen so kleinen Mann erstaunlicher Bass – und seine Kunstfertigkeit im Lautenspiel haben Marie bewogen, ihn seinem Herrn als Bereicherung ihres bescheidenen Musikerensembles abzuschwatzen. Rizzio ist hässlich, wirkt immer gebeugt, krumm, sich windend, und sicher hätte ihn nie jemand beachtet, hätte Marie ihn nicht 1564 zu ihrem Privatsekretär für französische und italienische Korrespondenz gemacht. Kein Wunder bei der allgemeinen Rom-Phobie, dass fast unmittelbar das Gerücht entsteht, Rizzio sei ein Spion des Papstes! Marie weiß das und geht mit der ihr eigenen Unbekümmertheit darüber hinweg. Ihr ist es auch gleichgültig, dass Rizzio sich mit seinem großspurigen Auftreten viele Feinde schafft.

Nun kommt es spontan zu einer einigermaßen unheiligen Allianz zwischen Darnley und Rizzio. Es wird gern kolportiert, Marie und Darnley seien vom ersten Augenblick an unzertrennlich gewesen, doch das ist allein schon deshalb unmöglich, weil die Königin nicht bei all ihren täglichen Verpflichtungen mit einem „stellungslosen" Verehrer auftauchen kann. Die freie Zeit widmen Darnley und Rizzio gemeinsamen Vergnügungen, worüber sie so vertraut miteinander werden, dass sie oft gemeinsam in einem Bett schlafen. Wobei das nicht zwingend homoerotische Aktivitäten bedeutet, es wird in diesen Zeiten durchaus auch als Beweis gegenseitiger Wertschätzung unter Hetero-Männern praktiziert. Ob Rizzio von vornherein für die Darnley-Heirat ist oder sie erst vehement befürwortet, als Darnley ihn zum Intimfreund erwählt, ist ungewiss.

Darnley steht Rizzio in der Kunst, sich Feinde zu machen, in nichts nach. Er lässt sich eine Karte Schottlands zeigen und erklären, wem was gehört. Angesichts der Ländereien, die Moray besitzt, äußert er nur zwei Worte: „Zu viel!"

Darnley fährt in Sachen Religion zweigleisig, er hört mit Marie die Messe, mit den Lords die Predigt, lässt sich Knox vorstellen.

Der nicht gerade als Kenner der menschlichen Psyche bekannte englische Botschafter Randolph ist der Überzeugung, dass Marie Darnley nicht anders behandelt als andere Höflinge, doch er hat einen prophetischen Moment, als er seine Überzeugung kundtut, dass er zwar im Einzelnen nicht sagen könne, was aus Darnley werde, er sei sich aber sicher, Darnley werde unter den Lairds nicht lange überleben.

Throckmorton fordert schon jetzt, dass Elizabeth die Heirat unbedingt verhindern muss und dass es dazu nur einen Weg gibt: Truppen an die Grenze verlegen und mit Krieg drohen! Überhaupt befürchtet die protestantische Welt, dass hinter Marie und Darnley eine internationale katholische Liga steht, die den Protestantismus als Ganzes bedroht.

Bei all dem Hype ist nur eins sicher: Zu dieser Zeit hat Marie keineswegs die Absicht, Darnley zu heiraten, sie fragt im Gegenteil noch einmal wegen Don Carlos nach. Außerdem gibt es in ihrer Umgebung auch genug warnende Stimmen, nicht nur Maitland und Melville argumentieren, Darnley habe nicht genügend *Standing,* um der Queen of Scotts die Stütze zu sein, die sie für ihre schwierige Aufgabe braucht. Selbst ihre Marys lehnen den hohlen Schönling ab. Ausschlaggebend für Marie selbst dürfte sein, dass sie eigentlich jeden, der nicht König oder wenigsten Thronfolger ist, als unter ihrer Würde empfindet. Inzwischen ist offensichtlich, dass Maitland für die zauberhafte Mary Fleming entbrannt ist, sie aber kann sich noch nicht entscheiden. Dafür läuten am 6. März die Hochzeitsglocken für Mary Livingston, die den jungen Sempill ehelicht. Natürlich tanzen Marie und Darnley auch auf dieser Hochzeit ...

Edinburgh, London und Stirling, im April 1565

Eine schicksalsschwere Krankheit

Unter dem Vorwand, den katholischen Feiern zu Ostern ausweichen zu wollen, verlässt Moray Anfang April den Hof, der nach Stirling zieht. Dort erkrankt Darnley an Masern! Heutige Medizinhistoriker neigen mehrheitlich dazu, diese Erkrankung als den Ausbruch des zweiten Stadiums einer Syphilis zu diagnostizieren. Die Krankheitsursache ist relativ unbedeutend, wichtiger ist, was die Erkrankung bei Marie Stuart auslöst. Ihr bisher eher oberflächliches Interesse an Darnley gewinnt plötzlich an Intensität. Zunächst besucht sie ihn nur mehrmals täglich, bald übernimmt sie seine Pflege, bleibt bis tief in die Nacht bei ihm! Was bannt diese Outdoor-Amazone an das Krankenbett des bleichen Jünglings? Überkommen sie Erinnerungen an Kindheit und Jugend mit ihrem kindlichen, stets kränkelnden Bräutigam François? Ist sie so konditioniert, dass nur ein kränkelnder Jüngling liebevolle Fürsorge in ihr erwecken kann? Hält sie diese mütterliche Fürsorge für die Voraussetzung einer königlichen Ehe?

Selbst als Darnley hohes Fieber bekommt und die Ärzte die Möglichkeit einer Ansteckung fürchten, weigert sie sich, ihn zu verlassen, intensiviert ihre Pflegeanstrengungen gar! Wenn er sich statt dankbar und verliebt launisch und verletzend zeigt, schreibt sie es seiner Krankheit zu. Natürlich gibt er zwischendurch auch den Verliebten, deshalb ist er ja gekommen, sie tauschen zärtliche Briefchen, und die von Ma Lennox vorausschauend mitgegebenen Geschenke erfreuen Maries überquellendes Herz genau im richtigen Augenblick.

Jetzt schickt sie Maitland nach London, er soll Elizabeths Zustimmung zur Heirat mit Darnley umgehend beibringen. Schließlich ist er einer ihrer Kandidaten! Doch am 15. April spielt Elizabeth die Empörte! Sie verweist den Fall an den Rat. Darnley steht plötzlich in der englischen Thronfolge. Er ist ihr Untertan! Er und sein Vater sollen sich umgehend zu ihr bequemen. Darnley denkt gar nicht daran! Ihm gefalle es ausnehmend gut, wo er sei, lässt er ausrichten, er gedenke zu bleiben. Elizabeth droht Lady Lennox mit dem Tower, schickt sie wirklich hin. Keine Reaktion von Lennox und Sohn.

Europa in Hektik
Marie hetzt Boten nach Madrid, Paris, Rom, verlangt Zustimmung, Dispens. Onkel Kardinal fragt indigniert nach, ob sie wirklich den

dümmlichen Schönling Darnley meint? Die Antwort nimmt er so ernst, dass er seinerseits versucht, den Dispens zu beschleunigen. Frankreich stimmt zu, warum nicht, Darnley hat mit der Casa de Austria nichts zu tun. Spanien stimmt zu, endlich keine Nachfragen mehr wegen Don Carlos, dessen Gebaren immer bizarrer wird! Der Papst stimmt zu, über den Jüngling weiß man im Vatikan wenig, aber die Mutter ist eine strenge Katholikin, sie hätte besser auf Englands Thron gepasst als diese Hurentochter und Ketzerin Elizabeth!

Und diese Elizabeth sitzt in ihrer selbst aufgestellten Falle gefangen! Anscheinend kann sie die Heirat der ewigen Rivalin wirklich nur mit Waffengewalt verhindern, selbst dann ist der Ausgang ungewiss. Also wird sie erstmal verkünden, sie könne Marie die Nachfolge nicht zusagen, so lange sie selbst nicht verheiratet sei oder sich endgültig entschlossen habe, nicht zu heiraten! Sieht Leicester da das kaum noch erhoffte Licht am Ende des Tunnels? Wird der Neid auf die schöne Nachbarin die hysterische Elizabeth vielleicht doch noch zur Heirat mit ihm verführen?

Die Lords erneuern in stummer Wut den Bond gegen Darnley. Bothwell sagt später, sie hätten jede Heirat zu verhindern gesucht, weil ein Kind Maries, egal von wem, ihre Kreise stören musste. Er mag nicht unbedingt der sympathischste aller Schotten sein, aber er verfügt über zwei dort ungewöhnlich seltene Eigenschaften: Unbestechlichkeit und Loyalität. Daran erinnert sich nun auch Marie, die ihn dringend auffordert, sofort zu kommen, da Moray ihr Feind und Maitland undurchschaubarer denn je ist. Ihr Hilferuf erreicht Bothwell nie, das Schreiben landet – wie viele seiner Art – in Cecils Asservatenkammer.

Moray fühlt sich düpiert, da Elizabeth nicht bereit ist, eine Militäraktion gegen Marie – gegen ihre unkluge Heirat natürlich – zu unterstützen, und eilt zurück an den Hof. Marie ist nicht mehr die willige, kleine Schwester, sie wirft ihm an den Kopf, er wolle die Krone für sich, was anderes habe ihn nie interessiert! Ein Wort gibt schnell das andere, und der Bruch zwischen den Halbgeschwistern ist vollzogen. Moray hat längst alle Gegner der Lennox um sich gesammelt, nun schickt er einige tausend Mann gegen Edinburgh, doch Bothwells Cousin Alex Hepburn hält die Stadt für die Königin.

Eine glückliche Genesung?

Am 3. Mai ist Marie Stuart ihrer Sache so sicher, dass sie von ihren Lords das Einverständnis mit ihrer Heirat einfordert. Da Elizabeth Tudor nichts tut, außer einander widersprechende Befehle auszugeben und zurückzunehmen, stimmen überraschend viele Lairds tatsächlich zu. Als Maitland unverrichteter Dinge aus London zurückkehrt, hat er viel Zeit, Mary Fleming den Hof zu machen, denn Marie hält ihn in schmollender Ungnade.

Und was leistet sich Darnley? Im Wesentlichen schlechte Laune und unerträgliche Anmaßung. Er will trotz aller Geschenke Maries unbedingt sofort den Titel des *Duke of Albany*, der dem des *Prince of Wales* in England entspricht. Marie bleibt standhaft, den Titel kann sie ihm nur unmittelbar vor der Heirat gewähren. Sie taktiert also immer noch, obwohl die ewig Unzufriedenen schon verbreiten lassen, sie habe Darnley längst heimlich geehelicht, wenn nicht kirchlich, so doch fleischlich. Sie stützen sich dabei auf Domestikengeschwätz, das von nächtlichen Aufenthalten Maries im Krankenzimmer zu berichten weiß.

Marie forciert das Tempo, erhebt den kaum der Bettlägerigkeit entkommenen Darnley zum Baron of Ardmannoch und Earl of Ross. Jetzt darf er 14 Herren zu Rittern schlagen, das erweitert den Kreis der Königstreuen zumindest für einige Zeit. Am Abend des Tages trägt Throckmorton die Proteste der englischen Königin vor, die Königin der Schotten bietet an, mit der Heirat noch drei Monate zu warten, damit die Tudor ihre Einstellung noch einmal überdenken kann. Wenige Tage später verlässt Moray den Hof und gibt damit Maries Anhänger Atholl den Weg für die Hochzeitsvorbereitungen frei. Bemerkt Marie Stuart erste unschöne Risse im Bild des idealen Mannes, das sie sich während Darnleys Krankheit von ihm geschaffen hat? Wenn ja, ist es zu spät, die Sache hat eine Eigendynamik entwickelt, der sie sich nicht mehr entgegenstellen kann.

London, Edinburgh und Ruthven Castle, Juni 1565

Gefahr für England?

Am 4. Juni erklärt der englische Kronrat die Heirat Marie Stuarts mit Darnley zu einer Gefahr für den Staat. Marie weiß, dass Elizabeth Moray unterstützt hat und weiter unterstützen wird, was immer sie an Gegenteiligem beteuern mag. Gleichzeitig schickt Marie Stuart Hilfsgesuche zur Wiedereinführung des Katholizismus nach Madrid und Rom. Es gibt keine Verabredung der katholischen Mächte und des Papstes zur Ausrottung der Reformierten, aber Marie hat keine Veranlassung zum Dementi, sie wird ja unterstützt, nur nicht im ausreichenden Maße.

Als an Englands Küste ein schiffbrüchiger Gesandter mit 20.000 spanischen Dublonen aufgebracht wird, gibt es in Europa keine Zweifel mehr, dass sich ein katholischer Block um die Königin der Schotten gebildet hat und der Insel Schreckliches droht.

Da hat der Geizhals Felipe einmal Gold locker gemacht, und prompt sinkt das Schiff am Cap Bamborough, das zum Besitz des Katholiken Northumberland gehört. Der fordert gemäß seinem Recht auf Strandgut alles für sich. Elizabeth verweigert den Renegaten um Moray weitere Unterstützung, da sie von Frankreich mit einem Einmarsch über Schottland bedroht werde, wenn sie Maries Forderung nach Nichteinmischung zuwiderhandele. Später, als die Darnley-Heirat sich als totale Katastrophe herausstellt, werden viele Schotten die Überzeugung gewinnen, das Ganze sei ein Plan der perfiden Elizabeth gewesen.

Marie macht Erskine zum Earl of Mar und gewinnt einen weiteren treuen Anhänger. Da sie bei der Wahl ihrer Unterstützer nicht wählerisch sein darf, begibt sie sich Ende des Monats auf die Burg des finsteren Patrick Ruthven, dritter Lord of Ruthven nahe Perth. Es darf Marie derzeit nicht schrecken, dass Ruthven in dem Ruf steht, sich schwarzer Magie zu bedienen. Auf Ruthven Castle erfährt sie von der Zustimmung Frankreichs zu ihrer Heirat, das gibt ihr noch mehr Energie. Moray kann sie mit seiner Kriegsdrohung genauso wenig schrecken wie Knox, der von der Kanzel zur Gewalt aufruft.

Neue Ausgewogenheit

Robin Dudley, jetzt Leicester, hat in diesem Sommer eine zentrale Stellung im politischen Epizentrum Englands erreicht. Die latente Rivalität zwischen ihm und Cecil um die Aufmerksamkeit der Königin scheint kanalisiert. Es mag immer noch stürmischen Streit und Intrigen geben, aber die Kernmannschaft steht und hat eine Stabilität entwickelt, die es in den frühen Jahren von Elizabeths Regierung nicht gab. Hof und Volk haben sich damit abgefunden, dass Leicester der Favorit ihrer Königin ist. Jeder weiß, dass Elizabeth ihre Entscheidungen allein trifft. Leicester muss lernen, damit umzugehen, dass jede gute Entscheidung Elizabeth, jede kritikwürdige ihm zugeschrieben wird.

The Queen in Progress

Königin Elizabeth Tudor, stolz auf ihr „Engländertum", hat in ihrem ganzen Leben ihre Insel nie verlassen, nie hat die zur Begründerin der englischen Seemacht stilisierte Königin ein Segelschiff betreten, das nicht sicher in einem Hafen vertäut gelegen hätte. Ihre nautischen Erfahrungen beschränken sich auf romantische oder feierliche Flussfahrten auf der königlichen Barke oder noch kleineren Ruderbooten. Neun bis zehn Monate des Jahres bewegt sie sich turnusmäßig von einer königlichen Hauptstadtresidenz zur anderen in einem Radius von zwanzig Meilen um Londons Zentrum. Dort liegt das Gros der an die hundert Schlösser und Landsitze, die sie geerbt hat. Es ist also nicht verwunderlich, dass sie selber, zumal bei ihrer bekannten Sparsamkeit, als Bauherrin nicht in Erscheinung tritt.

Elizabeth Tudor hat zu Beginn ihrer Regierungszeit die Gewohnheit angenommen, zwei bis drei Sommermonate möglichst auf einer *Progress* genannten Reise zu verbringen, doch auch dann beschränkt sie sich im Wesentlichen auf den Süden der Insel. Diese *Progresses* sind eindeutig ein Mittel der Propaganda und tragen viel zu ihrer Popularität bei. Das Königtum des Mittelalters war wegen der Art seiner Verwaltung ein Reisekönigtum, in der frühen Neuzeit sind die Monarchen sesshafter geworden. Henry VIII. ist als

junger Herrscher von Residenz zu Residenz gezogen und hat auch
manch Noblen mit einem Besuch beglückt, besonders wenn junge
Weiblichkeit ihn lockte, doch durch seine Krankheiten war ihm das
vor der Zeit zu beschwerlich geworden. Dem Kindkönig Edward
gestattete seine anfällige Gesundheit nur wenige zaghafte Reiseversuche. Maria Tudors Temperament entsprachen solche Unternehmungen nicht gerade. Als sie während ihrer Ehe feststellen musste,
wie unbeliebt sie geworden war, unterließ sie es bald völlig, sich
überhaupt in der Öffentlichkeit zu zeigen. So stehen die alljährlichen Rundreisen Elizabeth Tudors, die sie mit drei bis vier Ausnahmen bis ein Jahr vor ihrem Tode wirklich jährlich durchziehen
wird, ziemlich einzig in der englischen Geschichte da. Ihr Nachfolger James I. schätzte seine Beliebtheit in England wohl richtig ein,
wenn er erst gar nicht auf die Idee kam, Elizabeths Tradition fortzuführen, und seine Nachfahren hatten wahrlich andere Sorgen.

Queen Elizabeth in ihrem Element

Der ganze Hof bewegt sich im Sommer wie ein Lindwurm wochenlang durch die – hoffentlich – sonnige Landschaft der englischen
Provinzen, die Reisegeschwindigkeit beträgt übrigens bei den miserablen Landstraßen um die drei Meilen pro Stunde. Elizabeth liebt
es, wenn ihre Engländer ihr zuwinken, sie wird nie müde, halten zu
lassen, kleine Geschenke artig anzunehmen und sich Beschwerden
anzuhören. Nie verliert sie die Fähigkeit, jedem Bauern und jeder
Bürgerin das Gefühl zu geben, er oder sie sei ihr mindestens genauso wichtig wie die Herren und Damen ihres Hofes. Sie liebt es,
in den Kleinstädten von schwitzenden Bürgermeistern mit Lobreden empfangen zu werden, sie freut sich über die Geschenke der
Zunftmeister, die frisch gewaschenen Kinder, die mit roten Backen
Gedichte aufsagen und Blumen überreichen. Oh ja, Elizabeth liebt
diese Reisen, die sie spüren lassen, dass ihr Volk ihre Selbstimagination mit liebevoller Verehrung honoriert. Hier liegt Elizabeths
ureigener Verdienst, hierin ist sie einmalig: Sie will, dass ihr Volk
sie liebt. Sie ist zwar ständig und oft zwanghaft auf der Jagd nach
Beweisen, dass sie geliebt wird, doch in den Begegnungen mit ihrem Volk ist das anders, da ist sie nicht fordernd oder kokett, man

könnte meinen, das sind die Augenblicke, in denen sie sich selbst am nächsten ist. Hier zeigt sie Zuwendung, Hinwendung, Geduld. Sie ist einfach da und hört zu, sie lächelt, sie lobt, sie fragt nach, sie nimmt Befangenheit. Hier liegt Elizabeths wahre Begabung zur Herrschaft, da ist sie innovativ, denn in ihrer Zeit ist es nicht üblich, dass ein Monarch sich um sein Volk überhaupt schert, es ist Kulisse bei feierlichen Anlässen, sonst geruht man es nicht wahrzunehmen, etwas überspitzt dargestellt.

Die Zustimmung des Volkes ist tatsächlich das non plus ultra von Elizabeths Herrschaft, da hat sie ausnahmsweise nicht übertrieben, als sie de Quadra erklärte, sie verdanke ihre Herrschaft dem englischen Volk und nicht dem Wohlwollen Spaniens – obwohl sie einem wirklich machtvollen Vorgehen Spaniens oder gar einer konzertierten Aktion der Casa de Austria zu Beginn ihrer Herrschaft sicher nicht hätte standhalten können. Elizabeth liebt diese Auftritte vielleicht auch so sehr, weil sie dabei nie das Gefühl hat, ihre Herkunft, die Umstände ihrer Geburt, durch ein besonders machtvolles Auftreten ausgleichen zu müssen, wie bei Hof, im schriftlichen Umgang mit anderen Herrschern oder in der Konfrontation mit deren Botschaftern. Es will fast scheinen, als fühle sie sich frei, befreit und ganz im Hier und Jetzt, ohne Verstellung, ohne Doppeldeutigkeit. Und sie genießt es.

Unterwegs ist sie die Mutter und Amme ihres Volkes, gibt den Untertanen das, was man ihnen mit dem Verbot des Marienkultes genommen hat. Sie ist als real existierende *Virgin Queen* ein nahezu perfekter Ersatz für die Heilige Jungfrau. Es bleibt allerdings festzuhalten, dass Elizabeth selbst in den ersten anderthalb Jahrzehnten ihrer Herrschaft die Jungfräulichkeit nicht ausgesprochen als ihre ureigenste und wichtigste Tugend betont. Sie legt Wert darauf, immer wieder darauf hinzuweisen, dass sie als Monarchin mit ihrem Volk verheiratet sei und ihr das genüge. Solange sie noch fruchtbar ist, wird sie immer wieder die Aussichten auf eine politisch gerade günstige Heirat als diplomatische Waffe einsetzen, das würde mit einem gleichzeitig erhobenen Anspruch auf ewige Jungfräulichkeit unangenehm kollidieren. Die Fama von sich selbst als *Virgin Queen* nimmt sie erst dauerhaft in das Instrumentarium ihrer Selbstdarstellung auf, als der Eintritt der Menopause endgültig nicht mehr zu verleugnen ist.

Elizabeth, auch unterwegs als *femme des lettres*

Gern besucht die hoch gebildete und wissenschaftlich sehr interessierte Königin während dieser Reisen, oder auch aus Anlass eines Jubiläums oder einer besonders großzügigen Stiftung, die eine oder die andere Universität. Frauen sind als Studierende natürlich nicht zugelassen, aber als Königin ist Elizabeth Tudor nicht nur Schutzherrin der Universitäten ihres Reiches, sondern letztlich auch für die Lehrinhalte verantwortlich.

Gern lässt sie sich Proben der Gelehrsamkeit der Studiosi vorführen, natürlich gehören zu solchen Besuchen Ansprachen und Vorträge zu ausgewählten neuen Theorien und Forschungsgegenständen. Solche Dinge sind natürlich abgesprochenes Programm, und wenn Elizabeth auf den Vortrag oder die Ansprache eines Professors oder Doktoranden spontan in fließendem Latein mit griechischen Zitaten angereichert antwortet, stammen die Gedanken sicher von ihr, aber ob sie immer so ganz spontan sind, darf bezweifelt werden. Zu ihrem Rollenverständnis gehört natürlich auch, dass sie stets pro forma ihre generelle weibliche Unfähigkeit in akademischen Dingen bedauert und ihr persönliches Laientum betont, aber ihrer unmaßgeblichen Meinung nach …

Die Königin spart, der Adel ruiniert sich

Hin und her gerissen sind die Adligen, die sich mindestens auf Jahre verschulden, wenn sie die Ehre haben, ihre Königin auf ihren Landsitzen zu empfangen, und sich darin überbieten, sie mit aufwändigen Schauspielen, Vergnügungen und Schlemmereien zu unterhalten. Außerdem erwartet die Königin beim Aufbruch teure Abschiedsgeschenke wie ganze Blumensträuße aus Juwelen oder wenigstens mit Diamanten besetzte Fächer und andere Angebinde dieser Art. Oft genug haben die Hausherren nach der Abreise des königlichen Zuges auch den Verlust von zumindest Teilen ihres Tafelsilbers und anderer Wertgegenstände zu beklagen, die Säuberung des Anwesens kommt einer zweiten Sanierung in einem Jahr gleich, und dennoch wagen nur wenige den Wunsch zu äußern, doch bitte diesmal von dem königlichen Lindwurm verschont zu bleiben.

Es ist halt nicht immer und nur ein Vergnügen, Engländer zu sein. Andere Könige nutzen in der Regel bei den allgemein üblichen, in Frankreich *voyages* genannten Rundreisen nur eigene Residenzen und zehren so die Erträge der Krongüter auf. Elizabeth beehrt lieber ihre „Untertanen" und ruiniert sie damit und spart mehrere Wochen die königlichen Haushaltskosten. Sie spart halt, wo sie nur kann. Dafür können in England unvergleichlich viele Erben ruinöser Landsitze Touristen mit dem wahren Slogan locken: *„Queen Elizabeth I slept here!"*

Der Meister der Logistik

Leicester, auch dieses Jahr nicht nur *The Master of the Horse,* hat seine natürliche Begabung für die meisterhafte Bewältigung logistischer Herausforderungen, wie sie ein Hof auf Reisen nun mal darstellt, im Lauf der Jahre perfektioniert. Die Königin sitzt meist mit zwei, drei ihrer Lieblingsdamen in einer Kutsche, der ganze Hof ist in so kleinen Gruppen unterwegs (modernen Großraumbussen entsprechende Gefährte gibt es nicht). Einige der Herren mögen den Rücken ihrer Pferde den unbequemen Bänkchen einer Kutsche vorziehen, 2.500 Zugtiere braucht es für die Reisenden und ihr Gepäck, allein für letzteres führt man an die 400 Karren mit. Man bedenke: Es müssen täglich 2.500 Reit- und Zugtiere getränkt, gefüttert und gestriegelt werden. 400 Gepäckwagen müssen ja nicht nur die Strecke zwischen zwei Etappenzielen zurücklegen, sie müssen täglich zweimal so rangiert werden, dass sie möglichst effektiv be- und entladen werden können! Der Tross gewinnt Zeit durch die Aufführungen und Ansprachen, die für Elizabeth und ihre Hofleute dargeboten werden, doch wie präzise muss das alles ablaufen, damit es *just in time* passiert, wie viele Helfer sind dafür erforderlich, die ihrerseits wieder verköstigt und gebettet werden müssen! Bereits zum Frühstück der Herrschaften müssen beispielsweise drei Ochsen und 140 Enten verzehrfertig sein.

Denn für die Königin und ihre engste Umgebung klappt alles ganz wunderbar, da stehen die persönlichen Kleinigkeiten selbstverständlich in der frisch renovierten Fürstensuite der manchmal täglich wechselnden Schlösser bereit. Dass die Menschen, die diese gewaltige Arbeit leisten, oft keinen Schlafplatz finden, sich in und unter den Gepäckwagen in drangvoller Enge zusammenrollen oder in der Hierarchie unten angesiedelte Mitglieder des Hofes recht häufig für die Nacht mit Heuschobern oder Stallungen vorlieb nehmen müssen, weil auch ein größerer Landsitz nicht unbedingt 200 Gästezimmer und mehr hat, kümmert Elizabeth nicht. Sie liebt es, als *Queen in progress* durch ihre lieblichen südenglischen Provinzen zu streifen und das Volk winken zu sehen …

Verluste und Tröstungen

In diesem Juni 1565 stirbt Elizabeths geliebte Gouvernante und Freundin Kate Ashley, ihre Nachfolgerin als „*First Lady* … " wird bis zu ihrem Tode am 15. Januar 1568 Elizabeths Cousine und eventuelle Halbschwester Catherine Carey, verheiratete Lady Knollys. Niemand dürfte die Königin so gut gekannt haben wie Kate Ashley, die seit Elizabeths drittem Lebensjahr nur für wenige Monate durch Gefangenschaft von ihr getrennt war. Dieser wirklich stark empfundene Verlust trifft Elizabeth besonders hart, da sie ihrem anderen Vertrauten Leicester übel nimmt, dass er nicht bereit war, Marie Stuart zu heiraten, ja sie sogar überredet hat, Darnley nach Schottland reisen zu lassen. Nun scheint diese Heirat durch nichts mehr zu verhindern zu sein, immer wieder muss sie trotz aller Ablenkungen unterwegs daran denken!

Elizabeth kompensiert den Verlust der mütterlichen Freundin und das Scheitern ihrer Pläne für ihren „*Sweet Robin*" auf ihre ureigenste Weise, sie sucht sich ein neues männliches Opfer. Ihre Wahl fällt auf den jungen Kammerherrn Thomas Heneage Esquire, hübsch, charmant und: verheiratet! Mit ihm spielt sie die Spiele, die sie nach ihrer Thronbesteigung mit dem jungen Robin gespielt hat.

Leicester lässt sich derweil auf einen mehr als heftigen Flirt mit Elizabeth' Cousine Lettice Knollys ein, der schönen Enkelin der Mary Boleyn, derzeit verheiratet mit Walter Devereux, Earl of Essex. Im November 1566 wird die Dame einen Knaben namens Robert zur Welt bringen, von dem man noch hören wird. Diese gegenseitigen „Verhältnisse" geben der Beziehung der Königin zu ihrem *Master of the Horse* neuen Pfeffer, neue Szenen, neue Versöhnungen und füttern den Hof mit genügend Klatsch, um ihn beschäftigt zu halten.

London, Stirling und Edinburgh, Juli 1565
Gerüchteküche und Tatsachen

Während Moray ein Heer aufstellt, weilt Marie bei Seton. Am englischen Hof heißt es Anfang des Monats, Marie habe Darnley bereits mit nur sieben Zeugen in Holyrood heimlich geheiratet und verbringe nun ihren *Honeymoon*. Am 18. Juli bittet Moray Elizabeth aus Stirling um finanzielle Unterstützung.

Vier Tage später fordert Königin Marie Stuart ihr Volk auf, gegen Grenzüberschreitungen zusammenzustehen. Anschließend ernennt sie Darnley zum Duke of Albany, und die Hochzeit wird aufgeboten. Das Aufgebot wird am 28. Juli wiederholt. Der päpstliche Dispens liegt noch nicht vor, er wird erst im September unterschrieben. Marie ist nur eine treue Tochter der Kirche, wenn es ihr nutzt!

Edinburgh, Holyrood Castle and Chapel, 29. Juli 1565
Marie Stuart traut sich

Noch am 28. Juli wird Darnley zum König ausgerufen. Marie besteht angeblich darauf, weil sie sich geschworen hat, nur ein König sei ihr als Gemahl angemessen. Zu ungewöhnlicher Stunde, zwischen fünf und sechs Uhr am Sonntagmorgen, führen Atholl und Lennox die Königin zum Altar der königlichen Kapelle. Die Braut trägt schwarz! Marie Stuart demonstriert auf dramatische Art ihre Witwenschaft. Nun holen die Herren feierlich den glitzernden Bräutigam herein und führen ihn neben sie. Den katholischen Trauungsritus zelebriert John Sinclair. Danach küsst Darnley die Braut, wie es sich gehört, und entschwindet, was sich eigentlich nicht gehört, aber Routine werden wird bei königlichen Hochzeiten zwischen Anhängern unterschiedlicher Konfession. Nur: Marie Stuarts Hochzeit sollte verhindert werden, weil der Bräutigam Katholik ist – wieso nimmt dann der Katholik an der Messe demonstrativ nicht teil?

Als die Messe endlich zu Ende ist, wird Marie in ihre Gemächer geleitet und nimmt dabei auf eine Art endgültig Abschied von der Witwenschaft, die tatsächlich leicht frivol wirkt, aber sicherlich Spaß macht. Ihre Witwentracht ist kunstvoll mit Nadeln drapiert und auf dem langen Weg zu ihrem Ankleideraum wird von den Herren ihres Gefolges Nadel um Nadel gelöst. Schleier um Schleier und Stoffbahn um Stoffbahn fällt, bis Marie, natürlich immer noch in ein züchtiges Unterkleid gewandet, mit ihren Damen hinter einer Tür verschwindet – um als in Gold erstrahlende Göttin unter begeistertem Applaus ihren Platz an der Seite des kaum weniger glänzenden Gatten einzunehmen.

Die nun eröffneten Feiern halten natürlich keinem Vergleich mit dem Pomp ihrer französischen Hochzeit stand, aber für schottische Verhältnisse sind sie schon exorbitant. Ein Mittagessen mit 16 Gängen eröffnet das Fest. Das Paar zeigt sich dem Volk und wirft Gold- und Silbermünzen, das erzeugt Jubel, der Hof tanzt. Man kleidet sich um, auf ein üppiges Abendessen folgt ein Maskenspiel, und es wird noch bis spät in die Nacht weitergetanzt, bevor das Paar mit den üblichen Anzüglichkeiten zum Brautbett geleitet wird. Ob diese Nacht nun die erste gemeinsame dieser Art ist oder nicht, darüber mag sich den Kopf zerbrechen, wer will. Dass Knox gegen die endlosen Feiern wettert, versteht sich von selbst!

Schon während der „Feiertage" macht Darnley sich in rasender Eile Feind um Feind, weil er nichts Dringlicheres zu tun hat, als sich an allen zu rächen, die ihn nach seiner hochfliegenden Meinung von sich selbst bislang nicht mit dem ihm gebührenden Respekt behandelt haben. Nach einem kurzen Aufenthalt bei Seton kehrt das königliche Paar nach Edinburgh zurück. Alles was man über diese ersten Tage der Ehe weiß, ist, dass Darnley in Holyrood die Suite des Königs bezieht, die durch eine geheime Treppe mit derjenigen der Königin verbunden ist. Nächtens verkleidet Marie sich als Mann und zieht übermütig mit Darnley um die Häuser.

Marie nutzt das mit einer königlichen Heirat verbundene Amnestierecht, begnadigt George Gordon und gibt ihm den Familientitel eines Earls of Huntly zurück – er wird Maries Sache künftig treu unterstützen. Endlich erreicht der Bote Maries Bothwell persönlich, der Paris umgehend verlässt. Cecil scheint diesen Schotten sehr zu fürchten, er hat ständig Spione auf ihn angesetzt, um seine Rückkehr in die Heimat zu verhindern. Doch Bothwell ist so schnell, dass sie seine Spur verlieren. Erst in Brüssel oder Aershott finden sie ihn wieder, Fallen werden ausgelegt, Kriegsschiffe ausgeschickt, fast gerät Bothwell in die Fänge von Elizabeths Piraten, doch wieder ist er schneller mit seinem kleinen Schiff. In Eyemouth braucht er zum Entladen ganze 15 Minuten. Schon ist er auf dem Weg zu seiner Königin, die seiner dringend bedarf. Die Dinge haben sich in den wenigen Tagen seit der Hochzeit dramatisch gewandelt. Marie will endlich ihre Politik der Toleranz in die Tat umsetzen, ist dafür sogar bereit, an den für Calvinisten so wichtigen Bibelauslegungen Teil zu nehmen. Doch die *Kirk* will keine Toleranz, sie will die Ausmerzung des Katholizismus! Die Reformierten um Moray stehen in offener Revolte gegen die Königin, Arran Père, Duc de Châtellerault, rafft sich noch einmal auf, schließt sich ihnen wenige Tage nach der Hochzeit an.

Marie hat Lennox, Huntly, Atholl auf ihrer Seite, ihre Anhängerschaft ist zahlenmäßig überlegen, ihr fehlt nur ein erfahrener Führer. Bothwell soll diese Lücke füllen. Hoffentlich bald, denn Marie erlässt am 1. August den Befehl an alle Gegner ihrer Heirat, sich am 6. vor dem Geheimen Rat zu rechtfertigen. Wer nicht erscheint, wird zum Rebellen erklärt werden.

Ernüchterung

Marie Stuart flieht in gewisser Weise in den ersten Wochen ihrer Ehe mit Wonne in die Wildheit eines Kriegszuges zu Pferde. Zu lange auf das Problem Heirat fixiert, hat sie in den Momenten pflegerischer Intimität in der Person dieses androgynen Henry Darnley mit seiner erzengelhaften Erscheinung die Lösung aller ihrer Probleme „erkannt". Das lässt sich als irgendwie mystische Verzückung begreifen, Hormone spielen dabei sicher auch eine Rolle, ihre natürliche Sinnlichkeit drängt, anders als bei der Kunstfigur Elizabeth, durchaus nach Erfüllung.

Aber trotz allem verliert sie nicht völlig den Kopf und ihre Ziele aus den Augen, wie Männerfantasien, noch dazu reformatorischasketische, ihre Motive von Anfang an missdeuten. Wie hätte sie Darnley die von ihm so unbändig geforderte *matrimonial crown* verweigern können, wäre sie ihm restlos verfallen? Doch sie tut es, weil selbst in den allerersten Tagen der sinnlichen Anziehung ihr Verstand immer noch in der Lage ist zu erfassen, dass Darnley unter der perfekt höfisch polierten Oberfläche verzogen, starrsinnig, bockig, unausgegoren und ordinär, von mangelhafter Intelligenz, ohne Tiefe und ohne gesunde Urteilsfähigkeit ist.

Kann man ihn gnadenlos verurteilen, ihn für sein Tun und Lassen voll verantwortlich machen? Vielleicht sollte man mildernde Umstände walten lassen. Er war jung und brauchte zwar nicht das Geld, aber eine kritischere Zuwendung als den gnadenlos projizierten Ehrgeiz der Mutter, die ihn statt zur Selbstdisziplin zu erziehen zur Selbstüberschätzung geradezu aufstachelte. Seine Eitelkeit ist unübertroffen, Schmeichelei ist er hilflos ausgeliefert, da er zu nichts eine wirkliche Meinung hat, erliegt er jeder Einflüsterung. Bei Gelegenheit reagiert er roh, rachsüchtig und boshaft. Er hat keinerlei Begabung zur Freundschaft, dazu ist er tiefinnerlich viel zu unsicher. Diese Unsicherheit überspielt er selten gekonnt mit Alkohol und provokativem Sexualverhalten. Vieles davon spürt Marie intuitiv, ohne es zu analysieren. Einer Sache ist sie sich schnell sicher: Dieser Mann ist zum Herrscher vollkommen ungeeignet und alles andere als ein begnadeter Heerführer. Brauchbar ist er für eine Königin nur in einer Beziehung: als Erzeuger des Thronerben. Daran arbeitet sie, und wenn sie mit ihm als Saufkumpan durch die Nacht ziehen muss, bevor er diese seine höchste Gabe einsetzen kann: Bitteschön, verkleidet durch die Nacht zu ziehen, hat ihr schon immer Spaß gemacht …

Was für ein König!

So leuchtet auf ganz andere Weise ein, dass sie Darnley zum König ausrufen lässt und in keinster Weise Enttäuschung zeigt, dass einzig der Vater ihn hochleben lässt. Sie muss ihn König genannt wissen, um ihn dulden zu können. Sie gibt ihm damit einen Anschein von Autorität, seine Unterschrift muss auf Dokumenten erscheinen. Marie ist auch klar, dass eine regierende Königin dem Zeitgeist Zugeständnisse machen muss, aber über das Ausmaß ihrer Machteinbuße entscheiden im Wesentlichen die Persönlichkeiten der beiden Beteiligten und ihre Fähigkeit, nach außen eine Einheit zu bilden. Marie ahnt zumindest: Misslingt die Gestaltung dieser Einheit, könnte sie bald zur Getriebenen der äußeren Umstände werden.

Schottland, Ende August bis Oktober 1565

Chaseabout Raid (Treibjagd)

Am 6. August lässt Marie Halbbruder Moray zum Rebellen und für vogelfrei erklären, sichert aber allen Schotten weiterhin Gewissensfreiheit zu. König Henry lässt sich prächtige Rüstungen anpassen und wählt seine Schlachtrösser. Marie verwahrt sich auf diplomatischem Wege gegen Einmischungen aus England und Frankreich. Am 14. August zieht die Krone den Besitz der Rebellen ein – soweit möglich.

Knox reitet eine grobe Attacke von seiner Kanzel, Gott habe das Land geschlagen mit Weibern und Knaben auf dem Thron! Darnley, der mal wieder seine persönliche Art der religiösen Toleranz praktiziert, stürmt wütend aus dem Gotteshaus und in den Rat, wo er in seltener Entschlossenheit ein Predigtverbot gegen Knox durchsetzt. Knox höhnt, er werde nur einem Verbot der *Kirk* Folge leisten. Deren letzte Instanz ist natürlich er selbst. Auf Knox wartet Moray vergebens, der Prediger setzt sich nach Westen ab, um seinen Nachruhm zu sichern. Er arbeitet an seiner Geschichte der Reformation.

Marie schwingt sich, die Pistole im Gürtel, auf ihr Pferd und setzt sich an die Spitze ihrer Truppen. Sie will Moray stellen und ein für allemal schlagen, und wenn es sie die Krone kostet. Es ist der 23. August. Maries Wildheit begeistert auch die protestantischen Schotten, sie schließen sich ihrer Jagd auf den unbeliebten Moray an. Der hat nicht mit der Liebe der Schotten zu ihrer unerschrockenen Königin gerechnet und weicht nach Dumfries aus, will dort auf Argyll warten, der nicht zum vereinbarten Zeitpunkt erschienen ist. Als Argyll sieht, welche Streitmacht der Königin Gefolgschaft leistet, will er seine Leute nicht sinnlos opfern und verschwindet in den Norden.

Treibjagd ist ein guter Name für diese Unternehmung, denn die gegnerischen Parteien jagen von einem Ort zum anderen hintereinander her, ohne den jeweils anderen je zu einer Kampfhandlung zu zwingen. Als Marie Moray in Lochleven verpasst, beschlagnahmt sie die Burg, die im Besitz seiner Mutter respektive seines Stiefbruders ist. Moray hält kurzfristig Edinburgh, aber nicht das die Stadt beherrschende Castle. Von dort schießt Erskine, den Marie zum Earl of Mar erhoben hat, auf alles, was sich bewegt. Moray verlässt mit seinen engsten Anhängern die Stadt, entkommt erneut nach Dumfries.

Bothwell kommt mit Kanonen und neuen Anhängern, und am 2. Oktober findet der erste belegte Streit des jungen Paares statt. Es geht um den Posten des Generallieutenants. Darnley verlangt ihn für seinen Vater, für Marie kommt einzig Bothwell in Frage. Um nicht noch mehr Zeit zu verlieren, verspricht Marie dem schmollenden Darnley, Lennox werde die Schlacht führen. So stehen die königlichen Truppen erst am 6. Oktober vor Dumfries, wie Bothwell vorhergesagt hat, einen entscheidenden Moment zu spät. Moray und seine engsten Anhänger haben sich angesichts der Streitmacht der Königin nach Carlisle abgesetzt, um englisches Asyl nachgesucht und bereits die Grenze überschritten. Als Marie auf die Grenze zusprengt, ruft sie im Eifer des Gefechtes: „Immer weiter so und bis hinein nach London!" So heißt es jedenfalls, denn den Krieg nach England hineintragen können und wollen Marie und Bothwell nicht wirklich.

Der Stand der Dinge

Für Moray bedeutet dieses Ende des *Chaseabout Raid* Schande, für Königin Maria Stuart Triumph. Sie hat eine siegreiche Armee quer durch ihr Land geführt, ohne einen Schuss abgeben zu müssen – und sie weiß, wieviel davon sie Bothwell verdankt. Die Fronten zwischen Marie Stuart und Elizabeth Tudor sind geklärt. Marie kann sich – für den Augenblick – der Unterstützung der katholischen Welt sicher sein. In ganz Europa stehen die Zeichen für die katholische Gegenreformation günstig. Doch nicht immer sind die Dinge, wie sie scheinen: Seit März 1564 ist Cathérine de Medicis auf einer in der Geschichte einmaligen Promotionstour für die Krone Frankreichs unterwegs, um dem Land seinen König (und dem König sein Land) zu zeigen. Einen Monat vor Marie Stuarts Heirat hat sie sich an der spanischen Grenze mit ihrer Tochter, der Königin Spaniens, getroffen. Bis zum letzten Moment hatte man gehofft, Felipe würde sich selbst bemühen, doch der schickt seinen Feldherrn Alba. Das Treffen schließt nicht, wie allgemein erwartet, mit einem katholischen Bündnis. Im Schlusswort hebt der uralte Montmorency die religiöse Toleranz als höchstes Gut in den Olymp menschlicher Vernunft – bei etwas großzügiger Auslegung – und stellt eindeutig klar, dass weder ein Felipe de España noch sonst wer sich in dieser Angelegenheit in Frankreich einzumischen habe. Marie Stuart müsste das Rückenwind geben, aber kann sie ihre persönliche Einstellung endlich politisch durchsetzen?

Schottland, Oktober/Dezember 1565

Das Neue Schottland?

Am 14. Oktober gönnt man sich eine Siegesfeier auf Lochmaben Castle, der das Königspaar gemeinsam vorsteht, wie es sich gehört. Dann werden die Gefolgsleute entlassen, Bothwell bleibt zum Schutz der Grenze mit 1.500 Mann zunächst in Dumfries, Marie kehrt mit Darnley, Lennox, Atholl und Huntly nach Edinburgh zurück. Um diese Zeit verschwindet ein weiteres Schiff mit Hilfsgeldern des Königs Felipe und Dokumenten, für deren Kenntnis Cecil einiges gegeben hätte, in den Tiefen der Meere zwischen Laredo und Plymouth.

Marie hat sich von ihren reformierten Ministern befreit und will ihre Herrschaft nun ambitioniert angehen. Bothwell wird umgehend wieder Generalleutnant der Grenzgebiete, er ist der mächtigste Mann dort und gewinnt viele Familien für die Sache der Königin. Er residiert in Hermetage Castle und bekommt seinen Sitz im Rat zurück. Er und Huntly haben dort die Führungsposition.

Darnley gerät endgültig in Wut, als Bothwell Generalleutnant der Grenzgebiete wird, er findet, die Position stehe rangmäßig seinem Vater zu und fordert sie bei Marie ein. Die Königin lacht schallend! Auf seinen entgeisterten Blick erklärt sie, die jüngste Zeit habe doch gezeigt, dass weder er noch sein Vater auch nur das Geringste vom Krieg verstünden. Sie macht ihm einen Vorschlag zu einer eleganten Pferdeschabracke, die wunderbar mit seiner nagelneuen Rüstung harmonieren wird, und schickt ihn spielen. Macht Marie sich etwa lustig über ihn? Er will David (Rizzio) fragen, der kennt sich aus!

Marie traut Maitland nicht mehr, und fast unmerklich ist Rizzio vom Schreiber ihrer Privatkorrespondenz zu ihrem wichtigsten politischen Berater geworden. Als der Kriegszug zu Ende ist und in Holyrood wieder das Protokoll regiert, reguliert er den Zugang zur Königin. Alle kommen mit kleineren und größeren Geschenken zu ihm, er wird recht schnell recht wohlhabend.

Die Königin hält zwar mit viel betonter Förmlichkeit daran fest, dass alle Dokumente von ihr und *King Henry* gemeinsam gezeichnet werden, doch in Wahrheit hält sie ihn fern von der Politik, was zunächst nicht schwer ist, denn er zieht sowieso das Vergnügen vor. Das sucht er lieber außerhalb des Palastes, was Marie sehr entgegenkommt, denn was die sexuellen Beziehungen zu ihrem Ehemann angeht, scheinen sich diese auf die zwei Monate unmittelbar nach der Hochzeit zu beschränken. Wenn Thronfolger Jamie einigermaßen pünktlich geboren ist, muss er während des Chaseabout Raid gezeugt sein, als „*King Henry*" in güldener Uniform an Maries Seite paradierte. Sie leben unter einem Dach, schlafen vielleicht auch mal in einem Bett, aber dann ist Darnley so „entspannt" von seinen vorherigen Vergnügungen, dass er nicht bemerkt, wenn Marie ihn dort allein lässt ...

Zum Jahresende wird Darnleys Benehmen so unübersehbar unköniglich sein, dass sein Vater sich gezwungen sieht, sich vom Hof nach Glasgow zurückzuziehen. Kenner der Familie behaupten, wäre seine Mutter anwesend gewesen, hätte Darnley nie gewagt, sich so gehen zu lassen. So frönt er jedenfalls so sehr seinen privaten Vergnügungen, dass man einen Stempel seiner Unterschrift anfertigt, um nicht ständig auf ihn warten zu müssen. Den Stempel verwaltet Rizzio, dem Marie vollständig vertraut, weil er vollständig von ihr abhängig ist und ihr auf Wunsch haarklein von allen Verfehlungen Darnleys berichten kann. Welch ein Genuss für Elizabeth, wenn ihr so etwas zu Ohren kommt. Wie schrecklich für eine Königin, verheiratet zu sein! Wie klug die Königin, die sich der Ehe verweigert!

London, im Oktober 1565

Elizabeth in Erklärungsnotstand

Nun, da Marie ihren Halbbruder geschlagen hat, bedeutet jede weitere Unterstützung Morays und seiner Partei durch Elizabeth eine Kriegserklärung an Marie. Dennoch eilt der verfluchte Bastard in Gewaltritten London entgegen! Was, zum Teufel, ist zu tun? Englands Königin macht ihrem Unmut in Flüchen nach Soldatenart Luft. Dann reagiert Elizabeth mit der für sie typischen Doppelmoral. Sie lässt den Flüchtling vor London abfangen und nächtens heimlich in den Palast bringen, wo sie ihn gemeinsam mit Cecil für eine Vorstellung bei der nächsten Audienz instruiert. Für den 22. Oktober wird sichergestellt, dass der französische Botschafter Foix anwesend ist – und es erscheint ein zerknirschter Moray, der sich demutsvoll vor Queen Elizabeth kniend dafür abkanzeln lässt, dass er gegen seine Königin rebelliert hat. Er stammelt, er sei der treueste Untertan seiner Königin, er habe sich nur deren Ratgeber erwehren müssen, die ihm und anderen seiner Religion nach dem Leben trachteten. Papperlapapp, nichts rechtfertigt Rebellion gegen den von Gott eingesetzten Souverän – bei der Nennung Gottes wird das Eis dünn und nach einem langen Hin und Her verkündet Elizabeth, sie werde sich bei ihrer lieben Cousine für Moray einsetzen, er habe ihre Einwände eingesehen und zeige aufrichtige Reue. Bis die Sache zwischen ihr und der Königin der Schotten geklärt sei, gewähre sie ihm und seinen fehlgeleiteten Freunden aus weiblichem Mitgefühl und gegen jede Vernunft ein bescheidenes Asyl. Mal wieder glaubt Elizabeth, die hohe Kunst der Diplomatie virtuos gehandhabt und unter Hinweis auf ihre weibliche Schwäche ihren Willen brillant durchgesetzt zu haben.

Foix wahrt anscheinend stoische diplomatische Gelassenheit, da Silva amüsiert sich köstlich. Er kennt Elizabeth und ihre Inszenierungen inzwischen ganz gut, und Cecil selbst spricht manchmal ein offenes Wort mit ihm, wenn ihm die „Grillen" seiner Königin gar zu widersprüchlich sind.

Auf der Suche nach einem „unverfänglichen" Thema, über das man mit Schottland in Dialog treten kann, schlägt England eine Konferenz zur Beendigung der allwinterlich wiederkehrenden Viehdiebstähle über die Grenzen hinweg vor. Ausgerechnet! Marie signalisiert Einverständnis, bestimmt Bothwell zu ihrem Verhandlungsführer. Ausgerechnet! Aber schließlich ist er der Generalleutnant seiner Königin für dieses Gebiet. Marie macht Vorschläge zur Einigung, sie und ihr König werden nichts gegen Elizabeths Titel unternehmen, sich nicht in englische Angelegenheiten mischen, niemanden aufnehmen, der vor der englischen Justiz flüchtet, und keiner Liga gegen England beitreten. Marie verpflichtet sich, in England keinerlei Änderungen in Religion, Gesetz und Freiheiten einzuführen, sollte sie zur Erbin ernannt werden. Elizabeth soll im Gegenzug Gleiches für Schottland versprechen. Das bedarf zunächst eines ausgiebigen Notentausches, und jede Königin kann sich eigenen Belangen widmen.

Edinburgh und Linlithgow, Winter 1565

Ein Ziel erreicht!

Seit Ende Oktober wollen in Maries Umgebung die Gerüchte nicht verstummen, die Königin zeige dieses oder jenes sichere Indiz für eine Schwangerschaft. Im November erkrankt sie an ihren regelmäßigen „Schmerzen in der Seite" und muss das Bett hüten. Darnley will zwar unbedingt die *matrimonial crown*, aber das Wohlergehen derjenigen, die sie ihm verschaffen kann, interessiert ihn nicht so sehr, dass er seine Jagd auf Fife unterbricht.

Eigentlich ist er sauer, als Anfang Dezember feststeht, dass Marie Stuart schwanger ist, denn ein Erbe schmälert seine persönlichen Aussichten. Und Marie? Dies Kind wird ihre Position in jeder Beziehung stärken, schon jetzt tut es das, aber es muss ja auch noch zur Welt kommen, gesund sein und bleiben. Jedenfalls kann sie sich nun zum Schutz des Kindes Darnley zumindest körperlich entziehen!

Randolph hat getreulich jede Spekulation nach London gemeldet – welche gibt Cecil wann an Elizabeth weiter? Er kann die Information nicht unterschlagen, andere Höflinge haben auch ihre

Verbindungen mit Schottland, so wird Lady Lennox im Tower mit Schreiben vom 15. Dezember offiziell davon unterrichtet, dass sie auf dem besten Wege ist, Großmutter zu werden. Stärkt diese Nachricht vom Vorsprung der Rivalin Leicesters Hoffnung, bei Elizabeth endlich auch die letzte Hürde nehmen zu können?

Mord im Gemach der Königin

London und englischer Hof, seit 1559

Wenn Männer zu Hofmännern werden

Ob nun am Hof Elizabeths oder dem eines anderen Souveräns in dieser Epoche, die ganze Gesellschaft ist im Wandel. Allenthalben nimmt die Spezialisierung zu, dahinter steht der Wunsch nach Effektivität und Gewinnmaximierung. Bezogen auf das Hofleben bedeutet das, dass der Adel nicht mehr per se die Ämter in Politik und Verwaltung besetzt, der Souverän arbeitet zunehmend mit Fachleuten in Politik, Verwaltung und Rechtssprechung. Ist der Monarch – wie Elizabeth Tudor – friedensorientiert, bleibt dem Adel, der originär ein Schwertadel ist, auch sein ureigenstes Betätigungsfeld, der Krieg, verwehrt. Was bleibt, sind Ehrenämter bei Hofe, die mit Glück ein Gehalt, mit Sicherheit eine gewisse Nähe zum Herrscher einbringen. Um zu vermeiden, dass der Adel sich in Fehden untereinander aufreibt und dem Wohl des Reiches schadet, entwickelt sich die Tendenz, die Adligen an den Hof zu binden, sie dort vornehmlich mit Vergnügungen zu unterhalten und so zu beschäftigen.

Der Elizabethanische Hof weist nun einige Besonderheiten auf. Königin Elizabeth I. Tudor erwartet, dass die Herren an den Hof kommen, weil ihre Bewunderung für ihre Königin so groß ist, dass sie ein Leben fern von ihr nicht ertragen, denn sie ist die Sonne, deren Strahlen sie nährt. Die Adligen, die an ihren Hof kommen, um sich Vorteile zu sichern, spielen das Spiel mit. Wenn sie hören will, dass man sich nach ihrem Anblick verzehrt, sagt man ihr das eben! Die Ehefrauen der Höflinge, die keine eigenständigen Ämter im Haushalt der Königin haben, sind nur in Ausnahmefällen in freier

Kost und Logis bei Hof zugelassen. Für das klassische Jagdreservoire eines Königs hat die Königin keine Verwendung, also werden diese Mahlzeiten und Betten eingespart!

Elizabeth ist mit Erhebungen in den Adelsstand und Rangerhöhungen ungemein vorsichtig, sie will Titel nicht durch leichte Erreichbarkeit entwerten. Eine dafür typische Geschichte ist die ihres Vetters Henry Carey, Baron Hunsdon. Nach Überzeugung vieler in Wahrheit ein Sohn Henrys VIII. und somit Halbbruder der Königin, wurde er – wie berichtet – Mündel Anne Boleyns, zu Lebzeiten seiner Mutter, sobald sein juristischer Vater William Carey starb. Seit Elizabeth ihn zu Beginn ihrer Herrschaft zum Baron gemacht hat, hat er immer gehofft, zum Earl aufzusteigen. Elizabeth tut ihm diesen Gefallen nicht, obwohl er sich mehrfach in ihrem Dienst ausreichend auszeichnet. Als sie ihm auf dem Totenbett mit dem Titel eines Earls of Wiltshire, dem ihres Großvaters Boleyn, quasi eine letzte Ehre erweisen will, erklärt er ihr souverän: „Madam, da ich Ihnen des Titels nicht wert erschien, solange ich lebte, erkläre ich mich des Titels für unwert, da ich auf dem Totenbett liege!"

Etwas großzügiger als mit Nobilitierung und Standeserhöhung ist Elizabeth mit der Vergabe des Hosenbandordens, des höchsten Ordens ihres Reiches. Sieht man Kurzbiographien derer durch, die zu ihren Lebzeiten aus unterschiedlichen Gründen bekannt waren, steht bei fast jedem: *Order of the Garter* und dahinter das Jahr der Verleihung. Obwohl der Orden bereits 1348 von Edward III. aus dem Hause Plantagenêt gestiftet wurde, so könnte das Motto auch gut für die Königin Elizabeth erfunden sein, die ihre im Laufe ihres Lebens immer jünger werdenden Favoriten damit ausstattet: *Honi soit, qui mal y pense*! Ein Schelm, wer Böses dabei denkt!

Der Geiz des Großvaters?

Mit Pensionen und Geldgeschenken überhaupt ist Elizabeth noch viel zurückhaltender, viele nennen sie schlicht geizig. Lukrativ und sehr umkämpft sind Vormundschaften über Waisen aus reichen Familien, Cecil zum Beispiel hat immer Mündel im Haus. Die Strafgelder, die Katholiken für nicht wahrgenommenen Kirchenbesuch zu zahlen haben, verteilt Elizabeth – scheut sie dieses Gewissenspfand?

Ansonsten ist die Vergabe von Posten eher eine Last als ein Gewinn für den, der sie erhält. Manch einer ruiniert sich fast oder tatsächlich. Wer die Ehre hat, Generalleutnant zu werden, wird freundlich gebeten, die Kosten seines Feldzuges im Wesentlichen selber zu tragen. Irland treibt manchen an den Bettelstab, ein Beispiel ist Essex. Shrewsbury, der die zweifelhafte Ehre hat, zum Wächter Marie Stuarts zu werden, ist dadurch nicht nur gezwungen, dauerhaft fern vom nährenden Glanz seiner Königin zu leben, er muss auch den gesamten, zeitweilig recht umfangreichen Haushalt der Gefangenen aus eigener Tasche finanzieren.

Nebenerwerbszweige für Höflinge

Leicester ist derjenige Favorit, der aus den Gunstbeweisen seiner Königin ein riesiges Vermögen macht, aber er hat, wie andere seines Standes auch, auf der anderen Seite genauso immense Ausgaben. Mit der Trennung von Rom und der Auflösung der Klöster ist das überkommene Sozialsystem weggefallen. Seither muss Waisen-, Armen- und Krankenfürsorge aus privaten Spenden geleistet werden. Von Höflingen und Magnaten wird zusätzlich Patronage und Mäzenatentum erwartet. Man ist geradezu verpflichtet, eine Theatertruppe, die in der Regel auch ihren eigenen Stückeschreiber unterhält, zu finanzieren. Man übernimmt den Vorstand eines Kollegs einer Universität und kann sich die besten Studiosi für zu besetzende Posten in der eigenen Verwaltung oder seiner „politischen Partei" auswählen.

Aus den trotzdem vorhandenen Geldsorgen entsteht ein Teil der Dynamik des Englands der frühen Neuzeit. Leicester, dessen Vater ein begeisterter *High Admiral* war, nutzt Kenntnisse und Verbindungen aus dem maritimen Bereich seit dem Beginn seiner Karriere. Er investiert in Schiffe, Expeditionen, auch Kaperfahrten, die zwar risikoreich sind, aber auch exorbitante Gewinne bringen können. Elizabeth beteiligt sich zögerlich und insgeheim daran, man wird noch davon hören. Leicester und einige andere große Herren gründen erste Kapitalgesellschaften, investieren in die Anfänge der Industrie, in den Bergbau.

Relativ großzügig ist Königin Elizabeth bis ins hohe Alter mit der Vergabe von Monopolen, die von ihren Favoriten mit lukrativen Gewinnen an Kaufmannskonsortien verkauft oder verliehen werden. Als ein Kuriosum sei die „Muscovy Company" erwähnt, die 1576 das englische Monopol auf den kommerziellen Walfang erhält, eine Sache, die Elizabeth und alle Damen interessiert, weil Wale das Material für die Stangen ihrer Korsetts liefern.

Um den Kreis zum Hofleben zu schließen: Ein Mann wie Leicester hat auch die Verpflichtung, sich selbst zu etwas zu stilisieren, das man heute eine Lifestyle-Ikone nennen würde. Von wechselnden Moden in der Kleidung über Dinge des täglichen Gebrauchs bis zur Einrichtung von Stadt- und Landhäusern, die Gestaltung von Gärten und die Nutzung innovativer Methoden der Landwirtschaft reicht das Spektrum, in dem ein führender Höfling richtungsweisend sein kann.

Die enge Verquickung von Hof- und Gesamtgesellschaft ist im Elisabethanischen England ausgeprägter als in vergleichbaren Ländern, was viel mit der Person der Königin Elizabeth Tudor zu tun hat, hier aber nur kurz angerissen werden kann. Also kehren wir zum eigentlichen Hof zurück.

Ein Idol braucht Mode und Kosmetik

Elizabeth Tudor ist kein Morgenmensch, selten steht sie früh auf, meist ist sie noch im Nachtgewand unterwegs, oft auch zu Spaziergängen in ihrem Privatgarten, wenn andere schon gefrühstückt haben. Dann schreitet sie zur Toilette, die Zofen bürsten ihr Haar, halten Duftstoffe und Kosmetika bereit, von denen im Laufe der Jahre immer mehr gebraucht werden. Da ist die Lotion aus Eiweiß zur Straffung der Haut. Zum Erhalt ihres blassen Teints verwendet sie Alaun, Borax, Mohnsamen und gemahlene Eierschale. Die Zähne putzt sie mit einer Mischung aus Weißwein und Essig, aufgekocht mit Honig. Aus heutiger Sicht ist es nicht verwunderlich, dass ihr Zahnbestand bald lückenhaft wird.

Dann wird sie angekleidet. Allein die Wahl der Garderobe nimmt bei Elisabeth immens viel Zeit in Anspruch, obwohl die Damen bereits eine Vorauswahl aus den Hunderten von Kleidern getroffen haben. Hauptsache kostbar, anfänglich bevorzugt sie die Farben Weiß und Rot mit entsprechenden Juwelen, ab den mittleren Jahren zeigt sie sich gern in Schwarz und Weiß mit viel Silber und Perlen.

Um ihre Hände macht sie immer eine große Schau, unzählige Cremes und Massageeinheiten sollen den Erhalt ihrer Schönheit garantieren, das Abziehen von Handschuhen ist ein ausgeklügeltes Schauspiel. Ab 1560 trägt sie Seidenstrümpfe, jedes Paar eine Woche, dann schenkt sie die Strümpfe einer ihrer Damen. Stoffsocken sind ihr eigentlich zu grob, doch im Winter kann es kalt und feucht sein auf der Insel. Dann braucht die Königin einen zusätzlichen Schultermantel oder Schal, ein Muff oder einen goldenen Handwärmer. Ihr Kleiderluxus ist legendär, sie soll stets über einen Fundus von um die dreihundert kompletten Outfits verfügt haben, die durch Auswechseln von Miedern, Ärmeln, Kragen und Schmuck zu immer neuen Ensembles zusammenstellbar waren. „Abgelegte" Kleider ihrer Königin sind begehrte Geschenke bei ihren Mädchen und Damen, mehr oder weniger galante Accessoires bis hin zu Strumpfbändern verehrt die Königin gern ihren Favoriten oder solchen, die es werden könnten ...

Hofalltag

Ein Merkmal eines Hofes ist, dass der Monarch öffentlich isst, pardon: speist! Mit der Küche scheint einiges im Argen zu liegen, vieles kommt nicht aus einer der zahlreichen Palastküchen, sondern wird über zehn Minuten Fußweg aus der Stadt gebracht! Meist speist Elizabeth allein an einem Tisch, Gäste beobachten befremdet, dass Elisabeth Tudor mit dem Essen auf ihrem Teller nur spielt. Ihr kleines Laster ist ihre Vorliebe für Süßigkeiten und für Weißbrot, aber auch da zeigt sie meist Disziplin, ihre Naschhaftigkeit mag allerdings mit ihrem Zahnstatus korrespondieren. Sie isst generell sehr wenig und bleibt so immer schlank, wird im Alter sogar hager. Sie trinkt prinzipiell keine starken Alkoholika, meist nur Wein mit drei Vierteln Wasser vermischt. Sie scheint froh zu sein, wenn die Tafel endlich aufgehoben wird und die abendlichen Unterhaltungen beginnen. Oft springt die Königin voller Tatendrang schon vor Auftragen des zweiten Ganges auf, legt zeremoniell ihre Ringe ab, überreicht sie dem Kammerherrn, wäscht und trocknet ihre Hände, legt die Ringe wieder an. Dann ist meist Tanz angesagt, und die Königin ruft die zu sich, mit denen sie tanzen und reden will. Der Tanz ist Elizabeths bevorzugte Unterhaltung, doch es gibt auch Musik und Theater, den einen Abend ein Drama, am nächsten einen Maskenball, dann eine Komödie. Elisabeth liebt die Musik, sie unterhält einen Chor von 50 Sängern und ein Orchester von 40 Instrumentalisten. Alle sind ausgezeichnet, werden auch von weit gereisten Kennern hoch gelobt.

Tagsüber bevorzugt die Tudorkönigin Unterhaltungen an frischer Luft, bei Spaziergängen parliert sie bevorzugt mit Botschaftern, lässt sich Projekte ihrer wechselnden Favoriten erklären, sie lässt Picknicks veranstalten, schaut den Herren beim zeitgenössischen Tennis, dem Paume, zu oder den Übungen für die regelmäßig stattfindenden Turniere, sie übt sich selbst im Bogenschießen, reitet mit Begeisterung zur Jagd, reitet überhaupt gern und ausdauernd. Zwischen den Vergnügungen des Tages nimmt sie an Ratssitzungen teil, trifft einzelne Räte, Bittsteller und findet auch immer noch Zeit für ihre wissenschaftlichen Interessen. Spät nachts arbeitet sie oft noch in ihren Privaträumen weiter, wenn sie nicht einen ihrer Favoriten damit beglückt, mit ihr Schach oder Karten spielen zu dürfen.

Die Hofhaltung wird – wie alles – im Laufe der Jahre immer teurer, niedrige Ränge werden als erste nur schleppend oder gar nicht bezahlt, immer gibt es Ärger mit den Bewilligungen. Elizabeth achtet im Staat auf Ökonomie, so auch in ihrem Haushalt, viel vom Luxus ihrer unmittelbaren Umgebung lässt sie sich einfach schenken, so von Leicester und allen anderen, die etwas von ihr wollen. Auch die traditionellen Neujahrsgeschenke sind für Elizabeth in erster Linie eine Luxusbeschaffungsmaßnahme.

Omnipotenz einer Königin?

Das Spiel um ihre Gunst politisiert den Hof, es wird mit den Waffen der Galanterie geführt, ist aber Teil des politischen Geschäfts, in dem es primär um Geld und Einfluss geht. Das verstehen fast alle, das öffnet auch Mitgliedern der Gentry den Zugang. Das Einbringen von Tüchtigkeit, Charme und Risikobereitschaft macht einen Teil des Zaubers dieses Hofes aus.

Es geht Elizabeth darum, sich als Fürst (sie spricht von sich nie als Königin!) von solcher Virilität und Omnipotenz zu erweisen wie ihr Vater. Jeder Mann bei Hofe ist für sie verfügbar, jeden kann sie beglücken und verdammen und muss sich nicht mal dafür hingeben. Jeder Mann soll von dem Wunsch beseelt sein, er werde derjenige sein, den sie erhört, ja der, den sie heiraten und zum König machen wird! Zumindest wird seine Meinung gefragt sein, sie wird ihm bei etwas Geschick zu einträglichen Geschäften oder gar Posten verhelfen, weil er das hat, was auch die Mätressen von Königen aus der Masse heraushebt: die Nähe zum Monarchen, sein geneigtes Ohr, Einblick in königliche Launen.

Elizabeth manipuliert gern und deshalb gut, sie setzt ihren Charme so routiniert ein, dass man sie für spontan hält. Sie ist wohl die beste Schauspielerin ihres Reiches. So ist es ihr bisher immer gelungen, die sich unweigerlich bildenden Parteiungen an ihrem Hof im Gleichgewicht zu halten, doch diese Aufgabe wird zunehmend schwerer werden und gegen Ende ihres Lebens ihre Kräfte überfordern …

Neujahrsfest London, Januar 1566

Die Blauen und die Gelben

Inzwischen ist Thomas Radcliffe, Graf Sussex, aus Irland zurückgekommen. Durch verwandtschaftliche Bindungen steht er Norfolk nahe und macht sich nun zum Führer von dessen Anti-Leicester-Partei. Was Sussex, der anfänglich ja ein Befürworter einer Ehe Leicesters mit der Königin war, zu diesem Sinneswandel bewegt, ist unklar. Äußerer Anlass mag sein, dass nach den Eskapaden des Sommers das Verhältnis von Elizabeth und Leicester so eng ist wie in den ersten Monaten ihrer Herrschaft und Leicester sich so verhält, als sei er sicher, sie werde ihn in Bälde erhören.

In diesen Wochen weiht Leicester gar Cecil in seine Hoffnungen ein, und der stellt eine seiner berühmten Pro- und Kontra-Listen auf. Er kommt zu der Einsicht, dass diese Heirat mit berechtigter Aussicht auf einen Erben das kleinere Übel ist. Sussex und Norfolk wollen unbedingt den Erzherzog Karl gewinnen, sie scheinen zu hoffen, obwohl das Kaiserhaus und der Erzherzog erzkatholisch sind, auf diese Weise engere Kontakte zu den deutschen Fürsten knüpfen zu können. Zu Neujahr ist die Stimmung zwischen den Parteien kurz vor dem Siedepunkt. Um mit der Zahl seiner Anhänger zu protzen, überredet Leicester sie, ihre Kleidung mit blauen Litzen und Borten zu schmücken. Norfolk und Sussex schaffen es, während des Festes eine ausreichende Menge gelber Litzen, Borten und Schärpen zu organisieren, um so „Flagge" zu zeigen. Cliquenbildung unter den Höflingen ist immer gefährlich für den Monarchen, doch Elizabeth genießt ihre Geschenke. Vormittags erzählt Foix de Silva natürlich unter dem Siegel der Verschwiegenheit und Hinweis auf zuverlässige Quellen, die Königin habe in der Neujahrsnacht das Bett mit Leicester geteilt …

Edinburgh, Januar/Februar 1566

Marie schreibt dem Papst

Während Elisabeth und ihr Hof in der Mitte der 1560er Jahre im Wesentlichen mit den immer gleichen Hofintrigen und dem ewigen Thema: „wen heiratet die Königin wann?" und ersatzweise: „wer ist derzeitig der Favorit und wer könnte der nächste werden?" beschäftigt sind, fällt das aktive Leben Marie Stuarts in diese knapp vier Jahre. Sie heiratet, führt persönlich Kriegszüge, ist auf der Flucht und erobert ihren Platz zurück, bekommt ein Kind, „verliert" einen Ehemann, „gewinnt" einen anderen und verliert ihn wieder. Die Aktive beherrscht die Szene!

Der neue Papst Pius V. ist als fanatischer Anhänger der Gegenreformation bekannt. Marie verspricht ihm umgehend die Rekatholisierung Schottlands und fordert dafür gleichzeitig finanzielle Unterstützung ein. Marie setzt tatsächlich durch, dass die Katholiken ihre Religion ungehindert ausüben dürfen, das entspricht ihren Vorstellungen von Toleranz. Den Papst beschwichtigt sie mit der Beteuerung, sie werde den Katholizismus vollständig etablieren, wenn der Zeitpunkt gekommen sei – und meint damit zwischen den Zeilen, wenn ihr Englands Thron sicher sei.

Jean Gordon heiratet Bothwell

Marie muss sehr daran gelegen sein, unter ihren Lairds Allianzen zu schaffen, die diese an die Krone und ihre Person binden. Huntly ist nach seiner Rehabilitation ein treuer Mitfechter im Chaseabout Raid gewesen, aber sie spürt, dass er ihr die Hinrichtung des Bruders und die *post mortem* Verurteilung des Vaters nicht wirklich verzeihen kann. Was ihn dennoch an ihrer Seite hält, ist mehr sein unauslöschlicher Hass auf Moray. Da stellt sie während der Feste zur Jahreswende fest, dass ihr treuer Bothwell Jean Gordon, die bildschöne, hoch gebildete und äußerst geschäftstüchtige Schwester Huntlys mit Wohlgefallen betrachtet. Marie mag Jean sehr, und flugs schmiedet sie Heiratspläne, was kann es Besseres geben als familiäre Bande zwischen der mächtigen Familie des Nordens und dem Beherrscher der Borders. Jean lässt sich überreden, denn kurz zuvor hat die große Liebe ihres Lebens, Alexander, Lord Ogilvy of Boyne, überraschend Mary Beaton geheiratet. Mary hofft, so den Nachstellungen Randolphs zu entkommen, der sie dazu bringen wollte, Marie Stuart für Elizabeth auszuspionieren.

Marie nimmt die Planung in die Hand, sie schenkt der Braut das Kleid, sie überwacht die Aufsetzung des Ehevertrages, und sie plant die katholische Trauung, denn Jean Gordon ist wahrscheinlich katholischer als Marie selbst. Bothwell ist mit der Initiative seiner Königin durchaus einverstanden, die damenhafte Jean gefällt ihm sehr, sie festigt seine Verbindung mit Huntly, wird ihm eine saubere Mitgift einbringen, und Geld kann ein Schotte immer brauchen. Doch in punkto Trauung trickst er die Damen aus. Er hat noch nie eine Messe besucht und wird zu seiner Hochzeit damit nicht anfangen! Die Trauung findet am 24. Februar in der Canongate Church of Edinburgh statt. Die Feiern folgen der Planung der Damen. Das Paar verbringt den Honeymoon auf Seton, doch schon da stellt sich eine anhaltende Unvereinbarkeit der Charaktere heraus. Jean trägt provozierend Trauer um ihre verlorene Liebe, und Bothwell kehrt früher als erwartet nach Edinburgh zurück. Er gibt Jean Crichton Castle als Wohnsitz; das Paar trifft sich, wenn überhaupt, meist bei Hofe. Die Ehe bleibt kurz und kinderlos. Übrigens scheint Jean nach einigen Stammtafeln sehr viel später ihren Ogilvy doch noch geheiratet zu haben …

Marionettenspiele

Die Bedingungen scheinen für Marie Stuart besser denn je, aber die Ehe mit Darnley führt zu Schwierigkeiten, die seine persönliche Bedeutung weit überschreiten. In schönster Selbstüberschätzung merkt Darnley nicht, dass er zum Spielball der Gegner Maries wird. Jenen, denen Rizzio, dieser Ausländer niederer Geburt, ein Dorn im Auge ist, fällt es leicht, Darnley einzureden, dass der Italiener seine Kompetenzen überschreite. Maitland, dessen Aufgaben Rizzio größtenteils übernommen hat, besitzt sicher ein Motiv. Wie alle seine Mitverschwörer vergisst auch Maitland gern, dass David Rizzio noch immer nur im Chor singen würde, wenn er, Maitland, seine Pflichten ernst genommen und loyal für die Königin gearbeitet hätte, statt im Sinne Morays zu agieren.

Man setzt Darnley während seiner Kneipentouren also nach und nach den Floh ins Ohr, Rizzios Bedeutung für Marie erschöpfe sich nicht in der Erledigung ihrer Korrespondenz. Rizzio nehme auch die Stelle ein, die doch eigentlich ihm, King Henry, gebühre, er bestimme die Richtlinien der Politik. Das scheint Darnley noch relativ gleichgültig zu lassen. Also setzt man den Stachel woanders an. Was Darnley denn meine, was Marie und David zu später Nachtstunde allein in ihrem Gemach so treiben würden? Das bringt Darnley ins Grübeln.

Gerüchte und üble Nachrede gehen manchmal seltsame Wege. Am 19. Februar weist Marie Elizabeths Botschafter Randolph aus, weil Beweise vorliegen, dass er trotz gegenteiliger Beteuerungen – auch seiner Königin – noch im Hochsommer 1565 die Rebellen mit Geld versorgt hat. Randolph geht, aber nur bis Berwick. Dort trifft er auf Francis Russel, zweiter Earl of Bedford, der dort seit Anfang 1564 den Gouverneursposten innehat. Dieser Herr hat bereits am 19. September 1565 behauptet, Königin Marie Stuart sei die Geliebte ihres Sekretärs David Rizzio. Das Pikante daran ist, dass innerhalb von zehn Tagen um diesen Termin die Zeugung des Thronfolgers stattgefunden haben muss, wenn James Stuart einigermaßen „pünktlich" geboren wird. Diese kühne Behauptung Bedfords war Darnley schon Ende Oktober einmal unter die Nase gerieben worden, doch da hatte er das noch als dummes Gerücht abgetan, wahrscheinlich in dem Wissen, dass Marie zu der Zeit noch in ihn verliebt war – was das betrifft. Nun verbreitet aber auch Randolph vehement, Maries Kind sei die Frucht ihres Verhältnisses mit Rizzio!

Die Vorstellung, die sich ihres Status nur allzu bewusste Königin Marie Stuart habe sich mit dem hässlichen und verwachsenen Männlein niederer Herkunft auf diese Weise vergnügt, ist einfach absurd. Für eine Königin ist oft viel gefährlicher, was über sie geredet wird, als das, was sie wirklich tut. Diskreditierende Unterstellungen gehen bei so exponierten Frauen meist von gegnerischen politischen Parteien aus, und jede Partei findet in der Geschichtsschreibung der Nachwelt ihre Verfechter. So können bewusst ausgestreute Desinformationen über die Jahrhunderte zu dauerhaften Charakterisierungen werden. Catherine de Médicis bleibt bis weit ins 20. Jahrhundert die bösartige Schlange, die vor Giftmorden, sogar an den eigenen Kindern, nicht zurückschreckt – um ein Beispiel aus der Zeit zu nennen.

Tatsache ist, dass die Lords, die im Jahr zuvor gegen die Krone aufstanden, um einen König Henry zu verhindern, ihn nun benutzen, um den missliebigen Rizzio loszuwerden. Kein Zweifel, Moray lenkt das Ganze aus der Ferne, inwieweit Maitland aktiv beteiligt ist, bleibt im Dunkel, reformierte Lords wie Morton, die von Marie Stuart eine verschärfte Rekatholisierung befürchten, mischen sicher mit.

Im Vorfeld eines Mordes

Dreh- und Angelpunkt des ganzen Komplotts ist die Matrimonialkrone, die Darnley immer heftiger von Marie fordert und die sie immer weniger bereit ist, ihm zuzugestehen. Nun nutzen die Lords diese Krone als Köder, um Darnley für ihre Belange zu gewinnen. Sie reden ihm ein, es sei David Rizzio und sein Einfluss auf die Königin, der zwischen ihm und der Krone stehe. Schon im Februar wird allenthalben von einem bevorstehenden Anschlag auf Rizzio gemunkelt, es wird aber auch verbreitet, Darnley plane, die Königin abzusetzen oder gar zu ermorden, um endlich an die Regierung zu gelangen, an der Marie ihn nicht teilhaben lässt. Melville und andere sollen die Königin gewarnt haben, doch Marie weigert sich, ihnen zu glauben. „Die Schotten reden viel", soll sie gesagt haben und sich sorglos zum nächsten abendlichen Kartenspiel mit Rizzio an den Tisch gesetzt haben. Sie sollte ihre Schotten inzwischen besser kennen!

Zugzwang

Nach alter Väter Sitte haben die Rebellen damit gerechnet, auch nach dem Sommer 1565 nach einer angemessenen Frist im Exil wieder in Gnaden aufgenommen zu werden. Doch Marie Stuart lässt einzig Châtellerault ungeschoren, weil er verspricht, mindestens fünf Jahre als Privatier ohne Verbindung zu Schottland in Frankreich zu bleiben. Ansonsten ist Marie zu keinerlei Zugeständnis bereit, das auf den 12. März einberufene Parlament soll sogar untersuchen, ob es rechtens geschah, dass Moray zum Besitzer so vieler Krongüter geworden ist und manch anderer dies oder jenes Kirchengut der Krone vorenthält. Das zwingt Moray, aber auch Morton, Ruthven, Lindsay und einige Douglas, denen an einer Rückkehr von Moray eigentlich nicht gelegen ist, zu beschleunigtem Handeln.

Sie planen in kurzen Intervallen: Ist Rizzio „erledigt", wird Darnley die Belohnungen auf den Tisch legen. Wie lange man Darnley dulden wird, wird von seiner Haltung abhängen. Immer ein Problem nach dem anderen. Nach guter schottischer Art wird ein Bond aufgesetzt, in dem man sich gegenseitig verpflichtet, David Rizzio zu beseitigen. Moray verschleiert seine Beteiligung so lange es irgend geht, soll am 2. März aber doch unterzeichnet haben. Sein Ziel ist natürlich seine Rückkehr und die Ausübung der Macht über die Marionette Darnley. Wo Marie – und ihr ungeborenes Kind – in diesem Szenario stehen, bleibt verschwommen.

Bereits am 13. Februar meldet Randolph an Cecil, dass es gut sein könne, dass Rizzios Kehle bald durchschnitten werde. Es sei aber auch möglich, dass Darnley und Vater Lennox die Ermordung Maries planen, weil Darnleys Chancen besser stünden, solange der Thronfolger noch nicht geboren ist. Was auch immer Cecil wann erfährt, er zeigt keine Reaktion. Schließlich käme ihm die Beseitigung Rizzios ja keinesfalls ungelegen, wenn sie Moray den Weg freimacht …

Der Plan nimmt konkrete Formen an

George Douglas, schon im zarten Alter von 16 am Mord an Kardinal Beaton beteiligt, übernimmt bei Darnley die Rolle des „Führungsoffiziers" und geleitet ihn auf Vergnügungstouren durch das nächtliche Edinburgh. Erst macht er Darnley klar, dass das Kind, das Marie erwartet, des Sängers Spross, oder wie der gute König Henri Quatre später spotten wird, „der Sohn Davids, der zur Harfe singt", ist. Dann macht er sich zum Tröster Darnleys, dem so Ungeheuerliches widerfahren ist, und führt ihn sanft zu der Überzeugung, dass ein solcher Tort von seiner Mannesehre nur mit Blut zu entfernen ist. Davids Blut!

Darnley erkundigt sich vorsichtig, wer denn bereit sein würde, den entscheidenden Schritt zu tun. Douglas suggeriert, Ruthven sei todkrank und sicher zu allem bereit. Nun, Ruthven ist vereinbarungsgemäß bereit, das Messer zu führen, doch er verlangt als Bedingung die Zusage, dass der Königin nichts geschehen darf! Darnley stimmt zu, stellt allerdings seinerseits die Bedingung, dass der Mord vor Maries Augen geschehen muss, damit er ihr auch wirklich eine Lehre ist und sie vielleicht eine Fehlgeburt erleidet!

Das geht in Ordnung, denn schließlich ist man sich trotz aller Privatinteressen in einem einig: Es geht nicht an, dass das Huhn vor dem Hahn schreit! Außerdem kann es noch nützlich sein, wenn man diesen Sonderwunsch Darnleys festhält, da hat man doch zusätzlich etwas gegen ihn in der Hand. Der Bond, den selbstverständlich auch Darnley unterzeichnen muss, macht ihn zum Führer der „Bestrafung" Rizzios, für die er allen Unterzeichnern Straffreiheit garantiert. Weil man gerade dabei ist, unterzeichnet Darnley noch einen Bond, indem er Moray die Rückkehr nach Schottland zugesteht. Die Lords bescheinigen im Gegenzug, Darnley die Matrimonialkrone zuzusprechen, wenn sie alle begnadigt werden und ihren Besitz behalten.

Ein Orden zur Unzeit

Gerade jetzt erscheint es Frankreich angemessen, Darnley den Michaelsorden zu verleihen, um das Einverständnis mit Maries Ehe zu betonen. Befragt, welches Wappen eingesetzt werden soll, erklärt

Marie verächtlich, Darnleys genüge vollauf. Dennoch nimmt man die Verleihung zum Anlass, drei Tage ausgelassen zu feiern, Marie und ihre Damen vergnügen sich mal wieder in Hosenrollen, während Darnley die ganze Zeit betrunken ist.

Kurz darauf blamiert Darnley Marie während einer Einladung bei einem Edinburgher Kaufmann derart durch seine Trinkerei, dass sie weinend das Haus verlässt. Vorfälle dieser Art häufen sich, und niemand macht sich mehr Illusionen über den Stand der königlichen Ehe.

Warnungen werden in den Wind geschlagen

Anfang März sucht Rizzio wie gewöhnlich seinen Astrologen auf, und der rät ihm dringend, schnellstens nach Italien zu reisen und sich in Sicherheit zu bringen, denn der „Bastard" trachte ihm nach dem Leben! Da Rizzio den Bastard auf Moray bezieht, der ja im fernen London weilt, wähnt er sich sicher. Weiß er nicht oder vergisst er, dass auch George Douglas, der neue Busenfreund Darnleys, ein Bastard ist? Da in London das Gerücht umläuft, Cecil habe Lady Lennox im Tower erzählt, dass es Rizzio nun bald an den Kragen gehe, und man langsam fürchten muss, dass auch Königin Elizabeth Bescheid weiß und womöglich von ihrem Wissen Gebrauch macht – wie auch immer, bei ihr weiß man ja nie – muss endlich gehandelt werden.

Holyrood Castle, 9. März 1566

Mord beim Abendessen

Am Nachmittag dieses Samstages ist Darnley nüchtern genug, um mit seinem alten Freund David Tennis zu spielen. Morton sichert den Palast, keiner kann unkontrolliert hinein oder heraus, seine Männer bilden einen Ring um das ganze Areal.

Marie hat für den Abend – wie so oft in letzter Zeit – nur wenige vertraute Freunde zu einem Essen in ihrem kleinen privaten Speisezimmer geladen: Ihren Lieblingshalbbruder Robert Stewart, ihre Halbschwester Jean, Countess of Argyll, ihren Oberstallmeister Arthur Erskine und David Rizzio. Anwesend ist auch ihr Page Anthony Standon sowie die nötige Dienerschaft. Das Essen ist gerade aufgetragen, als sich gegen sieben Uhr überraschend die vom Schlafzimmer kommende Tür öffnet und Darnley eintritt. Das ist ungewöhnlich, doch man begrüßt ihn höflich und will ihm Platz am Tisch machen.

Darnley hat die Tür zum Schlafzimmer und die Tapetentür zur Geheimtreppe, die zu seinem darunter liegenden Schlafzimmer führt, offen gelassen. Wer der Tür gegenüber sitzt, erblickt plötzlich einen Helm, dann ein geisterbleiches Gesicht mit wirrem Bart und endlich eine Gestalt in voller Rüstung, das Schwert in der Hand. Es ist Ruthven, der Zauberer, von dem alle glauben, er läge in seinem Haus nicht weit von Holyrood auf seinem Totenbett. So sieht er allerdings aus, und so klingt auch seine Stimme, als er Marie mit ihrem Titel anspricht und sie bittet, jenen Mann David aus ihren Privaträumen zu entlassen, in denen er sich schon viel zu lange aufgehalten habe! Marie antwortet verwirrt, Rizzio sei auf ihren Befehl hier, und, Festigkeit gewinnend, fragt sie Ruthven, ob er den Verstand verloren habe? Ruthven erwidert, jener Mann David habe sich gegen die Ehre der Königin vergangen und müsse bestraft werden, im Auftrag des Königs.

Rizzio hat sich, wie er meint unauffällig, bis in den hintersten Winkel des Raumes hinter die Königin zurückgezogen. Wütend faucht Marie Darnley an, was er mit all dem zu tun habe. Darnley stammelt herum, Ruthven stürzt auf Darnley zu, die aus ihrer Erstarrung erwachten Diener wollen ihn aufhalten, Ruthven brüllt sie an, sie sollen nicht wagen, ihn anzurühren. Rizzio klammert sich an Maries Röcke und fleht auf Italienisch „Madonna, rettet mich!" Der Tisch kippt um, fünf andere Bewaffnete, darunter George Douglas, stürmen über die Schlafzimmertreppe in den Raum, in dem Tumult wird ein Messer geworfen, Marie spürt den Luftzug, bevor es in der Wand neben ihrem Hals stecken bleibt.

Jemand drückt Marie eine Pistole an den Bauch, während Douglas Darnley den Dolch aus dem Gürtel reißt und damit auf Rizzio einsticht, bevor die Männer ihn mit vereinter Kraft von Maries Röcken los und aus dem Zimmer heraus zerren. Alle Eindringlinge stechen auf Rizzio ein, dessen Wimmern in dem Poltern untergeht, mit dem er die Treppe hinunterstürzt, die Meute hinter ihm her.

Darnley steht hilflos im Zimmer, Marie fährt wütend auf ihn los, da kommt Ruthven zurück, mehr tot als lebendig, lässt sich gegen jede Etikette in einen Stuhl fallen. Er fordert krächzend ein Glas Wein, das ein verdatterter Diener ihm automatisch reicht und das er auf einen Zug leert!

Dann erklärt er Marie in aller Seelenruhe, sie solle sich gegen ihren Gatten verhalten, wie es sich gehört, und auf den Rat ihres Adels hören, dann könne sie regieren wie jeder andere König auch. Als Marie ihn anfaucht, wenn sie aufgrund dieser soeben erlebten Ungeheuerlichkeit eine Fehlgeburt erleide oder gar daran sterbe, dann würden alle ihre Freunde, der Papst, der Kaiser, die Könige von Spanien und Frankreich und ihre Familie, die Guise, ihn, Ruthven, zur Rechenschaft ziehen. Ruthven zeigt sich keineswegs beeindruckt und meint gemütlich, diese hohen Herren hätten anderes zu tun, als sich mit einem Niemand wie ihm zu befassen. Außerdem: Wenn irgendetwas geschehen sei, was der Königin Missfallen erregt habe, so möge sie das mit ihrem Gemahl ausmachen, denn alles sei nur und ausdrücklich auf dessen Befehl geschehen.

Diese Szenerie mag an ein mittelmäßiges Drehbuch für einen Horrorfilm gemahnen, aber ungefähr so muss sich der Mord an David Rizzio abgespielt haben. Es gibt nur zwei Augenzeugenberichte, einen von Marie selbst in Form eines Briefes an Erzbischof Beaton, ihren Gesandten in Paris, und einen von Ruthven, der Ende März aus Berwick einen Bericht über die Ereignisse nach London schickt.

Gefangen im eigenen Palast

Welchen Ablauf und welches Ergebnis die Mörder geplant hatten, bleibt im Dunkel. Marie geht davon aus, dass auch sie in dieser Nacht sterben sollte, andere behaupten, man habe geplant, sie nach Stirling in Sicherheitsverwahrung zu bringen, zumindest bis sie ihr Kind zur Welt gebracht habe und vielleicht bis an ihr Lebensende. Die Lords hätten Darnley zum König ausgerufen und von ihm ungehindert nach eigenem Gusto regiert – mit Duldung Englands.

Tatsache ist, dass Morton mit seinen Leuten den Palast im Griff hat, wenn es auch treuen Dienern gelingt, die Sturmglocke zu läuten. Edinburghs Bürger eilen herbei, auf einen Wink Ruthvens tritt Darnley ans Fenster und beruhigt die Menge, man habe einen ausländischen Spion dingfest gemacht, nun sei aber alles in Ordnung. Als Marie impulsiv zum Fenster treten will, hebt Ruthven das Schwert und faucht, er werde sie in Stücke schneiden, wenn sie nur eine weitere Bewegung macht. Nach einiger Zeit ziehen die Leute beruhigt ab, zumal sich im Palast nichts mehr rührt.

Marie bleibt schließlich mit Lady Huntly und einigen Zofen zurück, von denen sie eine geistesgegenwärtig in Rizzios Räume schickt, um die Kassette mit ihrer Korrespondenz zu holen, die wahrhaftig noch unberührt dort steht. Über ein anderes Mädchen bringt die Königin in Erfahrung, dass Rizzio von 59 Messerstichen zerfetzt zunächst tot am Fuß der Treppe liegen gelassen, inzwischen aber nackt in eine Truhe gesteckt wurde.

Lady Huntly bekommt auf geheimen Wegen eine Nachricht von ihrem Sohn, er, Bothwell und Atholl seien von dem Lärm beim Essen aufgeschreckt zur Hilfe geeilt, aber von Mortons Männern in Bothwells Appartement gesperrt worden. Sie wollten versuchen, nach Dunbar zu entkommen. Später heißt es, sie hätten das Gehege der Löwen, die hoffentlich frisch gefüttert waren, als Fluchtweg nehmen müssen.

Marie will Rache

Als Marie Stuart endlich mit Lady Huntly und den verbliebenen Kammerfrauen allein ist und den Bericht des Mädchens über den Zustand von Rizzios Leiche hört, bricht sie in Tränen aus, ruft sich aber selbst zur Ordnung: es sei keine Zeit für Tränen, es sei Zeit für Rache. Sie lässt sich alles durch den Kopf gehen, was geschehen ist und was gesagt wurde, und findet die Lösung: Sie wird Darnley umdrehen, wird den Verräter zum Verräter an den Verrätern machen. Lady Huntly macht viele Vorschläge zur Flucht, und für alle Fälle setzt Marie ein Schreiben an Bothwell und Huntly auf, dass sie alles versuchen wird, ihrerseits zu entkommen. Sie sollen ab Montagabend in Seton Pferde bereithalten, sie will nach Dunbar reiten. Man soll unter allen Umständen Edinburgh Castle für sie halten.

Am Morgen empfängt Marie Darnley so gelassen, als sei nichts Besonderes geschehen, und er fängt an, sie um Verzeihung anzuflehen. Am Abend zuvor haben ihn die Lords nämlich keineswegs ehrerbietig behandelt, sondern Ruthven hat ihn ziemlich rau angefahren, er solle gefälligst tun, was man ihm sage, sonst könne er gleich mit Marie in Gefangenschaft gehen. Erst jetzt erfahren Darnley und Lennox, dass die Verschwörer auf Moray warten, der schon in Newcastle aufgebrochen ist und am nächsten Morgen in Edinburgh erwartet wird, rechtzeitig vor Eröffnung des Parlaments! Das wissend, muss einen nicht wundern, dass Darnley sich willig Maries Führung unterwirft und ihr auf's Wort glaubt, er sei der nächste auf der Liste der Mörder.

Darnleys Sinneswandel

Schlichte Angst um sein Leben, nicht seine missbrauchte Liebe zu Marie oder gar erotische Zauberkräfte ihrerseits bestimmen Darnleys Verhalten in diesen Stunden. Es ist wahrlich zweierlei, im Stadium fortschreitender Trunkenheit an einem Kneipentisch mit einem vermeintlichen Gesinnungsgenossen die Auslöschung eines Rivalen zu planen oder live zu erleben, wie der geballte *furor scotiae* einen wehrlosen kleinen Italiener niedermetzelt. Darnley hat nicht mal wie andere junge Herren seiner Kaste an zeittypischen Kriegszügen teilgenommen, sein einziges Erlebnis dieser Art ist die kampflose Treibjagd des vergangenen Sommers. Er hat geglaubt, wirklich geglaubt, die Lords würden ihn als ihren Herrn anerkennen, und er muss nun erleben, dass sie ihn herumkommandieren. Er versteht die Geister nicht, die er rief. Da Maries kurze Begeisterung für ihn einen stark mütterlichen Einschlag hatte, man bedenke, dass sie an seinem Krankenbett beginnt, begibt er sich jetzt, in diesem Augenblick purer Angst, die all seine Großmannsucht und Selbstherrlichkeit wegspült, unter ihren mütterlichen Schutz. Er erzählt ihr, dass die Lords planen, sie auf Stirling gefangen zu setzen, und bestätigt damit ihre Befürchtung. Er folgt ihr blind, gibt den sich versammelnden Parlamentsmitgliedern Befehl, umgehend die Stadt zu verlassen, die zurückkehrenden Exilanten sollen sich seiner sicher fühlen. Am späteren Vormittag stürzt Lindsay unangemeldet in Maries Zimmer und brüllt, Lady Huntly solle Holyrood sofort verlassen! Die alte Dame wird sogar durchsucht, doch erfahren in diesen Dingen trägt sie den Brief der Königin für ihren Sohn auf der Haut und nicht zwischen Hemd und Mieder, so wird er nicht gefunden.

Ein familiäres Wiedersehen

Am Nachmittag spielt Marie einen Anfall verfrühter Wehen, man kann ihr schlecht einen Arzt und Hebammen verweigern, die Meldungen sind Besorgnis erregend, die Königin brauche unbedingte Ruhe und einen Aufenthalt in guter Luft. Daran ist im Augenblick nicht zu denken, doch ihre Ruhe soll sie haben. Alte und neue Verschwörer sitzen bei Morton zu Tisch, als ein Bote Moray zur Königin bittet. Es ist Abend geworden, in ihrem dämmrigen Gemach fällt sie ihm tränenüberströmt um den Hals und wispert zwischen Schluchzern dramatisch: „Ach Bruder, wenn Ihr hier gewesen wärt, um mich zu schützen, das alles wäre nicht geschehen!" Soviel Emotion lässt ihn niederknien und um Entschuldigung bitten, für alles, was er ihr angetan, doch er vergisst nicht zu betonen, wie schockiert er über diesen unnötigen und grausamen Mord an Rizzio ist. Er versichert wieder und wieder, er wolle doch nur eins: ihr zu Diensten sein.

Sie betont, sie wolle künftig eine gute Ehefrau sein und gleich damit beginnen, Darnley solle doch die Nacht, wie es sich gehört, bei ihr verbringen. Dagegen kann man schlecht etwas einwenden, aber die Mörder wissen nur zu gut, wie beeinflussbar Darnley ist, und füllen ihn derart ab, dass er mehr bewusstlos als schlafend in ihr Bett fällt, als sie ihn pflichtschuldigst nach Mitternacht bei ihr abliefern. Ruthven überzeugt sich persönlich davon, dass Darnley in einem Zustand jenseits jeglicher Beeinflussbarkeit ist.

Die Königin ist schwanger …

Am Montag lässt Marie über ihre Ärzte mitteilen, es ginge ihr weiterhin sehr schlecht, und die Ärzte setzen hinzu, sie brauche dringend Luftveränderung. Am späten Nachmittag lässt Marie sich überreden, im Beisein Darnleys und Morays Morton, Ruthven und

Lindsay zu empfangen, die sie um Vergebung bitten wollen. Marie sagt, sie werde versuchen zu vergessen, und bekommt einen dramatischen Krampfanfall. Wenig später lässt sie ausrichten, sie fürchte, sterben zu müssen, und bitte deshalb, die Wachen aus ihren Räumen abzuziehen. Da unabhängig davon eine Hebamme im Solde der Lords berichtet, die Königin sei in einer derart schlechten Verfassung, dass man wirklich mit dem Schlimmsten rechnen müsse, wird die Wache abgezogen.

… und hat treue Diener

Später lässt die Königin den Hauptmann ihrer Leibgarden kommen. Sie appelliert an seine ritterliche Ehre und bittet ihn als hilflose Frau und Mutter seines künftigen Königs um Hilfe. Sie bittet nicht vergebens, sie hat ihre nähere Umgebung immer so behandelt, dass diese Menschen für sie durch's Feuer gehen. Als es gegen Mitternacht zum Aufbruch kommt, will Darnley erst nicht ohne seinen Vater mitgehen, doch Marie lässt sich auf keine Diskussion ein. Da Darnley mit ihr flieht, können sie die geheime Treppe benutzen und über Dienstbotengänge und durch den Teil des Schlosses, in dem ihre französische Dienerschaft untergebracht ist, durch den Weinkeller und über den Friedhof das Gelände von Holyrood verlassen. An der Abtei erwarten sie verabredungsgemäß der Chef ihrer Leibwache, Erskine, und drei Soldaten mit Pferden. Marie sitzt auf einem Kissen hinter ihrem Stallmeister. Darnley drängt von Angst geschüttelt immer wieder zur Eile und reitet schließlich voraus. In Seton warten Bothwell und Huntly mit frischen Pferden. Alle reiten gemeinsam weiter durch die Nacht bis zur Küste und nach Dunbar. Eine reife Leistung für eine im sechsen Monat Schwangere, so ein Fünfstundenritt durch die Nacht! Ob Marie Stuart, endlich in Dunbar angekommen, tatsächlich noch eigenhändig Spiegeleier für alle brät, darf bezweifelt werden …

Dunbar und Edinburgh, 13. bis 18. März 1566
Die Königin sammelt ihre Truppen

Marie diktiert einen Brief an Elizabeth, in dem sie das Geschehen aus ihrer Sicht schildert. Sie bedauert, sich auf Grund der Ereignisse, des langen Rittes und der Schwangerschaft außer Stande zu fühlen, eigenhändig zu schreiben. Marie Stuart hat es dank ihrer schnellen Entschlusskraft und ihres persönlichen Mutes ein zweites Mal geschafft, eine aussichtslose Lage in einen Sieg zu verwandeln. Sie ist sicher auf der Burg Dunbar, dem Arsenal ihres Reiches. Mit Bothwell und Huntly hat sie zwei der mächtigsten Männer des Landes an ihrer Seite. Atholl, Fleming und Seton kommen aus eigenem Antrieb mit ihren Leuten dazu. Sie erlässt einen Aufruf an die umliegenden Distrikte, alle wehrfähigen Männer sollen sich mit Verpflegung für eine Woche am 17. März in Haddington einfinden.

Am 18. März kann sie an der Spitze von 8.000 Mann nach Edinburgh reiten und unter dem Jubel der Bürger und des Volkes ihre Hauptstadt in Besitz nehmen. Darnley schmollt an ihrer Seite, alle mehr oder weniger Beteiligten am Rizzio-Mord haben tags zuvor das Weite gesucht und werden in der Folge nichts unversucht lassen, Darnley als allein Schuldigen hinzustellen. Nur Moray bleibt in Edinburgh, er ist ja erst am Tag nach dem Mord dort aufgekreuzt …

Königsmord und Königsmörder

Edinburgh, Elgin und London, März bis Mai 1566
Bestattungen und Versöhnungen
Kaum zurück in Edinburgh, kümmert Marie sich zunächst um zwei Tote, bevor sie sich der Befriedung der Lebenden zuwendet, um in Ruhe die Geburt ihres Kindes erwarten zu können. Sie lässt Rizzio exhumieren, in ihrer Kapelle eine Totenmesse für ihn lesen und ihn nach katholischem Ritus bestatten. Aus Dankbarkeit für die tatkräftige Hilfe der Witwe Huntly erlaubt sie, den Leichnam des letzten Earls endlich in der Familiengruft der Gordons beizusetzen.

Schon in Dunbar hat Marie ihren Kurs abgesteckt: Bothwell wird sofort zum Kommandeur des Staatsarsenals Dunbar Castle. Die Lords schicken Unterhändler, doch Marie ist zur Vergebung der Mordtat nicht bereit. Letztlich findet eine Art Austausch statt: Die Beteiligten der letzten Rebellion dürfen nach Schottland zurück, die Mörder Rizzios bitten um Asyl in England. Es war ein ungemein geschickter Schachzug von Marie, Darnley zu überreden, mit ihr zu fliehen, denn nun ist er völlig diskreditiert, gilt allen Schotten als Verräter.

Marie spaltet das Lager der Opposition, sie gewährt den nicht aktiven Unterstützern Pardon, die am Mord Beteiligten können auf keine Gnade rechnen. Hingerichtet werden nur zwei Männer Ruthvens. Die Geflohenen werden in England nicht die gewohnte Unterstützung finden, einige wird Elizabeth sogar ausweisen. Maitland hofft, die Königin wird seine Fähigkeiten brauchen, obwohl Darnley ihn als Unterstützer angeschwärzt hat. Knox, der den Mord von der Kanzel befürwortet hat, zieht sich in aller Stille zurück.

Rücksichten, für den Prinzen geübt

Nur weil Marie Darnley als legitimen Vater des zu erwartenden Thronfolgers unbedingt braucht, darf er vor dem Rat schwören, er habe mit dem Mord nichts zu tun, was bei dem gestrengen Gremium ein nicht zu unterdrückendes Gelächter auslöst. Marie ist ungemein bemüht, nach außen das Bild einer intakten Ehe aufrechtzuhalten. Schon damit er keine Gelegenheit zu weiteren Tölpeleien erhält, muss Darnley in ihrer Nähe oder besser: unter ihrer Aufsicht bleiben, wird aber von allen ignoriert, selbst von Moray und Argyll, von denen wiederum man nicht so genau weiß: sind sie Gäste oder Geiseln?

Auch Bothwell muss sein Opfer bringen und in einer öffentlichen Versöhnungsumarmung Einvernehmen mit Moray demonstrieren. Die extremen Reformierten sind ohne Knox führerlos, die politischen Dissidenten sind ins Ausland oder auf ihre fernsten Besitzungen geflohen, nicht ohne der Königin den von Darnley unterzeichneten Bond zukommen zu lassen. Marie hat eine zwar oberflächliche, aber im Augenblick tragfähige Versöhnung zwischen Bothwell, Huntly und Atholl auf der einen und Moray, Glencairn und Argyll auf der anderen Seite erreicht, wobei Argyll das einzig seiner Frau zu verdanken hat, die den Mord an Rizzio als Augenzeugin erlebt hat.

Elizabeth prahlt

Die Königin von England behauptet dem Spanier Guzman gegenüber, an Maries Stelle hätte sie Darnley sofort mit dessen eigenem Dolch niedergestochen! Das kann man beim Spaziergang in einem vorfrühlingshaften englischen Garten leicht dahinschnattern, doch in der realen Situation hätte die gute Tudor den Dolch erstmal der Hand von Douglas entwinden müssen! Immerhin lässt sie Morton ausweisen, der nach Flandern entschwindet. Sie versichert Marie ihres Mitgefühls und warnt Darnley und Moray, sollten sie je wieder derart pflichtvergessen handeln, werde sie, die Königin von England, die Königin von Schottland rächen! Man wird sehen! Im Tower beeilt sich Lady Lennox zu beteuern, sie habe von all dem nichts gewusst, doch Elizabeth glaubt ihr nicht. Lennox wird später behaupten, in diesen Tagen habe die Königin ihre Affäre mit Bothwell begonnen.

Marie denkt nur an das Eine

Marie Stuart will natürlich ihren Sohn (an eine Tochter scheint sie nie zu denken!) zum Erben auch der englischen Krone aufbauen und bittet Elizabeth, Patin zu werden. Das löst bei Darnley einen Wutanfall aus, denn Elizabeth hat ihn nie als König anerkannt. Seine Befindlichkeiten lassen Marie ganz einfach kalt.

Wie in diesen Zeiten üblich, als jede Geburt Lebensgefahr bedeutet, macht Marie Stuart ihr Testament. Sie vermacht Darnley einen Teil ihres Schmuckes inklusive Ehering. Jeder einzelne aus der zahlreichen Guise-Verwandtschaft wird namentlich bedacht, Moray und Gattin, die Argylls, die Huntlys, die alte Lady Huntly, ihre vier Marys und: Bothwell, dem sie pikanterweise eine mit Diamanten besetzte Nixe übereignet. Die Nixe ist ein Synonym für Hure. Wichtiger als alle persönlichen Legate ist, dass sie Darnley ausdrücklich aus dem Regentschaftsrat ausschließt, Bothwell aber einen Platz darin zuweist.

Edinburgh Castle und Newcastle, Juni 1566
Die Königin der Herzen

Am 3. Juni zieht Marie sich in ihr Geburtszimmer zurück. Sie erfährt dort, dass am 13. Juni der Earl of Ruthven in Newcastle gestorben ist. Am Mittag des 18. setzen die Wehen ein und halten volle 20 Stunden an. Die Countess of Atholl bemüht sich zwar, die Schmerzen Maries auf Lady Reres, die künftige Amme, zu übertragen, aber die Zauberei scheint genauso wenig zu wirken wie die Reliquie der Heiligen Elizabeth von Schottland. Zwischen zehn und elf Uhr des nächsten Vormittags ist Marie endlich erlöst, man legt ihr einen gesunden Sohn in den Arm. Sofort präsentiert sie ihn Darnley und schwört, dass James, Duke of Rothesay, sein Sohn ist, und kann sich nicht verkneifen, hinzuzufügen: Das ist so sicher, dass ich um ihn fürchte. Wie immer bei königlichen Geburten sind genug Zeugen anwesend.

War Marie schon seit März so beliebt beim Volk wie nie zuvor, die Geburt steigert ihre Popularität noch. Während die Bollerschüsse der Welt die Ankunft des Prinzen verkünden, schließt Marie Stuart einen Pakt mit sich selbst: Ab jetzt werden alle ihre Ambitionen nur noch diesem Kind gelten. Der Jubel in Edinburgh kennt keine Grenzen: „A prince is born!" Selbst die sonst so strenge und Vergnügungen abholde *Kirk* feiert und jubelt mit.

London, 21. Juli 1566

Ein Thronerbe?

Melville scheint die Reaktion von Elizabeth auf die Nachricht von der Geburt des Thronfolgers zu fürchten, denn er überbringt sie Cecil. Der begibt sich sofort persönlich nach Greenwich, wo er die Königin beim Tanz mit ihren Herren antrifft. Nun heißt es, Elizabeth sei bei Erhalt der Nachricht auf einem Stuhl zusammengesunken und habe gestöhnt: „Die Königin von Schottland hat einen schönen Sohn, und ich bin ein dürrer Strunk!" Das klingt nicht sehr glaubwürdig und nicht mal wie gut erfunden. Elizabeth muss seit Monaten damit gerechnet haben, dass dies eintritt, wenn sie auch manchmal gewünscht haben mag, dass etwas „dazwischen" kommt. Sie hätte also Zeit genug gehabt, sich etwas Witziges zu überlegen, statt sich so untypisch selbst negativ darzustellen. Die Geburt wird sie allerdings daran gemahnen, dass sie bald eine kinderlose Mittdreißigerin ist und sich die Forderung nach einer Heirat wieder verstärken wird.

Jedenfalls lässt sie am nächsten Morgen ihre herzlichen Glückwünsche übermitteln und ausrichten, dass sie die Patenschaft mit Freude übernimmt, allerdings keiner ihrer Damen zumuten kann, die Reise nach Edinburgh auf sich zu nehmen, Countess Argyll soll sie vertreten. Über die Thronfolge werde sie sich zu gegebener Zeit mit ihrem Parlament beraten.

Edinburgh Castle, nach dem 20. Juli 1566

Mehr als eine postnatale Depression?

Während Marie sich eigentlich von der Geburt und den seelischen Belastungen in den Monaten zuvor erholen sollte, überkommt sie die Erkenntnis, dass sie sich ihre Lage selbst zuzuschreiben hat: Sie hat darauf bestanden, Henry Darnley zu heiraten. Nun hat sie zwar einen gesunden Erben, doch sie ist an diesen in jeder Beziehung unfähigen Mann gefesselt. Sie will auf keinen Fall das Eheleben mit ihm wieder aufnehmen, sie kann seine Anwesenheit oder gar seine Berührung nicht mehr ertragen! Ihre engere Umgebung weiß das längst, bald werden es alle wissen, denn wenn sie ihm die eheliche Gemeinschaft verweigert, wird er das öffentlich beklagen, auch wenn er in den letzten Wochen seinen Ausschweifungen zügelloser gefrönt hat als je zuvor. Marie hat Angst, nun da Darnley in jeder Erbfolge hinter seinem Sohn steht, könne er sich des Kindes bemächtigen und sie wirklich ermorden lassen. Sie ist inzwischen felsenfest überzeugt, eigentlich habe er das schon im März vorgehabt. Deswegen weigert sie sich, dem kleinen Jamie einen eigenen Haushalt zu geben, seine Wiege, seine Amme Reres und seine Pflegerinnen sind Tag und Nacht in ihrem eigenen Appartement.

Ein schöner Sommer

Marie muss an die Luft, sie hält es in der Enge der Burg nicht mehr aus, beschließt Ende Juni, den Earl of Mar auf seinem Anwesen Alloa Tower zu besuchen. Sie lässt Jamie unter dem Schutz Bothwells zurück, er ist der Einzige, dem sie wirklich traut. Moray und seine Freunde begleiten sie. Damit ist *ad absurdum* geführt, dass sie in diesen Tagen eine Affäre mit Bothwell beginnt. Was sowieso keiner ernsthaften Erörterung würdig ist, da sie sich körperlich unwohl fühlt und gerade das volle Ausmaß dessen begriffen hat, was ihre plötzliche Leidenschaft für Darnley ihr eingetragen hat. Kein halbwegs vernünftiger Mensch stürzt sich in so einer Verfassung in eine leidenschaftliche Affäre!

Die Königin der Schotten empfängt in Alloa erstmals den neuen Botschafter Frankreichs du Croc, er soll ein Geschöpf der Medici sein. Darnley, den sie über ihre Absichten im Unklaren gelassen hat, taucht auf, sie kümmert sich nicht um ihn und er zieht beleidigt ab – so wird das den ganzen Sommer gehen. Als sie nach Edinburgh zurückkehrt, steigern sich die Animositäten zwischen Bothwell und Moray, letzterer kann es einfach nicht ertragen, den „Abenteurer" Bothwell in der Königin Gunst unaufhaltsam steigen zu sehen. Er beginnt, für Zwischenfälle in den Borders zu sorgen, um Bothwell von Edinburgh fern zu halten.

Der Sommer 1566 ist schön, Marie geht nach Stirling, verbringt einen Großteil des August auf Jagden im Süden mit Bothwell. Ende des Monats darf Maitland sich bei seiner Königin entschuldigen, und sie nimmt ihn in Gnaden wieder auf. Sie braucht ihn für die Verhandlungen mit Elizabeth, dafür ist Bothwell nun wirklich nicht geeignet, ständig muss sie zwischen den beiden schlichten. Sie mögen sich nicht, sie sind der personifizierte Gegensatz. Marie versucht, das Beste aus einer unhaltbaren Situation zu machen, warnt Moray, als es heißt, Darnley trachte, ihn zu ermorden. Sie mahnt Darnley, freundlich zu Moray zu sein. Die Königin macht noch einen Besuch auf Alloa und entschließt sich am 31. August, den kleinen Jamie in die Sicherheit von Stirling zu bringen. Der Earl of Mar wird zu seinem Hüter bestellt, für die nächsten vier Jahre bleibt Countess Anabella Mar die Ersatzmutter des Kindes. Marie eilt zurück nach Edinburgh, sie muss Gelder für Jamies Taufe bewilligt bekommen, das muss unbedingt ein Ereignis nach internationalen Standards sein!

Jedburgh, Borders und Glasgow, Oktober 1566

Stichwunden

Anfang Oktober bricht Marie in Begleitung der Lords zu einer Gerichtsreise durch die Provinz auf, Darnley reitet in anderen Gefilden

310

von Jagd zu Jagd. Bothwell unternimmt eine Strafexpedition gegen einen besonders dreisten Viehdieb und seine Sippe in den Borders. Typisch für ihn, wird er in einem Zweikampf mit diesem Jock ernsthaft verletzt und von seinen Getreuen auf das nahe gelegene Hermitage Castle gebracht, dort hält man ihn zeitweise schon für tot. Doch Bothwell ist zäh. Nun wird gern berichtet, Marie habe sich kopflos mitten aus einer Gerichtverhandlung heraus oder mitten in der Nacht auf ihr Pferd gestürzt und sei mit verhängten Zügeln an Bothwells Lager galoppiert.

Das stimmt keineswegs, sie hält noch sechs Gerichtstage ab, urteilt nach Morays Meinung viel zu milde und reitet erst am 16. Oktober mit halber Entourage nach Hermitage. Bothwell hat in dem Kampf Wunden an Stirn, Oberschenkel und linker Hand davongetragen, kann aber schon wieder mit Marie sprechen, als sie kommt. Zwei Stunden verweilt sie an seinem Lager, Moray und andere stehen dabei. Da es auf der Burg keine Übernachtungsmöglichkeiten für eine Hofgesellschaft gibt, steht von vornherein fest, dass man noch am gleichen Tag die 16 Meilen nach Jedburgh zurückreiten wird. Unterwegs fällt die kühne Reiterin Marie vom Pferd und muss ihre Sachen in einer Crofterhütte am Weg trocknen.

Koma

In Jedburgh angekommen, bricht Marie zusammen, es scheint eine Nervenkrise, eine Reaktion des Körpers auf die andauernde seelische Belastung zu sein. Sie soll sich 60 Mal hintereinander erbrochen und mehrfach das Bewusstsein verloren haben. Zwischen Krampfanfällen und Lähmungserscheinungen findet sie die Kraft zu erklären, dass im Falle ihres Todes ihr Sohn James König wird und auf keinen Fall Darnley, der auch von der Regentschaft ausgeschlossen bleiben soll.

Am 25. fällt sie in ein Koma, man öffnet ein Fenster, um ihre Seele freizulassen, und berät über Trauerkleidung und Beisetzung. Moray stellt für alle Fälle ihren Schmuck sicher. Da entscheidet ihr französischer Arzt, sie „von den Beinen aufwärts" in feste Bandagen zu wickeln und ihr in kleinen Mengen Wein einzuflößen. Eine seltsam erscheinende, aber augenscheinlich wirksame Kur, denn Marie spuckte jede Menge „verdorbenes" Blut, ist wieder ansprechbar, und langsam setzt der Heilungsprozess ein. Darnley kommt erst nach der Krise, angeblich hat er nicht früher von Maries Krankheit erfahren. Da ihn allgemeine Feindseligkeit umgibt, bleibt er nur eine Nacht.

Jedburgh, Borders und Craigmillar, November 1566
Genesung
Inzwischen hat sich Bothwell in einer Sänfte nach Jedburgh bringen lassen. Am 9. November sind Königin und Generalleutnant soweit wieder hergestellt, dass sie zu Pferd die Grenzburgen inspizieren und zuletzt zur Erholung 14 Tage auf Craigmillar Castle bleiben. Moray und andere sind wohlgemerkt weiterhin die ganze Zeit dabei. Unterwegs bereiten Briefe von Darnley Marie solches Unbehagen, dass die Herren einen Rückfall befürchten. Man muss zu einem Entschluss kommen, wie man mit Darnley künftig verfahren will, zumal nun ans Licht kommt, dass er sich als guter Katholik profiliert hat, Marie dagegen beim Papst, in Spanien und bei Kardinal Guise als lasche Katholikin in Verruf gebracht und so versucht hat, Verbündete für ihre Absetzung zu finden.

Als Huntly und Maitland auf Craigmillar ankommen, klagt ihre Königin, sie wolle sterben, sie könne nicht weiter leben, wenn es ihr nicht gelingt, sich von Darnley zu befreien. Moray, Maitland, Argyll, Huntly und Bothwell diskutieren mit und ohne die Königin alle Möglichkeiten von Scheidung bis Mord. Favorisiert wird ein Hochverratsprozess, in dem nur nachgewiesen werden müsste, dass Darnley im März auch ihren Tod geplant hatte. Aber eigentlich kann ein König nicht wegen Hochverrats angeklagt werden! Maitland und Moray schlagen vor, wenn Marie Morton und den anderen Beteiligten an der „Rizzio-Sache" Pardon gewährt, wird der schottische Adel gemeinsam dafür sorgen, einen König loszuwerden, der ihre und ihres Landes Ehre so in den Dreck zieht. Man spricht von Scheidung, die Marie wegen ihres Sohnes Legitimität nicht riskieren will. Bothwell führt an, auch seine Eltern seien geschieden, dennoch seien seine Erbrechte voll anerkannt. Maitland redet der Königin gut zu, sie solle das den Lords überlassen, die würden schon eine Lösung finden, die das Parlament sanktioniert. Was unterschwellig bedeutet: So was ist Männersache!

Marie ist egal, was geschieht, es darf nur nicht gegen ihre Ehre und ihr Gewissen sein und auf keinen Fall ihrem Sohn schaden. Diese Diskussion wird die Vorgabe für den so genannten Craigmillar Bond. Marie Stuarts Verhalten erinnert an ihren sehr fernen Vorfahren Henry II. Plantagenêt, der während seines Streits mit Becket eine Ratssitzung mit dem Ausruf beendete: „Befreit mich von diesem Kerl!"

Darnley taucht Ende des Monats wieder ungebeten auf und verlangt die Wiederaufnahme der ehelichen Beziehungen. Diesmal droht ihm Marie mit Streichung des Unterhalts, wenn er nicht umgehend nach Stirling weiterzieht.

Stirling, 12. Dezember 1566

Jamies Taufe

Der Rat hat für die Taufe eine für schottische Verhältnisse immense Summe gewährt, reiche Kaufleute zahlen den Löwenanteil, sie betrachten es als Werbeaktion. Eine Sondersteuer ist erhoben worden, und die Stadt Edinburgh gewährt ein Darlehen. Die Organisation der Taufe überträgt Marie Bothwell, die einzelnen Darbietungen arrangiert Sebastien Pagez, ihr Hof-Musiker, -Sänger, -Dramaturg, -Choreograph und -Koch in Personalunion.

Die ersten Gäste sind schon da, als Marie und ihr Hof Stirling erreichen. Das Tragen von Feuerwaffen ist verboten, alle zeigen sich ungewöhnlich friedfertig. Marie Stuart hat im Alleingang beschlossen, dass die Taufe nach katholischem Ritus vollzogen wird; diesmal verzichtet die *Kirk* auf die sonst üblichen Verdammungspredigten. Die Patenschaft übernommen haben Frankreichs König Charles IX., der Herzog von Savoyen und – wie erwähnt – Königin Elizabeth Tudor. Man bewundert das Schmuckensemble aus Rubinen und Perlen, das Charles IX. überreichen lässt, doch die Attraktion unter den Taufgeschenken ist das über zehn Kilo schwere und reich ziselierte goldene Taufbecken der Tudorkönigin. Fast wäre es unterwegs Banditen in die Hände gefallen, wenige Monate später wird es eingeschmolzen werden. Der goldene Fächer, besetzt mit exotischen Federn und Edelsteinen Savoyens, wirkt daneben eher bescheiden.

Die Königin selbst hat ihre drei wichtigsten Lords eingekleidet: Moray ganz in Grün, Argyll in Rot und Bothwell in Blau. Ob es wirklich stimmt, dass allen Schneidern verboten war, für Darnley zu arbeiten? Eigentlich wäre das kontraproduktiv, gilt es doch, vor den internationalen Taufgästen das Dekorum zu wahren, damit auf keinen Fall Zweifel an der Legitimität des Thronfolgers aufkommen.

Schwierigkeiten sind durch den katholischen Ritus zu erwarten, denn überzeugte Protestanten werden an einer katholischen Zeremonie nicht teilnehmen wollen. So geschieht es: Elizabeths Stellvertreter Bedford weigert sich als erster. Lady Argyll, die zwar auch protestantisch aber nicht so verbohrt ist, übernimmt die Rolle der Stehpatin für Elizabeth. Für ihren Einsatz bekommt sie einen wertvollen Rubin und eine Strafpredigt der Pastoren.

Die zelebrierenden Bischöfe sind der Erzbischof von St. Andrews, ein Hamilton, und die Bischöfe von Dunblane, Dunkeld und Ross. Brienne trägt als Vertreter des französischen Königs den Täufling, die Königin schreitet direkt hinter ihm: Ganz in Silber gekleidet und mit allen Kronjuwelen behängt, funkelt sie regelrecht im Licht der Fackeln. Die Taufe folgt dem überkommenen Ritual, nur eins hat Marie Stuart sich strikt verboten: Der Erzbischof wird dem Täufling nicht in den Mund spucken! Marie hat es drastisch ausgedrückt: Sie will nicht, dass ein syphilitischer Priester ihrem Kind in den Mund rotzt! Der Kleine wird nach seinen Vorfahren James und zu Ehren seines französischen Paten Charles heißen.

Die anschließenden Unterhaltungen stehen denen anderer Höfe in nichts nach: Es gibt eines der gerade in Mode kommenden Ballette, ein Feuerwerk und ein großes Bankett. Alle unterhalten sich prächtig, nur Darnley nicht, der zwar anwesend ist, aber weder zur Taufzeremonie noch zu den Festlichkeiten erscheint. Er wird später behaupten, er habe befürchtet, von Bedford oder seinem Tross beleidigt zu werden, außerdem habe Brienne klar gemacht, dass er auf Befehl der Königinmutter den Saal demonstrativ durch die eine

Tür verlassen müsse, sollte Darnley zur anderen hereinkommen! Bedford ist übrigens mit seiner Behandlung sehr zufrieden, man hat ihn mehr hofiert als alle anderen, und die haben es bemerkt! Marie Stuart kann die Taufe also insgesamt als gelungen betrachten, fällt aber trotzdem kurz darauf in eine neue Depression.

Darnley kehrt ohne sich zu verabschieden zu seinem Vater nach Glasgow zurück. Er träumt davon – heißt es –, den Sohn an sich zu bringen und in seinem Namen zu regieren, oder: Er habe Schiffe bereit liegen, um sich nach Flandern oder Spanien abzusetzen.

London, Edinburgh und Stirling, Jahreswechsel 1566/67
Nähe zu England
Die beiden Königinnen der Inseln haben ihren Briefkontakt wieder aufgenommen, erneut ist von einem persönlichen Treffen die Rede, im Zentrum steht die Nachfolgefrage. Elizabeth macht nach wie vor keine ernsthaften Anstalten, sich zu verheiraten, wie das beginnende Jahr zeigen wird. Man will anscheinend klar Schiff machen, Marie soll Stellung zu aktuellen Grenzzwischenfällen nehmen und endlich den Vertrag von Edinburgh unterzeichnen. Dann will Elizabeth von Juristen prüfen lassen, ob der von Henry VIII. praktizierte Ausschluss der Nachfahren seiner schottischen Schwester Margaret eigentlich rechtens ist. Elizabeth schlägt vorab ein unbegrenztes Bündnis zwischen beiden Reichen vor. Sie will zwar Marie nicht ausdrücklich als Erbin einsetzen, aber alles abwenden, was sie in ihrem Erbrecht schmälern kann. Strittig ist eigentlich nur noch, ob die Vorherrschaft der reformierten Religion Voraussetzung für die Erbschaft überhaupt ist. Maries bisherige Haltung zeigt, dass sie keine grundsätzlichen Einwände dagegen hat. Weihnachten tut Marie ein Weiteres und erlaubt, dass die wegen des Mordes an Rizzio geflohenen Lairds aus England zurückkommen dürfen, allen voran Morton und Lindsay. Bothwell soll sie dazu überredet haben, er kennt eben die Schotten und weiß, dass sich die Anti-Darnley Partei durch diese beiden und ihre Anhängerschaft gewaltig vergrößern wird. Am 6. Januar gönnt Marie sich eine kleine Pause von all diesen wichtigen Dingen und erlaubt ihrem Liebling Mary Fleming endlich, Maitland zu heiraten.

Am 10. Januar kommt Morton an und sieht sich heiß umworben von Moray einer- und Bothwell andrerseits. Morton hat eben einen Ruf wie Donnerhall. Beide hoffen, dass er sich bereit erklärt, den Mord an Darnley auszuführen. Morton nimmt das ganz cool auf und sagt: "Kein Problem, bringt mir eine schriftliche Autorisierung der Königin!" Später wird er behaupten, er wäre unter keinen Umständen zu einem weiteren Mord bereit gewesen, da wäre er lieber gleich zurück ins Exil gegangen. Was Morton nun tatsächlich sagt oder nicht, beide Versionen werfen ein realistisches Licht auf die Situation am schottischen Hof in diesen Tagen.

Stirling und Glasgow, Januar 1567

Darnleys Krankheit

Aus Glasgow kommen alarmierende Nachrichten über Darnleys Gesundheitszustand. Sein hübsches, glattes Jungengesicht ist von Pusteln, die nach ihrem Abheilen veritable Krater hinterlassen, derart verwüstet, dass er Tag und Nacht eine Seidenmaske trägt, obwohl er von Fieber und Gewichtsverlust so geschwächt ist, dass er kaum je das Bett verlassen kann. Sein Blondhaar fällt ihm gleich büschelweise aus, auch die Zähne sollen in Mitleidenschaft gezogen sein. Vielleicht war er von den Vorboten dieser Krankheit schon Mitte Dezember so geschwächt, dass er nicht an der Taufe teilgenommen hat, man muss ihm ja nicht immer böse Absichten unterstellen. Der Junge hat am 7. Dezember gerade seinen 21. Geburtstag gehabt, von einer Feier hat man nie gehört!

Im Jahre 1566 ist von *pocks* oder *small pocks* oder auf Französisch von *roniole* oder *petite vérole* die Rede. Das Erste würde Syphilis bedeuten, das Zweite Pocken. Es ist nicht mit Sicherheit geklärt, woran Darnley wirklich litt. Syphilis ist möglich, weil er schon in England eine Vorliebe für zweifelhafte Lokale und ebensolche Sexualpartner hatte. Das Einzige, was etwas stört, ist, dass es einfach zu gut passt, wenn ein Mensch, der wegen seiner Verderbtheit abgelehnt wird, passenderweise eine Geschlechtskrankheit hat.

Marie sieht keinen Anlass, den Noch-Ehemann aufzusuchen, vielleicht ist es ja auch zu gefährlich und wird nicht gestattet, sie schickt aber ihren Leibarzt. Auch wenn die Krankheit Darnley selbst ans Bett fesselt, er und sein intriganter Vater sind nicht handlungs-unfähig, und ihre Anhänger konzentrieren sich in und um Glasgow. Das ist gefährlich nah an Stirling, also lässt Marie ihren Sohn nach Edinburgh holen. Als Darnley sie Mitte Januar um ihren Besuch bittet, beschließt sie, hinzufahren und ihn unter welchem Vorwand auch immer nach Edinburgh zu holen, nur dort ist er einigermaßen unter Kontrolle zu halten!

Glasgow und Kirk o' Fields, ab 20. Januar

Ein Krankentransport

Am 20. bricht sie in Begleitung von Bothwell, Huntly und einem Trupp berittener Arkebusiere in Edinburgh auf. Für den Rücktrans-port des Kranken führt sie ihre Sänfte mit. Am 22. erreichen sie Glasgow, und Darnley bittet sie zu warten, weil er sein entstelltes Gesicht erst pflegen und bedecken lassen muss. Er versucht, sein Verhalten zu entschuldigen. Er ist jung, er braucht Geld, und sie hat ihn eben nicht immer behandelt, wie eine Frau den Ehemann behandeln sollte. Marie, die ihn ja überzeugen will, mit ihr nach Edinburgh zu kommen, verspricht Besserung, doch das Wichtigste sei, dass er gesund wird, und darum wolle sie sich selbst kümmern. Während der Zeit der Pflege könne man sich doch einander wieder nähern, und wenn er dann ganz gesund sei, werde man sich sicher besser verstehen und auch wieder in ehelicher Gemeinschaft leben. Hat nicht eine andere Krankheit und Maries Pflege sie einander schon einmal so nahe gebracht, dass sie in vermeintlicher Liebe geheiratet haben? Er soll in Craigmillar bleiben, das ist so nah, das sie täglich zu ihm kommen kann, und weit genug, um seinen Sohn nicht durch Ansteckung zu gefährden.

Hat Darnley einen Plan?

Als Marie am nächsten Tag wieder zu Darnley kommt, schlägt er vor, er könne doch seine Genesungszeit sehr gut in der ehemaligen Abtei Kirk o'Fields zubringen, dort das Haus des Propstes bezie-hen, das liege doch viel näher an Holyrood, sei aber durch seine Lage isoliert und die Räume für seine Bedürfnisse optimal. Marie kann dem schlecht widersprechen, Darnley könnte die ganze Sache abbrechen, wenn man ihm seinen Willen nicht lässt.

Die Planung ist etwas überstürzt und kompliziert. Kirk o'Fields liegt im Süden von Edinburgh auf einem Hügel, es ist nur eine dreiviertel Meile von Holyrood entfernt, nicht weit vom Stadtkern und doch davon getrennt durch einen ummauerten Garten mit Obstbäumen und Ziersträuchern. Die Kirche ist zwar nur noch eine Ruine, aber das Wohnhaus des Propstes, einige Gästehäuser und Wirtschaftsgebäude sind in gutem Zustand, das Ganze wirkt wie ein ruhiger Landsitz.

Königliche Betten werden aus Holyrood herübergebracht, ein schmales in ein Zimmer im Erdgeschoss für Marie, das berühmte Bett der Marie de Guise für Darnley in das Zimmer darüber, Wannen für die Bäderkuren des Kranken, Schlafstätten für all die Menschen, die eine Königin und ein König für eine Nacht so brauchen, dazu Spieltische, Speisetafeln, Stühle, Sessel, Wandbehänge. Eine Küche wird eingerichtet und beliefert.

Ende Januar verlässt Marie Stuart mit ihrem Geleitzug, dem Kranken in der Sänfte und allen, die er unterwegs zu seiner Pflege brauchen könnte, Glasgow. Vater Lennox bleibt zurück. Es ist kalt, Schnee liegt in der Luft, die Tage sind kurz, die Reiseetappen entsprechend. Alle Tage begleitet ein Rabe den Zug, immer in Sichtweite kreisend. Ein schlechtes Omen!

Kirk o'Fields, 1. Februarwoche 1567

Die Tage …

Alle sind müde und durchgefroren, als sie spät am 1. Februar ankommen, Darnleys Räume sind bereit, die der Königin noch nicht, jedenfalls reitet Marie an diesem Abend weiter nach Holyrood. Der Rabe bleibt zurück …

Die nächsten Tage vergehen geruhsam, Darnley hat seine Anwendungen, die sehr gut anschlagen, seine Genesung macht Fortschritte, seine Laune ist ausgezeichnet, denn Marie verbringt viel Zeit bei ihm, sie unterhalten sich, und es kommt manchmal fast so etwas wie eine vertraute Atmosphäre auf, wenn ihre Begleiter sich taktvoll zurückziehen. Es spielt sich ein, dass die Mitglieder des Staatsrates und eine wachsende Zahl von Höflingen sich bei Darnley versammeln. Die Spieltische sind fast immer besetzt, man plaudert, trifft Absprachen und macht Geschäfte.

Am Mittwoch übernachtet Marie in dem für sie bereiten Zimmer. Wie immer, wenn sie ihm gegenübersteht (oder sitzt), verleitet ihre überlegene Persönlichkeit Darnley dazu, sich ihr zu öffnen; er will unbedingt loyal zu ihr sein. Am Freitag spricht er die Verschwörungen gegen die Königin an, von denen geraunt wird. Er gibt zu, dass man an ihn herangetreten sei, er solle seine geliebte Frau töten und den Thron übernehmen. In fast flehentlichem Ton bittet er sie, sich vor denen in Acht zu nehmen, die sie und ihn auseinanderbringen wollen. Am Freitag schreibt er an den Vater, er mache ausgezeichnete Fortschritte, die Königin kümmere sich ausgesprochen liebevoll um ihn. Lennox beschließt, seinen Sohn zu besuchen. Hat er Angst, Darnley könne wieder ganz dem Einfluss Maries erliegen und seine oder gemeinsame Pläne aufgeben?

Im Hof der alten Priorei herrscht stets reger Betrieb, Händler kommen und gehen, ein Krankenhaushalt produziert Unmengen von Wäsche, die abgeholt und gebracht werden muss. An diesem Abend bleibt die Königin wieder über Nacht in Kirk o'Field. Darnleys Genesung ist inzwischen soweit fortgeschritten, dass er am Montag nach Holyrood und ins „normale" Leben zurückkehren soll. Am Wochenende besucht Marie Stuart ihren *King consort* noch mehrmals für kurze Zeit.

Holyrood und Kirk o'Fields, 9. und 10. Februar 1567
… und die Nacht von Kirk o'Fields

Am Samstagvormittag sucht Moray Marie in Holyrood auf. Er bittet um Urlaub, seine Frau Agnes hat eine Fehlgeburt erlitten, und er muss zu ihr. In Kirk o'Field nimmt Darnley sein letztes medizinisches Bad. Am Nachmittag geleiten die Königin, Bothwell, Huntly und Argyll den Botschafter Savoyens zum Hafen. Sie alle sind schon in Festkleidung, denn am Abend soll in Holyrood die Hochzeit von Maries Zeremonienmeister Sebastien Pagez mit der Kammerzofe Christina Hogg gefeiert werden. Marie und ihre Begleiter eilen zum schon traditionellen Abendbesuch bei Darnley, sie treffen etwa um sieben Uhr dort ein. Maitland ist da, verschiedene Mitglieder des Kennedy Clans, dieser und jener schaut vorbei, es ist ein ständiges Kommen und Gehen, wie immer, seit Darnley in Kirk kurt.

Es dürfte nach zehn Uhr sein – die Aussagen sind widersprüchlich –, als Marie sich von Darnley verabschiedet, der wohl damit gerechnet hat, sie würde die Nacht in ihrem Schlafzimmer unten verbringen, doch sie erklärt, sie habe ihren Bediensteten ihr Erscheinen auf ihrer Hochzeit bereits vor Wochen zugesagt und könne sie jetzt nicht durch Fernbleiben beleidigen. Es werde sicher spät werden, und dann sei es einfach zu lästig, noch einmal los zu reiten. Außerdem müsse sie am nächsten Vormittag zu Seton, und als Darnley weiter quengelt, versucht sie das Ganze ins Scherzhafte zu ziehen und gibt ihm einen Ring als Pfand. Darnley schickt sich schmollend in sein Schicksal, einige Besucher bleiben noch.

Hochzeitstanz, Psalmenklang …
Marie kommt noch rechtzeitig bei den Hochzeitern an, um ein wenig zu tanzen und gegen Mitternacht das Brautpaar unter den üblichen Scherzen zu Bett zu geleiten. Da die Braut bereits „ziemlich" schwanger ist, wird dieser Umstand entsprechend gewürdigt. Marie hat in ihren Räumen noch eine kurze Besprechung mit Bothwell und Traquair, dem Chef ihrer Garde. Da kann man nun viel hineingeheimnissen oder einfach davon ausgehen, dass über den Ritt nach Seton am nächsten Morgen gesprochen wird.

Ungefähr zu dieser Zeit erklärt Darnley, er habe keine Lust mehr, selbst Flöte zu spielen und lässt sich lieber einen Psalm vorsingen, während er noch etwas Wein trinkt und mit den Dienern den Aufbruch nach Holyrood bespricht. Dann gehen alle zu Bett, nur der Rabe sitzt noch auf dem Dach …

… und eine Explosion
Um zwei Uhr nachts wird Edinburgh von einer Detonation aus dem Schlaf gerissen. Das Old Provost's Lodging ist nur noch ein rauchender Trümmerhaufen. Frauen, die nah an der Gartenmauer wohnen, behaupten, kurz vor der Explosion sei eine Truppe bewaff-

neter Männer eilig durch die Gasse gelaufen. Kurz darauf habe eine männliche Stimme um Gnade gefleht. Eine Stimme soll gerufen haben. „Der König ist tot, welch glücklose Nacht!"

Da die Aussagen sich widersprechen, die meisten nachträglich im Sinne einer Schuldzuschreibung entstehen, die wenigen Augenzeugen unter Folter zu Äußerungen gezwungen werden, wird dieser Anschlag nie wirklich geklärt werden können. Unstrittig ist, dass Henry Stewart, Lord Darnley, Duke of Albany and *King Consort* of Marie Stuart, Queen of Scots, von den ersten vor Ort Eintreffenden äußerlich unverletzt, aber eindeutig tot im Obstgarten des Anwesens aufgefunden wird. Nicht weit von ihm liegt sein Diener Taylor, ebenfalls äußerlich unversehrt, ebenfalls tot! In allen Berichten heißt es, Darnley sei nur mit einem Hemd und einem Pantoffel bekleidet, seine Genitalien entblößt. Taylor ist ebenfalls im Hemd. Um die Toten drapiert liegen mysteriöserweise ein Morgenmantel, ein Stuhl, Pantoffeln, eine Decke und ein Strick. Trotz der Unversehrtheit der Leichen lautet die offizielle Version des Geschehens: Darnley und sein Diener seien durch die Kraft der Explosion aus dem Fenster bis in den Garten geschleudert worden. Darüber kann jeder CSI-gestählte Fernsehzuschauer des frühen 21. Jahrhunderts nur den Kopf schütteln, doch das ist das offizielle Untersuchungsergebnis!

Bei der Obduktion wird gerätselt, womit und auf welche Art Darnley und Taylor erstickt wurden (In Essig getauchte Servietten? Die eigenen Hemdschöße?) Wären sie nicht vor der Explosion aus eigener Kraft aus dem Haus entkommen, müssten die Leichen Aufprallverletzungen aufweisen, aber die einzig nachweisliche Verletzung ist eine angebrochene Rippe bei Darnley. Doch alle Ungereimtheiten werden unter den Teppich gekehrt, denn niemand hat Interesse daran, den Tod Darnleys wirklich aufzuklären, zu viele sind darin verstrickt, alles muss vage bleiben, damit zur gegebenen Zeit ein jeglicher belastet oder entlastet werden kann – je nach Erfordernis. Da gibt es den Craigmillar Bond, doch davon gibt es mehrere Exemplare. Unterzeichnet haben mit Sicherheit Huntly, Argyll, Bothwell, Maitland und James Balfour, Kommandant von Edinburgh Castle. Ursprünglich soll auch Moray unterschrieben haben, aber das Exemplar ist und bleibt verschwunden.

Wird Darnleys Plan sein Verhängnis?

Eine der zahllosen Theorien zur Lösung des Rätsels von Kirk o'Field behauptet, Darnley sei letztlich in seiner eigenen Falle umgekommen. James Balfour hat jede Menge Pulver im Keller des Propsthauses gelagert. Marie wird ein Zimmer im Erdgeschoss erhalten, Darnley selbst den Raum darüber. Auf beiden Etagen sind noch genügend Räume für die jeweiligen engsten Begleiter und Wachen. Einige Douglas aus der Familie von Darnleys Mutter sollen morgens um fünf Uhr mit guten Pferden bereit stehen und den genesenen Darnley ins nahe Holyrood geleiten. Dort würden bestochene oder betäubte Wachen nicht verhindern, dass Darnley seinen Sohn mitnimmt, und währenddessen würden Marie und all ihre Begleiter in die Luft gesprengt. Darnley wäre dann mit Jamie unter dem Schutz der Douglas schon auf dem Weg nach Linlithgow zu seinem Vater. Den Mordanschlag würde man Moray in die Schuhe schieben, seine Ambitionen sind ja hinlänglich bekannt, und würden ausreichen, ihn zum Tode zu verurteilen. Da Darnley seinen Sohn, den Kindkönig, in Gewahrsam hat, kann nur er Regent werden. Basta!

Die Douglas Varianten

Die Douglas kommen, in Wahrheit nicht, um Darnley in Sicherheit zu bringen, sondern um sich für den Verrat nach dem Mord an Rizzio zu rächen. Sie ersticken Darnley und Taylor, lassen den Dingen ansonsten ihren Lauf, im Vertrauen darauf, dass man den Tod nicht genauer untersuchen wird, vielleicht hat man ja auch damit gerechnet, dass die Trümmer weiter fliegen und die Leichen zumindest verletzen würden.

Wieder eine andere Theorie will wissen, der Douglas Clan soll in der Nähe lauern, um Bothwell in dem Moment zu töten, wenn die Lunte brennt und seinen Tod so zu arrangieren, als sei er Opfer seiner eigenen Sprengung. So ist mit Bothwell der einzige Schuldige tot und man kann zur Tagesordnung übergehen. Doch Bothwell ist quicklebendig!

Die Moray Version …
Moray erfährt von Darnleys Plan und wandelt ihn ab: Er verschafft
sich das St. Andrews Alibi. Er hat das Pulver inspiziert und wird
es einfach zwei Stunden früher als von Darnley geplant hochgehen
lassen. Außer Marie Stuart wird auch Darnley von der Explosion
zerfetzt. Moray wird am nächsten Tag zurückkommen, den ver-
waisten Kindkönig an sich nehmen und Regent werden. Mit voller
Unterstützung von Elizabeth Tudor. Morton wird als notorischer
Mörder verurteilt. Jamie ist ja noch sehr klein, man kann bekannt
geben, dass seine Konstitution schwächlich ist, und so wird er trotz
bester Pflege dahinsiechen. Wer soll dann König sein, wenn nicht
der Regent?

… und andere
Morton selbst soll einen fast identischen Plan haben, nur will er
König Jamie zur Erziehung im rechten Glauben zu Elizabeth schi-
cken und die Katholiken endlich mit Stumpf und Stil ausrotten. Es
ist möglich, dass die Craigmillar-Clique flexibel genug war, auf die
Ortsveränderung zu reagieren.
Oder: Bothwell stößt bei abendlichem Kontrollgang auf das
Pulver, verdächtigt Darnley, weil er so auf Maries Bleiben drängt,
und dreht spontan den Spieß um, zündet das Pulver. Aber: wieso
entkommt Darnley dann? Militärhistoriker sind überzeugt, wäre
Bothwell der Drahtzieher des Attentats gewesen, er hätte sich nie
auf eine solche Pulversprengung eingelassen, die Erfolgschancen
wären ihm viel zu gering im Vergleich zum Aufwand gewesen.
Niemand behauptet, Bothwell wäre die Tat generell nicht zuzutrau-
en, eine Unschuldsvermutung entsteht einzig aus der Art, wie sie
durchgeführt wird.
Verlockend ist durchaus die Vorstellung, dass der wahre Drahtzieher Moray ist, der in Craigmillar Maitland das Reden überließ
und sich zur Tatzeit ein Alibi zu verschaffen wusste. Er hat – nach
Darnley – am ehesten Vorteile davon, Marie Stuart gleich mit zu
vernichten. Als er Edinburgh verließ, konnte er noch davon ausgehen, dass sie in der Priorei übernachten würde. Für ihn wäre auch
typisch, von vorneherein den einen oder anderen Mitunterzeichner

als Bauernopfer eingeplant zu haben, um sich selbst völlig aus der Schusslinie halten zu können, darin hat er sich schon mehrfach als Meister erwiesen.

Die Diskussion um eine Mitwisser- oder gar Mittäterschaft Marie Stuarts ist müßig. Nach allem, was man verbürgt über sie weiß, wäre sie nie in der Lage gewesen, mit Darnley um einen Ring zu scherzen, wenn sie weiß, dass er in wenigen Stunden sterben wird. Die Hauptverdächtigen, Morton und Bothwell, haben immer betont, Marie Stuart habe von den Mordplänen nichts gewusst. Beide haben sich in ihrem Leben nicht gerade als durch und durch ritterliche Gentlemen profiliert, was ihre Aussage über Maries Nichtswissen umso glaubwürdiger macht.

Edinburgh und Seton House, Februar 1567

Die Königin trauert nicht angemessen

Bothwell ist Sheriff von Edinburgh und für die erste Untersuchung verantwortlich. Er verschafft sich einen Überblick am Tatort und berichtet seiner Königin. Ihre Ärzte fürchten einen Zusammenbruch und empfehlen, sie solle nicht die üblichen 40 Tage in traditioneller Trauerisolation verbringen, sondern auf's Land gehen.

Marie Stuart ordnet Hoftrauer an und zieht sich in ihre Räume zurück. Inzwischen ist der Leichnam Darnleys obduziert und aufgebahrt worden. Marie muss ihn vor Publikum anschauen. Sie tut es in majestätischer Ruhe, und schon jetzt zeigt sich: Was immer sie fortan tun wird, es wird gegen sie ausgelegt. Diese Ruhe wird als „unnatürlich" empfunden, ihr Schweigen als Schuldbekenntnis aufgefasst.

In allen Briefen, die Marie Stuart unter dem Schock der Ereignisse schreibt, gibt sie ihrer Überzeugung Ausdruck: Der Anschlag habe ihr gegolten, denn sie hätte in dem Raum schlafen sollen, der am meisten zerstört ist.

Am nächsten Morgen begibt Marie sich nach Seton, damit befolgt sie nur den Rat ihrer Ärzte. Sie reist mit 100 Personen, darunter Maitland, Livingston, Erzbischof Hamilton. Jamie bleibt im Schutz von Bothwell und Huntly in der Burg. Ungeschickt ist allerdings, dass sie keine 24 Stunden nach Darnleys Tod an der Hochzeit ihrer Lieblingskammerfrau Margaret Carwood mit John Stewart of Tullipowreis teilnimmt.

Reaktionen in Schottland

Bothwell übernimmt derweil die Kontrolle über die Regierung. Inzwischen sind erste Verdächtige festgenommen worden. Ein Agent Cecils ist von Anfang an vor Ort. Fast schneller als die Kunde von der Tat selbst verbreiten sich in Edinburgh Gerüchte. Der Rat schreibt eine Belohnung von 2.000 Pfund für die Ergreifung des Täters aus.

Lennox erfährt am 11. Februar in Linlithgow vom Tod seines Sohnes und ist selbstverständlich überzeugt, dass seine Schwiegertochter dahinter steckt. Sofort beginnt er, Darnley zum unschuldigen Lamm zu stilisieren, der tyrannischen und ruchlosen Königin hilflos ausgeliefert. Sie verspricht ihm Gerechtigkeit und lädt ihn ein, an den Untersuchungen teilzunehmen. Lennox verweigert seinem Sohn die letzte Ehre, zieht sich nach Glasgow zurück. Kaum jemand wohnt der schnörkellosen Zeremonie bei, mit der Darnley am 15. beigesetzt wird. Atholl flieht mit seiner Familie – wie viele Lennox-Anhänger – aus Edinburgh.

Am nächsten Morgen hängen in Edinburgh Plakate aus, die Balfour und Bothwell als Rädelsführer des Königsmords benennen. Es entwickelt sich eine regelrechte Plakatflut, die Anfang März in einer Zeichnung gipfelt, die Marie Stuart und Bothwell des Mordes bezichtigt. Marie ist als Nixe (Hure) dargestellt, Bothwell durch seine Helmzier, einen flüchtigen Hasen, charakterisiert. Marie setzt Geld aus für Informationen über die Initiatoren, Bothwell will jeden fordern, der es wagt, ihm ins Gesicht zu sagen, er sei Darnleys Mörder. Niemand nimmt die Herausforderung an …

London und Paris, 17. bis 24. Februar 1567

Reaktionen des Auslands

Cecils Spione haben bereits berichtet, als der offizielle Bote Drury eintrifft. Elizabeth schickt umgehend Lady Howard und Lady Cecil zu Lady Lennox in den Tower, irrtümlich wird ihr auch der Tod des Gatten vermeldet. Wenige Tage später wird sie aus dem Tower entlassen und hört nicht auf, nach Vergeltung zu schreien. Elizabeth schreibt am 24. Februar persönlich an Marie, fleht sie um ihrer eigenen Sicherheit willen an, das Verbrechen nachhaltig aufklären zu lassen.

Der Rat informiert im Louvre Catherine de Médicis über „dieses scheußliche Verbrechen!" Botschafter schwärmen aus, um in Europa Erklärungen abzugeben. Alle Herrschenden drängen Marie Stuart, eine Untersuchung anzustrengen, um ihre Ehre zu retten. Keiner glaubt ernsthaft an ihre direkte, aktive Mitschuld, aber sie muss sich unangreifbar machen.

Maries dritte Ehe führt zur Abdankung

Edinburgh, Februar/März 1567

Plakatterror

Mehr und mehr Plakate von „Bothwell, dem Königsmörder", „Bothwell, dem Blutigen" überschwemmen die Hauptstadt, und immer klingt eine unterschwellige Anklage gegen die Königin mit. Marie ist von deren Bösartigkeit wie paralysiert, endlich steht fest, wer für die Pamphletflut verantwortlich zeichnet: James Murray of Purdovis, der schon Bothwells Diener in Paris ausgehorcht und Cecil mit dem bösartigsten Klatsch über Bothwell versorgt hat. Die Verleumdung isoliert Bothwell und Marie und schweißt sie als Notgemeinschaft zusammen.

Die Art, wie die Kampagne geführt wird, zeigt, dass es sich nicht um eine spontane Unmutsäußerung handeln kann, dahinter steckt System, zunächst soll Bothwell und dann Marie Stuart selbst vernichtet werden. Ist der Initiator Cecil, der auf die Rückkehr Morays setzt? Oder Moray selbst, der Marie so diskreditieren will, dass sie letztlich zur Abdankung zu Gunsten ihres Sohnes gezwungen ist, und er auf dreizehn Jahre Regentschaft rechnen kann, in deren Verlauf alles Mögliche geschehen mag? Bothwell verdächtigt den Rat, es gelingt ihm aber nicht, Beweise zu finden. Nach außen wirkt das, als seien die Königin und Bothwell mehr daran interessiert, den Verursacher der Plakataktion zu finden als den Königsmörder. Allein damit arbeiten sie ihren immer zahlreicher werdenden Feinden direkt in die Hände.

Brutalstmögliche Aufklärung

bedeutet in der Rechtsprechung der Zeit, jeder Verdächtige wird der Folter unterzogen und sagt letztlich, was seine Peiniger hören wollen. Auf Aussagenprotokolle kann man also aus der Rückschau nicht bauen. Im Jahr 1567 wird damit allerdings erreicht, dass Bothwell allein auf Grund der Häufigkeit, mit der er genannt wird, zum Hauptverdächtigen aufsteigt.

Ratschläge der „Kolleginnen"

Aus dem Brief von Elizabeth ist zu entnehmen, dass auch sie Bothwell für den Mörder hält. Sie rät Marie dringend, den Mord restlos aufzuklären, sonst laufe sie Gefahr, die Liebe und Achtung ihres Volkes zu verlieren. Sie kündigt die Ankunft eines neuen Botschafters, Killigrew an, der in Wahrheit eher als Spion fungieren soll. Da Bothwell nie einen Hehl aus seiner Abneigung gegen England gemacht hat, kann es Elizabeth – auch ohne Mordverdacht gegen ihn – nicht gefallen, dass Marie sich ausgerechnet auf ihn stützt.

Ex-Schwiegermutter Catherine de Médicis betont ebenfalls, dass Marie unbedingt den Mörder Darnleys der gerechten Strafe zuführen muss, alles andere bringe ihre Herrschaft in Gefahr. Mehr zwischen den Zeilen ist zu lesen, dass man in Frankreich den überehrgeizigen Moray für den Mörder respektive den Anstifter hält. Die Médicis weist auch darauf hin, dass Marie sich unbedingt benehmen soll, wie die Konvention es von einer Witwe erwartet. Unkonventionelles Verhalten in einer Lage wie der ihren werde unweigerlich Kritik auslösen. Diese Ratschläge sind aus Sicht der Geberinnen sicher vernünftig und sinnvoll, doch Marie Stuart lebt unter schottischen Bedingungen!

Edinburgh, London und Paris, März/April 1567

Moray geht auf Reisen

Im März bittet Moray um Einreiseerlaubnis nach England, natürlich hat er dort längst seine Unschuld beteuert, er war ja – wie immer

– nicht am Ort des Geschehens. Während er mit seinen Reisevorbereitungen beschäftigt scheint, wird der 14. April als Eröffnungsdatum des Parlaments angesetzt. Zwei Tage früher soll der Prozess gegen Bothwell wegen des Königsmordes eröffnet werden, der nicht nur von Lennox, sondern auch von anderen Lords so nachdrücklich gefordert wird, dass die Königin ihn zulassen muss.

Moray hat Papiere und Gepäck rechtzeitig parat, am 10. April verabschiedet er sich gefühlvoll von seiner Halbschwester. Es heißt, er habe seine Tochter Elizabeth der Obhut der Königin unterstellt. Bedeutet das, dass er seine Frau Agnes Keith mit auf die Reise nimmt? So oder so: Moray ist mal wieder abwesend, als in Edinburgh Ereignisse von einiger Tragweite anstehen. Er wird übrigens nur kurz in London bleiben, seine Ziele sind Venedig und Mailand. Irgendwann im Juni wird er sich in der Normandie in Warteposition begeben.

Ende der Trauerzeit

Am 19. März wird Thronfolger Jamie wieder nach Stirling gebracht, und am 23. nimmt Marie an einer Gedenkmesse für Darnley teil. Die 40 Tage strengster Trauer sind vorüber. Marie scheint langsam aus ihrer Erstarrung zu erwachen, die es ihr in den letzten Wochen sogar unmöglich gemacht hat, ihre persönliche Korrespondenz zu führen.

Ende Februar ist Jean Gordon, Lady Bothwell, schwer an einem unerklärlichen Leiden erkrankt. Natürlich wird von Gift gemunkelt, natürlich soll Bothwell dahinter stecken. Fakt ist, dass sie, kaum genesen, auf Trennung besteht und ab März ihre Scheidung betreibt. Als Grund gibt sie Bothwells Ehebruch mit Bessie Crawford an, der allerdings im Mai des Vorjahres stattgefunden hat. Bothwell scheint keine Einwände zu haben. Seine Feinde verdächtigen ihn sowieso, er wolle die Königin heiraten, niemand denkt an Liebe, es geht um die Macht in Schottland. Erst im Nachhinein wird behauptet werden, dass Marie mindestens seit Darnleys Tod in heftige Liebe für Bothwell entbrannt ist und diese Leidenschaft ungeniert auslebt. Je weiter die Ereignisse fortschreiten, desto weiter wird der Beginn der Affäre in die Vergangenheit transponiert werden.

Nüchtern betrachtet genügt es, dass weder Darnley noch sein Vater vor dem 10. Februar 1567 jemals eine tatsächliche oder erfundene Affäre Maries mit Bothwell erwähnen. Das ist Beweis genug, dass es keine gegeben haben kann, weil „bewiesener" Ehebruch einer Königin mit dem Tode bestraft wird. Einfacher hätte Darnley nicht an die Macht gelangen können. Wie gesagt, auch als man Ende März in Schottland überzeugt ist, dass Bothwell die Königin heiraten wird, ist da nicht von einer bestehenden Affäre die Rede, es geht einzig um einen politischen Schachzug!

Elizabeth versteht von schottischen Verhältnissen genauso wenig wie die Médicis. Sie erfährt erst durch Lennox, dass es sehr wohl möglich ist, dass Bothwell der Justiz entkommt – ohne zu fliehen. Gelingt es diesem Englandhasser wirklich, Marie Stuart zu heiraten, könnten die Zeiten der *Auld Alliance* wieder auferstehen, eine für Elizabeth wahrlich schreckliche Vorstellung. Diese Heirat muss verhindert werden! Elizabeth wird mit ihrer Gegenstrategie wieder zu spät kommen, ihre Unfähigkeit, Entscheidungen zu treffen und zu ihnen zu stehen, treibt ihre Ratgeber ein weiteres Mal zur Verzweiflung.

Holyrood, Tolbooth, 12. März 1567

Bothwell kalkuliert kühl

Lennox hat inzwischen Namen genannt: Bothwell, James Balfour, David Chambers, Black John Spens als ausführende Täter und einige ausländische Diener Maries als Helfershelfer. Bothwell wird in seinen Erinnerungen schreiben, er hätte darauf bestanden, vor Gericht zu erscheinen, um seine Unschuld zu beweisen. Unschuldig oder nicht, Bothwell braucht die „Reinwaschung", um sein eigentliches Projekt, die Heirat mit der Königin, durchsetzen zu können. Ist er freigesprochen, kann ihm niemand vorwerfen, er habe den Ehemann getötet, um die Witwe heiraten zu können. Er weiß ja, dass seine Richter sich nicht zu weit aus dem Fenster lehnen dürfen, sonst finden sie sich selbst auf der Anklagebank wieder. Bothwell hat ein Exemplar des Craigmillar Bond, und das wissen alle!

Der Ankläger kneift

Lennox ist zwar am 10. April mit 3.000 Anhängern aufgebrochen, um Bothwell anzuklagen, doch in Linlithgow wird ihm mitgeteilt, dass er nur sechs Männer nach Edinburgh mitbringen darf. Das ist korrekt, der Kläger darf sechs, der Beklagte nur vier Begleiter haben. Nur weiß jeder, dass Bothwell nicht vier, sondern an die 4.000 Mann in Edinburgh hat. Das ist Lennox zu gefährlich. Eine plötzliche Erkrankung vortäuschend, zieht er sich nach Stirling zurück und bittet um Verschiebung des Prozesses. Bis dahin soll die Königin Bothwell gefangen setzen und ihm, Lennox, das Recht geben, die zu verhaften, die nach seiner Meinung am Mord an seinem Sohn beteiligt waren. Das sind unerfüllbare Bedingungen. Lennox entschwindet in das für ihn sichere Glasgow.

Der Beklagte bleibt cool

Am frühen Morgen reitet Bothwell geleitet von Morton und Maitland zum Gericht. Argyll ist der erste Richter, Huntly der Zweite, vier Beisitzer helfen ihnen bei der Wahrheitssuche. Auch in der Jury sitzen die „richtigen" Männer. Volle sieben Stunden dauert die Verhandlung, am Abend ist Bothwell in allen Anklagepunkten freigesprochen. Als Lennox das Ergebnis erfährt, eilt er zu Schiff gen England, er braucht dringend den Rat seiner Frau. Das Ergebnis ist ein Reinfall für die Feinde der Königin und Bothwells, doch geändert hat sich nichts. Die Flut der Pamphlete nimmt sogar noch zu. Es ergeht ein Erlass, der jede Anschuldigung gegen Bothwell verbietet. Jeder Bürger ist verpflichtet, dennoch aushängende Plakate sofort zu vernichten.

Das Parlament bestätigt Bothwells Freispruch und überträgt ihm Dunbar Castle. Die von Marie längst vollzogene und öffentlich bekräftigte Einsetzung Huntlys in Titel und Güter seines Vaters wird offiziell anerkannt. Abschließend ruft das Parlament die Angehörigen beider Religionen auf, in Frieden miteinander zu leben, und löst sich am 19. April auf.

Holyrood oder Ainsleys Taverne, 19./20. April 1567

Der Ainsley Bond

Für den Abend lädt Bothwell 28 Lairds und mindestens acht Bischöfe zu einem Festessen. Es gibt zwei mögliche Schauplätze: Entweder Ainsleys Taverne, einen Gasthof, oder Bothwells Appartement in Holyrood. Er lässt reichlich Essen und Trinken auffahren und unterbreitet den Anwesenden seinen Plan, die Königin heiraten zu wollen. Um von vorneherein Aufstände wie die nach Maries Heirat mit Darnley zu vermeiden, verlangt er eine Einverständniserklärung der Anwesenden. Natürlich hat Bothwell eine entsprechende Urkunde, später *Ainsley Bond* genannt, vorbereitet, die nun von allen unterschrieben werden soll. Alle Anwesenden tun ihm den Gefallen, vielleicht wissen sie, dass Bothwell den Ort des Geschehens mit 200 seiner Leute umstellt hat. Am nächsten Morgen widerrufen einige ihre Unterschrift, sie berufen sich darauf, betrunken gewesen zu sein.

Ein nicht gerade romantischer Antrag

Marie ist nach der Parlamentsauflösung zu Seton geritten. Am 20. April folgt Bothwell ihr dorthin, um ihr einen Antrag zu machen. Die Urkunde ist ein gewichtiges Argument für die Heirat, sie soll Marie die Sicherheit geben, dass ihre Ehe mit Bothwell zumindest in Schottland allgemein anerkannt würde. Marie Stuart ist vollkommen klar, dass sie international ihre Reputation verliert, wenn sie Bothwell heiratet: Sein Freispruch wird als abgekartetes Spiel gesehen, und sie sanktioniert in gewisser Weise den Darnley-Mord, wenn sie den Antrag annimmt, ob Bothwell nun schuldig ist oder nicht. Sie lehnt ab. Bothwell nimmt ihren Korb ganz gelassen und will das Thema wechseln. Maitland warnt, dass die Lords das derzeit herrschende Chaos nicht mehr lange dulden werden. Auch deswegen hätten sie „beschlossen", dass die Königin Bothwell heiraten soll. Von diesem Augenblick an wird Marie ständig wegen der Heirat unter Druck gesetzt.

Entführt!

Früh am 21. April reitet Marie in kleiner Begleitung nach Stirling und beschäftigt sich den ganzen Tag mit ihrem Sohn. Am nächsten Morgen verabschiedet sie sich zum Erstaunen aller von Jamie, ihre Begleiter haben wohl erwartet, dass sie ihn mit nach Edinburgh nehmen wird. Mit Maitland, Huntly, James Melville und etwa 30 Soldaten macht sie sich auf den Rückweg nach Edinburgh, es ist geplant, in Linlithgow zu übernachten. Unterwegs wird Marie von so heftigen Bauchschmerzen befallen, dass sie in einer Crofterhütte Rast machen muss und deshalb Linlithgow erst spät in der Nacht erreicht.

Als Maries kleine Truppe am nächsten Morgen die Brücke von Almond passieren will, erwartet sie dort Bothwell mit etwa 800 Berittenen. Er meldet seiner Königin, in Edinburgh sei die Lage so unsicher, dass er sich verpflichtet fühle, sie ins sichere Dunbar Castle zu geleiten. Einige ihrer Herren wollen protestieren, doch Marie will keine Diskussion, sie sagt, sie werde mit Lord Bothwell nach Dunbar reiten, aber auch einen Boten ihres Vertrauens, James Borthwick, nach Edinburgh schicken.

Um Mitternacht schließen sich knarrend die Tore von Dunbar Castle hinter Königin Marie Stuart. Sie ist nicht hilfloses Opfer in dem Sinne, dass der böse Gewaltmensch Bothwell sie brutal auf seine Burg schleift, vergewaltigt und sie ihn, um den letzten Rest ihrer Frauenehre zu retten, umgehend heiraten muss. Sie ist mit Sicherheit auch nicht Opfer einer den Verstand betäubenden sexuellen Leidenschaft für den Kraftmeier Bothwell. Marie ist Opfer der spezifischen schottischen Umstände. In Schottland kann der Monarch sein Amt nur souverän handhaben, wenn er die Mehrzahl der Clanchefs hinter sich hat. Die Gegebenheiten muss er aber selbst herstellen, Marie hat es mehrfach geschafft, aus ausweglos scheinender Situation eine ausreichend große Zahl von Parteigängern zu gewinnen und mit deren Hilfe ihre Feinde zu besiegen. Nur haben diese Parteien keinen Bestand, da sie stets aktuellen Claninteressen folgen. Es gibt keine Sicherheit, nichts hat Bestand, wer heute unter Einsatz des eigenen Lebens das eines anderen rettet, kann dem Geretteten morgen selbst den Garaus machen wollen!

Vergewaltigung oder Strategie?

Über das, was hinter Dunbars Mauern geschieht, gibt es natürlich keine verbindlichen Aussagen. Marie bestätigt in einem Brief, dass Bothwell sie vergewaltigt habe, aber das kann auch eine Schutzbehauptung sein. Außer Frage steht, dass es zum Geschlechtsverkehr kommt, naheliegend ist, dass es eher einvernehmlich geschieht als durch körperliche Gewalt erzwungen. Gut möglich, dass Bothwell Marie sogar sein Leben erzählt, um ihr Vertrauen in ihn zu festigen – wie er in seinen Erinnerungen schreiben wird –, aber eigentlich ist sie sowieso überzeugt, dass er ihr einziger loyaler Ratgeber und Beschützer ist. Wahrscheinlich hat sie Bothwell dennoch bis vor Kurzem nie als möglichen Ehemann gesehen, doch langsam dämmert ihr, dass der Ainsley Bond immerhin bedeutet, dass viele der Lords mit dieser Heirat einverstanden sind.

Immerhin ist Bothwell Schotte und überzeugtes Mitglied der Kirk. Bleibt das nicht unbedeutende Hindernis, dass er verheiratet ist. Jean Gordon bekommt am 26. April die Scheidungspapiere der Kirche von Edinburgh. Wenn die Königin ernsthaft eine Heirat mit Bothwell erwägt, muss sie eigentlich auf einem päpstlichen Dispens bestehen. Solange ihre Kirche die Auflösung der Ehe nicht bescheinigt, darf sie als Katholikin Bothwell nicht heiraten, doch auch bei Darnley hat sie den Dispens ja nicht abgewartet. Außerdem ist Bothwell sowieso kein Katholik. Ihre laxe Haltung der Kirche gegenüber, wenn es um das heilige Sakrament der Ehe geht, verstört viele katholische Anhänger Maries.

Wie auch immer, der Akt wird vollzogen, die Heirat damit unumgänglich. Marie Stuart akzeptiert James Hepburn, Earl of Bothwell, nicht weil er ihr Gewalt antut oder zwischen ihnen überwältigende Leidenschaft brodelt, sondern schlicht aus politischem Überlebenswillen. Er allein ist in der Lage, so scheint es im Augenblick, ihr die Macht zu garantieren, die sie mehr will als je zuvor. Ein Zweckbündnis auf Gegenseitigkeit könnte man sagen!

Wen kümmert der Bond von gestern!

Fast schon während Marie sich zur Heirat entschließt, schließen die Lords neue Allianzen, um ihre Königin von Bothwell zu „befreien" – *Ainsley Bond* hin oder her. Sie stehen natürlich mit dem großen Reisenden Moray in Kontakt. Melville informiert Cecil, dass die in Stirling versammelten Lords auf englische Unterstützung hoffen, Bothwell soll schon ein Beistandsversprechen aus Frankreich erhalten haben. So stoßen die Lennox auf eine überaus freundliche Königin Elizabeth, als das Ehepaar gemeinsam um Rache für den Tod des Sohnes bittet. Die jungfräuliche Königin Englands wird sogar so kinderfreundlich, dass sie verspricht, sie werde dafür sorgen, dass der kleine Schotte Jamie von seiner Großmutter Lennox in England aufgezogen werden kann.

Heiratsvorbereitungen

Nach zehn Tagen auf Dunbar Castle reiten Marie und Bothwell nach Edinburgh. Bothwell führt Maries Pferd am Zügel durch die Stadt, ihre Eskorte ist demonstrativ unbewaffnet. Bothwell ist klar, dass er trotz *Ainsley Bond* gegen die sich inzwischen formierenden Gegner der Heirat wird kämpfen müssen, doch zuvor soll geheiratet werden. Sie ziehen auf Edinburgh Castle, und Bothwell kontrolliert den Zugang zur Königin. Dennoch gelingt es Melville, der schriftliche Erklärungen von Gegnern der Heirat vorlegt, und anderen, Marie zu warnen. Maitland rät Melville zu verschwinden, bevor Bothwell ihn umbringen lässt. Zunächst leisten Kleriker Widerstand gegen die Heiratspläne, doch am 3. Mai erhält Lady Bothwell das Scheidungsurteil des Gerichtshofes der Kirk. Sicherheitshalber stellt Erzbischof Hamilton, der dazu eigentlich nicht berechtigt ist, vier Tage später eine Ungültigkeitserklärung der Katholischen Kirche aus. John Craig, der Nachfolger von Knox, verlangt eine schriftliche Erklärung der Königin. Er erhält sie, und die Kirk zwingt ihn, das Aufgebot zu bestellen. Craig prangert die Heirat dennoch als Verbrechen an. Bothwell droht, ihn zu ermorden. Das Aufgebot wird bestellt, doch gleichzeitig erscheinen wieder Aushänge mit den Namen der Darnley-Mörder. Die Bewohner Edinburghs murren immer noch, Marie spricht zur Menge und erklärt, dass sie Bothwell aus freiem Willen heiratet, für ihr eigenes und des Reiches Wohl.

Sie und Bothwell beginnen, gemeinsam in der Öffentlichkeit zu erscheinen, wie es sich für eine Königin und ihren erwählten Prinzgemahl gehört, und langsam scheint nach Monaten des Chaos Ruhe einzukehren. Die Gegner Bothwells nennen sich die *Konföderierten Lords* und haben sich in alle Himmelsrichtungen verstreut, um Anhänger zu sammeln. Elizabeth versichert öffentlich und in einem Schreiben an Marie, sie werde auf keinen Fall rebellische Lords gegen ihre rechtmäßige Königin unterstützen!

Absichtserklärungen

Es wird eine Versammlung in den Tolbooth auf den 12. Mai einberufen. Marie erklärt vor dem Kanzler und den versammelten Lords, sie sei auf Dunbar Castle zwar zunächst eine Gefangene gewesen, doch sie sei gut behandelt worden und habe sich in Anerkennung seiner vergangenen Verdienste um die Krone und dem von ihm zu erwartenden Nutzen für das Reich entschlossen, ihren Lord Bothwell zu heiraten. Das sei ihr freier und erklärter Wille. Nach dieser Erklärung der Königin kann gegen Bothwell nie mehr Anklage wegen Entführung und Vergewaltigung erhoben werden. Im Anschluss erhebt sie Bothwell zum Duke of Orkney und Lord of Shetland und setzt ihm selbst die Herzogskrone auf. Die Königskrone soll es nicht sein, sie hat etwas gelernt. Sie selbst wird Bothwell offiziell immer „mein Gatte, der Herzog" nennen.

Zwei Tage später wird der Ehevertrag aufgesetzt, und als Zeugen unterschreiben Huntly, Fleming, Maitland und viele andere. Maitland lässt sofort an die Konföderierten in Stirling melden, er handle als Gefangener und somit unter Zwang. Marie vergibt prophylaktisch allen Zeichnern des *Ainsley-Bonds*. Bothwell beabsichtigt, Balfour, dem er – wohl zu Recht – nicht traut, durch einen Hepburn als Kommandanten von Edinburgh Castle zu ersetzen, und schafft sich damit einen gefährlichen heimlichen Feind.

Glanzlose Hochzeit

Die Trauung findet am 15. Mai im großen Saal von Holyrood statt. In der Nacht zuvor sind in Edinburgh Plakate mit der Sentenz „Lüsterne heiraten im Monat Mai!" ausgehängt worden. Die Zeremonie nach protestantischem Ritus vollzieht Adam Bothwell. Wieder trägt Marie Stuart Witwenkleidung, doch diesmal gibt es kein Entschleiern, kein Bankett, keinen Ball, kein Ballett, nur ein Essen, bei dem das Paar durch die ganze Länge der Tafel, an der erstaunlich viele Lords sitzen, getrennt ist.

Bis zum 24. Mai hat sich die Tatsache der protestantischen Trauung Marie Stuarts mit Bothwell an den Höfen Europas herumgesprochen. Die Ablehnung ist einhellig, die Überzeugung, dass eine bestehende Schwangerschaft ihr Grund sei, allgemein. Elizabeth hofiert die Lennox, die Médicis nimmt die Heirat zum Anlass, zu erklären, sie könne Marie Stuart unter diesen Umständen auf keinen Fall weiter unterstützen. Die Guise halten still.

Im Nachhinein ist es leicht zu sagen, hätten die Schotten das Paar anerkannt, sie hätten in einem blühenden Land leben können. Es bleiben Marie Stuart und ihrem Gemahl, dem Herzog, nur vier hektische Wochen Regierungszeit! Aber die genügen, um Moray zu der Überzeugung zu bringen, dass viel zu viel Geld, das eigentlich dazu da ist, seine Truhen zu füllen, für das öffentliche Wohl verwandt wird! Die Schotten warten ab, welche Partei sich durchsetzen wird, statt die Krone zu unterstützen. Am 28. Mai ruft eine Proklamation der Königin das Volk zu den Waffen!

Edinburgh, Dunbar, Carberry Hill, Juni 1567

Krieg statt Honeymoon

Am 6. Juni warnt Argyll Bothwell vor einem kurz bevorstehenden Überfall der Konföderierten. Maitland setzt sich nach Stirling ab. Marie lässt umgehend das Taufbecken Elizabeths einschmelzen, um Soldaten bezahlen zu können, und reitet mit Bothwell nach Borthwick. Dort wollen sie seine Borderers und Huntlys Highlander erwarten. Bothwell überzeugt sich von der Verteidigungsbereitschaft der Burg, sieht aber mit erfahrenem Blick, dass sie einer entschlossenen Belagerung nicht lange standhalten kann. Am 10.

Juni haben die Konföderierten Borthwick eingeschlossen. Während Marie von den Wällen mit den Belagerern verhandelt, die sie auffordern, ihren Ehemann zu verlassen und mit ihnen nach Edinburgh zu kommen, enteilt Bothwell durch einen Geheimgang nach Melrose. Marie folgt ihm um Mitternacht in Männerkleidung, auf Black Castle treffen sie wieder zusammen. Damit erbringt sie den Beweis, dass sie zumindest ab jetzt freiwillig bei Bothwell bleibt.

Edinburgh ergibt sich

Inzwischen versucht Huntly verzweifelt, Edinburgh für die Königin zu gewinnen, doch dort können die Konföderierten am nächsten Morgen ungehindert einziehen. Maitland verhandelt drei Stunden für die Konföderierten mit Balfour, der immer noch Edinburgh Castle hält. Balfour unterstellt Burg und 4.000 Mann Besatzung den Konföderierten, dafür darf er Kommandant bleiben. Marie und Bothwell erfahren davon trotz Bothwells sonst ausgezeichneter Spione nichts. Sie erreichen am frühen Morgen des 12. Juni Dunbar Castle. Dort sind erste Kontingente der Borderers eingetroffen, Zahlenangaben sind widersprüchlich. Die Konföderierten drängen auf eine schnelle Entscheidung, denn es heißt, Marie sei schwanger, und sie fürchten, dass das Volk wieder zu ihr überläuft, sobald es von der Schwangerschaft erfährt. Außerdem wäre ein Kind natürlich eine zusätzliche Legitimation für Bothwell.

Die Entscheidung naht

Die Königin ruft von Dunbar aus alle waffenfähigen Schotten zu ihrem Schutz auf, der Zulauf ist beschämend gering. Doch in Edinburgh kehren die ersten Anhänger Morton den Rücken, in einer Rebellenarmee durch's Land zu streifen, ist doch etwas anderes als die Königin in Person anzugreifen. Marie schöpft Hoffnung, im Moment sieht es nach einem Patt aus, wohlgemut erreichen sie und Bothwell Seton. Gut gelaunt geht man mit Freund Seton zum Abendessen.

Die Konföderierten brechen am 15. Juni um zwei Uhr früh von Edinburgh in Richtung Dunbar auf. Sie haben sich eine Fahne gemalt, auf der Klein Jamie neben der Leiche Darnleys von Gott

Rache für seinen ermordeten Vater erfleht. Sehr emotional, diese primitive Darstellung und sehr wirksam, da Darnley in einer Art kollektiver Suggestion inzwischen zu dem Erzengel mutiert ist, dessen trügerisches Aussehen er zu Lebzeiten hatte.

Carberry Hill

Über das Herannahen der Feinde informiert, postiert Bothwell seine Truppen in beherrschender Stellung auf Carberry Hill, sieben Meilen östlich von Edinburgh. Die Truppenstärke beider Parteien ist etwa gleich groß, die Rede ist von je 1.600 Mann. Da die Königin in Männersachen geflohen ist, hat sie sich auf Dunbar das schlichte Kleid einer Landfrau ausgeliehen. Die Aufständischen zögern, ihre Herrscherin anzugreifen. Sie schicken Unterhändler, Frankreichs du Croc will vermitteln – ohne Auftrag seines Königs. Wenn Marie Stuart Bothwell ausliefert, soll sie weiter Königin sein. Marie schmettert dies Ansinnen empört ab, mit dem Hinweis darauf, dass viele, die ihr jetzt als sogenannte Konföderierte feindlich gegenüberstehen, vor nicht allzu langer Zeit selbst ihre Heirat mit Bothwell gefordert haben. Außerdem seien die Würfel inzwischen endgültig gefallen, sie sei schwanger von ihrem Ehemann, dem Herzog!

Bothwell hält eine kurze Ansprache, in der er klarstellt, dass er es nicht erträgt, wenn seinetwegen das Blut vieler guter Schotten vergossen wird, er will die Sache lieber im ehrlichen Zweikampf entscheiden und bittet um eine Meldung. Dieser ehrenhafte Vorschlag muss diskutiert werden. Es muss entschieden werden, wer im Lager der Konföderierten willig und fähig ist, die Herausforderung anzunehmen. Zeit vergeht. Alle haben Durst, die Sonne steigt gnadenlos höher, es wird unerträglich heiß. Die ersten verlassen das mögliche Schlachtfeld auf eigene Faust. Lindsay tritt vor und erklärt sich bereit, den Kampf auszufechten. Er ist der einzige, der gegen Bothwell eine reelle Chance hat.

Nun bekommt Marie Angst um Bothwell und sagt ihm, sie werde mit den Lords nach Edinburgh gehen, wenn sie Bothwell freies Geleit zusichern. Dann soll ein neuer Prozess den Königsmord endgültig klären. Bothwell warnt sie, die Lords würden sie gefangensetzen und ihn ohne Prozess ermorden. Marie argumentiert, wenn Bothwell unschuldig an Darnleys Tod sei, hätten sie beide nichts zu befürchten. Letztlich lässt Bothwell Marie Stuart ihren Willen. Er steckt ihr seine Ausführung des Craigmillar Bond zu – heißt es.

Die unspektakuläre Trennung

Der Abend dämmert, als sich die Reste der gegnerischen Truppen endgültig und ohne einen Schwertstreich trennen. Bothwell reitet mit einer kleinen Gruppe seiner Getreuesten zurück nach Dunbar. Die Lords haben kein Interesse daran, ihn festzunehmen, denn dann müssten sie ihm den Prozess machen, und das kann kaum einer von ihnen wirklich wollen.

Marie reitet an der Spitze der Konföderierten zwischen Morton und Lindsay unter dem rührseligen Rachebanner nach Edinburgh. Auf dem Weg dorthin wird sie erstmals nicht bejubelt, sondern bösartig beschimpft. „Brennt die Hure!" tönt es und „Brennt die Gattenmörderin!" Der Tumult in den Vororten steigert sich im Zentrum Edinburghs zu einem hysterischen Crescendo. Erschöpft und verstört reitet Marie Stuart, Queen of Scots, durch ihre Hauptstadt, ihr Kleid ist zerrissen, ihr Haar wirr, ihr Blick fast irr. Die Lords bringen sie nicht nach Holyrood oder auf die Burg, sondern in das Haus des Provosten. Wachen sollen die ganze Nacht in ihrem Zimmer bleiben, man gönnt ihr nicht einen Augenblick des Alleinseins. Es ist entwürdigend und doch mobilisiert diese Ehrenkränkung bei Marie letzte Kräfte. Mit dem ihr eigenen Mut greift sie Morton an. Als er spätnachts kommt, um noch ein Mal die Forderungen der Konföderierten zu referieren, lässt sie ihn nicht aussprechen. Man habe ihr gesagt, es ginge darum, dem Mörder des Königs Gerechtigkeit widerfahren zu lassen, und nun behandle man sie wortbrüchig und ehrlos wie eine beliebige Gefangene. Es wundere sie jedoch nicht, denn man habe ihr auch gesagt, dass er, Morton, einer der Hauptanstifter des Mordes an Darnley sei! Verblüfft zieht Morton sich zurück.

Die gefangene Königin

Man gibt ihr am Morgen keine Gelegenheit, sich ein wenig herzurichten. Statt der gewohnten Zofe kommt Maitland und behauptet, es gebe Briefe von Bothwell an Jean Gordon, in denen er versichere, einzig mit ihr verheiratet zu sein; Marie sei nur etwas wie eine Konkubine, die er brauche, um an die Macht zu kommen. Marie durchschaut das. Sie muss gewusst haben, dass die Ehe kaum bestanden hat. Damit ist sie nicht klein zu kriegen.

Den Lords wird klar, dass die Königin nicht, wie sie wohl gehofft haben, willens ist, als ihre Marionettenkönigin zu agieren. Sie müssen sie also beschuldigen, sie habe Bothwell und damit sein Verbrechen unterstützt, um sie als Gefangene behandeln zu können. Doch mitten in der Stadt wird das auf Dauer nicht funktionieren. Noch am Abend des 16. wird aus diesen Gründen ein Haftbefehl gegen die Königin ausgestellt, den neben anderen Morton, Glencairn und Hume unterzeichnen. Alle drei haben auch den *Ainsley Bond* gezeichnet. Sie fordern Marie nochmals auf, sich von Bothwell scheiden zu lassen, was sie schon allein wegen ihrer inzwischen sicheren Schwangerschaft ablehnen muss. Man droht ihr, sie werde nur ohne Schaden an Ehre und Leben davon kommen, wenn sie der Krönung ihres Sohnes zustimme. Da sie diese Zustimmung auch nicht gibt, zieht eine bizarre Prozession über die High Street nach Holyrood. Vorneweg das Rachebanner, dahinter 200 Bewaffnete, dann Marie Stuart, Königin der Schotten, in ihrem zerrissenen, schmutzigen Landfrauenkleid, hinter ihr weitere 1.000 Bewaffnete.

Von Holyrood nach Lochleven Castle

In ihrem Appartement wird Marie Stuart von den Marys Livingston und Seton in Empfang genommen. Endlich kann sie das ruinierte Kleid ablegen und sich säubern. Essen wird serviert, sie setzt sich in einem seidenen Morgenrock mit einem Tuch um die Schultern zu Tisch, es ist ihre erste Mahlzeit seit zwei Tagen. Welch eine Wonne! Kaum hat sie ein paar Bissen gegessen, steht wie aus dem Boden gewachsen Morton hinter ihrem Stuhl. Sie müsse sofort aufbrechen, sagt er, die Pferde seien bereit. Man gibt ihr Minuten, um sich für einen langen Ritt zu kleiden. Marie denkt, sie wird nach Stirling gebracht, zu ihrem Sohn. Doch bald muss sie erkennen, dass man den Weg nach Lochleven nimmt, zur Mutter von Moray und dessen Douglas-Stiefgeschwistern!

Lochleven Castle liegt 30 Kilometer nördlich von Edinburgh inmitten des gleichnamigen Sees, der damals viel ausgedehnter war als heute, und ist nur per Boot zu erreichen. Die Ufer sind sorgfältig von Bebauung und Bewuchs freigehalten, entsprechend unmöglich ist es, sich der Burg unbemerkt zu nähern. Sie ist also überaus geeignet, eine Gefangene sicher unterzubringen, wenn Befreiungsversuche zu befürchten sind. Dort angekommen wird Königin Marie Stuart in ein dunkles, kaum eingerichtetes Turmzimmer zu ebener Erde geführt, muffig und wohl lange nicht benutzt. Sie ist einem körperlichen und seelischen Zusammenbruch fatal nahe und bekommt nur am Rande mit, dass Sir William Douglas, der Stiefbruder von Moray, zu ihrem Kerkermeister bestellt ist und Lindsay und William Ruthven, Sohn des Rizzio Mörders, zu ihrer Bewachung zurückbleiben. Dieser Ruthven ist ein Enkel jenes Archibald Douglas, der 1514 die Witwe seines Königs James IV., Margaret Tudor, geheiratet hat. Ruthvens Mutter ist die Tochter einer unbekannten späten Gefährtin Archibalds.

Vierzehn Tage liegt Marie teilnahmslos auf dem Bett, es ist ihr gleichgültig, dass ständig eine Douglas in ihrem Zimmer ist, Tag und Nacht. Man fragt sich, ob sie überhaupt etwas wahrnimmt, die Wächter fürchten um ihr Leben. Erst Ende des Monats erwachen nach und nach Maries Lebensgeister. Chefin der Burg ist Margaret Erskine, zeitweilig Mätresse des Königs James V. und außerdem zwanzig Jahre Ehefrau und inzwischen genauso lange Witwe von Robert Douglas († 1547). Sie sieht in Marie eine Thronräuberin, die ihren wunderbaren Königsbastard Moray um sein Erbe gebracht hat: die Krone. Die alte Lady, wie man sie nennt, ist Marie Stuart von früheren Besuchen her bekannt, sie fand sie immer etwas unheimlich, eine Art weiblicher Knox. Als sie von der Königin Schwangerschaft erfährt, ist Lady Margaret überzeugt, dass aus der Verbindung mit Bothwell nur ein Monster mit zwei Köpfen und Hufen entstanden sein könne!

Kaum ist Marie ins Leben zurückgekehrt, wirkt auch schon wieder ihr Charme. Binnen kurzem wird sogar die „alte Lady" zugänglicher, ihr jüngerer Sohn George ist so völlig hingerissen von seiner Königin, dass man ihn bald wegschicken wird. „Pretty Geordie", wie er genannt wird, ist ein Lichtblick, die Antithese zu Moray, hübsch und charmant. Ein Willie Douglas, Page auf Lochleven, wird ein glühender Anhänger Maries. Sie erhält eine angenehmere und besser eingerichtete Unterkunft im ersten Stock eines der Türme. Wenn auch weiterhin eine Tochter oder Nichte des Schlossherrn in ihrem Schlafzimmer nächtigt, bekommt sie nun zwei Zofen und einen Arzt. Kleider, Toilettensachen und was eine Frau sonst so braucht, wird aus Holyrood geholt, in diesem Zusammenhang darf Marie auch einige nichtssagende Nachrichten verfassen.

Schlossherr William allerdings ist strenger Reformierter und führt die Anweisungen der Lords, die sich am 21. Juni als „Geheimer Rat" konstituieren und gegen alle Gesetze die königliche Macht usurpieren, buchstabengetreu aus. Marie Stuart ist vollkommen von der Außenwelt abgeschlossen, kann zu niemandem Kontakt aufnehmen, bekommt weder private noch offizielle Post ausgehändigt. Sie weiß nicht, was in Edinburgh oder London, Paris, Rom, Madrid geschieht oder nicht geschieht, weder was ihre Getreuen tun noch wo Bothwell steckt und schon gar nicht, was der „Geheime Rat" ausheckt. Der steht unter Zugzwang, muss sich für eine Strategie entscheiden. Im Dezember wird die Königin fünfundzwanzig und damit im Rechtssinne erwachsen. Traditionell kann sie dann alle bisher vom Geheimen Rat oder in seinem Namen erlassenen Gesetze und Erlasse aufheben oder abändern.

Marie geht es stetig besser, doch irgendwann zwischen dem 18. und 22. Juli bekommt sie eine starke Blutung und erleidet eine Fehlgeburt, angeblich ist zu erkennen, dass sie Zwillinge verliert. Über den Zeitpunkt der Befruchtung ist unendlich spekuliert worden, wahrscheinlich ist sie zwischen Dunbar und der Hochzeit erfolgt. Wäre es bereits vor Darnleys Ermordung geschehen, hätten Dienerschaft und Hofgesellschaft die natürlichen körperlichen Veränderungen bis zum Mai längst bemerken müssen.

Jedenfalls berichtet Marie selbst Monate später ihrem Sekretär, sie sei von „diesem Ereignis" noch sehr geschwächt gewesen, als – wahrscheinlich – am 24. Juli Lindsay, Ruthven und Robert Melville, der mit den Urkunden aus Edinburgh gekommen ist, ihr drei Dokumente vorlegen, die sie umgehend unterschreiben soll.

Sie weigert sich, doch Lindsay zieht seinen Dolch, demonstriert eindrucksvoll das Durchschneiden einer Kehle, und bedeutet ihr, lieber zu unterschreiben. Da auch Marie – wie jeder Zeitgenosse – weiß, dass unter Zwang geleistete Versprechen und Unterschriften keine Gültigkeit haben, unterschreibt sie und hat damit zugunsten ihres Sohnes abgedankt, einen Regentschaftsrat und Moray als Regenten bestimmt. Marie Stuart ist nach dem Willen einiger Lords nicht länger Königin der Schotten. Aber sie lebt …

Zwei Königinnen in England

Rundum Unschuldige

London und Europa, Sommer 1567

Reaktionen auf das Geschehen in Schottland

Am englischen Hof plädiert Cecil für die Zusammenarbeit mit den Reformierten Schottlands, während Elizabeth auf der Unantastbarkeit einer Monarchin beharren und jede Unbotmäßigkeit von Untertanen verdammen und verfolgen will. Wie inzwischen eingespielt, fällt Leicester die Aufgabe zu, das Unvereinbare zu einen. Dabei hat er eigene Schwierigkeiten, seine Haltung zur Katholikin Marie Stuart neu zu definieren. Außenpolitisch bedeutet eine Unterstützung Maries das Zusammengehen mit Frankreich und den Bruch mit Spanien.

Da gibt es ohnehin genug Konfliktstoff, abgesehen von der Religion vor allem maritime und Handelsinteressen. Hier spielt neben den englischen Kaperjagden auf spanische Goldtransporte die Entwicklung in den Niederlanden eine entscheidende Rolle. Londoner Kaufleute sind dabei, die niedergehende Hanse abzulösen, wichtigste Handelspartner sind und bleiben die Niederländer. Seit 1566 unterstützt Elizabeth sehr widerwillig deren Freiheitskampf gegen Spanien. Im August 1567 wirft Margarete von Parma das Handtuch, und Felipe II. schickt Duque de Alba als neuen Statthalter. Alle Zeichen stehen auf Sturm, Leicester und Pembroke werden Elizabeth keine Ruhe lassen, bis sie als protestantische Schutzmacht Partei ergreift.

Heiratsverhandlungen

Noch ist England nicht reif für eine Anerkennung von Marie Stuarts Sohn als Thronfolger, besonders Cecil setzt immer noch auf ein Kind von Elizabeth. Deswegen wird die Heirat mit Erzherzog Karl aus der Versenkung geholt. Um noch einen Kritiker loszuwerden, wird im Sommer Sussex nach Wien in Marsch gesetzt, im Gepäck den Hosenbandorden für den Kaiser. Das Ganze ist reine Augenwischerei, die Eckdaten haben sich nicht geändert: Karl wird nicht ohne verbindliche Heiratszusage nach London kommen; Elizabeth wird diese Zusage nicht geben, ohne ihn gesehen zu haben; Karl beharrt auf seiner Religion; Elizabeth kann nicht mit einem praktizierenden Katholiken zusammenleben. Im November wird Elizabeth das endlich offiziell zugeben, und Sussex wird, um sein Leben fürchtend, Wien Hals über Kopf verlassen, aber erst im März 1568 wieder bei Hof erscheinen.

Edinburgh, Stirling und Lochleven, Ende Juli 1567
Wieder ein Kindkönig

Um den 20. Juli taucht plötzlich Knox wieder auf und schwingt die Peitsche seiner Rhetorik gegen Marie Stuart, die Hure von Babylon, die sofort hingerichtet werden muss, ausradiert vom Antlitz der Erde Gottes. Die reformierte Propaganda gegen die Königin geht über die Gepflogenheiten der Zeit hinaus, wenn sie nun Darnley als ein Muster an Tugend hinstellt, als ein hilfloses Opfer seiner lasterhaften Ehefrau und ihres skrupellosen Geliebten.

Den Lords ist die Legitimierung ihrer Macht wichtiger, sie lassen am 29. James Stuart, 13 Monate und zehn Tage jung, als VI. seines Namens zum König krönen. Die Lords Morton und Home legen den Eid für ihn ab. Habgierige Adlige umstehen die Wiege wie bei Maries Krönung 24 Jahre zuvor. Die drei erpressten Dokumente mit Maries Unterschrift werden vorgelegt. Lindsay und Ruthven beschwören, dass Marie freiwillig entsagt und unterschrieben hat. Adam Bothwell zelebriert diese erste Krönung nach reformiertem Ritus, Englands Botschafter Throckmorton verweigert die Teilnahme. Ungeniert feiert man in Lochleven, Douglas gibt zur Feier des Tages ein lärmendes Fest.

Windsor Castle, Ende Juli bis Anfang August 1567
Ein notorisch Unschuldiger

Moray verbringt die letzte Juliwoche in London und Windsor und schleimt sich bei Elizabeth ein. Er tönt, er verdamme das Verhalten der Lords Morton und Konsorten als unmöglich, ihn hätten der Mord am König und Bothwells Methoden so betrübt, dass er das Land habe verlassen müssen. Doch er fühle sich seiner geliebten Schwester so verbunden, dass er jetzt einfach zurückkehren und sich nach seinen bescheidenen Kräften bemühen müsse, die Ordnung wieder herzustellen. Es könne allerdings schwierig werden, sie als Königin wieder einzusetzen, denn es gebe da Briefe von ihr ...

Elizabeth will Solidarität beweisen

Elizabeth erschreckt Cecil mit der Forderung, umgehend ein Heer nach Schottland zu entsenden, um Marie Stuart wieder auf den Thron zu bringen. Sie hat sich inzwischen dazu durchgerungen, ihre persönliche Animosität gegen Maries Lebensweise der schuldigen Solidarität mit der Monarchin zu opfern. Sofort soll Throckmorton unentwegt und vehement protestieren und drohen. Morton und Kollegen drohen ihrerseits, sollte England eingreifen, werde Marie Stuart umgehend hingerichtet! Intern hat der Herr von Lochleven längst den Befehl, Marie beim geringsten Verdacht eines Befreiungsversuches sofort zu töten.

Elizabeth galoppiert zurück und verlangt von Marie, die sich nach ihrer Ansicht ohnehin schon viel zu viel unkönigliche „Liebe" geleistet hat, umgehend ihre Scheidung von Bothwell zu betreiben. Wenn Bothwell dann verurteilt sei, könne England dafür sorgen, dass Marie wieder in ihre Rechte eingesetzt werde.

Lochleven und Edinburgh, August 1567

Bruder Moray ist zurück

Am 12. August überschreitet der designierte Regent die Grenze, und am 15. stattet er der Halbschwester einen Besuch ab. Für Marie ist er der erste „Außenkontakt" seit zwei Monaten. Von Gefühlen überwältigt, fällt sie ihm um den Hals. Er überschüttet sie mit einem Wust von Anklagen und löscht damit auch den letzten Rest der Zuneigung, die sie noch für ihn empfindet. Ihre Erklärungen und Richtigstellungen interessieren ihn nicht.

Am nächsten Tag kommt er wieder und gibt sich konzilianter. Er kann sie nicht sofort freilassen, aber ihr Leben schützen, wenn sie seine Regentschaft anerkennt. Sollte sie allerdings Schwierigkeiten machen und ihre Haltung gegen Bothwell nicht ändern, könne er für nichts garantieren. Er scheut sich nicht zu beteuern, er tue es nur für sie, auf keinen Fall aus Eigennutz. Eine kleine Spitze zum Abschied kann Marie sich nicht verkneifen: Er solle sich vorsehen, ein Volk, das schon seine rechtmäßige Königin absetze – was werde es mit einem Bastard anstellen, wenn es seiner überdrüssig sei?

Am 22. August tritt Moray sein Amt als Regent an. Marie hatte noch nicht den zweiten Fuß auf den Boden von Lochleven gesetzt, da wurde schon ihr Schmuck und Privatbesitz „sichergestellt". Jetzt kommt der Regent noch gerade rechtzeitig, um sich die international bekannten Juwelen seiner Schwester unter den Nagel zu reißen, obwohl Marie sie testamentarisch dem Kronschatz zugesprochen hat. Fast ein Jahr wird er damit beschäftigt sein, sie je nach Höchstgebot an Elizabeth Tudor oder Catherine de Médicis zu verhökern.

Marie gelingt es in den folgenden Monaten, sich ein Kommunikationsnetz aufzubauen. Als sie auf diese Weise vom Verkauf der Juwelen erfährt, wird ihr klar, dass alle Beteuerungen, man wolle sie nur von Bothwell befreien und zu gegebener Zeit wieder in ihre Rechte einsetzen, reine Augenwischerei sind.

Flucht in die falsche Richtung …

Lochleven und Edinburgh, Herbst/Winter 1567
Die gefangene Königin arrangiert sich
Marie gewinnt in der erzwungenen Ruhe langsam ihre Kraft zurück. Sie hat Mary Beaton und einige Freundinnen und Dienerinnen um sich, verbringt ihre Tage mit Stickarbeiten, Spaziergängen und Kartenspiel, manchmal wird gar getanzt. Sie gewinnt ihre nonchalante Gelassenheit zurück und charmiert nicht nur Geordie, auch die anderen Douglas erliegen mehr oder weniger ihrer gewinnenden Persönlichkeit! Selbst die alte Lady scheint auf eine Ehe mit Geordie zu hoffen – seit man weiß, dass Bothwell nach Skandinavien verschwunden ist. Als das dem Regentschaftsrat Ende November zu Ohren kommt, wird Geordie von Lochleven entfernt.

347

Bereits Ende Juni haben Huntly und andere königstreue Lords einen Bond zur Befreiung Marie Stuarts gezeichnet. Inzwischen haben sie entweder aus Überzeugung oder Kalkül Bothwell, der seit dem 17. Juli für vogelfrei erklärt ist, die Gefolgschaft aufgekündigt. Eine nennenswerte Aktion ist ihnen bislang nicht gelungen, am 1. Oktober müssen sie gar Dunbar Castle, das sie bislang im Namen der Königin gehalten haben, aufgeben. Nun ist das von Fleming gehaltene Dumbarton Castle der einzige feste Platz in Händen der royalistischen „Marianer". Die Regentschaft veröffentlicht eine Liste, in der 62 Personen der Beteiligung am Darnley-Mord bezichtigt werden. Bezeichnenderweise wird kein einziger Douglas genannt – auch Morton ist ein Douglas!

Ein denkwürdiger Geburtstag

Am 8. Dezember wird Marie Stuart 25 und hat damit traditionell das Recht, Gesetze und Gnadenbeweise zu widerrufen. Stattdessen verlangt sie, vor dem Parlament ihre Unschuld beweisen zu dürfen. Moray weist das Ansinnen empört zurück und kontert am 15. damit, dass er nicht nur Maries Abdankung, die Krönung ihres Sohnes und seine Regentschaft vom Parlament für rechtens, sondern darüber hinaus ihre Gefangenschaft wegen ihrer Beteiligung an Bothwells Verbrechen für gerechtfertigt erklären lässt. Das ist eine Verurteilung ohne Anhörung und eindeutig Unrecht. Der Protest Huntlys und anderer Marianer wird abgeschmettert.

Edinburgh und Lochleven, Anfang 1568

Überlebenskämpfe

Moray lässt nun konsequent alle Diener Bothwells aburteilen und hinrichten, ob ihre Beteiligung am Darnley-Mord das rechtfertigt oder nicht. Ende des Jahres konnte er sich einer fast „absoluten Mehrheit" erfreuen und gar hoffen, Zustimmung zu seiner Krönung zu finden. Plötzlich verändert sich die öffentliche Meinung zu Marie Stuarts Vorteil. Sie kann Hilfsgesuche nach Paris und London schicken, erhält jedoch keine Antworten, obwohl französische Beobachter melden, zwei Drittel aller Schotten seien bereit, gegen Moray zu rebellieren, sobald Aussicht auf Unterstützung bestehe. Elizabeth bezieht mal wieder nicht Stellung, sie ist gerade vordringlich damit beschäftigt, die Médicis beim Ankauf der berühmten schwarzen Perlen Maries zu überbieten.

Huntly ist Marie die ganze Zeit treu geblieben, Hamilton schwenkt wieder auf ihre Seite, Pläne zu ihrer Befreiung nehmen konkretere Formen an. Bei der beschriebenen Lage von Lochleven kommt eine Befreiung mit Waffengewalt nicht in Frage, Marie muss innerhalb der Burg Helfer finden und unauffällig „an Land" kommen. Ein erster Versuch am 25. März schlägt fehl, weil die gepflegten Damenhände Maries einem der Ruderer auffallen. Von solchen Rückschlägen lassen sich Marie Stuart und ihre Anhänger nicht entmutigen, unverzagt wird die nächste Gelegenheit gesucht, ein neuer Plan gesponnen.

Lochleven und Cadzow Castle, Mai 1568

Ein wilder Tanz in den Mai

Das Zusammenleben auf Lochleven ist trotz des gescheiterten Fluchtversuches so entspannt, dass die traditionellen Maifeiern stattfinden. Page Willie Douglas bohrt alle Kähne bis auf einen unbemerkt an. Dann erfüllt er seinen Part im Maienspiel, entwendet als Abt des Unsinns dem Schlossherrn beim abendlichen Umtrunk die Schlüssel zum Haupttor. Marie kann sich zum richtigen Zeitpunkt zurückziehen, Jane Kennedy hält ihre Verkleidung bereit, sie erreichen den Kahn zum Übersetzen unbemerkt. Willie schließt das Tor von außen, wirft den Schlüssel in das Rohr einer Kanone. Am anderen Ufer wartet der schöne Geordie, führt Marie und ihre Helfer in das nächste Gehölz. Da steht der treue Seton mit Pferden bereit, Marie fliegt in einem wahren Freiheitsrausch über die Felder.

Als die Flucht entdeckt wird, will sich William Douglas nach Feldherrenart in sein Schwert stürzen, überlegt es sich anders, ruft seine Männer zu den Waffen und stürzt der Flüchtigen nach. Marie ist inzwischen hinter den Mauern von Cadzow Castle in Sicherheit und setzt mit Hilfe des Bischofs Hamilton eine geharnischte Proklamation auf, in der sie ihre Abdankung widerruft und die Verräter verflucht, die sie abgesetzt und gefangen gehalten haben. Maries

Anhang wächst so schnell wie Morays Beklemmung über diesen für ihn plötzlichen Umschwung der Stimmung.

Am 8. Mai wird der „Hamilton-Bond" zur rückhaltlosen Unterstützung der Königin von neun Earls, neun Bischöfen, 18 Baronen, 14 Klerikern und fast 100 Lairds gezeichnet. Natürlich erwarten die Hamiltons die Beteilung an der Macht für ihre keineswegs selbstlose Unterstützung, sie wollen nach Jamie den nächsten in der Thronfolge stellen. Marie kann sie für den Augenblick mit einem vagen Heiratsversprechen an John Hamilton befriedigen. Sie hat an die 6.000 Mann hinter sich und glaubt ihren Lords, nun sei es an der Zeit, die Waffen sprechen zu lassen, statt Verhandlungen um Rechtssicherheit zu führen. Auf Dumbarton Castle soll die militärische Aktion geplant werden.

Am 13. Mai ist die abgesetzte Königin mit ihren Gefolgsleuten in Langside nahe Glasgow, als einer der letzten Anhänger von Moray, der berüchtigte Warlord Kirkcaldy of Grange, mit 4.000 Mann Maries ungeübten Heerbann stellt und binnen einer Stunde vernichtend schlägt! Möglich, dass hinter der schnellen Niederlage ein Versagen oder ein Verrat Argylls steht, das Ergebnis bleibt das Gleiche: Seton, Sir James Hamilton und viele andere werden gefangen genommen, um 300 Marianer finden den Tod, nur einer von Kirkcaldys Leuten stirbt …

Terregles, Dundrennan und Workington, 14. bis16. Mai

On the road again …

Gerade noch des Sieges sicher, befindet sich Marie Stuart unversehens mit wenigen Getreuen erneut auf der Flucht! Bei ihr sind die Lords Herries, Maxwell, Fleming, John Beaton, Geordie Douglas und Claude Hamilton. Warum reitet sie nicht nach Dumbarton, wo der Weg nach und von Frankreich frei gewesen wäre? Warum in den katholischen Südwesten? Es ist eine kopflose Flucht, in der Nacht schläft der Trupp ein paar Stunden auf der nackten Erde – wie Marie später ihrem Onkel Kardinal Guise schreiben wird. Erst auf Terregles Castle nahe Dumfries, das Maxwell gehört, kommen sie kurz zur Ruhe, verbringen den Abend des 14. Mai mit langen Diskussionen, was nun geschehen soll. Maxwell beschwört Marie

zu bleiben, er könne jeder Belagerung mindestens 40 Tage standhalten. Oder will Marie sich nach Frankreich einschiffen, dort Hilfe
holen?

Doch Marie Stuart hat das Vertrauen in die Guise verloren, die
Parteiungen in Frankreich sind unübersichtlich geworden, sie will
eine schnelle Aktion, sie will Moray endgültig schlagen, sie will
die Hilfe ihrer königlichen Cousine Elizabeth Tudor! Sie ist nicht
davon abzubringen, und Herries bittet im Namen seiner Königin
den Gouverneur von Carlisle um einen Pass. Sie selbst schreibt
an Elizabeth, erklärt, dass jene Untertanen, denen sie die größten
Wohltaten gewährt habe, sie aus ihrem Königreich vertrieben hätten, und schließt mit der ihr eigenen Dramatik, sie sei in einen Zustand gestürzt, aus dem sie nach Gott nur noch auf Elizabeth Tudor
zu hoffen wage.

Am Morgen lässt sich Marie in theatralischer Geste das Haar
kurz schneiden und leiht sich frische Kleider, sie hat absolut nichts
bei sich, sie kommt ja direkt vom Schlachtfeld. Auf versteckten
Pfaden lässt sie sich zur Dundrennan Abbey geleiten, wo sie die
Nacht verbringt.

Am Sonntagmorgen ist es nicht mehr weit zum Solway Forth.
Auf der anderen Seite liegt England. Am Nachmittag besteigt sie
mit 20 Getreuen ein Fischerboot und lässt sich übersetzen. Von nun
an wird alles Legende. Es ist etwa sieben Uhr abends, als Marie
Stuart, vor knapp zehn Jahren von Frankreichs König zur Königin
von England ausgerufen, an Land geht. Marie stolpert, als sie in
Workington aus dem Boot steigt, fällt hin, und schon heißt es, sie
habe den englischen Boden geküsst, um ihr künftiges Reich in Besitz zu nehmen. In der ersten Nacht erfreut sie sich der Gastfreund-
schaft von Freunden ihres treuen Seton in Workington Hall. Als sie
zwei Tage später nach Carlisle eskortiert wird, dämmert ihr, dass
sie nur wieder eine Gefangene ist …

Carlisle, London und Paris, ab Mitte Mai 1568
Eine lokale Sensation
Marie hat bei ihrem impulsiven Aufbruch nach England nicht be-
dacht, dass ihre Anwesenheit das fragile Gleichgewicht in England

351

und Europa stören könnte, allein schon, weil ihr Aufenthaltsort zum Brennpunkt katholischer Opposition werden muss. Cecil verlangt kategorisch, dass weder Marie an den Hof kommen noch Elizabeth sich mit ihr treffen darf, bevor einige grundsätzliche Fragen geklärt sind. Eine bedingungslose Unterstützung der Stuart würde Moray in eine Erneuerung der *Auld Alliance* zwingen. Andererseits darf Marie nicht nach Frankreich entkommen, deswegen wird Carlisle als zu „nah am Wasser" befunden. Cecil plädiert dafür, sie nach Yorkshire zu bringen, weit genug von allen Küsten und von London entfernt.

Als Marie vorläufig in Carlisle Castle untergebracht ist, strömen Besucher aus allen Himmelsrichtungen herbei, da ist natürlich viel Sensationslust und Neugier im Spiel, aber es gibt durchaus auch politische Erwartungen. Der katholische Duke of Norfolk sieht es als seine Pflicht an, Marie unter seinen Schutz zu stellen. Der Kommandant von Carlisle muss das abwehren, doch immer mehr Katholiken sammeln sich um Marie und bestärken sie in der Annahme, die meisten Engländer seien tief innerlich immer noch katholisch. Im Laufe der Zeit wird Maries Leben etwas komfortabler werden. Die treue Mary Seton, die einzige noch unverheiratete Freundin, wird kommen, insgesamt werden sich an die 40 Personen um ihr Wohl kümmern. Geordie Douglas wird so etwas wie ihr persönlicher Leibwächter, er schläft im Schloss, alle anderen haben Quartiere außerhalb.

Elizabeth schickt Marie Ende Mai ihren angeheirateten Cousin, den streng puritanischen Mittfünfziger Francis Knollys, als Verbindungsmann und Aufpasser. Was Elizabeth für unmöglich hält, gelingt Marie spielend: Sie gewinnt diesen Verfechter strengster puritanischer Prinzipien binnen kurzem für sich! Selbst ihr zutiefst weibliches Problem, dass sie keine Kleider, keinen Schmuck, keine Kosmetika bei sich hat, macht Knollys zu seinem eigenen. Er schämt sich für seine Königin in Grund und Boden, als Elizabeth zur Abstellung dieses Notstandes eindeutig unmodische, abgetragene, ja als schadhaft ausrangierte Sachen ihrer Damen schickt.

Travestie des Rechts

Elizabeth taktiert

Knollys soll Marie unmissverständlich klarmachen, dass Elizabeth sich nicht mit ihr treffen kann, bevor nicht ihre Unschuld an Darnleys Tod nachgewiesen ist. Marie reagiert empört, sie sei nicht gekommen, um sich zu rechtfertigen, sondern um ihre Verleumder in die Schranken zu weisen. Wenn man sie in England wie eine Gefangene zu behandeln gedenke, werde sie ihre Ausreise nach Frankreich beantragen! Frankreichs König und seine Mutter befürworten diesen Wunsch. Außerdem: Sie, Marie Stuart gehe eher in die Türkei, als sich mit dem doppelgesichtigen Regenten auszusöhnen! Knollys gibt zu bedenken, dass die Engländer des Nordens bereits von Maries Unschuld überzeugt sind.

Moray ist klar, dass er sich ohne die Unterstützung Cecils nicht wird halten können, denn trotz aller militärischen Erfolge gegen die „Marianer" wachsen die Verteidiger der Königin aus allen Hütten nach! In ihrer bekannten Doppelzüngigkeit versichert Elizabeth Marie persönlich, alles geschehe nur für ihre Rückkehr auf den Thron, und Moray, dass an eine Wiedereinsetzung Marie Stuarts nicht zu denken sei, bliebe auch nur der Hauch eines Verdachtes an ihr haften, dass sie an Bothwells Verbrechen beteiligt sei. Das beruhigt Moray zutiefst, auch wo keinerlei Schuld vorliegt, kann man klebrige „Beweise" anheften! Er hat da schon ausreichend Munition und kann weitere herstellen. Buchanan, ein Lehnsmann von Lennox und einst ein glühender Bewunderer Maries, wird beauftragt, eine Zusammenfassung aller „Vergehen" Maries zu erstellen, die unter dem Titel *Book of the Articles* erscheinen wird. Nun wachsen die Notizen Maries aus der französischen Kassette, die man Bothwells Diener abgenommen hatte, an Bedeutung und Umfang.

Fleming, Leslie und Herries sind nach London gereist, um die Sache ihrer Königin dort zu verfechten. Man behandelt sie höflich, macht aber keinerlei Zugeständnisse. Es steht inzwischen fest, dass Elizabeth Tudor und ihre Regierung auf einer Untersuchung von Maries Beteiligung am Darnley-Mord bestehen werden, man ringt nur noch um die Form, denn es ist eigentlich unmöglich, die souveräne Monarchin Schottlands vor ein englisches Gericht zu stellen – auch und gerade wenn diese von Rebellen widerrechtlich zur Abdankung gezwungen wurde. Elizabeth braucht eine Handhabe, Marie Stuart in Gewahrsam zu halten, das katholische Ausland wird Maries Ansprüche auf Englands Krone als einzigen Haftgrund nicht hinnehmen. Man braucht also eine Straftat, eine Mitschuld, zumindest einen nicht ganz auszuräumenden Verdacht. Hat Elizabeth Tudor völlig vergessen, dass sie selbst eine Phase durchlebt hat, in der sie sich solch konstruierter Beschuldigungen erwehren musste?

Marie hat diese Absicht inzwischen durchschaut und weigert sich, einer Untersuchung, welcher Art auch immer, zuzustimmen. Sie ist Königin von Gottes Gnaden und keinem irdischen Gericht verpflichtet. Doch sie ist jederzeit bereit, jede Frage von Elizabeth in einem persönlichen Gespräch zu beantworten. Marie soll „zu ihrer Sicherheit" nach Bolton verbracht werden, einer festen Burg mitten in Yorkshire, gleich weit von Schottlands Grenze und London und so weit als möglich von allen Küsten entfernt. Marie Stuart protestiert so vehement wie vergebens. In Bolton gewährt Knollys, der weiterhin als ihr „Gastgeber" fungiert, Marie einen königlichen Baldachin. Sie hat ihren Spaß mit dem knorrigen Knollys, der sich nahezu in sie verliebt, während er sie Englisch lehrt.

Marie Stuart stellt sich

Marie wird nun von allen Seiten bedrängt, einer Untersuchung zuzustimmen, und zieht sich zurück, um eine Entscheidung zu treffen. Am 28. Juli erklärt sie sich mit einer Befragung einverstanden. Es werden Briefe des Regenten abgefangen, aus denen eindeutig hervorgeht, dass er die inzwischen als „Kassettenbriefe" bekannten Schriftstücke vorlegen wird. Marie hat keine Ahnung, was sich dahinter verbirgt, weiß nur, dass man ihr schon in Schottland gedroht hat, deren Inhalt könne sie vernichten. Das Gefühl ihrer Ohnmacht und Ausgeliefertheit, der Gedanke an Moray und seine Falschheit und wie er es dennoch schafft, sich einen Nimbus der Rechtschaffenheit zu wahren, machen Marie Stuart krank, körperlich krank

– wie Elizabeth Tudor 1554, als sie darum bangen musste, wegen der Wyatt-Rebellion belangt zu werden.

Marie versucht – natürlich vergeblich – Elizabeth in über 20 Briefen zu erklären was da geschieht. Erinnert Elizabeth das immer noch nicht an die Wochen nach dem *Wyatt Riot*, als sie selbst in tiefster Verzweiflung von ihrer Schwester einforderte, was sie nun ihrer Cousine Stuart nicht gewähren will: das Recht, die Beweise gegen sich vorgelegt zu bekommen? Marie schreibt nach Frankreich, schüttet Kübel von Klagen über Onkel Kardinal aus, von dem sie sich im Stich gelassen fühlt. Die Situation der Guise in Frankreich ist schwierig, unter Montmorency hat sich eine gemäßigt katholische Partei abgespalten, und der nächste Religionskrieg bricht los.

Plötzlich zeigt auch Spaniens Felipe wieder Interesse an Maries Schicksal. Wenn er sie unterstützt, kann er zumindest Elizabeth Tudor schaden, die ihm reichlich Ärger bereitet als Verteidigerin des Protestantismus in den Niederlanden und Schutzpatronin ihrer unverschämten Piraten, die gerade wieder einen Goldtransport gekapert haben. Marie muss nach jedem Strohhalm greifen. Verhandlungen um eine Heirat mit Don Carlos haben sich mit dessen Tod im Juli erledigt, also bietet Marie Spanien über ihre Kindheitsfreundin Isabelle de Valois eine Heirat ihres Sohnes mit einer Infanta an. Isabelle kann sich allerdings für Maries Pläne nicht mehr einsetzen, sie stirbt Anfang Oktober 1568.

Bolton, London und York, Herbst/Winter 1568

Ein Unrecht ohne Gleichen

Bis Oktober hat man sich auf den Terminus „Konferenz" für die Untersuchung gegen Marie Stuart und auf York als Tagungsort geeinigt. Thomas Howard, Duke of Norfolk, erst 32 Jahre alt, aber schon dreimal verwitwet, ist immer noch erster Peer des Reiches und bekommt deshalb den Vorsitz übertragen. Als Beisitzer fungieren Sussex und der Diplomat Sir Ralph Sadler. Elizabeth hat im Vorfeld mit drei Zungen geredet: Marie versichert sie, sie werde wieder eingesetzt; Moray beschwört sie, Marie werde auf keinen Fall zurückkehren; Norfolk verspricht sie ein gerechtes Urteil. Sei

Marie irgendwie schuldig, sei sie es nicht wert, Königin zu sein; sollte sie unschuldig sein, werde sie, Elizabeth Tudor, mit allen ihr zur Verfügung stehenden Mitteln dafür sorgen, dass Marie Stuart wieder eingesetzt wird.

Bereits im Vorfeld hat Elizabeth durchgesetzt, dass Marie Stuart in York nicht persönlich erscheinen darf, sie fürchtet schlicht deren Wirkung auf Männer! Das ganze Verfahren ist äußerst fragwürdig, doch dass Marie Stuart, die hier quasi angeklagt wird, nicht erscheinen darf, ist der erste einer Reihe eklatanter Rechtsbrüche! Königin Elizabeth ist nicht bereit, ihr zu gewähren, was sie selbst als Prinzessin Elizabeth von Königin Maria Tudor mit Recht forderte.

Umgehend unterschreiben die Marianer in Dumbarton einen neuen Bond zur Verteidigung ihrer Königin und geben eine Erklärung ab, dass die so genannten Kassettenbriefe allesamt durch Ergänzungen verändert, aus dem Zusammenhang gerissen oder völlig frei erfundene Fälschungen sind. Immer wieder hat Marie gebeten, ihr diese „Beweise" ihrer Schuld vorzulegen. Dass dies nie geschieht, ist ein weiterer Rechtsbruch. Moray tritt als Ankläger auf und hat neben Maitland eine ganze Kommission an seiner Seite, Marie darf nur Stellvertreter schicken: John Leslie, Bischof von Ross, und die Lords Livingstone, Boyd und Herries. Auch diese erhalten keinen Einblick in die Geheimwaffe der Anklage.

Die Büchse der Pandora

Edinburg, York und London, Winter 1568/69
Die ominösen Kassettenbriefe
Kurz nach dem Desaster von Carberry Hill hat Bothwell seinen Schneider entweder in sein Appartement in Holyrood oder nach Chrichton geschickt, um einige persönliche Sachen zu holen. Als der Mann gefangen genommen wird, findet man bei ihm eine silberne, offensichtlich aus Frankreich stammende Kassette mit dem Monogramm François' II., die Papiere und Briefe enthält. Morton hat sie an sich genommen, sich zum Inhalt aber nie konkret geäußert. Als Moray zurück ist, wird Marie mehrfach mit unwiderleg-

baren, schriftlichen Beweisen ihrer Schuld gedroht, nur bekommt Marie nie eine Abschrift oder gar ein Original zu sehen.

Im Dezember 1567 werden im Parlament Briefe der Königin an Bothwell erwähnt, die beweisen, dass sie ihn bereits vor Darnleys Tod leidenschaftlich geliebt habe und an der Planung des Mordes beteiligt gewesen sei. Vorgelegt werden sie nicht. Moray lässt nach und nach angebliche Abschriften dieser Briefe an Cecil und andere gelangen.

Am 16. September 1568 übergibt Morton die Kassette mit Inhalt gegen Quittung an Moray, zwei Tage später werden die Konferenzteilnehmer im Namen des Königs bestimmt und reiten nach York. Moray ist sicher, wenn er die Konferenz und damit die Öffentlichkeit Europas von der moralischen Verderbtheit Marie Stuarts überzeugt, ist seine Regentschaft gesichert! Indem er die Briefe aus dem Kasten lässt und damit skrupellos Maries Reputation hinrichtet, verdammt er sie zu einer lebenden Toten, weniger dramatisch ausgedrückt zu einem Leben in Gefangenschaft. Schlimmer noch: Er prägt über 400 Jahre ihr Bild im Bewusstsein der Nachgeborenen.

Denn bis im Laufe des zwanzigsten Jahrhunderts die Geschichtswissenschaft die Kassettenbriefe in ihrer Gesamtheit als Fälschungen entlarvt, werden sie weitgehend für echt gehalten, obwohl schon Zeitzeugen sie als Fälschungen bezeichnen. Erschwert wird und wurde jede Untersuchung durch den Umstand, dass die „Originale" seit dem Ende des 16. Jahrhunderts unauffindbar sind. Wahrscheinlich sind sie im Verlauf eines Hochverratsprozesses 1584 in die Hände des Königs James VI. Stuart gelangt und von ihm vernichtet worden. Akribische Wissenschaftler haben aber Entscheidendes, was in den „Kassettenbriefen" gegen Marie Stuart und für eine ehebrecherische Beziehung zu Bothwell und ihre Beteiligung am Mordkomplott gegen Darnley spricht, schon allein aus den rekonstruierbaren Reiserouten Maries widerlegt. Tatsache ist wohl, dass man in besagter Kassette einige von Marie geschriebene Entwürfe und Notizen gefunden hat und daraus, in Kenntnis ihrer Schrift und ihres Schreibstils, nach und nach ein ganzes, frei erfundenes Konvolut von Liebesbriefen und Verschwörungsabsprachen konstruiert hat. Zurück nach York:

Eine Konferenz ohne Ergebnis

Norfolk soll das von den Schotten beigebrachte Beweismaterial überprüfen, Moray und Maitland überreichen es persönlich. Angeblich hat Norfolk auf die in den Briefen zum Ausdruck kommende zügellose Liebe mit Abscheu reagiert und deshalb eine öffentliche Lesung verhindert. Maitland sucht Norfolk privat auf und sagt, die Briefe seien wohl Fälschungen, Marie Stuarts Handschrift sei leicht nachzumachen, er selbst habe es schon getan. Norfolk lädt Maitland zur Jagd, und Maitland fragt ganz *en passant*, ob Norfolk schon daran gedacht habe, Marie zu heiraten? Muss er noch darauf hingewiesen werden, dass die mögliche Thronfolgerin Catherine Grey im Januar gestorben ist und ihre Kinder für illegitim erklärt sind? Jedenfalls gerät der katholische Witwer ins Grübeln. Als sein Grübeln in London ruchbar wird, stellt sich heraus, dass Leicester nichts einzuwenden hat. Cecil schweigt, weil er sicher sein kann: Elizabeth wird nie zustimmen!

Da Norfolk die Briefe nicht verlesen lassen will, schickt Moray den englischen Teilnehmern Abschriften. Wer Marie Stuart danach noch freispricht, muss die Schotten der Fälschung bezichtigen. Damit ist die Konferenz eigentlich beendet, was noch folgt, geschieht einzig zur Wahrung des Dekorums und dient ausschließlich der Verschleierung einer permanenten Rechtsbeugung.

Um die Debatte noch besser unter Kontrolle zu haben, lässt Elizabeth die Verhandlung am 22. Oktober nach Westminster verlegen. Inzwischen hat der Bischof von Ross bei Marie anfragen lassen, wie sie über eine Heirat mit Norfolk denkt. Sie ist unmittelbar begeistert. Marie lässt ihre Bereitschaft, die Ehe mit Bothwell zu lösen, bekannt machen, sie korrespondiert mit Norfolk. Elizabeth erfährt natürlich davon, bestellt Norfolk zu sich und fragt ihn direkt. Er leugnet jede Heiratsabsicht. Sie tut, als glaube sie ihm, verständigt sich aber mit Moray, dass diese Ehe nicht zustandekommen darf.

Elizabeth ruft am 14. Dezember den *Privy Council* in Hampton Court zusammen, um ihm die Kassettenbriefe vorzulegen. Das ist eine weitere Perfidie, denn da Marie die Briefe nicht kennt, kann sie sich nicht dazu äußern und der Inhalt steht unwidersprochen im Raum. Die Konferenz tagt weiter, als sei nichts geschehen, nachdem

Maries Vertreter unter Protest die Verhandlung verlassen haben. Das Ganze gerät damit endgültig zu einer juristischen Farce. Am 15. Januar ist die letzte Sitzung, und alles geht aus wie das Hornberger Schießen: Keine Seite hat genügend Beweise für eine eindeutige Entscheidung erbracht, die Konferenz sieht sich außerstande, eine Entscheidung zu treffen. De facto ist durch Zulassung und Durchführung des Verfahrens Maria Stuarts Ruf dauerhaft geschädigt. Elizabeth hat ein Ziel erreicht, ihr zartes Gewissen ist ein wenig leichter bei dem Gedanken, Marie in Gefangenschaft zu halten!

Als unmittelbare Konsequenz muss Marie Stuart ihren persönlichen Anspruch auf den englischen Thron aufgeben, jede politische Korrespondenz mit dem Ausland kann als Verrat gewertet werden. Die tolerante Elizabeth Tudor verbietet ihr, weiter die Messe zu hören, angeblich gibt es keine Priester in England. Entnervt stimmt Marie allem zu, besteht aber weiterhin auf einer persönlichen Aussprache, die Elizabeth inzwischen zu fürchten scheint wie der sprichwörtliche Teufel das Weihwasser. Elizabeth hat nicht umsonst Angst vor dem Zauber, der von Marie ausgeht, sie wird ihn bis an ihr Lebensende spüren, wahrscheinlich gerade weil sie es nie wagt, sich ihm persönlich auszusetzen …

Elizabeths Bildpropaganda

Manchmal scheint es, als ließe Elizabeth Tudor deshalb so viele autorisierte Porträts von sich in Umlauf bringen, weil sie diese Magie Maries bannen will. Seit Beginn ihrer Herrschaft erscheinen Porträts von ihr – und dies sozusagen in allen Preisklassen. Für die Ärmsten gibt es Metallmünzen geringer Wertigkeit mit ihrem Konterfei, in der ersten Dekade ihrer Herrschaft erscheint kaum ein Buch religiösen Inhalts ohne ein von ihr autorisiertes Bildnis darin, sie will sich als *Protestant ruler* profilieren, jedem Engländer soll klar sein, dass seine Königin die Schutzherrin des Protestantismus ist. Von allen Porträts großer Meister werden unzählige Kopien weniger begabter und bekannter Künstler angefertigt, die natürlich weit günstiger zu erwerben sind. So soll jeder, vom Fürsten bis zum Biedermann, die Chance erhalten, seine vier Wände mit einem Bild seiner Königin zu schmücken.

Das Urteil des Paris

Bezeichnenderweise 1569 soll Elizabeth selbst dem seit den vierziger Jahren in England und für den Hof malenden Hans Eworth den Auftrag zu einem ganz besonders sinnträchtigen Gemälde erteilt haben: das Urteil des Paris! Er stellt Queen Elizabeth in der Rolle des Paris dar, doch statt des Apfels trägt sie einen Sonnenglobus als Trophäe, mit der sie die drei konkurrierenden Göttinnen in die Flucht schlägt, da sie all deren Eigenschaften in ihrer Person vereint. Um das unmissverständlich klar zu machen, wird die Bildaussage in einer Inschrift wiederholt. Selbst Juno, der Königin des Olymp, ist Elizabeth also überlegen, denn Juno flieht in heller Auflösung vor Englands Königin, verliert Sandale und Szepter. In der Mythologie entsteht aus dem Urteil des Paris der trojanische Krieg, Elizabeth hingegen bringt Frieden. Selbst Cupido hat seinen Bogen zerbrochen, Elizabeth Tudor wird sich also nie erotischer Liebe hingeben …

Bildsymbolik

Die Zeit liebt Anspielungen und verborgene Bedeutungen wie kaum eine andere Epoche. So ist jedes der „großen Porträts" der Königin gespickt mit Sinnbildern ihrer ungewöhnlichen Eigenschaften, Tugenden und Fähigkeiten. Als grober Hinweis auf die Tendenz wäre hier das Familienporträt zu nennen, das in der Mitte Henry VIII. mit Jane Seymour und Sohn Edward zeigt, auf dem einen Seitenflügel seine Tochter Maria mit Gatte Felipe und dem Krieg, auf dem anderen Elizabeth mit den weiblichen Symbolfiguren für Frieden und Prosperität.

Die Liste der „Feinheiten" ist unendlich lang, so enthält fast jeder dargestellte Gegenstand eine kleine Botschaft für Eingeweihte. Ein Sieb steht für Jungfräulichkeit, die Tudorrose ist immer auch Antwort auf die *Fleur-de-lis* Frankreichs, und der Pelikan steht für Frömmigkeit, Wohltätigkeit und Selbstaufgabe – zugunsten des Landes. Es gibt kenntnisreiche Erklärungen der Kunstgeschichte, für die hier leider nicht der Raum ist.

Wichtig ist Elizabeth auch, dass jede Feinheit ihrer Kleidung und ihres Schmuckes richtig zur Geltung kommt, ihre Hofmaler müssen schon Virtuosen der Wiedergabe von Spitzen unterschiedlicher Art, des Schimmers verschiedener Edelsteine und der Struktur von Stoffen sein. Nur, wer die Spuren des Alters in den späteren Jahren allzu realistisch darstellt, bekommt keine Aufträge mehr. Die bekanntesten Porträts entstehen Mitte der siebziger und in den achtziger Jahren, die Frau Elizabeth ist also mindestens vierzig, im Jahr der Armada gar achtundfünfzig Jahre alt, wirkt meist aber irgendwie zeitlos: Kurz gesagt, die Bilder schmeicheln ihr. Noch später verspürt Elizabeth keine Lust mehr, selbst zu sitzen, sie lässt ältere Porträts als Vorlagen verwenden!

Auch die Anzahl der existierenden Porträts belegt die Unterschiedlichkeit der beiden Königinnen. Während Elizabeth ihr Bild und dessen Allgegenwärtigkeit ganz bewusst einsetzt und sich unzählige Male porträtieren lässt, existieren von Marie nur verschwindend wenige Bilder. Gerechnet auf ihre Lebensspanne überwiegen die aus Kindheit und Jugend, die aus ihrer Zeit in Frankreich stammen. Von der erwachsenen, regierenden Königin gibt es wenige, von der alternden Gefangenen höchsten zwei oder drei. In ihren aktionsreichen Jahren in Schottland hat sie kaum Zeit gefunden, Malern Modell zu stehen oder sitzen. Während ihrer Gefangenschaft hatte sie reichlich Zeit, aber vielleicht zu wenig Geld? Vieles, insbesondere Illustrierungen ihrer diversen Abenteuer, stammt aus der Erbauungsliteratur. Die Stecher der darin verwendeten Druckgrafiken können allenfalls Kopien ihrer Jugendbilder als Vorlagen benutzt haben, wenn überhaupt. Alles andere ist erst mehr oder weniger lange nach ihrem Tod entstanden und zeigt sicher kein Abbild der wahren Marie Stuart.

Unruhen ohne Ende

London, Madrid, Brüssel und Rom, Winter 1568/69
Internationale Lage
Der charmante spanische Botschafter de Silva wird durch den Hardliner de Spes ersetzt, der sich sofort kopfüber in die Inselintrigen stürzt, natürlich mit dem Ziel der Rekatholisierung. Ihn begeistert

die Idee einer Heirat Marie Stuarts mit Norfolk, und er findet in der erzkatholischen Lady Anne Somerset, Countess Northumberland, eine eifrige Mitstreiterin.

Wichtiger aber ist die Entwicklung des Konfliktes zwischen England und Spanien, der aus den Kaperfahrten der unter Elizabeths Schutz stehenden Piraten entsteht. Als Antwort auf den letzten „Goldraub" lässt Alba in Antwerpen alle englische Kauffahrerschiffe beschlagnahmen und Kaufleute verhaften. Der englische Handel muss nach Hamburg ausweichen. Das Parlament ist deswegen in Aufruhrstimmung, Cecil wird rasant unpopulär, Verschwörungen gegen ihn boomen. Angesichts einer Staatskrise hat Elizabeth Angst vor der eigenen Courage und spanischer Vergeltung, stellt aber de Spes unter Hausarrest. Marie Stuart nutzt das angespannte Verhältnis für ihre Zwecke und verspricht Felipe II., wenn er ihr Truppen schickt, könne binnen drei Monaten auf der ganzen Insel wieder die Messe gelesen werden – und sie Königin sein!

Im März profiliert sich Henri d'Anjou, Lieblingssohn der Médicis, als Feldherr. Unter seiner nominellen Führung werden im dritten Religionskrieg die Hugenotten bei Jarnac entscheidend geschlagen. Condé fällt, und sein Nachfolger Admiral Coligny wird im Oktober des Jahres ebenfalls eine Niederlage erleiden. Als Chef der streng katholischen Partei fungiert Maries junger Cousin Henri de Guise, der seinen Vater François rächen will.

Eine speziell englische Entwicklung ist die Hinwendung zum Puritanismus, bei der überraschend Leicester einer der Vorreiter ist – wenn auch wegen seiner Nähe zur Königin (und anderen Damen des Hofes) seine moralische Integrität angezweifelt und sein Puritanertum als politisches Kalkül abqualifiziert wird.

Bolton, Tutbury, Edinburgh und London, Frühjahr 1569

Eine kämpferische Gefangene

Trotz oder gerade wegen ihrer Niederlage vor der Kommission wird Marie Stuart nicht abdanken, mögen ihr auch alle Feinde und falschen Freunde dazu raten. Sie veröffentlicht nun die Namen aller Unterzeichner des *Craigmillar Bond*, nennt auch Moray, der dennoch von Elizabeth als Regent bestätigt wird. Maries Vertrauen in Elizabeth ist zerstört, ihr Streben gilt künftig primär der Erlangung des englischen Throns, wenn schon nicht für sich selbst, so doch für ihren Sohn. Sie nimmt ihre internationale Korrespondenz wieder auf, weiß aber zunächst nicht, dass vieles die Adressaten nie erreicht, sondern in Cecils Archiven verschwindet. Sie hat das leidenschaftliche Mitgefühl des katholischen England, und selbst bei eifrigen Protestanten und treuen Anhängern Elizabeths schwindet die bis dato uneingeschränkte Bewunderung für die sich allzu kapriziös gebärdende und allzu oft doppelzüngige Tudor und gibt Mitgefühl für die Gefangene Marie Stuart Raum.

Eine feste Burg

Da ein Ende der Gefangenschaft nicht abzusehen ist, überstellt Elizabeth Marie der Aufsicht des George Talbot, Earl of Shrewsbury, der nicht nur für eine sichere Unterkunft auf seinen zahlreichen Besitzungen in der Mitte Englands, sondern auch für den Unterhalt Maries zu sorgen hat. Das schont die Staatskasse. Elizabeth schildert Marie die Vorzüge der Regelung in leuchtenden Farben, so könne sie ihrem Rang entsprechend untergebracht werden und mit der Bequemlichkeit, die sie gewohnt sei. Marie wehrt sich lange, muss aber Anfang Februar aufbrechen, als Moray als Regent nach Edinburgh zurückkreist und ihr der Weg dorthin verbaut ist.

Ihr nächstes Gefängnis kommt einem Verließ sehr nahe, wenn sie auch eine Suite im Wohntrakt bekommt. Tutbury ist eine unverändert mittelalterliche Burg mit meterdicken Mauern und zugigen Fensterlöchern, bei entsprechendem Wetter schlägt die Feuchtigkeit sich an den Innenwänden nieder! Ihre schottischen Verteidiger werden Ende Januar nach Hause komplimentiert, einige werden bald wegen einer Revolte verhaftet. Marie wird krank. Doch sie bleibt in Briefkontakt mit Norfolk, die Heirat wird ernsthaft betrieben, er schickt ihr einen riesigen Diamanten.

Während London von Krisen geschüttelt wird und im Norden Pläne langsam reifen, lernt Marie die Gattin ihres „Gastgebers" kennen, die Damen sticken und plaudern, Marie erfährt den neuesten Klatsch, Lieblingsthema der Hausherrin ist Elizabeths Liebesleben.

Bess Hardwick, nun Lady Shrewsbury, ist eine der interessantesten Frauen ihrer Zeit, wenn ihre persönliche Bestzeit auch schon etwas zurückliegt. Sie stammt aus ärmlichen Verhältnissen, hat sich konsequent hoch geheiratet, von zwei Ehemännern reichlich Land und Kapital geerbt und eine Vorliebe für das Bauen und Einrichten komfortabler Herrenhäuser entwickelt. Ihre Freundschaft mit Catherine Grey hat ihr sieben Monate Towerhaft eingebracht. Die Ehe mit Shrewsbury ist bereits ihre vierte, sie ist acht Jahre älter als er und führt ein strenges Regiment über die Familie. Damit das Vermögen nicht für unsinnige Mitgiften verplempert wird, verheiratet sie zwei Kinder aus ihrer zweiten Ehe mit zwei Talbots aus dessen erster! Ihren größten Heiratscoup wird sie erst 1574 landen …

London, Tutbury, Edinburgh, Sommer 1569

Allgemeine Verunsicherung

Elizabeth hat noch vor Ostern klargestellt, dass sie Cecil auf keinen Fall fallenlassen wird. Wer gegen Cecil ist, ist gegen sie. Ihre Höflinge haben das verstanden, dennoch wird die Heirat Maries mit Norfolk Dreh- und Angelpunkt aller Allianzen. Leicester befürwortet sie, weil er hofft, dass Elizabeth ihn dann endlich erhört, Pembroke und Throckmorton sind auf seiner Seite. Marie soll zu gegebener Zeit wieder Königin der Schotten werden, endlich den Vertrag von Edinburgh ratifizieren und schließlich zur Thronfolgerin von England ernannt werden. Andere Höflinge wie Arundel, Northumberland und Westmorland wollen umgehend Elizabeth durch Marie ersetzen und die Insel mit Spaniens Hilfe rekatholisieren. Maitland ist mit den Heiratsbefürwortern im Bunde, der tyrannische Führungsstil von Moray ist ihm zuwider. Es wird konspiriert und geflirtet, Elizabeth wird von Angst und Unbehagen geschüttelt, wie schafft es diese Stuart nur, selbst Leicester, ihren *Sweet Robin*, für diese Heirat zu gewinnen? Einzig Cecil scheint gegen ihren Zauber gefeit! Elizabeth fragt ihren ersten Peer Norfolk dreimal, ob er diese Heirat will, und jedes Mal weicht er aus. Elizabeth schickt Henry Hastings, dritter Earl of Huntingdon, als zusätzlichen Bewacher zu Marie Stuart, die fürchtet, er habe den Auftrag, sie zu ermorden!

Elizabeths kleine, feine Perfidie

Diese Befürchtung ist kein reines Hirngespinst von Marie, denn Huntingdon hat als „Vetter der Tudors" selbst einen gewissen Thronanspruch und war in seiner Kindheit Spielkamerad und Mitschüler Edward VI. Tudors, später wegen Unterstützung Jane Greys in Haft. Er stammt von jenem Buckingham ab, den Henry VIII. wegen seines Thronanspruchs hinrichten ließ. Seine Mutter ist eine Tochter des aus gleichem Grund hingerichteten Montague, und deren Schwiegermutter wiederum war die berühmte und ebenfalls hingerichtete Countess Salisbury. Deshalb lässt Maria Tudor ihn frei, und er wird, obwohl selbst überzeugter Calvinist, zum ständigen Begleiter seines Onkels, Kardinal Pole. Das und seine Thronrechte machen ihn für Elizabeth verdächtig. Sie straft ihn mit Missachtung, obwohl er seit 1553 mit Leicesters Schwester Catherine Dudley verheiratet ist. Leicester hat ihn während Elizabeths Pockenerkrankung als Thronfolger durchsetzen wollen.

Typisch für Elizabeth, ihm als erste, lang ersehnte Gunst zu gewähren, der Bewacher seiner persönlichen Konkurrentin Marie Stuart sein zu dürfen! Das muss für beide eine schwere Prüfung sein, der jeweils andere ist eine Gefahr für das eigene Leben und die eigenen Zukunftsaussichten. Für Huntingdon ist das der Beginn einer Karriere, die er allerdings – auch typisch Elizabeth – aus eigener Tasche finanzieren muss, was die Familie finanziell ruiniert …

Mal wieder eine Scheidung

Marie hat bereits im Oktober erklärt, sie wolle sich von Bothwell scheiden lassen. Nun beauftragt sie Lord Boyd mit der Beschaffung der Papiere aus Edinburgh und Rom. Im Vatikan hat sie sich mit der Bothwell-Heirat zwar noch unmöglicher gemacht als in der Heimat, aber nach ihrer Flucht nach England ist Rom wieder auf ihrer Seite. Die gottesfürchtigen Lords dagegen lehnen die Scheidung kategorisch ab, sie raten Norfolk in wahrhaft christlichem Erbarmen, er solle sich von Dänemarks König den Kopf Bothwells schicken lassen, dann könne er die Witwe heiraten!

In dänischer Gefangenschaft

Carberry Hill und Dragsholm, Juli 1567 bis April 1578

Wo steckt Bothwell?

Nach dem hastigen Abschied bei Carberry Hill versucht Bothwell mit aller Kraft, ein Heer zur Befreiung Maries zusammenzukratzen, doch da er entgegen allen Zusagen am 17. Juni bereits zum *Outlaw* erklärt ist, muss er wegen der Gefahr, verraten und seinen Gegnern ausgeliefert zu werden, weit nach Norden ausweichen. Seine zurückgebliebenen Anhänger werden alle gefoltert und gehängt, doch keiner „gesteht" eine Mitwisser- oder gar Täterschaft der Königin am Darnley-Mord. Im Juli 1569 wird sein Diener Paris in dem Moment gehängt, als Cecils Auslieferungsbegehren den Rat erreicht.

Ende Juli 1567 wird Bothwell in Spynie von den Bastarden seines Onkels, des Bischofs, verraten und kann gerade noch mit 200 Mann auf „seine" Orkneys entkommen. Er wird als neuer Duke begeistert empfangen, doch Balfours Bruder hält dort zwei entscheidende Burgen und lässt gnadenlos auf Bothwells Männer feuern. Kirkcaldy of Grange taucht mit neun Kriegsschiffen an der Küste auf; Bothwell kann gerade noch Richtung Shetlands in See stechen. Dort bleibt ihm kaum Zeit für ein Mittagessen, da kommt schon wieder Kirkcaldy in Sicht.

Bothwell klebt das Pech an den Fersen, mit unglaublichem Geschick und Glück kann er während eines schrecklichen Sturmes seinem Verfolger entkommen, um unmittelbar königlich-norwegischen Piratenjägern in die Hände zu fallen. Mit einem gerüttelt Maß an Flunkerei kann er sich nach Bergen durchschlagen. Er hat Frederik II. von Oldenburg, König von Dänemark und Norwegen, in guter Erinnerung, sie haben manch gemeinsames Saufgelage gehalten. Bothwell will Frederik im Namen seiner Königin um Unterstützung bitten und so nach Frankreich gelangen, wo er glaubt, Hilfe für Marie Stuart finden zu können. Auf seinem Schiff wird angeblich später ein Brief Maries gefunden, die seine Pläne offensichtlich kennt.

Er beantragt beim Kommandanten Papiere für die Weiterreise. Nun holt ihn seine Vergangenheit ein. Der Kommandant ist ausgerechnet ein Onkel jener Anna Throndssen, der er einst die Heirat versprach, weil er damals ihre Mitgift unbedingt brauchte, um nach Frankreich zu gelangen. Anna hat ihn dorthin, nach Flandern und Schottland begleitet, bekam wohl auch einen Sohn von ihm – aber keine Heirat. Nun verklagt sie ihn gemeinsam mit einigen Gläubigern früherer Aufenthalte in Skandinavien. Er wird nach Kopenhagen gebracht, wo ihn Frederik in behaglicher Gefangenschaft hält. Der König hofft, mit diesem brisanten Gefangenen politischen und pekuniären Gewinn zu machen.

Bothwell nutzt die Zeit, um seine Erinnerungen zu diktieren. Steht er wirklich noch in Briefkontakt mit Marie? Er bietet jedenfalls Frederik die Orkneys und Shetlands für ein paar gerüstete Schiffe mit Besatzung. Frederik denkt, sein Anspruch sei nachhaltiger, wenn er die Inseln von den offiziellen Machthabern für die Auslieferung Bothwells erhält. Doch die wollen Bothwell gar nicht lebend! Also bleibt Bothwell Geisel zur späteren Verwendung, lebt aber ganz gut, Frederik lässt ihn sogar Audienzen als König der Schotten abhalten.

Um die Sache abzuschließen: 1573 ist Frederik klar, dass er aus Bothwell keinen Gewinn mehr ziehen wird. Er schickt ihn in strengste Kerkerhaft nach Dragsholm, sein vom Meer umtostes Staatsgefängnis. Die Enge dieses Gefängnisses, in dem er so angekettet wird, dass er nicht aufrecht stehen kann, raubt dem aktiven und intelligenten Bothwell den Verstand. Am 14. April 1578 wird ihn der Tod erlösen – vorläufig. Maries Reaktion ist nicht überliefert. Bothwells Sarg wird 1858 geöffnet, er ist in der Salzluft auf natürliche Art mumifiziert, die Leiche misst knapp 168 cm. In der Faarveijle Kirche kann man ihn unter Glas betrachten, bis ihn Königin Margarethe II. von Dänemark nach 1972 endlich beisetzen lässt …

Die Männer des Nordens

Von Edinburgh bis London, Sommer/Herbst 1569
Der Aufstand der Katholiken
Auf den Inseln gehen die Intrigen, Verschwörungen und Gegenverschwörungen weiter. Marie hofft nach wie vor auf ihre Befreiung.

Festzuhalten bleibt, dass sie als souveräne Fürstin nie auf die Idee kommt, sie könne je der englischen Justiz anheimfallen, wenn sie aus ungerechtfertigter englischer Gefangenschaft heraus, mit welchen Mitteln auch immer, ihre Freiheit zu erlangen sucht. Sie verhandelt mit jedem, der an ihrer Freilassung Interesse zeigt.

Norfolk befragt im August den Staatsrat in Cecils Abwesenheit nach seiner Haltung zu seiner Heirat mit Marie Stuart. Die Räte erklären, der Freilassung Maries zuzustimmen, sollte sie einen Engländer heiraten. Norfolk verpflichtet Leicester, diesen Ratsentscheid der Königin mitzuteilen. Doch der unternimmt nichts. Elizabeth beginnt ihre sommerliche Rundreise und gibt Norfolk nochmals Gelegenheit, sich zu erklären. Norfolk schweigt und beschließt, mit der Gruppe um Northumberland, der stolz verkündet, er habe den ganzen Norden hinter sich, Marie gewaltsam zu befreien. Pembroke begleitet Elizabeth auf der Rundreise und will Sorge tragen, dass sie der Heirat zustimmen muss.

In Scotia hat auch Moray Wind von all dem bekommen und lässt Anfang September Maitland und Balfour wegen des Mordes an Darnley verhaften. Das passt Kirkcaldy of Grange nicht, schließlich gab es ja einen Bond, und das bedeutet für einen Schotten eigentlich: „Einer für alle, alle für einen!" Kirkcaldy befreit Maitland, und Morays Herrschaft gerät mächtig ins Wanken. Der ist sich dessen wohl bewusst, denn er lässt den aus Frankreich heimkehrenden zweiten Earl of Arran, Duc de Châtellerault, prophylaktisch inhaftieren.

Inzwischen legt Leicester sich während der Rundreise in Titchfield krank zu Bett, wie stets eilt Elizabeth besorgt herbei, und er gesteht ihr „alles". Die Queen ist nicht *amused* und lässt Norfolk, der sich ihr Anfang Oktober zu Füßen wirft, in den Tower bringen. Norfolk hat vor seiner Verhaftung zwar Befehl gegeben, den geplanten Aufstand wenigstens zu verschieben, doch Northumberland hält sich, von seiner Frau mit Vehemenz angetrieben, nicht daran und schlägt im November los. Im ersten Schwung stürmen die Männer des Nordens Durham, zerstören die Kathedrale, zerreißen englische Bibeln und *Prayer Books*, lassen allenthalben Messen lesen. Doch das Volk zieht nicht mit, und Sussex, den Elizabeth mit der Niederschlagung betraut, hat bis Weihnachten alle Anführer über die schottische Grenze gejagt. Northumberland wird von einem Laird Ormiston gefangen genommen und an den Regenten verkauft. Moray hält ihn auf Lochleven in Haft, zwei Jahre später verkauft ihn der nächste Regent gegen 2.000 Pfund an Elizabeth, die ihn im August 1572 in York hinrichten lässt. Northumberlands Frau kann in die Niederlande fliehen, sie lässt ihre Töchter nachkommen. Auch Westmorland gelingt die Flucht über den Kanal. Elizabeth tobt und will Rache, Cecil kann sie kaum besänftigen. 600 Mitläufer werden wahllos hingerichtet, ihre Vermögen eingezogen.

Tutbury und London, Anfang 1570

Viel Lärm um nichts

Marie Stuart hat die ganze Aktion nichts gebracht, sie wird auf unbestimmte Zeit Gefangene ihrer Cousine bleiben und zunächst einen eisigen Winter im zugig-feuchten Tutbury überleben müssen. Elizabeth erhebt ihren treuen Cecil im Januar in den Adelsstand, macht ihn zum Baron Burghley. Sie belobigt ihren Vetter Henry Carey of Hunsdon, der als Generalleutnant der Loyalen Truppen der Königin mit Lord Dacre Anfang Februar den letzten Aufständischen besiegt, macht ihn aber keineswegs wie allgemein erwartet zum Earl of Hunsdon. Sie will Norfolks Kopf, doch Cecil hält ihr vor, dass eine Heiratsabsicht kein Hochverrat ist, Sussex unterstützt Cecil nachhaltig. Elizabeth kreischt vor Wut, flüchtet in eine Ohnmacht, gibt aber letztlich nach. Norfolk bleibt im Tower, wird erst im Sommer 1570 auf seine Besitzungen entlassen werden, nachdem er seine Schuld bekannt und völlige Unterwerfung geschworen hat.

Die anderen Schuldigen müssen für die Kosten der Strafexpedition aufkommen, zahllose Ländereien wechseln den Besitzer. Außerdem sorgt Queen Elizabeth dafür, dass Maries Bewacher, Henry Hastings, Earl of Huntingdon, neuer Chef des Rates des Nordens wird anstelle von Sussex, dessen Bruder auf den Seiten der Katholiken gekämpft hat. Der Calvinist Huntingdon trägt seinen Teil dazu bei, dass der alte, der feudale und einigermaßen autonome Norden bald nicht mehr existiert.

Ein Regent wird ermordet

Anfang des Jahres verhandelt Moray mit Elizabeth um die Auslieferung Maries an Schottland, also an ihn, den Regenten. Am 21. Januar
reitet er inmitten von 150 Anhängern durch die Straßen von Linlithgow. An einem Fenster lauert ein Attentäter und erschießt ihn inmitten
dieser Menge. Der Schütze ist James Hamilton von Bothwellhaugh,
ihm gelingt die Flucht nach Frankreich. Als Anstifter gilt sein Onkel,
der Erzbischof. Allenthalben werden Hamiltons aus Rache für Moray angegriffen, der Clan bewaffnet sich und zieht gen Edinburgh.

Die Beisetzung des ungeliebten Regenten wird zu einer Demons-
tration gegen alle Papisten und die Hamiltons. Der aus der Versenkung aufgetauchte Knox beweint mit gewohnt alttestamentarischer
Wucht Morays sentimentales Mitleid mit Marie und den anderen
Mördern Darnleys. Alle Zeichen stehen auf Bürgerkrieg. Maitland
ist es nach seiner Befreiung gelungen, Kirkcaldy of Grange davon
zu überzeugen, dass das Recht auf Seiten Marie Stuarts ist. Das ist
nicht das überzeugendste Argument für Kirkcaldy, doch nach Morays Ermordung ergreift Kirkcaldy offen Partei für die „Marianer"
und hält fortan Edinburgh Castle für die Königin.

Reaktionen auf den Mord

Englands Räte verlangen einen schnellen militärischen Zug nach
Norden, bevor Frankreich reagieren kann. Elizabeth lässt Sussex
einmarschieren und bis kurz vor Edinburgh rauben und brandschat-
zen. Am 12. April endlich gebietet der französische Botschafter
Einhalt. Elizabeth habe behauptet, Sussex ausgeschickt zu haben,
um Marie den Thron zu sichern, und wenn das nicht umgehend
geschehe, werde Frankreichs König Maries Sache zu der Seinen
machen und Elizabeth den Krieg erklären. Elizabeth beschuldigt in
einem veritablen Wutanfall Cecil, sie aus unberechtigtem Hass auf
Marie Stuart zu Handlungen gegen ihre geliebte Cousine zu drängen! Welch absurdes Theater!

Es gilt einzulenken. Elizabeth zieht Sussex ab, überschüttet ihn
mit Lob für sein entschlossenes Vorgehen. Dann sorgt sie mit den

üblichen Mitteln dafür, dass Lennox zum Regenten gewählt wird. Lady Lennox und Sohn Charles behält sie als Garanten seines Wohlverhaltens bei sich. Wohlverhalten ist von den Schotten allerdings nicht zu erwarten, die Anhänger Maries sind nicht gewillt, Lennox zu tolerieren. Im Mai versichert Elizabeth Frankreich, sie werde umgehend eine Diskussion in Gang setzen, wie Marie Stuarts Rückkehr auf ihren Thron in die Tat umgesetzt werden kann. Sie spielt, wie immer, auf Zeit.

Eine exkommunizierte Anglikanerin

Ende Mai nagelt ein fanatischer Katholik die Abschrift der Anfang des Jahres ergangenen Exkommunikationsbulle gegen Elizabeth Tudor an die Tür des Bischofspalastes zu London. Nun kann Elizabeth nicht länger auf die „Austrocknung" des Katholizismus hoffen, denn die Bulle entbindet jeden Katholiken vom Gehorsam gegen die Königin und tilgt damit ihre Hoffnung, auch ein Katholik könne ein guter Engländer sein. Das beflügelt natürlich Attentäter und Aufrührer, und die Gesetze gegen Katholiken müssen verschärft werden. So wird es zu Hochverrat erklärt, sich zum Priester weihen zu lassen. Dieses Gesetz wird 120 Hinrichtungen in 20 Jahren fordern.

Chatsworth, Frühling/Sommer 1570

Mütterliche Illusionen

Marie hat immerhin den Vorteil, in das angenehm luxuriöse Chatsworth zurückkehren zu können. Das Volk darf Marie Stuart bei ihren Umzügen nicht sehen, Elizabeth fürchtet ihre magische Ausstrahlung zu sehr. Norfolk bleibt für Marie der sicherste Garant ihrer künftigen Freiheit, obwohl er immer noch im Tower schmachtet. Sie füttert ihn mit Briefen und hält sich geistig fit, indem sie ihre Befreiung und ihr Wiedererstarken gedanklich immer wieder durchspielt, bleibt so bewundernswert stabil.

Einige Wahrheiten werden ihr allerdings vorenthalten. So sagt man ihr, der kleine Jamie frage oft nach ihr. Sie schickt ihm Geschenke, darunter Ponys und Gespanne, doch er bekommt davon nie etwas zu sehen. Die Countess of Mar, Annabella Murray, einst eine enge Freundin Marie Stuarts, die Knox als „wahre Jezabel" brandmarkt, hat James dazu gebracht zu glauben, dass seine Mutter seinen Vater ermordet habe, um ihren Liebhaber heiraten zu können! 1571 bekommt der Thronfolger für ganze acht Jahre Buchanan zum Erzieher. Der wird ihm die Überzeugung einpflanzen, seine Mutter sei nichts anderes für ihn als eine ständige Bedrohung seines Thrones.

Das Ridolfi Modell

London, Paris, Chatsworth und Edinburgh, Frühling 1571
Mal wieder Heiratspläne
Im Februar besucht Morton im Auftrag der Lords London, doch er gibt vor, keinem Beschluss zustimmen zu dürfen, der auch nur im Geringsten die Rechte des Königs James VI. einschränkt. Irgendwann ist klar, dass auch er nur Zeit schinden will. Elizabeth ist dankbar für die Verzögerung einer echten Entscheidung. Oft genug ist es gelungen, mit Heiratsprojekten von anderen Problemen abzulenken. Zuerst erinnert man sich mal wieder an Erzherzog Karl, doch der Kaiser reagiert etwas indigniert auf diese Anfrage, immerhin hat Elizabeth die Heirat wegen religiöser Unvereinbarkeit vor über drei Jahren offiziell abgelehnt, und Karl ist inzwischen mit Maria von Wittelsbach verlobt, die Hochzeit auf den 26. August festgesetzt!

In ihrer Situation als Exkommunizierte könnte es sinnvoll sein, sich Frankreich zu nähern, zumal sich das Verhältnis zu Spanien „zur See" und in Sachen Niederlande immer schwieriger gestaltet. Marie Stuart erwägt gerade eine Heirat mit Henri d'Anjou, da Charles IX. im November zuvor die Kaisertochter Elisabeth von Habsburg geehelicht hat. Da will Elizabeth ihr doch zuvorkommen!

Madame Catherine ist unmittelbar begeistert, ihr Liebling Henri König von England! Dass seine Königin fast genau 18 Jahre älter sein wird als er, stört sie nicht, ihn aber gewaltig! Die ganze Idee ist absurd, aber geeignet, Marie eine Weile in Schach zu halten. Henri allerdings legt ein Verhalten an den Tag, wie es Elizabeth so nicht gewohnt ist. Er macht sich bei seinen Mignons über die alte Jungfer mit dem schlimmen Bein (auch Elizabeth leidet an den Folgen eines Reitunfalls) lustig und sorgt dafür, dass sie es erfährt.

Elizabeth bezirzt den Botschafter Frankreichs, Walsingham soll dort alles tun, um Madame Catherine zu überzeugen! Der unfreiwillige Kandidat beklagt sich bei seiner Maman, wie sie verlangen könne, er solle sein kostbares Seelenheil durch die Heirat mit einer Ketzerin von so zweifelhaftem Ruf gefährden. Inzwischen ist Cecil so begeistert von dieser Heirat, dass er Elizabeth bekniet, sie solle Anjou freie Religionsausübung zugestehen! Damit hat er Elizabeth einen Grund gegeben, die Heirat abzulehnen, das ist mit ihrem protestantischen Gewissen nicht zu vereinbaren, und die Farce wird im August beendet. Henri und seine Vesire werden über diese Braut noch lachen, wenn sie 1573 nach Polen aufbrechen, dessen Wahlkrone die treu sorgende Mutter Catherine ihrem Liebling als Ersatz für die englische „besorgt" hat.

London und Europa, 1570/71

Mal wieder eine Verschwörung

Während sich die höfische Welt mit dem skandalträchtigen englisch-französischen Heiratsprojekt beschäftigt, befassen sich andere mit weit gefährlicheren Dingen. Englische Katholiken, beflügelt durch die Papstbulle, wollen Nägel mit Köpfen machen und mal wieder Elizabeth Tudor durch Marie Stuart ersetzen. Erstmals wird offen die Ermordung Elizabeths geplant. Marie soll endlich Norfolk heiraten, und gemeinsam sollen sie England rekatholisieren. Der Zustimmung des Papstes ist man sich sicher, Felipe de España glaubt man gewinnen zu können, was fehlt, ist ein Mann mit internationalen Verbindungen, der alle Beteiligten aufsuchen und die Unternehmung abstimmen kann, ohne Verdacht zu erregen. Der findet sich schnell in dem italienischen Bankier Roberto di Ridolfi, der schon zuvor in diesem Metier an untergeordneter Stelle tätig war.

Er setzt in Norfolks Namen Aufforderungen zur militärischen Unterstützung einer katholischen Revolte auf, von denen nach seiner späteren Aussage auch Marie informiert wird und mit denen sie sich – angeblich – einverstanden erklärt. Ridolfi reist seit März 1570 unermüdlich zwischen London, Brüssel, Rom und Madrid hin und her. Er kontaktiert Alba, der die Aktion für albern hält, Felipe II., der Skepsis gegen die Ermordung der Königin an den Tag legt. Natürlich hat Ridolfi bald ein ganzes Netz von Boten, und einer davon, der Schotte Charles Bailly, der im Dienst des Bischofs von Ross steht, wird mehr zufällig bereits im April 1571 in Dover mit verdächtigen Papieren gefasst.

Unter der Folter gesteht er Dinge, die Cecil und den Rat in höchste Alarmbereitschaft versetzen. Hat nicht Walsingham aus Paris stets vor einer solchen Verschwörung gewarnt, wie sie sich hier abzuzeichnen beginnt? Folgerichtig wird Walsingham mit der Aufklärung betraut, und er ist so gründlich dabei, dass seine künftige Karriere als Sicherheitschef der Königin Englands gesichert ist. Er schlägt als gewiefter Geheimdienstler nicht bei erster Gelegenheit zu, sondern wartet, beobachtet, stellt Fallen. Im Sommer 1571 hält sich Ridolfi in Madrid auf. Felipe II. und die Cortes lehnen es ab, einen Attentäter auf Elizabeth Tudor anzusetzen, doch Alba soll eine Invasionsarmee in Bereitschaft halten und nach England übersetzen, sobald die Katholiken dort losschlagen.

Im Frühjahr 1571 hat Elizabeth der Veröffentlichung von Buchanans Schmähschrift gegen Marie Stuart zugestimmt, das Buch ist binnen Kurzem zu einer Art Bestseller avanciert und hat eine neue Welle der Ablehnung gegen Marie mobilisiert.

Am 7. September ist Walsingham sich seiner Sache so sicher, dass er Norfolk verhaften lässt. Walsingham, Leicester, der bekanntlich mit Norfolk verfeindet ist, sowie der unverwüstliche Cecil machen ihrer Königin klar, dass sie um ein Todesurteil wegen Hochverrats gegen Norfolk nicht herumkommen wird.

Wächter Shrewsbury muss Marie über das Auffliegen des Komplotts und das Wissen um ihre Mittäterschaft informieren. Sie verteidigt sich geschickt, doch ihr ist klar, dass diese Verschwörung der ohnehin brüchigen schwesterlichen Solidarität Elizabeths den endgültigen Todesstoß gibt. Maries kämpferische Devise bleibt: Angriff ist die beste Verteidigung, doch die nächsten zehn Jahre vergehen für sie in relativer Ruhe, soweit dies in Gefangenschaft möglich ist. Ihre Bewachung wird laxer, der Lebenszuschnitt wieder königlicher, die wechselnden Gefängnisse eleganter und behaglicher als Tutbury. Maries Gesundheit bessert sich, denn sie darf wieder reiten und jagen.

Dumbarton und Stirling Castle, April bis Herbst 1571

Herbe Verluste

Im Frühjahr hat Maries Partei das inzwischen fast vier Jahre gehaltene Dumbarton Castle an Söldner des Regenten Lennox übergeben müssen. Im Furor ihres Erfolges hängen die Sieger Bischof Hamilton im vollen Ornat, ein herber Verlust für die Marianische Partei und Marie persönlich. Der Marie ergebene Fleming kann nach Frankreich fliehen, wird dort aber bereits 1572 sterben. Ihre Getreuen haben mit dem Verlust ihrer die Clydemündung beherrschenden Festung keine Möglichkeit mehr, eine französische Invasion zu sichern.

Ungefähr zeitgleich mit der Aufklärung des Ridolfi-Komplotts stirbt am 4. September Regent Lennox während eines Angriffs auf Stirling Castle. Es ist nicht eindeutig, ob er Opfer der normalen Kampfhandlungen oder eines gezielten Mordanschlages wird. Fakt ist, dass John Erskine, Earl of Mar, nominell neuer Regent wird, die eigentliche Macht aber in den Händen Mortons liegt.

London, Tower, Januar bis Juni 1572

Bestrafung der Ridolfi Verschwörer

Natürlich wird auch Baillys Dienstherr Bischof Ross, der Gesandte Maries, vernommen. Sein umfassendes „Geständnis" ist nicht mit verständlicher Angst um den eigenen Kopf zu erklären, denn er beschuldigt nicht nur die Lords Arundel, Lumley, Southampton sowie den spanischen Botschafter, sondern „gesteht" seine Erleichterung darüber, dass Marie Norfolk nun nicht wird heiraten können, da sie für die Ehe ungeeignet sei. Sie habe François vergiftet, Darnley ermorden lassen, den Mörder Bothwell geheiratet, um ihn kurz darauf in den Tod auf dem Schlachtfeld zu führen. Bothwell sei ihr als Einziger entkommen! Marie flüchtet sich in die Erklärung, Ross sei gefoltert worden, und Elizabeth grübelt darüber, wem sie überhaupt noch trauen kann, da mindestens sieben ihrer wichtigsten Lords in das Komplott verwickelt sind. Norfolk ist mit allen und auch mit ihr selbst verwandt, sein Blut wird über ihr Haupt kommen, diese Vorstellung ängstigt sie sehr.

Der Prozess beginnt am 16. Januar 1572. Staatsprozesse im 16. Jahrhundert sind die öffentliche Rechtfertigung eines feststehenden Urteils. So auch der Hochverratsprozess gegen Norfolk. Die Geständnisse seiner Diener und Papiere, die man unter einer Fußleiste gefunden hat, lassen nichts anderes als ein Todesurteil zu. Da Elizabeth den Hinrichtungsbefehl insgesamt sechs Mal unterschreibt und die Entscheidung ebenso oft zurücknimmt, wird Norfolk erst am 2. Juni enthauptet.

Während all der Monate fordert das Parlament die Hinrichtung Maries wegen Hochverrats. Da Elizabeth auch mit Apostelsprüchen dazu nicht zu bewegen ist, will man die Stuart wenigstens von der Thronfolge ausschließen und jeden, der sich für sie einsetzt, als Hochverräter behandeln können. Es wird ein Gesetz beschlossen, nach dem Marie sich vor einem Tribunal des englischen Hochadels zu verantworten hat, sollte sie je wieder gegen Elizabeth konspirieren. Im Juli legt Elizabeth ihr Veto ein und kippt so das Gesetz, das zu ihrem Schutz erlassen wurde. Das Parlament wird volle vier Jahre nicht wieder einberufen.

Hätte Elizabeth Tudor in diesem 14. Jahr ihrer Herrschaft der Tod ereilt, wäre sie – wie der Biograph Neville Williams richtig bemerkt – als gescheitert in die Geschichte eingegangen. Sie hat zu diesem Zeitpunkt nicht eine der Versprechungen erfüllt, auf die England bei ihrer Thronbesteigung gesetzt hat. Sie ist unverheiratet, weigert sich, die Nachfolge zu regeln, von einer Einheit im Glauben kann keine Rede sein, ihre Ansichten stehen konträr zu denen ihres Staatsrats und zu beiden Häusern des Parlaments. Sie hat nicht einen Verbündeten in Europa, ihr Land spielt im Konzert der großen Mächte keine Rolle.

Ein neuer Held und Ströme von Blut

London und Blois, Frühling 1572

Eine neue Krankheit wirft alte Fragen auf

Im März erkrankt Elizabeth schwer, es könnte sich um eine Gallenkolik mit Fieberschüben gehandelt haben. Der Hof fürchtet ihren Tod. Shrewsbury sitzt in diesen Tagen auf glühenden Kohlen, denn wenn Elizabeth jetzt tatsächlich stirbt, ist seine Gefangene von einem Augenblick auf den anderen seine Königin. Cecil und Leicester wachen in den kritischen Stunden gemeinsam nächtens an der Königin Bett. Beide bereuen zutiefst, Elizabeth zu keiner Entscheidung in der Nachfolgefrage gezwungen zu haben.

Der am 19. April abgeschlossene Vertrag von Blois erscheint den Räten wie ein Lichtstreif am Horizont. Mit diesem Hilfsvertrag auf Gegenseitigkeit hat Elizabeth mit Frankreich erstmals einen Verbündeten auf dem Kontinent. Frankreich wird Marie Stuart nicht länger unterstützen können. Zum einen wird es höchste Zeit, Verbündete gegen Spanien zu finden, das seine Macht zur See mit dem Sieg von Lepanto über das Osmanische Reich am 7. Oktober 1571 glorios unter Beweis gestellt hat. Ein Nebeneffekt davon ist, dass Europa (und seine Damenwelt) im Sieger von Lepanto einen neuen Helden gefunden hat. Don Juan de Austria ist der Halbbruder von Rey Felipe, Sohn des Kaisers Karl V. mit der Regensburgerin Barbara Blomberg.

Zum anderen eröffnen derartige Verträge immer Heiratsangebote, und nun wird Elizabeths Heirat mit dem jüngsten der Söhne der Catherine de Médicis, François Hercule de France, Duc d'Alençon, konkreter. Ein Monsieur de la Mole kommt als persönlicher Brautwerber des Prinzen nach England. Er hat einen schwierigen Job, denn Catherine de Médicis Jüngster ist nicht nur 22 Jahre jünger als Elizabeth, er ist auch sehr klein, sein von einer ausladenden Nase dominiertes Gesicht ist von Pockennarben entstellt. Als jüngster und kleinster der *Enfants de France* hat er von jeher eifersüchtig um Anerkennung kämpfen müssen, was seiner Charakterbildung nicht eben zuträglich war. Kaum den Kinderschuhen entwachsen, hat er keine schmutzige Intrige des daran nicht armen Hofes von

Frankreich ausgelassen. Dennoch, wenn er will, hat auch er etwas von diesem Valois-Charme, der seine Geschwister Henri und Margot so unwiderstehlich macht.

London, Südengland und Paris, Sommer 1572

Elizabeth bleibt Jungfrau

Die Rundreise von 1572 hat auf Cecils Landsitz *Theobalds* begonnen, der Königin engster Mitarbeiter hat den Ehrgeiz, daraus das größte Haus Englands zu machen, und kann sich ihren Besuch alljährlich 3.000 £ kosten lassen. In Warwick hat ein Feuerwerk die Stadt in Brand gesetzt, nun soll ein mehrtägiger Aufenthalt auf Leicesters fast vollendetem Kenilworth den krönenden Abschluss bilden. *Sweet Robin* hat auch diesmal keine Kosten und Mühen gescheut, mit seiner Festfolge alle vorherigen in den Schatten zu stellen. Vielleicht hat er ja wirklich, wie in romanhaften Schilderungen gern dargestellt, als Gipfel des Ganzen die endgültige Eroberung seiner Königin geplant – es ist ein verlockender Plot, denn die pastorale Seligkeit von Kenilworth findet ein jähes Ende – durch eine Hochzeitsnacht in Paris.

Eine Nacht in Paris

Am 18. August hat Catherine de Médicis ihre Tochter Marguerite mit dem Hugenottenführer Henri de Bourbon, Roi de Navarre, verehelicht. Die fanatische katholische Partei hat die Anwesenheit fast aller führenden Hugenotten in Paris bei diesem „Versöhnungsfest" genutzt, um unter ihnen ein fürchterliches Blutbad anzurichten. Es ist hier nicht der Ort, die Beteiligung der Königsfamilie zu diskutieren, für Elizabeth bedeutet die Bartholomäusnacht, dass sie mit einem Land verbündet ist, in dem Protestanten abgeschlachtet werden! Fatal.

Fatal vor allem für Marie Stuart. Natürlich sind die Guise nach allgemeiner Überzeugung die Hauptschuldigen am Gemetzel in Paris, und Cecil möchte Marie, die er mehr eine Guise als eine Stuart nennt, am liebsten sofort an die Schotten ausliefern. Die Bedingungen muss man sich auf der Zunge zergehen lassen: Der englische Botschafter verlangt vom Regenten Schottlands die verbindliche Zusage, dass die widerrechtlich abgesetzte Königin der Schotten hingerichtet wird, sobald sie die Grenze ihres Reiches überschreitet.

Da verhandeln keine Gangster mit weißen Gamaschen zu Nadelstreifenanzügen, das sind europäische Diplomaten. Die Schotten sind von dieser Idee nicht unmittelbar begeistert. Regent Mar, dem Marie 1565 die Earlswürde verliehen hat, scheint zu dem Komplott bereit, wenn Marie von mindestens 2.000 englischen Soldaten begleitet wird, die ihre Hinrichtung absichern. Mar und Morton essen gemeinsam zu Abend, und wenige Tage später, am 29. Oktober 1572, stirbt der kräftige Mar nach plötzlicher und heftiger Krankheit. Vielleicht rettet sein Tod Maries Leben, die Verhandlungen werden jedenfalls abgebrochen.

Morton, ein eingeschworener Feind Marie Stuarts und steter Befürworter eines Zusammengehens mit England, übernimmt nun offiziell die Regentschaft. Unter seiner harten Hand kommt Schottland nach Jahren ständigen Krieges endlich etwas zur Ruhe. Obwohl Anarchist von Lebensart, ordnet Morton Verwaltung und Kirche neu und effektiv. Der Tod des John Knox am 24. November mag ihm die Arbeit erleichtert haben. Das Jahr findet sogar einen friedlichen Ausklang: Lady Lennox söhnt sich mit ihrer Ex-Schwiegertochter Marie Stuart aus. Vielleicht gehört das zu ihrem Plan, ihren Enkel Jamie nach England zu holen, Elizabeths Einverständnis dazu hat sie bereits.

London, Paris, Edinburgh und Madrid, Frühjahr 1573
Internationale Angelegenheiten
Nachdem der Schock über die Bartholomäusnacht abgeklungen ist, nimmt Elizabeth ungerührt die Verhandlungen um die Heirat mit Alençon wieder auf. Sie schickt den Earl of Worcester als Sonderbotschafter in dieser Sache nach Paris. Walsingham, bei dem viele in Paris weilende Engländer Schutz vor dem wütenden katholischen Mob gesucht haben, wird wegen seiner Verdienste in der Ridolfi-Sache nach London beordert.

Elizabeth bemüht sich um Wiederaufnahme der diplomatischen Beziehungen zu Spanien. Im Mai kommt daraufhin ein Vertrag zustande, in dem beide Seiten wechselseitig darauf verzichten, wegen beschlagnahmter Auslandsvermögen Wiedergutmachung zu verlangen.

Der Aufstand der Niederlande gegen die spanische Herrschaft belastet die spanisch-englischen Beziehungen 1573 noch nicht. Die „Wassergeusen", die im Jahr davor mit der Eroberung der Hafenstadt Den Briel ihren fast vier Jahrzehnte dauernden Freiheitskampf gegen Spanien eröffnet haben, sind in Elizabeths Augen Rebellen, die sich gegen ihren rechtmäßigen Herrscher erheben.

Natürlich unterstützt Elizabeth den Englandfreund Morton. Der entlässt den Ex-Regenten Duc de Châtellerault, nachdem er den geforderten Treueid auf König James VI. geleistet hat, auf seine Güter. Der kranke Mann wird dort Anfang 1575 sterben, ohne sich wieder in die Politik einzumischen. Mit englischer Unterstützung belagert Morton Edinburgh Castle, die letzte Fluchtburg der Marianer in Schottland. Bis zum 29. Mai kann die Burg unter der energischen Führung von Kirkcaldy of Grange standhalten, dann muss Kirkcaldy sich mit den letzten Getreuen ergeben. Er wird umgehend zum Tode verurteilt und auf den Zinnen gehenkt. Maitland wird als Gefangener nach Leith gebracht, vielleicht hofft Morton, den gewieften Diplomaten für sich gewinnen zu können. Doch Maitland, der schon lange krank war, stirbt dort bereits am 8. Juni, es ist unklar, ob nach römischen Vorbildern durch Selbstmord oder schlicht als Opfer seiner Krankheit.

Damit hat Marie Stuart keine organisierten Anhänger in Schottland mehr und muss die Hoffnung auf eine Befreiung von dort aus endgültig aufgeben. Sie scheint sich überraschend ergeben damit abzufinden, doch Shrewsbury ist überzeugt, dass es unter der glatten Oberfläche höllisch brodelt. Für eine gewisse Aufregung sorgt noch ein Abdruck von Bothwells „Vermächtnis". Er gesteht darin, Darnley im Einverständnis mit Moray, Maitland und Morton getötet zu haben, schwört aber bei seinem Leben, dass Marie Stuart nichts davon gewusst habe. Marie möchte unbedingt eine Abschrift haben, Beaton findet die Beschaffung zu teuer, so gibt es auf den Inseln nur ein Exemplar, das Elizabeth in ihrem Geheimarchiv versenkt.

Tändeleien mit Affe, Frosch und Boleynblut

Londoner Hof, im Sommer 1573

Man widmet sich Privatem

Leicester drängt die Königin seit Langem, den Freiheitskampf der Niederländer zu unterstützen, doch noch weigert sie sich standhaft. Es ist einleuchtend, dass ein gesunder Mann von vierzig nicht ganz ohne Sex auskommt, wie seine jungfräuliche Königin es von ihm zu erwarten scheint. Selbstverständlich hat er viele mehr oder weniger diskrete Affären, so wohl seit 1571 eine mit Douglas Howard, seit 1569 verwitwete Lady Sheffield. Douglas ist sogar eine relativ nahe Verwandte der Königin, sie ist die Tochter von William Howard, Baron of Effingham, der wiederum ein Stiefbruder der Großmutter der Königin aus der zweiten Ehe ihres Urgroßvaters Norfolk ist. Douglas Howard und Anne Boleyn sind also trotz eines Altersunterschiedes von fast 40 Jahren direkte Cousinen. Als Douglas sich 1573 schwanger fühlt, verlangt sie kategorisch die Heirat von Leicester. Der meint gelassen, wenn sie unbedingt wieder heiraten wolle, solle sie sich einen anderen suchen, aber die Affäre mit ihr werde er gern fortführen. Irgendwie kann die Dame ihn wohl doch überzeugen, und die beiden heiraten 1573 heimlich. Ihr gemeinsamer Sohn Robert wird allerdings erst im August 1574 geboren.

Davon weiß Elizabeth definitiv nichts, als sie im Mai 1573 den sieben Jahre jüngeren Christopher Hatton zu ihrem Lieblingstänzer erwählt. Er lebt bereits seit 1564 am Hof und ist im Turnier ebenso geschickt wie auf dem Tanzboden. Eines der ersten teuren Geschenke von Elizabeth an ihn ist eine Rüstung. Plötzlich muss Hatton ständig an Elizabeths Seite sein, sie tanzt fast nur mit ihm, überschüttet ihn derart mit Geschenken und Ämtern, dass alle ihn für den neuen Favoriten und viele ihn für ihren Liebhaber halten. Aufsehen erregt auch, dass sie den Junggesellen besucht, als er Ende Mai an einem Nierenleiden erkrankt. Sie will ihn wegen seiner Eifersucht auf den jungen Edward de Vere, Earl of Oxford, besänftigen.

Der ist früh verwaist als Mündel Cecils aufgewachsen und hat 1571 dessen Tochter Anne geheiratet. Mit seinen knapp 22 Jahren ist er der erste einer Reihe von Jünglingen, deren Bewunderung Elizabeth despotisch einfordert, die sie aber auch irgendwie mütterlich fördert. Von Oxford wird später behauptet, er sei der wahre Shakespeare gewesen. Doch das ist eine andere Geschichte ...

Elizabeth schickt Hatton zur Kur nach Spa und verlangt von ihm täglich mindestens eine schwülstige Epistel darüber, wie er darunter leidet, von ihr, seiner Sonne, getrennt zu sein. Sie gibt seine Ergüsse gern in abendlicher Runde zum Besten. Hatton ist ihr einziger Dauerverehrer, der unverheiratet bleibt – wie die Königin selbst!

Er und Leicester dulden einander, um gemeinsam eifersüchtig auf den knabenhaften Dichterling Oxford zu sein. Elizabeth liebt solche Situationen über alles, es können ihr gar nicht genug Männer gleichzeitig um ihre Gunst, die sie letztlich nicht gewährt, wetteifern.

Die Luxusgefangene

Marie Stuart lebt derweil in gepflegter Langeweile, genießt höfisches Zeremoniell und pflegt unter einem königlichen Baldachin Hof zu halten. Sie amüsiert sich damit, ihrem „Kerkermeister" Shrewsbury schöne Augen zu machen und dann seiner Gattin Bess Hardwick zu berichten, wie er sie mit seiner Bewunderung verfolgt. Als Bess darauf Marie beschuldigt, ihren Gatten zum Ehebruch verführen zu wollen, kehrt Marie die Herrscherin heraus und zwingt Bess, vor ihrem „Thron" kniend öffentlich Abbitte zu leisten. Im August stirbt Marie Stuarts Sekretär, und Onkel Kardinal schickt ihr Claude Nau als Ersatz. Sie beginnt, ihm ihre Memoiren zu diktieren, sie ist immerhin schon bald dreißig! Sie kabbelt sich mit Shrewsbury, der ständig über die Ausgaben stöhnt, die sie ihm verursacht. Immerhin muss er ihren ständigen Hofstaat von über vierzig Personen und dazu noch ihren Reitstall unterhalten!

Als Marie noch an die schwesterliche Solidarität von Elizabeth glauben konnte, hat sie sich um Anpassung bemüht, hat sich sogar im protestantischen Glauben unterrichten lassen. Dazu ist sie längst nicht mehr bereit. Sie mag nicht daran denken, was die reformierten Erzieher aus ihrem Sohn machen, sie will und wird zu ihrem Glauben zurückkehren und gradlinig daran festhalten. Entsteht schon jetzt in ihr die Idee, sich zur Märtyrerin des Katholizismus zu stilisieren? Ihre Gedanken gehen jedenfalls auch in eine ganz andere Richtung: Ihre Heirat mit Don Carlos kam nie zustande, doch da ist dieser Held von Lepanto, dieser legitimierte Kaisersohn mit dem Verführernamen Don Juan, dank seiner Mutter ansehnlicher als jeder legitime Sohn der Casa de Austria, aber dennoch irgendwie auch physiognomisch einer! Kaum möglich, dass sie ihm einfach schreibt wie ein Groupie. Der Papst persönlich begeistert sich für diese Heirat und schlägt sie Don Juan vor. Die Vorstellung, eine unglückliche Königin aus Gefangenschaft zu befreien und Seit an Seit mit ihr Englands Thron zu erobern, das beflügelt des siegreichen Bastards ritterliches Gemüt, das ist ein Part für einen Helden, da kann man lang in Träumen schwelgen und komplizierte Pläne wälzen.

London und Rufford, September 1573

Lady Lennox trifft Bess Hardwick

Witwe Lennox hat Elizabeth gebeten, mit ihrem 18-jährigen Sohn Charles den Enkel Jamie in Schottland besuchen zu dürfen. Auf dem Weg nach Norden lässt sie sich von Bess Hardwick, Lady Shrewsbury, auf deren Landsitz Rufford einladen. Wahrscheinlich kann sie der Versuchung nicht widerstehen, von Bess Klatsch aus erster Hand über Marie Stuart zu erfahren. Der Aufenthalt dehnt sich aus, und während die Damen den Herbst und Winter in ihre Plaudereien vertieft sind, verliebt sich Charles Stuart, Earl of Lennox, in die gleichaltrige Elizabeth Cavendish, eine der Töchter aus Bess' zweiter Ehe. Das Paar heiratet 1574. Beider Tochter Arabella wird die Damen zu Großmüttern einer Thronanwärterin machen, doch zunächst handeln sich die Ladies eine Towerstrafe ein, weil sie Charles, einen jungen Mann von königlichem Blut, ohne Zustimmung der Krone verheiratet haben …

Paris, Mai 1574

Die Söhne Madame Catherines

Am 30. Mai 1574 stirbt im Château de Vincennes Charles IX., Roi de France. Zwölf Monate zuvor ist sein jünger Bruder Henri als

Wahlkönig nach Polen gezogen. Als ihn die Nachricht seiner Nachfolge im fernen Krakau erreicht, lässt er umgehend alles stehen und liegen und flieht nach Süden. Doch bevor er sein königliches Amt antritt, vergnügt er sich noch ausgiebig in Wien und Venedig. Elizabeth betreibt ihre Werbung um Alençon unverdrossen weiter und nutzt sie als Argument, den Schotten die zugesagte finanzielle Unterstützung und den geplanten Beistandsvertrag zu verweigern. Sie kann es nicht riskieren, Frankreich zu verärgern. Außerdem hat sie Skrupel, James VI. als König anzuerkennen, solange seine Mutter noch lebt! Cecil und besonders Walsingham nervt diese Haltung ihrer Königin bis an den Rand der Verzweiflung.

Ansonsten geht das Leben am Hof seinen geregelten Gang. Die Sensation des Sommers 1575 ist das sagenhafte Fest, das Leicester seiner Königin auf seinem endlich fertig gestellten Prunksitz Kenilworth gibt. Schon als die Gäste ankommen, werden sie noch vor den Toren von Schauspielern empfangen, die sie unmittelbar in eine im Wortsinn zeitlose Märchenwelt entführen: In dem Augenblick, da Queen Elizabeth über die Brücke reitet, lässt er alle Uhren anhalten. Es gelingt dem Hausherrn, seine Gäste über eine Woche in seinem Feenschloss in einem Schwebezustand zwischen Tag und Traum zu verzaubern. Wer das Glück hat, zu den Geladenen zu gehören, erzählt Kindern und Kindeskindern davon, und zumindest im Rückblick hat Leicester sich für dieses Fest nicht umsonst total verschuldet, es gilt als das gelungenste des elisabethanischen Zeitalters. Typisch für Leicester, dass in den Versuchsgärten von Kenilworth gleichzeitig die ersten Versuche mit Kartoffeln in englischer Erde unternommen werden. Der Anbau wird allerdings wieder aufgegeben, weil man versucht, die Erdknollen roh zu essen und sie ungenießbar findet.

London und Niederlande, Anfang 1575 bis 1577
Ein neuer Statthalter
Elizabeths Beratertrio Leicester, Cecil und Walsingham ist sich in einem Punkt unbedingt einig: Sie können nicht verstehen, wieso Elizabeth in den Freiheitskämpfern der Niederlande eher Rebellen als der Unterstützung werte Glaubensgenossen sieht. Im August 1575

erklärt die Königin Wilhelm von Oranien zum Rebellen. Es gefällt ihr allerdings nicht, dass Rey Felipe katholische Aufrührer aus den Niederlanden und England mit Pensionen und anderen Vergünstigungen hätschelt. 1576 meutern spanische Soldaten und plündern Antwerpen. Oranien wird Statthalter Hollands und Seelands, und Elizabeth droht jetzt einzugreifen, um Felipe zur Anerkennung der „Genter Pazifikation" zu zwingen, in der sich Holland und Seeland mit den südlichen niederländischen Provinzen verbünden, um die spanischen Truppen aus dem Land zu zwingen.

Statthalter Requesens stirbt und Felipe setzt im Oktober 1576 seinen Halbbruder Don Juan als Nachfolger in Marsch. Der unterzeichnet im Februar 1577 das „Ewige Edikt", in dem er den Abzug der spanischen Truppen verspricht, und kann in Brüssel einziehen. Oranien fürchtet den Abfall der südlichen Niederlande, denn Felipe scheint zu jedem Zugeständnis bereit, solange seine Untertanen nur katholisch bleiben. Endlich zeigt Elizabeth sich willens, Oraniens Hilferufen Folge zu leisten, denn sie schreckt das Gespenst einer katholischen Verschwörung, bei der Don Juan Marie Stuart heiraten, England erobern und rekatholisieren soll.

Tod einer Lady …

Als ob das alles nicht genug Ärger verursachen würde, stirbt am 9. März 1578 Lady Lennox einige sehr schmerzvolle Stunden nach einem ausgedehnten Dinner bei Leicester. Kein Wunder, dass der Verdacht aufkommt, da müsse Gift im Spiel gewesen sein. Die Dame Lennox stand immer im Ruf, Informationen, die eines Tages vielleicht nützlich werden könnten, über alle wichtigen Menschen bei Hofe zu sammeln. Hat die Dame vielleicht angedeutet, sie wisse etwas Delikates über eine der Lieblingsdamen der Königin? Erwähnt sie den Namen Lettice Knollys?

… und eines Ehemannes

Die Ängste vor der katholischen Invasion mehren sich, als im April 1578 die Kunde von Bothwells Tod im dänischen Kerker Europa und die Insel erreicht, denn nun ist Marie Witwe und kann unmittelbar heiraten. Da Elizabeth Tudor die gemachten Zusagen nicht einhält, bieten die Niederlande ihrem Freier Alençon die Herrschaft an. Das versetzt Elizabeth in helle Wut, was will der in den Niederlanden? Sich einen eigenen Staat schaffen? Er soll sie heiraten, dann kann er ihr *king consort* sein! Sie schmeichelt und lockt über ihren Botschafter, und Alençon wartet ab. Elizabeth begibt sich auf ihre sommerliche Flucht, badet in der Liebe ihres Volkes und vergisst die Welt außerhalb ihrer Insel. Im August unterzeichnet Alençon den Vertrag mit den Niederlanden.

Don Juan nimmt die Zitadelle von Namur im Handstreich, doch bevor die Lage sich auf die eine oder andere Art klären kann, wird er ein Opfer der in seinem Lager grassierenden Typhusepidemie. Don Juan de Austria stirbt am 1. Oktober 1578 in Bouge und mit ihm Marie Stuarts letzter romantischer Ehetraum. Elizabeth konzentriert sich nun völlig auf ihre französische Heirat, denn Alençon hat angekündigt, er werde die Königin von England oder „die Niederlande" heiraten. Er verspricht, einen eigenen Brautwerber zu schicken.

London und Greenwich, Anfang 1579

Der Affe

Jean de Simier, Baron de Saint Marc, wird für Ende 1578 avisiert, doch der Brautwerber Alençons kommt erst im Januar 1579 nach England. Seine Frau hat ihn mit seinem Bruder betrogen, und er muss erst seine Ehre wiederherstellen, indem er den Bruder ersticht und die Frau vergiftet. Elizabeth verzeiht die Verzögerung huldvoll und nimmt den ungemein geistreichen Simier in den Kreis ihrer Verehrer auf. Entsprechend ihrer Angewohnheit, ihren Favoriten *nicknames* zu geben, wird er ihr Affe. Simier soll die Königin statt seines unansehnlichen Herrn charmieren, und er ist in dieser Rolle genial. Geist und Eleganz der Königin sind unvergleichlich, mit ihr ins Bett wird er nicht müssen, alles ist reine Freude am Wort, und darin treffen sich zwei Meister. So nimmt die nachhaltigste und persönlichste aller Bräutigamschauen Elizabeth Tudors ihren possenhaften Anfang. Sechs Monate hat Elizabeth nur Augen und Ohren für Simier. Walsingham, der Alençon aus Paris kennt und ihn für einen Schwachkopf hält, Cecil, Sussex und Leicester sollen den

Ehevertrag entwerfen. Die Ärzte beteuern, Elizabeth könne jederzeit noch ein Kind austragen, Engländerinnen seien generell bis in ein hohes Alter (Elizabeth wird 46!) gebärfähig. Alençon ist einer der ganz wenigen seines Standes, von dem kein einziger Bastard bekannt ist.

Das alles kümmert die Königin nicht. Simier verteilt großzügig Schmuck an Höflinge, das wirkt immer, und er nutzt weiterhin all seine Zungenfertigkeit, um bei Elizabeth für seinen Herrn zu punkten. Sie genießt es, lässt ihn in ihr Schlafzimmer, lässt sich von ihm Taschentuch und Nachtmütze als Pfänder für den aus der Ferne unsterblich in sie verliebten Alençon „rauben" und amüsiert sich dabei köstlich. Die Intimität der Königin mit dem Franzosen geht vielen Höflingen entschieden zu weit, über die Ehe selbst sind sie geteilter Meinung.

Das Volk wollte noch nie einen Ausländer, die Puritaner, die großen Zulauf zu verzeichnen haben, schreien Zeter und Mordio! Pamphlete gegen die Heirat überfluten die Hauptstadt, offene Briefe warnen die Königin. Einem Drucker wird öffentlich die rechte Hand abgeschlagen, die Pamphletflut kann das nicht stoppen. Während Elizabeth mit Simier und dem Hof eine der beliebten Barkenfahrten auf der Themse genießt, zischt ein Pfeil dicht an ihrem Kopf vorbei und bleibt federnd im rückwärtigen Aufbau stecken. Als ein persönlicher Besuch Alençons in London ruchbar wird, wird auf Simier aus dem Hinterhalt geschossen, er vermutet, dass Leicester der Anstifter ist. Als *Sweet Robin* dann auch noch in dramatischer Pose vor Elizabeth auf die Knie fällt und sie bittet, auf die Stimme des Volkes zu hören und Alençon keinen Pass auszustellen, hat der Franzose die englischen Faxen dicke. Er lüftet das verhängnisvolle Geheimnis des Earls of Leicester …

Englischer Hof, 1565 bis 1578

Die gute Cousine Lettice

Es wurde erwähnt, dass Leicester bereits um 1565 zumindest einen heftigen Flirt mit Lettice Knollys hatte, Enkelin der Mary Boleyn und lange eine der Lieblingsdamen und -Cousinen Elizabeths. Etwa 1563, als beide um die 20 sind, heiratet Lettice Walter Devereux,

Earl of Essex. Sie leben nicht allzu friedlich zusammen auf dem platten Land, bis er 1573 nach Irland geht und sie zurück an den Hof. Sie ist 1575 nach Kenilworth geladen und später Gastgeberin der Königin auf Chartley, dem Hauptsitz der Devereux. Von November 1575 bis zum folgenden Juni weilt Ehemann Essex in London, dann kehrt er nach Irland zurück, wo er am 22. September 1576 stirbt. Lettice Knollys kennt nun nur noch ein Ziel: die Ehe mit Leicester. Weiß sie von seiner heimlichen Ehe mit Douglas Sheffield? Leicester bemüht sich jedenfalls darum, dass Douglas ihn freigibt. Die weigert sich natürlich zunächst, da man aber weiß, wie die Königin mit heimlich verheirateten Frauen umzugehen pflegt, gibt sie gegen eine Pension klein bei und Leicester vor Zeugen frei. Leicesters einziger ihn überlebender, mit Sicherheit leiblicher Sohn wird der aus dieser Verbindung stammende Robert Dudley bleiben, der 1620 zum Duke of Northumberland aufsteigen wird.

Leicester steckt in einem Dilemma: All die Jahre, die er als Elizabeths Nummer Eins ohne Trauschein verbracht hat, konnte er keinen legitimen Erben zeugen. Der einzige noch lebende Bruder scheint durch eine Kriegsverletzung zeugungsunfähig. Wenn er selber also nicht bald heiratet und Vater eines Sohnes wird, wird der Familienname mit ihm verlöschen! Er ist nicht von königlichem Blut. Lettice auch nicht, Elizabeth hat also keine juristische Handhabe gegen eine Ehe zwischen ihnen. Lettice und Leicester heiraten im Frühling 1578 heimlich. Leicester wird damit Stiefvater der vier ehelichen Kinder von Lettice, von denen mindestens zwei der Fama nach eh von ihm stammen. Sie behält ihren Ehenamen bei.

Sie wissen beide, wie gefährlich eine heimliche Heirat im Dunstkreis der Königin ist und hätten es dabei bewenden lassen, hätte nicht ihr streng puritanischer Vater Francis Knollys auf einer zweiten Heirat mit Zeugen bestanden. So wird am 21. September 1578 noch einmal geheiratet, Papa Knollys ist höchstselbst anwesend, außerdem sind Leicesters Bruder Ambrose und der Earl of Pembroke als bestellte Zeugen dabei. Natürlich bleibt die Sache nicht wirklich geheim, doch niemand hat ein Interesse daran, den schrecklichen Zorn der Königin womöglich auf sich selbst zu ziehen. Das traut sich erst dieser vermessene Franzose Simier.

388

Elizabeth ohrfeigt Lettice vor ihren versammelten Damen, beschimpft sie einigermaßen undamenhaft und verbietet ihr, je wieder unter ihre Augen zu treten. Leicester will sie umgehend in den Tower werfen, Sussex und Cecil können es ihr nur mit allergrößtem Einsatz ausreden. Sussex argumentiert, dass man keinen freien Engländer dafür bestrafen kann, dass er legal heiratet! Ob es Elizabeth Tudor nun gefällt oder nicht, als Königin kann sie gegen die Ehe nichts unternehmen, aber sie kann natürlich jedem Höfling, der ihr Missfallen erregt, ihre Gunst entziehen.

Leicester steht angeblich in Greenwich unter Hausarrest. In den offiziellen Chroniken und Akten findet sich nichts über eine folgenreiche Ungnade, Leicester erscheint im Council und bei allen Veranstaltungen des Hofes. Doch die große Romanze ist endgültig vorbei. Elizabeth wird fortan dafür sorgen, dass er aus seiner Ehe wenig Befriedigung ziehen kann, denn auf seine vertraute Gesellschaft verzichten kann sie nicht, damit würde sie sich selbst strafen!

Elizabeth hat ihren Leicester, der nicht mehr der schlanke Elegant seiner frühen Jahre ist, oft geneckt, er solle Diät halten, zu Mittag nur die Flügel einer Wachtel und zu Abend nur einen ihrer Schenkel essen. Sein Gesicht ist leicht aufgeschwemmt und meist von apoplektischer Röte überzogen. Elizabeth mag in ihm nicht den Spiegel ihres eigenen körperlichen Verfalls sehen, den sie anscheinend beschlossen hat nicht wahrzunehmen. Unter Verwendung meist viel zu roter Perücken und Unmengen ungesund bleihaltigen Puders quält sie ihre Damen Tag um Tag damit, die eigene Erscheinung von vor 20 Jahren täuschend nachzuahmen, eine sehr schwierige Camouflage. Doch so aufgehübscht fühlt sie sich der Begegnung mit dem 22 Jahre jüngeren Bräutigam gewachsen.

London, 17. August 1579

Der „Frosch"

kommt zu früh. So früh am Morgen, dass Simier noch schläft. Alençon will seiner Rolle als ungeduldiger Bräutigam ganz und gar entsprechen und besteht darauf, die Königin sofort zu sehen. Simier hält als vollendeter Höfling dagegen, dass er Elizabeth Zeit zum Ankleiden lässt, sie muss schließlich unter 3.000 Kleidern wählen!

Dafür speist sie heimlich mit den beiden zu Abend und nennt den kleinen Jüngling spontan Frosch – glaubt sie, er könne ein ansehnlicher König werden, wenn sie ihn küsst? Oder soll er ihr Jungbrunnen sein?

13 Tage voller mysteriöser Begegnungen vergehen, der Hof tut so, als sei Alençon nicht sichtbar. Bei einer Hofgesellschaft steht er hinter einem durchsichtigen Vorhang, Elizabeth schäkert mit ihm, man geruht, es nicht wahrzunehmen. Der als extrem hässlich und dekadent verschriene Valois überrascht alle, er versteht es glänzend, der alternden Elizabeth den Hof zu machen! Als er abreist, fühlt sie sich tatsächlich wie eine Braut und vermisst ihn, kaum dass er die Barke bestiegen hat. Briefe, Sonette, Geschenke werden gewechselt. Die politische Lage erfordert, dass die Heirat weiter betrieben wird. Die Puritaner geraten nahezu in Raserei, Elizabeths Popularität erreicht einen absoluten Tiefpunkt. Am 7. Oktober diskutiert der Staatsrat ganztägig über die Heirat, Befürworter Cecil wird mit sieben zu vier Stimmen geschlagen. Eine weitere Abstimmung bringt keinen Umschwung, die Sache wird – bis auf Weiteres – ad acta gelegt.

Niederlande, Spanien und Portugal, im Jahre 1580

Der katholische Block

Alessandro Farnese, Herzog von Parma, ist nun Statthalter der Niederlande, das Amt hatte schon seine Mutter Margarete inne. Er kündigt an, Oranien als den größten Unruhestifter ausmerzen zu wollen wie eine lästige Seuche. Das empört die protestantische Welt und ist Wasser auf Leicesters Mühlen, denn er ist sich mit sehr vielen Engländern einig: England soll ein moderner protestantischer Staat werden, ein unerbittlicher Feind von Tyrannei und Papismus, wo immer er seine teuflische Fratze zeigt. Viele Engländer ziehen deswegen freiwillig in die Niederlande, um ihre Glaubensgenossen nach Kräften zu unterstützen.

Die katholische Macht Spanien hat sich gerade Portugal einverleibt, es gibt einen Erbanspruch, den der 72-jährige Alba im Handstreich durchsetzt. Das Handelsvolumen Portugals bringt Felipe das Kapital für neue papistische Verschwörungen – fürchtet man in England. Auch deswegen wollen Leicester und andere Elizabeth erneut bewegen, endlich Soldaten in die Niederlande zu schicken, Leicester will sie führen und sich in der Geschichte einen eigenständigen Namen machen. Elizabeth weiß das – und weiß es weiter zu verhindern. Um Spanien zu trotzen, wird der vertriebene portugiesische Prätendent Don Antonio am Hof empfangen, wirkliche Unterstützung erhält er nicht – obwohl es eine stärker werdende Gruppe gibt, die ihm nur zu gern Seeunterstützung gegen Spaniens König leisten würde.

England zur See

Rückblick: Plymouth, Atlantik und Karibik, 1562 bis 1581
Favoriten und Piraten
Leicesters weit gestreute Interessen und sein ständiger Geldbedarf bringen ihn spätestens 1567 mit dem Freibeuter John Hawkins in Kontakt, der als einer der ersten unter dem Schutz der englischen Krone und mit der Kraft seiner Kanonen das spanische Monopol auf den Handel mit afrikanischen Sklaven für die karibischen Kolonien bricht, das Geschäft auf Überfälle auf spanische Siedlungen und Transporte ausweitet und auf diese Art schnell reich wird. Leicester folgt damit einem Trend der Zeit, die englische Mittelschicht hat es vorgemacht: Man setzt Kapital zur Ausrüstung der Schiffe von Freibeutern ein und erhält dafür – meist – eine gute Rendite. Das ist eine besonders für den Adel interessante Art, sein Geld zu mehren, ohne gegen das Arbeitsverbot zu verstoßen.

Auf seiner dritten, von Leicester mitfinanzierten Expedition wird Hawkins von seinem Neffen Francis Drake begleitet. Stürme und ein spanischer Überfall machen die Rückreise zu einem Desaster. Von über 400 englischen Seeleuten kehren nur eine Handvoll auf zwei beschädigten Schiffen unter Führung von Hawkins und Drake im Januar 1569 heim. Immerhin haben sie noch genug Beute retten können, um die Gläubiger auszuzahlen.

Auf Leicesters Empfehlung beteiligt sich auch Elizabeth früh an der Finanzierung der Expeditionen von Hawkins und später von Drake, die Gewinne sind zu verlockend. Sie schlägt Hawkins zum Ritter, beauftragt ihn mit Schiffsbauten, und 1588 wird er Vizeadmiral.

Innovativer Schiffsbau

1572 wird der Mathematiker Mathew Baker (1530–1613) königlicher Schiffbaumeister. Schon sein Vater war Schiffbauer, doch Mathew ist der erste seiner Zunft, der nach exakten Berechnungen Baupläne entwickelt. Er baut einige berühmte Schiffe, darunter die *HMS Revenge*, später in *Pelikan* umbenannt und zuletzt als *Golden Hinde* Drakes Flagschiff. Sein Buch über den Schiffsbau wird das Standardwerk des 16. und 17. Jahrhunderts. Bei seinem Wiederaufbau der englischen Flotte zur Abwehr der Armada greift er auch auf das seemännische Wissen der Kaperfahrer wie Drake und Frobisher zurück. Aus der gemeinsamen Arbeit entstehen die leichten, wendigen Galeonen, die, mit neu entwickelten Geschützen bestückt, die richtige Antwort auf die starre Formation der schwimmenden Festungen spanischer Bauart sind.

Kaperkapitän und Entdecker

Frobisher wurde um 1535 als 16. Kind einer Familie aus Yorkshire geboren. Er ging nach dem frühen Tod des Vaters nach London und beschloss, Seemann zu werden. 1550 beginnt er seine Laufbahn als Schiffsjunge, 1565 ist er Kapitän. Auf einer der Handelsfahrten seiner Ausbildung gerät er in portugiesische Gefangenschaft. Das und andere unangenehme Erfahrungen lassen ihn zu dem Schluss kommen, dass die Kaperfahrt die lukrativste Art der Seefahrt ist. Bald ist er der meistgefürchtete Pirat des Ärmelkanals – und der meistgesuchte. Im Zuge der Aufwertung der Flotte wird er „offizieller" Pirat der Königin, vornehmlich in der irischen See.

1575 bemüht er sich um die Finanzierung eines alten Projekts: Er will, gestützt auf die Forschungsergebnisse Humphrey Gilberts, die Nordwestpassage finden. Ein Jahr später sticht er in See und entdeckt die Frobisher Bay. Mitgebrachte Erzstücke scheinen dafür zu sprechen, dass es dort Gold gibt, und blitzschnell ist eine zweite Expedition gerüstet, denn es bildet sich eine Aktiengesellschaft, die Frobisher zum *Großadmiral aller Meere und Gewässer* ernennt.

1577 bricht er zu seiner zweiten Expedition auf und kehrt mit 200 Tonnen „Golderz" und drei Eskimos zurück. Er wird enthusiastisch gefeiert, seine dritte Reise ist gesichert.

Inzwischen befehligt er eine Flotte von 15 Schiffen, sein Ziel ist Erzabbau und Kolonisation, doch die Reise wird ein Desaster, auch das Erz hat sich inzwischen als völlig wertlos erwiesen. Frobisher ist ruiniert, heuert als Kapitän auf einem königlichen Schiff an und zieht gegen die Spanier. Er ist und bleibt aber die Autorität seiner Zeit, was die arktischen Gewässer betrifft.

„El Draque"

Francis Drake scheint während der „Hawkins-Expedition" einen sehr persönlich geprägten Hass auf Felipe II. und dessen Statthalter in *Nuevo España* entwickelt zu haben. Ab 1570 organisiert Drake seine Fahrten selbständig, und seine Erfolge lassen ihn zu einem roten Tuch für die Spanier werden, sogar Felipe in seinem Escorial kennt seinen Namen. Drakes „Expeditionen" bringen reiche Beute, aber auch der Königin unangenehmes Aufsehen. Im Herbst 1573 bittet man ihn um Zurückhaltung, man kann sich keinen Krieg mit Spanien leisten.

So übernimmt Drake 1575 einen Auftrag zur Versorgung der Truppen des Earls of Essex in Irland. Anfang 1576 diskutiert er seine Pläne für künftige Expeditionen mit Essex, der davon so angetan ist, dass er ihm eine persönliche Empfehlung an Walsingham ausstellt. In London konferiert Drake lange mit Walsingham und Leicester, Cecil bleibt von dieser Planung ausgeschlossen, wieweit Elizabeth informiert wird, ist fraglich.

Am 13. Dezember 1577 bricht Drake mit der Pelikan, die er später in *Golden Hinde* umbenennt, und vier Begleitschiffen auf. Bis heute ist nicht geklärt, ob er wie der ebenfalls von Leicester gesponserte Frobisher die Nord-West-Passage oder den unbekannten Südkontinent, die *Terra Australis,* suchen soll, oder ob es nur um die Erkundung von Passagen für die erfolgreiche Heimkehr englischer Kaperfahrer geht. Unklar ist auch, ob er einen Kaperbrief an Bord hat.

Fakt ist, dass er weder die Nordwest-Passage findet noch einen neuen Kontinent, er plündert sich die südamerikanische Westküste entlang, kapert eine spanische Schatzgaleone. Er überquert den Pazifik, schließt einen Handelsvertrag auf den Gewürzinseln, läuft auf ein Riff, kann sein Schiff aber noch nach Java manövrieren, erreicht am 15. Juni 1580 das Kap der Guten Hoffnung und fährt am 26. September desselben Jahres in den Plymouth Sound ein. Seine *Golden Hinde* ist derart mit Kapergut beladen, dass seine Finanziers von 1581–85 einen Gewinn von sagenhaften 4.700 Prozent einfahren. Das befähigt Drake, seiner Königin als Neujahrsgeschenk eine Krone mit fingerlangen Smaragden zu verehren.

Deptford, 4. April 1581

Die Königin ist hocherfreut

ob der Höhe ihres Anteils, da ist sie schon mal bereit, ihre Füßchen auf die Planken eines Piratenschiffes zu setzen. Aus Berechnung lässt sie sich vom Botschafter ihres Freiers Alençon geleiten. Der Andrang der Schaulustigen ist groß, die Menge drängt hinter der Königin auf die Planke, die an Bord der *Golden Hinde* führt. Es sind zu viele, die Planke bricht, und an die 100 Menschen purzeln in den Hafenschlamm, der Verletzungen verhindert.

Femme fatale Elizabeth Tudor verliert an Bord ein Strumpfband, der Franzose hebt es auf und reicht es ihr mit galanter Verbeugung. Sie versichert ihm, es ihm als Liebespfand für Alençon zurückzugeben, sobald sie es nicht mehr braucht, dann schürzt sie vor all den Männern die Röcke und legt es wieder an! Wahrhaft königliches Benehmen einer 48-Jährigen! Freibeuter Drake soll für seine Verdienste um England zum Ritter geschlagen werden, das ist natürlich ein Affront gegen Spanien. In letzter Minute gibt Elizabeth das Schwert an den Franzosen weiter, mit den Worten, sie sei überzeugt, dass er den Ritterschlag mit Freuden an ihrer statt ausführen wird. Eine ungemein typische Geste – im letzten Augenblick die Verantwortung auf einen anderen abwälzen, das macht sie gern.

Favorit Walter Raleigh

Die Geschichte, dass er der Königin Aufmerksamkeit erregt, als er seine einzige Samtjacke über eine Pfütze breitet, damit Elizabeth trockenen Fußes darüber schreiten kann, dürfte eine Erfindung sein. Raleigh taucht 1581/82 am Hof auf. Eine Empfehlung, die selten genannt wird, dürfte sein, dass seine Mutter eine Tante von Elizabeths geliebter Kate Ashley, geborene Champernowne ist, und in Kontakt mit deren Witwer John Ashley steht. Raleigh ist 1553 in Devonshire als Sohn eines Landedelmannes geboren.

Mit 15 verdient sich Raleigh seine militärischen Sporen unter Coligny in Frankreich und entkommt nur knapp dem Massaker der Bartholomäusnacht. Am Christ College in Oxford lernt er den gleichaltrigen Philip Sidney kennen, und der teilt Raleighs Begeisterung für Seefahrt und die Neue Welt. Raleighs Vater war in erster Ehe mit einer Verwandten von Sir Francis Drake verheiratet. Raleighs Halbbruder Humphrey Gilbert ist prägend für ihn und sein Faible für die Suche nach der Nordwest-Passage und die Kolonisierung Amerikas. 1578 erhält Gilbert ein Patent, und Raleigh sticht mit ihm in See. Die Fahrt verläuft mehr als unglücklich; Raleigh ist einer der wenigen, die 1580 nach London zurückkehren. Wegen einer Schlägerei wird er zu sechs Tagen im Fleet Gefängnis verurteilt, kaum frei, schlägt er sich auf einem Tennisplatz und fährt wieder ein. Seinem Halbbruder folgend, begibt sich Raleigh 1580 als Chef einer englischen Kompanie in das nach wie vor unruhige Irland, von wo er ein Jahr darauf nach London zurückkehrt.

London und englischer Hof, Winter 1581/82

Mehr als ein Höfling

Mag auch nicht exakt belegbar sein, wie Elizabeth auf diesen hoch gewachsenen, hübschen und kühnen Mann aufmerksam wird, er entspricht so vollkommen ihrem Beuteschema, dass sie ihn nicht mehr vom Haken lässt. Sie ist fast fünfzig, und er gefällt ihr nicht nur wegen seines hübschen Aussehens, sondern er ist auch ein Freidenker und Poet, er liest ununterbrochen, es gibt fast nichts, was ihn nicht interessiert. Kurz: Er unterhält sie. Er schreibt wunderbare Gedichte für sie, die meisten sind verloren, weil er für Veröffentlichung nicht eitel genug ist.

Die Zeit seiner Armut jedenfalls ist vorbei, zehn Jahre kann er sich in der Gunst der Königin halten. Sie verschafft ihm allerhand

Einkünfte und adelt ihn sogar. Ein Besucher ist bass erstaunt: Raleigh, der sich zwei Jahre zuvor nur einen Leihdiener leisten konnte, gebietet plötzlich über 500 dienstbare Geister. Mit seinem flinken Geist, seiner scharfen Zunge und seinem Sarkasmus macht er sich nicht nur Freunde am Hof. Elizabeth plaudert mit ihm über all seine Projekte, doch sie nimmt ihn nie in ihren Rat auf, denn sie weiß, dass er mit seiner fatalen Freude am Wort heftige Kontroversen auslösen würde.

Sie lauscht ihm gern, wenn er sich für seine Idee begeistert, in Amerika Kolonien zu gründen, wenn er ausführt, die Vormachtstellung Spaniens auf den Weltmeeren basiere auf den Goldfunden in Südamerika, und um das zu Englands Gunsten zu ändern, sei es unerlässlich, Kolonien in Amerika zu gründen und dort selbst Erze abzubauen. Doch sie unterstützt sein Vorhaben kaum. Er kann trotzdem aus eigenen Mitteln und mit Hilfe finanzkräftiger Investoren eine Expedition ausrüsten, und die Königin gewährt ihm geschmeichelt, einen Landstrich ihr zu Ehren Virginia zu nennen. Natürlich gefällt es Leicester gar nicht, einen so viel jüngeren Konkurrenten um Gunst und Ohr der Königin zu haben, es mag manche oft beschriebene, mehr oder weniger peinliche Szenen geben, hier dazu nur soviel: Die Garde der „alternden Favoriten" verbündet sich fortan gegen Raleigh und andere potentielle jüngere Konkurrenten, und bald wird Leicester eine formidable Idee in die Tat umsetzen können, wie er seinen Einfluss bei gleichzeitiger persönlicher Entlastung erhalten kann. Doch zunächst gilt es, das Auftreten eines bekannten Freiers zu parieren.

Niederlande und London, 1581 bis 1584

Der Frosch ist wieder da!

Die Erfolge Farneses in Wallonien machen Alençon wieder interessant. Im Juni 1581 kommt er noch einmal heimlich auf die Insel, und Elizabeth schickt ihn aus, Cambrai zu erobern. Die Werbung des Zaren Iwan des Schrecklichen wirkt eher exotisch und wird nicht so ganz ernst genommen. Aber Alençon lässt Elizabeth irgendwie nicht los, in dieser Sache ist sie selbst Cecil gegenüber nicht aufrichtig.

Für den Oktober ist ein offizieller Besuch Alençons geplant, bis dahin unterstützt Elizabeth seine Unternehmungen in den Niederlanden für ihre Verhältnisse finanziell großzügig. 500 Edelleute aus Frankreich werden mit allem Prunk empfangen. Die Königin lässt einen künstlichen Palast aus Zeltwänden in den Gärten von Whitehall erbauen, und am 31. Oktober erscheint Alençon in persona – endlich auch offiziell für Elizabeths Hofleute „sichtbar" …

Am 22. November sagt sie dem Botschafter Frankreichs, er könne seinem König schreiben, dass sie Alençon heiraten wird. Sie küsst ihren Froschprinzen auf den Mund, was ihn nicht schöner macht, und steckt ihm einen Ring an den Finger. Eine zwischen dem Paar abgesprochene Szene? Elizabeth I. lässt alle Höflinge rufen und wiederholt das Eheversprechen. Der Saal tobt und Elizabeth zieht sich in ihr Schlafzimmer zurück, allein versteht sich, denn sie muss einen Freudentanz aufführen, England wird ihr diese Heirat verbieten!

Sie teilt es Alençon einige Tage später mit angemessenem Bedauern in der Stimme mit, doch er tönt, er werde eher sterben als England zu verlassen, ohne sie zu heiraten. Cecil soll das abwenden! Alençon bleibt dabei, er könne sich nicht vor der Welt derart zum Narren machen lassen, besteht auf der Hochzeit und bleibt. Elizabeth kann nicht mehr schlafen, bekommt ein nervöses Fieber. Bei einem Angebot von 10.000 Pfund in bar ist Alençon bereit, über die Schmach hinwegzusehen und seine Ehre im Kampf für die Niederlande neu zu gewinnen. Elizabeth begleitet ihn mit großer höfischer Show bis Canterbury. Alençon wird am 10. Juni 1584 in den Niederlanden sterben.

Elizabeth wird demonstrativ trauern, sich tagelang in ihren Räumen einsperren. Ihre Trauer ist echt, denn sie ist nun jenseits der fünfzig, und es wird keinen weiteren Freier mehr geben! Mischt sich da etwas Triumph in die Trauer? Jetzt steht endgültig fest: Sie wird als jungfräuliche Königin sterben!

Mythos Virgin Queen
„Jungfräuliche Königin" ist der über die Jahrhunderte meistgebrauchte Ehrenname Elizabeth Tudors. Seine Bewertung hat sich

entsprechend den Zeitläuften immer wieder gewandelt. Eigentlich interessant ist, was Elizabeth selbst damit über ihr Königtum zum Ausdruck bringen will und in welcher Phase ihres Lebens er für sie zum Standard wurde.

Aufgrund der speziellen Problematik ihrer Abstammung und der Tatsache, dass sie eine Frau ist, muss sie für sich ein Modell eines weiblichen Herrschers entwickeln, das – möglichst – für alle Engländer und ausländischen Potentaten akzeptabel ist. Allein aus ihrer Abstammungsgeschichte ist denkbar, dass Elizabeth Tudor früh den Entschluss fasst, niemals zu heiraten. In dieser Krassheit kann sie das unter den herrschenden Vorstellungen ihrer Zeit niemals umsetzen. Außerdem braucht sie aus politischem Kalkül die Möglichkeit, Bündnisse durch eine Heirat stärken zu können.

Elizabeth Tudor benutzt vom Augenblick ihrer Nachfolge an das Bild der symbolischen Heirat mit ihrem Königreich. Wie eine Nonne symbolisch mit Jesus Christus verbunden ist, wird die mit ihrem Reich verheiratete Königin symbolisch zu jedes Mannes Ehefrau. Jeder Untertan ist – unabhängig von Alter und Geschlecht – ihr Kind. Sie erfüllt so bildhaft das Paradoxon, gleichzeitig *Virgin Queen* und *Nursing Mother*, also gleichzeitig jungfräuliche Königin und nährende Mutter, zu sein.

Doch erst als die Heiratsfarce mit Alençon endgültig zu den Akten gelegt ist, erhebt sie selbst ihre Jungfräulichkeit zum Dogma, sie überhöht die Symbolik des Begriffes zur Betonung ihrer Einmaligkeit. Das hat noch einen erwünschten Nebeneffekt: Die Verehrung der jungfräulichen Königin schließt die Lücke, die der abgeschaffte Marienkult hinterlassen hat. Englands Frauen haben in ihr einen Ersatz für die himmlische Jungfrau, und Elizabeth kann das sonst brach liegende Verehrungspotential für sich nutzen.

Elizabeths klassische Bildung gibt ihr Athene und Artemis als Modelle vor, die als Lohn für ihre Tugend ewige Jugend und Schönheit erlangen. Daraus schöpft sie über Jahre ihre Aura von Macht und Mysterium. Wenn man Jungfernschaft als über das rein Körperliche hinausgehende Tugend derart betont, ist sie kein Makel, sondern ein Pfund, mit dem Elizabeth zu wuchern versteht. Dazu hat sie ein wirklich dramatisches Talent, doch keine „zweite

Besetzung." Sie muss stets selbst auftreten und kann naturgemäß in den letzten beiden Dekaden ihrer Herrschaft das Spiel nicht mehr durchhalten, denn sie hat übersehen: Trotz allem ist sie ein Mensch und nicht alterslos wie die Olympier. So wird im letzten Drittel ihrer Herrschaft deutlich: Ihre Macht war eine Illusion – eine Illusion war ihre Macht.

Biographien sind immer auch Interpretation, idealiter ein weiterer bunter Glasstein in dem Kaleidoskop, das alle Facetten einer Persönlichkeit abbildet, die aber niemals alle gleichzeitig wahrnehmbar sind, denn – wie heißt es schon bei Brecht in der Moritat über Macheath, den Gauner, der sein Unwesen in einem London treibt, das auch das der Freibeuter und Elizabeths sein könnte: *man siehet die im Lichte, die im Dunkeln sieht man nicht …*

Zu Elizabeths Selbstdarstellungsrepertoire gehört auch, dass sie gern so tut, als teile sie die Vorurteile ihrer Zeit gegen die Fähigkeiten der Frau an sich. Dabei ist sie fest überzeugt, dass Frauen diese Defizite haben, nur sie, Elizabeth Tudor, ist da anders. Da sie es aber unklug findet, das ständig hinauszuposaunen, beklagt sie lieber hier und da weibliche Eigenschaften an sich selbst, mit Vorliebe solche, von denen sie überzeugt ist, sie nicht zu haben!

Ihre Selbstinszenierung hat sicher ihren Teil dazu beigetragen, dass sie es anders als die „Kolleginnen" ihrer Epoche schafft, ihr Land vor langwierigen Bürgerkriegen zu bewahren. Für einen weiblichen Herrscher ist reines Überleben schon eine Leistung, ihre Rivalin Marie Stuart kann sich nur knapp sieben Jahre auf ihrem Thron halten. Doch nicht alles daran ist persönliches Verdienst. Elizabeth und Spaniens Felipe sind die großen Überlebenden ihrer Zeit. Beide sind – zufällig? – auch große Zauderer. Felipe scheitert mit drei Armadas, doch es sind nicht etwaige Virago-Qualitäten Elizabeths, die dafür verantwortlich sind. Elizabeth reitet nie als streitbare Amazone selbst ins Feld, da zieht sie sich stets auf ihre Weiblichkeit zurück. Sie reklamiert für sich in ihrer Tilbury-Rede zwar das Löwenherz eines Königs, wie ihr Vater Henry VIII. einer war (!), aber keine *cojones* – was sie als Ausflucht benutzt, weil sie eben keine Virago ist! So ist es Felipes Scheitern an den Naturgewalten, die seine Armada zerschlagen, und nicht der Hauch einer Aktion der Königin Elizabeth I., das ihren Ruf als „Herrin der Meere" begründet.

Elizabeth beklagt zu Recht, dass „der Untertan" dazu neigt, der aufgehenden Sonne zu huldigen und die untergehende zu schmähen, doch dass sie selbst gar so ungeliebt und unbeweint stirbt, hat sie zumindest mitverschuldet, da sie sich unfähig zeigt, das in ihrer Jugend und bis weit in ihre „mittleren Jahre" erfolgreiche Modell der ewig schönen, jungfräulichen Königin, die Frieden und Wohlstand bringt, den sich verändernden Gegebenheiten anzupassen. So beendet sie ihre Herrschaft als reizbare alte Frau, die nach außen Kriege und Verluste und im Inneren Verarmung, Parteienbildung und eine enorme Schmälerung des Prestiges der Krone zu verantworten hat.

Ein Komplott zuviel

Throckmorton – ein Komplott unter vielen

London und Paris, 1570 bis 1584

Elizabeths Meisterspion

Der Aufklärer der Ridolfi-Verschwörung Francis Walsingham ist 1532 in Kent geboren, sein Vater, ein Anwalt, stirbt 1533, und seine Mutter heiratet Sir John Carey, den Schwager Mary Boleyns. Francis studiert in Cambridge, schließt sich den Protestanten an und absolviert die üblichen Auslandsreisen. Während Maria Tudors Herrschaft studiert er an Paduas juristischer Fakultät und in der Schweiz. Als Elizabeths Stunde schlägt, kehrt er heim, und Cecil verschafft ihm einen Sitz im *House of Commons*. Seine erste Frau stirbt früh, Walsingham heiratet eine Witwe und beider Tochter Frances zwei berühmte Höflinge – nacheinander.

Wo immer Walsingham sich aufhält, knüpft er Bekanntschaften. Mitte der 1560er Jahre beginnt er gezielt, ein Netz von Agenten aufzubauen. Cecil schickt ihn zunächst als Verbindungsmann zu den Hugenotten nach Frankreich, dort handelt er den Vertrag von Blois aus und wird offizieller Botschafter. Nach seiner Rückkehr 1573 wird er Innenminister, perfektioniert sein aus eigener Tasche finanziertes Spionagenetz. 1583 reist er nach Schottland.

Schottland, Rückblick 1573 bis 1583

Regent Morton und ein Triumvirat …

Gebannt von den Vorgängen am englischen Hof wurde Schottland unter Mortons „harter Hand" zurückgelassen. Die relative Ruhe kann nicht ewig währen, und im März 1578 gelingt es den Earls Atholl und Argyll, Morton zur Abdankung zu zwingen. Sie lassen James VI. Stuart für volljährig erklären, obwohl er erst im Juli zwölf wird. Morton führt einen Gegenschlag und regiert mit Argyll und Atholl gemeinsam, bis letzterer im April 1579 eines ungeklärten Todes stirbt.

Man war längst auf die Idee gekommen, dass es eine elegante Lösung wäre, wenn Marie und James VI., respektive ihre jeweiligen Anhänger, sich auf eine gemeinsame Regierung von Mutter und Sohn einigen könnten. Das scheitert zunächst an formalen Ansprüchen Marie Stuarts, die ihre Absetzung vor Langside zurückgenommen hat und die Krönung des Sohnes nicht anerkennt. Sie tituliert James stets als „Prinz", weswegen die Lords ihre Briefe an ihn ungelesen zurückschicken – und auf Anerkennung „ihres" Königs pochen. Patt! Marie nennt den Sohn einen Usurpator und droht, ihn nach Spanien entführen und von Felipe II. erziehen zu lassen!

Ein Favorit des Königs

Wohl im Winter 1579/80 taucht Esmé Stuart, Seigneur d'Aubigny, in Schottland auf, ein Enkel des jüngeren Bruders von Matthew Stewart, dem Vater Darnleys. Seine Familie lebt meist in Frankreich, und Esmé heiratet eine Catherine de Balzac und hat mit ihr vier Kinder. Interessant dabei: Catherines älterer Bruder François wird Marie Touchet ehelichen, die Mätresse des gewesenen Königs Charles IX. Beider Tochter Henriette wird als Mätresse des Königs Henri IV. de Bourbon Karriere – und Skandal! – machen.

Esmé ist ein gestandener Mittdreißiger, als er in Edinburgh dem 13-jährigen König vorgestellt wird. Unzweifelhaft als Abgesandter der Guise gekommen, versteht er es, den kleinen Vetter sofort zu bezaubern und fortan sein eigenes Süppchen zu kochen. Unmittelbar wird er *gentleman of the King's bedchamber* und Mitglied des *Privy Council*. Bereits im März 1580 macht James ihn zum Earl und im August 1581 gar zum Duke of Lennox. Ein so rasanter Aufstieg eines Katholiken ist den reformierten Lords natürlich ein Dorn im Auge; Esmé muss zwischen der Loyalität zum Glauben oder zum König wählen. Er wählt den König, und James dankt es ihm, indem er ihn voller Begeisterung in den Calvinismus einführt.

Der Morton-Esmé Skandal

Der konvertierte Ésme kann mit Hilfe von James Stewart, seit 1580 Earl of Arran, die Kontrolle über König und Reich gewinnen. Er lässt Morton im Rat verhaften und beschuldigt ihn der Ermordung Darnleys vor 14 Jahren. Jeder missliebige Schotte ist seither dieses Verbrechens angeklagt worden, Morton selbst hat einige Männer deswegen hinrichten lassen. Dieser Prozess ist der Anfang einer Reconquista, orakeln die Reformierten. Elizabeth muss ihre Macht demonstrieren, Morton befreien. Der Staatsrat verweigert die Auslieferung, wahrscheinlich ist Englands Angebot zu geizig. Elizabeth befiehlt am 31. März 1581 eine Armee gen Norden, zieht den Befehl aber umgehend zurück. Frankreichs Botschafter hat sie überredet, Morton seinem Schicksal zu überlassen. Sein Prozess beginnt am 1. Juni 1581, am nächsten Tag wird er mechanisch enthauptet – mit der *maid*, der schottischen Vorläuferin der Guillotine.

Inzwischen ist James fünfzehn und will die persönliche Herrschaft übernehmen, was für die Lords bedeutet, dass Esmé regiert. Sie halten des Favoriten Konvertierung für eine Farce und fürchten, dass er den König mit „Fleischeslust" lenkt. Also sinnen die pro-englischen Lords auf Abhilfe. Im so genannten *Ruthven Raid* lockt William Ruthven, Sohn Patricks, den König samt Favoriten Ende August 1582 während einer Jagd nach Ruthven Castle. Dort nimmt er James VI. gefangen, zwingt ihn, seinen Favoriten zu verbannen. Ruthven und Kumpane erklären James VI. für abgesetzt.

Esmé Stuart, Duke of Lennox, geht nach Frankreich, hält aber mit James heimlichen Briefkontakt. Er bleibt Presbyterianer, schwört seiner Familie ab, verschreibt sich ganz James, dem zu dienen ihm verwehrt bleibt. Als er 1583 stirbt, lässt er ihm letztwillig sein einbalsamiertes Herz übereignen. James widmet dem verlorenen Favoriten ein Gedicht: „Tragödie des Phönix"

Frankreich, Rom und Madrid, seit Mai 1582

Das große „Unternehmen"

Der Duc de Guise plant seit Mai einen Feldzug zu Maries Befreiung. Der Nuntius, Maries Erzbischof Beaton und einige Jesuiten verhandeln. Der Papst soll die Armee stellen (sprich bezahlen), die mit Spaniens Unterstützung übersetzen und die englischen Truppen unter Sussex (der zu Elizabeths großem Kummer am 9. Juni 1582 sterben wird) binden soll.

Sir Francis Throckmorton, ein Neffe des Diplomaten und glühender Katholik, ist ein Bewunderer Maries, hat ihr schon in Schottland gedient, kennt Kardinal Beaton, die Guise und manch andere Persönlichkeiten auf dem Kontinent. Er wird wegen seiner familiären und anderen Verbindungen als mehr oder weniger informierter Bote in Sachen des „Unternehmens" benutzt, an dessen Ende die Rückführung der Inseln zum Papsttum und die Übernahme des englischen Throns durch Marie Stuart stehen soll. Marie Stuart wird über das „Unternehmen" zwar informiert, agiert aber keinesfalls als Planende.

Außerdem zögert Felipe de España, er fürchtet, wenn dies etwas übereilte Unternehmen scheitert, sei die Insel auf ewig für den Katholizismus verloren. Er argwöhnt zudem, Guise könne beide Kronen für Frankreich vereinnahmen. Schließlich überzeugt er den Papst mit seinen Argumenten, und das große „Unternehmen" ist eigentlich schon im Herbst 1583 abgeblasen.

Marie – zunehmend weltfremd
Unterdessen erfährt Marie voller Freude, dass ihr Sohn sich im Juli 1583 befreien kann und bemüht ist, die Herrschaft nun selbst auszuüben. Bereits 1581 hat sie einen gewissen Patrick Gray als ihren Unterhändler zu James geschickt. Bis jetzt weiß sie nicht, dass der bei erster Gelegenheit auf dessen Seite umgeschwenkt und inzwischen gar zu seinem neuen Favoriten aufgestiegen ist. Also vertraut sie Gray weiter, als die Verhandlungen um die Doppelherrschaft wieder aufgenommen werden.

London und Sheffield, Winter 1583
Walsingham fängt Throckmorton
Walsingham hat einen der angeblichen Agenten Marie Stuarts, Charles Paget, Sekretär ihres Botschafters, Erzbischof James Beaton, schon 1572 „umgedreht" und als Doppelagenten gewonnen. Jedermann weiß, dass Francis Throckmorton häufiger Besucher Mendozas ist, der eher als Felipes Sachwalter für Maries Belange gilt denn als spanischer Botschafter. Niemand weiß, was Walsingham wann erfährt, welche Informationen er selbst wozu an wen fließen lässt, im November jedenfalls hält er den Zeitpunkt für gekommen, Francis Throckmorton zu verhaften. Seine Schergen finden genügend belastende Schriftstücke, und unter der Qual seiner

dritten Folterung bricht Throckmorton zusammen und erzählt alles, was er weiß.

Um die öffentliche Meinung in seinem Sinne zu beeinflussen, lässt Walsingham die Ziele der Verschwörer umgehend in einem Flugblatt veröffentlichen. Sein Ziel, Marie Stuart anklagen zu können, verfehlt er allerdings aus zwei Gründen: Marie Stuart agiert zwar impulsiv, aber geschickt: Sie kenne Throckmorton nicht, und wenn sie in ihrem Unglück ohne ihr Zutun zur Symbolfigur für die Unzufriedenheit anderer mit der Herrschaft im Königreich England gemacht werde, könne man das nicht ihr vorwerfen! Und in der Tat findet sich unter all den Papieren kein wirklich belastendes Material gegen sie.

Nach der Folter klagt Throckmorton sich an, er habe die verraten, die ihm die Liebste in der Welt sei. Er wäre lieber tot, als mit dieser Schande zu leben. Sein Mitgefangener Henry Percy, achter Earl of Northumberland, wird am 21. Juni 1585 in seinem Bett im Tower mit drei Pistolenkugeln in der Brust tot aufgefunden werden, die Untersuchungskommission wird auf Selbstmord befinden; manche Stammtafeln vermerken lakonisch: ermordet.

London, Edinburgh und Sheffield, Frühjahr 1584
Maries Enttäuschungen mehren sich
Im Zusammenhang mit dem Throckmorton-Komplott wird Mendoza der Mitwisserschaft beschuldigt und des Landes verwiesen. Er schwört Rache, geht nach Paris und korrespondiert weiter mit Marie.

James VI. hat die Verhandlungen um die Doppelherrschaft nur zum Schein geführt, er will längst eine Einigung mit England. Cecil und Walsingham nutzen Elizabeths Schock über den neuerlichen Mordplan gegen sie, um ihr die Bewilligung einer Rente von 5.000 Pfund Stirling für James abzuringen, dazu ein großzügiges Pferdekontingent aus Leicesters berühmtem Gestüt und einige Herden jagdbaren Wildes.

James teilt seiner Mutter im Februar 1584 mit, seine Räte hätten nach reiflicher Überlegung eine Doppelherrschaft abgelehnt. Sein Parlament bestätigt die Vorherrschaft der Krone über die Kirche.

Ruthven wird nach einem weiteren Komplott im Mai 1584 hingerichtet. James gelingt mit Hilfe seines Kanzlers die Konsolidierung der königlichen Macht.

Marie muss akzeptieren, dass sie in Wahrheit keinerlei Einfluss auf ihren Sohn hat. Wie könnte sie auch, er war gerade zehn Monate alt, als er sie das letzte Mal sah. Seither lebt er umgeben von Menschen, die Marie Stuart hassen und verächtlich machen. Seine Mutter ist für ihn einzig eine Gefahr für seine Herrschaft. Wie Elizabeth Tudor hat er als Kind und Heranwachsender niemandem vertrauen können und so enorme emotionale Defizite entwickelt.

Marie Stuart, um die Illusion der mystisch verklärten Sonnesliebe ärmer, verflucht ihn in ihrer Wut und schwört, ihre angestammten Rechte lieber seinem ärgsten Feind zu überlassen, als seine Anmaßung zu billigen. Sie wütet, bis sie ihre Bäder in Buxton aufnehmen kann, ein Privileg, das ihr in diesem Sommer ein letztes Mal zuteil werden wird, denn *the times they are a'changing ...*

Schutz für die Schutzherrin des Protestantismus

London und Delft, 10. Juli 1584

Tod in London und Delft

Elizabeth Tudor trägt Trauer um den Anfang Juni verstorbenen Alençon, als Francis Throckmorton sein Geständnis auf dem Schafott widerruft, bevor er am 10. Juli 1584 hingerichtet wird. Am gleichen Tag wird in seiner befestigten Stadt Delft auf der Treppe seines Palastes Wilhelm von Oranien von dem katholischen Attentäter Balthasar Gérard erschossen. Letzterer wird drei Tage später geviertelt, Felipe II. aber erhebt seine Familie in den Adelsstand und übereignet ihr Oraniens Güter in der Franche-Comté. Ein Zeichen dafür, dass der Katholizismus wirklich entschlossen ist, die Vorherrschaft in Europa zurückzugewinnen. Verständlich auch, dass Marie Stuart sich über diese Bewegung ihre Befreiung erhofft.

England wird seit 1581 von einer beispiellosen Flut katholischer Propaganda überzogen, die deutlich die Absetzung Elizabeth Tudors zu Gunsten Marie Stuarts fordert. Propagandisten dieser Bewegung sind Jesuiten, vornehmlich in Douai extra für den Einsatz in England ausgebildet, wie der wortgewaltige Edmund Campion, der schon 1581 hingerichtet wurde. In Frankreich verbünden sich die Katholiken unter den Guise nun offen mit Spanien, was unausweichlich zum Ausbruch des nächsten Religionskrieges führt. Leicester und Cecil fordern von Elizabeth Unterstützung für die Niederlande, doch sie zögert – wie immer – zu lange. Am 17. August 1584 ergibt Anvers sich Spaniens Feldherrn Parma.

London, Sommer/Herbst 1584

Bond of Association

Anfang August 1584 wird ein neuer Anschlag auf Elizabeths Leben aufgedeckt. Der schottische Jesuit Crichton wird nach dem Attentat auf Oranien festgenommen und an England ausgeliefert, weil er Papiere bei sich hat, die nicht nur einen Invasionsplan Spaniens belegen, sondern auch Anweisungen zur Ermordung Elizabeths enthalten. Crichtons Geständnis unter Folter liefert genügend Zündstoff, um das gute, das protestantische England vor der Wiederkehr der schrecklichen Zeiten unter „der anderen Maria" erzittern zu lassen. Spontanem Volkeswillen entspricht eine Initiative des Kronrates, ein Gesetz zum Schutz Elizabeths zu erlassen, das eindeutig auf die Vernichtung Marie Stuarts abzielt. Die Aufdeckung einer Verschwörung zu Gunsten Marie Stuarts, die zwar nicht namentlich genannt, aber präzise beschrieben wird, genügt, sie zum Tode zu verurteilen, egal ob sie Kenntnis von dem Plan gehabt hat oder nicht!

Das Projekt des Kronrates findet überwältigende Zustimmung, jeder will dem „Bond zum Schutz der Königin" beitreten. Marie selbst, die so tut, als bemerke sie nicht, dass damit jedes aufgedeckte Komplott das Todesurteil für sie selbst nach sich zieht, beteuert, dem Bund beitreten zu wollen. Viele Autoren wundern sich an diesem Punkt über Maries Naivität – oder ziehen ihre Beteuerung nur zu gern als Beweis derselben heran. Wahrscheinlich bedient Marie Stuart sich nur der allgemein üblichen Verlogenheit der Diplomatie …

Sheffield, Buxton und Tutbury, Sommer 1584 bis Winter 1585

Badekur statt Beschränkung

Wenn vielleicht auch mancher darüber staunt, dass Marie Stuart trotz ihrer Kenntnis von zumindest Aspekten des Throckmorton-Komplotts nicht zur Rechenschaft gezogen wird – zunächst geschieht nichts. Im Sommer wird ihr gar die fast schon zur Gewohnheit gewordene Kur in Buxton gestattet. Man schwört auf die Bäder dort, die besonders bei Arthrose und Rheuma, woran in diesen Zeiten fast jeder leidet, hilfreich sein sollen. Auch Marie ist betroffen. Besonders seit sie nicht mehr täglich weite Ritte unternehmen kann, nehmen ihr körperlicher Verfall und ihr Körpergewicht zu. Die Schmerzen in der Seite, über die sie schon in jungen Jahren klagt, werden einem Nierenleiden zugeschrieben oder der Erbkrankheit Porphyrie, einem Enzymdefekt. Die langen Jahre der Gefangenschaft haben sie schneller als nötig altern lassen, ihre schlanke Geschmeidigkeit ist fülliger Majestät gewichen.

Marie hat sich die Aufenthalte in dem Modebad Buxton eigentlich erkämpft, weil sie hoffte, dort informell Elizabeth zu treffen, doch die macht immer einen weiten Bogen um den Ort, wenn Marie dort weilt. Dafür haben Cecil 1572 und Leicester 1578 und auch jetzt, 1584, die Chance genutzt, persönlich mit Marie Stuart zu sprechen. Dass von ihnen keine Äußerungen dazu überliefert sind, mag ihrer Loyalität gegen Elizabeth entspringen.

In den anderthalb Jahrzehnten von Maries Gefangenschaft unter Aufsicht Shrewsburys ist häufig Beschwerde über ihre „laxe" Unterbringung geführt worden. Die hygienischen Bedingungen machen es erforderlich, dass ein herrschaftlicher Haushalt regelmäßig den Wohnsitz wechselt, damit umfängliche Säuberungsaktionen durchgeführt werden können. So hat Marie mit den Shrewsburys in schönem Wechsel mal auf Sheffield Castle, dann in Sheffield Manor oder Chadwick gewohnt. Alle diese Häuser sind nach den Standards der Zeit komfortabel, ja mondän.

Eine Nichte der Königin

Lady Shrewsbury hat ihre 1576 verwitwete Tochter mit der kleinen Arabella Stuart zu sich genommen, und Marie hat viel Zeit mit dem kleinen Mädchen verbringen können, das nach landläufiger Definition ihre (angeheiratete) Nichte ist. Seit dem Tod ihrer Mutter 1582 ist Arabella Vollwaise. Als Marie Stuart erkennen muss, dass die ehrgeizige Bess Hardwick ihre Enkelin unbedingt zur Thronerbin von England machen will, kühlt das Verhältnis der Damen merklich ab. Ungefähr gleichzeitig betreibt Bess die Verlobung Arabellas mit Leicesters kleinem Sohn von Lettice Knollys, Robert Dudley, Baron Denbigh. Wie vorauszusehen war, explodiert Queen Elizabeth, als sie von dieser Verlobung hört. Leicester wird – mal wieder – kurzfristig vom Hof verbannt. Im Juli 1584 zieht Leicester sich erneut den Zorn seiner Königin zu, weil er, ohne Urlaub vom Hof zu erbitten, an das Totenbett des kleinen Robert eilt. Mit dem Fünfjährigen schwinden für Leicester alle Hoffnungen auf Gründung einer eigenen Dynastie. Bess Hardwick unternimmt über Jahre keine weiteren Anstrengungen, ihre kostbare Enkelin Arabella zu verheiraten.

Der Streit mit Bess Hardwick

Die häusliche Idylle um die Gefangene Queen of Scots endet endgültig, als Lady Shrewsbury sich mit ihrem Mann wegen der verworrenen Familienfinanzen überwirft. Plötzlich behaupten sie und ihre Söhne, Marie habe Shrewsbury zu ihrem Geliebten gemacht, ihm gar ein Kind geboren. Marie lässt sich in ihrer Wut über diesen haltlosen Vorwurf dazu hinreißen, Elizabeth schriftlich über all den Klatsch zu informieren, den Bess ihr über das Liebesleben ihrer Königin genüsslich mitgeteilt hat, als die Damen noch ein Herz und eine Seele waren. Cecil, in dessen Nachlass der Brief gefunden wird, hat ihn seiner Königin wohl vorenthalten.

Es ist anzunehmen, dass die katholische Propaganda, die unhaltbaren Zustände im Haushalt Shrewsbury und die Ermordung Oraniens gleichermaßen dazu führen, dass Maries Unterbringung sich ändert. Kaum zurück aus Buxton muss sie Sheffield verlassen. Sie wird der Aufsicht des Cecil-Vertrauten Sir Ralph Sadler unterstellt, der als Botschafter bei Marie de Guise die Neugeborene Marie als nacktes Baby in Augenschein genommen hat. Nun muss er sie von Sheffield nach Wyngfield in Derbyshire verfrachten. Auch er ist gegen Maries Zauber nicht immun. Um ihr den Aufenthalt etwas zu erleichtern, erlaubt er ihr, sich bei Falkenjagden und anderen *outdoor* Aktivitäten zu verausgaben. Es gelingt ihm, von der Pflicht ihrer Bewachung entbunden zu werden, nachdem er sie auf allerhöchsten Befehl am 13. Januar 1585 in das ihr verhasste Tutbury gebracht hat.

London und Anvers, Juni 1585

Schutzherrin der protestantischen Welt

Gut ein Jahr nach Oraniens Tod bieten die protestantischen Niederlande am 29. Juni Elizabeth Tudor die Herrschaft an. Sie meinen, eine Persönlichkeit von europäischer Bedeutung gewinnen zu müssen, um ihrem Kampf gegen Spanien Gewicht zu verleihen. Wie erwähnt, hat Elizabeth sich stets geweigert, mehr als das Allernötigste für die Rebellen zu tun. Jetzt kann sie nicht länger ausweichen, die „katholischen" Attentatspläne gegen sie haben ihr das klargemacht. Sie kann aber auch das Angebot nicht annehmen, es wäre ein zu eindeutiger Affront gegen Spanien!

Cecil und besonders Leicester verlangen von ihrer Königin, endlich auf die Politik einzuschwenken, für die sie sich seit Jahren stark machen: Aktive finanzielle und militärische Unterstützung des Kampfes der niederländischen Glaubensgenossen gegen die katholische Weltmacht Spanien! Im Vertrag von Greenwich sichert Elizabeth diese Unterstützung zu. Leicester besteht darauf, die Engländer selbst in den Kampf zu führen. Elizabeth versucht alles, um ihn an ihrer Seite zu halten, ein Leben ohne seine ständige Anwesenheit scheint ihr unerträglich. Sie kann seinen Aufbruch zwar mehrfach hinauszögern, aber nicht verhindern.

Plymouth, North Carolina und Karibik, 1585/86

Kolonisierungsprojekte und Kaperfahrten

Raleigh lässt 1585 die ersten Kolonisten einschiffen, und die erste englische Kolonie Roanoke wird im heutigen North Carolina gegründet.

Drake amtiert seit seiner Nobilitierung auf Befehl seiner Königin als Bürgermeister von Plymouth und Parlamentsabgeordneter seiner Region. Jetzt, 1585/86, hat die Langeweile ein Ende; er unternimmt eine weitere Kapertour in die Karibik. Frobisher ist Vizeadmiral unter Drake und erobert das spanische Fort von Cartagena. Auf der Rückreise 1586 legt Drake an Roanoke Island an. Ständige Überfälle der dort ansässigen Indianer haben die Siedler dezimiert, die letzten überlebenden Engländer sind zermürbt und reisen mit Drake zurück in die Heimat. So scheitert das erste Kolonisationsprojekt vor Ablauf eines Jahres, doch Raleigh wird zwei Jahre später einen erneuten Versuch am gleichen Ort mit 150 Kolonisten unternehmen.

Drakes Expedition bringt diesmal nicht die erwarteten Gewinne, die Folgen zwingen aber die Bank von Sevilla in den Bankrott, und Felipe II. verliert seine wichtigsten Kreditgeber. Felipes Geduld mit „dieser Engländerin" ist zu Ende, er rüstet für eine Invasion. In den nächsten Jahren konzentrieren sich alle maritimen Anstrengungen Englands auf die Abwehr der Armada und die Kolonisierung Irlands.

London und Niederlande, Herbst 1585 bis Anfang 1586
Queen Elizabeth is not amused …
Die Truppen für die Niederlande werden am 3. September 1585 in Marsch gesetzt, aber erst Anfang Januar 1586 geht der Earl of Leicester in Vlissingen an Land, um sich über militärische Siege endlich einen eigenständigen Platz in der Geschichte zu erobern. Elizabeth muss akzeptieren, dass es – angesichts einer drohenden spanischen Invasion von den niederländischen Küsten aus – von existentieller Bedeutung ist, diese Küsten selbst zu sichern. Doch privat wünscht sie sich nichts sehnlicher für Leicester als eine Niederlage in Bausch und Bogen, dann kann sie ihn in Gnaden wieder am Hof aufnehmen. Als erfolgreicher Feldherr könnte er womöglich beliebter werden als sie, die Königin!

In Den Haag wird nun Leicester die Herrschaft angetragen, auf seine Brandbriefe kommt keine Antwort Elizabeths. Also lässt er sich am 25. Januar in großer Zeremonie zum Generalgouverneur ausrufen. Wohlgemerkt: Leicester erhält den Titel kraft des Volkes der Generalstaaten, nicht durch Anmaßung gegen seine Souveränin! Dennoch tobt und zetert Elizabeth wie ein Fischweib, Cecil kann sie kaum beruhigen. Ihr Zorn wächst ins Unermessliche, als Leicester auch noch Vorbereitungen trifft, seine Lettice zu sich zu holen, damit sie an seiner Seite repräsentieren kann! Lettice ihrerseits prahlt, sie werde England mit einem Gefolge verlassen, glänzender als das der Königin bei ihren Sommerreisen! Ihr Hof in den Niederlanden werde der berühmteste Europas – zumindest nach dem Frankreichs! Das ist ja wohl die Höhe! Diese alberne Gans will Elizabeth Tudor übertrumpfen! Die Königin droht, an ihrer Empörung schier zu ersticken und befiehlt ihrem Untertanen Leicester, das Amt sofort niederzulegen! Cecil muss ein weiteres Mal mit Demission drohen, bevor Elizabeth sich beleidigt bereit erklärt, auf die Rücktrittsforderung zu verzichten. Aber: Lettice verbietet sie ein für alle Mal die Ausreise!

Leicesters Mission leidet unter den Eifersüchteleien am Londoner Hof, Gelder kommen zu spät oder werden fehlgeleitet, seine Soldaten hungern trotz in Elizabeths Augen großzügigen Bewilligungen. Unter diesen Umständen gelingen den Engländern nur kleine Einzelsiege (wie die Eroberung Duisburgs), und Elizabeth klagt über das viele Geld, das da verschwendet wird.

Kein Wunder, dass nachhaltige militärische Erfolge ausbleiben, ist doch des alt gewordenen Stallmeisters Gegner kein Geringerer als der ein Dutzend Jahre jüngere Alessandro Farnese, Duca di Parma, nach einhelliger Meinung der Fachleute der derzeit beste Feldherr Europas! Nebenbei ist er Urenkel des Papstes Paul III. und Enkel des Kaisers Karl V.

Berühmt wird der Versuch der Einnahme Zutphens im September 1586, den Spaniens Felipe II. als Kriegserklärung wertet. Leicester hat seinen Neffen Philip Sidney, Sohn seiner Schwester Mary, bei sich. Der junge Mann steht gerade im Begriff, ein bedeutender Poet zu werden, als er zu diesem militärischen Abenteuer aufbricht. Vor Zutphen trifft ihn eine Kugel; seine Ehefrau, Walsinghams Tochter Frances, eilt zu seiner Pflege herbei. Ihre Aufopferung kann nicht verhindern, dass eine Blutvergiftung das zu den schönsten Hoffnungen berechtigende junge Genie dahinrafft. Vielleicht stimmt dieser Tod Elizabeths Herz etwas weicher, sie schreibt ihrem

„Sweet Robin" wieder neckische Briefchen ins Feldlager, und er kann sicher sein, dass er zu Recht auf ihre unverbrüchliche Zuneigung gesetzt hat …

Wer inszeniert das Babington Komplott?

Tutbury und Chartley Hall, ab April 1585
Marie Stuart in verschärfter Haft
Kaum ist Marie Stuart in Tutbury, bekommt sie einen neuen Wärter: Sir Amyas Paulet. Dieser enge Freund Walsinghams ist ein kleinlicher Bürokrat und strenger Puritaner, der alles zutiefst hasst, wofür Marie steht. Er will der erste Mann sein, der sich gegen ihren berühmten Charme als vollkommen immun erweist. Um sofort klare Verhältnisse zu schaffen, lässt er den königlichen Baldachin und den Thronsessel entfernen. Marie darf die feuchtkalten Gemäuer nicht mehr verlassen, sie soll niemanden sehen und nicht gesehen werden. Bisher hat sie es immer geschafft, schriftlich den Kontakt zur Außenwelt aufrecht zu erhalten, das ist überlebenswichtig für sie, denn ihre Briefe sind ihre einzigen Waffen, um in der großen Welt, deren Teil sie einst war, präsent zu bleiben.

Paulet unterbindet nicht nur sofort jede Korrespondenz, ständig kontrolliert er alles und jeden in Maries Haushalt, sogar ihre Leibwäsche! Er lässt sich von Maries schlechter Gesundheit nicht irritieren, verkündet ihr triumphierend, das sei eben die Strafe Gottes für ihre Sünden! Unbestritten hat er eine sadistische Ader, so bereitet es ihm diebische Freude, ein Päckchen mit Devotionalien zu zerstören, widerwärtigem papistischen Schund!

Im Oktober ist die Kunde von Maries Krankheit bis Frankreich gedrungen, und man ist dort über den miserablen baulichen Zustand und die alarmierenden hygienischen Verhältnisse mit den Unrathaufen direkt unter den Fenstern der alten Burg genauso informiert wie über Maries unwürdige Behandlung durch ihren übereifrigen Kerkermeister.

Der Botschafter protestiert so entschieden, dass Elizabeth auf Änderung drängt, doch es dauert fast drei Monate, eine geeignete

Immobilie zu finden. Kein Besitzer ist erfreut, wenn eine seiner Liegenschaften als Gefängnis einer Königin dienen soll, Shrewsbury hat mit seinen ruinösen Erfahrungen nicht hinterm Berg gehalten. So wehrt sich auch der junge Essex, Dudleys Stiefsohn, zunächst heftig dagegen, sein von einem breiten Wassergraben umschlossenes Landhaus Chartley Hall zur Verfügung zu stellen. An Heiligabend ist endlich alles zur Übersiedlung bereit, doch Maries Krankheit ist soweit fortgeschritten, dass sie die ersten vier Wochen dort im Bett verbringen muss. Ihr kleiner Hof fürchtet ernsthaft, die Königin werde den Umzug nicht lange überleben.

London, Paris und Chartley, Anfang bis Sommer 1586

Walsingham legt seine Netze aus

Währenddessen arbeitet Walsingham mit ausgeklügelter Akribie an der Vernichtung Marie Stuarts. Das Parlament hat im Oktober 1585 das *Gesetz zum Schutz der geheiligten Person Ihrer Majestät* verabschiedet, das unter Juristen schon damals als anfechtbar gilt. Über ihren Favoriten Hatton lässt Elizabeth es dahingehend modifizieren, dass der/die Beschuldigte nur nach Anhörung verurteilt werden darf. Ist die Ursache für diese Einschränkung vielleicht doch die Erinnerung an die eigene Situation unter der Herrschaft ihrer katholischen Schwester, als Elisabeth selbst panisch darauf bestand, vor einer Verurteilung angehört zu werden? Das Verdikt gilt nicht für den Erben, konkret soll so James' Nachfolge gesichert sein, falls Marie verurteilt werden sollte.

Perfide das Gesetz, noch perfider die Herstellung der Umstände, die seine Anwendung ermöglichen. Eine neue Verschwörung muss Elizabeth Tudor beweisen, dass sie in Gefahr ist, solange Marie Stuart lebt. Zeit, die *agents provocateurs* in Bewegung zu setzen. Aus Walsinghams Aktionen entstehen Verschwörungen mit verworrenen Überschneidungen, die als Babington-Komplott verfolgt werden.

Von der Härte der Beweislast

Walsingham entdeckt einen schwerwiegenden Fehler: die strikte Unterbindung jeglicher Korrespondenz Marias! Wie soll man der schottischen Königin Beteiligung an einem Komplott oder Einverständnis mit der Ermordung Elizabeths nachweisen, wenn sie keine Kenntnis von geplanten Aktionen haben und sich nicht dazu äußern kann? Dieses Beweises bedarf es für eine Verurteilung zwar nicht, aber kein Todesurteil kann vollstreckt werden, wenn die Königin es nicht unterzeichnet! Das ist der Schwachpunkt des ganzen Konstrukts: Elizabeth Tudors Skrupel! Sie hat darauf bestanden, dass Marie Stuart ein Recht auf Anhörung hat! Wird sie die Cousine tatsächlich aufs Schafott schicken? Was für ein Theater hat sie schon bei Norfolk veranstaltet: Unterschrift und Widerruf, wieder und wieder, sechs Monate lang! In der Zeit könnte Spaniens König tatsächlich eine Invasion organisieren!

1568 konnte Elizabeth hoffen, die skandalumwitterte, abgesetzte Stuartkönigin würde als Gefangene im Laufe der Jahre in Vergessenheit geraten. Zehn Jahre später ist sogar der Papst auf ihrer Seite. Gregor XIII. lobt sie 1577 ausdrücklich für die Geduld, mit der sie das Schicksal erträgt, als katholische Königin von Geburt und Gottes Gnaden zu Unrecht von einer illegitimen Ketzerin in Gefangenschaft gehalten zu werden. Wenig später wird ihre Vita Bestandteil katholischer Erbauungsliteratur! Salopp gesagt weist der Papst persönlich Marie Stuart den Weg, die Schmach der Gefangenschaft in einen Triumph zu wandeln. Das Image einer Märtyrerin hat sie in Europa bereits, sie ist lebendes Symbol der Unterdrückung des Katholizismus durch Englands protestantische Königin. Marie muss dieses Thema nur aufnehmen und gestalten. Es gelingt ihr in müheloser Metamorphose, quasi mit einem Lächeln …

Das Wissen liegt im Bier

Zunächst machen Männer Geschichte. Paulet erstattet Walsingham minutiös Bericht über die kleinste Bewegung seiner Gefangenen. Der Meister des Geheimdienstes unterzieht sich der Mühe, vor Ort einen Weg auszutüfteln, wie man Marie zu einem vermeintlich geheimen Briefverkehr verhelfen kann, und wird schnell fündig. Der Bierlieferant von Chartley gelangt zu bescheidenem Reichtum, da er von Walsingham und von Marie bezahlt werden wird für jedes mit Briefschaften gefüllte Ledersäckchen, das er an einem Faden am Spund befestigt im Bier hängend herein oder heraus bringt.

Für Marie, die nach einem Jahr ohne jeden Außenkontakt ein stark nach Bier riechendes Säckchen überreicht bekommt, sieht es so aus, als habe ein gewisser Gilbert Gifford im Auftrag ihrer Freunde in Frankreich diesen Informationskanal aufgetan. Thomas Morgan und Charles Paget, die Marie Stuart für ergebene Diener des Erzbischofs Beaton halten muss, empfehlen ihn wärmstens. Über Walsinghams Agenten Gifford erhält sie nach und nach alle Briefe, die sich für sie in Frankreichs Botschaft in London angesammelt haben. Durch diese echten Schreiben eingeschläfert, rauscht Marie voll in Walsinghams Falle, sie ist selig, sie liebt unsichtbare Tinte und all den Agentenkram, ihr Realitätssinn ist nach 19 Jahren Gefangenschaft zumindest angeknackst.

Jede Zeile ihrer Korrespondenz wird von Walsinghams Männern gelesen, wenn nötig dechiffriert und oft auch skrupellos um Zusätze erweitert. Ungeklärt bleiben muss seit dem 16. Jahrhundert bis heute, ob es überhaupt eine wirkliche Verschwörung gab, die dann von Walsinghams Leuten übernommen wurde, oder ob alles von Anfang bis Ende eine geheimdienstliche Operation war. Frankreichs Botschafter Châteauneuf behauptet, Gifford sei im März 1586 im Auftrag seiner Regierung nach Paris gereist, um geeignete Leute zu kontaktieren, zu instruieren und ein paar Begeisterte zu manipulieren. Letztlich ist es für Marie Stuarts Leben und für Elizabeth Tudors Gewissen unerheblich, ob Gifford Babington die Idee der Verschwörung in den Kopf setzt oder ob er ein bereits entstehendes Komplott im Sinne seines Chefs dirigiert.

Begeisterungsfähige Kavaliere

Beide Versionen sind denkbar, denn es steht außer Zweifel, dass Anthony Babington ein begeisterter Fan Marie Stuarts ist. Er entstammt einer sehr reichen alten Familie, die ihren Katholizismus bewahrt hat und im Verdacht steht, einem auf die Einschleusung von Jesuiten spezialisierten Geheimbund anzugehören. Inzwischen Mitte zwanzig, war Babington als Teenager Page Lord Shrewsburys und hat auf dessen diversen Landgütern die noch junge und

416

schöne Marie häufig gesehen, ihr vielleicht gar den einen oder anderen kleinen Dienst erweisen dürfen, für den sie ihm sicher in ihrer unnachahmlich bezaubernden Art gedankt haben wird.

Babington geht 1580 nach Frankreich und lernt dort Morgan kennen, der ihn später Marie empfiehlt. Wo immer er sich aufhält, ist Babington dank seines Ranges und seines Geldes von einem Schwarm begeisterungsfähiger junger Männer umgeben, viele darunter Katholiken. In dieser Generation stellt sich das Bild Marie Stuarts ganz anders dar als in der zuvor. Seit sie denken können, ist diese einst wunderschöne, unglückliche Königin die Gefangene der Megäre Elizabeth Tudor. All die Skandale um Marie und ihre dritte Ehe, ihr Bemühen um religiöse Toleranz sind allenfalls Geschichten aus einer anderen Zeit. Weil sie weder ihrem Glauben abschwört noch auf ihr angeborenes Thronrecht verzichtet, schmachtet sie, die wahre Königin der Inseln, im Kerker. Das ist ein Stoff, an dem sich romantische Geister entzünden, welch eine Heldentat, die zugegebenermaßen etwas reife Unschuld Marie aus den Klauen des Drachen Elizabeth zu befreien! Von Gifford mit übertriebenen Darstellungen zur militärischen Unterstützung durch Spanien angefüttert ist Babington im Mai 1586 soweit: Er nimmt brieflich Kontakt mit Marie Stuart auf, ihre Antwort zeigt, dass sie sich an ihn erinnert – was sie im Prozess allerdings leugnen wird. Eine erste erhärtende Ergänzung Walsinghams?

Edinburgh und London, 6. Juli 1586

Keine Rede von Marie Stuart

James VI. und Elizabeth I. unterzeichnen im Vertrag von Berwick ein Bündnis gegen Spanien. In dem ganzen weitschweifigen Sermon der Urkunde findet die Existenz Marie Stuarts mit keinem Wort Erwähnung, aber dieser Vertrag bedeutet das endgültige Ende der *Aude Alliance*.

In ihrer Enttäuschung und Wut sinnt Marie auf Rache. Sie wird ihren Anspruch auf den englischen Thron einem übertragen, der *per se* einen hat, der dem der Tudors überlegen ist: Felipe II. de España! Dessen vier Großeltern stammen von Philippa und Catherine Lancaster ab, zwei legitimen Töchtern des John of Gaunt, während sich der Anspruch der Tudors auf John Beaufort, einen Bastard Gaunts, gründet. Die maßlose Enttäuschung Maries über den in ihren Augen neuerlichen Verrat des Sohnes kann ihre Vernachlässigung aller Vorsicht in den nächsten Wochen – vielleicht – erklären.

Chartley, London und Paris, Sommer/Herbst 1586

Leichtsinn, Idealismus und Perfidie

Marie hat in ihrem sträflichen Leichtsinn ihren neuen Code auch „über das Bierfass" mitgeteilt, macht es also Walsinghams Dechiffrierstube unverdient leicht. Es ist der immer gleiche Plot: Im Vertrauen auf spanische Verstärkung werden sich die englischen Katholiken erheben, Babingtons Mitverschwörer soll mit sechs Edelleuten Elizabeth töten, er selbst die Befreiung Maries übernehmen. Wirkliche Gefahr für Elizabeth besteht nie, denn Walsingham ist minutiös informiert und jederzeit zum Eingreifen bereit, jeder Verschwörer wird rund um die Uhr bewacht. Walsinghams Polizei macht sich schon Hoffnung auf Orden und Ehren für die Ergreifung der Assassins und Befreier *in flagranti*. Da erfährt Babington, dass einer aus seinem inneren Kreis ein Spion der Regierung ist. Mitverschwörer Ballard wird verhaftet, Babington versteckt sich in Panik in Londons Wäldern. Das nutzt natürlich nichts, und Ende August 1586 sind alle „Verschwörer" hinter Schloss und Riegel.

Maries Haltung und Elizabeths Gewissen

Windsor, Chartley und Tixall, August/September 1586

Die Gefangene wird verhaftet

Marie kann ihr Glück kaum fassen, als sie am 16. August die Erlaubnis zu einem Jagdausflug zur Burg Tixall bekommt. Wohlgemut bricht sie am frühen Morgen inmitten ihrer Bewacher, begleitet von ihrem Arzt und ihren Sekretären Nau und Curle auf. Als eine Gruppe Reiter den Weg verstellt, schlägt ihr Herz höher, sie glaubt, es handelt sich um ihre Befreier. Das erweist sich umgehend als Irrtum. Der Anführer stellt sich als Thomas George vor, gekommen um Marie Stuart im Auftrag der englischen Königin wegen

Verschwörung gegen das Reich und ihre Person zu verhaften. Trotz Maries heftiger Gegenwehr wird sie von allen Begleitern getrennt und nach Tixall gebracht. Dort wird sie neun Tage in Isolationshaft gehalten. Als sie nach Chartley zurückgebracht wird, sind Diener verschwunden, ihre Sachen durchwühlt, ihr Schmuck gestohlen. Sie protestiert und trotzt, es gebe immerhin zwei Dinge, die man ihr nicht nehmen könne: ihr englisches Blut und ihren Katholizismus! Paulet weigert sich, eine umgehend verfasste Protestnote an Elizabeth weiter zu leiten.

Letztlich dürfen ihr Arzt Bourgoing, die Frau Curles und einige Diener zu ihr. Madame Curle hat gerade eine Tochter geboren, und da Paulet Maries Priester entfernt hat, tauft sie die Kleine selbst auf den Namen Mary. Das grenzt für den Puritaner Paulet an Blasphemie! Die Sekretäre Nau und Curle werden verhört und beteuern, die ihnen vorgelegten Abschriften entsprächen den Originalkorrespondenzen – im Wesentlichen. Nau wird nach Frankreich geschickt, Curle bleibt ein Jahr im Gefängnis, lebt später mit Frau und Kind in Anvers.

Die Verurteilung der Verschwörer

Babington und seine Leute sind – wie gesagt – Ende August alle in Haft, sie werden bis Mitte September ununterbrochen verhört und gefoltert, gestehen alles. Der Priester Ballard wird zum Hauptschuldigen erklärt. Natürlich werden alle zum Tode verurteilt, natürlich werden die Urteile schnellstmöglich, am 20. und 21. September ungemein barbarisch vollstreckt. Ballard, Babington und Savage werden gehängt, kurz vor Eintreten des Todes abgeschnitten, ohne Betäubung aufgeschnitten, alle Eingeweide entfernt und der Rest abschließend gevierteilt. Für den zweiten Schub verlangt Elizabeth „entsetzt" schnelle Hinrichtungen. Wie kann sie von der Hinrichtungsart überrascht sein? Ist es denkbar, dass ihre Minister sie darüber im Unklaren gelassen haben? Die Herren Cecil, Walsingham und Co. fühlen sich durchaus berechtigt, ihr manches vorzuenthalten – um ihre Nerven zu schonen …

Marie Stuart muss im Interesse Englands und seiner Königin beseitigt werden! Doch wird die Königin der Anwendung des Gesetzes zu ihrem Schutz zustimmen? Diesmal ist das anzuklagende Verbrechen auf englischem Boden geschehen, also gilt englisches Recht. Es bleiben genug nicht eindeutig geklärte Rechtsfragen, doch die sollen hier nicht diskutiert werden. Endlich stimmt Elizabeth einer Untersuchung über Maries Beteiligung am Anschlag auf ihre Person zu, behält sich aber die Besetzung der Kommission persönlich vor.

Fotheringhay Castle, 25. September 1586

Das letzte Gefängnis

Anfang September hat Paulet Marie über die Anklagepunkte informiert. Der Staatsrat will Marie Stuart als Staatsgefangene im Tower aburteilen, doch gegen diese Nähe wehrt Liz sich mit Zähnen und Klauen. Man einigt sich auf Fotheringhay Castle bei Peterborough – ein Witz der Geschichte: eigentlich hat Marie Stuart dort Besitzrecht, denn die Burg war einst Morgengabe der englischen Maud an ihren schottischen Gatten König David! Catalina de Aragón hat sich gut 50 Jahre zuvor geweigert, in Fotheringhay auf ihre Scheidung zu warten!

Maries letzte Reise dauert vier Tage, und am 25. September soll sie beim Anblick der Burg spontan gestöhnt haben: Ich sterbe! Vielleicht nur eine Erfindung, aber sie mag befürchtet haben, dass man sie hinter diesen Mauern meucheln werde, wie in diesen Zeiten üblich. Leicester soll das seiner Königin tatsächlich vorgeschlagen haben – als „kleine" Lösung ohne internationales Aufsehen. Doch dazu kann Elizabeth sich – noch – nicht durchringen.

Fotheringhay und London, Oktober 1586 bis Februar 1587

Ein unvoreingenommenes Gremium

Am 1. Oktober kündigt Paulet Marie an, dass sie von einer Kommission verhört werden wird und Rede und Antwort zu stehen habe. Sie verweigert ihr Erscheinen unter Hinweis auf ihre königliche Souveränität. Inzwischen hat Elizabeth ihre Wahl getroffen, und die 46 Kommissionäre werden in Westminster auf die Anklage eingeschworen. Zu den Erwählten gehört unter anderen der Primas der anglikanischen Kirche John Whitgift, der in seiner Doktorarbeit bewiesen hat, dass der Papst der Antichrist ist. Elizabeth schätzt ihn, weil er inzwischen wie sie selbst die Puritaner gefährlicher findet als die Papisten. Dabei sind auch Cecil, Walsingham (!) samt diversen Beamten seines Ressorts und Paulet. Shrewsbury versucht vergebens, sich wegen Krankheit zu entschuldigen.

Paulet startet noch einen plumpen Versuch, Marie zu einem Geständnis zu bewegen, in dem er ihr Hoffnung auf einen Gnadenakt Elizabeths macht. Solche Angebote mache man gewöhnlich kleinen Kindern, kanzelt Marie ihn ab – und nimmt damit Elizabeth die Chance, sich großmütig zu zeigen, wie sie es sich in ihren Träumen ausgemalt hat, darauf hoffend, dass Marie um Vergebung flehen wird.

Die Königinnen untereinander haben per Brief die Fronten geklärt: Elizabeth droht nun mit rücksichtsloser Aufklärung, Marie dünkt es seltsam, dass Elizabeth sie wie eine Untertanin behandelt. Man könne ihr vorwerfen, dass sie als souveräne Fürstin ihre Sache ausländischen Fürsten vorgetragen habe, aber sie habe nie ein Verbrechen gegen Königin Elizabeth geplant und nie jemanden gegen sie aufgestachelt. È basta!

Am 11. Oktober ist die Kommission in Fotheringhay vollzählig angetreten. Marie erklärt Cecil, die Kommission sei nur da, um Legalität vorzutäuschen, in Wahrheit stehe das Urteil längst fest. Sie bestätigt ihre Weigerung, eine solche Farce mitzuspielen. Er solle bedenken, dass die Welt größer sei als sein kleines England!

Marie Stuart stellt sich

Am 14. Oktober erklärt Marie sich letztlich doch bereit, am nächsten Tag zu erscheinen, sie weiß, es ist ihre letzte Chance eines öffentlichen Auftritts, und sie will ihn nutzen – ihr Bild für die Nachwelt selbst gestalten. Was sie sagt, gilt nicht der Kommission, nicht Elizabeth, sie wendet sich an die Welt und – vor allem – die Nachwelt.

Um neun Uhr betritt Marie Stuart den großen Saal und beherrscht ihn vom Augenblick ihres Erscheinens an. Ihre Größe, selbst ihre Körperfülle und ihre langsamen Bewegungen steigern die Wucht ihrer Präsenz. Instinktiv steuert sie den Thronsessel an der Stirnseite an. Der Vorsitzende belehrt sie gönnerhaft, dieser Thron symbolisiere die Anwesenheit der englischen Königin, ihr Platz sei der Stuhl am Kopfende des Tisches! Allein die Art, wie sie den Sprecher ansieht, auf den angewiesenen Stuhl zuschreitet und sich setzt, deklassiert alle Anwesenden zur Komparserie.

Zwei Tage dauert die Verhandlung, Marie Stuart wird angeklagt, sich gegen das Leben der Königin Englands und die Sicherheit ihres Reiches verschworen zu haben. Marie setzt dagegen, sie als Königin unterstehe nicht der Autorität einer anderen Königin, als Schottin unterstehe sie nicht englischem Recht; von der ihr hier vorgeworfenen Verschwörung habe sie keine Kenntnis gehabt, dagegen werde sie seit nunmehr 18 Jahren widerrechtlich gefangen gehalten, weil sie sich nicht zwingen lasse, ihren Glauben und ihr Thronrecht aufzugeben.

Da als Beweise nur Abschriften ihrer angeblichen Korrespondenz vorliegen, besteht sie auf Vorlage der Originale. Die Ankläger sind in einem gewissen Erklärungsnotstand, denn sie können nicht zugeben, wie die Originale in ihre Hand gelangt sind. Marie steht ganz allein den gewieftesten Juristen des Landes gegenüber und vertritt ihre Sache ausnehmend gut. In nahezu gelassener Geduld nimmt sie die Aggressivität der Kläger hin und stilisiert sich in ihren Antworten zielsicher zur Märtyrerin der katholischen Kirche in einem Land, das ihre Glaubensgenossen gnadenlos verfolgt und ins Exil treibt. Nicht sie habe den englischen Thron beansprucht, die katholische Welt sehe sie als dessen legitime Inhaberin an. Gelassen, fast heiter verlässt sie abends den Saal, plaudert angeregt wie lange nicht mehr mit ihrem kleinen Gefolge.

Elisabeth Tudor in Gewissensnöten

Die Kommission eilt nach London, Elizabeth hat Akteneinsicht verlangt, will die „Beweisstücke" persönlich prüfen. Königin Elizabeth ist in bemitleidenswerter Situation. „The Queen's men" heißt zwar ihre berühmte Theatertruppe, aber in Wahrheit ist Elizabeth Tudor in dieser Sache nur eine Marionette ihrer (Staats-)Männer, die diesen Prozess herbeigeführt haben und deren Urteil feststeht. Am 25. Oktober 1586 des achtundzwanzigsten Regierungsjahres der Königin Elizabeth I. Tudor wird es verkündet: Schuldig!

33 der 46 Kommissionsmitglieder votieren für schuldig. Lord Edward La Zouch stimmt dagegen, und zwölf andere, darunter Shrewsbury, enthalten sich der Stimme. Der Schuldspruch muss nach dem Gesetz von 1585 das Todesurteil für Marie Stuart bedeuten. Elizabeth Tudor wird es unterzeichnen müssen! Grundlage ist ein einziger Satz in einem Brief Maries vom 17. Juni, indem sie stillschweigend in eine Verschwörung einwilligt, die auch die Ermordung Elizabeths einschließt. Nach 18 Jahren Gefangenschaft interessiert sie eben einzig ihre Freiheit. Irgendwie scheint Elizabeth das sogar nachvollziehen zu können, denn sie weigert sich, den Hinrichtungsbefehl zu zeichnen, obwohl ihre Räte lieber heute als morgen zur Vollstreckung schreiten wollen. Im November rufen sie als *ultima ratio* Leicester zurück, in der Hoffnung, er könne Elizabeth überzeugen.

Das Zögern der Königin hat viele Ursachen. Elizabeth muss abwägen, wessen Zorn sie eher überstehen kann: Den ihrer Räte und Untertanen, die Marie Stuarts Tod fordern, oder den der Nachbarstaaten, die mit Sanktionen drohen, sollte die Königin der Schotten sterben.

Hätte Elizabeth Tudor sofort unterschrieben, hätte sie Marie Stuart nicht dreieinhalb Monate Zeit gegeben, menschliche Größe angesichts des gewissen Todes zu zeigen. Wäre sie nicht von Geburt an mit dem Makel der Illegitimität behaftet gewesen und hätte sie nicht die Phase der existentiellen Gefahr unter ihrer katholischen Halbschwester durchleben müssen, wäre sie wahrscheinlich in der Lage gewesen, sich 25 Jahre früher mit der katholischen Rivalin, die damals so katholisch gar nicht war, persönlich zu treffen.

Welche Möglichkeiten hätte ein solches Treffen der beiden souveränen Königinnen eröffnet, wenn sie sich geeinigt hätten – auf was auch immer! Zu spät! Das mag auch Elizabeth in ihren schlaflosen Nächten gequält stöhnen, zu spät. Alle rechtsphilosophischen Diskussionen sind doch intellektuelle Spielereien, die ihr in den einsamen Nächten des Winters 1586/87 nichts nützen. Die Dämonen, die sie jagen, sind ihre nie überwundenen Selbstzweifel, die ewige Frage nach der eigenen Legitimität.

Alles Mitgefühl erlischt allerdings in dem Augenblick, als Elizabeth auf den Ausweg verfällt, die Verantwortung auf den subalternen Paulet abwälzen zu wollen, in dem sie ihn – über Walsingham – auffordern lässt, dem ohnehin verwirkten Leben der Verurteilten ein Ende zu setzen – mit Gift oder Dolch bleibt ihm überlassen! Sie, die angeblich nie Fenster in die Seelen ihrer Untertanen schneiden wollte, um deren Glauben zu kontrollieren, scheint ihre Untertanen wenig zu achten. Sein gesundes Rechtsempfinden lässt Paulet dieses Ansinnen empört zurückweisen. Er versteht seine Königin nicht: Sie hat ein gültiges Urteil, sie kann den professionellen Henker in Marsch setzen, das bedarf doch nur eines Federstrichs! Paulet ist so empört, dass er den Befehl Walsinghams, den Brief umgehend zu vernichten, missachtet – sonst wüsste man von der ganzen Aktion gar nichts!

Fakten

Andererseits genießt der Puritaner es durchaus, als er am 22. November seine Gefangene in ihrer „papistischen Litanei" unterbrechen kann, um ihr umgehend mitzuteilen, dass das Parlament sie zum Tode verurteilt hat. Marie verbringt den Rest des Tages mit Schreiben. Sie bestätigt in Briefen an den Papst, Mendoza, Guise und Beaton, dass sie ihren Anspruch auf Englands Thron an Felipe II. de España vererbt, da ihr Sohn nicht bereit ist, in den Schoß der katholischen Kirche zurückzukehren. Als die Tage zu Wochen werden und nichts geschieht, steigt Maries Furcht vor Meuchelmördern, und sie schreibt an Elizabeth, um sich dagegen zu verwahren – unnachahmlich distanziert, ohne Anklage oder Wehleidigkeit. Paulet ist von dieser Aktion völlig überrumpelt, dafür hat er keine Anweisung, und versucht instinktiv, die Weiterleitung abzulehnen, faselt von gefährlichen Substanzen. Mit einer sanft ironischen Bemerkung zeigt Marie den offenen Brief, reibt ihn an ihrem Gesicht, faltet ihn mit bloßen Händen, bindet ein Seidenband darum und siegelt ihn. Sie fragt Paulet, ob er diesen Brief wirklich für gefährlich halte? Der leitet ihn nicht nur weiter, er bittet persönlich um eine schnelle Hinrichtung.

Spekulationen

Was kümmert es Marie noch, dass man sich in Europa die Köpfe heiß diskutiert, ob Elizabeth wirklich den Hinrichtungsbefehl unterschreibt. Entschließt sie sich dazu, tut sie etwas ziemlich Beispielloses. Um einen Präzedenzfall zu finden, muss man schon bis zurück ins Jahr 1268 reisen. Damals hatte Charles d'Anjou den von ihm besiegten Konradin, den letzten legitimen Staufer-Erben, in Neapel hinrichten lassen – mit Zustimmung des Papstes!

Wer wird es wagen, sich für Marie Stuart in die Bresche zu schlagen? Felipe II. hat bisher keine militärische Aktion zur Befreiung Maries unternommen, Elizabeth glaubt zu wissen, dass er es auch jetzt nicht tun wird. Bleiben Frankreich und Schottland. Henri III. hat genug Schwierigkeiten im eigenen Land und James halboffiziell anerkannt. James hat Elizabeth in weiser Voraussicht mitgeteilt, dass er seine Anwartschaft auf Englands Thron vergessen könne, sollte er sich über das Mindestmaß hinaus, was der Anstand gebiete, für seine Mutter einsetzen.

Mitte Dezember wird das Urteil öffentlich verkündet und vom Volk mit Jubel begrüßt. Nun muss auch das Ausland Stellung beziehen. Frankreich protestiert wortreich. Elisabeths harsche Abfuhr an Henri III. entspricht ihrem Wunsch-Image, sagt nichts über ihr ureigenstes Empfinden, wobei ungeklärt bleibt, wie weit ihre persönliche Urheberschaft geht. In Schottland bricht ein Sturm der Entrüstung los, einvernehmlich lässt James ein paar starke Worte fallen, denen natürlich keine Taten folgen, das Dekorum ist gewahrt. Marie kann von James nichts anderes erwartet haben, und ihre weit verstreuten Anhänger finden zu keiner gemeinsamen Aktion.

Elizabeth Tudor leistet eine Unterschrift

Am Abend des 1. Februar ist Walsingham wegen Krankheit entschuldigt, Staatssekretär Davidson vertritt ihn. Als die Königin die anliegenden Akten zur Unterschrift befiehlt, weiß sie, dass der von Cecil längst ausgefertigte Hinrichtungsbefehl darunter sein wird. Elisabeth Tudor unterzeichnet ihn. Sie fragt, ob man die Hinrichtung nicht heimlich durchführen könne, schickt Davidson aber nach dessen Verneinung mit den Urkunden zum Lordkanzler, damit der das Siegel anbringe und alles Weitere veranlasse. Alles, was Elizabeth danach unternimmt, um die Verantwortung abzuwälzen, ist von peinlicher Scheinheiligkeit …

Marie Stuart geht in den Tod

Die Berichte über die letzten Stunden der Königin der Schotten sind je nach dem persönlichen Standpunkt ihrer Urheber gefärbt, die Wahrheit wird wie immer irgendwo dazwischen liegen – oder im Auge des Betrachters.

Fakt ist, dass am Mittag des 7. Februar die Earls of Kent und Shrewsbury, die mit der Aufsicht über die Exekution betraut sind, in Fotheringhay ankommen, um Marie Stuart mitzuteilen, dass sie am nächsten Tag hingerichtet werden wird. Es scheint glaubwürdig, dass Marie im ersten Schock die Eigenhändigkeit der Unterschrift Elisabeths in Frage stellt. Ihrem leidenschaftlichen Temperament entspricht es, einige sarkastische Worte über Sohnesliebe fallen lassen. Ihre selbst gewählte Rolle als Märtyrerin verlangt einige rühmende Worte für die Unterstützung guter Katholiken von Guise über Felipe II. bis zu Henri III., Roi de France, dem sie den letzten Brief ihres Lebens schreiben wird.

Wenige Stunden vor ihrem Tod unternimmt man noch einen Bekehrungsversuch bei ihr. Vielleicht führt die Peinlichkeit dieser Tatsache dazu, dass sie die Absurdität der Situation erfasst und zu jenem Teil ihres Selbst findet, der seit langem den Tod als Erlösung erwartet. Sie wird sterben, wie sie gelebt hat: als Königin. Sie hätte sie nicht gewollt, all diese rührseligen Geschichtchen von gegen alle Versprechen weinenden Dienerinnen, vom treuen Hündchen in der Blutlache, vom gierigen Henker und ihrem Kreuz. Peinlich, dass die Protestanten lauthals eines ihrer Gebete intonieren, um Marie Stuarts letztes, natürlich römisches, zu übertönen.

Sie bewahrt die Gelassenheit, die ihr ganzes Leben Teil ihres Zaubers war. Ihr letzter Auftritt ist perfekt inszeniert. Sie ist in schlichter schwarzer Witwenkleidung mit weißem Schleier erschienen, um im Augenblick der symbolischen Entkleidung Unterkleid und Mieder im Scharlachrot der Märtyrer zu enthüllen, das ihre treuen Kammerfrauen Kennedy und Curle durch passende, überlange Ärmel komplettiert haben.

Sie hat ein wunderschönes weißes, mit Gold besticktes Tuch gewählt, um nach einem letzten Blick auf die Welt ihre Augen zu verhüllen. Ganz zum Schluss unterläuft ihr ein protokollarischer

Irrtum: Sie bleibt mit verbundenen Augen aufrechten Hauptes knien, erwartet den eleganten Schwung des Schwertes, kraftvoll und effizient. So tötet man in Frankreich bei Verbrechen gegen König und Staat. In England hat man den Kopf auf den Bock zu legen, in Erwartung des Schlages des plumpen, kurzstieligen Beiles, der Henker braucht in ihrem Fall deren drei!

„In my end is my beginning" hat Marie Stuart, Königin der Schotten, als ihren letzten Wahlspruch ausgesucht, rätselhaft, poetisch und wahr – in meinem Ende liegt mein Beginn …

Nachspiel:
Gloriana oder Torheiten des Alters

Ausflüchte, Bedrohungen und ein Tröster

London, Edinburgh, Paris und Escorial, Februar 1587

Elizabeth Tudor – nur noch peinlich

Als man Elizabeth mitteilt, dass Maries Kopf gefallen ist, reagiert sie hysterisch und lässt Davison nicht nur in den Tower werfen, sie will ihn ohne Urteil hängen lassen – wegen Missachtung der Königin. Diese Missachtung besteht darin, dass er weisungsgemäß einen königlichen Befehl weitergegeben und der Kronrat ihr keine Chance gegeben hat, den ausgestellten Befehl womöglich mehrfach zurückzunehmen und mit Marie das gleiche grausame Spiel wie mit Norfolk zu treiben. Sie findet willige Richter, erst Cecils Eingreifen verhindert den Justizmord aus Eigennutz an Davison. Cecil selbst ist aus der Königin Gegenwart verbannt, schließlich haben er, Walsingham und andere gemeinsam beschlossen, die Hinrichtung durchführen zu lassen. Letztlich wird Davison mit einer saftigen Geldstrafe davonkommen.

Europa reagiert emotional …

„Die Stuarts wissen zwar nicht zu regieren, aber zu sterben", wird ein geflügeltes Wort und klingt wie eine Beschwörungsformel, die den Effekt von Marie Stuarts Art zu sterben bannen soll. Die Aufseher der Hinrichtung waren angewiesen, alles, was Marie auf ihrem letzten Gang an sich oder bei sich gehabt hat, zu vernichten, damit keine Reliquien zurückbleiben, die eine Legendenbildung fördern können. Marie Stuarts Sterben verfehlt, obwohl die Einzelheiten monatelang totgeschwiegen werden, seine Wirkung nicht: Es macht Elizabeth zu einem Monster, und sie spürt es!

James VI. gelingt es zwar, die Rache fordernden Clans in Schach zu halten, doch er muss es sich gefallen lassen, dass einer dieser knorrigen Lairds, von seinem König ermahnt, statt der Rüstung

Trauerkleider für die gewesene Königin zu tragen, den Kopf in den Nacken wirft und antwortet, das sei die einzige der Königin angemessene Trauerkleidung! Edinburgh wird von Plakaten überschwemmt, die Elizabeths Vermessenheit bestraft sehen wollen! Elizabeth schreibt eiligst an James, sie habe die Hinrichtung nicht gewollt, das alles sei die Schuld übereifriger Diener! Sie habe nur ihre Untertanen beruhigen wollen, die Hinrichtung hätte nur im Falle einer Invasion stattfinden sollen!

In Paris lässt Henri III. seinem persönlichen Katholizismus entsprechende pompöse Trauermessen lesen, Notre Dame wird zu einer schwarzen Kaverne aus wallenden Stoffbahnen, übersät mit silbernen *mementi mori*. Der König ordnet strenge Hoftrauer an, und in den Straßen sammeln sich die Katholiken und verlangen die Kanonisierung der Marie Stuart.

… und pragmatisch

Zwar hat Marie Stuart kein offizielles Testament hinterlassen, doch seit ihrer Hinrichtung ist Felipe II. überzeugt, er sei nicht nur erbberechtigt, sondern von Gott ausersehen, den Katholizismus zurück auf die Inseln zu bringen. „Diese Engländerin", wie er die Ex-Schwägerin nur noch nennt, deren Kaperkapitäne ihn seit Jahren ärgern, ist nun endgültig zu weit gegangen. Er verstärkt seinen Flottenbau und verhandelt mit dem Papst, nicht nur um Finanzhilfen. Am 29. Juli 1587 wird Sixtus V. einen Vertrag unterzeichnen, demzufolge Felipe über Englands Krone frei verfügen kann, sobald er die Insel rekatholisiert hat. Sixtus verpflichtet sich gar, eine Million zur Flottenrüstung beizutragen, allerdings erst *nach* erfolgter Invasion. Felipe begleicht Marie Stuarts Schulden und plant, eine seiner Töchter zur Königin Englands zu machen!

Elizabeth trauert …

In London trägt Elizabeth verlogene Trauer – vielleicht kann sie sich selbst damit täuschen – und versucht auch am eigenen Hof in peinlicher Weise die Hinrichtung als ein Missverständnis hinzustellen. Cecil darf zwar bald wieder arbeiten – wie soll Elizabeth auch ohne ihn auskommen –, muss sich aber noch wochenlang be-

schimpfen lassen. Walsingham gar erhält nichts aus den beschlagnahmten Vermögen der Verschwörer, obwohl er lange Jahre seine
Agenten aus eigener Tasche bezahlt hat. Elizabeth übersieht ihn ge-
flissentlich. Erst als Cecil die Königin darauf hinweist, wenn sie so
weitermache, erwecke ihr Verhalten den Eindruck, Marie Stuart sei
unschuldig gestorben, beruhigt sie sich etwas.

Elizabeth beschenkt ihren Favoriten Sir Walter Raleigh üppig
aus den beschlagnahmten Gütern der Verschwörer und macht ihn
zum Chef der königlichen Leibwache. Damit ist Raleigh verantwortlich für die Sicherheit der Königin. Seine Tage sind ausgefüllt
mit seinen dienstlichen Pflichten, ihm bleibt kaum Zeit für seine
anderen Unternehmungen, wie der Kolonisierung Irlands, wo er
dabei ist, auf neu „erworbenem" Land englische Bauern und ihre
Familien anzusiedeln.

Seit Leicester zurück ist, sorgt dessen Eifersucht dafür, dass Raleighs Stern trotz der neuerlichen Gunstbeweise langsam, aber stetig
sinkt. Leicester hat seinen Stiefsohn Essex ins Spiel gebracht, der
sich zum neuen Liebling der Königin mausert, er allein scheint in
der Lage, Elizabeth von Trauer und Gewissensqualen abzulenken.

Rückblick: Wales, London und Cambridge, 1566 bis 1586
Die Herkunft des letzten Favoriten
Robert Devereux wird am 19. November 1566 als Sohn von Walter
Devereux, Earl of Essex, und seiner Frau, Elizabeths Cousine Lettice Knollys, geboren. Robert ist knapp zehn Jahre, als sein Vater
stirbt, und zwölf, als seine Mutter Robert Dudley, Earl of Leicester,
heiratet. Mit dreizehn kommt er erstmalig an den Hof, ein bildhüb-
scher Knabe, der einen bleibenden Eindruck auf die 33 Jahre ältere
Königin macht, weil er sich von ihr nicht küssen lassen will.

Die Vermutung, dass Leicester seinen hübschen Stiefsohn bewusst zu seinem Nachfolger heranbildet, scheint vielleicht aus der
Sicht des 21. Jahrhundert seltsam. An europäischen Höfen ist es
gängige Praxis, sich durch Platzierung – meist natürlich einer Mätresse – Einfluss zu sichern. Englands Königin sonnt sich gern in der
Bewunderung immer jüngerer Männer, schon Walter Raleigh, der
seit der Zeit ihrer Heiratsfarce mit Alençon ihr Favorit ist, ist über

20 Jahre nach ihr geboren. Es ist für Leicester einfach naheliegend, quasi zu seiner Entlastung dem Stiefsohn, der fast aussieht wie er selbst in seiner Jugend Blüte, die mehr chevalereske Aufgaben des Favoriten zu übertragen, zumal das den angenehmen Nebeneffekt hat, dass die pekuniäre Zukunft des jungen Mannes gesichert wird. Denn Essex' Vater hat sein privates Vermögen für die Kriegszüge in Irland aufgebraucht. Eigentlich hätte die Krone alles erstatten müssen, doch Elizabeth zögert solche Zahlungen gerne hinaus. Auch bevorzugt sie junge Männer ohne Vermögen, denn die sind leichter in Abhängigkeit zu halten. Außerdem kann Leicester hoffen, durch Essex den lästigen Einfluss Raleighs zu neutralisieren. Zunächst schließt der junge Essex, der offiziell Cecils Mündel ist, seine Studien in Cambridge als Magister ab.

Der Königin Trost …

Als der achtzehnjährige Essex 1584 an den Hof kommt, erweckt er unmittelbar Elizabeths Entzücken, denn er entspricht nicht nur äußerlich vollkommen dem Typ Mann, den sie seit Thomas Seymour bevorzugt, er ist auch ungewöhnlich geistreich und den von ihr so geliebten Wortgefechten und Plänkeleien durchaus gewachsen, mühelos formt er seine Gedanken zu Sonetten. Er versteht es ausgezeichnet, ihr das Gefühl zu geben, sie sei nicht nur geistreich und witzig, sondern auch eine schöne, ja begehrenswerte Frau, das gehört zum höfischen Spiel. Das schmeichelt ihr umso mehr, da der Kult um die *Virgin Queen* dabei ist, sie zu einem geschlechtslosen Idol zu stilisieren, zu einer mythischen Verkörperung der Größe Englands.

Essex schmeichelt es, vor aller Welt die mächtigste Person Englands für sich begeistern zu können. Was Essex fasziniert, ist sicher nicht die erotische Ausstrahlung der Mittfünfzigerin, es ist wohl eher das Fluidum der Macht. Sieht man von ihrer zu einer echten Freundschaft geläuterten Zuneigung für Leicester und dem intellektuell geprägten Vertrauen in Cecils politische Fähigkeiten ab, ist Elizabeth keiner normalen Gefühle fähig. Sie braucht als das selbst erschaffene Kunstgeschöpf, das sie nun mal ist, dieses „So-tun-als-ob" – diese ewige Travestie.

Leicester nimmt Essex 1585 mit in die Niederlande, militärische Meriten sind für einen jungen Mann seines Standes unentbehrlich. Als Leicester und Essex im Herbst 1586 an den Hof zurückkehren, ist Essex im Nu der Liebling aller und der Königin einziger Trost in der für sie schrecklichen Zeit, in der sie um Marie Stuarts Hinrichtung ringt. In den endlosen Nächten unmittelbar davor und danach spielt Essex bis in die Morgenstunden mit seiner Königin Karten. Trotz allem genießt Elizabeth das Geraune darüber, wie ungehörig es ist, dass der junge Mann erst im Morgengrauen ihr Schlafzimmer verlässt.

… und everybodys Darling

Elizabeth spielt im Sinne Leicesters mit, sie gibt ihrem jungen Favoriten das Amt des *Master of the Horse* erst, als für Leicester das des *Lord Steward* frei wird – wohl im Juni 1587. So bedeutet der Aufstieg seines Stiefsohnes für ihn keinen Abstieg, im Gegenteil, er genießt die Entlastung, die Befreiung von ständigen öffentlichen Auftritten, von endlosen Ausritten mit der Königin. Essex befördert die geheimen Nachrichten seines Stiefvaters, er übernimmt die Vertretung seiner Interessen in den ewigen Intrigen des Hofes. Im inneren Kreis herrscht also schönste Harmonie.

Der Hof ist bemüht, der Etikette gemäß Contenance zu wahren angesichts des absurden Theaters, das von Essex liebeskrankes Gesäusel fordert. Er muss wohl über ein außerordentliches Stilgefühl verfügen, denn es gelingt ihm meist, die zahllosen Klippen der Peinlichkeit zu umschiffen. Sein kometenhafter Aufstieg führt kaum zu den obszönen Andeutungen, die den Aufstieg früherer Favoriten begleitet haben. Favoriten sind in aller Regel unbeliebt, Essex fliegen die Herzen zu!

Der Königin Gefühle – mütterlich?

Damals und im Laufe der Zeit ist immer wieder gemutmaßt worden, die Königin habe in der Mitte ihrer fünfziger Jahre in Wahrheit mütterliche Gefühle für den begabten jungen Essex gehabt, habe damit geliebäugelt, ihn zu ihrem Nachfolger aufzubauen. Befähigter als manch legaler Königssohn im Laufe der Jahrhunderte ist Essex sicher. Aber wie sich herausstellen wird, stehen seine Vorstellungen von Herrschaft in allzu vielen Punkten konträr zu denen der Königin. Diverse seiner Aktionen erwecken in ihr die Überzeugung, dass sein Tun zu Englands Schaden gereicht. Wie berechtigt das auch immer sein mag, es macht Essex für Elizabeth als Nachfolger undenkbar. Sollte sie zu Anfang vielleicht tatsächlich daran gedacht haben, *à la longue* macht ihr Essex durch sein Verhalten die Durchführung eines solchen Planes unmöglich. Das wird auch in ihrem angeblichen Kommentar zu seiner Hinrichtung zum Ausdruck kommen: „*Alles was mir angetan wird, kann ich verzeihen, aber ich kann niemandem verzeihen, der England schaden will.*"

Paris, London, Anvers und Escorial, Winter 1586/87

Die Zeichen stehen auf Krieg

In Frankreich hat sich die Lage durch den Tod Alençons verschärft. Nächster in der Thronfolge ist der Hugenottenführer Henri de Bourbon, König von Navarra. Die katholische Liga lässt sich von Spanien dafür bezahlen, diese Thronfolge zu verhindern, die Hugenotten suchen in England um Unterstützung nach, denn die Situation führt zum Ausbruch des Achten Hugenottenkrieges. Elizabeth gibt dem Drängen ihrer Berater nach und bewilligt die Beteiligung an einer Söldnerarmee für Navarra.

Viel dringlicher wären aktive Reaktionen auf die Bedrohung durch Spanien, Walsinghams Spione berichten Alarmierendes von Schiffsbauten und Invasionsplänen. Elizabeth scheut wie immer den Krieg, setzt weiter auf Verhandlungen, muss aber Ende März dem Drängen Walsinghams und der Freibeuterfraktion nachgeben und einem Plan Drakes zustimmen.

London und Cadiz, April 1587

Drake schenkt seiner Königin ein Jahr

Die Vorbereitungen Spaniens nehmen bedrohliche Formen an, die Geheimdienste sind überzeugt, im Sommer 1587 werde die Armada, die Felipe in Cadiz und im Tejo sammelt, bereit zum Auslaufen sein. Elizabeth versucht immer noch, durch Verhandlungen den

Frieden zu sichern, doch sie muss einsehen, dass diese Strategie keinen Erfolg bringt.

Hawkins' Anstrengungen um den Aufbau einer Marine sind soweit gediehen, dass England über eine kleine, aber moderne und wendige Flotte verfügt. Ende März ist Elizabeth bereit, Drake vier Schiffe zur Verfügung zu stellen, um eine „Expedition" gegen Cadiz zu führen. Verstärkt durch 16 privat finanzierte Schiffe verlässt Drake am 2. April Plymouth. Es gelingt ihm, am 19. April die in Cadiz liegenden Schiffe Felipes zu vernichten. Elizabeth verbietet ihm, das Gros der Flotte, das im Tejo liegt, ebenfalls zu zerstören, er soll Englands Küsten schützen. Drake kapert vor den Azoren noch einen der größten Goldtransporte aller Zeiten und kann Elizabeth einen persönlichen Beuteanteil von 40.000 Pfund aushändigen. Sie dankt gnädig.

Der Papst äußert sich bewundernd über Elisabeths und Drakes Glück zur See und orakelt, er fürchte für die spanische Armada ein großes Unglück. Walsingham, Drake, Hawkins, alle drängen zu präventivem Handeln, Angriff sei in dieser Situation die beste Verteidigung, doch Elizabeth setzt immer noch auf Verhandlungen, diesmal mit Parma. Immerhin nimmt James VI. im Juni 1587 die diplomatischen Beziehungen zu England wieder auf und versichert Elizabeth jeder ihm möglichen Unterstützung gegen Spanien.

Sluis, Juni bis August 1587

Eine weitere Niederlage

Noch nie war Elizabeth an der Regierung so desinteressiert wie im Frühjahr und Sommer 1587. Auch die Armee in den Niederlanden wird nicht bezahlt, Leicester kann die Untätigkeit nicht ertragen und will zurück auf den Kontinent. Am 25. Juni landet er bei Sluis, das seit drei Wochen von den Spaniern belagert wird. Sein Plan, die Stadt von Cadzand aus zu entsetzen, scheitert, im August nimmt Parma Sluis ein. Ein Anschlag auf sein Leben lässt Leicester am Sinn seines Tuns zweifeln. Er legt sein Kommando nieder und kehrt im Frühjahr 1588 endgültig nach England zurück.

London, Fotheringhay und Peterborough, 1. August 1587
Elizabeth befiehlt Maries Bestattung
Maries Leichnam ist von einem Chirurgen untersucht und balsamiert worden, bleibt aber unbestattet in Fotheringhay zurück. Erst im Juli kann Elizabeth sich aufraffen, eine Beisetzung zu befehlen. Der Sarg wird am 30. Juli in einer Fackelprozession von hundert auf Elizabeths Kosten eingekleideten Frauen nach Peterborough geleitet, wo schon Catalina de Aragón ruht. Jetzt endlich dürfen die Diener Maries Fotheringhay verlassen und frei erzählen und beschreiben, wie sie die letzten Tage und Stunden ihrer Königin erlebt haben.

London und Plymouth, Herbst/Winter 1587/88
Elizabeth will nicht angreifen
Nach Drakes Rückkehr wollen die Kaperkapitäne gleich weiter an „Felipes Bart sengen," doch Elizabeth will ihre Flotte als Schutzschild um ihre Insel versammelt wissen und lässt sie nicht auslaufen. Da überrollt erneut eine Flut katholischer Propaganda England und löst bei allen Patrioten eine Welle nationaler Empörung aus. Der Papst hat William Allen, den heftigsten Gegenreformator englischer Herkunft und Leiter des Jesuitenkollegs von Douai, zum Kardinalpriester für England ernannt. Der hat mit Felipe de Españas Einverständnis in Anvers eine Schrift veröffentlicht, die Elizabeth als illegitime Usurpatorin und Ketzerin mit verabscheuungswürdigem Lebenswandel verdammt. Er verpflichtet jeden gläubigen Engländer, sich spätestens dann gegen die Königin zu erheben, wenn Parma seine Invasion startet. Die Wut über diese Attacken lässt Elizabeth zwar keine Sondermaßnahmen zu ihrem persönlichen Schutz gegen Attentate treffen, aber wenigstens wird die Flotte in Alarmbereitschaft versetzt …

Cadiz, Plymouth, Gravelines, 30. Mai bis Ende Juli 1588
Die Armada kommt …
Ende Mai findet Felipe, die Armada sei – mit Gottes Hilfe – zum Auslaufen bereit, obwohl er mit Medina Sidonia einen in der Seefahrt völlig unerfahrenen Mann zum Nachfolger des im Februar

verstorbenen Admirals Santa Cruz ernannt hat. Die Armada von 130 Schiffen mit 2.600 Kanonen und 27.000 Soldaten an Bord sticht im Lauf von drei Tagen in See und erreicht den Kanal unbeschadet. Die spanischen Schiffe sind für den Enterkampf gedacht, für den Kampf nah am Feind, sie sind hoch und schwer. Hawkins setzt auf Wendigkeit, die englische Flotte soll aus sicherer Entfernung die Spanier kampfunfähig schießen oder versenken, muss dabei aber Munition sparen.

Die Armada wird am Nachmittag des 19. Juli von Lizard Point aus gesichtet. Man liefert sich einige Geplänkel, angeblich durch Drakes Leichtsinn geht Effinghams Admiralsschiff fast verloren, aber seemännisches Geschick und Wendigkeit wie Schnelligkeit der englischen Schiffe retten die Situation. Die Armada erreicht Calais relativ unbeschadet und erwartet im Hafen Parma, um seine Armee an Bord zu nehmen und seinen Schiffen Geleitschutz zu geben.

Statt Parma von Land kommen brennende Leichter von See. Das heiligste Gut, die Erfolgsgarantie der spanischen Seemacht, die Formation, löst sich in der Hast des Ausweichens auf. So müssen sich die Spanier den Engländern vor Gravelines ohne die Schlachtordnung stellen, deren Einhaltung Rey Felipe seinem Admiral Sidonia besonders eingeschärft hat. Admiral Effingham verlässt sich auf die erfahrenen Freibeuterkapitäne Hawkins, Frobisher und Drake. Sie können mit ihrer Taktik einige Spanier versenken, doch die Schlacht ist unentschieden, als ein Sturm losbricht, der alle zum Abbruch der Kampfhandlungen zwingt, den Spaniern den Weg zurück in den Kanal abschneidet und sie nötigt, Schottland zu umsegeln. Die Engländer geben die Verfolgung auf der Höhe des Firth of Forth auf, weitere schwere Stürme vollbringen den Rest. Felipe verliert 64 Schiffe und mindestens 12.000 Mann. Lakonisch bemerkt er beim Eintreffen der Hiobsbotschaft, er habe seine Armada gegen die Engländer ausgesandt, nicht gegen die Naturgewalten.

Tilbury, 8./10. August

Elizabeth bei ihren Soldaten

Vom Geschehen vor Gravelines weiß man auf der Insel seltsamerweise auch nach einer Woche noch nichts, als Leicester, der Meister der höfischen Schau und Propaganda, inzwischen Generalleutnant der Truppen der Heimatfront, die Idee hat, die Königin zu ihren Soldaten sprechen zu lassen. Er quartiert sie nahe Tilbury bei Mister Rich ein, und am Morgen des 10. August reitet sie auf einem wunderbaren Pferd ins Feldlager, wo sie mit Leicester in seinem Feldherrenzelt speist, als ein Bote heranprescht und meldet, Parma habe sich eingeschifft und überquere im Augenblick den Kanal.

Der geeignete Zeitpunkt für einen dramatischen Auftritt. Elizabeth, die allzu genau um ihre Wirkung weis, lehnt eine Leibwache ab, legt ein Panzerhemd an, besteigt ihr prachtvolles Pferd, lässt es von Leicester am Zügel führen und einen Pagen mit einem Helm mit weißer Federzier folgen. Sie reitet einen kleinen Hügel hinauf, steigt ab und schreitet die Front ab. Dann hält sie ihre viel gerühmte Rede, die sich inhaltlich kaum von der ihrer katholischen Schwester an die Bürger Londons beim Wyatt-Aufstand unterscheidet. Sie sei da, um mit ihren Truppen zu siegen oder zu sterben. Sie habe zwar nur den schwachen Körper einer Frau, aber das Herz und den Mut nicht irgendeines Königs, sondern des Königs von England. Kein Fürst Europas solle es wagen, die Grenzen ihres Reiches zu überschreiten. Wunderbarer Weise liegt der Text der Rede unmittelbar schriftlich in genug Kopien vor, um sie an die Offiziere der Abteilungen zu verteilen, damit auch jeder Soldat den erhabenen Worten lauschen kann.

Ein viel zu junger Favorit

London, Herbst 1588

Unmittelbare Folgen des Sieges?
Als das Desaster der Armada in England publik wird, wird es zum größten Sieg seit Azincourt proklamiert, und Elizabeths Reputation bekommt die martiale Komponente einer siegreichen Schlachtenlenkerin. Später wird in Augenblicken nationaler Krisen Elizabeth Tudor derart zur Wegbereiterin des Empire hochstilisiert, dass es in der Rückschau sehr schwer ist, den Mythos von der realen historischen Person zu unterscheiden. Tatsache ist, dass das Scheitern

der Armada überhaupt kein so singuläres und einschneidendes Ereignis ist, wie spätere Darstellungen es erscheinen lassen. Nichts ist entschieden, die Kämpfe gehen fast unvermittelt weiter, England ist genau wie zu Beginn von Elizabeths Regierung eine zweitrangige Macht, unfähig, sich auf dem Festland erfolgreich zu schlagen.

Die Freibeuter haben mehrfach Rey Felipe II. den „Bart versengt" wie Drake bei Cadiz und die absolute Vorherrschaft Spaniens auf den Weltmeeren angekratzt. Spanien erleidet schmerzhafte finanzielle Verluste, Felipe muss zweimal den Staatsbankrott erklären, ist aber dennoch in der Lage, die Armada auf den Weg zu bringen, beginnt unmittelbar nach ihrer Niederlage mit dem Aufbau einer neuen und wird zwei weitere gegen England schicken.

Besonders in Filmen wird Elizabeth gern als die clevere Förderin der englischen Freibeuter dargestellt, doch es sind „The Queen's men", hier Leicester, Walsingham und in Doppelfunktion Walter Raleigh, die sie erst auf die Chance aufmerksam machen, die Kaperfahrten bieten. Sie bereichert ihre Kriegskasse und ihre Privatschatulle gern über die Freibeuterei, versteht aber nicht, was zum Beispiel Drake wirklich geleistet hat. Sonst wäre es Beweis eines äußerst schäbigen Charakters, ihn nach einem Misserfolg derart fallen zu lassen, wie sie es 1589 tun wird.

Im Kampf gegen die Armada hat Frobisher das Kommando über die *HMS Triumph* inne und versenkt vier spanische Schiffe. Dafür schlägt ihn Elizabeth zum Ritter. 1594 wird Frobisher im Kampf gegen Spanien bei Brest verletzt werden und am 22. November 1594 in Plymouth der ärztlichen Behandlung seiner Wunde erliegen.

Siegesfeiern und ein herber Verlust

Im Überschwang des Sieges und der neu gewonnenen Vertrautheit mit Leicester „im Feldlager" von Tilbury speist Elizabeth ganz gegen ihre jahrzehntealte Gewohnheit mit ihrem *Sweet Robin* gemeinsam. Sie denkt sogar daran, ihn zum Generalleutnant von England und Irland zu erheben. Sie nimmt aber sofort wieder Abstand von ihrer Idee, als sie an der Reaktion Hattons, inzwischen Lordkanzler, erkennt, wieviel böses Blut das schaffen wird. Der Sieg wird wochenlang mit Dankgottesdiensten, Turnieren und Bällen gefeiert, und Leicester werden an Elizabeths Seite fast königliche Ehren zuteil.

In Wahrheit müssen beide sich sehr zusammenreißen, denn eigentlich sind sie ziemlich krank. Ende August entschließt sich Leicester, wie schon so oft, Besserung in Buxton zu suchen. Über Kenilworth kommt er nach Ricote, wo er und Elizabeth wunderbare Feste gefeiert haben. In Erinnerung versunken schreibt er ihr ein kleines Billett, bedankt sich für eine Medizin und reist weiter bis Cornbury, wo die Schwäche ihn zu Bett zwingt und wo er am 4. September morgens gegen vier Uhr stirbt. Er kennt seine Elizabeth wie kein anderer und hinterlässt ihr einen riesigen Diamanten, umgeben von großen Smaragden an einer Kette von 600 (!) perfekten Perlen. Von dem Geschmeide hört man nichts mehr, doch kein Biograph versäumt den Hinweis darauf, dass Elizabeth sein Billet aus Ricote eigenhändig mit „Sein letzter Brief" kennzeichnet und ihn in ihrem perlenbedeckten Schatzkästlein an ihrem Bett verwahrt.

Elizabeth Tudor trauert diesmal wirklich, denn ihre Beziehung zu Robin Dudley, von ihren Gnaden Earl of Leicester, ist die einzig verlässliche Beziehung zu einem Mann in ihrem Leben. In ihn war sie als junge Frau schlicht verliebt, ihn hätte sie, wenn überhaupt, geheiratet. Die Umstände haben es verhindert, und aus welchen Gründen auch immer war Leicester souverän genug, ihre ewige Verweigerung zu ertragen. Später haben sie sich, wie wird ihr Geheimnis bleiben, auf Freundschaft geeinigt, die sich trotz mancher Stürme bis zu seinem Tod bewährt. Als Elizabeth die Nachricht von seinem Ableben erhält, schließt sie sich in ihrem Zimmer ein und will tagelang niemanden sehen. Schließlich soll Cecil dafür gesorgt haben, dass die Tür gewaltsam geöffnet und Elizabeth in ihren königlichen Alltag zurückgeholt wird. Im November, als das Hofleben wieder seinen gewohnten Gang geht, findet man Queen Elizabeth sehr gealtert und erschöpft, sehr melancholisch. Die Feiern ihrer Thronbesteigung haben die Königin immer inspiriert, zu ihrem 30-jährigen Jubiläum fallen sie ganz besonders prächtig aus, doch sie beflügeln die Tudor nicht mehr.

Selbst Essex ist ihr in dieser Zeit kein reiner Born der Freude, er ist anmaßend, ihm genügt es nicht, als der Königin Bewunderer zu ihren Füßen zu sitzen, er will seine Rolle in der großen Welt spielen. Seiner Generation ist die Friedenspolitik, auf die Elizabeth und Cecil wieder einschwenken, ein Gräuel. Er und seine jungen Kumpane wollen Abenteuer und Ruhm. Elizabeths Temperament und Essex' Eifersucht auf Raleigh lassen bei Hof Zustände wie zu Beginn ihrer Regierung ausbrechen, Parteiungen und Duelle drohen überhand zu nehmen, dabei gibt es Wichtigeres!

Coutras, Paris und Blois, Herbst 1587 bis Winter 1588/89
Frankreich fordert Aufmerksamkeit
Zwar hat Elizabeth ein Heer zur Unterstützung des Protestanten Bourbon in Marsch gesetzt, doch wie immer werden Zahlungen nur sehr unregelmäßig geleistet. Im September 1587 laufen die Söldner ohne Sold auseinander. Bourbon besiegt im Alleingang am 20. Oktober des Königs Favoriten und Feldherrn Joyeuse bei Coutras. Letztlich verhilft dieser Sieg aber den Guise im Mai 1588 zur Vertreibung des Königs aus Paris, genau in dem Augenblick, da Felipes Armada ausläuft. Natürlich bestürmt Elizabeth den König Henri III., den Protestanten Henri de Bourbon als Nachfolger anzuerkennen – ein Rat aus berufenem Mund, möchte man ironisch einwerfen. Der Valois zeigt mehr Weitsicht, er will den Bourbonen überzeugen, dass er nur eine Chance hat, wenn er wieder katholisch wird. Inzwischen beruft Frankreichs König die Generalstände nach Blois, und der Duc de Guise erscheint selbstbewusst und siegessicher. Der König lässt Guise von seiner berüchtigten Leibwache am 23. Dezember ermorden, den Kardinal de Guise wenige Tage später. Doch die fanatisierten Pariser unter einem weiteren Guise, dem Duc de Mayenne, nehmen den Kampf mit neuer Wut auf. Im Januar stirbt des Königs Mutter Catherine de Médicis, und Henri III. sucht das Bündnis mit Bourbon, um mit ihm gemeinsam die Macht der Krone zu erneuern.

Plymouth, La Coruna, Lissabon und London, April 1589
Drakes Plan und Essex' Ungehorsam
Drake, inzwischen Admiral, unterbreitet der Königin einen Plan und erhält ihre Zustimmung. Er wird mit einer Flotte von 150 Schiffen

mit 18.000 Soldaten an Bord nach Nordspanien segeln und die dort auf Reede liegenden Schiff vernichten. Danach will er weiter nach Süden und in einer kombinierten Land- und Seeaktion Lissabon erobern. Der Prätendent Don Antonio, der seit Jahren am englischen Hof auf Hilfe hofft, soll seine Landsleute zu einem Aufstand gegen die Spanier bewegen und so Felipes Macht schwächen, zumindest Spaniens Kräfte vor Ort binden. Der Plan gefällt auch Essex ausnehmend gut, und als ihm klar wird, dass die Königin ihn nicht an dem Unternehmen teilnehmen lassen wird, schleicht er sich heimlich an Bord eines der Schiffe. Als Elizabeth seine Flucht ins Abenteuer entdeckt, befiehlt sie zwar, Essex umgehend zurückzuschicken. Doch die Herren wollen sich nicht zum Kindermädchen eines Favoriten mit ungeklärtem Status machen lassen und segeln einfach weiter.

Ein einziges Desaster

Drake empfindet die Befehle der Königin als nicht unbedingt bindend, der Erfolg des Unternehmens ist eines Freibeuters Ziel, da muss man nach Lage vor Ort schnelle Entscheidungen treffen. Diesmal ist Drakes schnelle Entscheidung fatal, in La Coruña liegen weder massenhaft Schiffe auf Reede noch Schätze in den Lagerhäusern, dafür ein riesiges Depot an Weinfässern. Die Männer sind begeistert, aber umgehend – ganz ohne Kampfhandlungen – außer Gefecht gesetzt.

Drake segelt weiter, setzt die Landetruppen aber zu weit von Lissabon entfernt an Land. Ihr langer Marsch nimmt dem Angriff das Überraschungsmoment, und dann stellt sich auch noch heraus, dass Don Antonio nicht der charismatische Prätendent ist, der die Massen begeistern und mitreißen kann. Letztlich verhindern ungünstige Winde Drakes Eingreifen von See, kurz: das Unternehmen scheitert kläglich. Außer sich vor Wut macht Drake die Stadt Vigo dem Erdboden gleich, ein völlig sinnloses Unterfangen. Unter den Mannschaften, die nicht im Kampf fallen, wüten Skorbut und Ruhr, Stürme tun ein Übriges, und Drake kehrt mit nur einem Drittel der Mannschaften zurück. Die Verluste aller Investoren und Elizabeths sind enorm. Die Königin lässt Drake fallen.

Parlament, Puritaner und Finanzkrise

Elizabeth geht es einzig um die Uniformität ihrer Kirche, das beschwört sie auch vor dem im Februar zusammentretenden Parlament. In der Geißelung von Papst und Kardinal Allen ist man sich einig, doch an den Puritanern entzünden sich die Gegensätze. Einziger überlebender prominenter Verfechter der puritanischen Sache ist der über 80-jährige Knollys, und er argumentiert mit jugendlichem Elan. Einzig sein Alter und die von ihm geleisteten Dienste retten ihn vor Strafe, andere Eiferer muss Elizabeth aburteilen, um ihren Kurs des Ausgleichs zwischen den Extremen beibehalten zu können.

Elizabeth hat es wie kein anderer Tudor verstanden, ihr Königtum als Bollwerk gegen die Anarchie zu gerieren, davon kann sie nun zehren. Im Parlament hat Elizabeth viel durch ihr persönliches Auftreten und ihre Reden bewirkt. Was sie vor dem Verlust ihres Einflusses bewahrt, sind ihre Reputation als Garantin des Protestantismus, ihr lange erfolgreiches Bemühen um Frieden und nicht zuletzt die Vernichtung der Armada. Sie ist und bleibt die Inselkönigin, die „eingeborene" Engländerin, die ihre Insel nie verlassen hat und stolz darauf ist.

Im Privy Council hat sie – wie am Hof – die Parteien über Jahrzehnte mit ihrer persönlichen Variante der verführerischen Frau gegeneinander ausgespielt und so in Schach gehalten. Die Generation, die an diese Behandlung gewöhnt war, wird mehr und mehr von einer jüngeren abgelöst, vor der die Endfünzigerin diese Rolle nicht neu auflegen kann. Sie beginnt, sich selbst und ihr Zeitalter zu überleben, ihre selbstgewählte Rolle hat ein Verfallsdatum, das hat sie nicht bedacht. Wer kann sich selbst in allen Konsequenzen in der Blüte seiner Jahre als alten Menschen konzipieren? Daraus entsteht die wahre Tragik der Person Elizabeth Tudor. Sie hat sich selbst sehr früh zur Mutter ihres Volkes stilisiert, da sie aber nicht zur realen Mutterschaft gelangt, kann sie nicht zur Großmutter Englands werden wie Queen Victoria, die ein anderes Zeitalter prägen wird …

Essex ist anders

Im April stirbt Francis Walsingham und Cecils Sohn Robert wird Staatssekretär. Seine Amme hat Robert als Kleinkind fallen lassen, deswegen ist sein Körper deformiert, sein Geist aber ist ähnlich brillant wie der seines Vaters. Der hat seit Jahren daran gearbeitet, den Sohn zur Nachfolge zu befähigen, sobald er selbst seiner Königin nicht mehr dienen kann. Mit Roberts Aufstieg ist seine weitere Laufbahn gesichert, doch da er die Politik seines Vaters vertritt, hat er in Essex einen unberechenbaren Feind.

Mit seinem Portugal-Abenteuer hat Essex bewiesen, dass er – anders als frühere Favoriten – nicht immer tut, was Elizabeth will. Das ist ungewohnt für sie und gefällt ihr gar nicht, aber sie braucht ihn emotional und vergibt ihm. Im Herbst hat sie schon wieder Gelegenheit, ihm zu vergeben, denn er hat zu einem unbekannten Datum im Jahr 1590 heimlich Frances, die Tochter Walsinghams und Witwe Philip Sidneys, geheiratet, die bald nach seiner Rückkehr aus Portugal so unübersehbar schwanger ist, dass Essex von sich aus gesteht. Das ist wirklich mutig, denn er weiß ja nur zu gut, dass seine Mutter auch jetzt, Jahre nach Leicesters Tod, noch in Ungnade ist. Aber den heiratswütigen Herren hat Elizabeth ja immer irgendwann vergeben, Essex vergibt sie schneller als er selbst erwartet hat, und schon gibt es wieder neue Differenzen.

The Faerie Queene

Das Elizabethanische Zeitalter ist auch das goldene Zeitalter von Literatur und Theater. Edmund Spenser (1555–1599) gilt als Begründer der Renaissance in der englischen Literatur. Er muss in diesem Zusammenhang erwähnt werden, denn sein berühmtestes Werk ist das in der von ihm entwickelten Versform „Spenserian Stanza" geschriebene Versepos „Faerie Queene" – der Titel wurde zu einem Synonym für Elizabeth Tudor.

Spencer war seit etwa 1579 von Leicester protegiert worden und im Jahr darauf mit Lord Grey of Wilton als dessen Sekretär nach Irland gezogen. Dort traf ihn Sir Walter Raleigh, brachte ihn 1589 an den Hof und stellte ihn der Königin vor.

1590 erscheinen die ersten drei Bände der „Faerie Queene" – das ganze Werk erscheint 1596. Das Poem ist eine Art Allegorie auf den einen christlichen, den protestantischen Glauben, verwoben mit der Artussage, im Stil Vergils und Homers, also der heidnischen Antike nachempfunden. Es wird gerätselt, welche der dargestellten Figuren Elizabeth Tudor und welche Marie Stuart darstellen soll, das Ganze ist aber durchaus als Loblied auf Elizabeth und die Tudors geschrieben, es gibt vor, die Abstammung der Tudors vom sagenhaften King Arthur sei Fakt. Natürlich erscheint Elizabeth in der Rolle der Feenkönigin selbst: Gloriana. Interessant ist aber auch das Buch über die androgyne Heldin Britomart (gnadenreiche Jungfrau!), eine babylonische Göttin, die alle Männer besiegt, ihre Keuschheit aggressiv verteidigt und dazu ihre verwirrende sexuelle Ausstrahlung einsetzt, die nicht frei von homoerotischen Elementen ist. Der Königin gefällt es natürlich sehr, sich so vielgestaltig und rätselhaft dargestellt zu sehen. Spenser bekommt von ihr eine Rente, vielleicht, bei ihrem Interesse für die klassischen Autoren, nicht nur für die sie verherrlichende „Feenkönigin", sondern auch für seine Übersetzungen von Vergil.

London und Rouen, Sommer/Herbst 1591
Essex will Feldherrenruhm
Gerade als es Henri III. gelungen ist, sich mit Henri de Bourbon auf ein gemeinsames Vorgehen gegen die Ultrakatholiken in Paris zu einigen, wird der König am 2. August 1589 in Saint Cloud von einem Mönch erstochen, der von einer Schwester des Duc de Guise zu diesem Attentat angestachelt wurde. Auf dem Totenbett bestimmt der letzte Valois den Bourbonen zu seinem Nachfolger, und der bittet natürlich umgehend die Schutzherrin der Protestanten um finanzielle und militärische Unterstützung.

Elizabeth entschließt sich nun, zwei Jahre später, Henri IV. nach dem Scheitern seiner dritten Belagerung von Paris bei der Durchsetzung seines Königtums zu unterstützen. Sofort prescht Essex vor, um die Leitung des englischen Kontingents von 3.000 Mann übertragen zu bekommen. Elizabeth weiß, dass er sich mit einer Reputation als Feldherr eine eigene Hausmacht aufbauen will und fürchtet eine Zunahme seiner Popularität, die ihr eigentlich jetzt schon zu groß ist. Dreimal sagt sie nein, dann kniet er geschlagene zwei Stunden mit bittend erhobenen Händen zu ihren Füßen, und sie gibt sich geschlagen.

Am 30. Juli landet Essex in Dieppe, voller Tatendrang will er Rouen erobern, doch Henri IV. muss erst zu einer Hochzeit, und Essex folgt ihm nach Compiègne. Sie finden Gefallen aneinander und vergnügen sich bei Ritterspielen, während die von Elizabeth bezahlten untätigen Soldaten an der Ruhr dahinsterben. Ohne wirklich gekämpft zu haben, schlägt Essex auch noch 24 junge Männer seines Gefolges zu Rittern. Empört ruft sie ihn nach England zurück, erliegt seinen Schmeicheleien und lässt ihn noch einmal nach Frankreich.

Nun wird Rouen tatsächlich belagert, Essex' jüngerer Bruder fällt, Parma kommt, kann die Belagerung durchbrechen, die Stadt entsetzen. Er wird allerdings dabei verwundet und acht Monate später an seiner Verletzung sterben. Doch zuvor ruft Elizabeth Essex an den weihnachtlichen Hof, und diesmal kommt er ohne Ausflüchte. Elizabeth trauert um ihren einzigen unverheiratet gebliebenen Langzeitverehrer Sir Christopher Hatton, der seinem langjährigen Nierenleiden erlegen ist. Die Königin hat ihm in seinen letzten Tagen noch die Ehre erwiesen, an seinem Bett zu wachen und ihn eigenhändig zu füttern. Wenn auch unverheiratet, ist er doch Vater einer Tochter, also nicht ganz so keusch wie Elizabeth selbst.

Englischer Hof, 1591 bis 1595

Ein langsamer Generationswechsel

Ein endloser Reigen: Im Mai 1592 wird bekannt, dass auch Sir Walter Raleighs Liebesleben sich nicht in der Verehrung für seine Königin erschöpft hat. Bereits 1590 hat er sich unsterblich in die junge Hofdame Elizabeth Throckmorton, Tochter des Botschafters, verliebt. Als sie im Sommer 1591 schwanger ist, heiraten sie heimlich, und irgendwie schafft die junge Frau es, ihr Kind unbemerkt zur Welt zu bringen, es einer Amme zu übergeben und ihre Stelle bei Hof zu behaupten, ohne Verdacht zu erwecken. Irgendwer setzt Elizabeth Ende Mai 1592 von der Ehe und der Existenz des Kindes in Kenntnis, und das Paar findet sich im Tower wieder. Raleigh wird für Elizabeth zur Unperson. Eine Befreiung für Essex, der unter dem Einfluss der Brüder Bacon, Söhnen des einstigen Lordsiegelbewahrers und Cousins des jungen Cecil, eine Wandlung durchläuft, quasi erwachsen wird.

Elizabeth beruft ihn 1593 in den Staatsrat. Er schwört, nun ein ernsthafter Mensch zu werden, um ihr Vertrauen zu verdienen. Die verbale Versicherung ist keine Friedensgarantie, das Gerangel um die Besetzung von Ämtern dauert die nächsten drei Jahre an, Elizabeth kann es nicht zulassen, dass die Anhänger von Essex zahlenmäßig die Überhand gewinnen. Doch sie profitiert gern vom Informantennetz, das die Bacons Essex zur Verfügung stellen. Sie weiß manches früher als selbst Cecil, das macht ihr Spaß, und dafür verzeiht sie Essex manch ungestüme Aktion. Dass Essex ständig verschuldet ist, kann man ihm kaum ankreiden, das Leben eines Günstlings ist bekanntlich extrem aufwändig, auch Leicester hat zeit seines Lebens über Schulden geklagt, da nützen auch die Monopole auf Süßwein und andere Güter wenig, die aber ihrerseits Bürger und Parlament zunehmend verärgern.

Der Zahn der Zeit

Als Elizabeth Tudor ihren sechzigsten Geburtstag feiert, lässt sie Essex nicht von ihrer Seite. Vielleicht gelingt es ihr an diesem einen Tag, die über Jahrzehnte konservierte Gestalt noch einmal mit Geist und Leben zu füllen. Ansonsten wird ihre nervöse Reizbarkeit Dauerzustand, ihre hohe Stimme ist schriller geworden, gegen ihre Zofen wird sie umso ungeduldiger, je länger diese brauchen, die Illusion der Zeitlosigkeit zu erschaffen. Inzwischen fehlen der Königin so viele Zähne, dass ihre Sprache bei Erregung unverständlich wird. Ihre Haut ist runzelig, die Haare dünn und weiß. Niemand – außer ihren Damen – sieht sie noch ohne Perücke und Schminke. Wenn sie öffentlich erscheint, verkörpert sie ihr selbst geschaffenes Idol, das geschminkte Gesicht ruht auf einem perfekt gestärkten Kragen, die Kleider, steif von Juwelen, verhüllen ihre Hagerkeit. Die Zeiten, da sie vor Botschaftern schon mal in scheinbarer Gedankenlosigkeit das Mieder bis zur Taille öffnete, um mit ihren jungfräulichen Brüsten zu protzen, sind hoffentlich vorbei.

446

Totaler Krieg oder Verhandlungsfrieden?

Die 1590er Jahre sind für England von Katastrophen geprägt, eine Missernte folgt der anderen, die Lebenshaltungskosten explodieren nahezu. Die Staatsfinanzen sind Grund ständiger Sorge. In der Außenpolitik ist die Anerkennung der Regierung Henris IV. in Frankreich das beherrschende Thema, am 25. Juni 1593 tritt er zum Katholizismus über und schließt, entgegen einem bestehenden Vertrag mit England und den Niederlanden, einen Separatfrieden mit Spanien. Am 22. März 1594 kann der Bourbone sich endlich zum König Frankreichs krönen lassen.

Für England dauert der Krieg mit Spanien unvermindert an, und Essex gewinnt Scharen von Anhängern, weil er dafür eintritt, den Kampf bis zur vollständigen Niederlage Spaniens zu führen. Das steht natürlich in krassem Gegensatz zur Verhandlungspolitik Cecils und Elizabeths und führt zu heftigen Debatten, besonders als am 23. Juli 1595 Spanier in Cornwall landen und Penzance und Mousehole niederbrennen.

Diese beiden Städtchen sind kein allzu schmerzhafter Verlust, aber die Aktion an sich zeigt, dass eine spanische Invasion jederzeit möglich ist, und verstärkt entsprechend die bestehenden englischen Phobien. So bekommt Drake noch einmal die Erlaubnis zu einer Kaperfahrt in die Karibik und bricht gemeinsam mit Hawkins und 27 Schiffen auf. Sein Glück scheint verbraucht. Die Gegenwehr der Spanier ist groß, Drake und Hawkins geraten in Streit, ein Misserfolg jagt den anderen, Hawkins stirbt im November 1595 und Drake selbst im Januar darauf. Spanien dominiert weiter die Weltmeere, doch die Nadelstiche der englischen Kaperfahrer in Drakes Tradition zwingen zu teuren Schutzmaßnahmen. Raleigh segelt im gleichen Jahr nach Guyana, um endlich das sagenhafte El Dorado zu finden, und scheitert ebenfalls. Dafür schreibt er auf der Rückfahrt einen Reisebericht, der eine Art Bestseller wird.

Essex' großer Triumph

Im Sommer 1596 bekommt Essex endlich die Chance, auf die er lange warten musste: Er ist einer der beiden Führer einer Expedition gegen Cadiz, die Drakes entscheidenden Schlag gegen die Armada von 1587 wiederholen soll. Die Engländer unter Essex stürmen die Stadt und nehmen sie in einem Überraschungsangriff, plündern gnadenlos, schonen aber die Menschen. Sie stecken die im Hafen liegenden Galeonen in Brand, um ein Auslaufen der dahinter liegenden Kauffahrer zu verhindern. Doch statt auf die Lösegeldforderungen der Sieger einzugehen, versenken die Spanier diese Schiffe selbst. Es gelingt Essex nicht, die Silberflotte aus Westindien zu stellen oder gar zu kapern. Er verteilt die Cadiz-Beute an seine Leute, Elizabeth geht leer aus. Das bringt Essex zwar einen ungeheuren Popularitätszuwachs, aber Elizabeth fordert von ihm Rechnungslegung ausgerechnet vor Cecil. Essex, der sich als strahlender Sieger fühlt, empfindet das als schikanöse Gängelei.

Englischer Hof, Biscaya und Azoren, Sommer/Herbst 1597
Essex' Azoren-Desaster
Elizabeth kann auch perfide sein, wenn sie scheinbar den Bitten eines Günstlings entspricht. Sie gibt Essex im nächsten Jahr ein neues Kommando, allerdings muss er es sich mit seinem Intimfeind Raleigh teilen. Sie haben den klaren Auftrag, die im Hafen von El Ferrol in Galizien liegende Flotte zu zerstören, denn in Irland ist eine Revolte ausgebrochen und Elizabeth fürchtet, Felipe könne das zu einer Landung dort nutzen. Doppelter Oberbefehl ist immer ein Risiko, aber bevor sich daraus Konflikte ergeben können, gerät die Flotte von einem Sommersturm in den nächsten. Die Mannschaften sind derart erschöpft, dass Raleigh ihnen den Kampf auf spanischem Boden nicht zumuten will. Er segelt einfach weiter zu den Azoren, um die Silberflotte abzufangen. Doch die Verständigung zwischen den englischen Kommandeuren ist so miserabel, dass die erhoffte Beute zwischen den Flottenteilen durchflutscht.

Zurück in England muss Essex sich sagen lassen, dass die Spanier, wären sie nicht von den gleichen Stürmen in der Biscaya zur Umkehr gezwungen worden, an der englischen Küste hätten landen können. Essex ist beleidigt, zieht sich auf's Land zurück und weigert sich, am Staatsrat teilzunehmen. Am 22. Oktober 1597 wird Charles Howard of Effingham, nur wenig – knapp ein Jahrzehnt – verspätet, für seine Dienste bei der Vernichtung der Armada zum Earl of Nottingham erhoben, in Wahrheit will Elizabeth nur Essex ärgern. Er erwartet, dass die Königin einlenkt, und als sie es nicht tut, bleibt er demonstrativ den Feiern zu ihrer Thronbesteigung fern. Im Dezember endlich gelingt es Cecil, der unter den Launen der Königin am stärksten leidet, eine Versöhnung einzuleiten.

Paris, Madrid und englischer Hof, Sommer 1598
Skandal
Im April gewährt Henri IV. im Edikt von Nantes Glaubensfreiheit und schließt Frieden mit Felipe II. Damit hat Spanien Kräfte frei, um sich – nötigenfalls – verstärkt gegen England zu wenden.

Bis zum Frühsommer läuft das Hofleben dort dennoch in relativ geregelten Bahnen, doch Mitte Juli kommt es zum bislang größten Eklat. Es muss ein neuer Oberbefehlshaber für Irland gefunden werden, und Elizabeth hat sich für Sir William Knollys entschieden, doch Essex will seinen Onkel und Unterstützer nicht missen. Elizabeth akzeptiert seinen Kandidaten nicht, es kommt zu einem öffentlichen Wortgefecht. Das allein ist schon ein Skandal, doch Essex setzt noch einen drauf, wendet sich abrupt ab und will gehen. Er dreht der Königin mitten im Wort den Rücken zu! Außer sich wegen dieser Beleidigung reißt Elizabeth ihn am Ärmel herum und ohrfeigt ihn. Der Hof steht in Entsetzen erstarrt, man könnte die sprichwörtliche Stecknadel fallen hören und sieht, wie Essex' Hand instinktiv zu seinem Schwert fährt.

Es gibt mehrere Versionen, wie die Szene aufgelöst wird. Nehmen wir an, Essex bezwingt sich, zischt der Königin ins Ohr, eine solche Behandlung hätte er sich auch von ihrem Vater, dem König, nicht gefallen lassen! Aber den hätte er wenigstens fordern können! Wirft den Kopf in den Nacken, senkt betont das Schwert in die Scheide und verlässt festen Schrittes den Raum.

Jeder Wohlmeinende versucht, Essex davon zu überzeugen, seine einzige Möglichkeit sei, sich demütig zu unterwerfen, Elizabeth Tudor sei nun mal seine Souveränin. Doch Essex ist in keiner Weise zum Einlenken bereit, er stellt gar das Gottesgnadentum an sich in Frage und postuliert, dass auch ein Monarch fehlbar sei. Das sind gefährlich revolutionäre Gedanken.

Elisabeth straft Essex mit Nichtachtung, ihr drückt eine andere Sorge das Herz ab: Cecil liegt offensichtlich im Sterben. Mehrmals täglich erkundigt sich die Königin nach ihres unersetzlichen Ratgebers Befinden, und so oft wie möglich sitzt sie an seinem Krankenbett. Als William Cecil, Baron Burghley, am 4. August stirbt, weint die Königin um ihn, sie weiß zumindest ansatzweise, was sie ihm verdankt. Mitte September erreicht sie die Kunde vom Ableben ihres Rivalen Felipe II., ein weiteres Menetekel, dass eine Ära zu Ende geht und sie allein zurückbleibt! Mitte August sind ihre Truppen in Irland vernichtend geschlagen, und sie muss einen Weg aus der Krise finden – ohne Cecil, ohne Walsingham und ohne „Sweet Robin" Leicester!

Wunsch und Wirklichkeit

Seit etwa 1597, spätestens aber mit dem Ohrfeigen-Skandal wird der Bruch zwischen der Kunstperson und der wirklichen Elizabeth evident. England stellt fest, dass es immer nur das kunstvolle Image seiner Königin, nie die wahre Person geliebt hat. In den neunziger Jahren ist sie politisch bankrott. Statt neue Slogans zu erfinden, werden stets und ständig die alten wiederholt. Sie ist als Herrscher von den Ereignissen überrollt worden und als Frau von der Zeit – wie Raleigh anmerkt. Schon tönt es wieder frauenfeindlich aus allen Ecken. Ihre Damen kichern niederträchtig über sie, Botschafter nennen sie bizarr, Patensöhne nennen sie ein dummes altes Weib. Das können sie nur, weil Elizabeth Tudor den Augenblick verpasst hat, eine neue Rolle für sich zu erfinden.

Irland und London, 1599/1600

Essex in Irland

Das komplizierte Verhältnis England-Irland ist hier nicht Thema, der Rebell Hugh O'Neill, Earl of Tyrone, hat sich als nicht zu unterschätzender Gegner erwiesen. Seit dem Eklat im Juli des Vorjahres ist Essex nicht bei Hof erschienen, nun bittet er schriftlich um das

Kommando in Irland und kommt nach Whitehall. Elizabeth lässt ihn warten, und die Ungewissheit macht den sensiblen Essex körperlich krank. Krankheit stimmt Elizabeth immer milde, sie schickt einen Arzt. Essex bittet in einem Brief um Vergebung, schmeicheln kann er wie kein Zweiter, und die Königin gibt nach.

Essex gesundet, und wo er sich zeigt, wird ihm zugejubelt, folgen ihm Jungs und junge Männer mit Hochrufen auf Schritt und Tritt. Die Universität Cambridge bietet ihm das Kanzleramt an – er ist noch nicht 32! Sein Freund Bacon warnt ihn, seine Popularität sei ein rotes Tuch für Elizabeth Tudor, er solle sich niemals auf seine Anhänger berufen, doch Essex macht den letztlich tödlichen Fehler zu glauben, seine Beliebtheit habe Elizabeth gezwungen, ihn an den Hof und in all seine Ämter zurückkehren zu lassen. Wie Recht Bacon hat, hätte Essex merken müssen, als Elizabeth ihm die Aufsicht über die Mündel der Krone mit dem Hinweis verweigert, damit könne er sich weitere Anhänger sichern. Essex und die Königin streiten bald wie eh und je, doch letztlich überträgt Elizabeth ihrem Günstling den geforderten Oberbefehl in Irland.

Ausschlaggebend mag für sie ganz pragmatisch Essex' große Beliebtheit sein, die Werber haben keine Not, ausreichend Männer zu finden, die bereit sind, an seiner Seite das Abenteuer Irland in Angriff zu nehmen. Kurz vor dem Aufbruch scheinen Essex Zweifel zu kommen, doch letztlich kann er nicht zurück und setzt mit einem großen und gut gerüsteten Heer über. Er hätte seine Zweifel ernst nehmen sollen, er kennt die Guerillataktik der Iren und die geographischen und klimatischen Gegebenheiten nicht. Ohne eine Schlacht schlagen zu können, verliert er binnen weniger Wochen zwei Drittel seiner Soldaten an Krankheiten, sie geraten in Hinterhalte, kleine Gruppen werden einfach aufgerieben, andere verirren sich in Wäldern und Sümpfen, viele desertieren.

Essex gerät in Panik, er braucht einen Erfolg, scheint den Kampf mit dem dreifach überlegenen Heer Tyrones zu suchen. Plötzlich schließt er in einem Vieraugengespräch Mitte September einen Waffenstillstand und versucht sein Verhalten in einem eher wirren Brief an Elizabeth zu rechtfertigen. Sie verlangt verständlicherweise eine ausführliche Erklärung als Voraussetzung weiterer Befehle.

Essex dreht durch, beschließt, der Königin mündlich Bericht zu erstatten und verlässt ohne Erlaubnis seinen Posten. Das kann sie als Verrat ahnden, doch das scheint ihm gleichgültig zu sein. Nur vier Tage braucht er von Irlands Küste bis London, das er am 28. September erreicht.

Essex versteht die alte Dame nicht

Die Königin ist in Nonsuch, die 15 Kilometer sind ein Klacks. Verdreckt, wie er von der anstrengenden Reise ist, stürmt Essex durch Zimmerfluchten ins Appartement der Königin, schubst Wachsoldaten und zeternde Zofen beiseite, stürmt in Elizabeths Schlafgemach. Sieht er sie überhaupt, die alte Frau mit den spärlichen weißgrauen Strähnen über dem faltigen Gesicht mit dem eingefallenen Mund? Hektisch küsst er ihre unberingten Hände, gerät ins Stammeln, geht, als sie darum bittet.

Sie wird nicht vergessen, dass er sie so gesehen hat, der dumme Junge, doch sie lässt sich nichts anmerken, plaudert am späten Vormittag mit ihm, lässt ihn berichten, bis es Tischzeit ist.

Essex ist rätselhafterweise überzeugt, die Königin habe an seinem Verhalten nichts auszusetzen, er stehe voll in der Sonne ihrer Gnade. Inzwischen ist Elizabeth sicher, dass ihre Krone nicht in Gefahr ist, Essex keinen Aufstand plant und befiehlt ihn vor den Staatsrat. Um zehn Uhr abends steht Robert Devereux, Earl of Essex, unter Hausarrest!

Am nächsten Tag geht die Untersuchung weiter. Essex hat seinen Kommandoposten unerlaubt verlassen, er ist gewaltsam in das Schlafzimmer seiner Königin eingedrungen, er hat als Feldherr versagt und ungerechtfertigt Dutzende Adelserhebungen ausgesprochen, um sich eine ihm ergebene Truppe aufzubauen. Essex wird in York House unter Hausarrest gestellt und isoliert. Wie immer, wenn er in echten Schwierigkeiten ist, wird Essex krank. Seine Lage verschlimmert sich weiter, als bekannt wird, dass er Tyrone die Rückgabe aller Krongüter versprochen hat. Das ist Verrat!

Die Königin will ihn angeklagt sehen. Doch sie weiß um seine immer noch ungebrochene Popularität und wie gefährlich es werden könnte, ihn ohne eindeutige Beweise zu belangen. Das lässt sie –

diesmal aus gutem Grund – zögern. Seine Krankheit verschlimmert sich, und das erweicht wie immer, Elizabeths Herz, und sie lässt zu, dass seine Frau, die gerade eine Tochter geboren hat, ihn pflegt. Der Rat empfiehlt am 21. Oktober, Essex zu entlassen, ein militärisches Scheitern in Irland sei kein Verbrechen, das sei schon manch gutem Engländer widerfahren. Elizabeth will nicht vergeben. Essex bleibt unter Hausarrest, darf sich im Frühjahr auf's Land zurückziehen, solange er dort unauffällig lebt und dem Hof fernbleibt.

Essex wähnt sich allmächtig

Erst im Juni 1600 muss Essex sich vor einer Kommission rechtfertigen. Er zeigt gerade genug Reue, um den Richtern zu ermöglichen, ihn nicht zu lebenslanger Towerhaft verurteilen zu müssen, sondern ihn nur aller Ämter zu entheben und weiter unter Hausarrest zu stellen. Er glaubt, es sei die Milde der Königin, die aus diesem Urteil spricht und schreibt ihr Schmeichelbriefe, doch Elizabeth denkt gar nicht daran, ihn in Gnaden wieder aufzunehmen. Sie verlängert einfach sein Süßweinmonopol nicht, was für ihn den Ruin bedeutet. Da hat alle Galanterie ein Ende, und der Kavalier schäumt: Ihre Denkweise sei so krumm wie ihr altes Gerippe!

Seine Rachephantasien nehmen größenwahnsinnige Dimensionen an. Essex versucht James Stuart auf seine Seite zu ziehen, phantasiert, er allein könne dem König der Schotten die Nachfolge in England sichern. Seine Kontakte nach Schottland laufen über seinen früheren Duellgegner und längst guten Freund Charles Blount, Lord Montjoy, der seit 1590 der Geliebte seiner Schwester Penelope ist und nun sein erfolgreicherer Nachfolger in Irland. Montjoy und James Stuart sind viel zu realistisch, um sich ernsthaft auf solche Hirngespinste einzulassen. Essex gelingt es, ein paar unbedarften jungen Adligen weizumachen, er könne den jungen Cecil ausschalten und ihre Clique an die Macht bringen, dann sei es ihm ein Leichtes, die Königin dazu zu bringen, ihn, Essex, zum Lordprotektor zu machen. Doch bald sind es nur noch verschuldete Abenteurer, die sich begeistert um ihn scharen und von Umsturz lärmen.

Essex schnelles Ende

Die Unruhen, die diese jungen Leute verursachen, sind so lästig,
dass Essex Anfang Februar 1601 aufgefordert wird, sich dafür vor
dem Staatsrat zu rechtfertigen. Er entschuldigt sich mit Krankheit.
Die Königin schickt vier Räte, um ihn vom Ernst der Situation zu
überzeugen. Sie finden sein Anwesen voll von wild diskutierenden
jungen Männern und sehen sich plötzlich in der Bibliothek gefangen. Bald wird es still in Essex House, denn mit den etwa 200 dort
Anwesenden wagt Essex nicht, nach Whitehall zu ziehen, ist aber
überzeugt, bei einem Ritt durch die City im Nu einen Aufstand gegen Robert Cecil, der angeblich ein Komplott gegen die Königin,
die Kirche und ihn, Essex, angezettelt hat, auslösen zu können.

Die Kunde von Cecils angeblichem Verbrechen löst keine Empörung aus. Nun behauptet Essex, die Regierung habe England an
Spanien verkauft, das muss doch den Patriotismus der Londoner
wecken! Doch die beachten ihn auch weiter nicht. Über die Themse
gelangt er zurück nach Essex House, dort hat man seine Geiseln
freigelassen, Nottingham hat das Haus umstellt, fordert Essex auf,
sich zu ergeben, was der mit einigen Getreuen abends gegen zehn
Uhr endlich tut.

Nun kann auch Elizabeth zu Bett gehen, die sich den ganzen
Tag daran erfreuen konnte, wie ihre guten Engländer mit der Waffe
in der Hand Whitehall umlagert haben, um ihre geliebte Königin
vor dem verrückten Essex zu schützen. Im Augenblick ernsthafter
Gefahr ist es Elizabeth wie stets gelungen, alle Albernheiten und
Peinlichkeiten ihrer Vorstellung von Weiblichkeit zu unterlassen
und sich mit natürlicher Autorität der Gefahr (die so groß nun auch
nicht war) zu stellen.

Essex wird des Hochverrats angeklagt und für schuldig befunden. Diesen Hinrichtungsbefehl unterschreibt Elizabeth unverzüg-
lich. Essex übt sich nach einer Aussprache mit Kaplan Ashton in
Demut und Bußfertigkeit und gesteht alles. Er bittet, seine Hinrichtung möge nicht öffentlich stattfinden, weil ihn der Beifall des
Volkes wieder überheblich machen könne. Dieser Wunsch wird
gern gewährt.

Am 25. Februar 1601 besteigt Robert Devereux, Earl of Essex, in der Pracht seiner noch jugendlichen Schönheit mit wehendem Haar das Schafott und bekennt seine Sünden, zahlreicher als diese wehenden Haare, er rezitiert den Beginn eines Psalms, hält inne und gibt dem Henker das Zeichen, sein blutroter Ärmel scheint zu erglühen, der Kopf fällt, und der Bote prescht nach Whitehall. Die Königin unterbricht einen Augenblick ihr Spinettspiel, um seine Meldung zu vernehmen, niemand sagt etwas. Bevor die Stille zu schwer lastet, nimmt Elizabeth Tudor die Melodie wieder auf.

Das lange Sterben der Elizabeth Tudor

Sommer/Herbst 1601

Keine Favoriten mehr, keine Faerie Queen …

Eine Meldung an die Königin ist nicht überliefert, als am 17./18. März 1601 ein Komplize und vier Diener von Essex hingerichtet werden. Der Komplize ist sein zweiter Stiefvater Christopher Blount, Lettice Knollys hat ihn wenige Wochen nach Leicesters Tod geheiratet. Er ist nur zwei Jahre älter als ihr genial begabter, unglücklicher Sohn. Lettice wird den Triumph haben, die ihr gegenüber so missgünstige Cousine und Königin um 31 Jahre zu überleben.

Ihr hingerichteter Gatte ist ein entfernter Verwandter des Geliebten ihrer Tochter Penelope. Deren Ehemann, Lord Rich, wagt es erst nach Essex' Tod, seine Angetraute aus dem Haus zu werfen, in dem er bisher ihre sechs Kinder von Blount geduldet hat! Haben Mutter und Tochter ihr heißes Boleynblut ausgelebt, das Cousine Elizabeth stets abgebunden hat, weil es frei pulsierend unausweichlich zu ihrem Untergang als Königin führen muss? Hasst Elizabeth Lettice all die Jahre so extrem, weil die sich unbekümmert mehrfach nimmt, was sie will, während Elizabeth sich das ihr ganzes langes Leben nicht traut?

Frankreichs Henri IV., der im Oktober 1600 Marie de Médicis geheiratet hat, in der Hoffnung, so seine maroden Finanzen wenigstens zeitweilig zu sanieren, bewundert Elizabeth für ihr entschlossenes Durchgreifen in der Essex-Revolte und nennt sie einen *wahren König*! Das Schlitzohr sichert sich damit weitere Subsidien, denn er trifft mit dieser Bemerkung bei Elizabeth den richtigen Nerv – aber irgendwie meint er es auch ernst. Damit kann die Königin umgehen, Henri de Bourbon kann sie einschätzen, falsch eingeschätzt hat sie die Zahl derer, die in Essex' Machenschaften verstrickt sind. Männer, denen sie vertraut hat, Männer, die sie mit Gnadenbeweisen überschüttet hat – so danken sie es? Männer! Da ist es wieder, dieses Aufbäumen, warum nur muss sie als Herrscherin mit all ihrer Begabung, mit all ihrer Liebe zu ihrem Land und ihrem Volk eine Frau sein? Eins scheint ihr in diesen Tagen oder eher Wochen klar zu werden: Mit ihren bisherigen Mitteln kann sie diese Männerwelt nicht länger in Schach halten, sie kann nicht länger die vieldeutige *Faerie Queen* aus Spensers Gesängen sein, die Zeiten sind dahin …

Sie lässt es bei den sechs genannten Todesurteilen bewenden. Schlimm genug, dass ihre geliebten Engländer Essex weiter als ihren Helden verehren, sein Ruhm in Poemen und Kneipenliedern überdauert. Wem kann sie überhaupt trauen? Raleigh macht Anstrengungen, Essex' Nachfolge anzutreten, doch daran hat die Königin kein Interesse mehr. Der Vollständigkeit halber soll noch erwähnt werden, dass James I. Raleigh wegen Konspiration zum Tode verurteilen wird, ihn aber zur Towerhaft begnadigt. Die dreizehn Jahre Haft nutzt Sir Walter, um nach seinen Reise- und Expeditionsberichten den ersten Band einer Weltgeschichte zu verfassen. So wird er zu einem der wichtigsten Schriftsteller seiner Zeit. 1617 startet er zu einer letzten Reise nach Südamerika, da er aber bei seiner Rückkehr James die versprochenen Schätze nicht aushändigen kann, lässt der nun das Todesurteil vollstrecken. Am 29. Oktober 1618 fällt der Kopf des letzten noch lebenden Favoriten der Königin Elizabeth I. Tudor …

Elisabeth will diese Schmeichler nicht mehr, will allein sein, hat gar eine Phase, da sie keine Staatskleider mehr anlegt. Der Hof wird ein Ort des Trübsals, Elisabeth findet an nichts mehr Gefallen. Nur der sachliche Robert Cecil, immer korrekt, nie schmeichlerisch, aber der Königin Autorität nie in Frage stellend, kann es ihr noch recht machen. Er gewinnt endlich die Machtposition, auf die er und sein Vater all die Jahre hingearbeitet haben. Keine hübsche Fratze, kein großmäuliger Schwätzer wird sie ihm mehr streitig machen, da kann er sicher sein. Er beginnt, James VI. Stuart ganz selbstverständlich als Thronerben zu behandeln, er söhnt die Tudor mit dem Stuart aus, ihr ist es Recht, es gefällt ihr, dass alles seinen friedlichen Gang gehen wird, ohne dass sie sich je deutlich zur Nachfolgefrage äußern muss.

Sie beginnt wieder zu tanzen und zur Jagd zu reiten, sie versteht es aber nun eher als notwendige Körperertüchtigung, nicht länger als Teil pseudoerotischer Tändelei. Hofleben muss sein, aber es ist nicht mehr ihr Lebensraum, sie lebt zurückgezogener, studiert wieder mehr. Sie ist gesund und für ihr wahres Alter in bewundernswert gutem Zustand, doch sie beginnt, Abschied zu nehmen.

Westminster und Whitehall, Herbst 1601

Abschied vom Parlament

Ende Oktober muss Elizabeth zum dreizehnten und letzten Mal in ihren insgesamt 45 Regierungsjahren das Parlament einberufen, denn sie braucht dessen Bewilligung für die Kosten des Krieges gegen Spanien und Irland. Mit Erschrecken nimmt sie wahr, dass nur noch wenige sie mit dem Ruf „Gott segne Eure Majestät" begrüßen. Die Lords geben auch nicht mit gewohnter Ehrerbietung eine Gasse frei, als sie das Haus verlässt. Das Unterhaus geht noch weiter, diskutiert sofort die zum Ärgernis gewordenen Monopole. Elizabeth muss fürchten, jeden Einfluss im Parlament verloren zu haben, in einem letzten Aufbäumen beordert sie den Sprecher zu sich und fordert selbst eine Reform der Monopolvergabe. Noch einmal hat ihr Instinkt ihr das Richtige diktiert, das Parlament will eine Abordnung schicken, die den Dank des Hauses übermitteln soll. Elizabeth Tudor ergreift die Gelegenheit und hält den Herren spontan eine Ansprache, die als „*Golden Speech*" Teil ihrer Legende wird und in der sie ihr Verständnis ihres Königtums und der Wechselbeziehung zwischen Volk und Herrscher darlegt.

Alles auf Sparflamme

Elizabeths Rat besteht nur noch aus elf Männern, die alle verwandt sind. Fünf sind Söhne früherer Ratgeber. Sie ist ihnen ausgeliefert, weil sie das, was an den Forderungen eines Essex berechtigt ist, nicht rechtzeitig erkannt hat. Schon Bacon sagt: Sie ist mehr zu loben für das, was sie unterlassen, als für das, was sie getan hat! Elizabeth Tudor war immer mehr Taktiker als Stratege, eine geborene Schauspielerin, kein Dramatiker oder Regisseur. Ihr Königtum verfolgt bis zuletzt kein Ziel, ist reiner Selbstzweck. Sie sucht keine langfristigen Lösungen, sie vermeidet heikle Themen und lebt lange genug, um zu erleben, dass viele Probleme sich von selbst lösen. Die von ihr umgangenen Streitfragen, wie die der Stellung der Puritaner, um nur eine zu nennen, werden unter ihren Nachfolgern zur Bedrohung der Monarchie. Doch die Sicherung der Zukunft Englands interessiert sie nicht wirklich, das zeigt ihre Behandlung von Essex und seiner Generation. Ihr Konzept, so sie überhaupt eines hat, beschränkt sich einzig auf ihre Rolle als Königin. Wenn sie von Gottes Gnade und dem Wohl ihres Volkes spricht, sind das rhetorische Rechtfertigungen ihres Status. Sie sieht keinen Sinn darin, die Freibeuterei wirklich zu einer Waffe gegen Spaniens Vormacht zur See auszubauen, ihr fehlt der lange Atem, sie streicht gern schnelle Gewinne ein, aber beim ersten Misserfolg lässt sie Projekte und vor allem ihre Protagonisten gnadenlos fallen. Es schmeichelt ihr, dass Raleigh eine Kolonie ihr zu ehren Virginia nennt, was eine systematische Kolonisationspolitik aber für England bedeuten könnte, versteht sie nicht wirklich. Bei aller Bildung und Intelligenz hat sie keine Visionen, ihre ganze Kraft wird von der Verteidigung ihres persönlichen Status absorbiert.

Missvergnügen als Grundstimmung

Als sie verstanden hat, dass sie selbst nicht mehr alltäglich durch ihr bloßes Erscheinen den ganzen Hof beflügeln kann, ist sie bereit, der Staatskasse förderliche Einschränkungen vorzunehmen. Unweigerlich führt das in den letzten Jahren ihrer Regierung zu einer Atmosphäre des Missvergnügens am Hof und schmälert das Ansehen der Königin. Seit den neunziger Jahren werden regelmäßig Bestechungsgelder angeboten, sogar den Cecils, Vater und Sohn. Ab 1601 ist Korruption integraler Bestandteil des Hoflebens. Hofdamen verlangen Cash, bevor sie überhaupt ein Wort an entscheidender Stelle fallen lassen, da kann auch das Kapern eines einzelnen, wenn auch ungemein reich beladenen portugiesischen Schatzschiffes im Juni 1602 keine dauerhafte Abhilfe schaffen.

Festhalten an alten Gewohnheiten

Elizabeth hält an den Sommerreisen fest, auch wenn sie den älter gewordenen Höflingen zunehmend schwerfallen. Im Sommer 1602 will sie die anstehende Tour bis Bristol ausdehnen und lässt sich nur durch den Hinweis auf das schlechte Wetter, bei dem es kaum Zuschauer geben wird, davon abbringen. In der Zeit gesteht sie dem Botschafter Frankreichs, sie habe keine Freude mehr am Leben, es gebe nichts Anregendes mehr für sie in dieser Welt.

Doch noch im Herbst 1602 berichtet ein ausländischer Besucher, die Königin habe sich bei einem Spaziergang im Park bewegt wie ein junges Mädchen. Sie ist stolz darauf, sich so gut gehalten zu haben, und bei allen Lobpreisungen ob ihrer Jugendlichkeit wundert es nicht, dass James sich eines Tages beklagt, sie werde wie Sonne und Mond wohl ewig ihre Bahnen ziehen und denke überhaupt nicht ans Sterben!

Die Feierlichkeiten im November zum 44. Jahrestag ihrer Krönung sind ausgesprochen glanzvoll, und Elizabeth genießt sie sichtlich. Am 6. Dezember besucht sie Robert Cecils neuen Palast am Strand. Der hat alle Arten von Vergnügungen parat, an denen man sich in Elizabeths Jugend erfreute. Patensohn Sir John Harington findet die Königin heiter, aber sehr gealtert. Das Weihnachtsfest wird in Whitehall außergewöhnlich prächtig und harmonisch gefeiert, der Königin geht es gut, sie besucht zusätzlich Feiern in den Stadtpalästen Cecils und Nottinghams.

Richmond, ab 21. Januar 1603

Das Ende naht

Im Januar hat die Königin sich erkältet und besteht darauf, nach Richmond zu fahren, weil es sich von all ihren Wohnsitzen am besten heizen lässt. Seltsamerweise trägt sie dort Sommerkleider, stolz darauf, keine Pelze gegen die Kälte zu brauchen. Am 1. Februar 1603 empfängt die Königin den Gesandten Venedigs, sie sieht an diesem Tag so großartig aus, dass er berichtet, er erkenne immer noch „Reste einstiger Schönheit" an ihr. Sie parliert italienisch wie in ihren besten Zeiten, und Krankheit und Tod scheinen um sie einen weiten Bogen zu machen.

Doch am 25. Februar stirbt eine Hofdame, die schon am Krönungstag als damals Zehnjährige zu Elizabeths kleinen Ehrenmädchen zählte und nach dem Tod ihrer gleichnamigen Tante im Sommer 1568 deren Funktion als *Chief Lady of the Bedchamber* übernahm: Catherine Carey, eine Enkelin Mary Boleyns, seit Juli 1563 verheiratet mit Charles Howard, Baron of Effingham, den Elizabeth 1597 – wie erwähnt – zum Earl of Nottingham erhoben hat. Dieser Verlust stürzt Elizabeth in tiefe Trauer, sie schließt sich ein, will niemanden sehen. Schließlich schickt man den Lieblingsneffen der Verstorbenen, Robert Carey, zu ihr. Ihm gesteht die Königin, dass sie sich gar nicht wohlfühlt, auch körperlich nicht. Die Erkältung kommt mit Macht zurück, Elizabeth werden die Kleider zu schwer, der Krönungsring schneidet unerträglich in ihr Fleisch, muss durchtrennt werden, welch schmerzhafte, welch symbolische Handlung …

Sie verweigert ihre Medizin. Sie schafft es nicht mehr, bis zu ihrem geschlossenen Kirchenstuhl zu gehen, hört den Gottesdienst von einem Kissen auf dem Fußboden ihres Zimmers. Der junge Cecil kommt in echter Besorgnis, sagt, sie müsse zu Bett gehen. Das Wort „müssen" gibt es gegenüber einem Fürsten nicht, tadelt sie ihn mit einem Aufblitzen ihres alten Witzes, sein Vater hätte in seiner Erziehung wohl versagt, denn er selbst hätte es nie gewagt, es gegen sie zu verwenden!

Sie kann nicht schlafen, will nicht essen, hat immer Durst, das Fieber lässt sie verglühen. Einmal fragt sie nach einem Spiegel, besteht gegen die Ausflüchte ihrer Damen darauf, lange schaut sie hinein, dann verflucht sie mit geisterhafter Ruhe alle, die in den letzten Jahren von ihrer Schönheit geschwärmt haben, und gibt den Spiegel zurück, winkt alle aus dem Raum. Vier Tage sitzt sie fast unbeweglich auf ihren Kissen und starrt ins Nichts. Erscheint vor ihren Augen, für alle besorgt Hereinspähenden unsichtbar, der lange Bildteppich ihres Lebens? Jemand wagt zu fragen, was sie da tue, sie antwortet, sie meditiere. Dann ist sie zu schwach, sich zu wehren, die Ärzte lassen sie in ihr Bett heben. Ein Geschwür in ihrem Hals platzt, sie fühlt sich befreit, kann etwas Brühe trinken. Doch sie spricht nicht mehr, dreht sich auf die Seite, starrt auf die Wand, schließt endlich die Augen, schaut niemanden mehr an.

Ob sie tatsächlich noch ein Handzeichen macht, um James Stuarts Nachfolge zu bestätigen, ob sie wirklich auf stundenlangen Gebeten des Erzbischofs von Canterbury besteht? Gut möglich, dass das nur fromme Legenden zur Stärkung der Fama von der großen protestantischen Königin sind. Eine meditierende Elizabeth Tudor, bis zuletzt verwoben in ihre eigene, selbst erschaffene Welt scheint ihr angemessener. Sie hat 44 Jahre und 127 Tage regiert, länger als jeder seit Edward III. Plantagenêt, dem Vater allzu vieler Söhne und Stifter des Hosenbandordens. In den frühen Morgenstunden des 24. März 1603 gleitet sie über die Schwelle des Todes und damit aus ihrem eigenen Traum – vielleicht – in den aller Christen …

Epilog

Die neue Dynastie

Als Robert Carey am Morgen vor dem Appartement der Königin das Weinen der Frauen hört, lässt er sich den Tod der Königin bestätigen und verlässt Richmond unauffällig. Er besteigt ein bereitstehendes Pferd und galoppiert auf die *Great North Road*. 60 Stunden später und 400 Meilen weiter nördlich fällt er mehr, als dass er springt, im Hof von Holyrood Castle vom letzten, völlig erschöpften Relais-Pferd und hat geschafft, was er sich in Erwartung einer fürstlichen Belohnung vorgenommen hat: Er bringt als erster die Kunde, dass James VI. Stuart, King of Scots, nun auch König von England ist. Die 118 Jahre währende Herrschaft des Hauses Tudor über England ist vorbei.

Binnen einer Woche ist James auf dem Weg nach Süden, sein „neues" Volk empfängt ihn mit Neugier, großen Erwartungen und Jubel, allzu lang hat die Regierung Elizabeths I. gedauert, fast ein halbes Jahrhundert. In der Erinnerung der Menschen sind in diesen Tagen nur noch ihre vorgeblich erotischen Eskapaden, die ewigen Verschwörungen und Gegenverschwörungen, die Teuerung der letzten Jahre, der Niedergang der Flotte und ihrer Monarchin Senilität. Kurz: England ist reif für einen Neuanfang, für einen neuen König, eine neue Dynastie …

Den Grundstock dafür hat James VI. im Sommer 1589 auf Brautschau in Dänemark gelegt, am 20. August hat er dort Prinzessin Anna von Oldenburg geheiratet. Ihre siebte Schwangerschaft endet im Mai mit einer Todgeburt auf Stirling Castle, während ihr Gemahl sich in London als James I. krönen lässt. Nur zwei ihrer neun Kinder überleben, die 1596 geborene Elizabeth und Charles, der seinem Vater 1625 auf den Thron folgen und Henriette-Marie de France heiraten wird. 1649 werden ihn die Puritaner unter einem anderen Cromwell köpfen. Nach der Restauration wird sein Sohn als Charles II. König. Dieser hat zwar 17 Kinder, aber keinen legitimen Erben. Also folgt sein Bruder, der Katholik James II., als letzter männlicher Erbe – zeitweilig. Zwei seiner Töchter werden Königin, und mit Anne Stuart, die zwanzig Schwangerschaften und alle ihre Kinder überlebt, endet 1714 das Haus Stuart in direkter Linie – mit einer Frau!

Erbberechtigt ist das Haus Hannover, denn am 14. Februar 1613 hat im Whitehall Palace James' I. Tochter Elizabeth Stuart den Kurfürsten Friedrich V. von der Pfalz geheiratet, der als „Winterkönig" in die Geschichte eingeht. Beider Tochter Sophie heiratet Ernst-August von Braunschweig-Lüneburg und deren Sohn Georg wird Kurfürst von Hannover und *King of Great Britain.* Soviel zur 111 Jahre dauernden Herrschaft des Hauses Stuart, das bereits 232 Jahre die Könige und Königinnen der Schotten gestellt hat, als es 1603 das der Tudors in England ablöst und die beiden Kronen vereint.

Eine unerledigte „Altlast"

Noch gibt es Engländer, die das Thronrecht der Arabella Stuart, die in England geboren und aufgewachsen ist, höher einschätzen als das von James. 1602 will sie William Seymour, Duke of Somerset, ehelichen, der über seine Großmutter Catherine Grey von Mary Tudor und damit wie Arabella selbst in der weiblichen Linie von Henry VII. Tudor abstammt. Arabella wird verhört und verwarnt, und Elizabeth schickt sie zur Großmutter Bess zurück, das ist Strafe genug. 1610 heiraten Arabella und William dann doch noch heimlich, werden verraten und King James steckt sie in den Tower. Eine sorgfältig geplante Flucht gelingt teilweise, Arabella wird festgenommen und stirbt 1615 im Tower. Seymour entkommt über den Kanal und heiratet 1616 Frances Devereux, geborene Walsingham, die Witwe des letzten Favoriten Elizabeths. Damit schließt sich ein weiterer Kreis.

Sehnsucht …

Inzwischen haben die Engländer einige Jahre mit den Unzulänglichkeiten des ersten Stuart leben müssen. Langsam wandelt sich die Erinnerung an die letzte Tudor, nicht zuletzt, weil im Auftrag von James I. William Camdens eher lakonisch gehaltene lateinische Geschichte der Regierungszeit der letzten Tudor erscheint, die mehr als ein Mann, aber weniger als eine Frau gewesen sein soll und die nationale Überhöhung später Geborener gar zu „Albions Trost und Iberias Terror" machen wird. Sie wird wieder Gloriana, die Siegerin über die Armada, Schutzherrin der Freibeuter! All die Jahrzehnte unter ihr war das Leben sicher, das Land blühte, die Kultur schüttete ihr Füllhorn über ihr Volk – all das beginnt man nun, in verklärender Erinnerung an eine *Faerie Queene,* das Elizabethanische Zeitalter zu nennen und allein dem Genie der Königin Elizabeth zuzuschreiben. Damit überdeckt endgültig die von ihr selbst angelegte und über die Jahrzehnte gewachsene Kunstfigur der *Virgin Queen* den Menschen Elizabeth Tudor – und ihre Unzulänglichkeiten.

Zu Beginn seiner Herrschaft hat James Bilder Elizabeths durch Porträts seiner Mutter ersetzt, ein Vierteljahrhundert nach ihrer Hinrichtung scheint sie ihm als Symbol eigener Kontinuität wichtiger, als sie es zu Lebzeiten je sein konnte. 1612 lässt er Marie Stuart in die Westminster Abbey überführen. Ihre letzte Ruhestätte liegt nun gegenüber dem Grabmal Elizabeth Tudors.

Die Schotten kann ein pragmatischer König wie James VI. nicht begeistern, längst wird Marie Stuart, die Sturm und Nebel trotzend über die raue See ins Land ihrer Väter kam, die unermüdlich zu Pferd Highlands und Lowlands durchstreifte und für ihre Sache selbst in den Kampf zog – wie jeder echte Schotte – romantisch verklärt. Noch in den Balladen über Bonnie Prince Charles wird die Erinnerung an sie mitklingen. Sie, die gekrönt war, bevor sie sprechen konnte, kannte keinen Zweifel an ihrem Königtum und ihrer Weiblichkeit, sie konnte Elizabeth – zeitweilig – bewundern, aber sie konnte nicht begreifen, dass Englands Königin Angst vor ihr hatte, selbst als sie ihre Gefangene war.

… und späte Nähe

Das Schicksal ihrer mehr oder weniger königlichen Geburt in einer Zeit, da die Vorstellungen des gläubigen Mittelalters von denen der rationalen Neuzeit abgelöst werden, hat die Viten dieser beiden gegensätzlichen Frauen unlösbar verwoben und über die Jahrhunderte immer wieder zu neuen Deutungen und dramatischer Überhöhung herausgefordert. Die beiden Königinnen, Cousinen und Rivalinnen, die sich zu Lebzeiten nie begegnet sind, weil Elizabeth sich nicht traute, verharren als steinerne Effigés für die irdische Ewigkeit nur knapp neun Meter voneinander entfernt …

Verwandtschaften zwischen den Häusern Tudor und Stuart

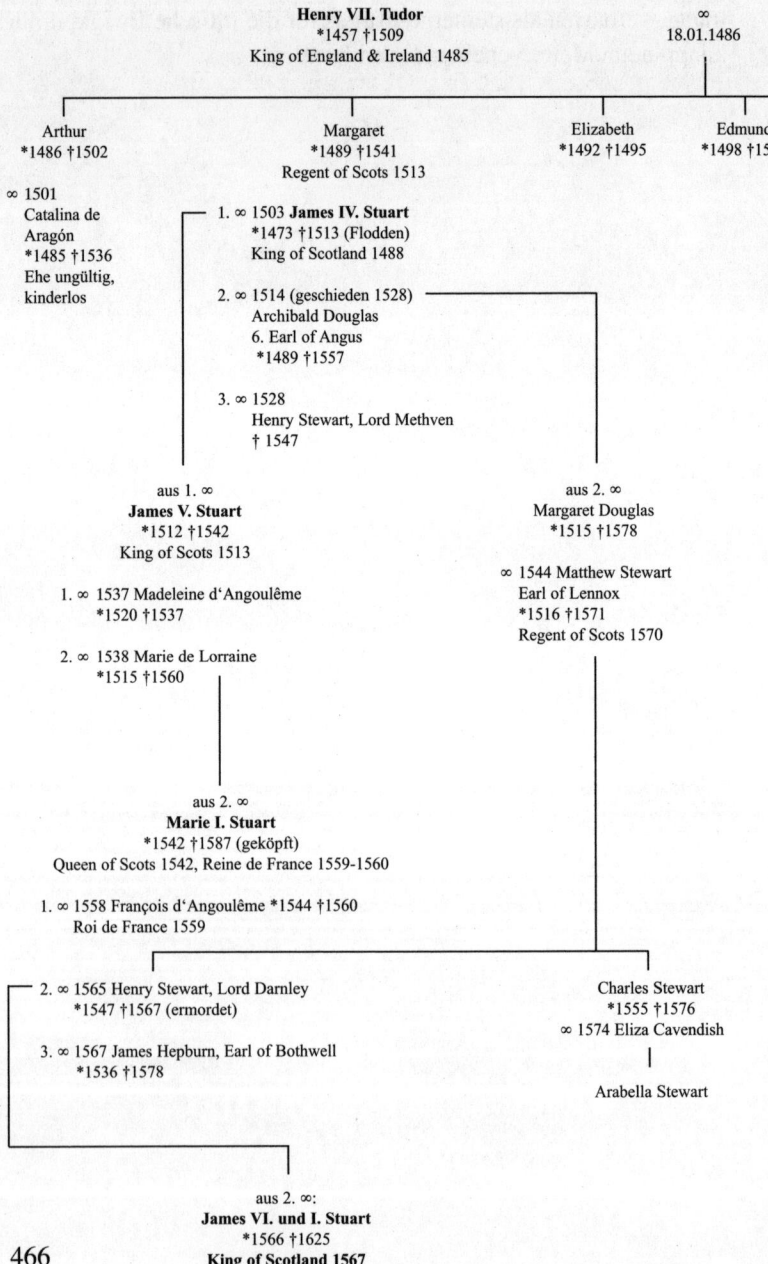

Henry VII. Tudor
*1457 †1509
King of England & Ireland 1485

∞
18.01.1486

Arthur
*1486 †1502

∞ 1501
Catalina de
Aragón
*1485 †1536
Ehe ungültig,
kinderlos

Margaret
*1489 †1541
Regent of Scots 1513

Elizabeth
*1492 †1495

Edmund
*1498 †1500

1. ∞ 1503 **James IV. Stuart**
*1473 †1513 (Flodden)
King of Scotland 1488

2. ∞ 1514 (geschieden 1528)
Archibald Douglas
6. Earl of Angus
*1489 †1557

3. ∞ 1528
Henry Stewart, Lord Methven
† 1547

aus 1. ∞
James V. Stuart
*1512 †1542
King of Scots 1513

1. ∞ 1537 Madeleine d'Angoulême
*1520 †1537

2. ∞ 1538 Marie de Lorraine
*1515 †1560

aus 2. ∞
Margaret Douglas
*1515 †1578

∞ 1544 Matthew Stewart
Earl of Lennox
*1516 †1571
Regent of Scots 1570

aus 2. ∞
Marie I. Stuart
*1542 †1587 (geköpft)
Queen of Scots 1542, Reine de France 1559-1560

1. ∞ 1558 François d'Angoulême *1544 †1560
Roi de France 1559

2. ∞ 1565 Henry Stewart, Lord Darnley
*1547 †1567 (ermordet)

3. ∞ 1567 James Hepburn, Earl of Bothwell
*1536 †1578

Charles Stewart
*1555 †1576
∞ 1574 Eliza Cavendish

Arabella Stewart

aus 2. ∞:
James VI. und I. Stuart
*1566 †1625
King of Scotland 1567
King of England & Ireland 1603

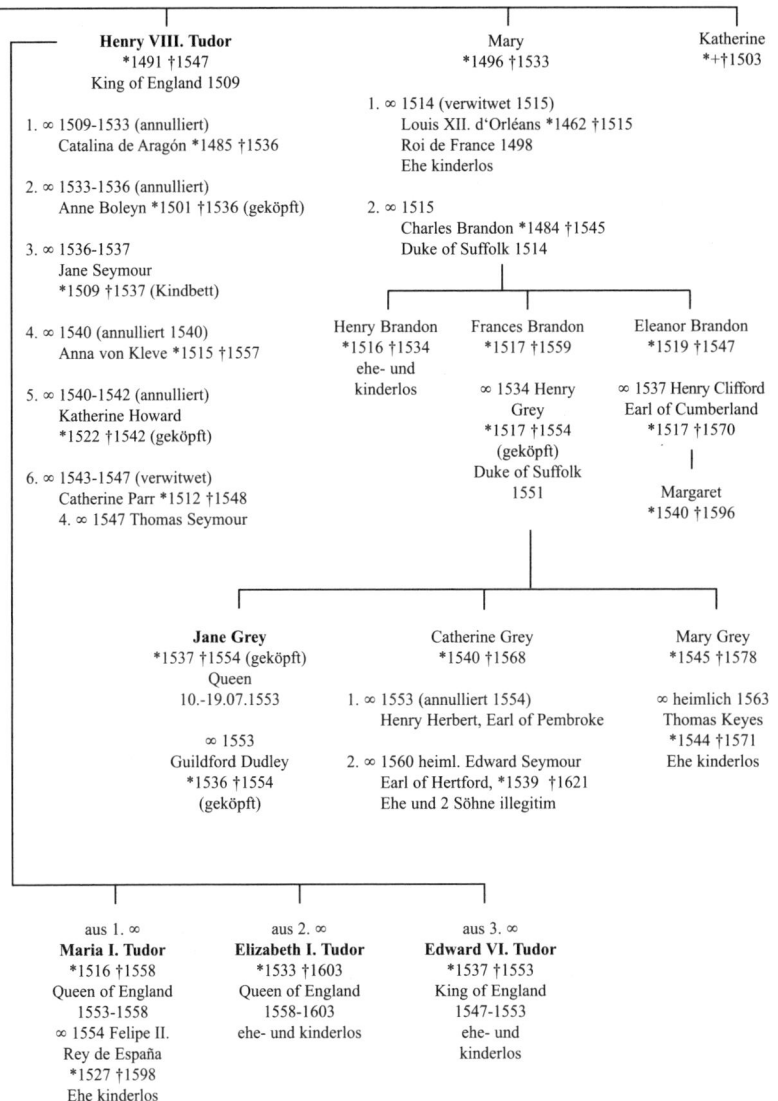

Elizabeth Plantagenêt (Haus York)
*1466 †1503
Queen consort 1486

Henry VIII. Tudor
*1491 †1547
King of England 1509

1. ∞ 1509-1533 (annulliert)
Catalina de Aragón *1485 †1536

2. ∞ 1533-1536 (annulliert)
Anne Boleyn *1501 †1536 (geköpft)

3. ∞ 1536-1537
Jane Seymour
*1509 †1537 (Kindbett)

4. ∞ 1540 (annulliert 1540)
Anna von Kleve *1515 †1557

5. ∞ 1540-1542 (annulliert)
Katherine Howard
*1522 †1542 (geköpft)

6. ∞ 1543-1547 (verwitwet)
Catherine Parr *1512 †1548
4. ∞ 1547 Thomas Seymour

Mary
*1496 †1533

1. ∞ 1514 (verwitwet 1515)
Louis XII. d'Orléans *1462 †1515
Roi de France 1498
Ehe kinderlos

2. ∞ 1515
Charles Brandon *1484 †1545
Duke of Suffolk 1514

Katherine
*+†1503

Henry Brandon
*1516 †1534
ehe- und
kinderlos

Frances Brandon
*1517 †1559

∞ 1534 Henry
Grey
*1517 †1554
(geköpft)
Duke of Suffolk
1551

Eleanor Brandon
*1519 †1547

∞ 1537 Henry Clifford
Earl of Cumberland
*1517 †1570

Margaret
*1540 †1596

Jane Grey
*1537 †1554 (geköpft)
Queen
10.-19.07.1553

∞ 1553
Guildford Dudley
*1536 †1554
(geköpft)

Catherine Grey
*1540 †1568

1. ∞ 1553 (annulliert 1554)
Henry Herbert, Earl of Pembroke

2. ∞ 1560 heiml. Edward Seymour
Earl of Hertford, *1539 †1621
Ehe und 2 Söhne illegitim

Mary Grey
*1545 †1578

∞ heimlich 1563
Thomas Keyes
*1544 †1571
Ehe kinderlos

aus 1. ∞
Maria I. Tudor
*1516 †1558
Queen of England
1553-1558
∞ 1554 Felipe II.
Rey de España
*1527 †1598
Ehe kinderlos

aus 2. ∞
Elizabeth I. Tudor
*1533 †1603
Queen of England
1558-1603
ehe- und kinderlos

aus 3. ∞
Edward VI. Tudor
*1537 †1553
King of England
1547-1553
ehe- und
kinderlos

Ausgewählte Literatur

Anthony, Evelyn: Elisabeth I. von England, Konstanz 1936.

Anthony, Evelyn: Anne Boleyn, Berlin 1959.

Appel, Sabine: Elisabeth I. von England. Die Biographie, München 1996.

Ashford, Jane: Dress in the Age of Elizabeth I., London 1988.

Ashley, Maurice: The Stuarts in Love, with some Reflections on Love and Marriage in the 16th and 17th Century, London 1963.

Bäumler, Ernst: Amors vergifteter Pfeil. Kulturgeschichte einer verschwiegenen Krankheit, Hamburg 1976.

Bayne, C. G.: The Coronation of Queen Elizabeth, in: English Historical Review 22, 1907, S. 650-673.

Bingham, Caroline: Darnley. A Life of Henry Darnley, Consort of Mary, Queen of Scots, London 1995.

Bock, Gisela: Frauen in der europäischen Geschichte. Vom Mittelalter bis zur Gegenwart, München 2000.

Buchanan, Patricia H.: Margaret Tudor, Queen of Scots, Edinburgh/London 1985.

Chapman, Hester W.: Lady Jane Grey, London 1985.

Donaldson, Gordon: All the Queen's Men: Power and Politics in Mary Steward's Scotland, London 1983.

Doran, Susan (Hrsg.): The myth of Elizabeth, Basingstoke 2003.

Doran, Susan (Hrsg.): Queen Elizabeth I., London 2003.

Drummond, Humphrey: The Queen's Man: James Hepburn, Earl of Bothwell and Duke of Orkney 1536-1578, London 1975.

Duchein, Michel: Marie Stuart, Düsseldorf 2003.

Dukthas, Ann: Maria Stuarts dunkles Geheimnis, Frankfurt am Main 1996.

Dunn, Jane: Elizabeth and Mary. Cousins, Rivals, Queens, London 2004.

Durant, David: Bess of Hardwick, London 1999.

Erickson, Carolly: Bloody Mary. The remarkable Life of Mary Tudor, London 1978.

Erickson, Carolly: The First Elizabeth, New York 1983.

Esser, Raingard: Die Tudors und die Stuarts 1585-1714, Stuttgart 2004.

Fraser, Antonia: Maria, Königin der Schotten, London 1969.

Fraser, Antonia: Die sechs Frauen Heinrichs VIII., München 1996.

George, Margaret: Maria Stuart, Bergisch Gladbach 2001.

Gregory, Philippa: Die Schwester der Königin, Berlin 2004.

Guy, John A. (Hrsg.): The Tudor monarchy, London 1997.

Guy, John A. (Hrsg.): The reign of Elizabeth I. Court and culture in the last decade, Cambridge 1995.

Haigh, Christopher: Elizabeth I., London 1988.

Hibbert, Christopher: The Virgin Queen. The Personal History of Elizabeth I., London 1992.

Hopkins, Lisa: Queen Elizabeth I. and her court, London 1990.

Hopkins, Lisa: Women would be Kings. Female Rulers of the Sixteenth Century, London/New York 1991.

James, Susan: Katheryn Parr: The Making of a Queen, London 1999.

Jenkins, Elizabeth: Elizabeth and Leicester, London 1958.

Jenkins, Elizabeth: Gloriana. Königin Elisabeth I. von England, Berlin u. a. 1962.

Kay, Susan: Die Königin, Bern 1987.

Kendall, Alan: Robert Dudley, Earl of Leicester, London 1980.

Kinney, Arthur F. (Hrsg.): Tudor England. An Encyclopedia, New York 2001.

Klein, Jürgen: Elisabeth I. und ihre Zeit, München 2004.

Lavater-Sloman, Mary: Elisabeth I., Herrin der Meere. Bergisch Gladbach 1979.

Levin, Carole (Hrsg.): Elizabeth I. Always her own free woman, Aldershot 2003.

Lewis, Jayne Elizabeth: Mary Queen of Scots. Romance and Nation, London 1998.

Loach, Jennifer: Edward VI., New Haven/London 1999.

Loades, David Michael: Maria Tudor (1516-1558). England unter Maria der Katholischen, München 1982.

Loades, David Michael: Elizabeth I., London 2003.

Loades, David Michael: John Dudley, Duke of Northumberland, Oxford 1996.

Luke, Mary: The nine days queen. A portrait of Lady Jane Grey, New York 1986.

MacGurk, John: The Tudor monarchies. 1485-1603, Cambridge 2001.

Machoczek, Ursula: Die regierende Königin - Elisabeth I. von England. Aspekte weiblicher Herrschaft im 16. Jahrhundert, Pfaffenweiler 1996.

Mackay, James: In my end is my beginning. A life of Mary Queen of Scots, Edinburgh 1999.

Mackay, Moira: The Mystery of Kirk o'Field - Scottish Memories, March 1998.

Marshall, Rosalind K.: Mary I., London 1991.

Marshall, Rosalind K.: Mary of Guise, London 1977.

Mattingly, Garret: Katharina von Aragon, Stuttgart 1962.

Maurer, Michael: Geschichte Englands, Stuttgart 2000.

Meyer, Caroline: Ich, Prinzessin Elisabeth von England, Frankfurt am Main 2005.

Middendorff, Wolf: Der Prozess gegen Maria Stuart, Köln/Hamburg 1972.

Miles, Rosalind: Elisabeth, Königin von England, München 1998.

Morrill, John S. (Hrsg.): The Oxford illustrated history of Tudor & Stuart Britain, Oxford 1996.

Muhlstein, Anka: Die Gefahren der Ehe. Elisabeth von England und Maria Stuart, Frankfurt am Main 2005.

Neale, John Ernest: Königin Elisabeth I. von England, München 1999.

Nette, Herbert: Elisabeth I., Reinbek b. Hamburg 1982.

Nitzsche, Klaus: Im Schatten des Tower. Historischer Roman um Sir Walter Raleigh und Königin Elisabeth I. von England, Berlin 1990.

Osborne, June: Entertaining Elizabeth I. The progresses and great houses of her time, London 1989.

Panzer, Marita A.: Englands Königinnen. Von den Tudors zu den Windsors, München 2003.

Perry, Maria: The Sisters of Henry VIII. The tumultuous lives of Margaret of Scotland and Mary of France, London 1998.

Plaidy, Jean (Victoria Holt): Die Königinnen. Heinrich VIII. und seine Frauen, Augsburg 1999.

Plowden, Alison: Two Queens in one isle. The deadly relationship of Elizabeth I. & Mary Queen of Scots, Brighton 1984.

Plowden, Alison: Lady Jane Grey and the House of Suffolk, London 1985.

Plowden, Alison: Young Elizabeth. The First Twenty-Five Years, London 1999.

Prescott, H. F. M.: Mary Tudor, London 1952.

Rex, Richard: Elizabeth I. Fortune's bastard, a short account of the long life of Elizabeth I., London 2003.

Richards, Judith: Love and a Female Monarch. The Case of Liz Tudor, in: Journal of British Studies 28, 1999, S. 133-160.

Ridley, Jasper: Elisabeth I. Eine Biographie, Zürich 1990.

Rowse, A. L.: The Coronation of Queen Elizbeth I., in: History Today 3, 1953, S. 301-310.

470

Schiller, Friedrich: Maria Stuart, Stuttgart 2003.

Schreiber, Herrmann: Die Stuarts - zwischen Krone und Schafott, Gernsbach 1999.

Scott, Walter: Kenilworth, Berlin 1975.

Smith, Lacey Baldwin: Elizabeth Tudor. Portrait of a Queen, London 1976.

Smith, Lacey Baldwin: Die fünfte Frau. Heinrich VIII. und Katharina Howard, Stuttgart 1969.

Starkey, David: Six wives. The queens of Henry VIII., London 2004.

Starkey, David: Elizabeth. The Struggle for the Throne, Thorndike 2001.

Stemmler, Theo: Die Liebesbriefe Heinrichs VIII. an Anna Boleyn, Zürich 1988.

Suerbaum, Ulrich: Das elisabethanische Zeitalter, Stuttgart 1989.

Tannahill, Reay: Macht und Leidenschaft. Maria Stuart, Königin der Schotten, München 2001.

Thoma, Helga: Liebe, Macht, Intrige. Königinnen und ihre Liebhaber, München 2003.

Tittler, Robert: The Reign of Mary I., London/New York 1983.

Trevelyan, George Macaulay: Geschichte Englands. Band 1: Bis zum Jahre 1603, München 1949.

Valerius, Robert: Weibliche Herrschaft im 16. Jahrhundert.Die Regentschaft Elisabeths I. zwischen Realpolitik, querelle des femmes und Kult der Virgin Queen, Herbolzheim 2002.

Vercors: Anna Boleyn. 40 entscheidende Monate in Englands Geschichte, Gernsbach 1986.

Watkins, Susan: Mary, Queen of Scots, London 2001.

Weir, Alison: The life of Elizabeth I., New York 1998.

Weir, Alison: The Six Wifes of Henry VIII., London 1991.

Weir, Alison: Mary, Queen of Scots, and the murder of Lord Darnley, New York 2003.

Weir, Alison: Children of England. The Heir's of King Henry VIII, 1547-1558, London 1996.

Williams, Neville: Elisabeth I. Eine Frau, die Weltgeschichte machte, München 1994.

Williams, Neville: All the Queen's Men. Elizabeth and her Courtiers, London 1972.

Wilson, Derek: Sweet Robin. A Biography of Robert Dudley, Earl of Leicester, 1533-1588, London 1981.

Wusowski, Cornelia: Elisabeth I. Roman ihres Lebens, Augsburg 2005.

Youngs, Frederic A.: The proclamations of the Tudor queens, Cambridge 1976.

Zweig, Stefan: Maria Stuart, Frankfurt am Main 1986.

Personenregister

473

479

Bildnachweis